启蒙·成长·探索

幼儿篮球教案

贾志强　黎翔　主编

北京体育大学出版社

策划编辑　佟　晖　潘海英
责任编辑　潘海英
责任校对　赵红霞
版式设计　联众恒创

图书在版编目（CIP）数据

启蒙·成长·探索 幼儿篮球教案／贾志强，黎翔主编. --北京：北京体育大学出版社，2022.11
ISBN 978-7-5644-3750-3

Ⅰ.①启… Ⅱ.①贾… ②黎… Ⅲ.①篮球运动－学前教育－教学参考资料 Ⅳ.①G613.7

中国版本图书馆CIP数据核字（2022）第207678号

启蒙·成长·探索　幼儿篮球教案

QIMENG · CHENGZHANG · TANSUO　YOU'ER LANQIU JIAO'AN

贾志强　黎翔　主编

出版发行：北京体育大学出版社
地　　址：北京市海淀区农大南路1号院2号楼2层办公B-212
邮　　编：100084
网　　址：http：//cbs.bsu.edu.cn
发 行 部：010-62989320
邮 购 部：北京体育大学出版社读者服务部010-62989432
印　　刷：北京昌联印刷有限公司
开　　本：880mm×1230mm　1/16
成品尺寸：210mm×285mm
印　　张：34.75
字　　数：935千字
版　　次：2022年11月第1版
印　　次：2022年11月第1次印刷
定　　价：258.00元

编委会

主　编：贾志强　黎　翔

副主编：许佳宇　贾必成　姜　超

编　委：（以姓氏笔画排序）

启蒙班：李鹏鹏　张忠健　秦增辉　高扬峰　舒　展

成长班：马旭东　王济荣　孙和平　张子杰　张云飞　高健雄

探索班：丁　浩　史安禄　苏艺辉　姜　超　贾必成

推荐语

如何让幼儿能更科学地学习篮球，如何让体育运动成为幼儿生活的一部分，如何让幼儿有强健的体魄、敏捷的思维、清晰的思路、良好的大局观，这是每一名篮球教练需要思考的问题。该书从训练角度给出了较好的指导意见，希望广大读者通过阅读此书能够获得更好的篮球教学思路。

杜　锋

曾任中国男子篮球队主教练，前中国职业篮球运动员，
现任 CBA 广东宏远华南虎俱乐部主教练

《启蒙・成长・探索 幼儿篮球教案》是一本专门针对幼儿篮球的教学指导书。该书由简到难、由单人到多人、由单一到复杂的教学思路让课程更贴合实际，使幼儿的训练成果更加突出，是一本具有实操意义的图书。

郭士强

曾任中国男子篮球队主教练，前中国职业篮球运动员，
曾任 CBA 辽宁盼盼篮球俱乐部主教练，现任 CBA 广州龙狮篮球俱乐部主教练

篮球是一种非常好的教育方式。篮球训练可培养幼儿的沟通和协作能力，帮助幼儿塑造健全的心智和健康的人格、树立正确的输赢观，使幼儿能够积极面对困难。幼儿阶段进行篮球训练是幼儿父母非常好的选择。

张勇军

前中国职业篮球运动员，曾任 U18 国青队主教练、CBA 广东宏远篮球俱乐部主教练

现在的幼儿缺乏专业的体育训练。该书通过科学的课程结构、专业的学习内容和轻松的游戏体验，采用分阶段、分层次的训练方式来提高幼儿的篮球水平，在训练方法上充分考虑了 2～8 岁幼儿的身体发育特点。这种篮球训练方式对幼儿大有裨益，推荐广大读者学习参考。

王建军

前中国职业篮球运动员，
曾任 U18 中国国青男篮主教练，现任 CBA 深圳新世纪马可波罗队主教练

中国篮球未来的发展离不开后备篮球人才体系的支撑，完善幼儿篮球培养体系非常重要。很高兴看到《启蒙・成长・探索 幼儿篮球教案》一书为幼儿篮球人才的培养提供了一套可行、创新的方案。

叶庆晖

曾任中国篮球协会运动队管理部部长，现任中国篮球协会竞赛部部长

序

获悉《启蒙·成长·探索　幼儿篮球教案》即将出版，我十分欣慰。幼儿篮球教育的发展离不开正确的指导思想、教学实践的积累，更离不开教材的指导，教材内容本着从娃娃抓起的基准，遵循科学性、实效性的原则，运用现代篮球教学理论，结合多年的训练教学实践，设计适合于幼儿的篮球训练方案。适合每个年龄段的训练方案都会有一个既全面又突出的内容结构。为适应幼儿生长发育的特点，以及考虑幼儿未接受过体育锻炼，本课程设计了适合启蒙班幼儿的篮球兴趣课程、成长班幼儿的巩固技术课程、探索班幼儿的比赛成长课程，每阶段50课时，共150课时内容。

本书纵览国内外书籍、视频等资料，整合优质资源，由优秀的教研团队历时数月完成编写。本书运用多种训练方法与手段，包括讲解法、示范法、思维引导、分解与完整法、重复训练法、减难法与加难法、模拟法等，结合各年龄段幼儿的身体、心理特点，运用清晰的指导思想、全面细致的教案来诠释幼儿在各个阶段的学习内容，不仅着眼于幼儿专项技术、身体素质的发展，更加注重培养幼儿对篮球的兴趣，以及团结合作、勇敢拼搏、不畏失败的意志品质，以达到育人的作用。本书经过一体规划、一体设计、一体编审、一体验收等过程全面提高了教材的使用性、可靠性、权威性。

本书的出版有助于幼儿篮球的进一步规范与发展，对提高全国幼儿篮球师资整体水平有着极高的参考价值，而这正是出版本书的目的和意义所在。

贾志强
北京体育大学中国篮球运动学院
2022 年 5 月于北京

目录

启蒙班幼儿篮球教学训练大纲

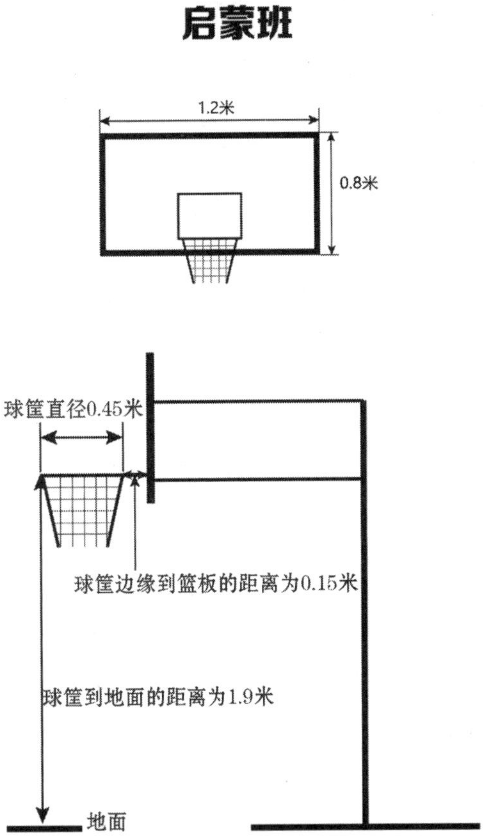

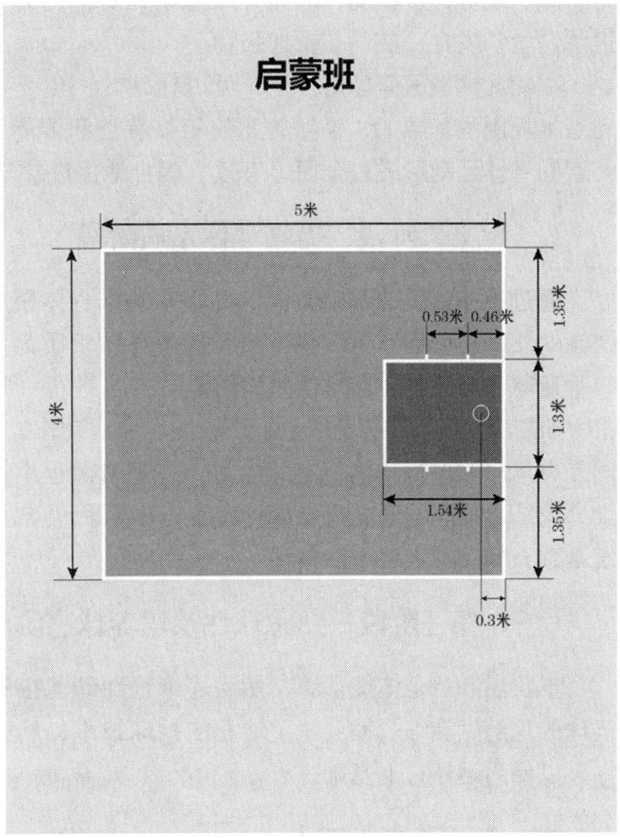

【课程类别】启蒙班幼儿篮球课　　　　　　【适用年龄】2～3 岁

【课 时 数】50 课时　　　　　　　　　　【学 时 数】60 分钟

本课程分为培养兴趣（1～20 课时）、提高身体素质（21～35 课时）、熟悉球性及培养球感（36～50 课时）3 个阶段。本课程首先培养幼儿对篮球的兴趣，以提高其心智水平为主，使其对篮球有初步的了解；之后安排基本的身体素质训练，为适应幼儿生长发育特点，设计了一系列基础的走、跑、跳练习，并在练习中加入篮球动作，既能使训练生动有趣，又能培养其球感。这些内容贯穿课程始终，并与提升幼儿篮球兴趣的课程有所交叉，使此年龄段训练更加合理化、有序化；与之后各阶段、各部分训练紧密衔接，可切实提升幼儿篮球技术水平。

一、教学目标

（一）第一阶段：培养兴趣阶段

篮球运动能促进幼儿身体、心理的全面发展，尤其在促进身体健康方面，篮球运动发挥着非常重要的作用。篮球运动可以促进幼儿的血液循环，增强幼儿的身体抵抗力。除此之外，有科学数据表明：从小打篮球的幼儿将来身高可能会多增长 5 ~ 10 厘米。在打篮球的过程中需要走、跑、跳等，这些动作可充分锻炼幼儿身体的各个部位、全面有效地提高综合身体素质、促进骨骼生长发育，使幼儿更加强壮。

在幼儿期播下篮球的种子，可以让幼儿一生受益。本阶段所要达到的目标是在遵循篮球运动基本规则的基础上，根据幼儿的年龄特点和体能发展水平，设计涵盖走、跑、跳等篮球基本元素的身体运动形式，全面、有效、综合地促进幼儿身体能力的发展。

（二）第二阶段：提高身体素质阶段

通过第一阶段的基础性训练，幼儿基本身体素质得到发展、运动能力得到提高。本阶段以提高幼儿的协调性、灵敏性、平衡性等身体素质为主，并在练习中加入一些球性练习，让幼儿熟悉篮球，培养其对篮球的肌肉感觉；初步进行一些基本功的练习，掌握一些粗大动作（主要由大肌群完成），发展身体上、下肢配合完成动作的能力与身体协调发力完成动作的能力，提高幼儿在运动时保持身体稳定的能力。在平时课程中加入游戏性练习，提高幼儿的兴趣，让幼儿学会团结合作、沟通交流，保持专注，做事积极、主动、热情。该阶段也为第三阶段的练习奠定基础，起到承上启下的作用。

（三）第三阶段：熟悉球性及培养球感阶段

本阶段开始是体能训练，然后逐渐增加幼儿接触篮球的练习，通过游戏教学法增加幼儿对篮球的理解；训练后期会注重幼儿的拍球技术，然后逐渐重视幼儿的控制球能力及自身的协调性，以便为运球打下基础。

二、教学内容与要求

（一）第一阶段：培养兴趣阶段

1. 训练内容

每节课开始前首先向幼儿介绍篮球运动知识，或是一项篮球规则，或是场地内端线、边线的概念，介绍过程要做到简单生动、结合实际教学；其次对幼儿的情绪进行激发，讲解当天的训练内容；最后设计一些准备活动，进行动态热身，如抱球蛇形跑、手足爬行等，既可以让幼儿活动身体，为下一阶段训练做准备，又可以提高幼儿的身体素质。热身完毕后是基础训练部分。本阶段的训练目的是使幼儿的球性得到提高，初步掌握地滚球、单手原地运球、单手肩上投篮等技术动作。在训练过程中，设计篮球小游戏，激发幼儿学习篮球的兴趣，使其真正喜欢上篮球运动。

2. 训练方法与手段

本阶段主要采用讲解法、示范法、思维引导、分解与完整法、重复训练法、减难与加难法、模拟法。

3. 训练负荷总体安排

启蒙班第一阶段训练负荷总体安排详见表1。

表1 启蒙班第一阶段训练负荷总体安排

	准备期	提高期	稳定期	恢复期
课时	第1~5课时	第6~10课时	第11~15课时	第16~20课时
负荷安排	以小运动量、小强度为主	以中等运动量、中等强度为主	以中等运动量、小强度为主	以小运动量、小强度为主

（二）第二阶段：提高身体素质阶段

1. 训练内容

基本技术练习，包括原地单手运球、原地双手击地传球、投篮练习等；协调性练习，如绳梯练习、标志筒练习等；平衡性及灵敏性练习，如变向跑、变速跑、侧身跑等。训练课中安排多种游戏，以培养幼儿的团队合作精神。

2. 训练方法与手段

本阶段主要采用讲解法、示范法、思维引导、分解与完整法、重复训练法、减难与加难法、模拟法。

3. 训练负荷总体安排

启蒙班第二阶段训练负荷总体安排详见表2。

表2 启蒙班第二阶段训练负荷总体安排

	准备期	提高期	稳定期	恢复期
课时	第21~24课时	第25~28课时	第29~31课时	第32~35课时
负荷安排	以小运动量、小强度为主	以中等运动量、中等强度为主	以中等运动量、小强度为主	以小运动量、小强度为主

（三）第三阶段：熟悉球性及培养球感阶段

1. 训练内容

球感，如抛球、拨球、滚球、运球练习等；脚步移动，如滑步、急停、跨步、转身练习等；篮球基本功，如单手体侧传球、单手行进间运球、左右手交替运球、原地双手肩上投篮练习等。

2. 训练方法与手段

本阶段主要采用讲解法、示范法、思维引导、分解与完整法、重复训练法、减难与加难法、模拟法。

3. 训练负荷总体安排

启蒙班第三阶段训练负荷总体安排详见表3。

表3　启蒙班第三阶段训练负荷总体安排

	准备期	提高期	稳定期	恢复期
课时	第36～39课时	第40～43课时	第44～47课时	第48～50课时
负荷安排	以小运动量、小强度为主	以中等运动量、中等强度为主	以中等运动量、小强度为主	以小运动量、小强度为主

启蒙班幼儿篮球教学训练教案

第 1 课时

目的与任务：1. 简单讲述篮球场地及端线的概念 2. 提高协调、灵敏、反应等素质 3. 学习和掌握地滚球的技术动作			
部分	时间	内容	教法与要求
课前与家长交流	5分钟	1. 介绍课程计划及执教理念 2. 与家长进行交流，了解队员在日常交往中能否尊重他人、取长补短	教法：与家长进行深入的沟通与交流，介绍本节课的重点与难点，解决家长提出的队员在日常训练中遇到的疑难问题
集合讲解互动沟通	5分钟	1. 慢慢地拍手，大声喊“加油” 2. 强调兴趣对篮球运动的重要性 3. 相互介绍：认识教练与队员 4. 本节课的主题是“篮球的秘密” 5. 选举本节课的实习队长，实习队长要协助教练维持纪律，带领队员认真练习	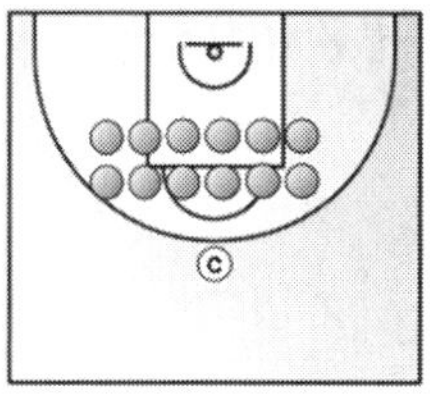 教法：普及篮球运动知识，介绍篮球规则；讲授本节课的训练主题，激发队员的训练热情，鼓舞团队士气
准备部分	3分钟	一、情绪激发 （一）目的：激发队员的情绪，集中注意力 （二）方法 1. 介绍篮球场地及端线的含义 2. 当教练大声喊出端线的名称时，队员立即跑到此线	要求： 1. 迅速站好队形 2. 集中精力，激发自己的情绪

续表

部分	时间	内容	教法与要求
准备部分	5分钟	二、动态热身：跑跳游戏 （一）目的：让队员全身动起来，调动队员上课的积极性 （二）方法 1. 将队员分成2组，成纵队站在罚球线后，听到哨声，每组第一名队员快速跑到对面，用手触碰一下标志筒 2. 出发的队员双脚跳回到罚球线并到队尾排队，各组下一名队员再出发，所在组的所有队员率先完成即为获胜	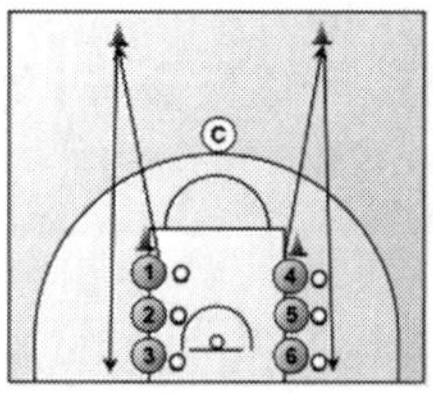 教法： 1. 教练通过正面、侧面的讲解与示范，队员边听讲解边看示范并学习正确、规范的动作 2. 教练讲解完毕，鼓励队员大胆尝试 器材：标志筒
	5分钟	三、动态热身：抱球蛇形跑 （一）目的：训练队员的灵敏性和脚步移动能力，调动队员上课的积极性 （二）方法 1. 队员持球于端线站立，教练发出指令，队员开始跑动 2. 依次蛇形绕过每个标志筒	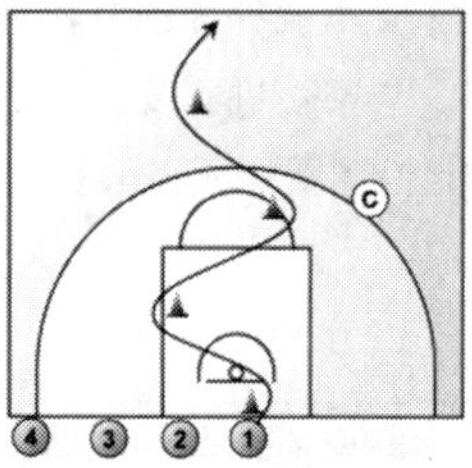 教法：教练进行讲解和示范 要求：在奔跑过程中队员要注意速度节奏感的变化，直线加速，变向减速再加速 器材：标志筒
基础训练	7分钟	一、球性练习 （一）目的：提高队员的球性，训练队员的地滚球能力 （二）方法 1. 队员持球于端线外站立，两脚自然开立与肩同宽，屈膝屈髋 2. 将球放在地上，滚球前进 3. 滚球时，眼睛看向前方，双手同时发力 4. 负荷量：2分钟×3组 （三）重点与难点 1. 注意手型，双手手指自然张开，同时双手拇指呈八字形，持球时掌心空出 2. 手指控制在球的上方，手腕转动控制球的方向，保持身体平衡	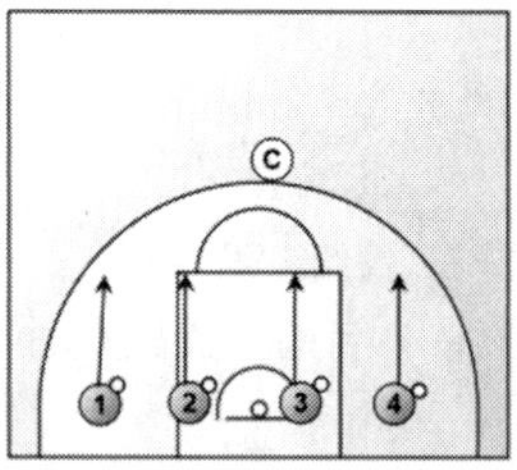 教法： 1. 教练通过正面、侧面的讲解与示范，队员边听讲解边看示范并学习正确、规范的动作 2. 教练鼓励队员大胆尝试，并手把手教授队员 器材：篮球

续表

部分	时间	内容	教法与要求
基础训练	7分钟	二、传球接力 （一）目的：提高队员的球性，训练队员的地滚球能力，并培养队员之间的配合能力 （二）方法 1. 将队员分为2组，成纵队站立，前后间隔一臂距离 2. 第一名队员经胯下传球，将球传给第二名队员，以此类推 3. 每组的所有队员均完成1次，用时最短的队伍获胜 4. 负荷量：2分钟×3组 （三）重点与难点 1. 手指控制在球的上方，掌心空出，手腕转动控制球的方向 2. 注意队友之间的衔接，保持身体平衡	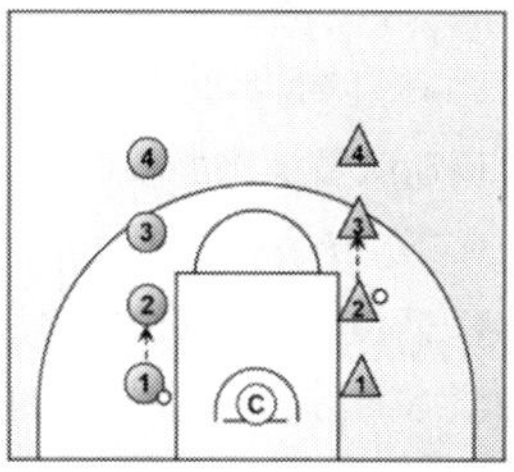 要求： 1. 快速传球，尽量减少失误 2. 队员之间通过手递手进行传球 器材：篮球
	7分钟	三、环绕球练习 （一）目的：提高队员的球性，训练队员的身体协调能力 （二）方法 1. 双脚平行，脚尖向前，膝关节微屈，身体微屈 2. 双手持球于腹前，一只手持球经体侧在身后将球传给另一只手 3. 非持球手于身后接球，接球后经体前绕过，将球再次递交给另一只手 4. 双手按逆时针方向旋转、交替 5. 负荷量：10次×3组 （三）重点与难点 1. 队员在环绕球时，双眼目视前方 2. 保持身体平衡	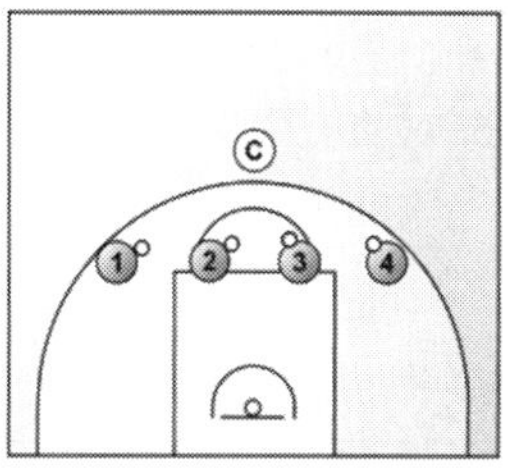 教法： 1. 教练讲解并示范完整动作，队员进行模仿练习 2. 教练根据队员完成情况纠正错误，讲解动作细节 器材：篮球

续表

部分	时间	内容	教法与要求
团队合作游戏竞赛	11分钟	名称：小矮人地滚球接力赛 （一）目的：提高队员的滚球能力，利用游戏调动队员上课的积极性 （二）方法： 1. 队员分成2路纵队站立，第一名队员以地滚球的方式单手将球滚至终点处的标志筒，到终点后，队员抱球从标志筒处小跑至起点，并与下一名队员击掌，下一名队员重复进行，以此类推 2. 在进行游戏竞赛时，教练要注意维持好纪律，使练习有序进行	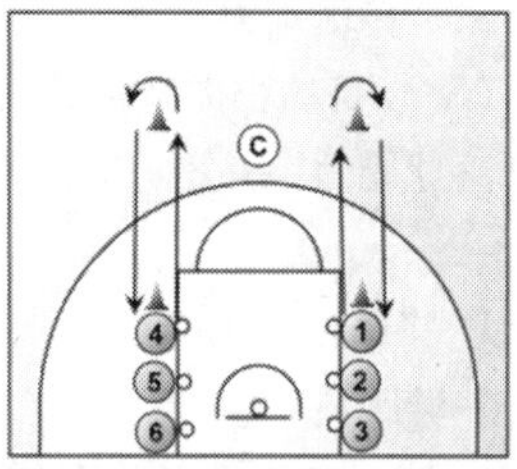 教法： 1. 教练通过正面、侧面的讲解与示范，队员边听讲解边看示范并学习正确、规范的动作 2. 教练讲解完毕，鼓励队员大胆尝试，并手把手地教授队员 器材：篮球、标志筒
放松与总结	5分钟	1. 拉伸放松 2. 课后总结 3. 特别提醒 4. 宣布本节课最佳队员 5. 鼓舞士气	教法： 1. 教练总结本节课所学内容，再次强调动作的细节与要领 2. 教练布置课下作业 3. 教练宣布本节课最认真、提高最快的队员，让其余队员向其学习 4. 队员面向自己父母鞠躬，说“父母辛苦了”，集合喊“加油”，随后解散

第 2 课时

目的与任务：1. 对篮球场上的主要位置进行介绍
2. 巩固提高协调、灵敏、反应等素质，并纠正错误动作
3. 学习两脚同时蹬地跳跃动作
4. 巩固提高地滚球技术，并纠正错误动作

部分	时间	内容	教法与要求
课前与家长交流	5分钟	1. 介绍课程计划及执教理念 2. 与家长进行交流，了解队员在日常交往中能否尊重他人、取长补短	教法：与家长进行深入的沟通与交流，介绍本节课的重点与难点，解决家长提出的队员在日常训练中遇到的疑难问题
集合讲解互动沟通	5分钟	1. 慢慢地拍手，大声喊“加油” 2. 强调兴趣对篮球运动的重要性 3. 相互介绍：认识教练与队员 4. 本节课的主题是“篮球的秘密” 5. 选举本节课的实习队长，实习队长要协助教练维持纪律，带领队员认真练习	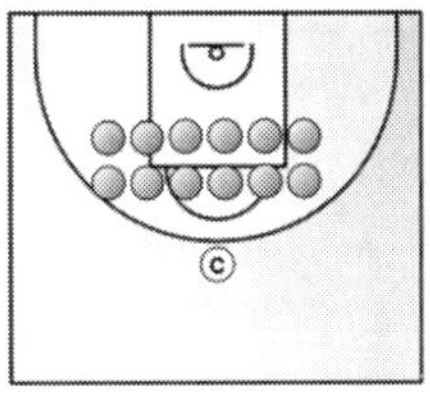 教法：普及篮球运动知识，介绍篮球规则；讲授本节课的训练主题，激发队员的训练热情，鼓舞团队士气
准备部分	3分钟	一、情绪激发 （一）目的：激发队员的情绪，集中注意力 （二）方法 当教练大声喊出需要做的动作时，队员积极尝试	要求： 1. 迅速站好队形 2. 集中精力，激发自己的情绪
	5分钟	二、动态热身：滚球捡标志筒练习 （一）目的：让队员全身动起来，训练队员的滚球能力，调动队员上课的积极性 （二）方法 1. 队员一边滚球，一边捡起教练放在地上的标志筒，教练在队员捡起后迅速朝另一方向放置标志筒 2. 队员快速反应，在滚球的同时将标志筒捡起	 要求： 1. 队员反应迅速，动作灵敏，速度快 2. 教练根据队员的能力适当增加难度 器材：篮球、标志筒

续表

部分	时间	内容	教法与要求
准备部分	5分钟	三、动态热身：抱球蛇形跑 （一）目的：训练队员的灵敏性和脚步移动能力，调动队员上课的积极性 （二）方法 1. 队员持球于端线站立，教练发出指令，队员开始跑动 2. 依次蛇形绕过每个标志筒	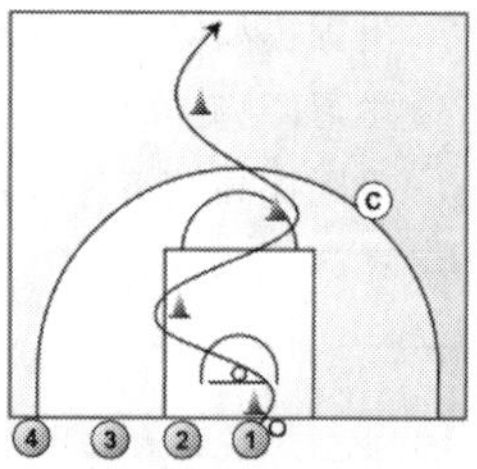 教法：教练进行讲解和示范 要求：在奔跑过程中队员要注意速度与节奏的变化，直线加速，变向减速再加速 器材：篮球、标志筒
基础训练	7分钟	一、游戏名称："僵尸"蹦蹦跳 （一）目的：加强队员的反应、灵敏性及投篮能力 （二）方法 1. 所有队员持球在端线处站成1排，教练手拿2个标志筒（红色、绿色） 2. 看见教练拿绿色标志筒就向前并腿跳，看见教练拿红色标志筒就停止，直至到达罚球线 3. 到达罚球线后单手滚球回到端线 4. 负荷量：2分钟×3组 （三）重点与难点 1. 队员认真观察教练的手势 2. 队员跳的时候注意控制身体平衡	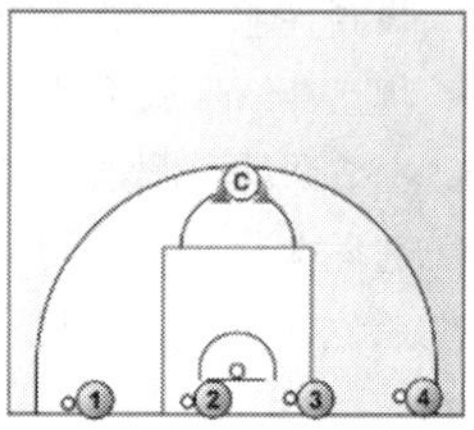 要求： 1. 队员注意力要高度集中 2. 跳的时候身体保持平衡 器材：篮球、标志筒
	7分钟	二、提高球性练习 （一）目的：提高队员的球性，训练队员的地滚球能力 （二）方法 1. 队员持球于端线站立，两脚自然开立与肩同宽，屈膝屈髋 2. 将球放在地上，滚球前进 3. 滚球时，眼睛看向前方，双手同时发力 4. 负荷量：2分钟×3组 （三）重点与难点 1. 注意手型，双手手指自然张开，同时双手拇指呈八字形，持球时掌心空出 2. 手指控制在球的上方，手腕转动控制球的方向，保持身体平衡	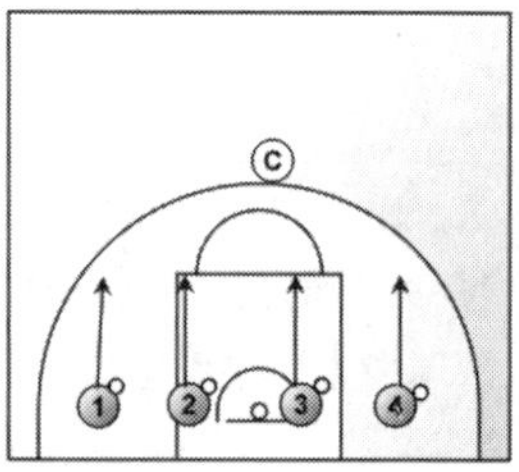 教法： 1. 教练通过正面、侧面的讲解与示范，队员边听讲解边看示范并学习正确、规范的动作 2. 教练应鼓励队员大胆尝试，并手把手地教授队员 器材：篮球

续表

部分	时间	内容	教法与要求
基础训练	7分钟	三、两脚同时蹬地跳跃练习 （一）目的：提高队员脚步的灵活性 （二）方法 1. 队员持球站立，两脚左右开立，身体挺直 2. 两脚踝关节发力，跳起 3. 脚内侧前脚掌着地，呈还原姿势，连续跳起 4. 负荷量：2 分钟 ×3 组 （三）重点与难点 1. 注意动作规范性，身体要协调一致 2. 保持重心稳定，避免身体上下起伏	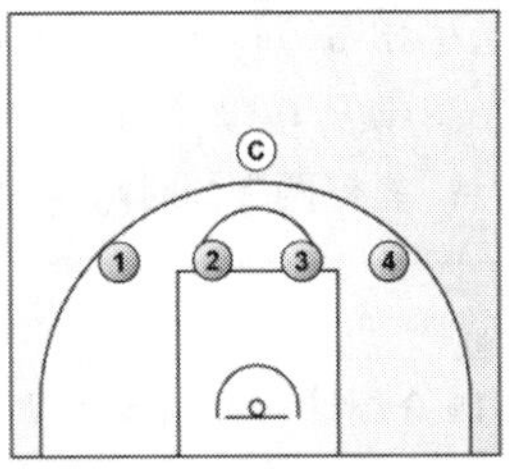 要求： 1. 将球始终置于胸腹之间，保持稳定 2. 跳起时动作频率要快
团队合作游戏竞赛	11分钟	名称：滚球综合练习 （一）目的：提高队员的滚球能力，利用游戏调动队员上课的积极性 （二）方法：队员从起点开始进行原地抱球跳跃 3 次，结束后，双手地滚球将篮球传给教练，然后加速跑到标志筒位置，接教练的地滚球，在标志筒处以地滚球形式将球移动至端线	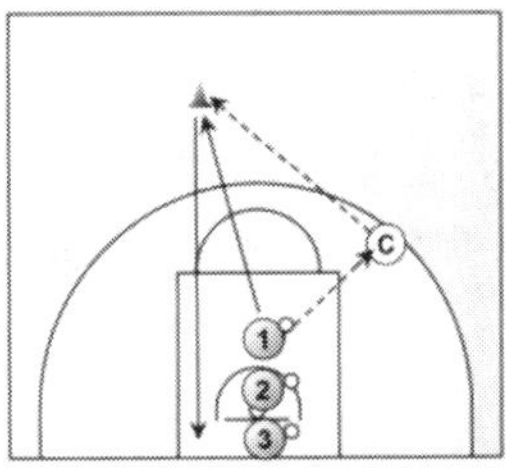 教法： 1. 教练通过正确的示范，帮助队员学习技术动作 2. 教练讲解完毕，鼓励队员大胆尝试 要求：队员在传球时只允许以地滚球方式进行 器材：篮球、标志筒
放松与总结	5分钟	1. 拉伸放松 2. 课后总结 3. 特别提醒 4. 宣布本节课最佳队员 5. 鼓舞士气	教法： 1. 教练总结本节课所学内容，再次强调动作的细节与要领 2. 教练布置课下作业 3. 教练宣布本节课最认真、提高最快的队员，让其余队员向其学习 4. 队员面向自己父母鞠躬，说“父母辛苦了”，集合喊“加油”，随后解散

第__3__课时

目的与任务：1. 简单讲述篮球的三分线
2. 学习“倒车”、手足爬行等游戏，提高队员的身体素质
2. 学习 1 ~ 2 个滚球游戏，复习并进一步巩固滚球技术动作
4. 复习两脚同时跳跃蹬地动作，并改正错误的技术动作

部分	时间	内容	教法与要求
课前与家长交流	5分钟	1. 介绍课程计划及执教理念 2. 与家长进行交流，了解队员在日常交往中能否尊重他人、取长补短	教法：与家长进行深入的沟通与交流，介绍本节课的重点与难点，解决家长提出的队员在日常训练中遇到的疑难问题
集合讲解互动沟通	5分钟	1. 慢慢地拍手，大声喊“加油” 2. 强调兴趣对篮球运动的重要性 3. 相互介绍：认识教练与队员 4. 本节课的主题是“篮球的秘密” 5. 选举本节课的实习队长，实习队长要协助教练维持纪律，带领队员认真练习	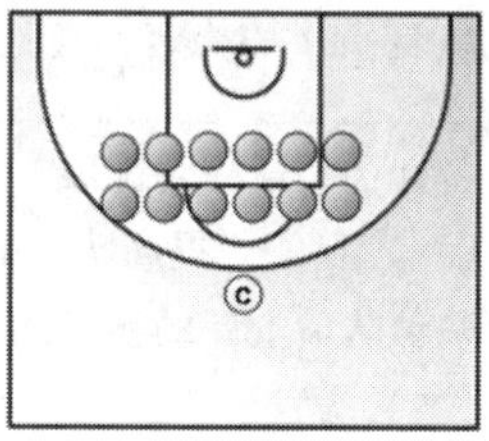 教法：普及篮球运动知识，介绍篮球规则；讲授本节课的训练主题，激发队员的训练热情，鼓舞团队士气
准备部分	3分钟	一、情绪激发 （一）目的：激发队员的情绪，集中注意力 （二）方法 1. 教练对滚球动作进行介绍，讲述篮球的三分线 2. 教练提醒队员要专注地完成每个动作，达到预期目标	要求： 1. 迅速站好队形 2. 集中精力，激发自己的情绪
	5分钟	二、动态热身：“倒车”游戏 （一）目的：让队员动起来，调动队员上课的积极性 （二）方法 1. 将队员分成 2 组，成纵队站在罚球线后 2. 听到开始的哨声，每组第一名队员快速跑到对面，用手触碰一下标志筒，再用后退跑跑回到罚球线排队 3. 各组下一名队员出发，所在组的所有队员率先完成即为获胜	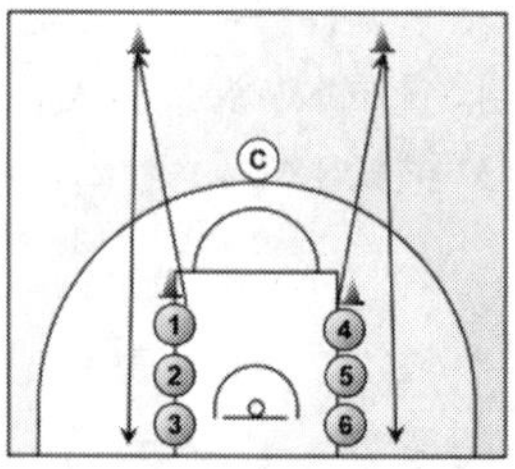 教法：教练向队员做出正确的示范后，再进行游戏 要求： 1. 游戏过程中注意保护同组队员，避免受伤 2. 在进行游戏竞赛时，注意维持好纪律，使练习有序地进行 器材：标志筒

续表

部分	时间	内容	教法与要求
准备部分	5 分钟	三、动态热身：持球跑练习 （一）目的：训练队员的灵敏性和脚步移动能力，调动队员学习的积极性 （二）方法 1. 队员持球于端线站立，将球置于头顶，保持手臂伸直 2. 跑动至中线返回，继续跑动至端线	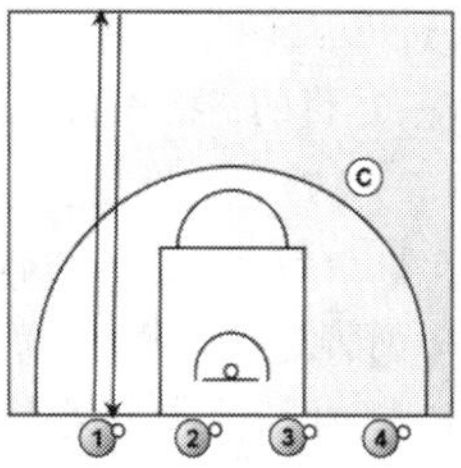 要求： 1. 队员手臂保持伸直，跑动速度适中 2. 队员踩到中线后才能返回，不允许提前返回 器材：篮球
基础训练	7 分钟	一、手足爬行 （一）目的：锻炼队员的手脚协调能力 （二）方法 1. 队员做好立卧撑姿势，双臂伸直后，双脚依次向前移动，尽量靠近双手，双膝伸直 2. 手脚配合，向前移动 3. 负荷量：2 分钟 ×3 组 （三）重点与难点 1. 保持背部和双臂伸直，固定身体姿势 2. 双腿要尽量伸直，臀部上抬，充分拉伸	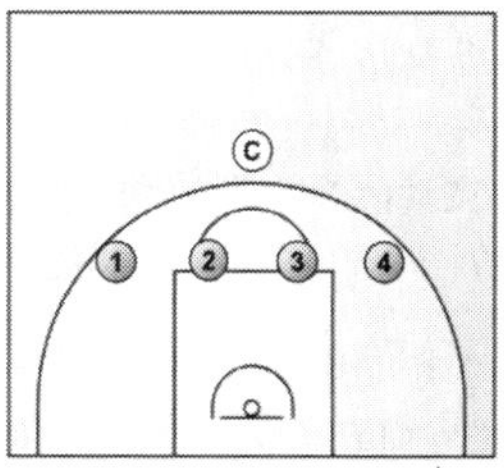 教法： 1. 教练示范完整动作，队员进行模仿 2. 队员多次重复完成该动作，达到熟练程度
	7 分钟	二、传球接力 （一）目的：增强队员的球感，锻炼队员的地滚球能力 （二）方法 1. 队员站成 2 路纵队，前后间隔一臂距离站立 2. 第一名队员经胯下传球给第二名队员，以此类推 3. 每组的所有队员均完成 1 次，用时最短的队伍获胜 4. 负荷量：2 分钟 ×3 组 （三）重点与难点 1. 手指控制在球的上方，掌心空出，手腕转动控制球的方向 2. 注意队友之间的衔接，保持身体平衡	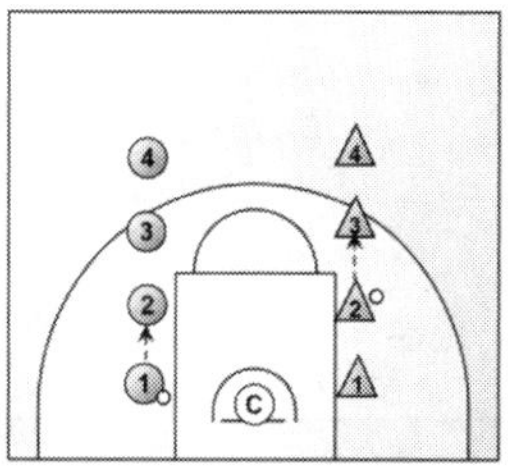 要求： 1. 快速传球，尽量减少失误 2. 队员注意力保持集中 器材：篮球

续表

部分	时间	内容	教法与要求
基础训练	7分钟	三、复习两脚同时蹬地跳跃动作 （一）目的：提高队员脚步的灵活性 （二）方法 1. 队员持球站立，两脚左右开立，身体挺直 2. 两脚踝关节发力，跳起 3. 脚内侧前脚掌着地，呈还原姿势，连续跳起 4. 负荷量：2 分钟 ×3 组 （三）重点与难点 1. 注意动作规范性，身体要协调一致 2. 保持重心稳定，避免身体上下起伏	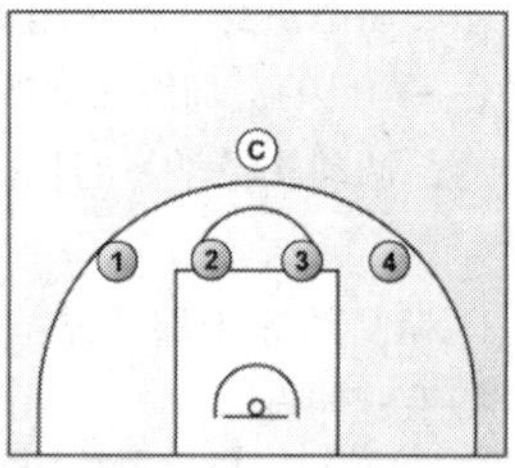 要求： 1. 将球始终置于胸腹之间，保持稳定 2. 跳起时动作频率要快
团队合作游戏竞赛	11分钟	名称：面对面接龙 （一）目的：提高队员的滚球能力，利用游戏调动队员上课的积极性 （二）方法：队员分为 2 队，每队分为 2 组面对面成纵队站立，第一名队员持球以地滚球形式传给对面队员，并跑回队尾，接球队员重复进行，每组的每名队员均完成 1 次传接球，用时最短的队伍获胜	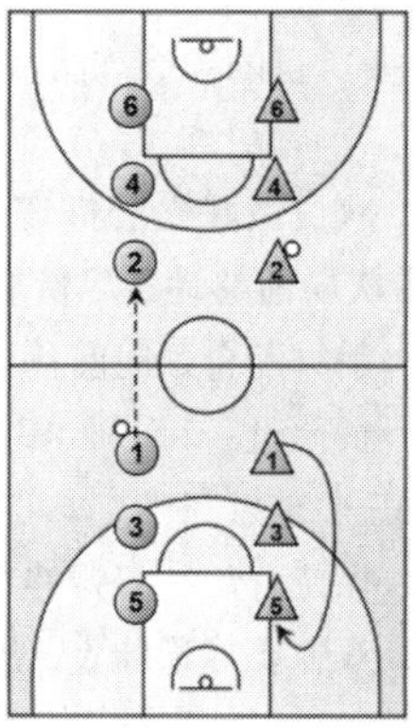 要求： 1. 每队的传球队员不能越过规定界线 2. 传球失误后，在失误的地方重新开始 3. 只允许以地滚球形式传球 器材：篮球
放松与总结	5分钟	1. 拉伸放松 2. 课后总结 3. 特别提醒 4. 宣布本节课最佳队员 5. 鼓舞士气	教法： 1. 教练总结本节课所学内容，再次强调动作的细节与要领 2. 教练布置课下作业 3. 教练宣布本节课最认真、提高最快的队员，让其余队员向其学习 4. 队员面向自己父母鞠躬，说“父母辛苦了”，集合喊“加油”，随后解散

第 4 课时

目的与任务：1. 学习转圈跑、跳跃练习，培养队员的协调、灵敏、反应等素质 2. 进行综合性训练，复习并巩固队员熟练运用滚球的技术动作			
部分	时间	内容	教法与要求
课前与家长交流	5分钟	1. 介绍课程计划及执教理念 2. 与家长进行交流，了解队员在日常交往中能否尊重他人、取长补短	教法：与家长进行深入的沟通与交流，介绍本节课的重点与难点，解决家长提出的队员在日常训练中遇到的疑难问题
集合讲解互动沟通	5分钟	1. 慢慢地拍手，大声喊“加油” 2. 强调兴趣对篮球运动的重要性 3. 相互介绍：认识教练与队员 4. 本节课的主题是“篮球的秘密” 5. 选举本节课的实习队长，实习队长要协助教练维持纪律，带领队员认真练习	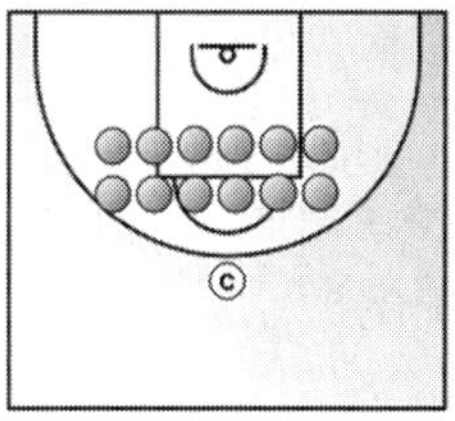 教法：普及篮球运动知识，介绍篮球规则；讲授本节课的训练主题，激发队员的训练热情，鼓舞团队士气
准备部分	3分钟	一、情绪激发 （一）目的：激发队员的情绪，集中注意力 （二）方法 1. 教练对跳跃动作、持球跑游戏的要求进行介绍 2. 教练激励队员，让队员全身心地投入	要求： 1. 迅速站好队形 2. 集中精力，激发自己的情绪
	5分钟	二、动态热身：转圈跑 （一）目的：让队员全身动起来，调动队员上课的积极性 （二）方法 1. 在场地上摆 1 圈标志筒，所有队员站成 1 队围着标志筒跑动，由教练带领并控制快慢节奏 2. 当教练突然停止时，每名队员拿 1 个标志筒，因为标志筒的数量会比队员数量少 1 个，所以会有 1 名队员拿不到标志筒	 要求： 1. 教练向队员做出正确的示范后，再进行游戏 2. 游戏过程中注意保护彼此，避免受伤 器材：标志筒

续表

部分	时间	内容	教法与要求
准备部分	5分钟	三、动态热身：跳跃练习 （一）目的：让队员全身动起来，锻炼队员的跳跃能力，调动队员上课的积极性 （二）方法 1. 队员分成2组，在端线处站成2列，每组队员面前按顺序依次摆放标志筒和敏捷圈 2. 队员先进行绕标志筒（6个直线排列）跑，然后依次快速跳过敏捷圈（6个直线排列） 3. 第一名队员做完后第二名再开始	要求： 1. 绕标志筒时，身体要协调发力 2. 绕标志筒时可以贴近做，降低难度 3. 跳跃时注意蹬地发力要迅速 器材：标志筒、敏捷圈
基础训练	7分钟	一、持球跑接力游戏 （一）目的：发展队员速度，培养队员之间的配合能力 （二）方法 1. 队员分为2队，持球于端线站立 2. 听到教练哨声后，将球举过头顶向标志筒跑动 3. 到达标志筒后返回，将球传递给下一名队员继续跑动 4. 负荷量：2分钟×3组 （三）重点与难点 1. 快速起动，以最快速度跑至标志筒处，同时手臂伸直，球不要低于头顶 2. 跑至标志筒跨步急停衔接前转身返回 3. 通过手递手方式传球给下一名队员，将球传至另一队员胸部 4. 队员接球时双手手指张开，拇指相对，呈八字形，伸臂迎球	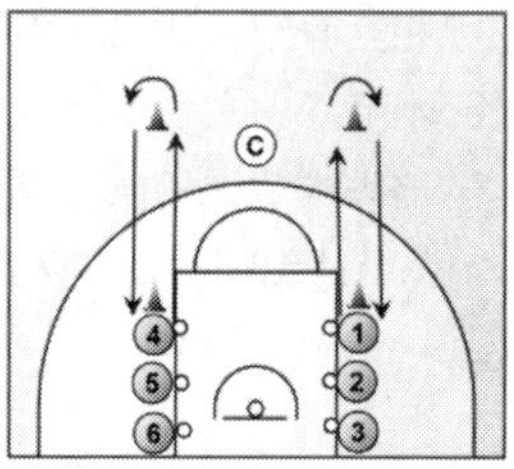 教法： 1. 教练通过正面、侧面的讲解与示范，队员边听讲解边看示范并学习正确、规范的动作 2. 教练讲解完毕，鼓励队员大胆尝试 3. 队员从起点直线出发，绕过标志筒直线返回，并到队尾排队 器材：篮球、标志筒
	7分钟	二、面对面滚球练习 （一）目的：提高队员的滚球能力与合作能力 （二）方法 1. 2名队员各持1球，面对面相距3米站立 2. 2名队员同时地滚球传球给对方 3. 负荷量：10次×5组 （三）重点与难点 1. 队员之间注意相互配合，篮球必须滚在同组队员身前的双手位置 2. 滚球速度不宜过快或过慢	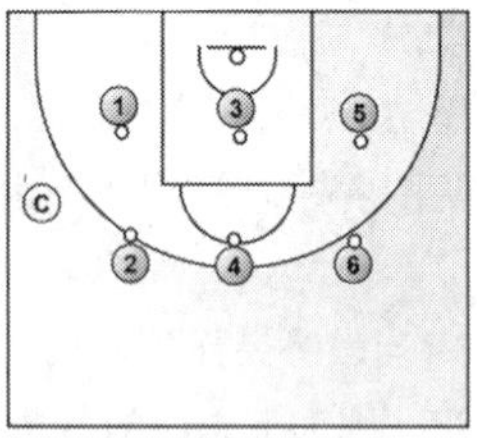 要求：注意滚球的方向、路线等 器材：篮球

续表

部分	时间	内容	教法与要求
基础训练	7分钟	三、面对面接龙 （一）目的：提高队员的滚球能力，利用游戏调动队员上课的积极性 （二）方法 1. 队员分为 2 队，每队分为 2 组面对面成纵队站立 2. 每队第一名队员持球以地滚球形式传给对面队员，然后跑回队尾，接球队员重复进行 3. 每名队员均应完成 1 次传接球，用时最短的队伍获胜 4. 负荷量：2 分钟 ×3 组 （三）重点与难点 1. 在滚球时队员要协调配合 2. 接球队员双手张开，做好迎接球的准备 3. 手指控制在球的上方，掌心空出，手腕转动控制球的方向	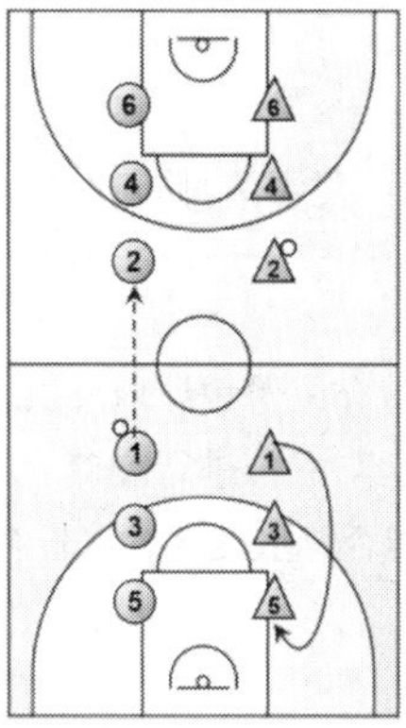 要求： 1. 每队传球队员不能越过规定界线 2. 传球失误后，须在失误的地方重新开始 器材：篮球
团队合作游戏竞赛	11分钟	名称：滚球 （一）目的：提高队员的滚球能力，利用游戏调动队员上课的积极性 （二）方法：队员分成 4 队，站在中圈的 4 个对立位置。各队排头队员沿着中圈逆时针滚球前进并返回出发位置，将球传递给下一名队员，排至队尾，下一名队员出发，依次接力，先完成的队伍获胜	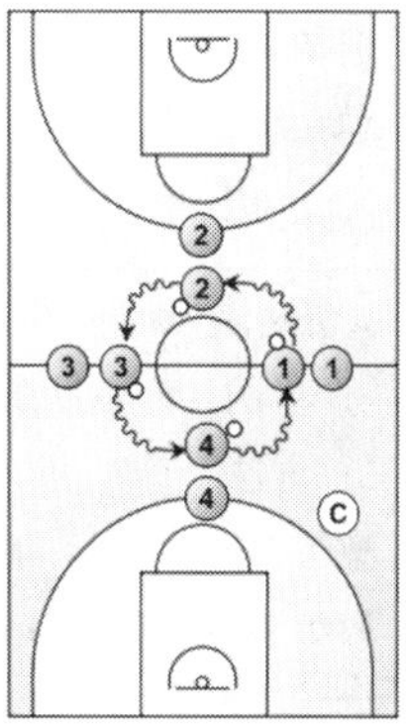 要求： 1. 不得踏进中圈范围 2. 超越对手时，只能从外侧绕过 3. 不能推、拉其他队员 器材：篮球
放松与总结	5分钟	1. 拉伸放松 2. 课后总结 3. 特别提醒 4. 宣布本节课最佳队员 5. 鼓舞士气	教法： 1. 教练总结本节课所学内容，再次强调动作的细节与要领 2. 教练布置课下作业 3. 教练宣布本节课最认真、提高最快的队员，让其余队员向其学习 4. 队员面向自己父母鞠躬，说“父母辛苦了”，集合喊“加油”，随后解散

第　5　课时

目的与任务：1. 介绍篮球是一项团队运动，让队员树立团队合作意识
2. 复习一些训练内容，使队员巩固并熟练运用滚球的技术动作
3. 学习一些团队游戏，增强队员之间的团队合作
4. 复习两脚同时蹬地跳跃动作，进一步巩固加强两脚同时蹬地跳跃的技术动作

部分	时间	内容	教法与要求
课前与家长交流	5分钟	1. 介绍课程计划及执教理念 2. 与家长进行交流，了解队员在日常交往中能否尊重他人、取长补短	教法：与家长进行深入的沟通与交流，介绍本节课的重点与难点，解决家长提出的队员在日常训练中遇到的疑难问题
集合讲解互动沟通	5分钟	1. 慢慢地拍手，大声喊“加油” 2. 强调兴趣对篮球运动的重要性 3. 相互介绍：认识教练与队员 4. 本节课的主题是“团队的意义”，告诉队员，篮球是团队运动，不是一个人的游戏，需要与队友合作完成 5. 选举本节课的实习队长，实习队长要协助教练维持纪律，带领队员认真练习	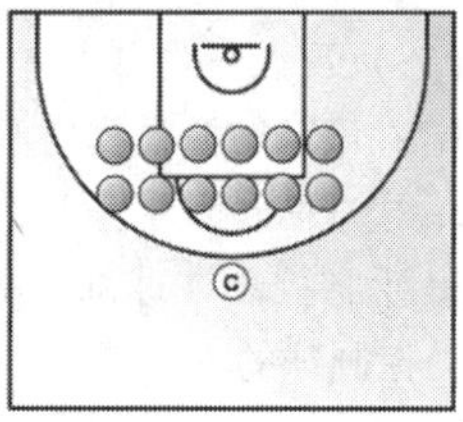 教法：普及篮球运动知识，介绍篮球规则；讲授本节课的训练主题，激发队员的训练热情，鼓舞团队士气
准备部分	3分钟	一、情绪激发 （一）目的：激发队员的情绪，集中注意力 （二）方法 1. 教练介绍热身活动的要求 2. 教练激励队员，让队员全身心地投入	要求： 1. 迅速站好队形 2. 集中精力，激发自己的情绪
	5分钟	二、动态热身：夹球跳游戏 （一）目的：让队员全身动起来，训练队员之间的合作能力，调动队员上课的积极性 （二）方法 1. 教练将队员分成几组，每组的第一名队员有1个篮球，并将球夹在两腿之间，站在端线上 2. 听到教练口令后，每组的第一名队员迅速地往终点的标志筒处跳跃，到达后将球抱着跑回来，交给本组的下一名队员 3. 依次接力，最快跳完的一组获胜	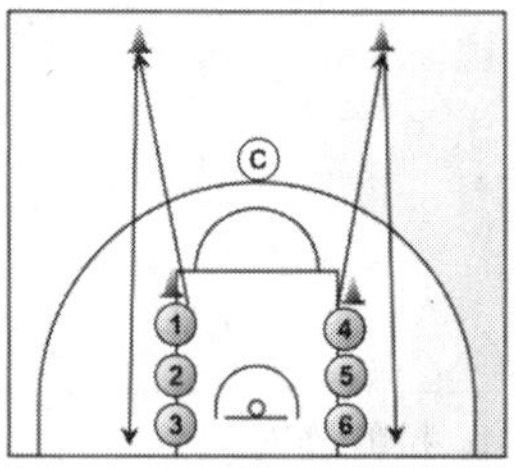 要求： 1. 在夹球跳的过程中，队员之间的距离要适当，球落地要立刻捡起，继续进行 2. 队员的注意力要高度集中 器材：篮球、标志筒

续表

部分	时间	内容	教法与要求
准备部分	5分钟	三、动态热身：手足爬行 （一）目的：锻炼队员的手脚协调能力 （二）方法 1. 队员做好立卧撑姿势，双臂伸直后，双脚逐步向前移动，尽量靠近双手，双膝伸直 2. 手脚配合，向前移动	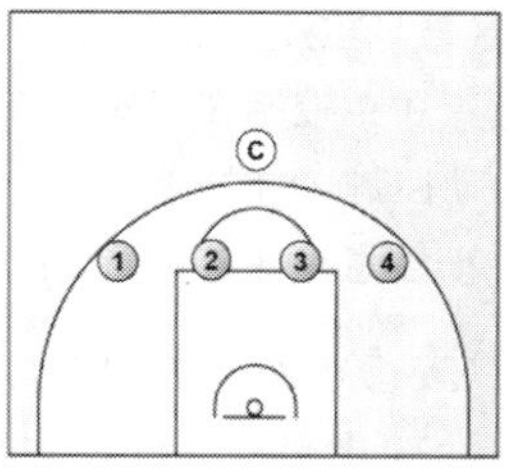 教法： 1. 教练示范完整动作，队员进行模仿 2. 队员多次重复完成该动作，达到熟练程度
基础训练	7分钟	一、滚球接力游戏 （一）目的：提高队员球性、滚球能力 （二）方法 1. 所有队员分成2组，站成2路纵队 2. 将球贴于地面，推球前进，第一名队员从排头绕到队尾，从队伍后方绕到下一名队员处，将球传给下一名队员，然后自己迅速跑至队尾，以此类推 3. 每组的所有队员均完成1次，用时最短的队伍获胜 4. 负荷量：2分钟×3组 （三）重点与难点 1. 滚球时，队员须协调配合 2. 接球队员双手张开，做好迎接球的准备 3. 手指控制在球的上方，掌心空出，手腕转动控制球的方向	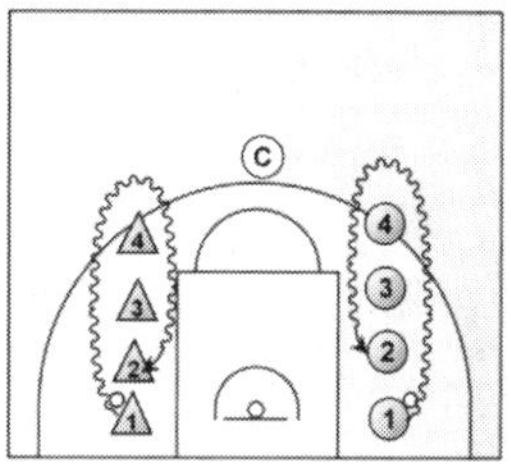 要求： 1. 前进时抬头观察前方 2. 以地滚球方式传球，不允许有扔球动作 器材：篮球
	7分钟	二、交通灯游戏（滚球游戏） （一）目的：提高队员的注意力，增强队员手指控球的能力 （二）方法 1. 听教练口令，队员端线集合 2. 所有队员降低重心，抬头看教练指令 3. 教练举红色标志筒时，队员单手滚球前进；教练举蓝色标志筒时，队员停止前进；直至到达罚球线 4. 负荷量：2分钟×3组	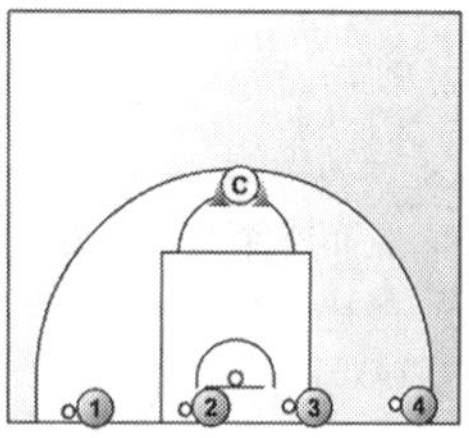 要求： 1. 前进时抬头观察前方 2. 控制球的方向，手不能离开球 3. 队员的注意力要高度集中 器材：篮球、标志筒

续表

部分	时间	内容	教法与要求
基础训练		（三）重点与难点 1. 手指控制在球的上方，掌心空出，手腕转动控制球的方向 2. 注意滚球走直线，控制好球	
	7分钟	三、复习两脚同时蹬地跳跃 （一）目的：提高队员脚步的灵活性 （二）方法 1. 队员持球站立，两脚左右开立，身体挺直 2. 两脚踝关节发力，跳起 3. 脚内侧前脚掌着地，呈还原姿势，连续跳起 4. 负荷量：2 分钟 ×3 组 （三）重点与难点 1. 注意动作规范性，身体要协调一致 2. 保持重心稳定，避免身体上下起伏	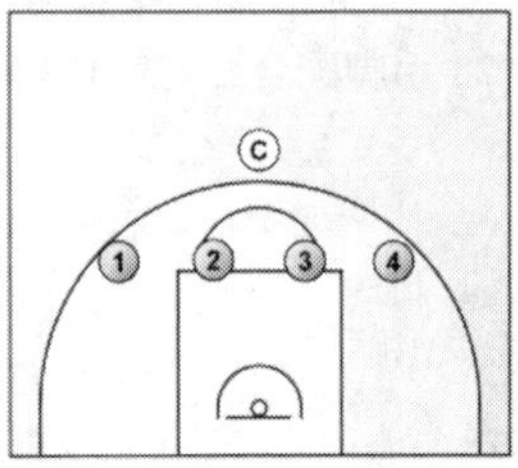 要求： 1. 将球始终置于胸腹之间，保持稳定 2. 跳起时动作频率要快
团队合作游戏竞赛	11分钟	名称：一体同心 （一）目的：提高队员对球的控制能力，培养队员的合作能力 （二）方法 1. 2 人 1 组，面对面夹住篮球按照既定路线移动 2. 鼓励队员相互沟通，主动思考如何更好地配合，完成该练习	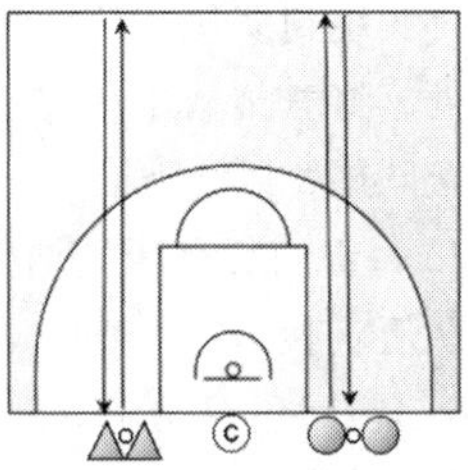 教法：教练引导队员沟通配合，球夹在什么位置（如胸部或腹部）、如何移动（横移或前后移动），由队员沟通决定 器材：篮球
放松与总结	5分钟	1. 拉伸放松 2. 课后总结 3. 特别提醒 4. 宣布本节课最佳队员 5. 鼓舞士气	教法： 1. 教练总结本节课所学内容，再次强调动作的细节与要领 2. 教练布置课下作业 3. 教练宣布本节课最认真、提高最快的队员，让其余队员向其学习 4. 队员面向自己父母鞠躬，说“父母辛苦了”，集合喊“加油”，随后解散

第 6 课时

目的与任务：1. 通过“过独木桥”等游戏来锻炼队员的身体素质
2. 学习体前传拨球等技术动作
3. 复习团队游戏，增强队员之间的团队合作力
4. 复习地滚球技术，并巩固加强技术动作

部分	时间	内容	教法与要求
课前与家长交流	5分钟	1. 介绍课程计划及执教理念 2. 与家长进行交流，了解队员在日常交往中能否尊重他人、取长补短	教法：与家长进行深入的沟通与交流，介绍本节课的重点与难点，解决家长提出的队员在日常训练中遇到的疑难问题
集合讲解互动沟通	5分钟	1. 慢慢地拍手，大声喊“加油” 2. 强调兴趣对篮球运动的重要性 3. 相互介绍：认识教练与队员 4. 本节课的主题是“团队的意义” 5. 选举本节课的实习队长，实习队长要协助教练维持纪律，带领队员认真练习	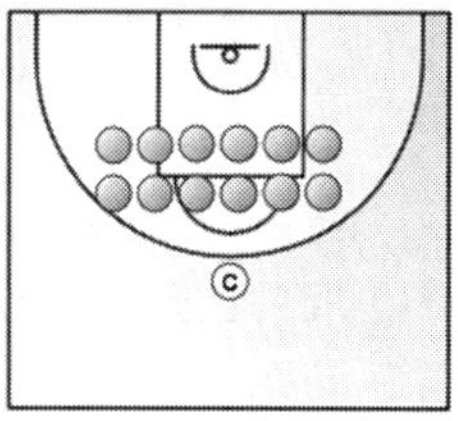 教法：普及篮球运动知识，介绍篮球规则；讲授本节课的训练主题，激发队员的训练热情，鼓舞团队士气
准备部分	3分钟	一、情绪激发 （一）目的：激发队员的情绪，集中注意力 （二）方法 1. 教练介绍一些简单的篮球基本知识 2. 教练对本节课的热身动作进行讲解 3. 当教练大声喊出需要做的动作时，队员积极尝试	要求： 1. 迅速站好队形 2. 集中精力，激发自己的情绪
	5分钟	二、动态热身：“过独木桥” （一）目的：让队员全身动起来，锻炼队员的灵敏性，调动队员上课的积极性 （二）方法 1. 在罚球线两端设置 2 排标志筒，队员从中间穿过，其中教练充当防守队员，阻碍队员通过 2. 教练利用左右横向滑步干扰队员，而队员应迅速摆脱干扰并通过	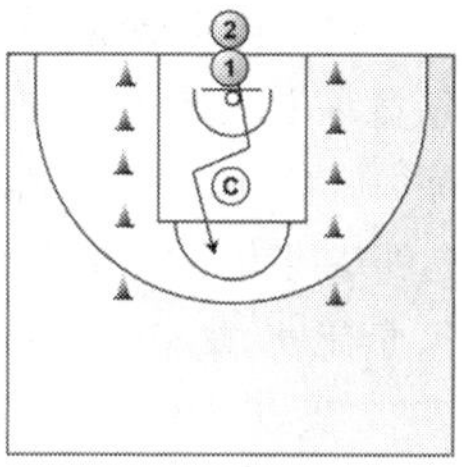 要求： 1. 队员在躲闪教练的过程中要避免受伤 2. 队员的注意力要高度集中 器材：标志筒

续表

部分	时间	内容	教法与要求
准备部分	5分钟	三、动态热身：行进间两脚跳跃练习 （一）目的：训练队员的灵敏性，提高队员的脚步移动能力 （二）方法 1. 队员双脚同时跳入绳梯第一格内 2. 落地后起跳，两脚分开落在绳梯第二格外侧，连续做，身体协调用力，连贯性要强	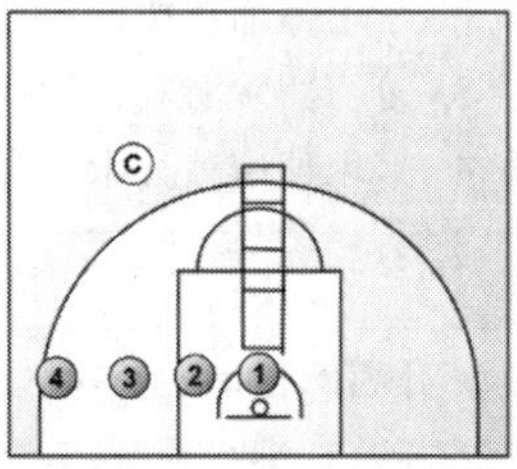 要求： 1. 两脚擦地进行，身体上下起伏不要过大 2. 动作连贯、步频要快 器材：绳梯
基础训练	7分钟	一、“冰激凌”游戏 （一）目的：提高队员球性、滚球能力 （二）方法 1. 队员站成2排，每名队员倒拿2个标志筒，并且1个标志筒上放1个篮球 2. 每名队员让球在2个标志筒之间来回交替 3. 负荷量：2分钟×3组 （三）重点与难点 1. 保持平衡，身体直立 2. 双手协调配合，稳定地传接球	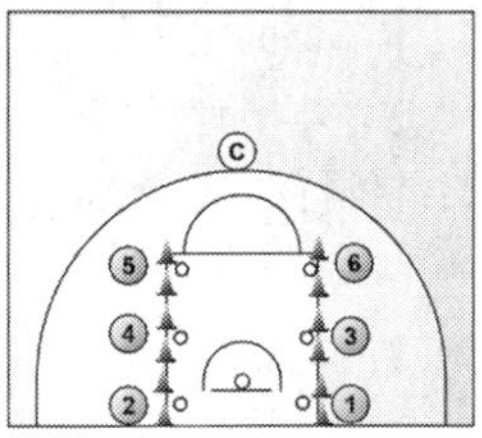 要求：球要在标志筒上，不能掉下 器材：篮球、标志筒
	7分钟	二、“交通灯”游戏（滚球游戏） （一）目的：提高队员的滚球能力与反应能力 （二）方法 1. 听教练口令，队员端线集合 2. 所有队员降低重心，抬头看教练指令 3. 教练举红色标志筒时，队员滚球前进；教练举蓝色标志筒时，队员停止前进；直至到达罚球线为止 4. 负荷量：2分钟×3组 （三）重点与难点 1. 反应速度快，教练发出信号时队员立刻做出相应动作 2. 注意滚球走直线，控制好球	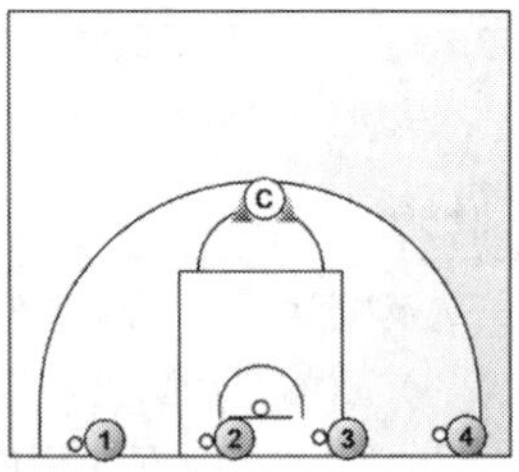 要求： 1. 前进时抬头观察前方 2. 控制球的方向，手不能离开球 3. 队员注意力要高度集中 器材：篮球、标志筒

续表

部分	时间	内容	教法与要求
基础训练	7分钟	三、体前传拨球练习 （一）目的：提高队员的拨球能力，利用游戏调动队员上课的积极性 （二）方法 1. 身体直立，双手托球于胸前 2. 用双手手指指端来回传拨球，双手保持一定距离 3. 两手协调配合，保持球不落地 4. 负荷量：2 分钟 ×3 组 （三）重点与难点 1. 注意用手指的指端而不是手掌拨球 2. 身体直立，收腹，挺腰	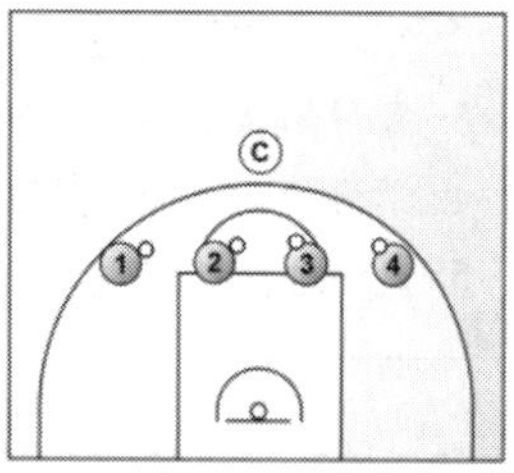 教法： 1. 教练示范完整动作，队员进行模仿 2. 让队员多次重复完成该动作，并达到熟练程度 器材：篮球
团队合作游戏竞赛	11分钟	名称：你推我扶 （一）目的：提高队员对球的控制能力，培养队员之间的默契 （二）方法：队员分成 2 组，每名队员各持 1 球，第一名队员将球放在地上，推球前进，经过每 1 个标志筒都将其放倒，最后 1 个标志筒放倒后，第二名队员出发，按前一名队员的路线推球前进，将标志筒扶起，以此类推，用时最短的组获胜	 要求： 1. 前进时抬头观察前方 2. 控制球的方向及落点，手不能离开球 器材：篮球、标志筒
放松与总结	5分钟	1. 拉伸放松 2. 课后总结 3. 特别提醒 4. 宣布本节课最佳队员 5. 鼓舞士气	教法： 1. 教练总结本节课所学内容，再次强调动作的细节与要领 2. 教练布置课下作业 3. 教练宣布本节课最认真、提高最快的队员，让其余队员向其学习 4. 队员面向自己父母鞠躬，说“父母辛苦了”，集合喊“加油”，随后解散

第　7　课时

目的与任务：1. 学习“穿越火线”等游戏锻炼队员的身体素质
2. 复习体前传拨球技术动作，并改正错误动作
3. 复习团队游戏，增强团队之间的默契
4. 学习两腿半蹲提踵动作
5. 复习地滚球技术，巩固正确的技术动作

部分	时间	内容	教法与要求
课前与家长交流	5分钟	1. 介绍课程计划及执教理念 2. 与家长进行交流，了解队员在日常交往中能否尊重他人、取长补短	教法：与家长进行深入的沟通与交流，介绍本节课的重点与难点，解决家长提出的队员在日常训练中遇到的疑难问题
集合讲解互动沟通	5分钟	1. 慢慢地拍手，大声喊“加油” 2. 强调兴趣对篮球运动的重要性 3. 相互介绍：认识教练与队员 4. 本节课的主题是“团队的意义” 5. 选举本节课的实习队长，实习队长要协助教练维持纪律，带领队员认真练习	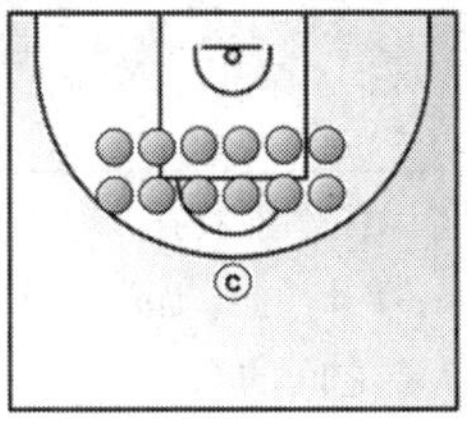 教法：普及篮球运动知识，介绍篮球规则；讲授本节课的训练主题，激发队员的训练热情，鼓舞团队士气
准备部分	3分钟	一、情绪激发 （一）目的：激发队员的情绪，集中注意力 （二）方法 1. 教练介绍一些简单的篮球基本知识 2. 教练对本节课的热身动作进行讲解 3. 当教练大声喊出需要做的动作时，队员积极尝试	要求： 1. 迅速站好队形 2. 集中精力，激发自己的情绪
	5分钟	二、动态热身：抱球接力跑 （一）目的：让队员全身动起来，锻炼队员的跑动能力，调动队员上课积极性 （二）方法 1. 队员分成2组，每组站成1路纵队，在每1组队员的身边放置4个篮球并进行编号 2. 当教练下达口令，说出1～4任意1个数字时，队员听到后将相应编号的篮球抱至怀中，并围绕标志筒，沿S形路线跑	

续表

部分	时间	内容	教法与要求
准备部分		3. 到达中场后，原路返回，将球传给下一名队员，依次接力，用时最短的队伍获胜	要求： 1. 有序排队，顺序进行，持球队员返回后下一名队员再出发，不要抢跑 2. 跑的过程中球不能落地，若球落地须从原点出发 3. 接力时必须2人进行交接，其他人不得帮助 器材：标志筒、篮球
	5分钟	三、动态热身：“穿越火线”游戏 （一）目的：锻炼队员的跳跃能力和灵敏性 （二）方法 1. 队员分成2组，成纵队站立，组员之间间隔2米，排头各持1球向后传递 2. 最后1名队员接球后，将球放在地上，绕S形推球穿过本组队员，站在排头，向后传球，重复上述动作	 要求： 1. 有序地进行练习 2. 只允许以地滚球形式传接球 器材：篮球
基础训练	7分钟	一、复习体前传拨球练习 （一）目的：提高队员的拨球能力，利用游戏调动队员上课的积极性 （二）方法 1. 身体直立，双手托球于胸前 2. 用双手手指和手指端来回传拨球，双手保持一定距离 3. 两手协调配合，保持球不落地 4. 负荷量：2分钟×3组 （三）重点与难点 1. 用手指的指端拨球而不是手掌 2. 双手之间要保持一定的距离	 教法： 1. 教练示范完整动作，队员进行模仿 2. 队员多次重复练习该动作，达到熟练程度 器材：篮球
	7分钟	二、滚球接力游戏 （一）目的：提高队员的球性、滚球能力 （二）方法 1. 所有队员分成2组，站成2路纵队 2. 将球贴于地面，推球前进，每组的第一名队员从排头绕到队尾，从队伍后方绕到下一名队员处，将球传给下一名队员，然后自己迅速跑至队尾，以此类推；每组的所有队员均完成1次，用时最短的队伍获胜	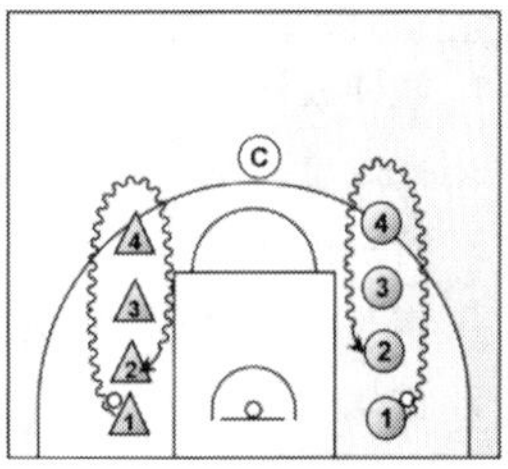

续表

部分	时间	内容	教法与要求
		3. 负荷量：2 分钟 ×3 组 （三）重点与难点 1. 滚球时，队员协调配合 2. 接球队员双手张开，做好迎接球的准备 3. 手指控制在球的上方，掌心空出，手腕转动控制球的方向	要求： 1. 前进时抬头观察前方 2. 控制球的方向，手不能离开球 器材：篮球
基础训练	7 分钟	三、两腿半蹲提踵练习 （一）目的：提高队员的身体运动能力 （二）方法 1. 身体直立，双脚左右开立，双臂胸前平举 2. 练习时，半蹲，双臂自然下垂 3. 提踵，双臂上举，带动身体呈直立姿势，连续做 4. 控制身体重心，小腿、腰腹、双臂协调用力 5. 负荷量：2 分钟 ×3 组 （三）重点与难点 1. 注意动作的规范性，全身要协调用力 2. 注意控制身体的重心，保持身体平衡	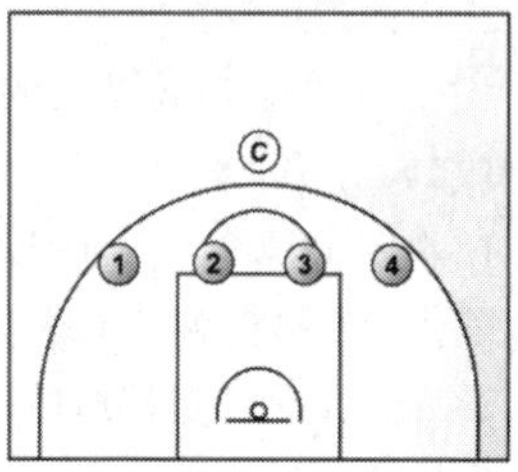 教法： 1. 教练示范完整动作，队员进行模仿 2. 教练根据队员完成情况纠正错误，讲解动作细节
团队合作游戏竞赛	11 分钟	名称：抢标志筒游戏 （一）目的：提高队员的反应能力，培养团队精神 （二）方法 1. 标志筒成圆形摆放，数量始终比队员数量少 1 个 2. 当教练发出口令后，队员围绕标志筒匀速跑动，当教练喊停时，靠近标志筒的一侧手快速拿起标志筒 3. 没有获得标志筒的队员，教练要及时鼓励并让其在场边加油，标志筒随之减少 1 个	 教法： 1. 教练通过正面、侧面的讲解与示范，队员边听讲解边看示范并学习正确、规范的动作 2. 教练讲解完毕，鼓励队员大胆尝试 器材：标志筒
放松与总结	5 分钟	1. 拉伸放松 2. 课后总结 3. 特别提醒 4. 宣布本节课最佳队员 5. 鼓舞士气	教法： 1. 教练总结本节课所学内容，再次强调动作的细节与要领 2. 教练布置课下作业 3. 教练宣布本节课最认真、提高最快的队员，让其余队员向其学习 4. 队员面向自己父母鞠躬，说“父母辛苦了”，集合喊“加油”，随后解散

第 8 课时

目的与任务：1. 学习“僵尸”蹦蹦跳、抱球跳等游戏，增强队员的身体素质 2. 学习原地绕 8 字地滚球、之字形滚球训练			
部分	时间	内容	教法与要求
课前与家长交流	5 分钟	1. 介绍课程计划及执教理念 2. 与家长进行交流，了解队员在日常交往中能否尊重他人、取长补短	教法：与家长进行深入的沟通与交流，介绍本节课的重点与难点，解决家长提出的队员在日常训练中遇到的疑难问题
集合讲解互动沟通	5 分钟	1. 慢慢地拍手，大声喊“加油” 2. 强调兴趣对篮球运动的重要性 3. 相互介绍：认识教练与队员 4. 本节课的主题是“团队的意义” 5. 选举本节课的实习队长，实习队长要协助教练维持纪律，带领队员认真练习	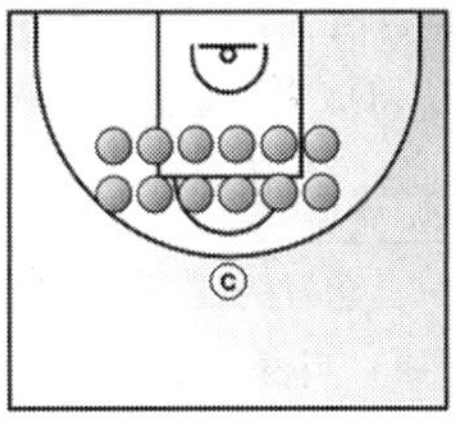 教法：普及篮球运动知识，介绍篮球规则；讲授本节课的训练主题，激发队员的训练热情，鼓舞团队士气
准备部分	3 分钟	一、情绪激发 （一）目的：激发队员的情绪，集中注意力 （二）方法 1. 教练对“僵尸”蹦蹦跳等热身动作进行讲解 2. 当教练大声喊出需要做的动作时，队员积极尝试	要求： 1. 迅速站好队形 2. 集中精力，激发自己的情绪
	5 分钟	二、动态热身：“僵尸”蹦蹦跳 （一）目的：让队员全身动起来，锻炼队员的跳跃能力，调动队员上课的积极性 （二）方法 1. 所有队员在端线处站成 1 排，教练手拿 2 个标志筒（红色、绿色） 2. 队员看见教练举起绿色标志筒就向前并腿跳，看见教练举起红色标志筒即停，直至到达罚球线	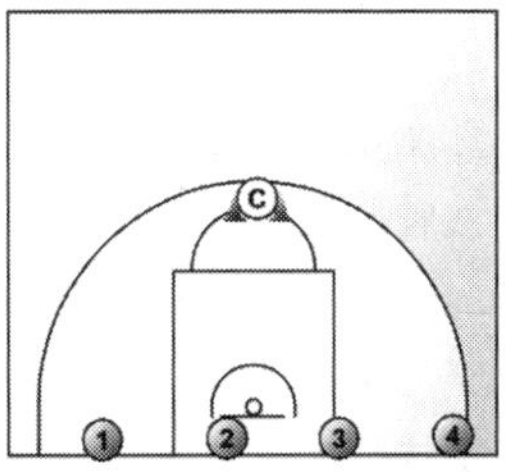 要求： 1. 队员在跳跃过程中不能打闹 2. 队员的注意力要高度集中 器材：标志筒

续表

部分	时间	内容	教法与要求
准备部分	5分钟	三、动态热身：抱球 （一）目的：让队员全身动起来，调动队员上课的积极性 （二）方法 1. 队员在端线处站成 2 路纵队，第一名队员持 2 个球分别用手臂夹在身体两侧，听教练口令向前跳跃，跳至三分线的弧线处，加速跑返回 2. 将球交给本队下一名队员，以此类推，用时短的队伍获胜	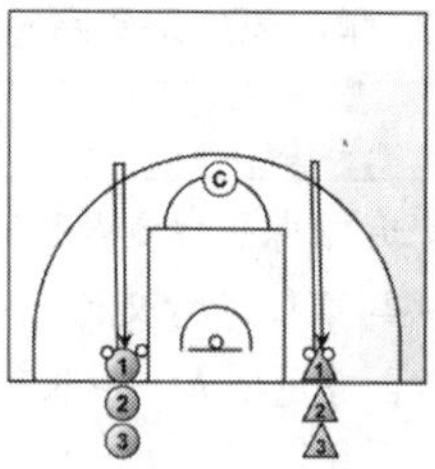 要求： 1. 教练向队员做出正确的示范后，再进行游戏 2. 游戏过程中队员注意保护彼此，避免受伤 器材：篮球
基础训练	7分钟	一、复习两腿半蹲提踵练习 （一）目的：提高队员的身体运动能力 （二）方法 1. 身体直立，双脚左右开立，双臂胸前平举 2. 练习时，半蹲，双臂自然下垂 3. 提踵，双臂上举，带动身体呈直立姿势，连续做 4. 控制身体重心，小腿、腰腹、双臂协调用力 5. 负荷量：2 分钟 ×3 组 （三）重点与难点 1. 注意动作的规范性，全身要协调用力 2. 注意控制身体的重心，保持身体平衡	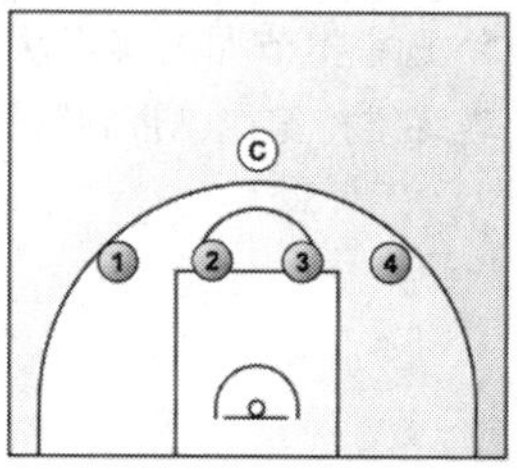 教法： 1. 教练示范完整动作，队员进行模仿练习 2. 教练根据队员完成情况纠正错误，讲解动作细节
	7分钟	二、原地绕 8 字地滚球 （一）目的：提高队员的球性、滚球能力 （二）方法 1. 双脚开立比肩略宽，上身前屈，将球放于双脚前方地上 2. 左手拨球以左脚为圆心按逆时针方向滚动至身体左后方，继续用手滚动球至胯下，右手接拨球 3. 右手拨球以右脚为圆心按顺时针方向滚动至身体后方，继续用手滚球至胯下 4. 负荷量：2 分钟 ×3 组 （三）重点与难点 1. 手指控制在球的上方，掌心空出，手腕转动控制球的方向 2. 降低重心，保持身体平衡	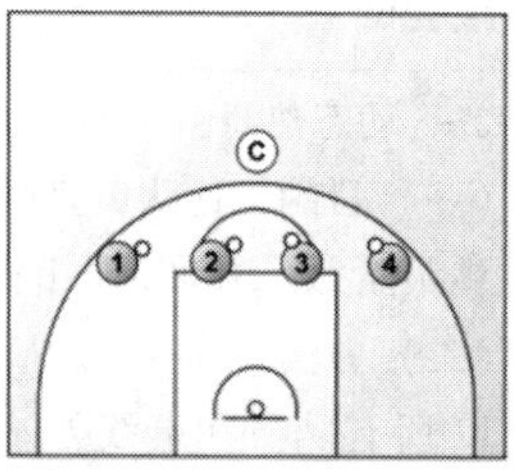 教法： 1. 教练通过正面、侧面的讲解与示范，队员边听讲解边看示范并学习正确、规范的动作 2. 教练讲解完毕，鼓励队员大胆尝试，并手把手地教授队员 器材：篮球

续表

部分	时间	内容	教法与要求
基础训练	7分钟	三、之字形滚球训练 （一）目的：提高队员的球性，利用游戏调动队员上课的积极性 （二）方法 1. 练习时注意目视前方，观察标志筒的位置，队员需要从标志筒的外侧绕过，奔向下一个标志筒 2. 负荷量：2 分钟 ×3 组 （三）重点与难点 1. 手指控制在球的上方，掌心空出，手腕转动控制球的方向 2. 降低重心，保持身体平衡	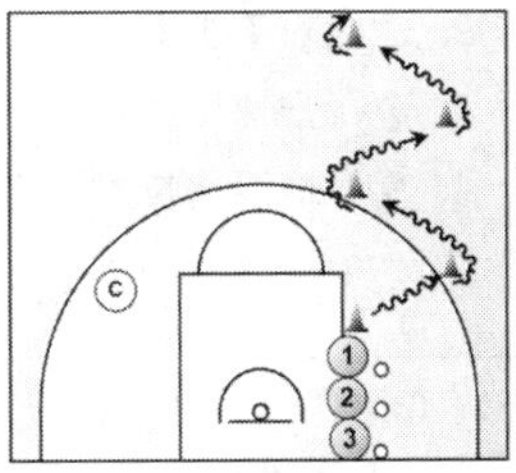 教法： 1. 教练通过正面、侧面的讲解与示范，队员边听讲解边看示范并学习正确、规范的动作 2. 教练讲解完毕，鼓励队员大胆尝试，并手把手地教授队员 器材：篮球、标志筒
团队合作游戏竞赛	11分钟	名称：背夹球游戏 （一）目的：提高队员的反应能力，培养队员的团队精神 （二）方法 1. 所有队员在篮球场端线处分成 2 组面对面站立 2. 教练说预备的时候 2 名队员用背部夹住球，听到哨声后立刻从端线加速移动到中线，随即把球放在中线从两侧跑回	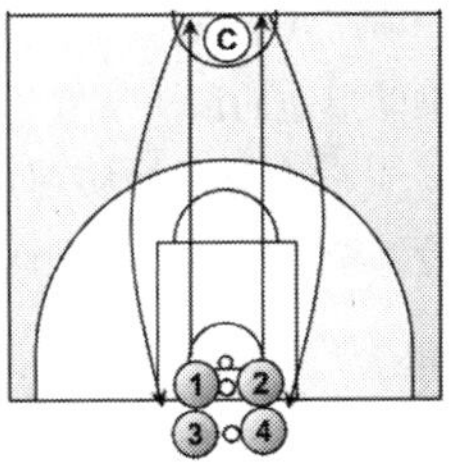 要求： 1. 在夹球时 2 名队员要相互配合 2. 注意脚步同时移动 3. 2 名队员在夹球时注意身体横向滑步 器材：篮球
放松与总结	5分钟	1. 拉伸放松 2. 课后总结 3. 特别提醒 4. 宣布本节课最佳队员 5. 鼓舞士气	教法： 1. 教练总结本节课所学内容，再次强调动作的细节与要领 2. 教练布置课下作业 3. 教练宣布本节课最认真、提高最快的队员，让其余队员向其学习 4. 队员面向自己父母鞠躬，说“父母辛苦了”，集合喊“加油”，随后解散

第 9 课时

目的与任务：1. 介绍篮球是一项需要长期训练的运动，培养队员吃苦耐劳的品质 2. 学习双手头上直臂连续托、点拨球 3. 进行推球接力赛，提高队员的球性，增强队员之间的团队合作能力 4. 复习地滚球技术动作，巩固正确的动作			
部分	时间	内容	教法与要求
课前与家长交流	5分钟	1. 介绍课程计划及执教理念 2. 与家长进行交流，了解队员在日常交往中能否尊重他人、取长补短	教法：与家长进行深入的沟通与交流，介绍本节课的重点与难点，解决家长提出的队员在日常训练中遇到的疑难问题
集合讲解互动沟通	5分钟	1. 慢慢地拍手，大声喊“加油” 2. 强调兴趣对篮球运动的重要性 3. 相互介绍：认识教练与队员 4. 本节课的主题是“坚韧的毅力”，篮球是一项需要长期训练的运动，需要坚持不懈，不能半途而废 5. 选举本节课的实习队长，实习队长要协助教练维持纪律，带领队员认真练习	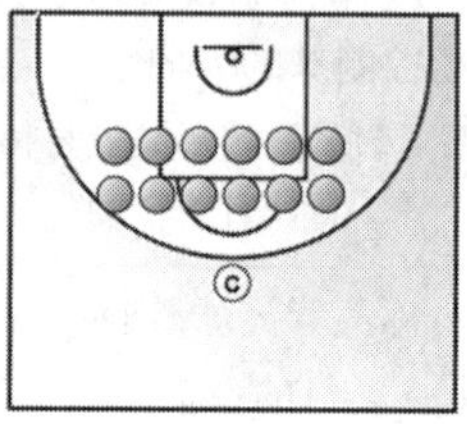 教法：普及篮球运动知识，介绍篮球规则；讲授本节课的训练主题，激发队员的训练热情，鼓舞团队士气
准备部分	3分钟	一、情绪激发 （一）目的：激发队员的情绪，集中注意力 （二）方法 1. 教练介绍热身活动要求 2. 当教练大声喊出动作名称时，队员立即开始	要求： 1. 迅速站好队形 2. 集中精力，激发自己的情绪
	5分钟	二、动态热身：滚球捡标志筒练习 （一）目的：让队员全身动起来，锻炼队员的滚球能力，调动队员上课的积极性 （二）方法 1. 队员一边滚球，一边捡起教练放在地上的标志筒，教练在队员捡起后迅速朝另一方向放置标志筒 2. 队员快速反应，在滚球的同时将标志筒捡起	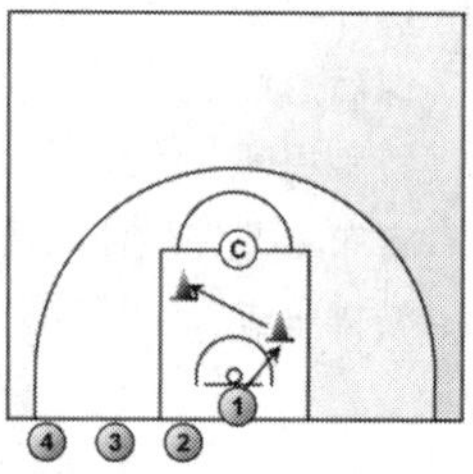 要求： 1. 队员反应迅速，动作灵敏，速度快 2. 教练根据队员的能力适当增加难度 器材：篮球、标志筒

续表

部分	时间	内容	教法与要求
准备部分	5分钟	三、动态热身：抱球蛇形跑 （一）目的：训练队员的灵敏性和脚步移动能力，调动队员上课的积极性 （二）方法 1. 队员持球于端线站立，教练发出指令，队员开始跑动 2. 依次蛇形绕过每个标志筒	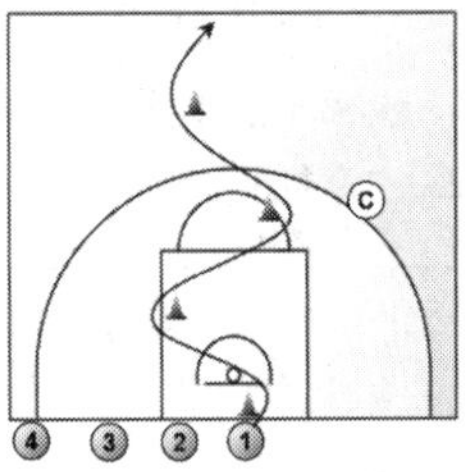 教法： 1. 教练进行讲解和示范 2. 队员在奔跑过程中注意速度节奏感的变化，直线加速，变向减速再加速 器材：标志筒
基础训练	7分钟	一、原地绕8字地滚球 （一）目的：提高队员的球性、滚球能力 （二）方法 1. 双脚开立比肩略宽，上体前屈，将球放于双脚前方地上 2. 左手拨球，以左脚为圆心按逆时针方向滚动至身体左后方，继续用手滚动球至胯下，右手接拨球 3. 右手拨球，以右脚为圆心按顺时针方向滚动至身体后方，继续用手滚球至胯下，双手拿起球 4. 负荷量：2分钟×3组 （三）重点与难点 1. 手指控制在球的上方，掌心空出，手腕转动控制球的方向 2. 降低重心，保持身体平衡	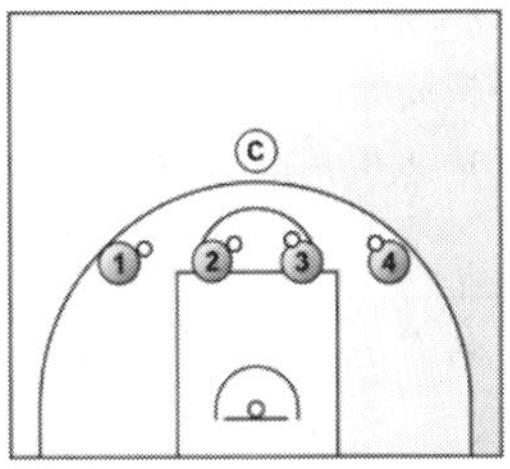 教法： 1. 教练通过正面、侧面的讲解与示范，队员边听讲解边看示范并学习正确、规范的动作 2. 教练讲解完毕，鼓励队员大胆尝试，并手把手地教授队员 器材：篮球
	7分钟	二、绳梯跑动练习 （一）目的：锻炼队员的灵敏度，提高队员的脚步移动能力 （二）方法 1. 队员快速做高抬腿动作，双脚依次踏过绳梯的每一格 2. 双腿尽量抬高，上身挺直，步频要快 3. 以最快的速度通过绳梯 4. 负荷量：2分钟×3组	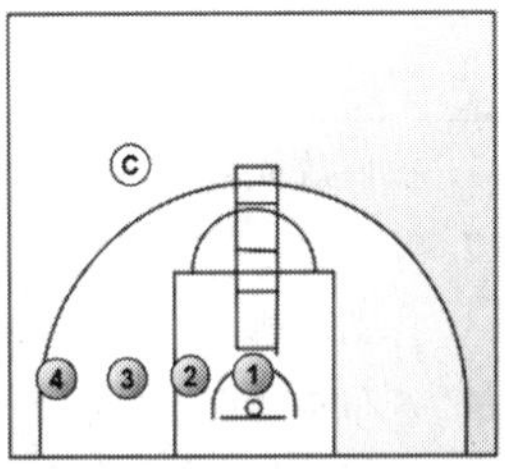 要求： 1. 队员按顺序排队，有序地进行练习 2. 队员前后保持一定距离 器材：绳梯

续表

部分	时间	内容	教法与要求
基础训练		（三）重点与难点 1. 步幅不能太大，步频要有速度 2. 注意控制身体平衡	
	7分钟	三、双手头上直臂连续托、点拨球 （一）目的：提高队员的球性，调动队员上课的积极性 （二）方法 1. 身体直立，腰部挺直，双臂上举 2. 双臂伸直，手指和指端连续做点拨球练习 3. 负荷量：2 分钟 ×3 组 （三）重点与难点 1. 手臂要尽量伸直，点拨球时手腕发力、手指拨球，掌心空出 2. 点拨球时，控制好球的方向和力度	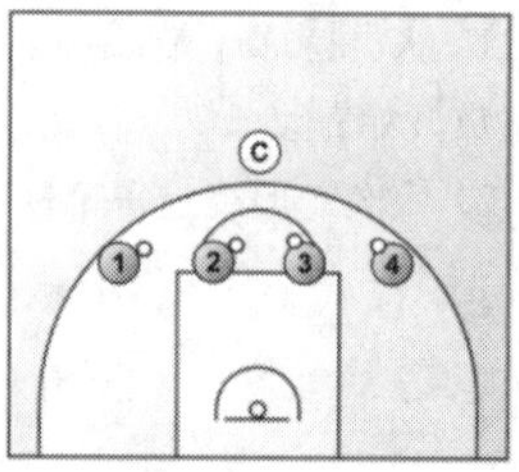 要求： 1. 托、点拨球时，手臂充分伸直，点拨球前手腕下压 2. 手指控制好球的方向和力度 器材：篮球
团队合作游戏竞赛	11分钟	名称：推球接力赛 （一）目的：提高队员的反应能力，培养团队精神 （二）方法 1. 队员分成 2 组，均持球从端线出发，习惯用手的手掌部位推球前行 2. 每名队员须把球推至标志筒处，然后返回端线，同时将球传递至下一名队员	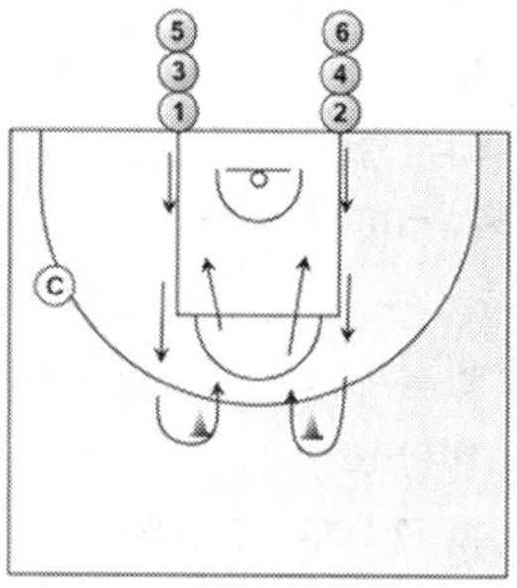 要求： 1. 培养控制球的能力及身体协调性，加强团队合作意识 2. 球不能离开地面、手不能离开球面 器材：标志筒、篮球
放松与总结	5分钟	1. 拉伸放松 2. 课后总结 3. 特别提醒 4. 宣布本节课最佳队员 5. 鼓舞士气	教法： 1. 教练总结本节课所学内容，再次强调动作的细节与要领 2. 教练布置课下作业 3. 教练宣布本节课最认真、提高最快的队员，让其余队员向其学习 4. 队员面向自己父母鞠躬，说“父母辛苦了”，集合喊“加油”，随后解散

第 10 课时

目的与任务：1. 学习 V 形变向跑练习，增强队员的身体素质
2. 学习单手水平摆球
3. 复习蹬地、滚球，进一步巩固蹬地、滚球等技术动作

部分	时间	内容	教法与要求
课前与家长交流	5分钟	1. 介绍课程计划及执教理念 2. 与家长进行交流，了解队员在日常交往中能否尊重他人、取长补短	教法：与家长进行深入的沟通与交流，介绍本节课的重点与难点，解决家长提出的队员在日常训练中遇到的疑难问题
集合讲解互动沟通	5分钟	1. 慢慢地拍手，大声喊“加油” 2. 强调兴趣对篮球运动的重要性 3. 相互介绍：认识教练与队员 4. 本节课的主题是“坚韧的毅力” 5. 选举本节课的实习队长，实习队长要协助教练维持纪律，带领队员认真练习	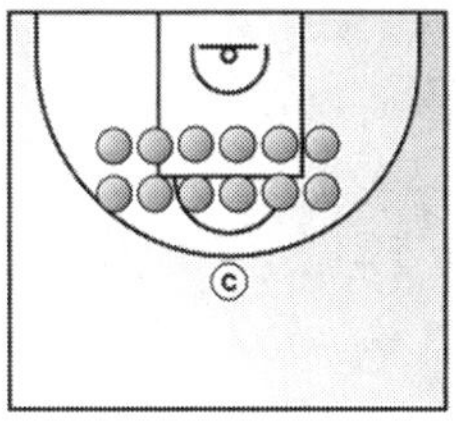 教练：普及篮球运动知识，介绍篮球规则；讲授本节课的训练主题，激发队员的训练热情，鼓舞团队士气
准备部分	3分钟	一、情绪激发 （一）目的：激发队员的情绪，集中注意力 （二）方法 1. 教练介绍 V 形变向跑等热身活动的要求 2. 教练激励队员，让队员全身心地投入	要求： 1. 迅速站好队形 2. 集中精力，激发自己的情绪
	5分钟	二、动态热身：“过独木桥” （一）目的：让队员全身动起来，锻炼队员的灵敏性，调动队员上课的积极性 （二）方法 1. 在罚球线两端设置 2 排标志筒，队员从中间穿过，其中教练充当防守队员，阻碍队员通过 2. 教练利用左右横向滑步干扰队员，而队员应迅速摆脱干扰并通过	 要求： 1. 队员在躲闪教练的过程中要避免受伤 2. 队员的注意力要高度集中 器材：标志筒

续表

部分	时间	内容	教法与要求
准备部分	5分钟	三、动态热身：V 形变向跑练习 （一）目的：训练队员的灵敏性和脚步移动能力，调动队员上课的积极性 （二）方法 1. 队员平均分成 2 组，在篮球场两侧做 V 形变向跑练习 2. 变向时脚蹬地要有力，蹬地后及时跨步，跨步后身体重心降低，不要上下起伏	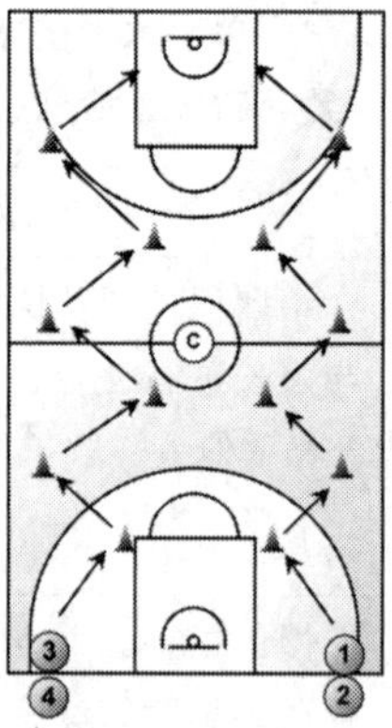 教法： 1. 提高队员无球摆脱的能力，同时强调变向跑的节奏感 2. 掌握直线加速、变向减速再加速的节奏感 器材：标志筒
基础训练	7分钟	一、复习双手头上直臂连续托、点拨球动作 （一）目的：提高队员的球性，调动队员上课的积极性 （二）方法 1. 身体直立，腰部挺直，双臂上举 2. 双臂伸直，手指和指端连续做点拨球练习 3. 负荷量：2 分钟 ×3 组 （三）重点与难点 1. 手臂要尽量伸直，点拨球时手腕发力、手指拨球，掌心空出 2. 点拨球时，控制好球的方向和力度	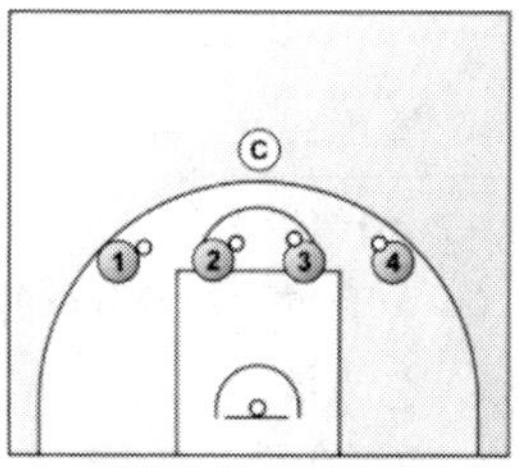 要求： 1. 队员在托、点拨球时，手臂充分伸直，点拨球前手腕下压 2. 手指控制好球的方向和力度 器材：篮球
	7分钟	二、行进间两脚跳跃练习 （一）目的：锻炼队员的灵敏性，提高队员的脚步移动能力 （二）方法 1. 队员双脚同时跳入绳梯第一格内 2. 落地后起跳，两脚分开落在绳梯第二格外侧，连续做，身体协调用力，连贯性要强 3. 负荷量：2 分钟 ×3 组 （三）重点与难点 1. 连续地进行跳跃，身体协调，控制重心 2. 注意身体平衡能力的控制	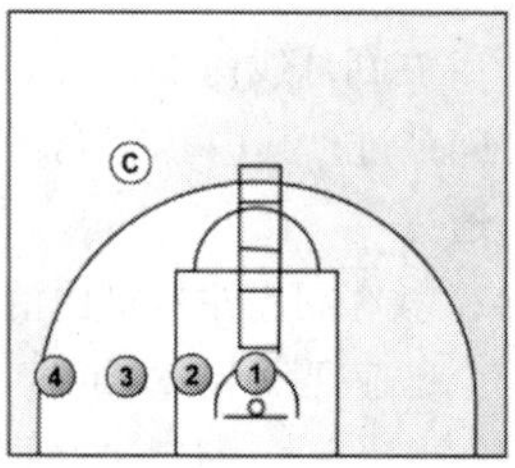 要求： 1. 两脚擦地进行，身体上下起伏不要过大 2. 动作连贯，步频要快 器材：绳梯

续表

部分	时间	内容	教法与要求
基础训练	7分钟	三、单手水平摆球练习 （一）目的：提高队员身体的协调性 （二）方法 1. 身体直立，双脚开立，单手持球平举于胸前 2. 手臂伸直，向体侧转 90°再返回体前，左右手交替进行 3. 身体保持稳定，腰部用力，加强手对球的控制 4. 负荷量：2 分钟 ×3 组 （三）重点与难点 1. 上身尤其是腰部要保持紧绷的状态 2. 上肢尽量伸展，保持身体平衡	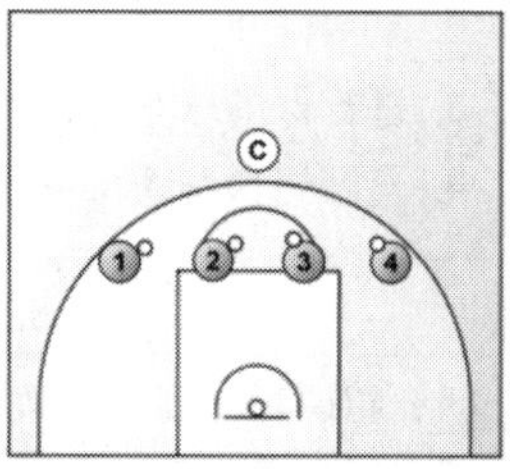 要求： 1. 手臂保持伸直 2. 腰部发力，保持绷直状态，有牵张感 器材：篮球
团队合作游戏竞赛	11分钟	名称：面对面接龙 （一）目的：提高队员的滚球能力，利用游戏调动队员上课的积极性 （二）方法 1. 队员分为 2 队，每队分为 2 组面对面成纵队站立，第一名队员持球以地滚球形式传给对面队员，并跑回队尾，接球队员重复进行 2. 每名队员均完成 1 次传接球，用时最短的队伍获胜	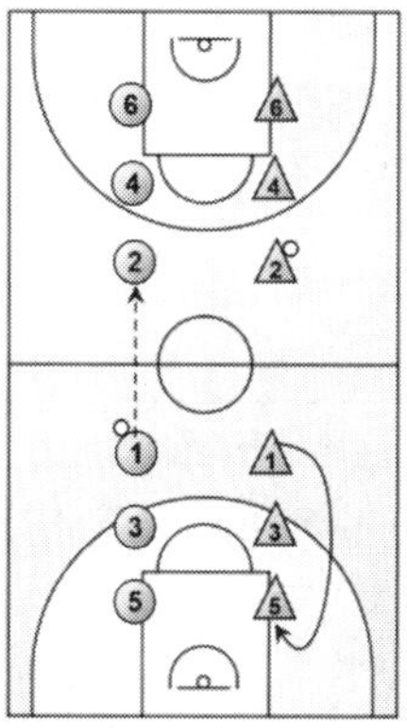 要求： 1. 每队传球队员不能越过规定界线 2. 队员传球失误后，在失误的地方重新开始 器材：篮球
放松与总结	5分钟	1. 拉伸放松 2. 课后总结 3. 特别提醒 4. 宣布本节课最佳队员 5. 鼓舞士气	教法： 1. 教练总结本节课所学内容，再次强调动作的细节与要领 2. 教练布置课下作业 3. 教练宣布本节课最认真、提高最快的队员，让其余队员向其学习 4. 队员面向自己父母鞠躬，说“父母辛苦了”，集合喊“加油”，随后解散

第 11 课时

目的与任务：1. 学习变向跑、持球跑接力游戏，增强队员的身体素质
2. 复习游戏内容，练习队员的球性和滚球技术，并进一步巩固正确动作
3. 进行保龄球竞赛，提高队员训练的积极性
4. 复习绳梯跑动，巩固脚步正确移动动作

部分	时间	内容	教法与要求
课前与家长交流	5分钟	1. 介绍课程计划及执教理念 2. 与家长进行交流，了解队员在日常交往中能否尊重他人、取长补短	教法：与家长进行深入的沟通与交流，介绍本节课的重点与难点，解决家长提出的队员在日常训练中遇到的疑难问题
集合讲解互动沟通	5分钟	1. 慢慢地拍手，大声喊“加油” 2. 强调兴趣对篮球运动的重要性 3. 相互介绍：认识教练与队员 4. 本节课的主题是“坚韧的毅力” 5. 选举本节课的实习队长，实习队长要协助教练维持纪律，带领队员认真练习	 教法：普及篮球运动知识，介绍篮球规则；讲授本节课的训练主题，激发队员的训练热情，鼓舞团队士气
准备部分	3分钟	一、情绪激发 （一）目的：激发队员的情绪，集中注意力 （二）方法 1. 教练介绍一些简单的篮球基本知识 2. 教练对本节课的热身动作进行讲解 3. 当教练大声喊出需要做的动作时，队员积极尝试	要求： 1. 迅速站好队形 2. 集中精力，激发自己的情绪
	5分钟	二、动态热身：变向跑练习 （一）目的：让队员全身动起来，锻炼队员的跑动能力，调动队员上课的积极性 （二）方法 1. 队员向标志筒方向快速跑动 2. 在标志筒前迅速变向通过，跑动至下一个标志筒，依次类推	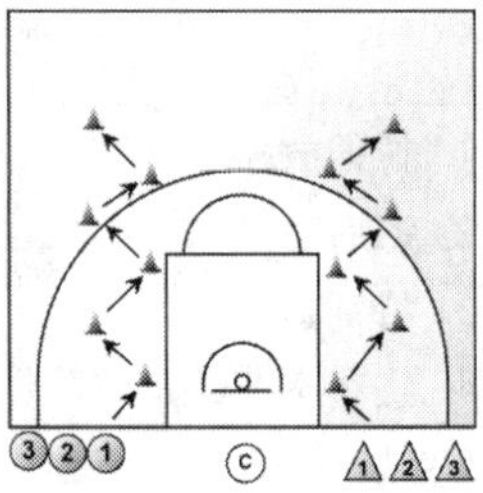 要求：注意动作规范，有序地进行练习 器材：标志筒

续表

部分	时间	内容	教法与要求
准备部分	5分钟	三、动态热身：夹球跳游戏 （一）目的：让队员全身动起来，训练队员之间的合作能力，调动队员上课的积极性 （二）方法 1. 教练将队员分成几组，每组的第一名队员有1个篮球，并将球夹在两腿之间，站在端线上 2. 听到教练口令后，每组的第一名队员迅速地往终点的标志筒处跳跃，到达后将球抱着跑回来，交给本组下一名队员 3. 依次接力，最快跳完的一组获胜	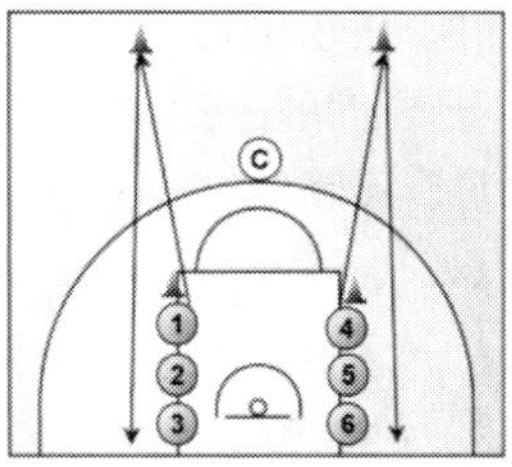 要求： 1. 在夹球跳的过程中，队员之间的距离要适当，球落地要立刻捡起，继续进行 2. 队员的注意力要高度集中 器材：篮球、标志筒
基础训练	7分钟	一、复习单手水平摆球动作 （一）目的：提高队员身体的协调性 （二）方法 1. 身体直立，双脚开立，单手持球平举于胸前 2. 手臂伸直，向体侧转90°再返回体前，左右手交替进行 3. 身体保持稳定，腰部用力，加强手对球的控制 4. 负荷量：2分钟×3组 （三）重点与难点 1. 上身尤其是腰部要保持紧绷的状态 2. 上肢尽量伸展，保持身体平衡	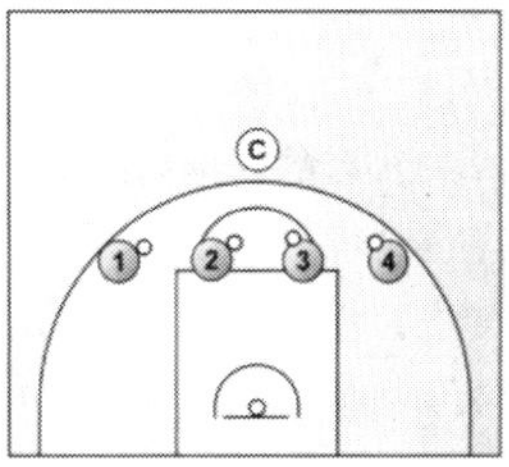 要求： 1. 手臂保持伸直 2. 腰部发力，保持绷直状态，有牵张感 器材：篮球
	7分钟	二、传球游戏 （一）目的：提高队员的球性、滚球能力、队员之间的默契程度 （二）方法 1. 队员站成2排，面对面错位站立，间隔1米距离 2. 第一队排头队员持球，地滚球传球给第二队队员 3. 第二队队员接球后传球给第一队下一名队员，以此类推 4. 负荷量：2分钟×3组 （三）重点与难点 1. 双手握球，掌心空出，手指触球，拇指相对，呈八字形 2. 腕部发力，控制球的方向	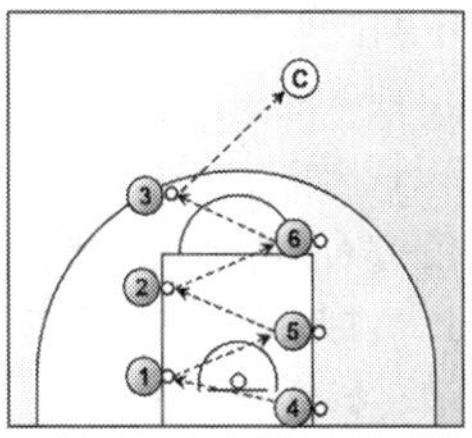 要求： 1. 2名队员间隔1米左右距离 2. 只允许以地滚球形式传球，球不要离开地面 器材：篮球

续表

部分	时间	内容	教法与要求
基础训练	7分钟	三、复习绳梯跑动 （一）目的：锻炼队员的灵敏性，提高队员的脚步移动能力 （二）方法 1. 队员快速做高抬腿动作，双脚依次踏过绳梯的每一格 2. 双腿尽量抬高，上身挺直，步频要快 3. 以最快的速度通过绳梯 4. 负荷量：2 分钟 ×3 组 （三）重点与难点 1. 步幅不能太大，步频要快 2. 注意控制身体平衡	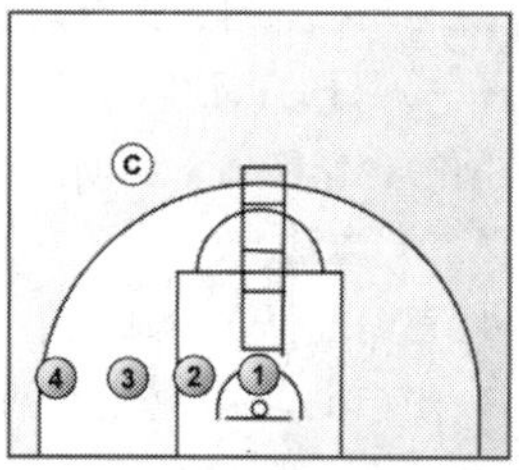 要求： 1. 按顺序排队，有序地进行练习 2. 队员前后保持一定距离 器材：绳梯
团队合作游戏竞赛	11分钟	名称：“保龄球”竞赛 （一）目的：提高队员的球性，培养队员的团队精神 （二）方法 1. 在端线左右两侧放置相同数量的标志筒，队员分为 2 组 2. 开始后 2 组队员分别将球向本组的标志筒滚出，每名队员 1 次，先碰倒全部标志筒的一组获胜	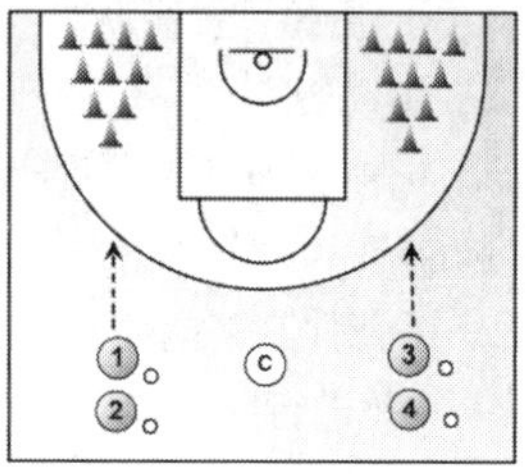 要求： 1. 通过此游戏提升队员对球的感觉，培养其竞争意识 2. 抛出的球必须是地滚球 器材：篮球、标志筒
放松与总结	5分钟	1. 拉伸放松 2. 课后总结 3. 特别提醒 4. 宣布本节课最佳队员 5. 鼓舞士气	教法： 1. 教练总结本节课所学内容，再次强调动作的细节与要领 2. 教练布置课下作业 3. 教练宣布本节课最认真、提高最快的队员，让其余队员向其学习 4. 队员面向自己父母鞠躬，说“父母辛苦了”，集合喊“加油”，随后解散

第 12 课时

目的与任务：1. 学习抱球接力跑、抢标志筒等游戏，增强队员的耐力与灵敏性 2. 复习双脚蹬地跳跃练习和滚球练习，巩固队员的球性和滚球技术的正确动作 3. 学习原地单手运球 4. 复习团队游戏，提高队员之间的协作能力			
部分	时间	内容	教法与要求
课前与家长交流	5分钟	1. 介绍课程计划及执教理念 2. 与家长进行交流，了解队员在日常交往中能否尊重他人、取长补短	教法：教练与家长进行深入的沟通与交流，介绍本节课的重点与难点，解决家长提出的队员在日常训练中遇到的疑难问题
集合讲解互动沟通	5分钟	1. 慢慢地拍手，大声喊“加油” 2. 强调兴趣对篮球运动的重要性 3. 相互介绍：认识教练与队员 4. 本节课的主题是“坚韧的毅力” 5. 选举本节课的实习队长，实习队长要协助教练维持纪律，带领队员认真练习	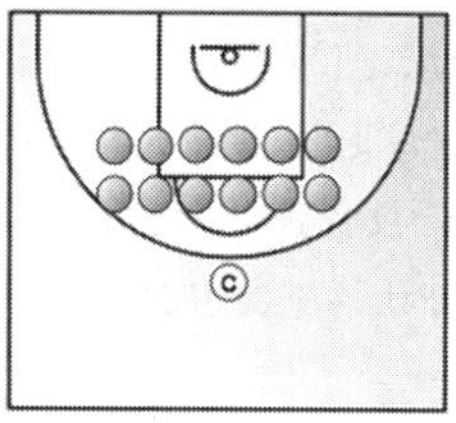 教法：普及篮球运动知识，介绍篮球规则；讲授本节课的训练主题，激发队员的训练热情，鼓舞团队士气
准备部分	3分钟	一、情绪激发 （一）目的：激发队员的情绪，集中注意力 （二）方法 1. 教练介绍一些简单的篮球基本知识 2. 教练对本节课的热身动作进行讲解 3. 当教练大声喊出需要做的动作时，队员积极尝试	要求： 1. 迅速站好队形 2. 集中精力，激发自己的情绪
	5分钟	二、动态热身：抱球接力跑 （一）目的：让队员全身动起来，锻炼队员的跑动能力，调动队员上课的积极性 （二）方法 1. 队员分成 2 组，每组站成 1 列，在每一组队员的身边放置 4 个篮球并进行编号 2. 当教练下达口令，说出 1 ~ 4 任意一个数字，队员听到后将相应编号的篮球抱至怀中，并围绕标志筒，沿 S 形路线跑	 要求： 1. 训练队员的反应能力、球性及跑动能力 2. 跑的过程中球不能落地，若落地须从原点出发

续表

部分	时间	内容	教法与要求
准备部分		3. 到达中场后，原路返回，传给下一名队员，先完成接力的组获胜	3. 接力时必须2人进行交接，其他人不得帮助 器材：标志筒
	5分钟	三、动态热身：抢标志筒 （一）目的：提高队员的反应能力，培养团队精神 （二）方法 1. 标志筒成圆形摆放，数量始终比队员数量少1个 2. 教练发出口令后，队员围绕标志筒匀速跑动，当教练喊停时，靠近标志筒的一侧手快速拿起标志筒 3. 没有获得标志筒的队员，教练要及时安抚并让其在场边加油，标志筒随之减少1个	 教法： 1. 教练通过正面、侧面的讲解与示范，队员边听讲解边看示范并学习正确、规范的动作 2. 教练讲解完毕，鼓励队员大胆尝试，并手把手教授队员 器材：标志筒
基础训练	7分钟	一、两脚同时蹬地跳跃练习 （一）目的：提高队员脚步的灵活性 （二）方法 1. 队员持球站立，两脚左右开立，身体挺直 2. 两脚踝关节发力，跳起 3. 脚内侧前脚掌着地，呈还原姿势，连续跳起 4. 负荷量：2分钟×3组 （三）重点与难点 1. 注意动作规范性，身体要协调一致 2. 保持重心稳定，避免身体上下起伏	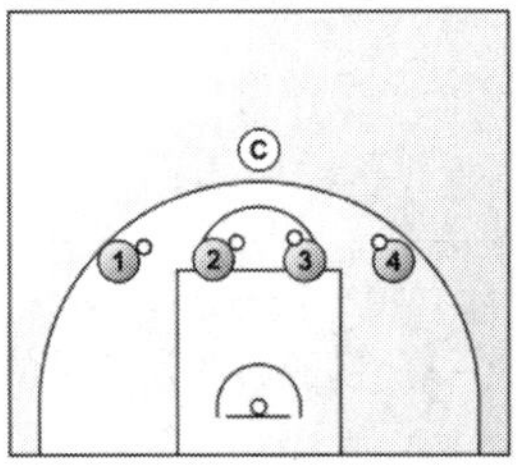 要求： 1. 将球始终置于胸腹之间，保持稳定 2. 跳起时动作频率要快 器材：篮球
	7分钟	二、滚球接龙 （一）目的：提高队员的滚球能力，利用游戏调动队员上课的积极性 （二）方法 1. 所有队员分成2组，在端线处站好，每组前面各摆放一定量的标志筒 2. 根据教练指令做滚球绕标志筒练习，先完成的队伍获胜 3. 负荷量：2分钟×3组 （三）重点与难点 1. 手指控制在球的上方，掌心空出，手腕转动控制球的方向 2. 降低重心，保持身体平衡	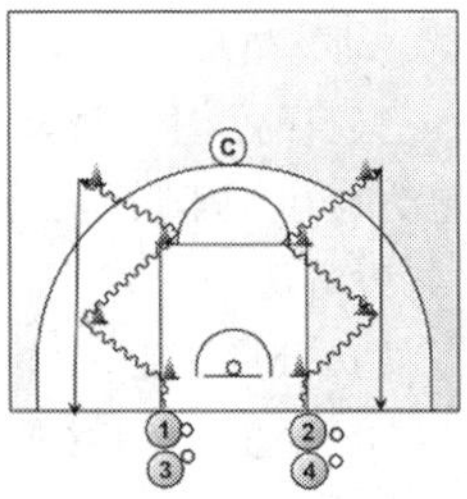 要求： 1. 每队进行滚球的队员，必须绕着标志筒前进 2. 滚球失误后，在失误的地方重新开始 器材：篮球

续表

部分	时间	内容	教法与要求
基础训练	7分钟	三、原地单手运球 （一）目的：学习运球技术，掌握运球手法，初步学会原地单手运球技术 （二）方法 1. 双脚开立，膝关节弯曲，腰部挺直，上体稍前倾，单手持球于体前侧 2. 注意运球的手部动作和身体姿势，以及运球时球的落点、球的反弹高度 3. 五指自然张开，用指根以上部位触球 4. 运球时，以肘关节或肩关节为轴，前臂和手腕做屈伸动作，手按拍球的后上方，使球落于体侧前方，球的反弹高度在胸腹之间 5. 负荷量：20 次 ×3 组 （三）重点与难点 1. 学会用指根以上部位控制球 2. 上臂带动前臂协调用力 3. 控制好球的反弹高度和速度	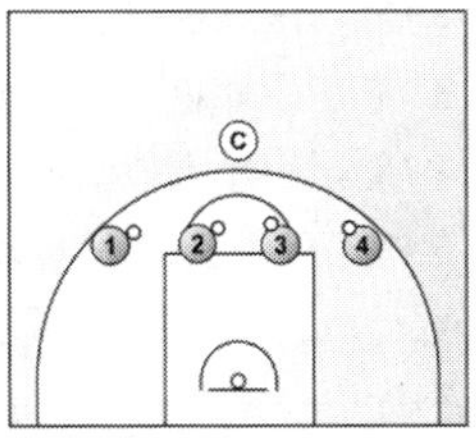 要求： 1. 重心稳定，不要上下起伏 2. 手掌控制球的上方，注意球的落点、高度 3. 眼睛注视前方，不要低头看球 器材：篮球
团队合作游戏竞赛	11分钟	名称：一体同心 （一）目的：提高队员对球的控制能力，培养队员的合作能力 （二）方法 1. 2 人 1 组，面对面夹住篮球，按照既定路线移动 2. 鼓励队员相互沟通，主动思考如何更好地配合，完成该练习	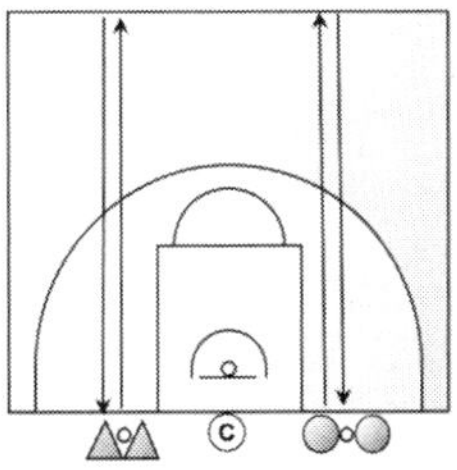 要求：教练引导队员沟通配合，球夹在什么位置（胸部或腹部）、如何移动（左右移动或前后移动），由队员沟通决定 器材：篮球
放松与总结	5分钟	1. 拉伸放松 2. 课后总结 3. 特别提醒 4. 宣布本节课最佳队员 5. 鼓舞士气	教法： 1. 教练总结本节课所学内容，再次强调动作的细节与要领 2. 教练布置课下作业 3. 教练宣布本节课最认真、提高最快的队员，让其余队员向其学习 4. 队员面向自己父母鞠躬，说“父母辛苦了”，集合喊“加油”，随后解散

第<u>　13　</u>课时

目的与任务：1. 篮球是一项需要保持注意力的运动，鼓励队员继续坚持
2. 复习滚球练习，巩固正确技术动作
3. 学习原地单手肩上投篮的技术动作
4. 复习小矮人地滚球接力赛，提高队员的合作能力
5. 复习单手原地运球动作，并纠正错误动作

部分	时间	内容	教法与要求
课前与家长交流	5分钟	1. 介绍课程计划及执教理念 2. 与家长进行交流，了解队员在日常交往中能否尊重他人、取长补短	教法：与家长进行深入的沟通与交流，介绍本节课的重点与难点，解决家长提出的队员在日常训练中遇到的疑难问题
集合讲解互动沟通	5分钟	1. 慢慢地拍手，大声喊“加油” 2. 强调兴趣对篮球运动的重要性 3. 相互介绍：认识教练与队员 4. 本节课的主题是“保持专注力” 5. 选举本节课的实习队长，实习队长要协助教练维持纪律，带领队员认真练习	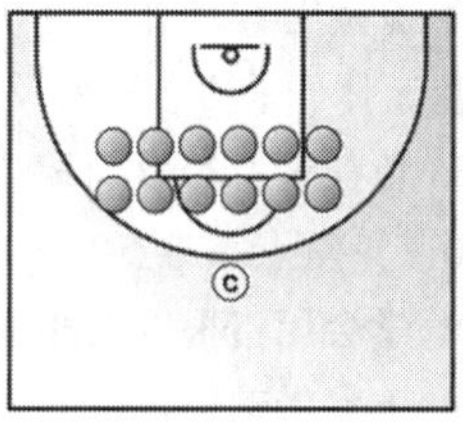 教法：普及篮球运动知识，介绍篮球规则；讲授本节课的训练主题，激发队员的训练热情，鼓舞团队士气
准备部分	3分钟	一、情绪激发 （一）目的：激发队员的情绪，集中注意力 （二）方法 1. 教练对背夹球等热身动作进行讲解 2. 当教练大声喊出需要做的动作时，队员积极尝试	要求： 1. 迅速站好队形 2. 集中精力，激发自己的情绪
	5分钟	二、动态热身：持球跑练习 （一）目的：训练队员的灵敏性和脚步移动能力，调动队员上课的积极性 （二）方法 1. 队员持球于端线站立，将球置于头顶，保持手臂伸直 2. 跑动至中线返回，继续跑动至端线	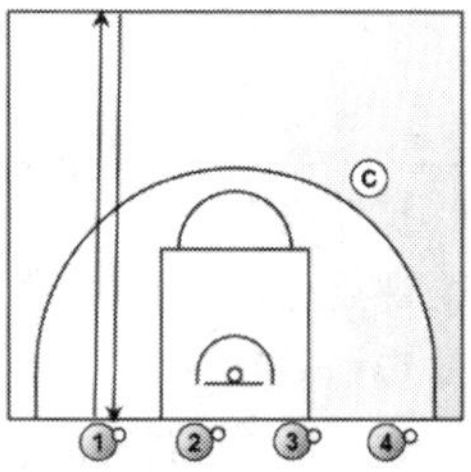 要求： 1. 手臂保持伸直，跑动速度适中 2. 队员踩到中线后才能返回，不允许提前返回 器材：篮球

续表

部分	时间	内容	教法与要求
准备部分	5分钟	三、动态热身：背夹球练习 （一）目的：提高队员的反应能力，培养团队精神 （二）方法 1. 所有队员在篮球场端线处分成 2 组面对面站立 2. 教练说预备的时候 2 名队员背部夹住球，听到哨声后立刻从端线加速移动到中线，随即把球放在中线从两侧跑回	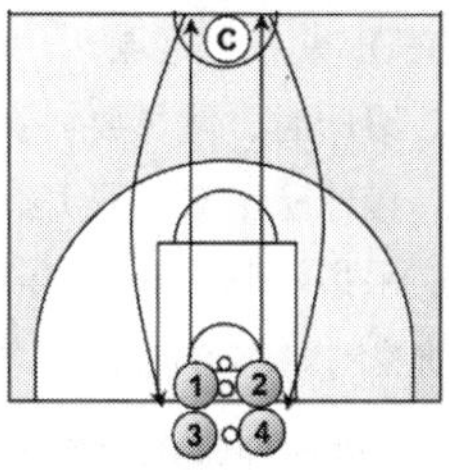 要求： 1. 在夹球时 2 名队员要相互配合 2. 注意脚步同时移动 3. 2 名队员在夹球时注意身体横向滑步 器材：篮球
基础训练	7分钟	一、对原地单手运球动作进行纠正 （一）目的：提高队员运球技术，掌握运球手法，初步学会原地单手运球技术 （二）方法 1. 双脚开立，膝关节弯曲，腰部挺直，上体稍前倾，单手持球于体前侧 2. 注意运球的手部动作和身体姿势，以及运球时球的落点、球的反弹高度 3. 五指自然张开，用指根以上部位触球 4. 运球时，以肘关节或肩关节为轴，前臂和手腕做屈伸动作，手按拍球的后上方，使球落于体侧前方，球的反弹高度在胸腹之间 5. 负荷量：20 次 ×3 组 （三）重点与难点 1. 学会用指根以上部位控制球 2. 上臂带动前臂协调用力 3. 控制好球的反弹高度和速度	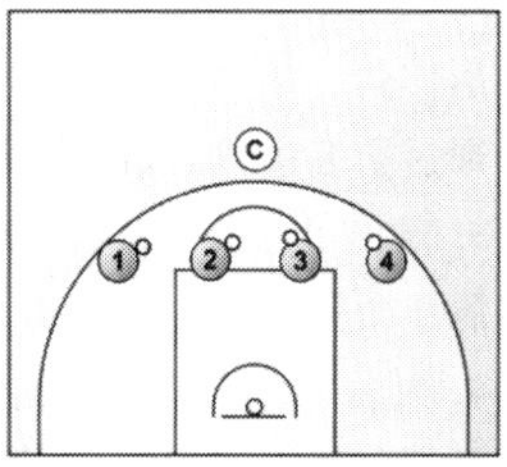 要求： 1. 重心稳定，不要上下起伏 2. 手掌控制球的上方，注意球的落点、高度 3. 眼睛注视前方，不要低头看球 器材：篮球
	7分钟	二、滚球接力游戏 （一）目的：提高队员的球性、滚球能力 （二）方法 1. 所有队员分成 2 组，站成 2 路纵队 2. 将球贴于地面，推球前进，第一名队员从排头绕到队尾，从队伍后方绕到下一名队员处，将球传给下一名队员，然后自己迅速跑至队尾，以此类推；一组的所有队员均完成 1 次，用时最短的队伍获胜 3. 负荷量：2 分钟 ×3 组	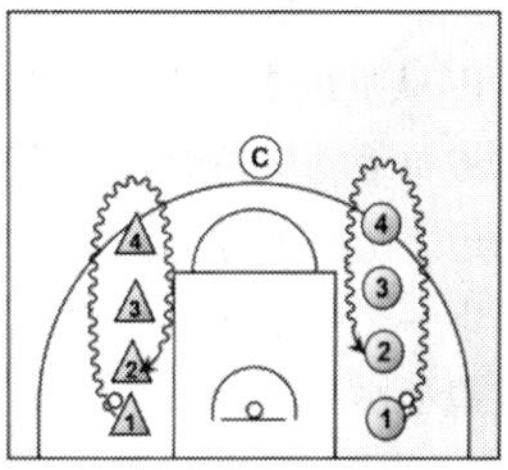

续表

部分	时间	内容	教法与要求
基础训练		(三) 重点与难点 1. 滚球时，队员要协调配合 2. 接球队员双手张开，做好迎接球的准备 3. 手指控制在球的上方，掌心空出，手腕转动控制球的方向	要求： 1. 前进时抬头观察前方，控制球的方向，手不能离开球 2. 只允许通过手递手的方式传接球 器材：篮球
	7分钟	三、讲解原地单手肩上投篮 (一) 目的：让队员初步了解原地单手肩上投篮的动作方法 (二) 方法 1. 两脚左右开立，两膝微屈，重心落在两脚掌上 2. 投篮时，下肢蹬地发力，右臂向前上方抬肘伸臂，手腕前屈，食指、中指用力拨球，通过指端将球柔和地投出 3. 球出手的瞬间，身体随投篮动作向上伸展，脚跟微提起 4. 以右手投篮为例，右手五指自然分开，掌心空出，由指根以上部位持球，大拇指与小拇指控制球体 5. 左手扶在球的左侧，右臂屈肘，肘关节自然下垂；球置于右肩前上方，目视篮筐 6. 负荷量：2 分钟 ×3 组 (三) 重点与难点 1. 投篮动作的连贯性 2. 协调发力，在最高点将球出手	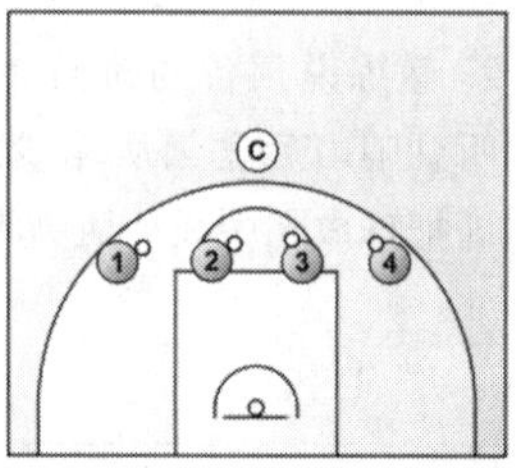 教法： 1. 教练讲解并完整示范原地单手肩上投篮的动作方法 2. 队员可先在原地做无球的投篮动作练习 器材：篮球
团队合作游戏竞赛	11分钟	名称：小矮人地滚球接力赛 (一) 目的：提高队员的滚球能力，利用游戏调动队员上课的积极性 (二) 方法 1. 队员成 2 路纵队，第一名队员以地滚球方式单手将球滚动至终点的标志筒处；到终点后，队员抱球小跑从终点返回起点，同时与下一名队员击掌，以此类推，看哪一组完成得最快 2. 在进行游戏竞赛时，教练注意维持好纪律，使练习有序地进行	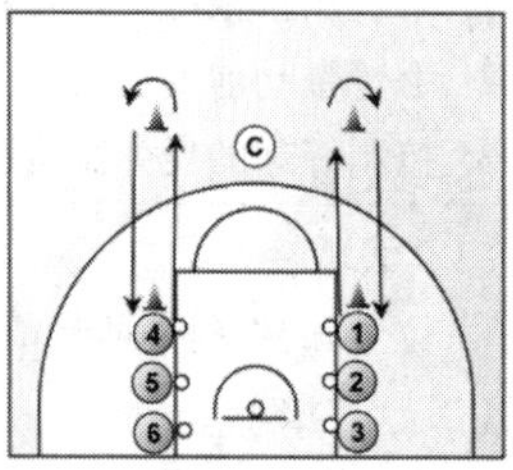 教法： 1. 教练通过正面、侧面的讲解与示范，队员边听讲解边看示范并学习正确、规范的动作 2. 教练讲解完毕，鼓励队员大胆尝试，并手把手地教授队员 器材：篮球、标志筒

续表

部分	时间	内容	教法与要求
放松与总结	5分钟	1. 拉伸放松 2. 课后总结 3. 特别提醒 4. 宣布本节课最佳队员 5. 鼓舞士气	教法： 1. 教练总结本节课所学内容，再次强调动作的细节与要领 2. 教练布置课下作业 3. 教练宣布本节课最认真、提高最快的队员，让其余队员向其学习 4. 队员面向自己父母鞠躬，说“父母辛苦了”，集合喊“加油”，随后解散

第 14 课时

目的与任务：1. 复习抱球跳、持球跑等游戏，巩固正确动作并提高队员的耐力
2. 学习三角滚球，提高队员的传球能力
3. 复习原地单手运球练习，并进一步巩固该动作
4. 复习原地单手肩上投篮动作，并纠正错误动作
5. 复习滚球动作，并巩固正确技术动作

部分	时间	内容	教法与要求
课前与家长交流	5分钟	1. 介绍课程计划及执教理念 2. 与家长进行交流，了解队员在日常交往中能否尊重他人、取长补短	教练：与家长进行深入的沟通与交流，介绍本节课的重点与难点，解决家长提出的队员在日常训练中遇到的疑难问题
集合讲解互动沟通	5分钟	1. 慢慢地拍手，大声喊“加油” 2. 强调兴趣对篮球运动的重要性 3. 相互介绍：认识教练与队员 4. 本节课的主题是“保持专注力” 5. 选举本节课的实习队长，实习队长要协助教练维持纪律，带领队员认真练习	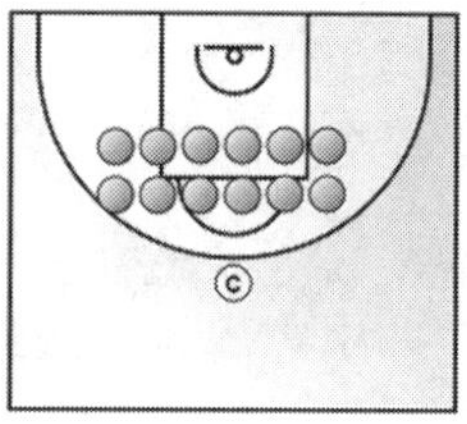 教法：普及篮球运动知识，介绍篮球规则；讲授本节课的训练主题，激发队员的训练热情，鼓舞团队士气
准备部分	3分钟	一、情绪激发 （一）目的：激发队员的情绪，集中注意力 （二）方法 1. 教练介绍一些简单的篮球基本知识 2. 教练对本节课的热身动作进行讲解 3. 当教练大声喊出需要做的动作时，队员积极尝试	要求： 1. 迅速站好队形 2. 集中精力，激发自己的情绪
	5分钟	二、动态热身：抱球跳 （一）目的：让队员全身动起来，调动队员上课的积极性 （二）方法 1. 队员在端线处站成 2 路纵队，第一名队员持 2 个球分别用手臂夹在身体两侧 2. 听教练口令向前跳跃，跳至三分线的弧线处，加速跑返回将球交给本队下一名队员 3. 以此类推，用时短的队伍获胜	 要求： 1. 教练向队员做出正确的示范后，再进行游戏 2. 游戏过程中注意保护彼此，避免受伤 器材：篮球

续表

部分	时间	内容	教法与要求
准备部分	5分钟	三、动态热身：持球跑练习 （一）目的：训练队员的灵敏性和脚步移动能力，调动队员上课的积极性 （二）方法 1. 球置于头顶，保持手臂伸直 2. 按照既定路线以最快速度跑动，到达终点后方能停止	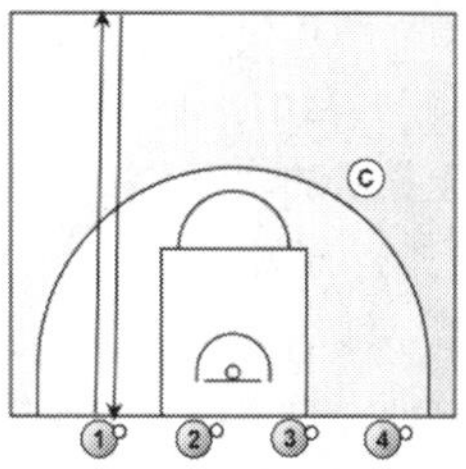 要求： 1. 手臂保持伸直，跑动速度适中 2. 队员踩到中线后才能返回，不允许提前返回 器材：篮球
基础训练	7分钟	一、手足爬行 （一）目的：锻炼队员的手脚协调能力 （二）方法 1. 队员做好立卧撑动作，双臂伸直后，双脚逐步向前移动，尽量靠近双手，双膝伸直 2. 双手缓慢尽量向前爬，直至还原成准备姿势 3. 负荷量：2 分钟 ×3 组 （三）重点与难点 1. 保持后背和双臂伸直，固定身体姿势 2. 双腿要尽量伸直，臀部上抬，充分拉伸	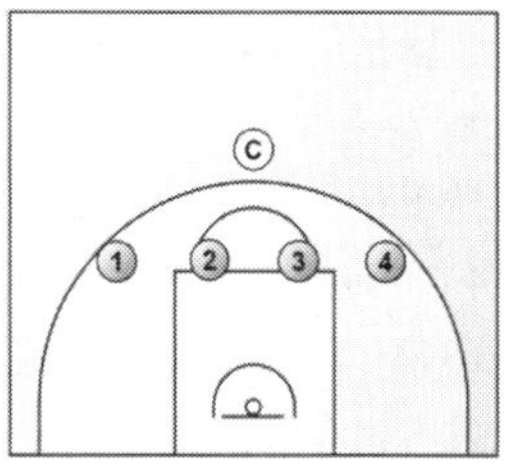 教法： 1. 教练示范完整动作，队员进行模仿练习 2. 让队员多次重复完成该动作，达到熟练程度
	7分钟	二、复习原地单手运球练习 （一）目的：学习运球技术，掌握运球手法，初步学会原地运球技术 （二）方法 1. 双脚开立，膝关节弯曲，腰部挺直，上体稍前倾，单手持球于体前侧 2. 注意运球的手部动作和身体姿势，以及运球时球的落点、球的反弹高度 3. 五指自然张开，用指根以上部位触球 4. 运球时，以肘关节或肩关节为轴，前臂和手腕做屈伸动作，手按拍球的后上方，使球落于体侧前方，球的反弹高度在胸腹之间 5. 负荷量：20 次 ×3 组 （三）重点与难点 1. 学会用指根以上部位控制球 2. 上臂带动前臂协调用力 3. 控制好球的反弹高度和速度	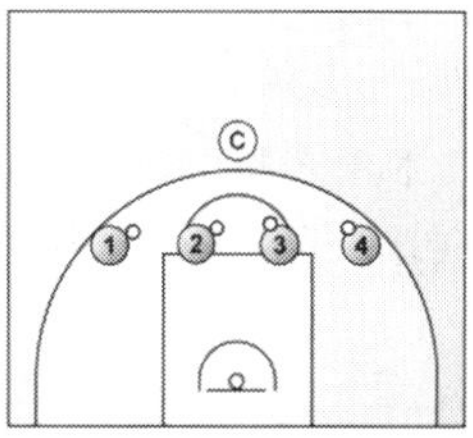 要求： 1. 重心稳定，不要上下起伏 2. 手掌控制球的上方，注意球的落点、高度 3. 眼睛注视前方，不要低头看球 器材：篮球

续表

部分	时间	内容	教法与要求
基础训练	7分钟	三、纠正原地单手肩上投篮动作 （一）目的：通过纠正，队员掌握原地单手肩上投篮的动作方法，提高队员投篮能力 （二）方法 1. 两脚左右开立，两膝微屈，重心落在两脚之间；投篮时，下肢蹬地发力，右臂向前上方抬肘伸臂，手腕前屈，食指、中指用力拨球，通过指端将球柔和地投出 2. 球出手的瞬间，身体随投篮动作向上伸展，脚跟微提起；以右手投篮为例，右手五指自然分开，掌心空出，由指根以上部位持球，大拇指与小拇指控制球体 3. 左手扶在球的左侧，右臂屈肘，肘关节自然下垂；球置于右肩前上方，目视篮筐 4. 负荷量：2 分钟 ×3 组 （三）重点与难点：投篮动作的连贯性，协调发力，在最高点将球出手	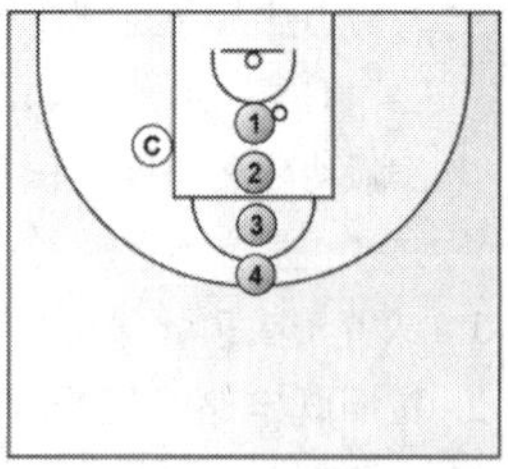 教法： 1. 教练讲解并完整示范原地单手肩上投篮的动作方法 2. 队员可先在原地做无球的投篮动作练习 器材：篮球
团队合作游戏竞赛	11分钟	名称：三角滚球 （一）目的：提高队员的滚球能力，培养队员的团队精神 （二）方法 1. 3 名队员按等边三角形站立，队员之间间隔 2～3 米 2. 队员各持 1 球，顺时针方向以地滚球形式传球，要求准确、快速	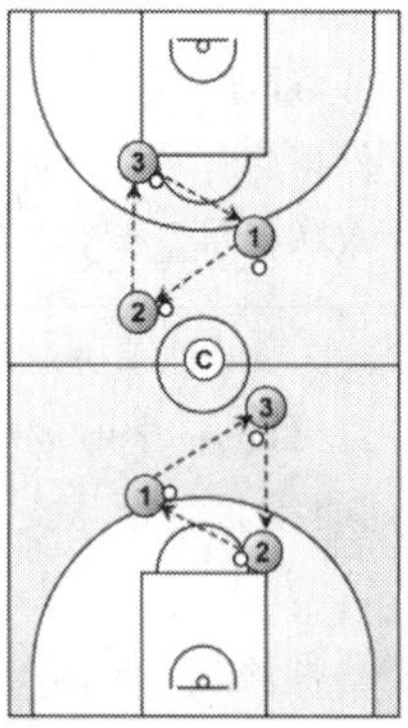 要求： 1. 快速传球，尽量减少失误 2. 注视前方，控制球的方向 器材：篮球
放松与总结	5分钟	1. 拉伸放松 2. 课后总结 3. 特别提醒 4. 宣布本节课最佳队员 5. 鼓舞士气	教法： 1. 教练总结本节课所学内容，再次强调动作的细节与要领 2. 教练布置课下作业 3. 教练宣布本节课最认真、提高最快的队员，让其余队员向其学习 4. 队员面向自己父母鞠躬，说“父母辛苦了”，集合喊“加油”，随后解散

第 15 课时

目的与任务：1. 复习变向跑、“僵尸”蹦蹦跳等游戏并巩固正确动作，提高队员的身体素质
2. 复习游戏，巩固队员原地单手运球能力
3. 复习滚球与投篮的综合游戏，巩固并提高队员的滚球与投篮能力

部分	时间	内容	教法与要求
课前与家长交流	5分钟	1. 介绍课程计划及执教理念 2. 与家长进行交流，了解队员在日常交往中能否尊重他人、取长补短	教法：与家长进行深入的沟通与交流，介绍本节课的重点与难点，解决家长提出的队员在日常训练中遇到的疑难问题
集合讲解互动沟通	5分钟	1. 慢慢地拍手，大声喊“加油” 2. 强调兴趣对篮球运动的重要性 3. 相互介绍：认识教练与队员 4. 本节课的主题是“保持专注力” 5. 选举本节课的实习队长，实习队长要协助教练维持纪律，带领队员认真练习	 教练：普及篮球运动知识，介绍篮球规则；讲授本节课的训练主题，激发队员的训练热情，鼓舞团队士气
准备部分	3分钟	一、情绪激发 （一）目的：激发队员的情绪，集中注意力 （二）方法 1. 教练对变向跑练习等热身动作进行讲解 2. 当教练大声喊出需要做的动作时，队员积极尝试	要求： 1. 迅速站好队形 2. 集中精力，激发自己的情绪
	5分钟	二、动态热身：变向跑练习 （一）目的：让队员全身动起来，锻炼队员的跑动能力，调动队员上课的积极性 （二）方法 1. 队员向标志筒方向快速跑动 2. 在标志筒前迅速变向通过，跑动至下一个标志筒	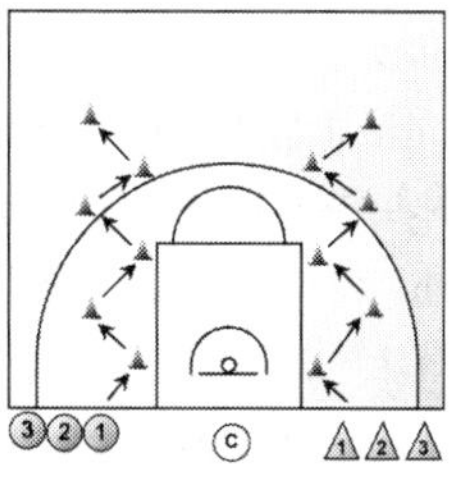 要求：注意动作规范，有序地进行练习 器材：标志筒

续表

部分	时间	内容	教法与要求
准备部分	5分钟	三、动态热身："僵尸"蹦蹦跳 （一）目的：让队员全身动起来，锻炼队员的跳跃能力，调动队员上课的积极性 （二）方法 1. 所有队员在端线处站成 1 排，教练手拿 2 个标志筒（红色、绿色） 2. 队员看见教练举起绿色标志筒就向前并腿跳，看见教练举起红色标志筒就停止，直至到达罚球线	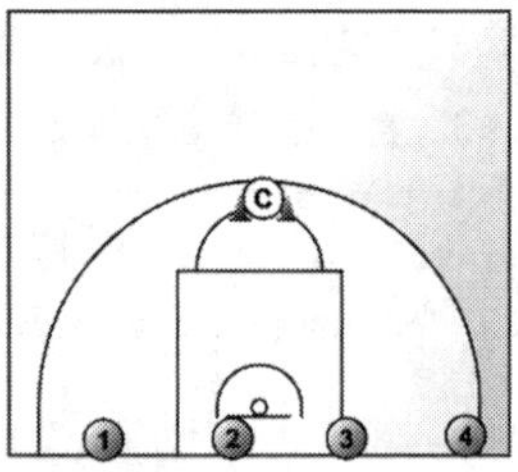 要求： 1. 队员在跳跃过程中不能打闹 2. 队员的注意力要高度集中 器材：标志筒
基础训练	7分钟	一、你看我做游戏 （一）目的：提高队员的球性、滚球能力 （二）方法 1. 队员将球放在地上，推球滚动 2. 看教练手势，做出相反的反应，即教练手势向左指，队员向右滚动球 3. 反应迅速，抬头看前方，速度适中 4. 负荷量：2 分钟 ×3 组 （三）重点与难点 1. 队员注意力集中，看教练的指示 2. 手指控制在球的上方，掌心空出，手腕转动控制球的方向	 要求： 1. 队员迅速反应，做出相应动作 2. 教练设置的难度不要过大，应在队员能力范围之内 器材：篮球
	7分钟	二、滚球接力游戏 （一）目的：提高队员的球性、滚球能力 （二）方法 1. 所有队员分成 2 组，站成 2 路纵队 2. 将球贴于地面，推球前进，第一名队员从排头绕到队尾，从队伍后方绕到下一名队员处，将球传给下一名队员，然后自己迅速跑至队尾，以此类推 3. 一组的所有队员均完成 1 次，用时最短的队伍获胜 4. 负荷量：2 分钟 ×3 组 （三）重点与难点 1. 滚球时，队员协调配合 2. 接球队员双手张开，做好迎接球的准备 3. 手指控制在球的上方，掌心空出，手腕转动控制球的方向	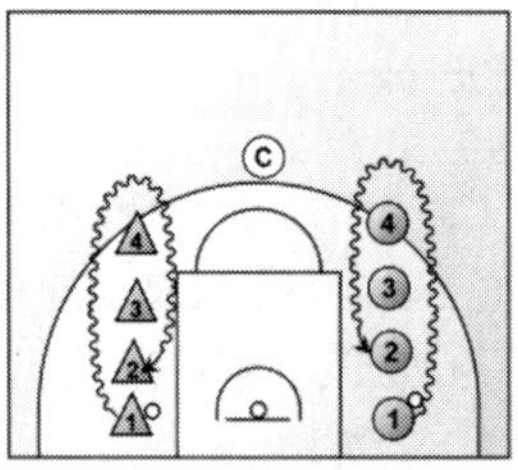 要求： 1. 前进时抬头观察前方，控制球的方向，手不能离开球 2. 只允许通过手递手的方式传接球 器材：篮球

续表

部分	时间	内容	教法与要求
基础训练	7分钟	三、交通灯（原地单手运球游戏） （一）目的：提高注意力和增强手指控球能力 （二）方法 1. 听教练口令，所有队员球场集合 2. 所有队员降低重心，抬头看教练指令 3. 教练举红色标志筒，队员单手运球；教练举蓝色标志筒，队员抱球原地等待 4. 负荷量：2 分钟 ×3 组 （三）重点与难点 1. 不能一直低头看球 2. 注意教练的动作	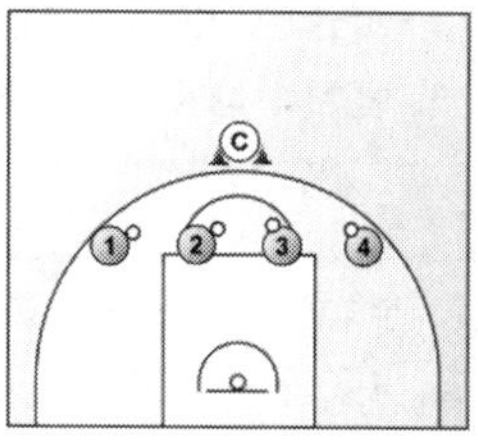 要求： 1. 反应速度要快 2. 单手运球要控制好球的落点与方向 器材：标志筒、篮球
团队合作游戏竞赛	11分钟	名称：滚球投篮 （一）目的：培养球感和投篮能力 （二）方法 1. 队员持球于指定位置站立，滚球蛇形绕过标志筒 2. 绕过最后一个标志筒后做急停—投篮—抢篮板等一系列动作，完成后走到队尾排队	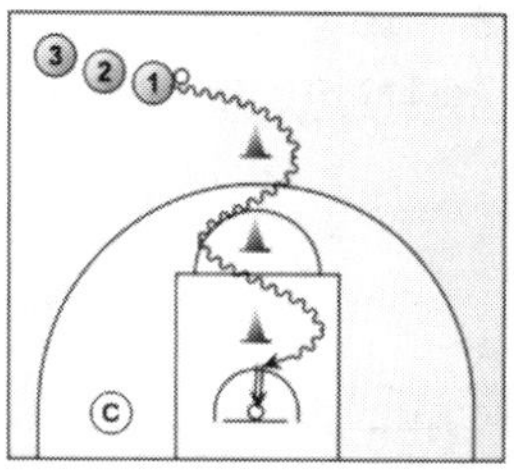 要求： 1. 有秩序地排队，进行练习 2. 投篮距离可以先设置在篮下，然后逐渐增加距离 3. 可以设置 2 队以竞赛形式完成 器材：篮球、标志筒
放松与总结	5分钟	1. 拉伸放松 2. 课后总结 3. 特别提醒 4. 宣布本节课最佳队员 5. 鼓舞士气	教法： 1. 教练总结本节课所学内容，再次强调动作的细节与要领 2. 教练布置课下作业 3. 教练宣布本节课最认真、提高最快的队员，让其余队员向其学习 4. 队员面向自己父母鞠躬，说“父母辛苦了”，集合喊“加油”，随后解散

第 16 课时

目的与任务：1. 复习“穿越火线”、V 形变向跑等练习，巩固队员的身体素质 2. 结合敏捷圈，提高队员单手运球的能力 3. 复习滚球投篮，巩固队员的滚球与投篮能力			
部分	时间	内容	教法与要求
课前与家长交流	5分钟	1. 介绍课程计划及执教理念 2. 与家长进行交流，了解队员在日常交往中能否尊重他人、取长补短	教法：与家长进行深入的沟通与交流，介绍本节课的重点与难点，解决家长提出的队员在日常训练中遇到的疑难问题
集合讲解互动沟通	5分钟	1. 慢慢地拍手，大声喊“加油” 2. 强调兴趣对篮球运动的重要性 3. 相互介绍：认识教练与队员 4. 本节课的主题是“保持专注力” 5. 选举本节课的实习队长，实习队长要协助教练维持纪律，带领队员认真练习	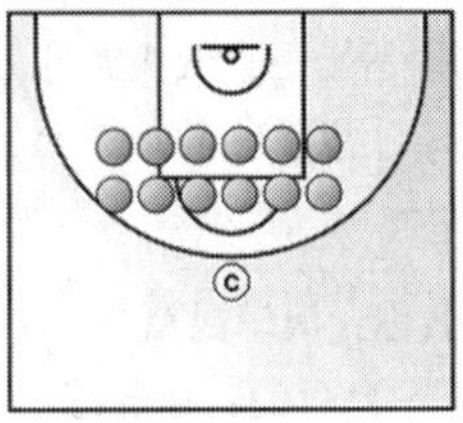 教法：普及篮球运动知识，介绍篮球规则；讲授本节课的训练主题，激发队员的训练热情，鼓舞团队士气
准备部分	3分钟	一、情绪激发 （一）目的：激发队员的情绪，集中注意力 （二）方法 1. 教练介绍一些简单的篮球基本知识 2. 教练对本节课的热身动作进行讲解 3. 当教练大声喊出需要做的动作时，队员积极尝试	要求： 1. 迅速站好队形 2. 集中精力，激发自己的情绪
	5分钟	二、动态热身：“穿越火线”游戏 （一）目的：锻炼队员的跳跃能力和灵敏性 （二）方法 1. 队员分成 2 组，成纵队站立，组员之间间隔 2 米，排头各持 1 球向后传递 2. 最后一名队员接球后，将球放在地上，绕 S 形推球穿过本组队员，站在排头，向后传球，重复上述动作	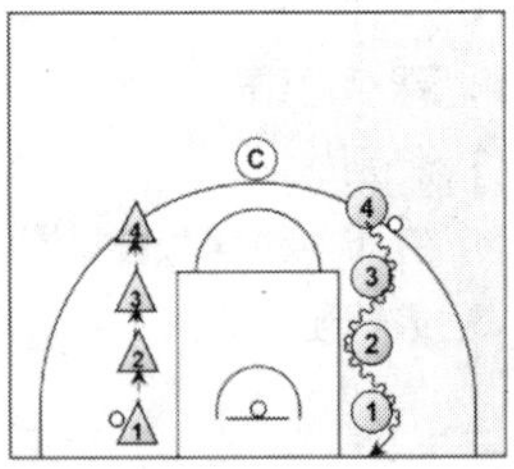 要求： 1. 有序地进行练习 2. 只允许以地滚球形式传接球 器材：篮球

续表

部分	时间	内容	教法与要求
准备部分	5分钟	三、动态热身：V 形变向跑练习 （一）目的：训练队员的灵敏性和脚步移动能力，调动队员上课的积极性 （二）方法 1. 队员平均分成 2 组，在篮球场两侧做 V 形变向跑练习 2. 变向时脚蹬地要有力，蹬地后及时跨步，跨步后身体重心降低，不要起伏	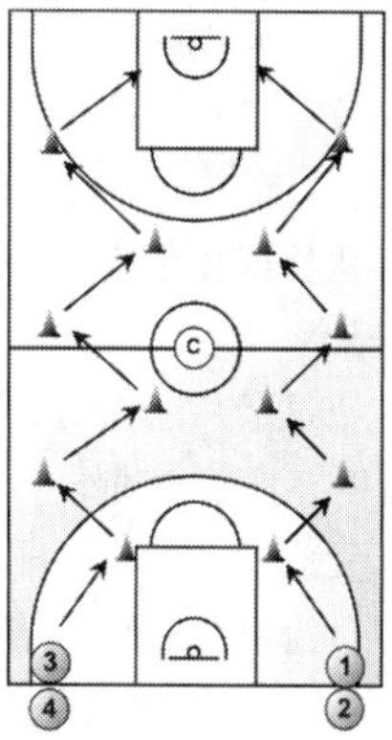 要求： 1. 提高队员无球摆脱的能力，同时强调变向跑的节奏感 2. 掌握直线加速、变向减速再加速的节奏感 器材：标志筒
基础训练	7分钟	一、敏捷圈跳跃练习 （一）目的：增强队员的敏捷性与身体平衡能力 （二）方法 1. 敏捷圈 2 列（直线形排列），并在敏捷圈中间放 1 列篮球，一共 3 列 2. 队员从敏捷圈一侧开始横向双脚跳到球的后方，随即再向前跳过篮球，然后再斜着跳向另一侧敏捷圈（之字形跳跃） 3. 负荷量：2 分钟 ×3 组 （三）重点与难点 1. 注意双脚跳跃 2. 注意身体协调发力	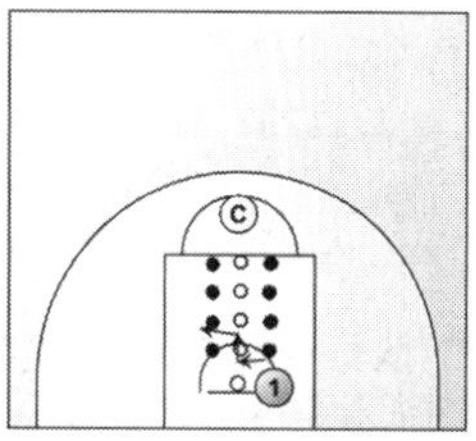 要求：尽力跳起，落地时注意缓冲 器材：敏捷圈、篮球
	7分钟	二、结合敏捷圈的原地运球练习 （一）目的：增强队员的单手运球能力 （二）方法 1. 队员在端线处分成 2 组，站成 2 列，每组队员面前放 1 个敏捷圈 2. 队员单手原地拍球，球的落点控制在敏捷圈内，运球 10 次弹起后再双手抱住球 3. 负荷量：2 分钟 ×3 组 （三）重点与难点 1. 注意单手击球时的落点 2. 注意击球的高度	要求： 1. 击球时手从高处用力向下拍球 2. 注意击球的落点与方向 3. 接球时眼睛盯住球，双手接球 器材：篮球、敏捷圈

续表

部分	时间	内容	教法与要求
基础训练	7分钟	三、滚球投篮 （一）目的：培养队员的球感和投篮能力 （二）方法 1. 队员持球于指定位置站立，滚球蛇形绕过标志筒 2. 绕过最后一个标志筒后做急停—投篮—抢篮板等一系列动作 3. 完成后走到队尾排队 4. 负荷量：5 次 ×3 组 （三）重点与难点 1. 注意急停后与投篮之间的衔接动作，急停后膝盖微屈成准备姿势直接举球，注意动作的连贯性 2. 滚球时手指接触球，通过腕部发力拨动，注意手脚协调配合	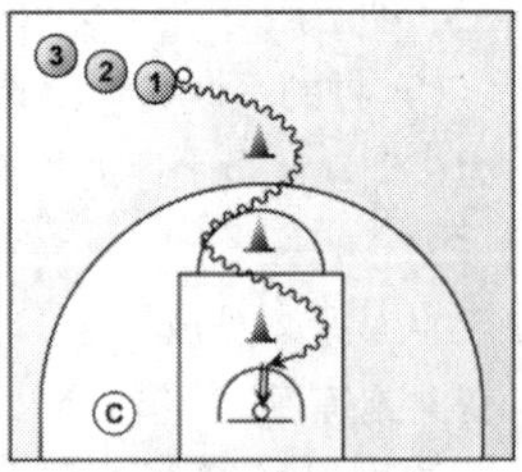 要求： 1. 有秩序地排队进行练习 2. 投篮距离可以先设置在篮下，然后逐渐增加距离 3. 可以设置 2 队以竞赛形式完成 器材：篮球、标志筒
团队合作游戏竞赛	11分钟	名称：推球接力赛 （一）目的：提高队员的反应能力，培养团队精神 （二）方法 1. 队员分成 2 组，均持球从端线出发，用惯用手的手掌部位推球前行 2. 每名队员须推球到标志筒位置，然后返回端线，同时将球传递至下一名队员	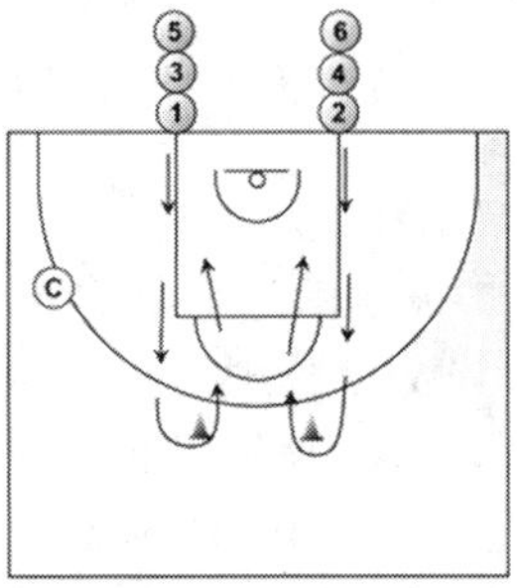 要求： 1. 培养队员控制球的能力及身体协调性，加强团队合作意识 2. 球不能离开地面、手不能离开球面 器材：标志筒、篮球
放松与总结	5分钟	1. 拉伸放松 2. 课后总结 3. 特别提醒 4. 宣布本节课最佳队员 5. 鼓舞士气	教法： 1. 教练总结本节课所学内容，再次强调动作的细节与要领 2. 教练布置课下作业 3. 教练宣布本节课最认真、提高最快的队员，让其余队员向其学习 4. 队员面向自己父母鞠躬，说“父母辛苦了”，集合喊“加油”，随后解散

第__17__课时

目的与任务：1. 篮球是一项有乐趣的运动，让队员体会到参与篮球运动的快乐 2. 学习抱球跳、背夹球练习，提高队员的身体素质 3. 复习原地单手运球和原地单手肩上投篮技术，巩固正确技术动作 4. 复习投篮游戏，进行投篮比赛，巩固投篮正确技术动作 5. 复习敏捷圈跳跃练习，并纠正错误动作			
部分	时间	内容	教法与要求
课前与家长交流	5分钟	1. 介绍课程计划及执教理念 2. 与家长进行交流，了解队员在日常交往中能否尊重他人、取长补短	教法：与家长进行深入的沟通与交流，介绍本节课的重点与难点，解决家长提出的队员在日常训练中遇到的疑难问题
集合讲解互动沟通	5分钟	1. 慢慢地拍手，大声喊“加油” 2. 强调兴趣对篮球运动的重要性 3. 相互介绍：认识教练与队员 4. 本节课的主题是“篮球的乐趣” 5. 选举本节课的实习队长，实习队长要协助教练维持纪律，带领队员认真练习	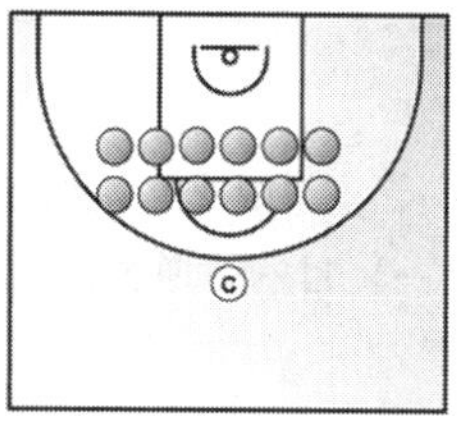 教练：普及篮球运动知识，介绍篮球规则；讲授本节课的训练主题，激发队员的训练热情，鼓舞团队士气
准备部分	3分钟	一、情绪激发 （一）目的：激发队员的情绪，集中注意力 （二）方法 1. 教练介绍一些简单的篮球基本知识 2. 教练对本节课的热身动作进行讲解 3. 当教练大声喊出需要做的动作时，队员积极尝试	要求： 1. 迅速站好队形 2. 集中精力，激发自己的情绪
	5分钟	二、动态热身：抱球跳 （一）目的：让队员全身动起来，调动队员上课的积极性 （二）方法 1. 队员在端线处站成2路纵队，每名队员持2个球分别用手臂夹在身体两侧 2. 听教练口令向前跳跃，跳至三分线的弧线处，加速跑返回将球交给本队下一名队员 3. 以此类推，用时短的队伍获胜	 要求： 1. 教练向队员做出正确的示范后，再进行模仿练习 2. 游戏过程中注意保护彼此，避免受伤 器材：篮球

续表

部分	时间	内容	教法与要求
准备部分	5分钟	三、动态热身：背夹球练习 （一）目的：提高队员的反应能力，培养团队精神 （二）方法 1. 所有队员在篮球场端线处分成2组面对面站立 2. 教练说预备的时候，2名队员用背部夹住球，听到哨声后立刻从端线加速移动到中线，随即把球放在中线从两侧跑回	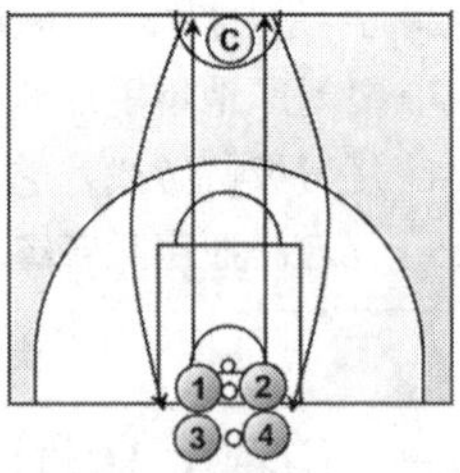 要求： 1. 在夹球时2名队员要相互配合 2. 注意脚步同时移动 3. 2名队员在夹球时注意身体横向滑步 器材：篮球
基础训练	7分钟	一、复习敏捷圈跳跃练习 （一）目的：增强队员的敏捷性与身体平衡能力 （二）方法 1. 敏捷圈2列（直线形排列），并在敏捷圈中间放1列篮球，一共3列 2. 队员从敏捷圈一侧开始横向双脚跳到球的后方，随即再向前跳过篮球，然后再斜着跳向另一侧敏捷圈（之字形跳跃） 3. 负荷量：2分钟×3组 （三）重点与难点 1. 注意双脚跳跃 2. 注意身体协调发力	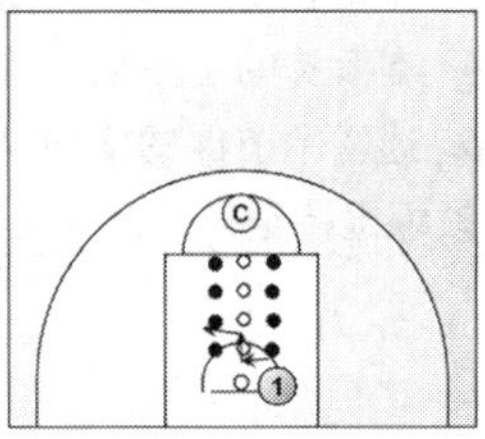 要求：尽力跳起，落地时注意缓冲 器材：敏捷圈、篮球
	7分钟	二、原地单手运球练习 （一）目的：学习运球技术，掌握运球手法，初步学会原地单手运球技术 （二）方法 1. 双脚开立，膝关节弯曲，腰部挺直，上体稍前倾，单手持球于体前侧 2. 注意运球的手部动作和身体姿势，以及运球时球的落点、球的反弹高度 3. 五指自然张开，用指根以上部位触球 4. 运球时，以肘关节或肩关节为轴，前臂和手腕做屈伸动作，手按拍球的后上方，使球落于体侧前方，球的反弹高度在胸腹之间 5. 负荷量：20次×3组	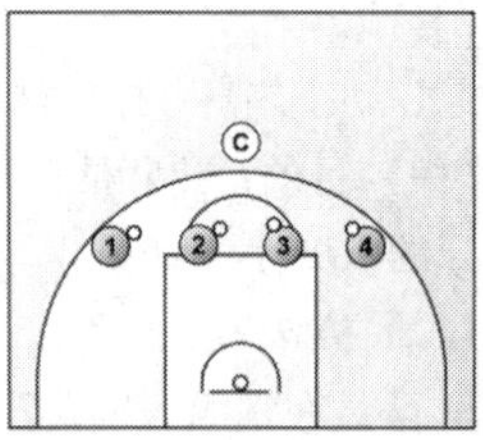 要求： 1. 重心稳定，不要上下起伏 2. 手掌控制球的上方，注意球的落点、高度 3. 眼睛注视前方，不要低头看球 器材：篮球

续表

部分	时间	内容	教法与要求
		（三）重点与难点 1. 学会用指根以上部位控制球 2. 上臂带动前臂协调用力 3. 控制好球的反弹高度和速度	
基础训练	7分钟	三、复习原地单手肩上投篮练习 （一）目的：初步掌握原地单手肩上投篮的动作方法，提高队员的投篮能力 （二）方法 1. 两脚左右开立，两膝微屈，重心落在两脚之间；投篮时，下肢蹬地发力，右臂向前上方抬肘伸臂，手腕前屈，食指、中指用力拨球，通过指端将球柔和地投出 2. 球出手的瞬间，身体随投篮动作向上伸展，脚跟微提起；以右手投篮为例，右手五指自然分开，掌心空出，由指根以上的部位持球，大拇指与小拇指控制球体 3. 左手扶在球的左侧，右臂屈肘，肘关节自然下垂；球置于右肩前上方，目视篮筐 4. 负荷量：2 分钟 ×3 组 （三）重点与难点：投篮动作的连贯性，协调发力，在最高点将球出手	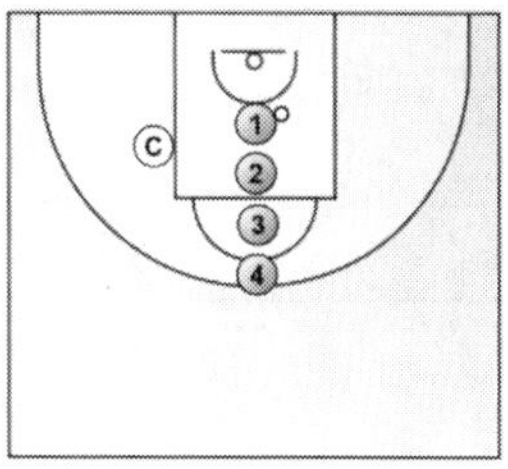 教法： 1. 教练讲解并完整示范原地单手肩上投篮的动作方法 2. 队员可先在原地做无球的投篮动作练习 器材：篮球
团队合作游戏竞赛	11分钟	体育游戏：投篮比赛 （一）目的：初步掌握原地单手肩上投篮的动作方法，提高队员投篮能力 （二）方法 1. 队员分为人数相等的 2 组，分别成 1 路纵队站立在指定位置 2. 进行投篮练习，并记录每组进球数；在规定时间内，进球数多的一组获胜	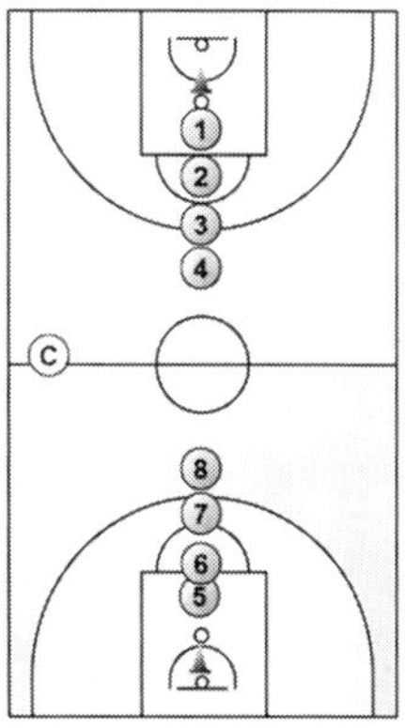 要求： 1. 队员自投、自抢，通过手递手的方式传给下一名队员 2. 投篮时，脚不能超过规定的位置，否则本次投篮无效 器材：篮球

续表

部分	时间	内容	教法与要求
放松与总结	5分钟	1. 拉伸放松 2. 课后总结 3. 特别提醒 4. 宣布本节课最佳队员 5. 鼓舞士气	教法： 1. 教练总结本节课所学内容，再次强调动作的细节与要领 2. 教练布置课下作业 3. 教练宣布本节课最认真、提高最快的队员，让其余队员向其学习 4. 队员面向自己父母鞠躬，说“父母辛苦了”，集合喊“加油”，随后解散

第 18 课时

目的与任务：1. 复习夹球跑接力、“穿越火线”等练习，提高队员的身体素质 2. 复习游戏，练习原地单手运球，巩固单手运球能力 3. 复习原地单手肩上投篮技术，并巩固正确技术动作 4. 复习一些团队游戏，巩固并加强队员之间的团队合作能力 5. 复习滚、传球技术动作，并巩固正确技术动作			
部分	时间	内容	教法与要求
课前与家长交流	5分钟	1. 介绍课程计划及执教理念 2. 与家长进行交流，了解队员在日常交往中能否尊重他人、取长补短	教法：与家长进行深入的沟通与交流，介绍本节课的重点与难点，解决家长提出的队员在日常训练中遇到的疑难问题
集合讲解互动沟通	5分钟	1. 慢慢地拍手，大声喊“加油” 2. 强调兴趣对篮球运动的重要性 3. 相互介绍：认识教练与队员 4. 本节课的主题是“篮球的乐趣” 5. 选举本节课的实习队长，实习队长要协助教练维持纪律，带领队员认真练习	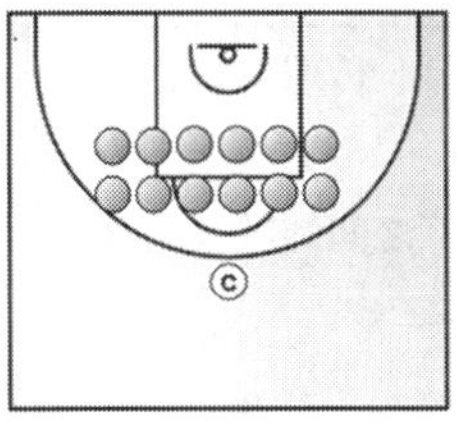 教法：普及篮球运动知识，介绍篮球规则；讲授本节课的训练主题，激发队员的训练热情，鼓舞团队士气
准备部分	3分钟	一、情绪激发 （一）目的：激发队员的情绪，集中注意力 （二）方法：当教练大声喊出需要做的动作时，队员积极尝试	要求： 1. 迅速站好队形 2. 集中精力，激发自己的情绪
	5分钟	二、动态热身：夹球跑接力 （一）目的：培养队员的团队合作精神，在游戏中提高队员的基本身体素质 （二）方法 1. 将队员分为人数相等的2队，每队2人1组，用背部夹住球向前推进 2. 队员绕过标志筒返回，并将球传给下一组，以此类推，率先完成的队伍获胜	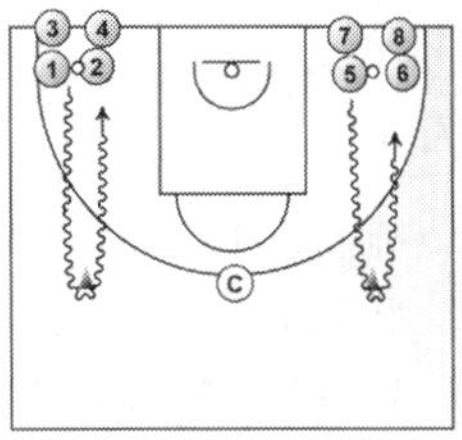 要求：培养队员果断、迅速、遵守纪律和团结协作的集体主义精神 器材：篮球、标志筒

续表

部分	时间	内容	教法与要求
准备部分	5分钟	三、动态热身："穿越火线"游戏 （一）目的：锻炼队员的跳跃能力和灵敏性 （二）方法 1. 将队员分成2组，成纵队站立，组员之间间隔2米，排头各持1球向后传递 2. 最后一名队员接球后，将球放在地上，绕S形推球穿过本组队员，站在排头，向后传球，重复上述动作	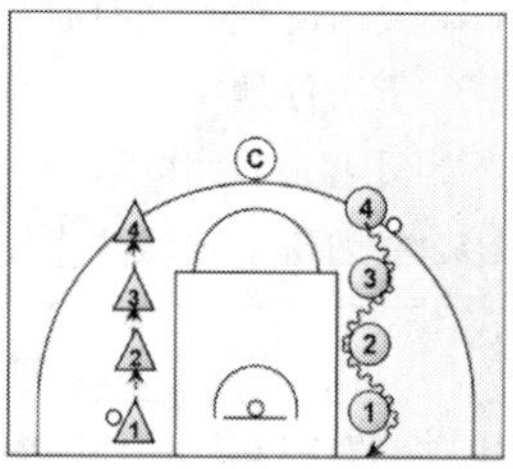 要求： 1. 有序地进行练习 2. 只允许以地滚球形式传接球 器材：篮球
基础训练	7分钟	一、传球游戏 （一）目的：提高队员的球性、滚球能力，相互之间的默契程度 （二）方法 1. 队员站成2排，面对面错位站立，间隔1米距离 2. 第一队排头队员持球，地滚球传球给第二队队员 3. 第二队队员接球后传球给第一队下一名队员，以此类推 4. 负荷量：2分钟×3组 （三）重点与难点 1. 双手握球，掌心空出，手指触球，拇指相对呈八字形 2. 腕部发力，控制球的方向	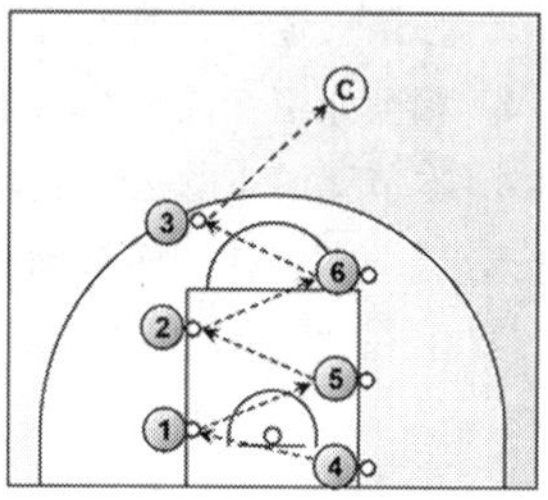 要求： 1. 2名队员间隔1米左右距离 2. 只允许以地滚球形式传球，球不要离开地面 器材：篮球
	7分钟	二、原地单手运球游戏：交通灯 （一）目的：提高注意力和增强手指控球能力 （二）方法 1. 听教练口令，所有队员球场集合 2. 所有队员降低重心，抬头看教练指令 3. 教练举红色标志筒，队员单手运球；教练举蓝色标志筒，队员抱球原地等待 4. 负荷量：2分钟×3组 （三）重点与难点 1. 注意观察教练的动作 2. 不能一直低头看球	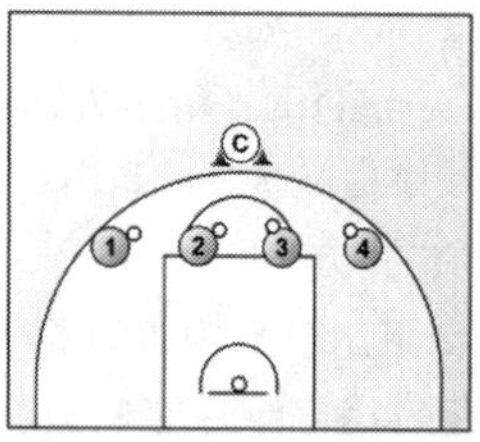 要求： 1. 反应速度要快 2. 单手运球要控制好球的落点与方向 器材：标志筒、篮球

续表

部分	时间	内容	教法与要求
基础训练	7分钟	三、投篮比赛 （一）目的：巩固和提高原地单手肩上投篮的技术动作方法，提高队员的投篮能力；通过投篮比赛提高队员的积极性 （二）方法 1. 每组1球，各组队员依次投篮 2. 队员完成原地单手肩上投篮后，通过手递手的方式传给下一人，然后排到队尾，投中5个为胜，各半场的2组间进行比赛 3. 负荷量：2分钟×3组 （三）重点与难点 1. 以右手投篮为例，右手五指自然分开，掌心空出，由指根以上部位持球，大拇指与小拇指控制球体 2. 左手扶在球的左侧，右臂屈肘，肘关节自然下垂；球置于右肩前上方，目视篮筐	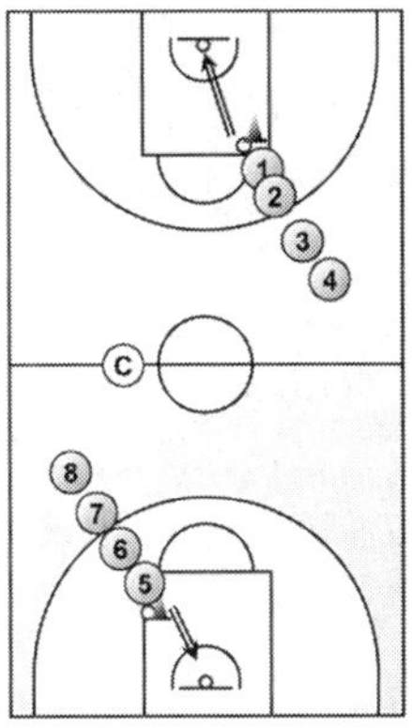 要求：抢到篮板球迅速传给下一名队员，将传球的动作方法应用到练习中 器材：篮球、标志筒
团队合作游戏竞赛	11分钟	名称：折返跑投篮 （一）目的：提高队员的跑动能力和投篮能力 （二）方法 1. 将队员分成2组，成2路纵队排列，2组第一名队员不拿球，其余队员每人1球 2. 教练发出口令，2组第一名队员加速跑到对面的标志筒处，手必须触碰到标志筒，然后返回三秒区的标志筒处，同时接第二名队员地滚传球，进行原地单手肩上投篮，抢到篮板球，返回队尾，依次进行	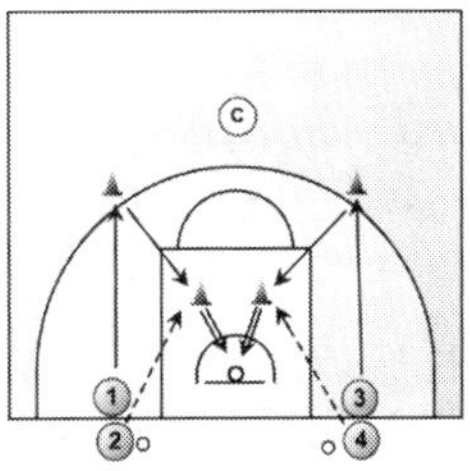 教法： 1. 通过讲解与示范，队员学习正确、规范的动作，领会教练的训练意图 2. 讲解完毕，鼓励队员大胆尝试，并手把手地教授队员 器材：篮球、标志筒
放松与总结	5分钟	1. 拉伸放松 2. 课后总结 3. 特别提醒 4. 宣布本节课最佳队员 5. 鼓舞士气	教法： 1. 教练总结本节课所学内容，再次强调动作的细节与要领 2. 教练布置课下作业 3. 教练宣布本节课最认真、提高最快的队员，让其余队员向其学习 4. 队员面向自己父母鞠躬，说“父母辛苦了”，集合喊“加油”，随后解散

第 19 课时

目的与任务：1. 学习抱球蛇形跑等游戏，提高队员的身体素质

2. 复习左右脚蹬地、面对面滚球动作，巩固正确技术动作

3. 复习结合敏捷圈原地单手运球练习，并巩固单手运球能力

4. 复习包含滚球、投篮的团队游戏，增强队员的综合能力

部分	时间	内容	教法与要求
课前与家长交流	5分钟	1. 介绍课程计划及执教理念 2. 与家长进行交流，了解队员在日常交往中能否尊重他人、取长补短	教法：与家长进行深入的沟通与交流，介绍本节课的重点与难点，解决家长提出的队员在日常训练中遇到的疑难问题
集合讲解互动沟通	5分钟	1. 慢慢地拍手，大声喊“加油” 2. 强调兴趣对篮球运动的重要性 3. 相互介绍：认识教练与队员 4. 本节课的主题是“篮球的乐趣” 5. 选举本节课的实习队长，实习队长要协助教练维持纪律，带领队员认真练习	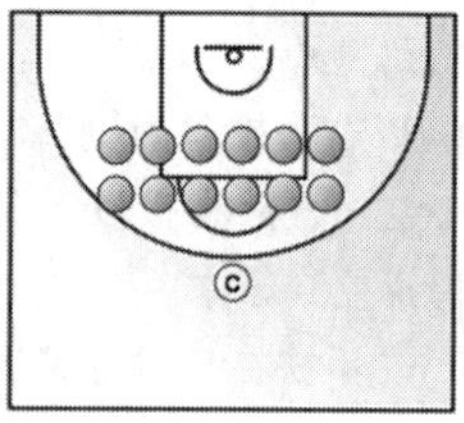 教法：普及篮球运动知识，介绍篮球规则；讲授本节课的训练主题，激发队员的训练热情，鼓舞团队士气
准备部分	3分钟	一、情绪激发 （一）目的：激发队员的情绪，集中注意力 （二）方法 1. 教练介绍一些简单的篮球基本知识 2. 教练对本节课的热身动作进行讲解 3. 当教练大声喊出需要做的动作时，队员积极尝试	要求： 1. 迅速站好队形 2. 集中精力，激发自己的情绪
	5分钟	二、动态热身：“过独木桥” （一）目的：让队员全身动起来，锻炼队员的灵敏性，调动队员上课的积极性 （二）方法 1. 在罚球线两端设置 2 排标志筒，队员从 2 排标志筒中间穿过，其中教练充当防守队员，阻碍队员通过 2. 教练利用左右横向滑步干扰队员，而队员应迅速摆脱干扰并通过	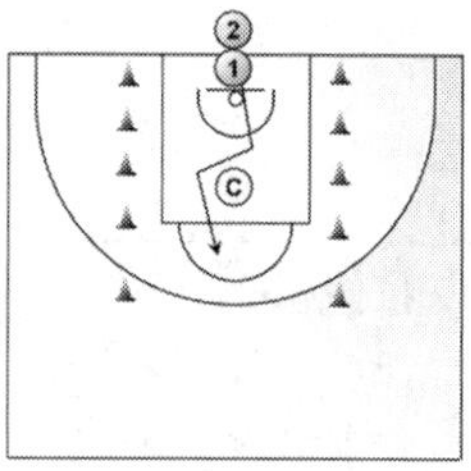 要求： 1. 队员在躲闪教练的过程中要避免受伤 2. 队员的注意力要高度集中 器材：标志筒

续表

部分	时间	内容	教法与要求
准备部分	5分钟	三、动态热身：抱球蛇形跑 （一）目的：训练队员的灵敏性和脚步移动能力，调动队员上课的积极性 （二）方法 1. 队员持球于端线站立，教练发出指令，队员开始跑动 2. 依次蛇形绕过每一个标志筒	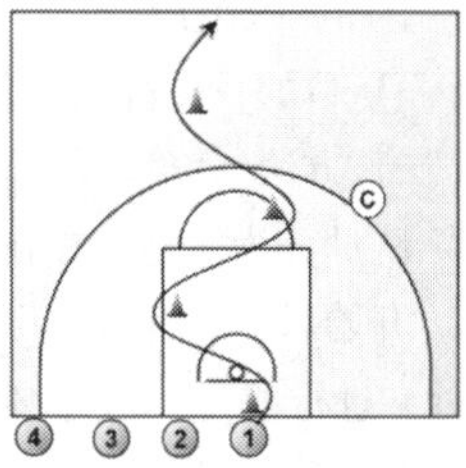 教法： 1. 教练进行讲解和示范 2. 在奔跑过程中队员要注意速度节奏感的变化，直线加速，变向减速再加速 器材：标志筒
基础训练	7分钟	一、行进间两脚跳跃练习 （一）目的：锻炼队员的灵敏性，提高队员的脚步移动能力 （二）方法 1. 队员双脚同时跳入绳梯第一格内 2. 落地后起跳，两脚分开落在绳梯第二格外侧，连续做，身体协调用力，连贯性要强 3. 负荷量：2 分钟 ×3 组 （三）重点与难点 1. 连续地进行跳跃，身体协调，控制重心 2. 注意身体平衡能力的控制	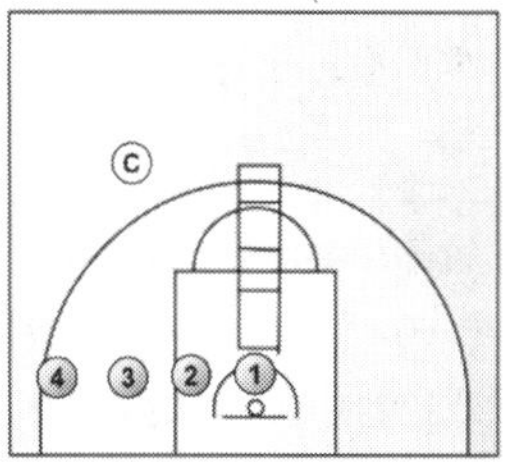 要求： 1. 两脚擦地进行，身体上下起伏不要过大 2. 动作连贯，步频要快 器材：绳梯
	7分钟	二、结合敏捷圈的原地运球练习 （一）目的：增强队员的单手运球能力 （二）方法 1. 队员在端线处分成 2 组，站成 2 列，每组队员面前放 1 个敏捷圈 2. 队员单手原地拍球，球的落点控制在敏捷圈内，运球 10 次弹起后再双手抱住球 3. 负荷量：2 分钟 ×3 组 （三）重点与难点 1. 注意单手击球时的落点 2. 注意击球的高度	要求： 1. 击球时手从高处用力向下拍球 2. 注意击球的落点与方向 3. 接球时眼睛盯住球，双手接球 器材：篮球、敏捷圈

续表

部分	时间	内容	教法与要求
基础训练	7分钟	三、团队投篮游戏 （一）目的：提高队员的移动能力和投篮能力 （二）方法 1. 队员分为2组，在指定位置站好 2. 开始后，2组队员分别加速滚球到标志筒处，进行投篮，投中抱球返回，将球传给下一名队员，以此类推，最先完成的一组获胜 3. 负荷量：2分钟×3组 （三）重点与难点 1. 以右手投篮为例，右手五指自然分开，掌心空出，由指根以上部位持球，大拇指与小拇指控制球体 2. 左手扶在球的左侧，右臂屈肘，肘关节自然下垂；球置于右肩前上方，目视篮筐	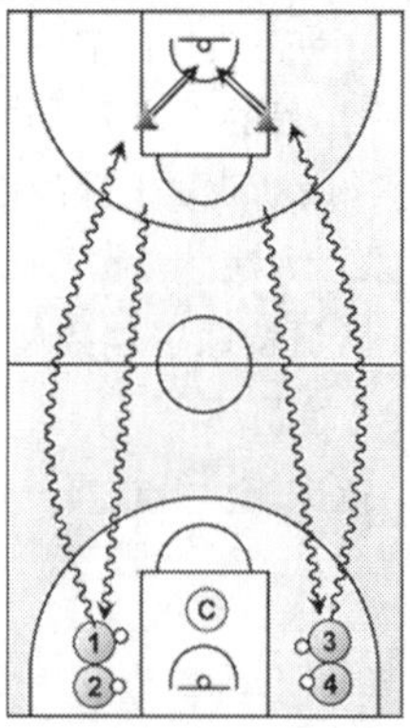 要求： 1. 通过此游戏提高队员的运球、投篮能力，培养队员的竞争意识、团队意识 2. 运球时必须绕过标志筒，投篮时不得干扰对方投篮 器材：标志筒、篮球
团队合作游戏竞赛	11分钟	名称：滚球投篮接力 （一）目的：培养队员团队合作的意识，在游戏比赛中提高队员对投篮技术的运用 （二）方法 1. 将队员分为人数相等的2组，分别成1路纵队站在离篮筐1米的位置 2. 游戏开始，队员须滚球绕过标志筒，然后立即返回至投篮得分点进行单手肩上投篮；球进筐，得1分；球不进，则该队员须返回起点重新开始，直到投篮得分；得分后迅速将球传给下一名队员，下一名队员接球后及时出发，完成相同动作，以此类推 3. 在规定时间内，进球数多的一组获胜	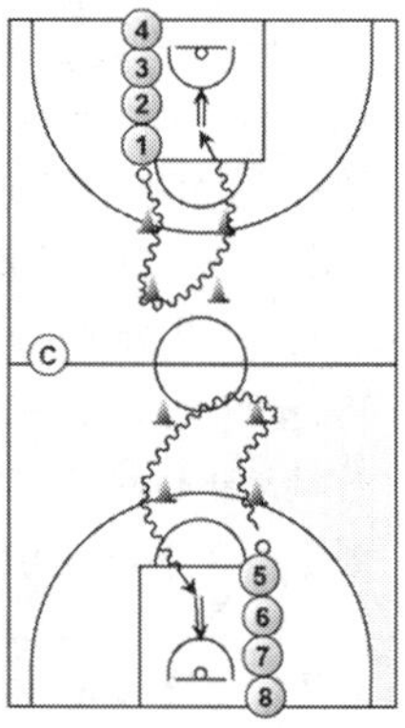 要求： 1. 队员自投、自抢，进球后，将篮球通过手递手方式传给下一名队员 2. 投篮时，队员的脚不能超过规定的位置，否则该次投篮无效；运球过程中不能碰倒标志筒 器材：篮球、标志筒
放松与总结	5分钟	1. 拉伸放松 2. 课后总结 3. 特别提醒 4. 宣布本节课最佳队员 5. 鼓舞士气	教法： 1. 教练总结本节课所学内容，再次强调动作的细节与要领 2. 教练布置课下作业 3. 教练宣布本节课最认真、提高最快的队员，让其余队员向其学习 4. 队员面向自己父母鞠躬，说“父母辛苦了”，集合喊“加油”，随后解散

第 20 课时

目的与任务：1. 学习后退拨球，复习三角滚球，巩固原地肩上投篮 2. 学习 Z 字形加速跑投篮训练，提高队员的综合能力			
部分	时间	内容	教法与要求
课前与家长交流	5 分钟	1. 介绍课程计划及执教理念 2. 与家长进行交流，了解队员在日常交往中能否尊重他人、取长补短	教法：与家长进行深入的沟通与交流，介绍本节课的重点与难点，解决家长提出的队员在日常训练中遇到的疑难问题
集合讲解互动沟通	5 分钟	1. 慢慢地拍手，大声喊“加油” 2. 强调兴趣对篮球运动的重要性 3. 相互介绍：认识教练与队员 4. 本节课的主题是“篮球的乐趣” 5. 选举本节课的实习队长，实习队长要协助教练维持纪律，带领队员认真练习	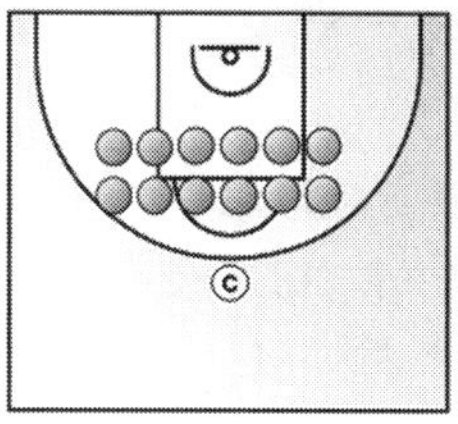 教法：普及篮球运动知识，介绍篮球规则；讲授本节课的训练主题，激发队员的训练热情，鼓舞团队士气
准备部分	3 分钟	一、情绪激发 （一）目的：激发队员的情绪，集中注意力 （二）方法 1. 对绳梯跳跃等热身动作进行讲解 2. 当教练大声喊出需要做的动作时，队员积极尝试	要求： 1. 迅速站好队形 2. 集中精力，激发自己的情绪
	5 分钟	二、动态热身：绳梯跳跃 （一）目的：培养队员的跳跃能力 （二）方法 1. 队员分为 2 组，每组站成 1 列 2. 开始后，队员双脚跳跃，向前跳 2 次，向后跳 1 次，直至跳出绳梯，然后从场地两侧返回队尾	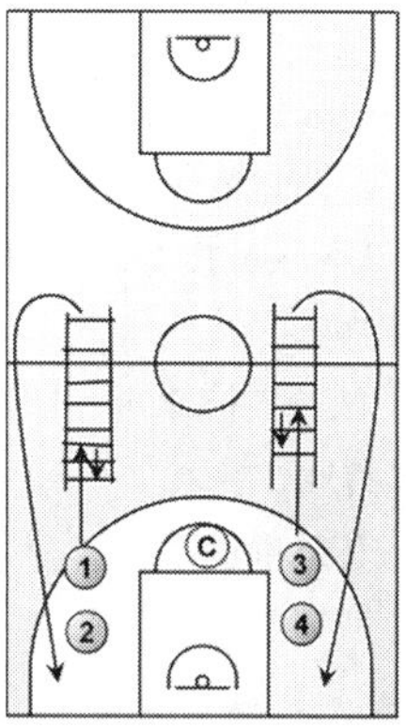 要求：双脚跳跃，每次只跳 1 格，配合手臂动作 器材：绳梯

续表

部分	时间	内容	教法与要求
准备部分	5分钟	三、动态热身：保龄球竞赛 （一）目的：培养队员的球感和团队精神 （二）方法 1. 在端线左右两侧放置相同数量的标志筒，队员分为2组 2. 开始后2组队员分别将球向本组的标志筒滚出，每名队员1次，先碰倒全部标志筒的一组获胜	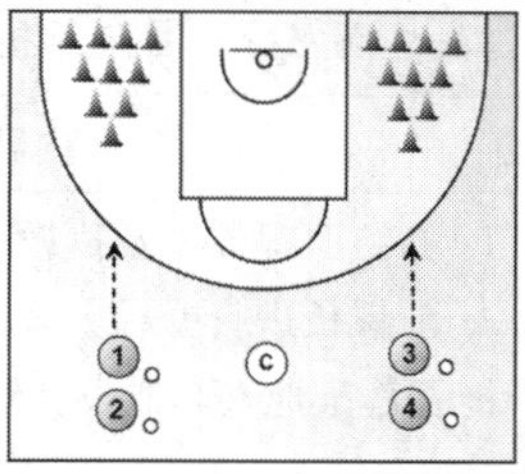 要求：通过此游戏提升队员对球的感觉，培养其竞争意识；抛出的球必须是地滚球 器材：篮球、标志筒
基础训练	7分钟	一、后退拨球 （一）目的：提高队员的拨球能力，利用游戏调动队员上课的积极性 （二）方法 1. 队员分为2组，在指定地点站好 2. 开始后，队员面向篮筐向后倒退走，同时双手进行指尖拨球，到达标志筒后，队员绕标志筒1圈，双手拨球向前快速回到起始位置，将球交给下一名队员，以此类推 3. 负荷量：2分钟×3组 （三）重点与难点 1. 控制身体，降低重心，保持匀速向后退 2. 用指尖进行拨球	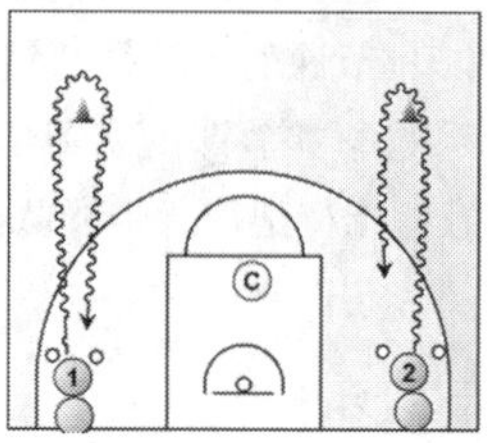 要求：保持低重心拨球，臀部不能撅起，尽量目视前方 器材：篮球、标志筒
	7分钟	二、三角滚球 （一）目的：提高队员的滚球能力，培养队员的团队精神 （二）方法 1. 3名队员按等边三角形站立，队员之间间隔2～3米 2. 队员各持1球，顺时针方向以地滚球的形式传球 3. 传球准确、快速 4. 负荷量：2分钟×3组 （三）重点与难点 1. 手指控制在球的上方，掌心空出，手腕转动控制球的方向 2. 降低重心，保持身体平衡 3. 注意与队友之间的配合，接队友地滚球时，做好接球准备	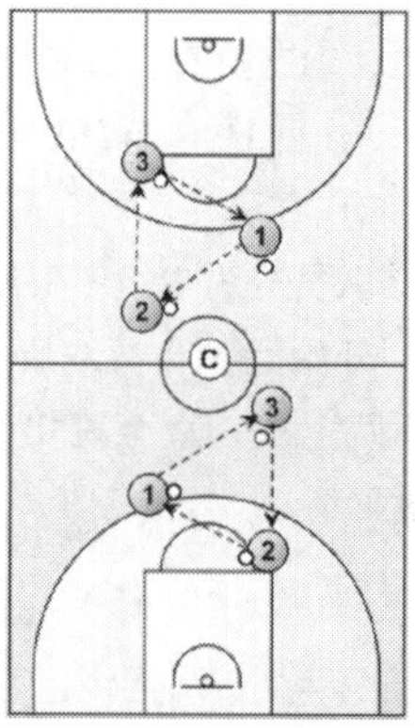 要求： 1. 快速传球，尽量减少失误 2. 注视前方，控制球的方向 器材：篮球

续表

部分	时间	内容	教法与要求
基础训练	7分钟	三、复习原地单手肩上投篮 （一）目的：初步掌握原地单手肩上投篮的动作方法，提高队员的投篮能力 （二）方法 1. 两脚左右开立，两膝微屈，重心落在两脚掌上；投篮时，下肢蹬地发力，右臂向前上方抬肘伸臂，手腕前屈，食指、中指用力拨球，通过指端将球柔和地投出 2. 球出手的瞬间，身体随投篮动作向上伸展，脚跟微提起；以右手投篮为例，右手五指自然分开，掌心空出，由指根以上的部位持球，大拇指与小拇指控制球体 3. 左手扶在球的左侧，右臂屈肘，肘关节自然下垂；球置于右肩前上方，目视篮筐 4. 负荷量：2 分钟 ×3 组 （三）重点与难点：投篮动作的连贯性，协调发力，在最高点将球出手	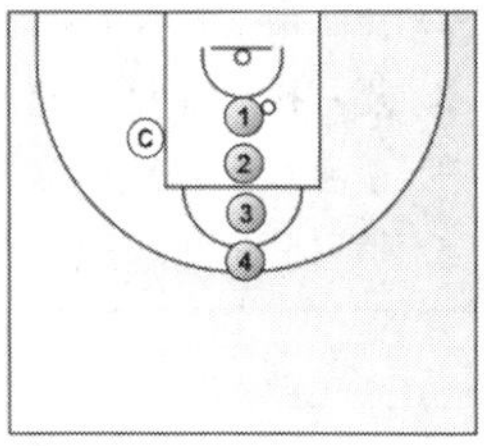 要求： 1. 教练讲解并完整示范原地单手肩上投篮的动作方法 2. 队员可先在原地做无球的投篮动作练习 器材：篮球
团队合作游戏竞赛	11分钟	名称：Z 字形加速跑投篮训练 （一）目的：培养队员团队竞技合作的意识，在游戏比赛中提高队员对投篮技术的运用 （二）方法 1. 2 名队员 1 组，在离篮筐较近的位置，放置 2 个篮球 2. 教练下达指令后，队员从端线出发，Z 字形加速跑向标志筒，到达最后一个标志筒后将篮球拿起并投篮，完成后将篮球摆好，下一组出发	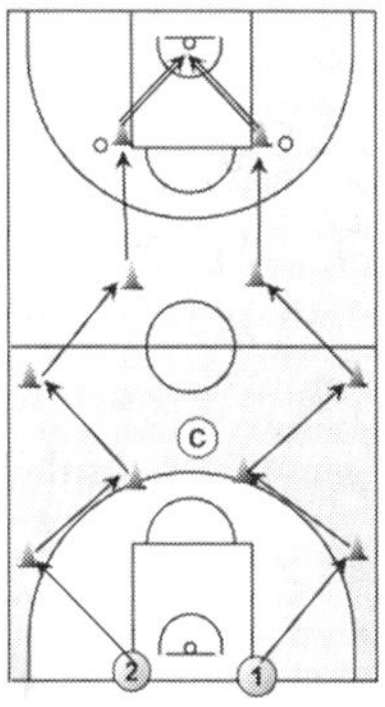 要求： 1. 通过此训练提高队员的基本移动能力，并且加强队员的投篮能力 2. 在到达最后一个标志筒时，拿球直接投篮，不要走步 器材：篮球、标志筒
放松与总结	5分钟	1. 拉伸放松 2. 课后总结 3. 特别提醒 4. 宣布本节课最佳队员 5. 鼓舞士气	教法： 1. 教练总结本节课所学内容，再次强调动作的细节与要领 2. 教练布置课下作业 3. 教练宣布本节课最认真、提高最快的队员，让其余队员向其学习 4. 队员面向自己父母鞠躬，说“父母辛苦了”，集合喊“加油”，随后解散

第 21 课时

<table>
<tr><td colspan="4">目的与任务：1. 简单讲述篮球基本部分
2. 让队员了解坚持的益处，发展队员的球感、协调性
3. 复习投篮、运球能力，巩固正确技术动作
4. 学习双手击地传球技术
5. 学习原地单手运球技术</td></tr>
<tr><td>部分</td><td>时间</td><td>内容</td><td>教法与要求</td></tr>
<tr><td>课前与家长交流</td><td>5分钟</td><td>1. 介绍课程计划及执教理念
2. 与家长进行交流</td><td>要求：让家长了解本节课学习内容，相互探讨队员在学习过程中遇到的难点，促进队员成长</td></tr>
<tr><td>集合讲解互动沟通</td><td>6分钟</td><td>1. 慢慢地拍手，大声喊“加油”
2. 强调毅力和耐心是从事篮球运动的重要因素
3. 本节课的主题是“坚韧的毅力”
4. 处理好运动与趣味性的关系，保持足够的耐心，培养队员的球感、身体协调能力
5. 态度、热情、积极性至关重要</td><td>要求：介绍篮球基本运动时，要生动形象、结合事例；讲授本节课的训练主题，激发队员的训练热情，鼓舞团队士气</td></tr>
<tr><td rowspan="2">准备部分</td><td>3分钟</td><td>一、情绪激发
（一）目的：激发队员的情绪，集中注意力
（二）方法
1. 介绍篮球场地及端线的含义
2. 当教练大声喊出端线的名称时，队员立即跑到此线</td><td>要求：
1. 迅速站好队形
2. 集中精力，快速进入上课状态</td></tr>
<tr><td>10分钟</td><td>二、动态热身：跑跳游戏
（一）目的：让队员全身动起来，调动队员上课的积极性
（二）方法
1. 将队员分成 2 组，成纵队站在罚球线后，听到教练哨声，每组第一名队员快速跑到对面，用手触碰一下标志筒
2. 出发的队员双脚跳回到罚球线并到队尾排队，各组下一名队员再出发，所在组的所有队员率先完成即为获胜</td><td>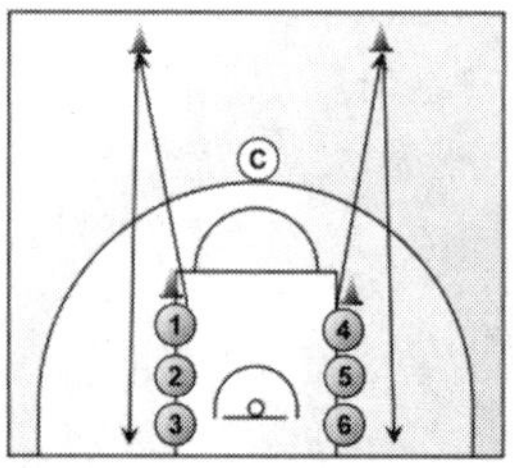
要求：
1. 情绪饱满，精神振奋
2. 有秩序地排队进行，不要抢跑
3. 每次跑动要到达规定位置再折回
器材：标志筒</td></tr>
</table>

续表

部分	时间	内容	教法与要求
基础训练	5分钟	一、学习原地单手运球 （一）目的：练习运球技术，熟练掌握运球手法 （二）方法 1. 双脚开立，膝关节弯曲，腰部挺直，上体稍前倾，单手持球于体前侧 2. 注意运球的手部动作和身体姿势，以及运球时球的落点、球的反弹高度 3. 五指自然张开，用指根以上部位触球 4. 运球时，以肘关节或肩关节为轴，前臂和手腕做屈伸动作，手按拍球的后上方，使球落于体侧前方，球的反弹高度在胸腹之间 5. 负荷量：10 次 ×3 组 （三）重点与难点 1. 学会用指根以上部位控制球 2. 上臂带动前臂协调用力 3. 控制好球的反弹高度和速度	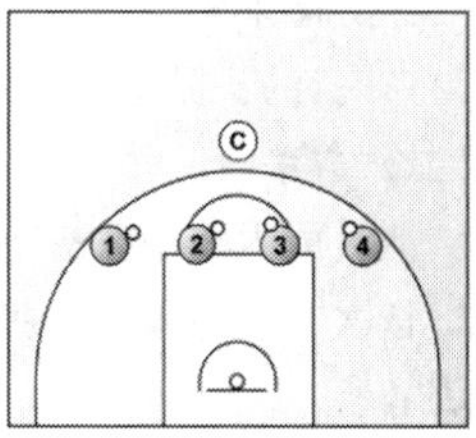 要求： 1. 重心稳定，不要上下起伏 2. 手掌控制球的上方，注意球的落点、高度 3. 眼睛注视前方，不要低头看球 器材：篮球
	5分钟	二、学习双手击地传球 （一）目的：发展队员的击地传球能力和队员之间的配合能力 （二）方法 1. 队员站成 2 排，面对面站立，间隔 1 米距离 2. 一名队员持球于胸部，双手握球 3. 持球队员双脚前后开立，后脚蹬地发力，伸臂、屈腕、手指拨球将球传出 4. 接球队员体前伸臂迎球、触球后将球收于腰腹之间 5. 负荷量：10 次 ×3 组 （三）重点与难点 1. 双手握球，掌心空出，手指触球，拇指相对，呈八字形 2. 腕部发力，控制球的方向 3. 注意球的落点，击地时球落在自己与接球队员 2/3 距离处	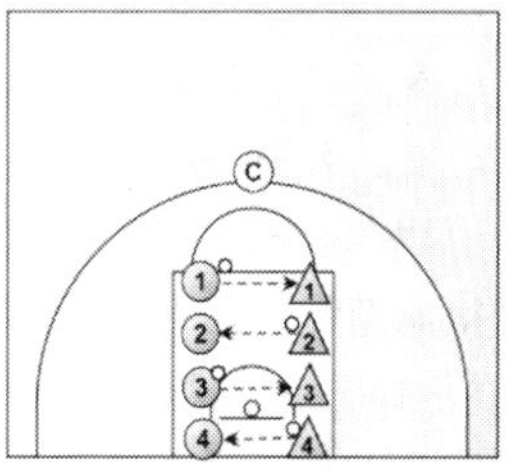 要求： 1. 腰部保持直立，不要摆动身体 2. 双脚前后开立，后脚蹬地发力，通过手腕翻转将球拨出 器材：篮球

续表

部分	时间	内容	教法与要求
基础训练	5分钟	三、投篮练习 （一）目的：提高队员的投篮能力 （二）方法 1. 队员成纵队持球站立 2. 依次在篮下投篮，投篮后抢篮板球，排至队尾 3. 负荷量：5 次×3 组 （三）重点与难点 1. 注意身体协调发力，力量从下肢到腰部再到手臂的传递过程 2. 注意压腕动作，保持球的弧线和球的旋转 3. 初学者有动作不连贯、出手点过低、手肘过度外展的情况，练习时应时刻纠正动作，体会发力感觉	 要求： 1. 有序排队，投篮后立刻抢篮板球 2. 投篮距离从篮下开始，逐渐增加难度
	5分钟	四、头上传球接力练习 （一）目的：发展传球能力、队员之间配合能力 （二）方法 1. 队员分为 2 队，纵队站立，间隔半臂距离 2. 排头队员持球，经头上递交给第二名队员 3. 以此类推，传到最后一名队员 4. 负荷量：1 次×5 组 （三）重点与难点 1. 注意持球动作，五指张开、掌心空出、拇指相对，与基本传球手型相同 2. 队员之间协调配合，传球时经手腕、手指拨球，身体保持直立	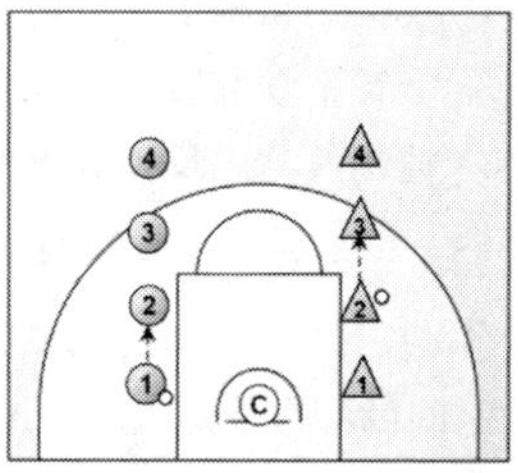 要求： 1. 队员之间间隔较小，保持半臂距离 2. 只允许手递手传球，不允许有扔球、砸球等动作 器材：篮球
团队合作游戏竞赛	11分钟	名称：叫号抛球游戏 （一）目的：发展队员的反应能力 （二）方法 1. 队员围成 1 圈，记住自己的号码，一名队员持球于中点站立，其他队员顺时针方向走动 2. 教练随机喊号码，无球队员暂停移动，持球队员将球放在地面上，以地滚球形式传给相应队员	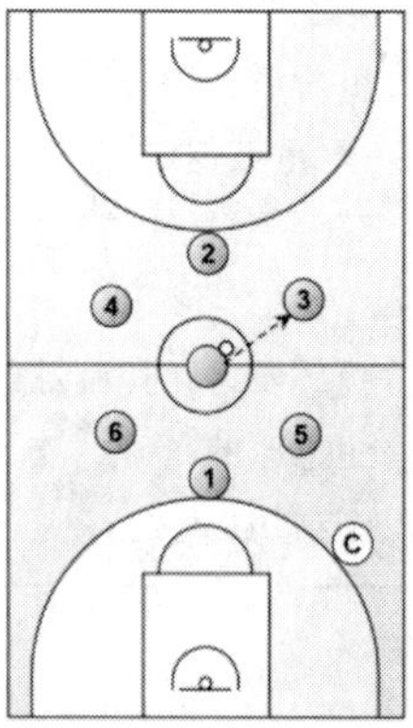

续表

部分	时间	内容	教法与要求
团队合作游戏竞赛			要求： 1. 传球时，其他队员站在原地，不能躲闪 2. 传球队员要反应迅速，记住相应队员的号码，传球路线准确 3. 中间队员与周围队员距离 2 ~ 3 米，只能以地滚球形式传球 器材：篮球
放松与总结	5 分钟	1. 课后总结 2. 特别提醒 3. 宣布本节课最佳队员 4. 鼓舞士气	教法： 1. 队员积极发言、参与讨论 2. 队员充分放松身体、认真总结 3. 队员协助教练收器材 4. 教练表扬本节课最佳队员 5. 队员与教练之间相互击掌鼓励

第 22 课时

目的与任务：1. 让队员了解坚持的益处；培养队员的球感、协调性
2. 巩固、提升球感和投篮能力
3. 复习敏捷圈投篮动作，巩固正确动作技术
4. 学习原地单手低运球

部分	时间	内容	教法与要求
课前与家长交流	5分钟	1. 介绍课程计划及执教理念 2. 与家长进行交流	要求：了解队员动态及想法，介绍本课的目的及任务、对队员的要求
集合讲解互动沟通	6分钟	1. 慢慢地拍手，大声喊“加油” 2. 激发队员的情绪、对篮球的热情 3. 本节课的主题是“坚韧的毅力” 4. 通过有难度的训练让队员感到疲劳、困难，鼓励队员坚持下去，培养耐心和毅力 5. 激励、热情、能量至关重要	要求：介绍篮球基本运动时，要生动形象、结合事例；讲授本节课的训练主题，激发队员的训练热情，鼓舞团队士气
准备部分	3分钟	一、情绪激发 （一）目的：激发队员的情绪，集中注意力 （二）方法 1. 介绍一些简单的篮球基本知识 2. 介绍本节课热身的动作 3. 当教练大声喊出需要做的动作时，队员积极尝试	要求： 1. 迅速站好队形 2. 集中精力，激发自己的情绪
	10分钟	二、动态热身：抱球跳跃 （一）目的：发展弹跳能力、身体协调性，培养球性 （二）方法：队员站成 1 排，每名队员各持 1 球，双手拿球进行之字形跳跃	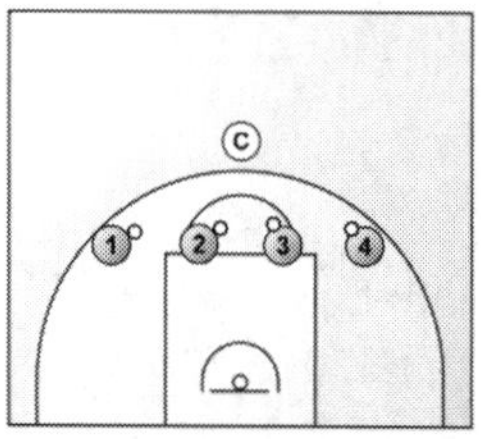 要求： 1. 队员快速跳跃，身体协调、灵敏 2. 做动作时尽量不要看球，用手的触感来感觉球，增加球感 器材：篮球

续表

部分	时间	内容	教法与要求
基础训练	5分钟	一、传球练习 （一）目的：进一步发展击地传球能力，掌握动作细节，发展队员之间的配合能力 （二）方法 1. 队员站成 2 排，面对面错位站立，间隔 1 米距离 2. 第一队排头队员持球，击地传球给第二队队员 3. 第二队队员接球后传球给第一队下一名队员，以此类推 4. 负荷量：10 次 ×3 组 （三）重点与难点 1. 注意不要全手掌接触球，手指触球 2. 出手时指向传球方向 3. 注意球的落点，击地时球的落点在自己与接球队员 2/3 距离处	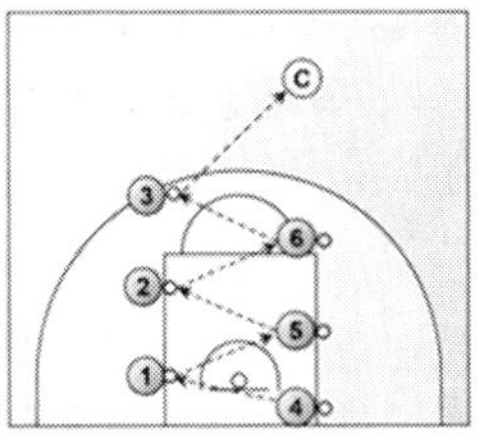 要求： 1. 2 名队员间隔 1 米左右距离 2. 只允许双手击地传球，不允许以其他方式传球 器材：篮球
	5分钟	二、跳敏捷圈投篮 （一）目的：发展跳跃能力、身体协调性，进一步发展投篮能力，纠正错误动作 （二）方法 1. 队员持球站立于敏捷圈前，按敏捷圈摆放的形状依次跳过敏捷圈 2. 跳过敏捷圈后做好投篮准备姿势，将球投入篮筐 3. 投篮后抢篮板球，然后到队尾排队 4. 负荷量：5 次 ×3 组 （三）重点与难点 1. 跳跃时身体协调用力，保持身体直立，连续跳跃 2. 跳过敏捷圈后身体迅速呈投篮准备姿势，并将球投出	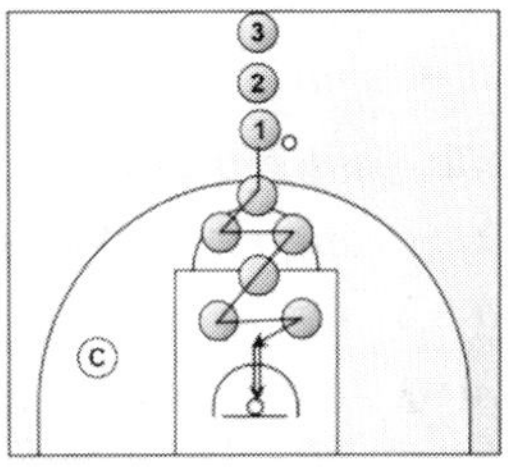 要求： 1. 有序排队，待前一名队员投篮后，下一名队员开始练习 2. 投篮后迅速抢篮板球，不要耽误后面队员投篮 器材：篮球、敏捷圈

续表

部分	时间	内容	教法与要求
基础训练	4分钟	三、学习原地单手低运球 （一）目的：练习运球技术，熟练掌握运球手法 （二）方法 1. 双脚开立，膝关节弯曲，腰部挺直，上体稍前倾，单手持球于体前侧 2. 突出运球的手部动作和身体姿势，以及运球时球的落点、球的反弹高度 3. 五指自然张开，用指根以上部位触球 4. 运球时，以肘腕关节为轴，手按拍球的后上方，使球落于体侧前方，球的反弹高度不能超过膝关节 5. 负荷量：10 次 ×3 组 （三）重点与难点 1. 学会用指根以上部位控制球 2. 腕部用力，注意落点 3. 控制好球的反弹高度和速度	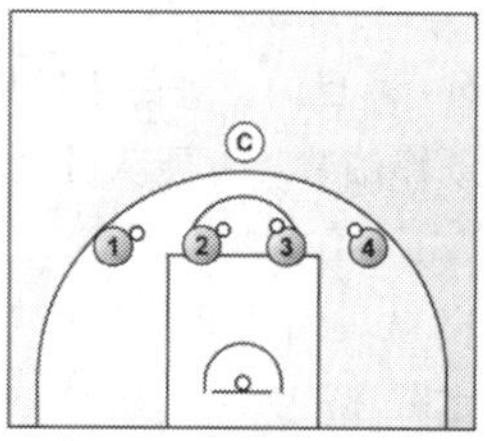 要求： 1. 重心稳定，不要上下起伏 2. 手掌控制球的上方，注意球的落点、高度 3. 眼睛注视前方，不要低头看球 器材：篮球
	6分钟	四、圆圈追传 （一）目的：发展传球能力和反应能力 （二）方法 1. 队员围成 1 个圆圈，教练站在圆心上 2. 随机指定 2 名队员持球 3. 持球队员根据教练发出的信号做出相应的动作，即举左手，向左传球；举右手，向右传球 4. 教练可以随时改变信号，当 2 个球集中在一名队员手上，游戏结束 5. 负荷量：1 次 ×3 组 （三）重点与难点 1. 注意持球动作，五指张开、掌心空出、拇指相对，与基本传球手型相同 2. 队员之间协调配合，传球时经手腕、手指拨球，身体保持直立	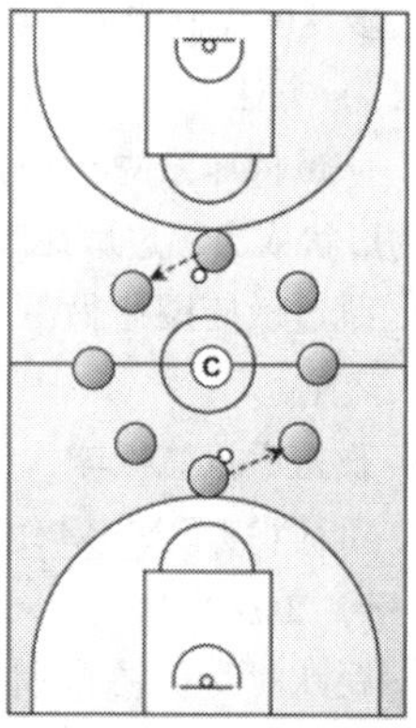 要求： 1. 队员反应迅速，根据教练发出信号及时改变传球方向 2. 采用手递手的传球方式进行传递球 器材：篮球

续表

部分	时间	内容	教法与要求
团队合作游戏竞赛	11分钟	名称：抛球换位 （一）目的：发展移动能力，抛、接球能力 （二）方法 1. 队员分成 3 队，按等边三角形站立，队员之间间隔 2 ~ 3 米 2. 每队排头队员持球，同时用力将球向上方抛起 3. 顺时针方向跑动换位，接左方排头队员抛起的球，依次进行，用时短的队伍获胜	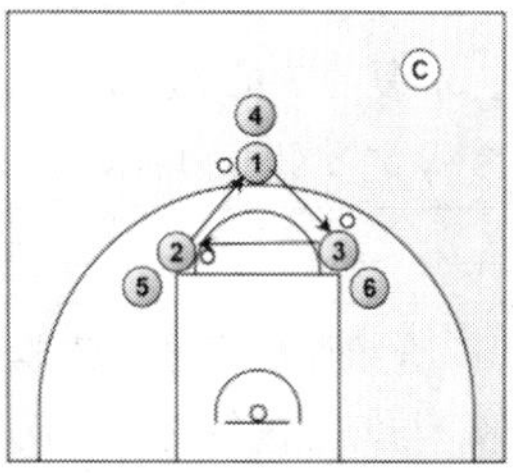 要求： 1. 垂直向上抛球，左右摆动幅度不超过 0.5 米 2. 抛球至头顶高度，不要抛球过高 3. 接球队员快速移动，找准落点，可以在球落地反弹时将球接住 器材：篮球
放松与总结	5分钟	1. 课后总结 2. 特别提醒 3. 宣布本节课最佳队员 4. 鼓舞士气	要求： 1. 积极发言、参与讨论 2. 充分放松身体、认真总结 3. 协助教练收器材 4. 表扬本节课最佳队员 5. 队员与教练之间相互击掌鼓励

第　23　课时

目的与任务：1. 培养队员的毅力、专注完成动作的能力
2. 发展队员的协调性、对球的感知能力
3. 复习队员的投篮动作，巩固正确技术动作
4. 学习双手胸前传球

部分	时间	内容	教法与要求
课前与家长交流	5分钟	1. 介绍课程部分及教学理念 2. 与家长进行交流、互相了解	要求：了解队员动态及想法，介绍本课的目的及任务、对队员的要求
集合讲解互动沟通	4分钟	1. 慢慢地拍手，大声喊“加油” 2. 培养队员集中注意力完成事情的能力 3. 本节课的主题是“坚韧的毅力” 4. 处理好运动与趣味性的关系，保持足够的耐心，坚持不懈，取得成功 5. 态度、专注、积极性至关重要	要求：介绍篮球基本运动时，要生动形象、结合事例；讲授本节课的训练主题，激发队员的训练热情，鼓舞团队士气
准备部分	3分钟	一、情绪激发 （一）目的：激发队员的情绪，集中注意力 （二）方法 1. 介绍几个熟悉球性的动作 2. 教练提醒队员专注地完成每个动作，达到预期目标	要求： 1. 迅速站好队形 2. 集中精力，激发自己的情绪
	12分钟	二、动态热身：“熊爬”游戏 （一）目的：提高身体温度和兴奋性，避免受伤，快速进入上课状态 （二）方法 1. 队员分成2路纵队，在端线集合，听教练指令 2. 排头队员听到指令后双手双脚四点撑起身体，呈伏地挺身姿势，手脚配合、协调用力向前爬行 3. 爬至罚球线返回，下一名队员接力，最先完成的队伍获胜	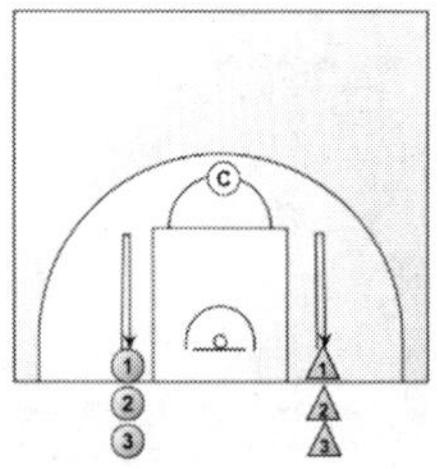 要求： 1. 队员爬至规定位置才能返回或接力，不允许提前返回 2. 只允许通过手递手传球的形式传给下一名队员，不允许出现扔球、砸球等动作 3. 有序排队，爬行队员到终点后接力队员才能出发，不许插队、抢跑等

续表

部分	时间	内容	教法与要求
基础训练	4分钟	一、行进间双手抛、接球练习 （一）目的：发展抛、接球能力，对球的控制能力 （二）方法 1. 队员持球于端线站立，身体直立，双手托球 2. 球抛起的同时向前移动 3. 按照既定路线完成1次练习为1组 4. 负荷量：1次×3组 （三）重点与难点 1. 将球向前上方抛起，抛起的同时向前移动，控制前进速度 2. 球下落时，双手向上张开迎球，将球缓冲至腹部	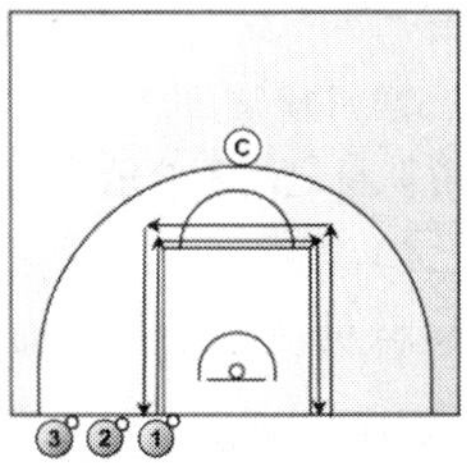 要求： 1. 垂直向上抛球，左右摆动幅度不超过0.5米 2. 抛球至头顶高度，不要过高 3. 排队有序进行，保持前后距离 器材：篮球
	4分钟	二、五点投篮 （一）目的：让队员熟练掌握投篮动作，提高投篮能力、抢篮板球能力及灵敏性 （二）方法 1. 篮下摆5个敏捷圈，每个敏捷圈与篮筐距离相等 2. 队员在敏捷圈内投篮，投篮后抢篮板球，然后移动至下一个敏捷圈内进行投篮 3. 以此类推，5个敏捷圈全部完成 4. 最后抢篮板球，并到队尾排队 5. 负荷量：5次×3组 （三）重点与难点 1. 抢篮板球时判断球的落点，单手接球迅速转身跑动至下一个敏捷圈 2. 跑动至敏捷圈时，一脚跨入，急停、屈膝，保持重心 3. 跨入敏捷圈后以跨入的脚作为支撑点，迅速转身，呈投篮准备姿势，面对篮筐 4. 转身后立刻举球投篮，身体协调，不停顿	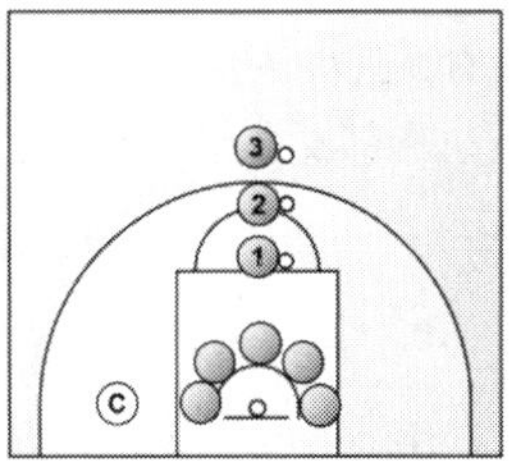 要求： 1. 投篮后迅速抢篮板球，然后返回 2. 障碍物设置在距篮筐较近的位置，并逐渐增加距离 3. 有序排队，待队员抢篮板球，并离开篮下后，下一名队员再投篮 器材：篮球、敏捷圈

续表

部分	时间	内容	教法与要求
基础训练	6分钟	三、学习双手胸前传球 （一）目的：初步学习双手胸前传球技术，培养队员之间配合能力 （二）方法 1. 队员站成 2 排，面对面站立，间隔 1 米距离 2. 1 名队员持球于胸部，双手握球 3. 持球队员双脚前后开立，后脚蹬地发力，伸臂、屈腕、手指拨球将球传出，双手指向接球队员胸部 4. 接球队员体前伸臂迎球、触球后将球收于腰腹之间 5. 负荷量：10 次 ×3 组 （三）重点与难点 1. 双手握球，掌心空出，手指触球，拇指相对，呈八字形 2. 腕部发力，控制球的方向	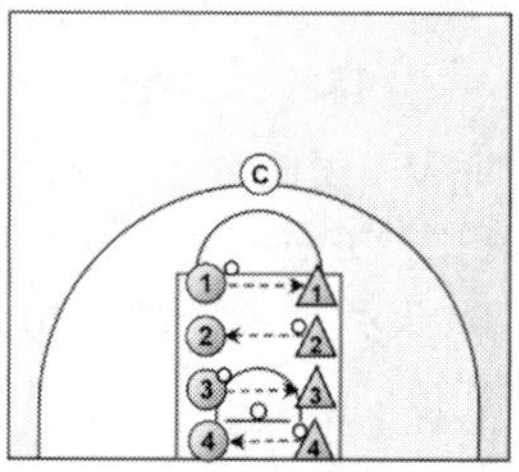 要求： 1. 腰部保持直立，不要摆动身体 2. 双脚前后开立，后脚蹬地发力，通过手腕翻转，将球拨出 器材：篮球
	6分钟	四、节奏运球练习 （一）目的：练习运球技术，熟练掌握运球手法 （二）方法 1. 队员持球站立，原地单手低运球 2. 运球 2 次衔接 1 次高运球，依次重复 3. 负荷量：10 次 ×3 组 （三）重点与难点 1. 初学者运球时容易重心不稳定，高低起伏，无护球动作，腰部不挺直，低头、双眼看球等 2. 教练时刻纠正队员动作，练习时间不宜过长，练习时队员要注意观察教练手上的动作	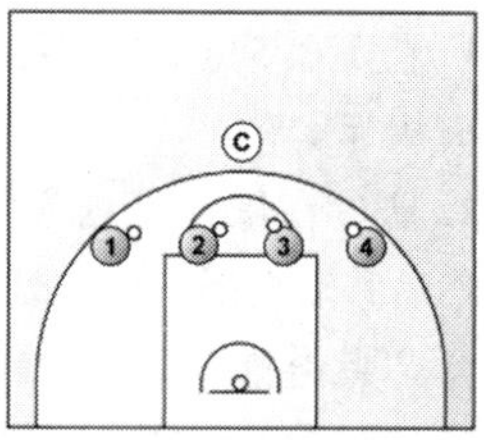 要求： 1. 所有队员同时运球，保持统一节奏，练习控球能力 2. 注意球的落点、高度 3. 眼睛注视前方，不要低头看球 器材：篮球

续表

部分	时间	内容	教法与要求
团队合作游戏竞赛	10分钟	名称：叫号抛球游戏 （一）目的：发展队员的反应能力 （二）方法 1. 队员围成1圈，记住自己的号码，1名队员持球于中点站立，其他队员顺时针方向走动 2. 教练随机喊号码，无球队员暂停移动，持球队员将球放在地面上，以地滚球形式传给相应队员	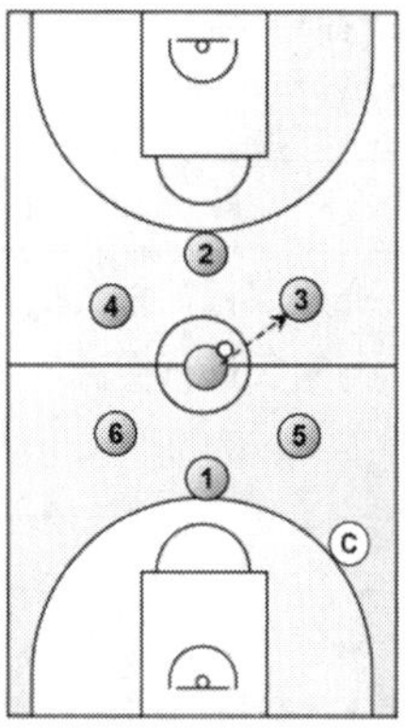 要求： 1. 传球时，其他队员站在原地，不能躲闪 2. 传球队员要反应迅速，记住相应队员的号码，传球路线准确 3. 中间队员与周围队员距离2～3米，只能以地滚球形式传球 器材：篮球
放松与总结	6分钟	1. 课后总结 2. 特别提醒 3. 宣布本节课最佳队员 4. 鼓舞士气	教法： 1. 队员积极发言、参与讨论 2. 队员充分放松身体、认真总结 3. 队员协助教练收器材 4. 教练表扬本节课最佳队员 5. 队员与教练之间相互击掌鼓励

第　24　课时

目的与任务：1. 培养队员坚持不懈的意志品质，享受所从事的运动，富有热情 2. 简单讲述篮球基本知识，进行身体基本能力的锻炼 3. 练习传接球与运球投篮技术动作，巩固传接球能力、投篮能力			
部分	时间	内容	教法与要求
课前与家长交流	5分钟	1. 介绍课程计划及执教理念 2. 与家长进行交流	要求：了解队员动态及想法，介绍本课的目的及任务、对队员的要求
集合讲解互动沟通	6分钟	1. 集合整队，激发队员对篮球的热情，让队员一直坚持，并享受篮球运动 2. 本节课的主题是“坚韧的毅力” 3. 介绍篮球基本运动，强调坚持、毅力等品质的培养对队员今后的发展带来的好处 4. 介绍本节课的训练部分及课程目标	要求：介绍篮球基本运动时，要生动形象、结合事例；讲授本节课的训练主题，激发队员的训练热情，鼓舞团队士气
准备部分	3分钟	一、情绪激发 （一）目的：激发队员的情绪，集中注意力 （二）方法 1. 介绍热身活动的要求 2. 激励队员，让队员全身心地投入	要求： 1. 迅速站好队形 2. 集中精力，激发自己的情绪
	10分钟	二、动态热身：标志筒变向跑接力 （一）目的：提高身体温度，避免受伤，发展身体灵敏性及突然变向、加速能力 （二）方法 1. 队员分成2队在端线处站立，在教练发出指令时，队员向标志筒位置快速跑动 2. 在标志筒前迅速变向通过，跑动至下一个标志筒 3. 前一队员通过所有标志筒，下一队员起动，依次接力，先完成的队伍获胜	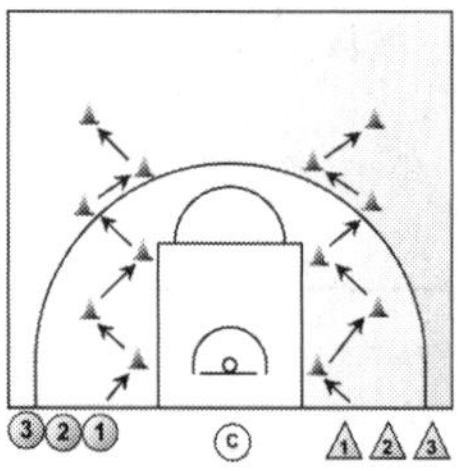 要求： 1. 有序排队，依次进行，不允许抢跑 2. 跑动到标志筒位置，才能变向，不允许提前变向 3. 注意安全，不要碰到标志筒，避免受伤 器材：标志筒

续表

部分	时间	内容	教法与要求
基础训练	4分钟	一、传球练习 （一）目的：让队员熟练掌握击地传球技术，发展队员之间的配合能力 （二）方法 1. 队员站成 2 排，面对面错位站立，间隔 1 米距离 2. 第一队排头队员持球，双手击地传球给第二队队员 3. 接球后传球给第一队下一名队员，以此类推 4. 负荷量：10 次 ×3 组 （三）重点与难点 1. 双手握球，掌心空出，手指触球，拇指相对，呈八字形 2. 腕部发力，控制球的方向	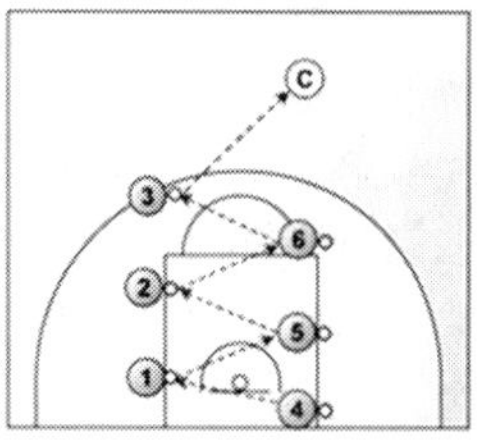 要求： 1. 2 名队员间隔 1 米左右距离 2. 只允许双手击地传球，不允许以其他方式传球 器材：篮球
	6分钟	二、运球投篮练习 （一）目的：发展身体协调性，培养运球投篮能力 （二）方法 1. 队员篮下站立，双膝弯曲，腰部挺直，持球于体侧 2. 原地单手低运球 2 次，投篮 3. 投篮之后抢篮板球，并返回原地继续运球投篮 4. 负荷量：5 次 ×3 组 （三）重点与难点 1. 抢篮板时，判断球的落点，单手获球然后迅速转身跑至原点 2. 注意运球投篮的衔接动作，球反弹时，直接举球、蹬地投篮，动作连贯	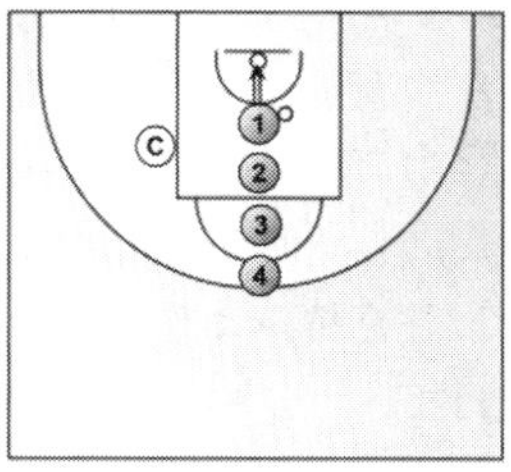 要求： 1. 投篮后迅速抢篮板球，并返回 2. 投篮时先在距篮筐较近位置，然后逐渐增加距离 3. 有序排队，后面队员待练习队员抢篮板球离开篮下后再投篮 器材：篮球
	4分钟	三、绕单腿滚球练习 （一）目的：提高队员对球的控制能力 （二）方法 1. 队员持球站立，两脚弓箭步开立，上体前倾 2. 将球放在地上，双手滚球绕过前侧脚	要求： 1. 控制球的方向，球始终在地面滚动，不要抱球、托球等 2. 双眼注视前方，不要看球 器材：篮球

续表

<table>
<tr><th>部分</th><th>时间</th><th>内容</th><th>教法与要求</th></tr>
<tr><td rowspan="2">基础训练</td><td></td><td>3. 绕前脚 1 圈为 1 次，一定次数后两脚交换，绕另一只脚
4. 负荷量：左右脚各 10 次 ×3 组
（三）重点与难点
1. 手指控制在球的上方，掌心空出，手腕发力，手指拨球
2. 腰部始终保持挺直</td><td></td></tr>
<tr><td>6 分钟</td><td>四、背对背头上胯下传接球
（一）目的：培养传球能力、身体协调性、队员配合能力
（二）方法
1. 2 名队员 1 组背对背站立
2. 持球队员弯腰经胯下将球传给身后队员
3. 队员接球后将球上引过头顶并将球经胯下传出
4. 2 名队员变换传球动作，以此重复练习
5. 负荷量：10 次 ×4 组
（三）重点与难点
1. 传接球时 2 名队员同时弯腰，默契配合
2. 注意持球动作，五指张开、掌心空出、拇指相对，与基本传球手型相同</td><td>
要求：
1. 快速传球，手递手传球，尽量减少失误
2. 2 名队员相互配合，传球时腰部、手臂协调用力
器材：篮球</td></tr>
<tr><td>团队合作游戏竞赛</td><td>11 分钟</td><td>名称：十字形接力滚球
（一）目的：培养配合能力、竞争意识、滚球能力
（二）方法
1. 队员分成 4 队，各队排头队员沿着中圈逆时针滚球前进
2. 返回队伍将球传递给下一名队员，依次接力，先完成的队伍获胜</td><td>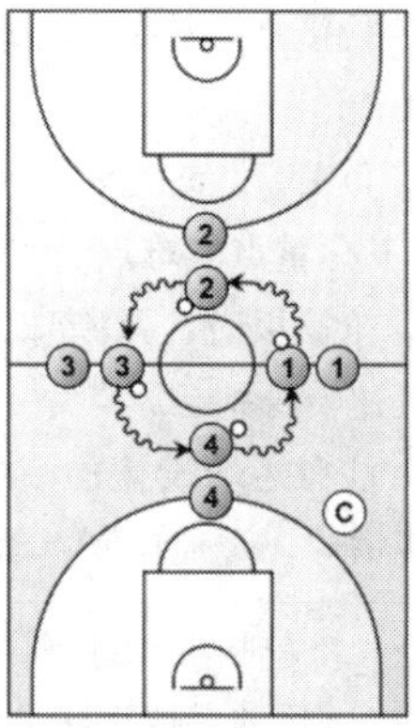
要求：
1. 不得踏进中圈范围
2. 超越对手时，只能从外侧绕过</td></tr>
</table>

续表

部分	时间	内容	教法与要求
团队合作游戏竞赛			3. 不能推拉其他队员 4. 传球时只允许手递手传球，不允许扔球、砸球等 器材：篮球
放松与总结	5分钟	1. 课后总结 2. 特别提醒 3. 宣布本节课最佳队员 4. 鼓舞士气	教法： 1. 队员积极发言、参与讨论 2. 队员充分放松身体、认真总结 3. 队员协助教练收器材 4. 教练表扬本节课最佳队员 5. 队员与教练之间相互击掌鼓励

第__25__课时

目的与任务：1. 培养队员勤劳、刻苦的精神 2. 进行简单的脚步练习及跳跃性练习，巩固队员的反应速度及身体能力 3. 熟悉球性、复习投篮，并衔接开合跳巩固队员的球感和投篮能力			
部分	时间	内容	教法与要求
课前与家长交流	5分钟	1. 介绍课程计划及执教理念 2. 与家长进行交流	教法：了解队员动态及想法，介绍本课的目的及任务、对队员的要求
集合讲解互动沟通	6分钟	1. 集合整队，激发队员对篮球的热情，让队员一直坚持，并享受篮球运动 2. 本节课的主题是“勤奋与刻苦” 3. 强调训练没有替代品，只有勤奋地去完成每一项训练才是取得成功必备的基石 4. 介绍本节课的训练部分及课程目标	教法：介绍篮球基本运动时，要生动形象、结合事例；讲授本节课的训练主题，激发队员的训练热情，鼓舞团队士气
准备部分	3分钟	一、情绪激发 （一）目的：激发队员的情绪，集中注意力 （二）方法 1. 教练介绍热身活动的要求 2. 教练激励队员，让他们全身心地投入	要求： 1. 迅速站好队形 2. 集中精力，激发自己的情绪
	10分钟	二、动态热身：滚球捡标志筒 （一）目的：发展反应能力、快速变向能力 （二）方法 1. 队员一边滚球，一边捡起教练放在地上的标志筒，教练在队员捡起后迅速朝另一方向放置标志筒 2. 队员快速反应，在滚球的同时将标志筒捡起	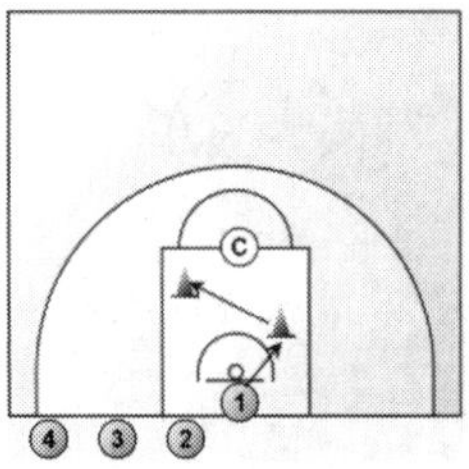 要求： 1. 队员反应迅速，动作灵敏，速度快 2. 教练根据队员能力适当增加难度 器材：标志筒、篮球

续表

部分	时间	内容	教法与要求
基础训练	4分钟	一、运球投篮练习 （一）目的：熟练掌握投篮动作，提高运球投篮动作连贯性、流畅性 （二）方法 1. 队员篮下站立，双膝弯曲，腰部挺直，持球于体侧 2. 原地单手低运球 2 次，投篮 3. 投篮之后抢篮板球，并返回原地继续运球投篮 4. 负荷量：5 次 ×3 组 （三）重点与难点 1. 抢篮板时，判断球的落点，单手获球然后迅速转身跑至原点 2. 注意运球投篮的衔接动作，球反弹时，直接举球、蹬地投篮，动作连贯	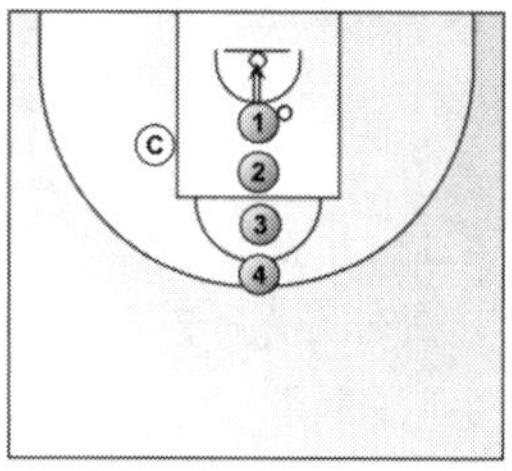 要求： 1. 投篮后迅速抢篮板球，并返回 2. 投篮时先在距篮筐较近的位置，然后逐渐增加距离 3. 有序排队，后面队员待练习队员抢篮板球离开篮下后再投篮 器材：篮球
	6分钟	二、开合跳衔接投篮 （一）目的：提高弹跳素质、身体协调性、投篮能力 （二）方法 1. 队员站在绳梯前，听教练指令起动 2. 两脚踝关节发力，向前跳的同时双脚分开，前脚掌着地 3. 继续跳起，双脚并拢，着地 4. 依次跳过绳梯，捡起篮球并投篮 5. 负荷量：1 次 ×5 组 （三）重点与难点 1. 连续起跳，双脚协调用力，前脚掌着地 2. 捡起球后身体呈投篮准备姿势，直接投篮，动作不要停顿	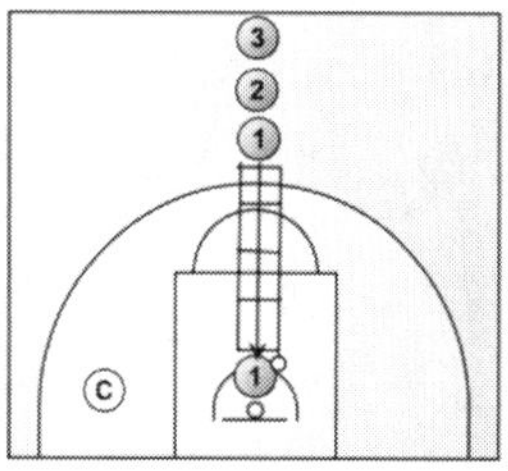 要求： 1. 两脚擦地进行，不要过多上下跳 2. 有序排队进行练习，2 名队员保持一定距离 器材：绳梯、篮球
	4分钟	三、行进间双手抛、接球练习 （一）目的：发展抛、接球能力，对球的控制能力 （二）方法 1. 队员持球端线站立，身体直立，双手托球 2. 球抛起的同时向前移动 3. 按照既定路线完成 1 次练习为 1 组 4. 负荷量：1 次 ×3 组 （三）重点与难点 1. 将球向前上方抛起，抛起的同时向前移动，控制前进速度 2. 球下落时，双手向上张开迎球，将球缓冲至腹部	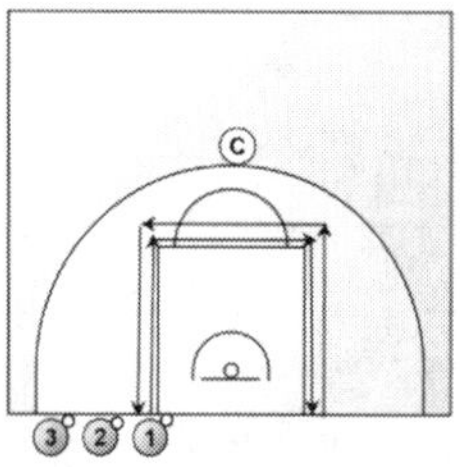 要求： 1. 垂直向上抛球，左右摆动幅度不超过 0.5 米 2. 抛球至头顶高度 3. 排队有序进行，保持前后距离 器材：篮球

续表

部分	时间	内容	教法与要求
基础训练	6分钟	四、传球接力 （一）目的：培养传球能力、队员之间的配合能力 （二）方法 1. 2名队员1组，面对面站立，间距1米，一名队员持球 2. 当教练发出命令后，持球队员双手胸前传球给另一名队员，并转身跑到队友后面 3. 接球队员原地转身，继续传球，以此类推 4. 负荷量：10次×3组 （三）重点与难点 1. 传接球时2名队员默契配合 2. 注意持球动作，五指张开、掌心空出、拇指相对，与基本传球手型相同	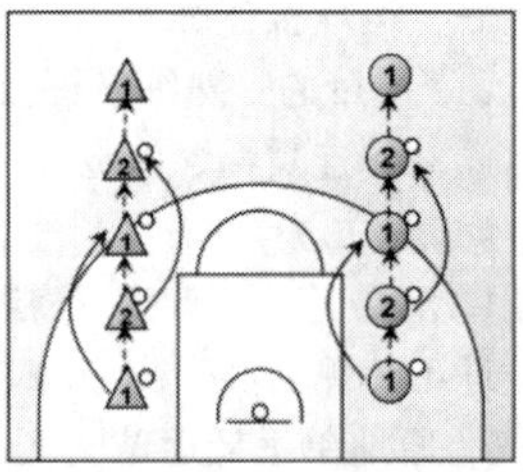 要求： 1. 快速传球，尽量减少失误 2. 只能以双手胸前传球方式传接球，2名队员间距1米左右 器材：篮球
团队合作游戏竞赛	11分钟	名称：巧入营门 （一）目的：培养竞争意识、身体灵活性、队员之间的配合能力 （二）方法 1. 队员分为2队，中线摆放4个标志筒，间隔2米，2队各以半场为营地，双方各选1名队员站在中线后本队营地防守 2. 进攻方利用虚晃、变向等技术摆脱防守，通过营门进入对方营地 3. 成功进入得1分，被对方拍到失1分，得分多的一方获胜	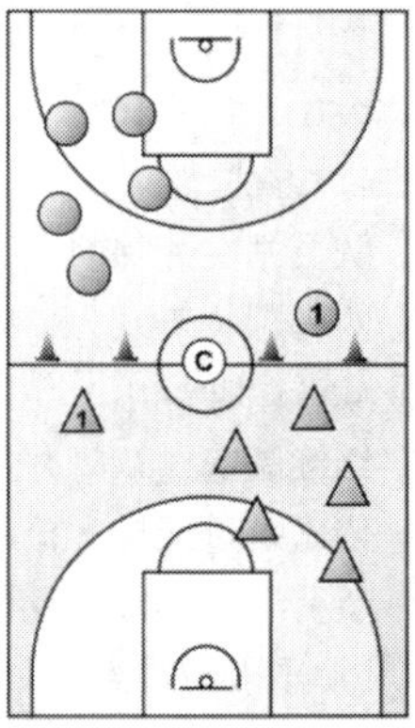 要求： 1. 移动中注意与同伴之间保持一定的距离 2. 拍打时切忌用过猛力，不能有推、拉等粗鲁动作 器材：标志筒
放松与总结	5分钟	1. 课后总结 2. 特别提醒 3. 宣布本节课最佳队员 4. 鼓舞士气	教法： 1. 队员积极发言、参与讨论 2. 队员充分放松身体、认真总结 3. 队员协助教练收器材 4. 教练表扬本节课最佳队员 5. 队员与教练之间相互击掌鼓励

第 26 课时

目的与任务：1. 培养队员勤劳、刻苦、不怕困难的精神
2. 培养队员的热情
3. 进行协调能力练习和投篮练习，进一步巩固球感和投篮能力
4. 学习远传结合练习

部分	时间	内容	教法与要求
课前与家长交流	5分钟	1. 介绍课程计划及执教理念 2. 与家长进行交流	教法：了解队员动态及想法，介绍本节课的目的及任务、对队员的要求
集合讲解互动沟通	6分钟	1. 慢慢地拍手，大声喊“加油” 2. 激发队员的情绪、对篮球的热情 3. 本节课的主题是“勤奋与刻苦” 4. 强调训练没有替代品，只有勤奋地去完成每一项训练才是取得成功必备的基石 5. 激励、热情、能量至关重要	教法：介绍篮球基本运动时，要生动形象、结合事例；讲授本节课的训练主题，激发队员的训练热情，鼓舞团队士气
准备部分	3分钟	一、情绪激发 （一）目的：激发队员的情绪，集中注意力 （二）方法 1. 介绍一些简单的篮球基本知识 2. 介绍本节课的热身动作 3. 当教练大声喊出需要做的动作时，队员积极尝试	要求： 1. 迅速站好队形 2. 集中精力，激发自己的情绪
	10分钟	二、动态热身：过独木桥 （一）目的：提高身体温度，兴奋性，降低肌肉粘滞性，避免受伤 （二）方法 1. 在罚球线两端设置 2 排标志筒，队员从中间穿过，其中教练充当防守队员，阻碍队员通过 2. 教练利用左右横向滑步干扰队员，而队员应迅速摆脱干扰并通过	 要求： 1. 队员在躲闪教练的过程中要避免受伤 2. 队员的注意力要高度集中 器材：标志筒

续表

部分	时间	内容	教法与要求
基础训练	5分钟	一、绕双脚滚球练习 （一）目的：培养对球的控制能力 （二）方法 1. 两脚平行开立，膝关节微屈，上体前倾 2. 将球放在地上，通过胯下做绕 8 字拨球 3. 完成 1 个 8 字为 1 次 4. 负荷量：5 次×3 组 （三）重点与难点：手指控制在球的上方，掌心空出，手腕转动控制球的方向	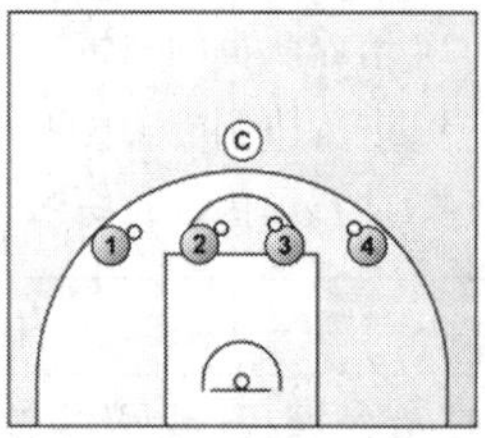 要求： 1. 抬头注视前方，不要看球 2. 重心稳定，腰部伸直 器材：篮球
	5分钟	二、运传结合练习 （一）目的：培养运球结合传球能力，提高队员的协调性、配合能力 （二）方法 1. 2 名队员 1 组，面对面站立，1 名队员持球 2. 持球队员原地单手低运球 2 次，将球传给对面队员 3. 队员接球后继续运球传给对面队员，重复进行 4. 负荷量：10 次×3 组 （三）重点与难点 1. 注意保持身体姿势、运球重心、持球手型 2. 注意运球衔接传球动作，身体协调用力 3. 队员之间默契配合	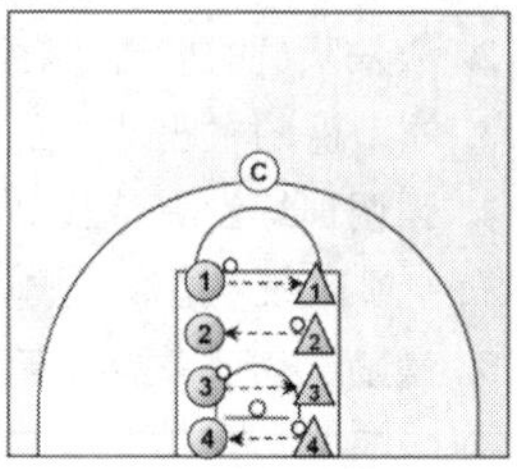 要求： 1. 双手胸前传球，不允许其他传球方式，队员间距 1 米左右 2. 双脚前后开立，后脚蹬地发力，通过手腕翻转将球拨出 器材：篮球
	4分钟	三、绳梯跳跃投篮 （一）目的：培养投篮能力、跳跃能力、协调性 （二）方法 1. 队员持球，高抬腿依次踏过绳梯每一格 2. 队员跳至绳梯最后一格做急停投篮 3. 投篮后抢篮板球，然后到队尾排队 4. 负荷量：5 次×3 组 （三）重点与难点 1. 将球置于胸前，保持稳定 2. 高抬腿时大腿抬至腰腹高度，前脚掌着地，重心稳定 3. 注意急停后与投篮之间的衔接动作，急停后膝关节微屈成准备姿势直接举球，注意动作的连贯性	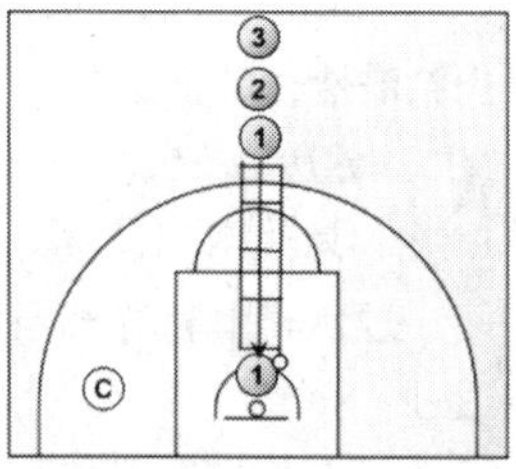 要求： 1. 投篮距离由近至远，逐渐增加难度 2. 提高投篮命中率，同时快速出手保持动作的完整性 器材：篮球、绳梯

续表

部分	时间	内容	教法与要求
基础训练	6分钟	四、滚球接力 （一）目的：锻炼队员的速度、队员之间的配合能力 （二）方法 1. 所有队员分成2组，于端线处站立 2. 每组第一名队员滚球前进，至中线返回，下一名队员接力 3. 每组的所有队员均完成1次，用时最短的队伍获胜 4. 负荷量：1次×3组 （三）重点与难点 1. 快速起动，手指控制在球的上方，掌心空出，手腕转动控制球的方向 2. 跑至中线跨步急停衔接前转身返回 3. 队员在接球时五指张开，拇指相对，呈八字形，伸臂迎球	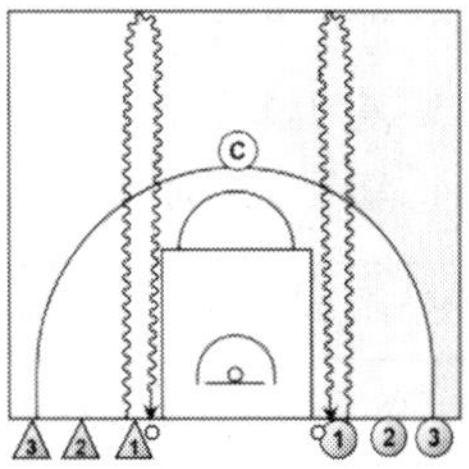 要求： 1. 前进时抬头观察前方 2. 控制球的方向，手不能离开球 3. 通过手递手的形式传球给下一名队员 器材：篮球
团队合作游戏竞赛	11分钟	名称："大渔网" （一）目的：提高配合能力、跑动速度、身体灵活性 （二）方法：队员分散在篮球场内，抱球跑动；指定2名队员担任"渔网"，手拉手跑动，并用手触及其他队员，被触及者将球放在篮筐内，加入"渔网"队伍	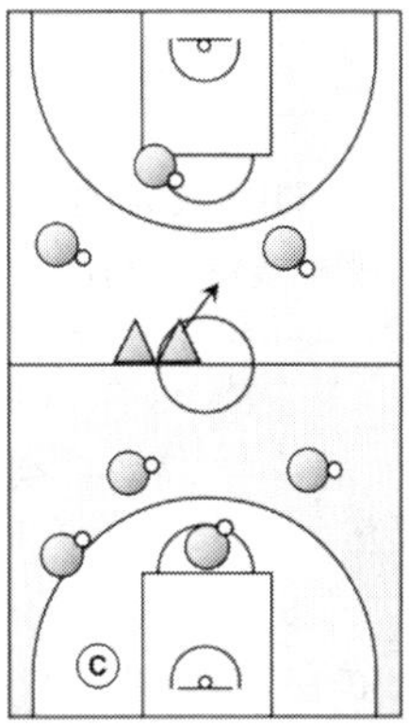 要求： 1. "渔网"不能松散，队员间不能松手 2. 其他队员不能离开球场范围 器材：篮球
放松与总结	5分钟	1. 课后总结 2. 特别提醒 3. 宣布本节课最佳队员 4. 鼓舞士气	要求： 1. 队员积极发言、参与讨论 2. 队员充分放松身体、认真总结 3. 队员协助教练收器材 4. 教练表扬本节课最佳队员 5. 队员与教练之间相互击掌鼓励

第 27 课时

目的与任务：1. 培养队员勤劳、刻苦、不怕困难的精神
2. 进行身体基本能力练习，巩固队员相互协调配合的能力
3. 复习投篮、运球、传球技术，并巩固正确技术动作
4. 复习行进间体前传拨球，并巩固正确技术动作

部分	时间	内容	教法与要求
课前与家长交流	5分钟	1. 介绍课程计划及执教理念 2. 与家长进行交流	教法：了解队员动态及想法，介绍本节课的目的及任务、对队员的要求
集合讲解互动沟通	6分钟	1. 集合整队，激发队员对篮球的热情，让队员一直坚持，并享受篮球运动 2. 本节课的主题是“勤奋与刻苦” 3. 强调训练没有替代品，只有勤奋地去完成每一项训练才是取得成功必备的基石 4. 介绍本节课的训练部分及课程目标	教法：介绍篮球基本运动时，要生动形象、结合事例；讲授本节课的训练主题，激发队员的训练热情，鼓舞团队士气
准备部分	3分钟	一、情绪激发 （一）目的：激发队员的情绪，集中注意力 （二）方法 1. 介绍热身活动的要求 2. 激励队员，让队员全身心地投入	要求： 1. 迅速站好队形 2. 集中精力，激发自己的情绪
	10分钟	二、动态热身：听音变速跑 （一）目的：激发兴趣，提高身体温度，避免受伤 （二）方法 1. 在边线处，队员站成 1 排，教练通过哨声来控制队员的折返跑 2. 队员只要一听到教练哨声就往反方向折返跑，教练可以通过加快哨声的频率来增强趣味性和达到热身效果	组织： 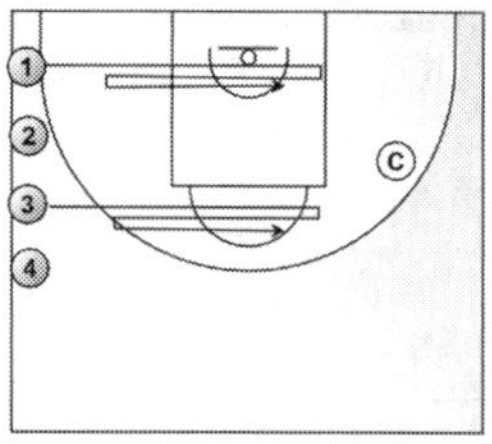 要求： 1. 队员快速反应 2. 跑动速度不要过快，避免受伤

续表

部分	时间	内容	教法与要求
	4分钟	一、行进间体前传拨球练习 （一）目的：培养对球的控制能力 （二）方法 1. 身体直立，持球于胸前 2. 用双手手指和指端来回传拨球，双手保持一定距离 3. 两手协调配合同时向前移动，保持球不落地 4. 移动至中线，返回 5. 负荷量：1 次 ×3 组 （三）重点与难点 1. 双手托球，手指张开，掌心空出，通过手指拨球 2. 通过肩部转动将球左右移动 3. 移动时手脚协调，匀速前进	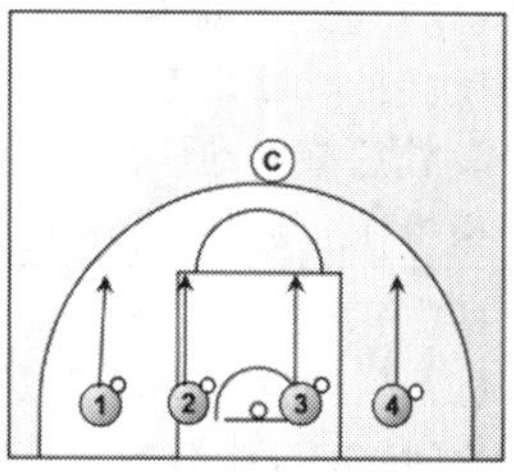 要求：有序进行，队员移动到中线才能折回，不允许提前折回 器材：篮球
基础训练	6分钟	二、运球投篮练习 （一）目的：熟练掌握投篮动作，提高运球投篮动作的连贯性、流畅性 （二）方法 1. 队员篮下站立，双膝弯曲，腰部挺直，持球于体侧 2. 原地单手低运球 2 次，投篮 3. 投篮之后抢篮板球，并返回原地继续运球投篮 4. 负荷量：5 次 ×3 组 （三）重点与难点 1. 抢篮板时，判断球的落点，单手获球然后迅速转身跑至原点 2. 注意运球投篮的衔接动作，球反弹时，直接举球、蹬地投篮，动作连贯	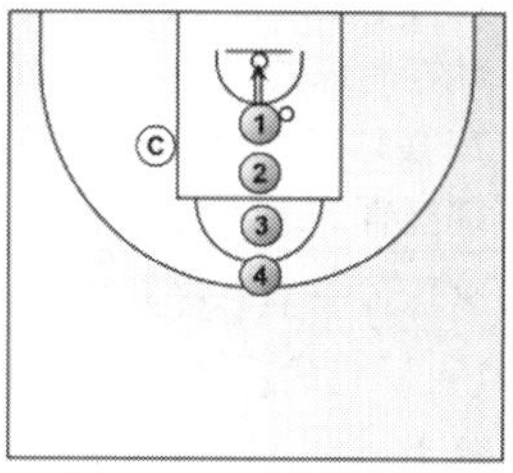 要求： 1. 投篮后迅速抢篮板球，并返回 2. 投篮时先在距篮筐较近位置，然后逐渐增加距离 3. 有序排队，后面队员待练习队员抢篮板球离开篮下后再投篮 器材：篮球
	4分钟	三、背对背头上胯下传接球 （一）目的：培养传球能力、身体协调性、队员之间的配合能力 （二）方法 1. 2 名队员 1 组，背对背站立 2. 持球队员弯腰经胯下将球传给身后队员 3. 队员接球后将球上引过头顶并将球经胯下传出 4. 2 名队员变换传球动作，以此重复练习 5. 负荷量 10 次 ×4 组	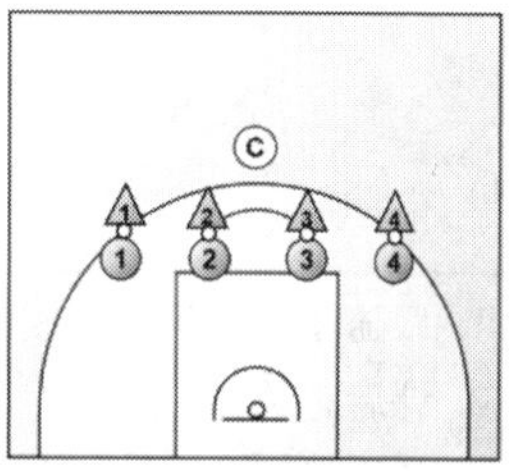 要求： 1. 快速传球，手递手传球，尽量减少失误 2. 2 名队员互相配合，传球时腰部、手臂协调用力 器材：篮球

续表

部分	时间	内容	教法与要求
基础训练		（三）重点与难点 1. 传接球时2名队员同时弯腰，默契配合 2. 注意持球动作，五指张开、掌心空出、拇指相对，与基本传球手型相同	
	6分钟	四、滚球接力 （一）目的：培养队员对球的控制能力、队员之间的配合能力 （二）方法 1. 所有队员分成2组，站成2路纵队 2. 每组第一名队员双手滚球前进，从排头绕到队尾，从队伍后方绕到下一名队员处，将球传给下一名队员，然后自己迅速跑至队尾，以此类推 3. 负荷量：2分钟×3组 （三）重点与难点 1. 手指控制在球的上方，掌心空出，手腕转动控制球的方向 2. 拨球时保持重心稳定，双膝始终弯曲，腰部挺直	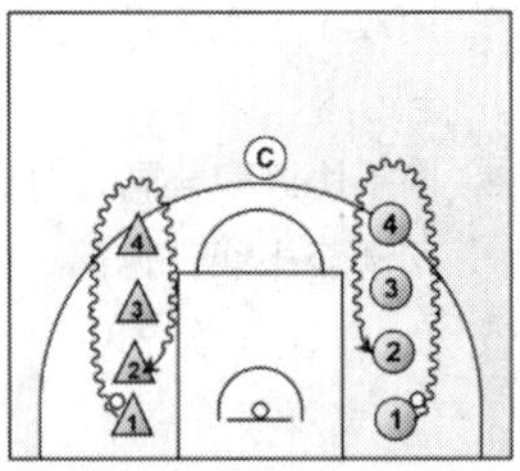 要求： 1. 前进时抬头观察前方 2. 有序进行，只能通过手递手的方式传球 器材：篮球
团队合作游戏竞赛	11分钟	名称：十字形接力滚球 （一）目的：培养配合能力、竞争意识、滚球能力 （二）方法 1. 队员分成4队，各队排头队员沿着中圈逆时针滚球前进 2. 返回队伍将球传递给下一名队员，依次接力，先完成的队伍获胜	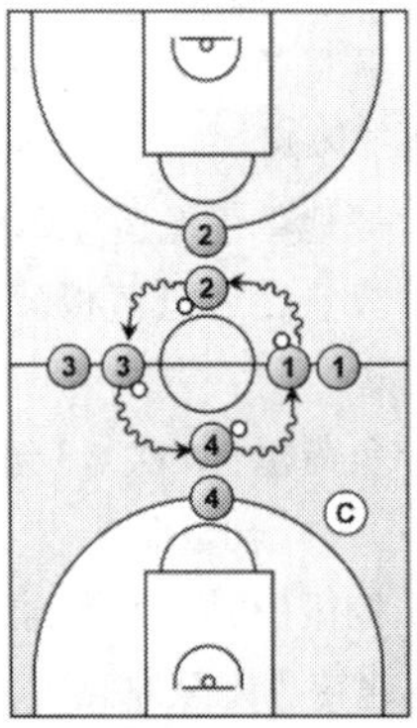 要求： 1. 不得踏进中圈范围 2. 超越对手时，只能从外侧绕过 3. 不能推、拉其他队员 4. 传球时只允许手递手传球，不允许扔球、砸球等 器材：篮球
放松与总结	5分钟	1. 跟随律动音乐进行放松 2. 课后总结 3. 特别提醒 4. 宣布本节课最佳队员 5. 鼓舞士气	教法： 1. 队员积极发言、参与讨论 2. 队员充分放松身体、认真总结 3. 队员协助教练收器材 4. 教练表扬本节课最佳队员 5. 队员与教练之间相互击掌鼓励

第 28 课时

目的与任务：1. 锻炼队员的意志力
2. 进行运球投篮等练习，增强队员的球感和提高投篮能力；通过穿越火线等游戏，进一步激发队员的竞争意识
3. 学习行进间运球技术

部分	时间	内容	教法与要求
课前与家长交流	5分钟	1. 介绍课程部分及教学理念 2. 与家长进行交流，互相了解	要求：了解队员动态及想法，介绍本课的目的及任务、对队员的要求
集合讲解互动沟通	4分钟	1. 慢慢地拍手，大声喊“加油” 2. 介绍本课训练部分及要求 3. 本节课的主题是“勤奋与刻苦” 4. 强调训练没有替代品，只有勤奋地去完成每一项训练才是取得成功必备的基石 5. 态度、热情、积极性至关重要	要求：介绍篮球基本运动时，要生动形象、结合事例；讲授本节课的训练主题，激发队员的训练热情，鼓舞团队士气
准备部分	3分钟	一、情绪激发 （一）目的：激发队员的情绪，集中注意力 （二）方法 1. 介绍热身活动要求 2. 当教练大声喊出动作名称时，队员立即开始	要求： 1. 迅速站好队形 2. 集中精力，激发自己的情绪
	12分钟	二、动态热身：一体同心 （一）目的：提高兴趣，提高身体温度，避免受伤 （二）方法 1. 2人1组，面对面夹住篮球横向移动至中线，再返回至起点 2. 队员相互沟通，积极配合，完成练习	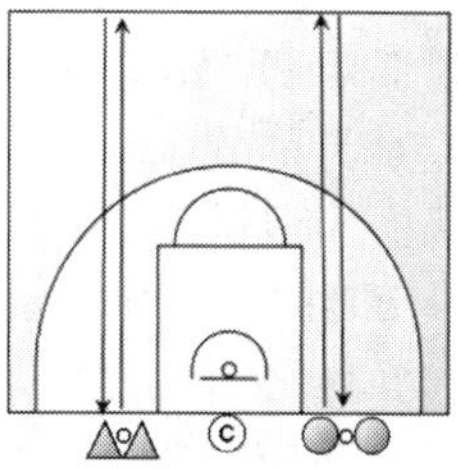 要求：球不能掉落，匀速前进 器材：篮球

续表

部分	时间	内容	教法与要求
	4 分 钟	一、穿越火线 （一）目的：培养球感、队员之间的配合能力、竞争意识 （二）方法 1. 队员分成 2 组，呈纵队站立，组员之间间隔半臂距离 2. 排头各持 1 球经头上向后传递 3. 最后一名队员接球后，绕 S 形双手滚球穿过本组队员，站在排头，向后传球，重复上述动作 4. 负荷量：1 次 ×3 组 （三）重点与难点 1. 手指控制在球的上方，掌心空出，手腕转动控制球的方向 2. 拨球时保持重心稳定，双膝始终弯曲，腰部挺直 3. 传球队员双手张开，拇指相对，扶在球的前面	 要求： 1. 手递手传球，控制传球路线 2. 滚球前进时抬头观察前方 器材：篮球
基础训练	4 分 钟	二、学习行进间运球 （一）目的：学习行进间运球技术，提高队员运球能力 （二）方法 1. 队员于端线站立，双膝弯曲，降低重心，腰部挺直，持球于体侧 2. 队员单手低运球，五指张开，掌心空出，高度不超过膝关节，另一只手臂抬起护球 3. 运球的同时向前移动，移动至罚球线后返回 4. 负荷量：1 分钟 ×3 组 （三）重点与难点 1. 手脚协调配合，慢速向前移动，提高运球频率 2. 注意保持低重心，控制球的落点和高度	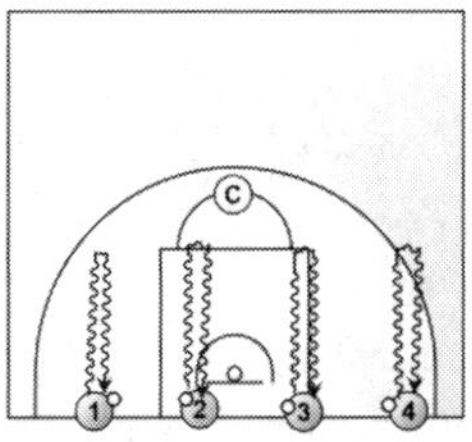 要求： 1. 顺序排队，有序进行，队员运球回到端线后下一名队员出发 2. 传球时须手递手传球，不允许有扔球、砸球等动作 3. 脚踩罚球线才能返回 器材：篮球
	6 分 钟	三、运球绕桩练习 （一）目的：提高敏捷性、跑动能力 （二）方法 1. 队员持球于端线站立，听到教练哨声后出发 2. 行进间单手低运球至标志筒时，单手运球从标志筒外侧绕过，至下一个目标	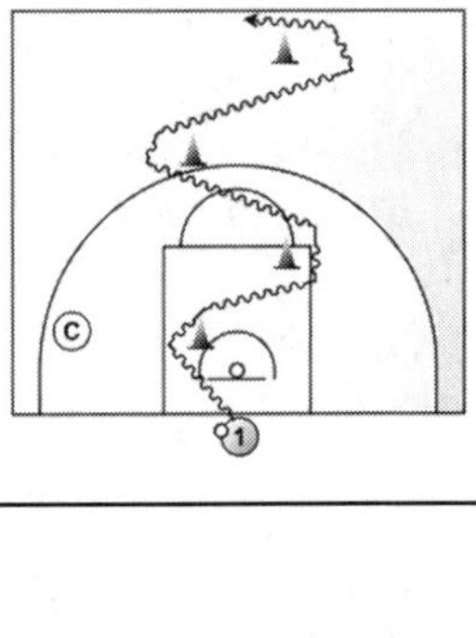

续表

部分	时间	内容	教法与要求
基础训练		3. 负荷量：1 次 ×3 组 （三）重点与难点 1. 注意控球手型，五指张开，掌心空出，保持稳定 2. 绕过标志筒时，转身跨步，身体面对下一个目标	要求： 1. 身体重心要低 2. 侧身转体，有明显加速过程 3. 步幅小，步频快，运球频率快 器材：标志筒、篮球
	6分钟	四、运球投篮 （一）目的：培养行进间运球、投篮能力 （二）方法 1. 队员持球于指定位置站立，行进间单手低运球绕过标志筒 2. 绕过最后一个标志筒后做急停—投篮—抢篮板球等一系列动作 3. 完成后走到队尾排队 4. 负荷量：5 次 ×3 组 （三）重点与难点 1. 注意急停后与投篮之间的衔接动作，急停后膝盖微屈成准备姿势直接举球，注意动作的连贯性 2. 运球时手指接触球，通过腕部发力拨动，注意手脚协调配合	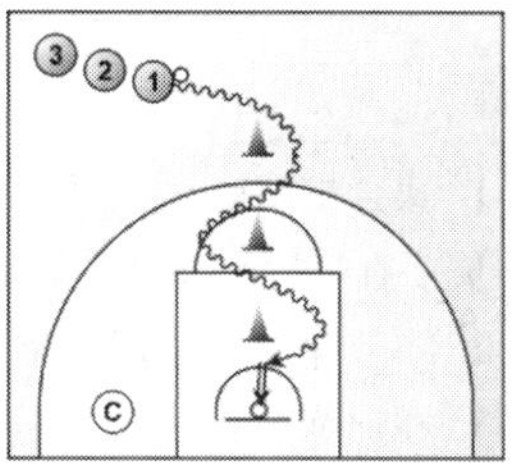 要求： 1. 有秩序地排队进行练习 2. 投篮距离可以先设置在篮下，然后逐渐增加距离 3. 可以设置 2 队以竞赛形式完成 器材：标志筒、篮球
团队合作游戏竞赛	11分钟	名称：你推我扶 （一）目的：提高队员对球的控制能力 （二）方法：队员分成 2 组，每名队员各持 1 球，第一名队员单手运球前进，经过每 1 个标志筒都将其放倒，最后 1 个标志筒放倒后，第二名队员出发，按前 1 名队员的路线推球前进，将标志筒扶起，以此类推，用时最短的组获胜	 要求： 1. 前进时抬头观察前方 2. 控制球的方向及落点，手不能离开球 器材：篮球、标志筒
放松与总结	5分钟	1. 课后总结 2. 特别提醒 3. 宣布本节课最佳队员 4. 鼓舞士气	教法： 1. 队员积极发言、参与讨论 2. 队员充分放松身体、认真总结 3. 队员协助教练收器材 4. 教练表扬本节课最佳队员 5. 队员与教练之间相互击掌鼓励

第 29 课时

目的与任务：1. 让队员懂得付出，进行一些简单的跳跃性练习，巩固队员的基本能力
2. 通过灵敏素质练习，提高队员的灵敏素质
3. 复习投篮、运球、传球技术，进一步巩固正确技术动作

部分	时间	内容	教法与要求
课前与家长交流	5分钟	1. 介绍课程计划及执教理念 2. 与家长进行交流	教法：了解队员动态及想法，介绍本节课的目的及任务、对队员的要求
集合讲解互动沟通	6分钟	1. 集合整队，激发队员对篮球的热情，让队员一直坚持，并享受篮球运动 2. 本节课的主题是“辛苦的付出” 3. 在训练中激励队员尽自己最大的努力去完成训练，做到百分之百的付出，长期坚持，一定会有所收获 4. 介绍本节课的训练部分及课程目标	教法：介绍篮球基本运动时，要生动形象、结合事例；讲授本节课的训练主题，激发队员的训练热情，鼓舞团队士气
准备部分	3分钟	一、情绪激发 （一）目的：激发队员的情绪，集中注意力 （二）方法 1. 介绍热身活动的要求 2. 激励队员，让队员全身心地投入	要求： 1. 迅速站好队形 2. 集中精力，激发自己的情绪
	10分钟	二、动态热身：跑跳游戏 （一）目的：让队员全身动起来，调动队员上课的积极性 （二）方法 1. 将队员分成 2 组，成纵队站在罚球线后，听到教练哨声，每组第一名队员快速跑到对面，用手触碰一下标志筒 2. 出发的队员双脚跳回罚球线并到队尾排队，各组下一名队员再出发，所在组的所有队员率先完成即为获胜	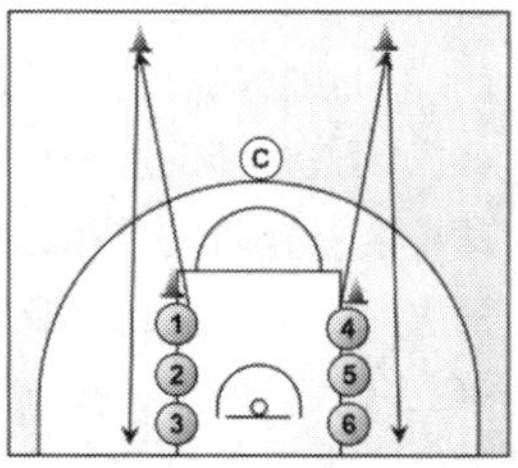 要求： 1. 有序排队，不允许抢跑 2. 队员跑到标志筒位置才能返回，不允许提前返回 器材：标志筒

续表

部分	时间	内容	教法与要求
基础训练	4分钟	一、行进间胯下8字滚球练习 （一）目的：培养队员对球的控制能力、手脚配合能力 （二）方法 1. 队员单手持球，异侧脚成弓步，将球从地面滚动送入胯下，球从两脚之间传递 2. 左右侧交替、连续进行此动作 3. 重心稳定，脚部移动速度与双手滚球速度相配合 4. 负荷量：1次×3组 （三）重点与难点 1. 手脚配合，匀速前进 2. 拨球时上体前倾，腰部挺直，脚迈出时将球经胯下绕过 3. 手指控制在球的上方，掌心空出，手腕转动控制球的方向	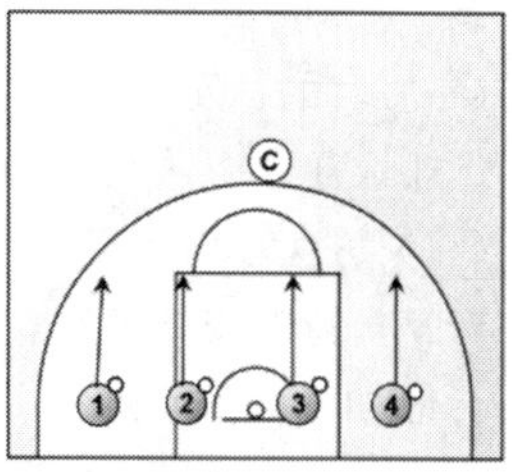 要求： 1. 上体前倾，重心下降 2. 脚向前的速度和两手交接动作相协调 器材：篮球
	6分钟	二、运球投篮 （一）目的：进一步培养运球、投篮能力，提高动作连贯性 （二）方法 1. 队员持球于指定位置站立，行进间单手低运球绕过标志筒 2. 绕过最后一个标志筒后急停、投篮 3. 抢篮板球，然后走到队尾排队 4. 负荷量：5次×3组 （三）重点与难点 1. 注意急停后与投篮之间的衔接动作，急停后膝盖微屈成准备姿势直接举球，注意动作的连贯性 2. 运球时手指接触球，通过腕部发力拨动，注意手脚协调配合	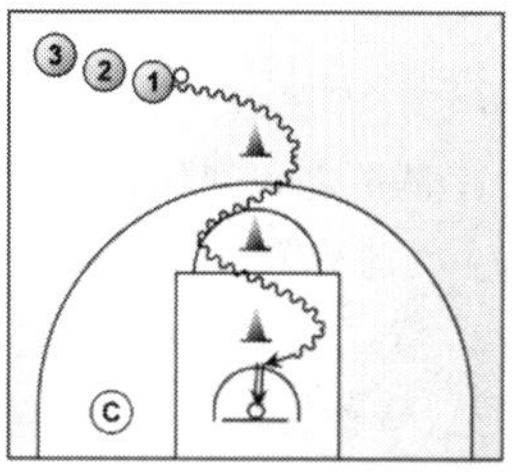 要求： 1. 有秩序地排队进行练习 2. 投篮距离可以先设置在篮下，然后逐渐增加距离 3. 可以设置2队以竞赛形式完成 器材：篮球、标志筒

续表

<table>
<tr><th>部分</th><th>时间</th><th>内容</th><th>教法与要求</th></tr>
<tr><td rowspan="2">基础训练</td><td>4分钟</td><td>三、运球折返
（一）目的：发展队员的耐力、灵敏性，提高运球能力
（二）方法
1. 队员持球于端线站立，教练发出指令时进行行进间单手运球
2. 运球至罚球线后折回至端线，继续跑动至中线折回
3. 负荷量：1 次×3 组
（三）重点与难点
1. 折回时向前踏一步，同时以后脚为支撑点前转身、蹬地加速
2. 上肢伸展，手脚配合，有节奏感，腰部保持绷直状态，有牵张感</td><td>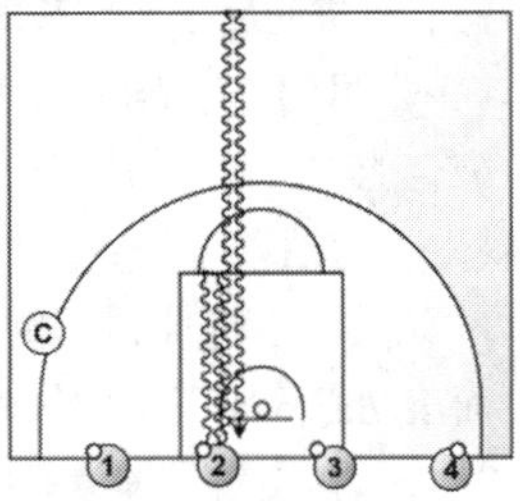

要求：
1. 行进间运球时须到达罚球线或中线才能返回
2. 失误后快速调整，继续运球
器材：篮球</td></tr>
<tr><td>6分钟</td><td>四、传球接力
（一）目的：发展传球能力、队员之间的配合能力
（二）方法
1. 队员之间间隔一臂距离，第一名队员经头上传球给第二名队员
2. 第二名队员接球后经胯下传球给下一名队员，2 种传球形式交替进行
3. 快速传球，用时最短的队伍获胜
4. 负荷量：1 次×3 组
（三）重点与难点
1. 传球时，队员协调配合
2. 传球队员双手张开，拇指相对，扶在球的两侧
3. 传球时拨动手腕，控制球的方向，接球队员伸手迎球</td><td>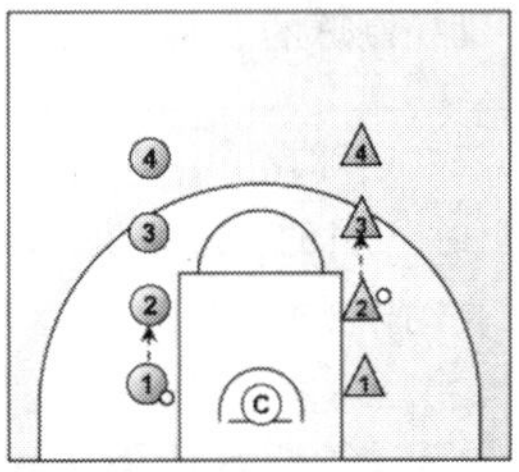

要求：
1. 只允许手递手传球
2. 队员之间协调配合，传球时经手腕、手指拨球
器材：篮球</td></tr>
</table>

续表

部分	时间	内容	教法与要求
团队合作游戏竞赛	11分钟	名称：打“鸭子”游戏 （一）目的：锻炼队员之间的配合能力、灵敏性、移动速度 （二）方法 1. 队员分成2组，第一组围成1个圆圈，第二组队员在圆圈范围内跑动 2. 第一组队员以地滚球的形式相互传球，圈内队员快速躲避，被打中队员和传球队员交换位置	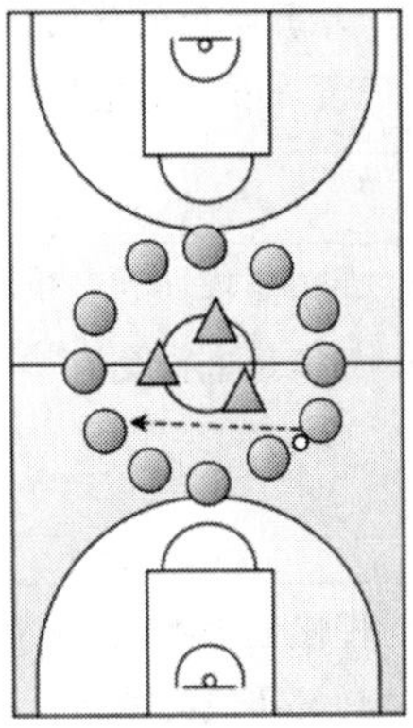 要求： 1. 圆圈内队员只能在圆圈范围内跑动 2. 外围队员只能以地滚球形式传球 器材：篮球
放松与总结	5分钟	1. 课后总结 2. 特别提醒 3. 宣布本节课最佳队员 4. 鼓舞士气	教法： 1. 队员积极发言、参与讨论 2. 队员充分放松身体、认真总结 3. 队员协助教练收器材 4. 教练表扬本节课最佳队员 5. 队员与教练之间相互击掌鼓励

第 30 课时

目的与任务：1. 复习一些爬的动作，巩固并提高队员的腰腹力量及四肢协调能力
2. 培养队员的热情，巩固投篮、传球、运球能力
3. 复习双手击地传球，纠正错误技术动作

部分	时间	内容	教法与要求
课前与家长交流	5分钟	1. 介绍课程计划及执教理念 2. 与家长进行交流	要求：了解队员动态及想法，介绍本节课的目的及任务、对队员的要求
集合讲解互动沟通	6分钟	1. 慢慢地拍手，大声喊“加油” 2. 激发队员的情绪、对篮球的热情 3. 本节课的主题是“辛苦的付出” 4. 在训练中激励队员尽自己最大的努力去完成训练，做到百分之百的付出，长期坚持，一定会有所收获 5. 激励、热情、能量至关重要	要求：介绍篮球基本运动时，要生动形象、结合事例；讲授本节课的训练主题，激发队员的训练热情，鼓舞团队士气
准备部分	3分钟	一、情绪激发 （一）目的：激发队员的情绪，集中注意力 （二）方法 1. 介绍一些简单的篮球基本知识 2. 介绍本节课热身的动作 3. 当教练大声喊出需要做的动作时，队员积极尝试	要求： 1. 迅速站好队形 2. 集中精力，激发自己的情绪
	10分钟	二、动态热身：“熊爬”游戏 （一）目的：提高身体温度和兴奋性，避免受伤，快速进入上课状态 （二）方法 1. 队员分成 2 路纵队，在端线集合，听教练指令 2. 排头队员听到指令后双手双脚四点撑起身体，呈伏地挺身姿势，手脚配合、协调用力向前爬行 3. 爬至罚球线返回，下一名队员接力，最先完成的队伍获胜	要求： 1. 队员爬至规定位置才能返回或接力，不允许提前返回 2. 只允许通过手递手传球的形式传给下一名队员，不允许有扔球、砸球等动作 3. 有序排队，爬行队员到终点后接力队员才能出发，不许插队、抢跑等

续表

部分	时间	内容	教法与要求
基础训练	5分钟	一、复习双手击地传球 （一）目的：熟练掌握击地传球技术，发展队员之间的配合能力 （二）方法 1. 队员站成 2 排，面对面错位站立，间隔 1 米 2. 第一队排头队员持球，击地传球给第二队队员 3. 接球后传球给第一队下一名队员，以此类推 4. 负荷量：10 次 ×3 组 （三）重点与难点 1. 双手握球，掌心空出，手指触球，拇指相对，呈八字形 2. 腕部发力，控制球的方向 3. 注意球的落点，击地时球的落点在自己与接球队员 2/3 距离处	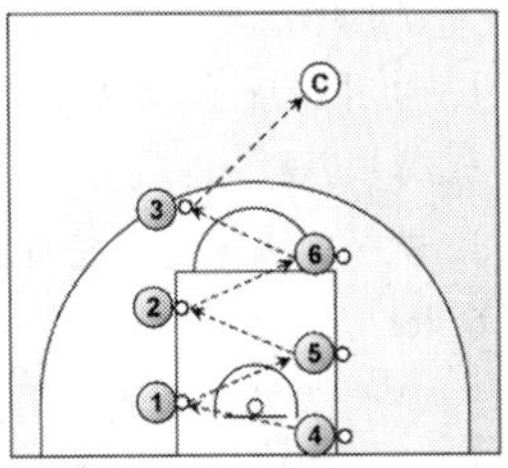 要求： 1. 2 名队员间隔 1 米左右距离 2. 只允许双手击地传球，不允许以其他方式传球 器材：篮球
	5分钟	二、接球投篮 （一）目的：发展传接球能力、投篮能力、队员之间的配合能力 （二）方法 1. 队员分成 2 队，一队在罚球线站立，另一队持球位于端线站立 2. 教练发出指令，罚球线无球队员向篮下跑动 3. 端线队员待无球队员跑至篮下，击地传球给无球队员，队员接球投篮 4. 投篮后，传球队员到罚球线后排队，投篮队员抢篮板球后到端线处的队伍排队 5. 负荷量：5 次 ×5 组 （三）重点与难点 1. 传球队员注意传球时机，无球队员跑至篮下急停时再击地传球 2. 队员接球的同时调整身体成投篮准备姿势，接球后立刻投篮	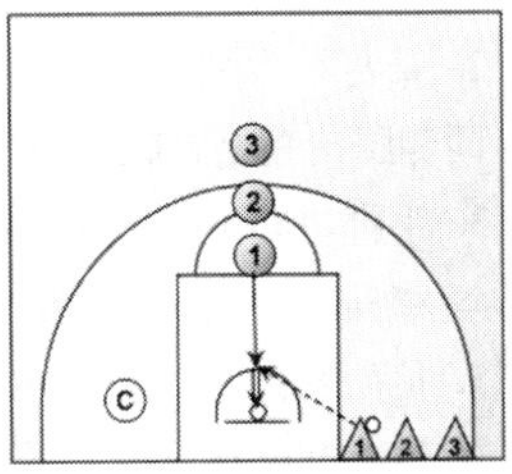 要求： 1. 队员传球距离在 1 米左右，只能做击地传球 2. 投篮后迅速抢篮板球，并移动至端线处队伍的队尾 器材：篮球

续表

部分	时间	内容	教法与要求
基础训练	4分钟	三、运球击掌 （一）目的：发展传滚球能力 （二）方法 1. 队员2人1组，持球面对面站立，间隔5～6米 2. 一名队员做原地单手低运球 3. 另一名队员行进间单手运球前进，与同伴击掌后返回 4. 2名队员交换动作，重复进行 5. 负荷量：5次×3组 （三）重点与难点 1. 运球的队员要注意手脚协调配合 2. 注意队员之间的衔接	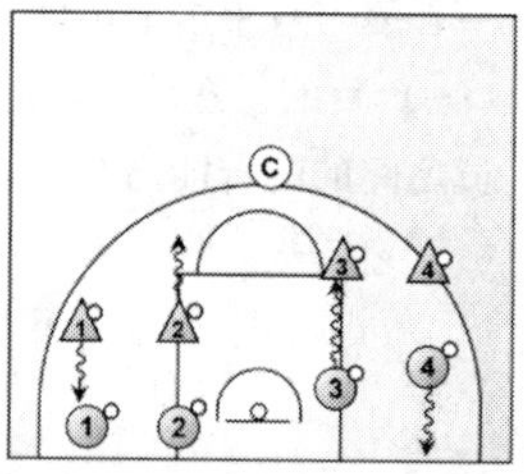 要求： 1. 前进时抬头观察前方 2. 控制球的方向及落点 3. 原地练习队员膝关节微屈，上体前倾，注视前方 器材：篮球
	6分钟	四、行进间单手水平摆球练习 （一）目的：发展腰腹柔韧性，对球的控制能力 （二）方法 1. 两脚左右开立，双手持球于胸前 2. 直臂单手将球平引至体侧，至最大限度，同侧腿抬高至腰腹部位 3. 手脚协同配合，向前移动 4. 移动至中线，返回 5. 负荷量：1次×3组 （三）重点与难点 1. 引球的同时，抬起同侧腿，手脚协调配合 2. 通过腰部发力转动身体，将球引至体侧 3. 单手托住球的下方，控制球不落地，手臂始终伸直	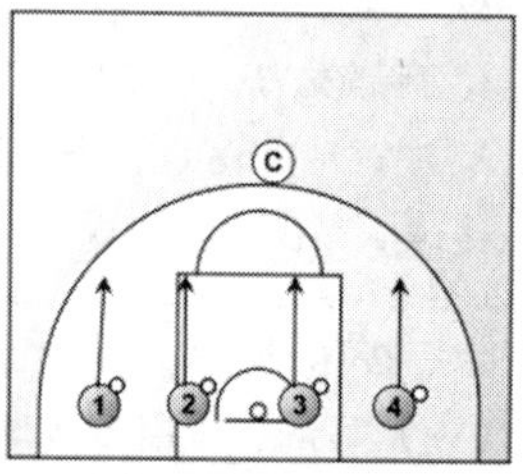 要求： 1. 上肢伸展，手脚配合，有节奏感 2. 腰部保持绷直状态，有牵张感 器材：篮球
团队合作游戏竞赛	11分钟	名称：面对面接龙 （一）目的：发展传球能力 （二）方法 1. 队员分为2队，每队分为2组面对面成纵队站立 2. 第一名队员持球以击地传球形式传给对面队员，并跑回队尾，接球队员重复进行，每组的每名队员均完成1次传接球，用时最短的队伍获胜	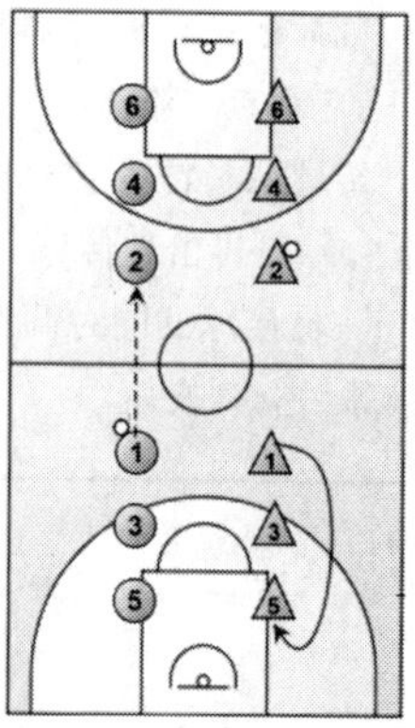

续表

部分	时间	内容	教法与要求
团队合作游戏竞赛			要求： 1. 每队的传接球队员不能越过规定界线 2. 传球失误后，在失误的地方重新开始 3. 只允许击地传球 器材：篮球
放松与总结	5分钟	1. 课后总结 2. 特别提醒 3. 宣布本节课最佳队员 4. 鼓舞士气	教法： 1. 队员积极发言、参与讨论 2. 队员充分放松身体、认真总结 3. 队员协助教练收器材 4. 教练表扬本节课最佳队员 5. 队员与教练之间相互击掌鼓励

第 31 课时

目的与任务：1. 让队员在训练中全力以赴，懂得努力付出 2. 熟悉球性练习，巩固队员传球、投篮能力			
部分	时间	内容	教法与要求
课前与家长交流	5分钟	1. 介绍课程计划及执教理念 2. 与家长进行交流	要求：了解队员动态及想法，介绍本节课的目的及任务、对队员的要求
集合讲解互动沟通	6分钟	1. 慢慢地拍手，大声喊“加油” 2. 激发队员的情绪、对篮球的热情 3. 本节课的主题是“辛苦的付出” 4. 在训练中激励队员尽自己最大的努力去完成训练，做到百分之百的付出，长期坚持，一定会有所收获 5. 激励、热情、能量至关重要	要求：介绍篮球基本运动时，要生动形象、结合事例；讲授本节课的训练主题，激发队员的训练热情，鼓舞团队士气
准备部分	3分钟	一、情绪激发 （一）目的：激发队员的情绪，集中注意力 （二）方法 1. 介绍一些简单的篮球基本知识 2. 介绍本节课热身的动作 3. 当教练大声喊出需要做的动作时，队员积极尝试	要求： 1. 迅速站好队形 2. 集中精力，激发自己的情绪
	10分钟	二、动态热身：滚球捡标志筒 （一）目的：发展反应能力、快速变向能力 （二）方法 1. 队员一边滚球，一边捡起教练放在地上的标志筒，教练在队员捡起后迅速朝另一方向放置标志筒 2. 队员快速反应，在滚球的同时将标志筒捡起	 要求： 1. 队员反应迅速，动作灵敏，速度快 2. 教练根据队员能力适当增加难度 器材：篮球、标志筒

续表

部分	时间	内容	教法与要求
基础训练	5分钟	一、接球投篮 （一）目的：进一步发展传接球能力、投篮能力、队员之间的配合能力 （二）方法 1. 队员分成 2 队，一队在罚球线站立，另一队持球位于端线站立 2. 教练发出指令，罚球线无球队员向篮下跑动 3. 端线队员待无球队员跑到篮下，然后双手胸前传球给无球队员，队员接球投篮 4. 投篮后，传球队员到罚球线后排队，投篮队员抢篮板球并到端线处的队伍排队 5. 负荷量：5 次 ×3 组 （三）重点与难点 1. 传球队员注意传球时机，无球队员跑至篮下急停时再传球 2. 队员接球的同时调整身体成投篮准备姿势，接球后立刻投篮	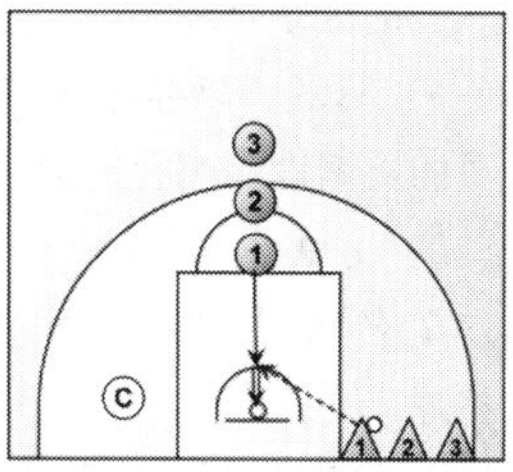 要求： 1. 队员传球距离在 1 米左右，只能做双手胸前传球 2. 投篮后迅速抢篮板球，并移动至端线处队伍的队尾 器材：篮球
	5分钟	二、绕桩跑跳过障碍物投篮 （一）目的：发展跑动能力、跳跃能力、投篮能力 （二）方法 1. 队员持球于端线站立，教练发出指令后出发，依次绕过标志筒 2. 绕到最后一个，转身双脚起跳，跳过障碍物至篮下投篮 3. 投篮后抢篮板球，然后到队尾排队 4. 负荷量：5 次 ×3 组 （三）重点与难点 1. 跳过障碍物时，球置于腹部，通过手臂摆动带动身体向上跳跃，跳到最高位置 2. 落地后膝关节微屈，保持重心稳定，立刻跳起不要停顿	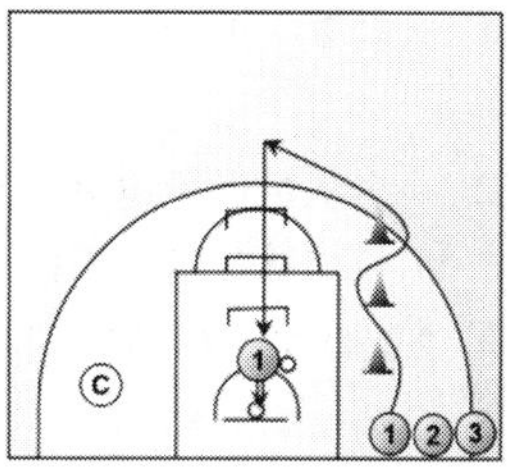 要求： 1. 根据队员体能设置标志筒和障碍物数量 2. 可以先在篮下投篮，然后逐渐增加距离 器材：标志筒、篮球、障碍物

续表

部分	时间	内容	教法与要求
基础训练	4分钟	三、运传结合练习 （一）目的：培养运球结合传球能力，提高队员的协调性、配合能力 （二）方法 1. 2 名队员 1 组，面对面站立，一名队员持球 2. 持球队员原地单手低运球 2 次，将球传给对面队员 3. 队员接球后继续运球传给对面队员，重复进行 4. 负荷量：10 次 ×3 组 （三）重点与难点 1. 注意保持身体姿势、运球重心、持球手型 2. 注意运球衔接传球动作，身体协调用力 3. 队员之间默契配合	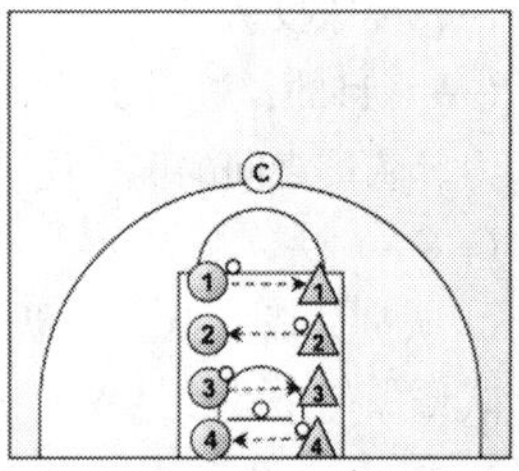 要求： 1. 双手胸前传球，不允许以其他方式传球，队员间距 1 米左右 2. 双脚前后开立，后脚蹬地发力，通过手腕翻转将球拨出 器材：篮球
	6分钟	四、运球击掌 （一）目的：发展传滚球能力 （二）方法 1. 队员 2 人 1 组，持球面对面站立，间隔5 ~ 6 米 2. 一名队员做原地单手低运球练习 3. 另一名队员运球前进，与同伴击掌后返回 4. 2 名队员交换动作，重复进行 5. 负荷量：5 次 ×3 组 （三）重点与难点 1. 运球的队员注意手脚协调配合 2. 注意队员之间的衔接	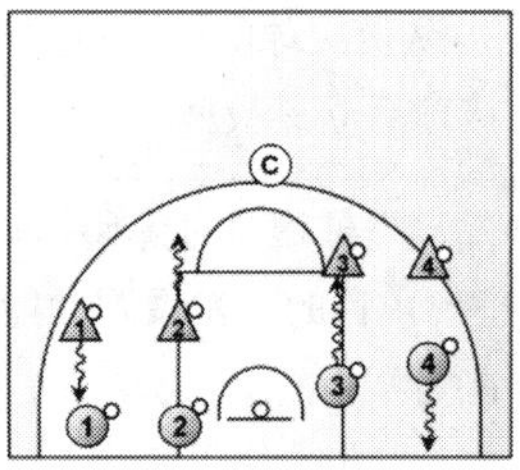 要求： 1. 前进时抬头观察前方 2. 控制球的方向及落点 3. 原地练习队员膝关节微屈，上体前倾，注视前方 器材：篮球

续表

部分	时间	内容	教法与要求
团队 合作 游戏 竞赛	11 分 钟	名称：三角传球 （一）目的：发展传球能力、反应能力 （二）方法 1. 3 名队员 1 组，站成三角形，相邻队员间隔 1 米，2 名队员持球，教练发出指令后，队员按顺时针方向进行击地传球 2. 教练再次发出指令时，队员进行逆时针传球，并变成双手胸前传球	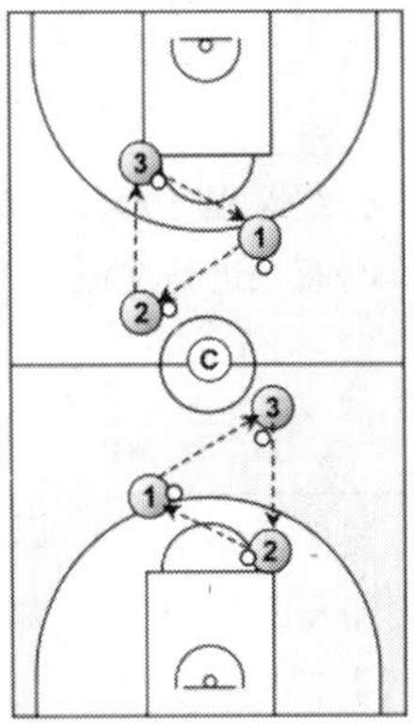 要求： 1. 队员之间保持 1 米左右距离，控制传球方向 2. 只能以规定方式传球，注意球的落点 器材：篮球
放松 与 总结	5 分 钟	1. 课后总结 2. 特别提醒 3. 宣布本节课最佳队员 4. 鼓舞士气	教法： 1. 队员积极发言、参与讨论 2. 队员充分放松身体、认真总结 3. 队员协助教练收器材 4. 教练表扬本节课最佳队员 5. 队员与教练之间相互击掌鼓励

第 32 课时

目的与任务：1. 复习一些熟悉球性的练习，巩固和提高传球能力、投篮能力 2. 复习投篮、运球、传球等技术，巩固队员专注完成一件事的能力			
部分	时间	内容	教法与要求
课前与家长交流	5分钟	1. 介绍课程计划及执教理念 2. 与家长进行交流	要求：了解队员动态及想法，介绍本节课的目的及任务、对队员的要求
集合讲解互动沟通	6分钟	1. 慢慢地拍手，大声喊“加油” 2. 激发队员的情绪、对篮球的热情 3. 本节课的主题是“篮球专注力” 4. 处理好运动与趣味性的关系，专注地完成每一件事 5. 激励、热情、能量至关重要	要求：介绍篮球基本运动时，要生动形象、结合事例；讲授本节课的训练主题，激发队员的训练热情，鼓舞团队士气
准备部分	3分钟	一、情绪激发 （一）目的：激发队员的情绪，集中注意力 （二）方法 1. 介绍本节课热身的动作 2. 当教练大声喊出需要做的动作时，队员积极尝试	要求： 1. 迅速站好队形 2. 集中精力，激发自己的情绪
	10分钟	二、动态热身：运传球接力 （一）目的：发展反应能力、快速变向能力 （二）方法 1. 队员分成4队，以篮球场半场为活动范围，分别站在4个场角，教练站在中点 2. 每队排头队员各持1球，行进间运球向教练方向移动 3. 到达后，转身，以地滚球方式将球传给本队下一名队员，依次进行	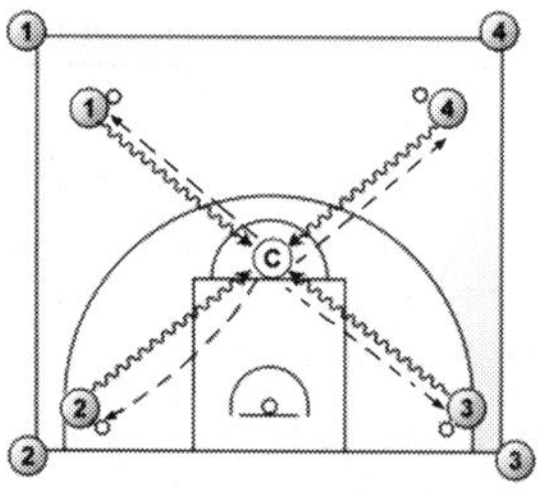 要求： 1. 只允许以滚球形式传球 2. 到达教练处才能返回 器材：篮球

续表

部分	时间	内容	教法与要求
基础训练	5分钟	一、五点投篮 （一）目的：发展投篮能力、抢篮板球能力、灵敏性 （二）方法 1. 篮下摆5个敏捷圈，每个敏捷圈与篮筐距离相等 2. 队员在敏捷圈内投篮，投篮后抢篮板球，移动至下一个敏捷圈内投篮 3. 以此类推，投完5个敏捷圈 4. 抢篮板后到队尾排队 5. 负荷量：5次×3组 （三）重点与难点 1. 抢篮板球时，判断球的落点，单手获球迅速转身跑至下一个敏捷圈 2. 跑至敏捷圈时，一脚跨入圈内急停、屈膝，保持重心 3. 跨入敏捷圈后以跨入的脚作为支撑点，迅速转身成投篮准备姿势，面对篮筐	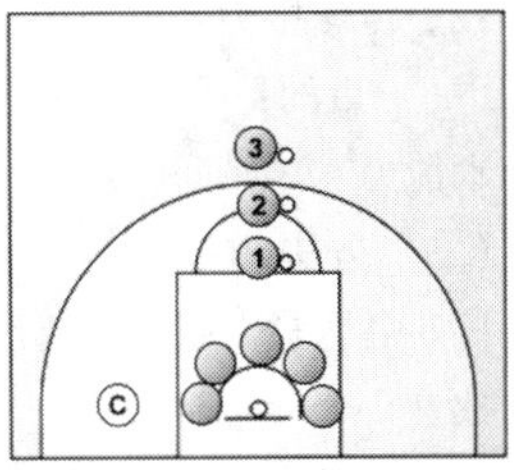 要求： 1. 投篮后迅速抢篮板球，返回 2. 敏捷圈设置在距篮筐较近位置，逐渐增加距离 3. 有序排队，后面待队员抢篮板离开篮下后再投篮 器材：篮球、敏捷圈
	5分钟	二、运球练习 （一）目的：将后转身与加速跑结合起来，增强后转身的连贯性与趣味性 （二）方法 1. 队员平均分组，在端线集合，面向中线 2. 听到教练哨声后，每名队员开始后转身并加速跑到罚球线抢球 3. 抢到球以后，后转身单手运球跑回队伍，然后第二名队员出发 4. 计时并比较每组抢球个数 5. 负荷量：1次×3组 （三）重点与难点 1. 注意后转身中枢脚的确立 2. 注意后转身时重心不要上下起伏 3. 注意后转身以头部带动身体，以脚为轴转动 4. 转身后蹬地加速要快	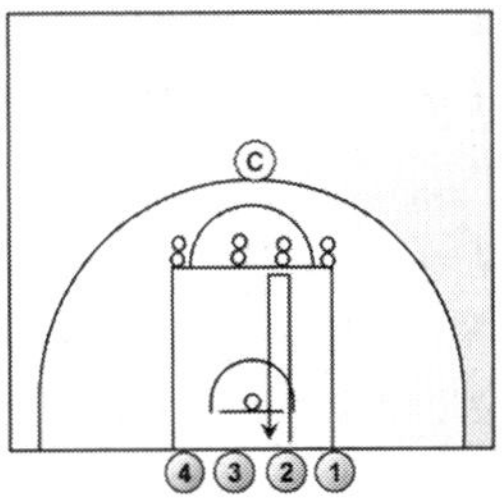 要求： 1. 注意秩序，不要有拉、拽等动作 2. 运球的队员踩端线后下一名队员才能出发 器材：篮球

续表

部分	时间	内容	教法与要求
基础训练	4分钟	三、传球接力 （一）目的：提高传球能力，发展灵活性、跑动能力 （二）方法 1. 3名队员1组，三角形站立，每组间隔1米放置2个标志筒 2. 持球队员传球给站在标志筒后的队员，并跑动到对侧标志筒处；此时站在无标志筒处的队员迅速跑至无人的标志筒处，接对侧标志筒处队员的双手击地传球；对侧标志筒处的队员传球后立即跑动至无标志筒的位置 3. 以此类推，3名队员均须完成1次双手击地传球，然后再完成1次双手胸前传接球练习 4. 负荷量：10次×4组 （三）重点与难点 1. 注意队员之间轮转换位，相互之间配合 2. 传球时控制球的落点，注意拨球使球旋转	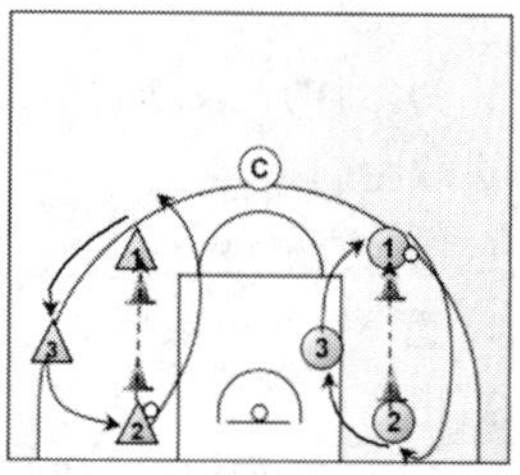 要求： 1. 传球只能以双手击地和双手胸前传球方式进行，不能用其他方式 2. 传球时不要使球碰到标志筒 器材：标志筒、篮球
	6分钟	四、抢球练习 （一）目的：发展反应能力，培养竞争意识 （二）方法 1. 队员分为2队，于端线站立，2队之间间隔3～4米，教练持球站在2队排头中间 2. 2队队员报号并记住自己的号码 3. 教练随意喊1个号码，同时将球向正前方抛出 4. 2队队员被叫中者向前追球，拿到球的队员运球跑回队伍 5. 负荷量：1次×5组 （三）重点与难点 1. 注意瞬间加速，保持低重心冲刺 2. 迅速判断球的落点	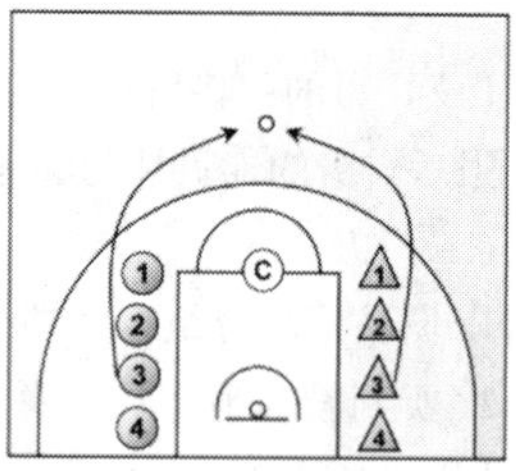 要求： 1. 队员反应要迅速，不能抢跑 2. 追逐时不得推、拉对方 器材：篮球

续表

部分	时间	内容	教法与要求
团队合作游戏竞赛	11分钟	名称：你捉我救 （一）目的：发展跑动能力，配合能力 （二）方法 1. 队员分为1队、2队、3队，以篮球场半场为活动范围，1队追逐2队，2队追逐3队，3队追逐1队 2. 被追到队员自动站在罚球圈内，等队友营救，在规定时间内被捉到队员最少的队伍获胜	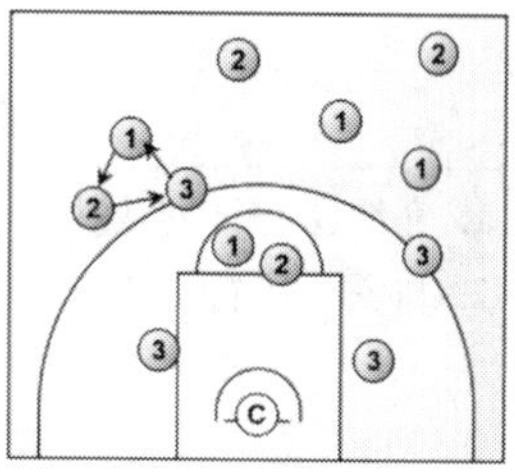 要求： 1. 追逐时，严禁使用推、拉、冲、撞等动作 2. 被追逐者不得越过半场界线 3. 被追到的队员不能擅自离开罚球圈 器材：篮球
放松与总结	5分钟	1. 课后总结 2. 特别提醒 3. 宣布本节课最佳队员 4. 鼓舞士气	教法： 1. 队员积极发言、参与讨论 2. 队员充分放松身体、认真总结 3. 队员协助教练收器材 4. 教练表扬本节课最佳队员 5. 队员与教练之间相互击掌鼓励

第 33 课时

目的与任务：通过球性练习，巩固和提高传球、投篮能力

部分	时间	内容	教法与要求
课前与家长交流	5分钟	1. 介绍课程计划及执教理念 2. 与家长进行交流	教法：了解队员动态及想法，介绍本节课的目的及任务、对队员的要求
集合讲解互动沟通	6分钟	1. 慢慢地拍手，大声喊“加油” 2. 激发队员的情绪、对篮球的热情 3. 本节课主题是“篮球专注力” 4. 处理好运动与趣味性的关系，专注地完成每一件事 5. 激励、热情、能量至关重要	教法：介绍篮球基本运动时，要生动形象、结合事例；讲授本节课的训练主题，激发队员的训练热情，鼓舞团队士气
准备部分	3分钟	一、情绪激发 （一）目的：激发队员的情绪，集中注意力 （二）方法 1. 介绍本节课热身的动作 2. 当教练大声喊出需要做的动作时，队员积极尝试	要求： 1. 迅速站好队形 2. 集中精力，激发自己的情绪
	10分钟	二、动态热身：追逐者 （一）目的：发展反应能力、快速变向能力 （二）方法 1. 每名队员各拿 1 个篮球，在篮球场内自由散开 2. 教练指定 1 名队员为追逐者，追逐其他队员 3. 追逐者追到其他队员时，角色互换，被追到的队员担任追逐者，重复练习	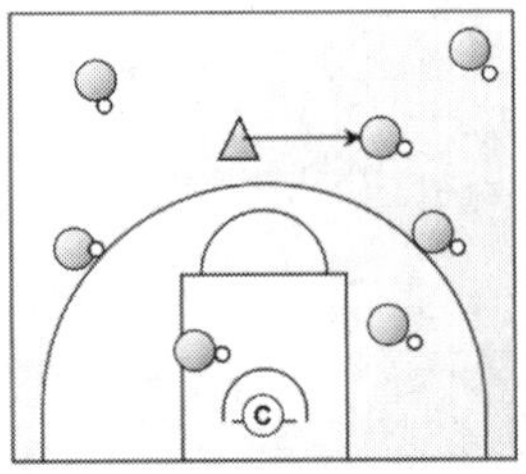 要求： 1. 不能有拉、拽等动作，轻拍队员即可 2. 不能越过半场范围 器材：篮球

续表

部分	时间	内容	教法与要求
基础训练	5分钟	一、传球接力 （一）目的：提高传球能力，发展灵活性、跑动能力 （二）方法 1. 3名队员1组，三角形站立，每组间隔1米放置2个标志筒 2. 持球队员传球给站在标志筒后的队员，并跑动到对侧标志筒处；此时站在无标志筒处的队员迅速跑至无人的标志筒处，接对侧标志筒处队员的双手击地传球；对侧标志筒处的队员传球后立即跑动至无标志筒的位置 3. 以此类推，3名队员均须完成1次双手击地传球，然后再完成1次双手胸前传接球练习 4. 负荷量：10次×4组 （三）重点与难点 1. 注意队员之间轮转换位，相互之间配合 2. 传球时控制球的落点，注意拨球使球旋转	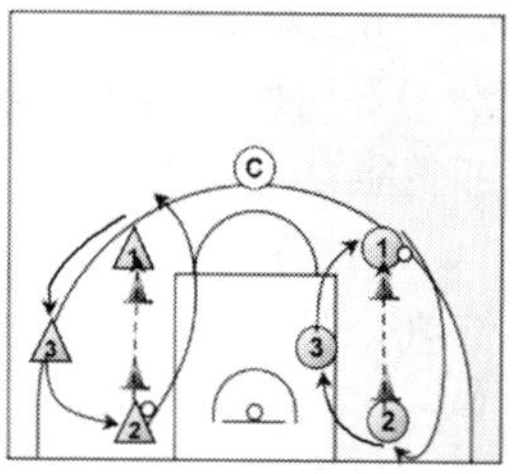 要求： 1. 传球只能以双手击地和双手胸前传球方式进行，不能用其他方式传球 2. 传球时不要使球碰到标志筒 器材：标志筒、篮球
	5分钟	二、运球折返 （一）目的：发展队员的耐力、灵敏性，提高运球能力 （二）方法 1. 队员持球于端线站立，教练发出指令时进行行进间单手运球 2. 运球至罚球线后折回至端线，继续跑动至中线折回 3. 负荷量：1次×3组 （三）重点与难点 1. 折回时向前踏一步，同时以后脚为支撑点前转身、蹬地加速 2. 上肢伸展，手脚配合协调，有节奏感，腰部保持绷直状态，有牵张感	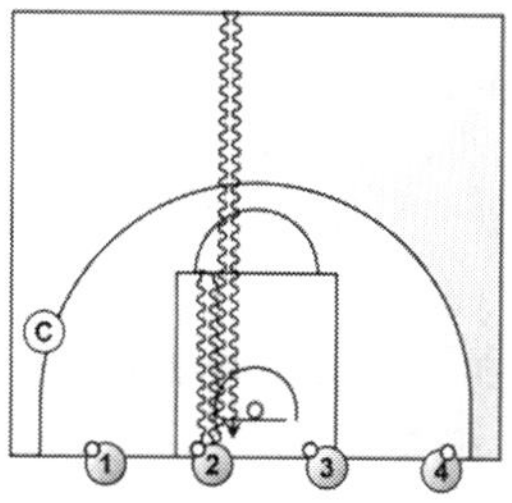 要求： 1. 行进间运球时须到达罚球线或中线才能返回 2. 失误后快速调整，继续运球 器材：篮球

续表

部分	时间	内容	教法与要求
基础训练	4分钟	三、折返跑接球投篮 （一）目的：发展跑动能力、急停步法、接球投篮能力 （二）方法 1. 将队员分成2队，分别于指定位置站立，第一队的第一名队员不拿球，教练发出指令后向前冲刺 2. 跑动至三分线折回，接另一队的第一名队员击地传球、投篮 3. 投篮队员抢篮板球，然后移至队尾，传球队员完成传球的跑动到本队队尾，一队队员全部完成规定练习后，2队交换位置，重复上述练习 4. 负荷量：5次×3组 （三）重点与难点 1. 传球队员要把握传球时机，待队员跑动至篮下做急停的同时传球 2. 跑动队员做胯步急停，以一只脚为支撑脚发力急停，另一只脚跟随的同时身体成投篮准备姿势	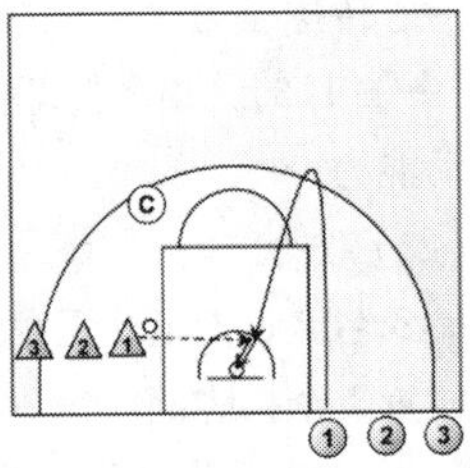 要求： 1. 传球队员只能击地传球，注意落点，保证安全 2. 如果投篮不进，须抢篮板球补进 器材：篮球
	6分钟	四、见“筒”折返 （一）目的：发展移动能力、身体灵活性 （二）方法 1. 将队员分成2队，每队队员成横队站在端线后 2. 每名队员单手低运球前进 3. 前进过程中，到第一个标志筒处则推球折回，然后运球到第二个标志筒再折回，以此类推，直到到达最后一个标志筒 4. 每队最慢的队员接受惩罚 5. 负荷量：1次×3组 （三）重点与难点 1. 全速跑动，到标志筒时急停，同时转身，后腿前脚掌蹬、碾地，探肩，加速 2. 保持身体重心稳定，跑动时有节奏感，注意突然加速、急停	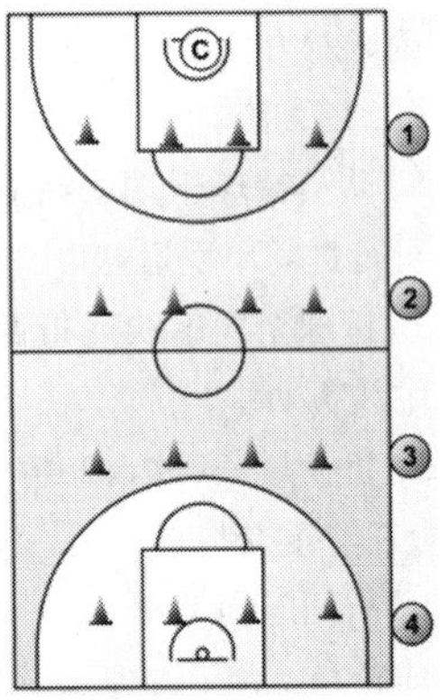 要求： 1. 每组队员须同时出发，不能提前出线 2. 跑到标志筒处必须触摸标志筒才能折回 器材：篮球、标志筒

续表

部分	时间	内容	教法与要求
团队合作游戏竞赛	11分钟	名称：面对面接龙游戏 （一）目的：发展传球能力 （二）方法：将队员分为2队，每队分为2组面对面成纵队站立，第一名队员持球以地滚球形式传给对面队员，并跑回队尾，以此类推，每组的每名队员均完成1次传接球，用时最短的队伍获胜	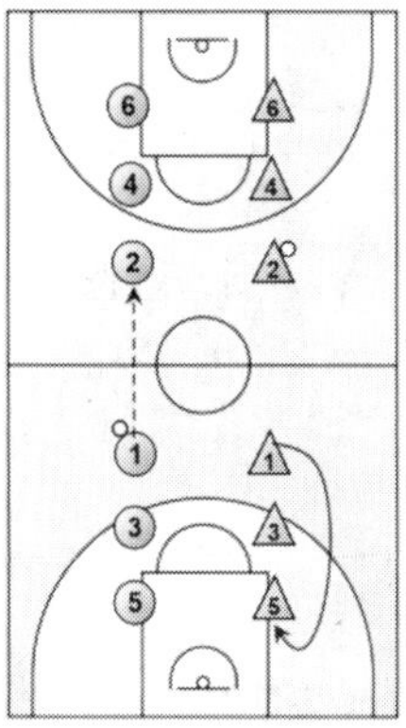 要求： 1. 每队的传球队员不能越过规定界线 2. 传球失误后，在失误的地方重新开始 器材：篮球
放松与总结	5分钟	1. 课后总结 2. 特别提醒 3. 宣布本节课最佳队员 4. 鼓舞士气	教法： 1. 队员积极发言、参与讨论 2. 队员充分放松身体、认真总结 3. 队员协助教练收器材 4. 教练表扬本节课最佳队员 5. 队员与教练之间相互击掌鼓励

第 34 课时

目的与任务：1. 复习脚步移动技术，巩固脚步动作的灵活性及控制身体平衡的能力
2. 培养队员的兴趣、正确的态度
3. 进行运球投篮、移动传球练习，巩固提高投篮、传球能力

部分	时间	内容	教法与要求
课前与家长交流	5分钟	1. 介绍课程计划及执教理念 2. 与家长进行交流	教法：了解队员动态及想法，介绍本节课的目的及任务、对队员的要求
集合讲解互动沟通	6分钟	1. 慢慢地拍手，大声喊“加油” 2. 激发队员的情绪及对篮球的兴趣 3. 本节课的主题是“积极的态度” 4. 让队员意识到在进行篮球运动时态度至关重要，保持对篮球的热情，练习时竭尽全力 5. 激励、热情、能量至关重要	教法：介绍篮球基本运动时，要生动形象、结合事例；讲授本节课的训练主题，激发队员的训练热情，鼓舞团队士气
准备部分	3分钟	一、情绪激发 （一）目的：激发队员的情绪，集中注意力 （二）方法 1. 介绍本节课热身的动作 2. 当教练大声喊出需要做的动作时，队员积极尝试	要求： 1. 迅速站好队形 2. 集中精力，激发自己的情绪
	10分钟	二、动态热身：听音变速跑 （一）目的：激发兴趣，积极热身，避免受伤 （二）方法 1. 在边线处，队员站成 1 排，教练通过哨声来控制队员的折返跑 2. 队员只要一听到教练哨声就往反方向折返跑，教练可以通过加快哨声的频率来增强趣味性和达到热身效果	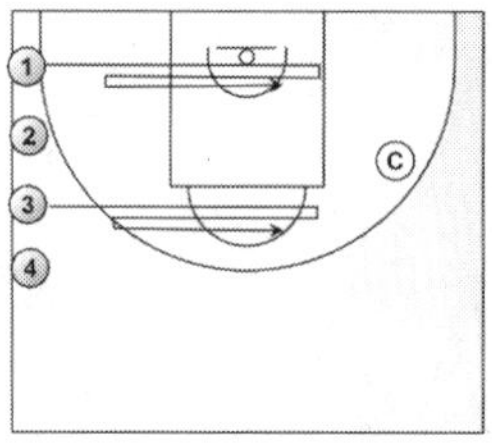 要求： 1. 队员快速反应 2. 跑动速度不要过快，避免受伤

续表

部分	时间	内容	教法与要求
基础训练	5分钟	一、运球投篮 （一）目的：让队员熟练掌握运球、投篮技术，改正错误动作 （二）方法 1. 队员持球于指定位置站立，行进间单手低运球绕过标志筒 2. 绕过最后一个标志筒后做急停—投篮—抢篮板球等一系列动作 3. 完成后走到队尾排队 4. 负荷量：5 次 ×3 组 （三）重点与难点 1. 注意急停后与投篮之间的衔接动作，急停后膝关节微屈成准备姿势直接举球，注意动作的连贯性 2. 运球时手指接触球，通过腕部发力拨动，注意手脚协调配合	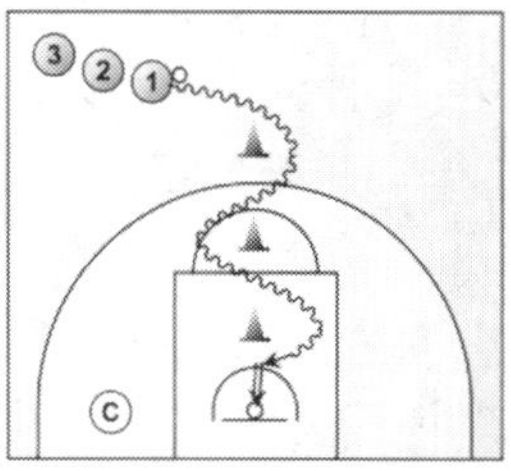 要求： 1. 有秩序地排队进行练习 2. 投篮距离可以先设置在篮下，然后逐渐增加距离 3. 可以设置 2 队以竞赛形式完成 器材：篮球、标志筒
	5分钟	二、移动传球 （一）目的：提高传球能力，发展行进间传球、队员配合能力 （二）方法 1. 教练摆放 2 列标志筒，队员分成 2 队分别在标志筒后站立 2. 1 名队员持球并传球给对侧队员，传球后移动至下一个标志筒处 3. 对侧队员接球后将球传出，继续移动至下一个标志筒处 4. 双手胸前传球和双手击地传球方式交替进行 5. 负荷量：5 次 ×3 组 （三）重点与难点 1. 传球队员控制球的方向、落点，传球后立刻加速跑动 2. 队员接球后待对侧队员移动到标志筒的同时传球，把握传球时机	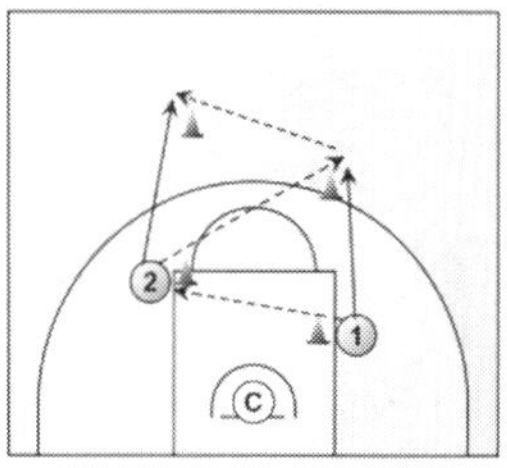 要求： 1. 2 列标志筒错位摆放 2. 只允许双手击地传球或双手胸前传球，不允许以其他方式传球 3. 初学者可以等接球队员在标志筒位置停稳后传球，待动作熟练后再逐渐减少停留时间 器材：篮球、标志筒

续表

部分	时间	内容	教法与要求
基础训练	4分钟	三、行进间胯下8字滚球练习 （一）目的：进一步培养队员对球的控制能力，手脚配合能力 （二）方法 1. 队员单手持球，异侧脚成弓步，将球从地面滚动送入胯下，球从两脚之间进行传递 2. 左右侧交替、连续进行此动作 3. 重心稳定，脚部移动速度与双手滚球速度相配合 4. 负荷量：1次×3组 （三）重点与难点 1. 手脚配合，匀速前进 2. 拨球时上体前倾，腰部挺直，脚迈出时将球经胯下绕过 3. 手指控制在球的上方，掌心空出，手腕转动控制球的方向	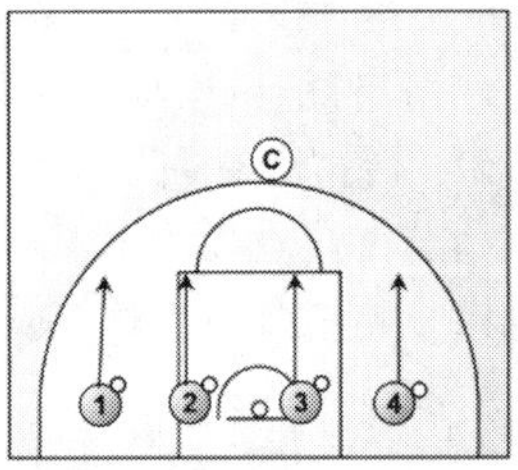 要求： 1. 上体前倾，重心下降 2. 脚向前的速度和两手交接动作相协调 器材：篮球
	6分钟	四、运球绕桩练习 （一）目的：提高敏捷性、跑动能力 （二）方法 1. 队员持球于端线站立，听到教练哨声后出发 2. 行进间单手低运球至标志筒时，单手运球从标志筒外侧绕过至下一目标 3. 负荷量：1次×3组 （三）重点与难点 1. 注意控球手型，五指张开，掌心空出，保持稳定 2. 绕过标志筒时，转身跨步，身体面对下一个目标	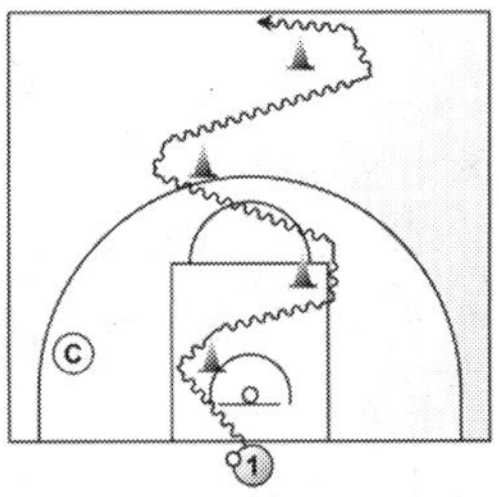 要求： 1. 身体重心要低 2. 侧身转体，有明显加速过程 3. 步幅小，步频快，运球频率快 器材：标志筒、篮球

续表

部分	时间	内容	教法与要求
团队合作游戏竞赛	11分钟	名称：背对背夹球游戏 （一）目的：放松，提高队员兴趣 （二）方法 1. 2人1组，背对背夹住篮球按照既定路线移动，绕过标志筒返回起点，将球交给下一组队员 2. 负荷量：3组	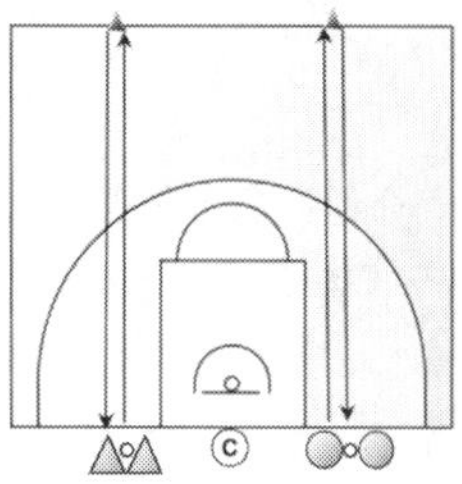 要求： 1. 夹球过程不能用手触碰篮球，失误后将球捡起继续前进 2. 2名队员步法一致，协同配合，速度适中 器材：篮球、标志筒
放松与总结	5分钟	1. 课后总结 2. 特别提醒 3. 宣布本节课最佳队员 4. 鼓舞士气	教法： 1. 队员积极发言、参与讨论 2. 队员充分放松身体、认真总结 3. 队员协助教练收器材 4. 教练表扬本节课最佳队员 5. 队员与教练之间相互击掌鼓励

第　35　课时

<table>
<tr><td colspan="4">目的与任务：1. 通过复习脚步移动、身体灵活性和控制身体平衡练习，提高队员的个人能力
2. 巩固提高队员运球、传球、投篮的能力</td></tr>
<tr><td>部分</td><td>时间</td><td>内容</td><td>教法与要求</td></tr>
<tr><td>课前与家长交流</td><td>5分钟</td><td>1. 介绍课程计划及执教理念
2. 与家长进行交流</td><td>教法：了解队员动态及想法，介绍本节课的目的及任务、对队员的要求</td></tr>
<tr><td>集合讲解互动沟通</td><td>6分钟</td><td>1. 慢慢地拍手，大声喊“加油”
2. 激发队员的情绪、对篮球的热情
3. 本节课的主题是“积极的态度”
4. 让队员意识到在进行篮球运动时态度至关重要，保持对篮球的热情，练习时竭尽全力
5. 激励、热情、能量至关重要</td><td>教法：介绍篮球基本运动时，要生动形象、结合事例；讲授本节课的训练主题，激发队员的训练热情，鼓舞团队士气</td></tr>
<tr><td rowspan="2">准备部分</td><td>3分钟</td><td>一、情绪激发
（一）目的：激发队员的情绪，集中注意力
（二）方法
1. 介绍本节课热身的动作
2. 当教练大声喊出需要做的动作时，队员积极尝试</td><td>要求：
1. 迅速站好队形
2. 集中精力，激发自己的情绪</td></tr>
<tr><td>10分钟</td><td>二、动态热身：转圈跑
（一）目的：提高兴趣，积极热身，避免受伤
（二）方法
1. 在场地上摆1圈标志筒，所有队员围着标志筒慢跑
2. 由教练带领并控制快慢节奏，待教练突然停止时，每名队员拿1个标志筒，标志筒数量比队员数量少1个，没拿到标志筒的队员做2个蹲起，之后继续慢跑</td><td>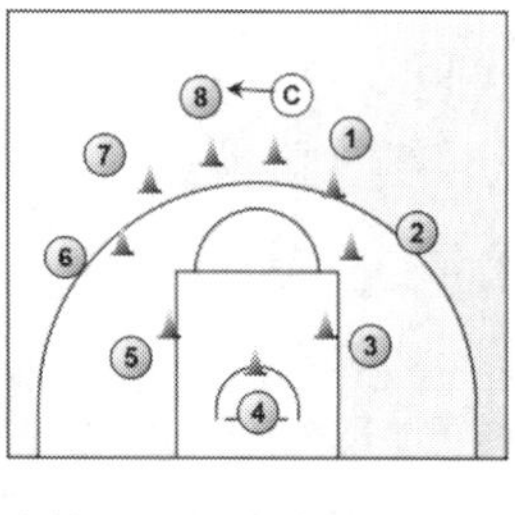
要求：抢标志筒时，不允许有推、拉、拽等动作
器材：标志筒</td></tr>
</table>

续表

部分	时间	内容	教法与要求
基础训练	5分钟	一、折返跑接球投篮 （一）目的：发展跑动能力、急停步法、接球投篮能力 （二）方法 1. 将队员分成2队，分别于指定位置站立，一队的第一名队员不拿球，教练发出指令后向前冲刺 2. 跑至三分线折回，接另一队的第一名队员击地传球、投篮 3. 投篮队员抢篮板球，然后移至队尾，传球队员完成传球的跑动到本队队尾，一队队员全部完成规定练习后，2队交换位置，重复上述练习 4. 负荷量：5次×3组 （三）重点与难点 1. 传球队员要把握传球时机，待队员跑动至篮下做急停的同时传球 2. 跑动队员做胯步急停，以一只脚为支撑脚发力急停，另一只脚跟随的同时身体成投篮准备姿势	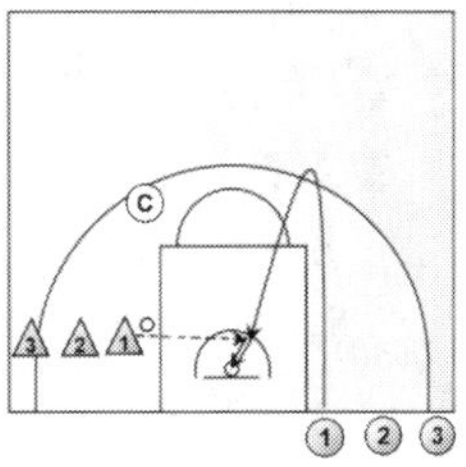 要求： 1. 传球队员只能击地传球，注意落点，保证安全 2. 如果投篮不进，须抢篮板球补进 器材：篮球
	5分钟	二、运球练习 （一）目的：将后转身与加速跑结合起来，增强后转身的连贯性与趣味性 （二）方法 1. 队员平均分组在端线集合，面向中线 2. 听到哨声后每名队员开始做后转身，并加速跑到罚球线抢球 3. 抢到球后，再后转身单手运球跑回队伍，然后第二名队员出发 4. 计时并比较每组抢球个数，多者为胜 5. 负荷量：1次×3组 （三）重点与难点 1. 注意后转身中枢脚的确立 2. 注意后转身时重心不要上下起伏 3. 注意后转身是以头部带动身体，以脚为轴转动 4. 转身后蹬地加速要快	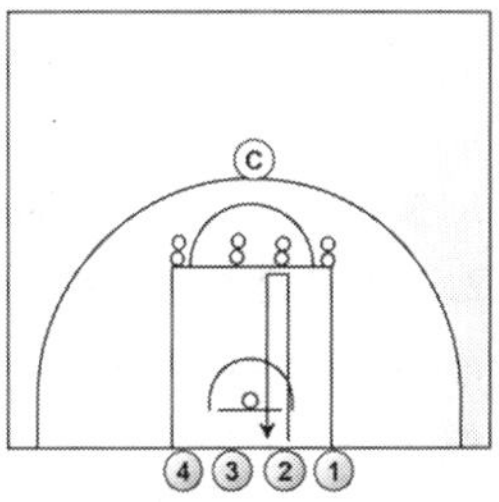 要求： 1. 注意秩序，不要有拉、拽等动作 2. 只有运球的队员踩端线后，下一名队员才能出发 器材：篮球

续表

部分	时间	内容	教法与要求
基础训练	4分钟	三、移动传球 （一）目的：提高传球能力，发展行进间传球、队员配合能力 （二）方法 1. 教练摆放2列标志筒，队员分成2队分别在标志筒后站立 2. 一名队员持球并传球给对侧队员，传球后移动至下一个标志筒处 3. 对侧队员接球后将球传出，继续移动至下一个标志筒处 4. 双手胸前传球和双手击地传球方式交替进行 5. 负荷量：5次×3组 （三）重点与难点 1. 传球队员控制球的方向、落点，传球后立刻加速跑动 2. 队员接球后待对侧队员移动到标志筒的同时传球，把握传球时机	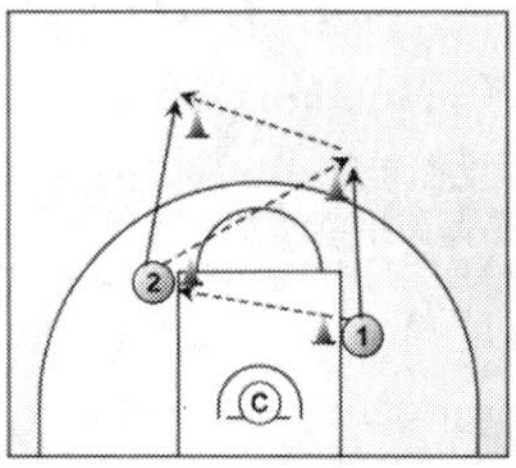 要求： 1. 2列标志筒错位摆放 2. 只允许双手击地传球或双手胸前传球，不允许以其他方式传球 3. 初学者可以等接球队员在标志筒位置停稳后传球，待练习熟练后再逐渐减少停留时间 器材：篮球、标志筒
	6分钟	四、你抛我接游戏 （一）目的：发展移动能力、反应能力、接球能力 （二）方法 1. 队员分成2队，中圈外各站成一路纵队 2. 教练持球在中圈的半圆内站立 3. 教练随机向每队第一名队员前、左、右方抛球 4. 队员接球后回抛给教练，排到队尾 5. 负荷量：2分钟×3组 （三）重点与难点 1. 注意抛球的高度与方向 2. 反应速度要快	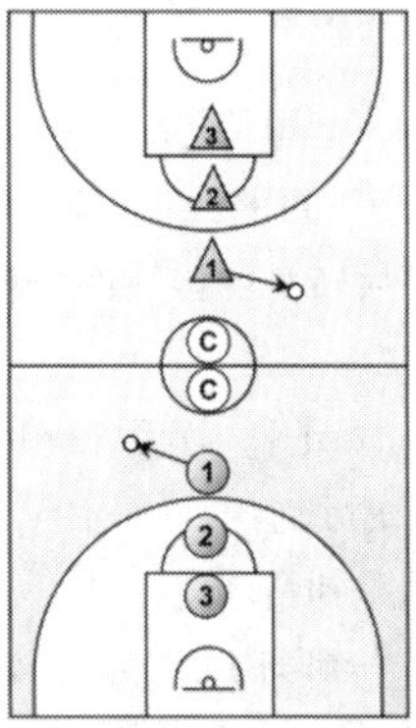 要求： 1. 队员迅速反应，集中精力，判断球的落点 2. 教练抛球时要抛在队员可以接球的范围内 器材：篮球

续表

部分	时间	内容	教法与要求
团队合作游戏竞赛	11分钟	名称：十字形接力滚球 （一）目的：培养配合能力、竞争意识、滚球能力 （二）方法 1. 队员分成4队，各队排头队员沿着中圈逆时针运球前进 2. 返回队伍将球传递给下一名队员，依次接力，先完成的队伍获胜	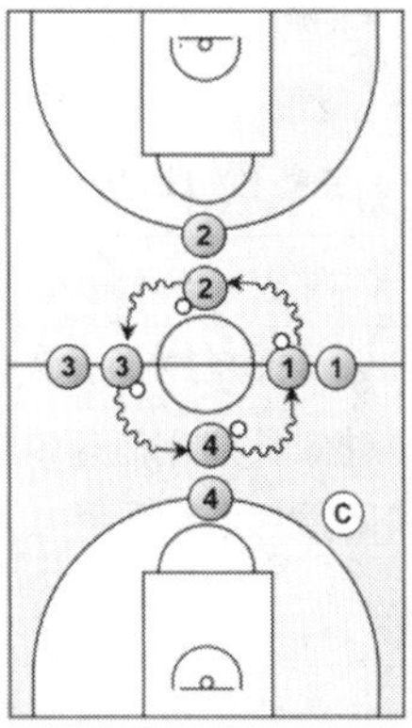 要求： 1. 不得踏进中圈范围 2. 超越对手时，只能从外侧绕过 3. 不能推、拉其他队员 4. 传球时只允许手递手传球，不允许扔球、砸球等 器材：篮球
放松与总结	5分钟	1. 课后总结 2. 特别提醒 3. 宣布本节课最佳队员 4. 鼓舞士气	教法： 1. 队员积极发言、参与讨论 2. 队员充分放松身体、认真总结 3. 队员协助教练收器材 4. 教练宣布本节课最佳队员 5. 队员与教练之间相互击掌鼓励

第 36 课时

目的与任务：1. 提高队员脚步横向移动的能力
2. 增强队员单手控球的能力
3. 复习并巩固移动、反应、接球、运球及传球的技术
4. 复习行进间单手运球，并巩固正确技术动作

部分	时间	内容	教法与要求
课前与家长交流	5分钟	1. 本节课学习篮球横向脚步移动技术 2. 让家长知道篮球横向脚步移动在篮球训练和比赛中的重要性	教法：与家长及时沟通交流，让家长了解篮球训练对队员的重要性
集合讲解互动沟通	6分钟	1. 慢慢地拍手，大声喊“加油” 2. 强调脚步移动对篮球运动的重要性 3. 相互介绍：认识教练与队员 4. 本节课的主题是“坚定的信念” 5. 处理好脚步移动与趣味性的关系，保持足够的耐心 6. 激励、热情、能量至关重要	要求：介绍篮球基本运动时，要生动形象、结合事例
准备部分	3分钟	一、情绪激发 （一）目的：激发队员的兴趣，提高队员脚步移动的能力 （二）方法 1. 介绍脚步移动的种类与作用 2. 当教练大声喊出脚步移动的名称时，队员对相应动作做出反应	要求： 1. 队员需精神饱满，认真听讲 2. 跟着教练的口号，有节奏地跑动
	10分钟	二、动态热身：过独木桥游戏 （一）目的：提高队员身体的核心温度与肌肉温度，使肌肉更松弛、更灵活 （二）方法 1. 在罚球线两端设置2排标志筒，队员从中间穿过，其中教练充当防守队员，阻碍队员通过 2. 教练利用左右横向滑步干扰队员，而队员应迅速摆脱干扰并通过	 要求： 1. 队员在躲闪教练的过程中要避免受伤 2. 队员的注意力要高度集中 器材：标志筒

续表

部分	时间	内容	教法与要求
基础训练	5分钟	一、学习横向脚步移动 （一）目的：增强队员的脚步移动能力 （二）方法 1. 横向脚步移动时重心降低 2. 横向脚步移动时双手打开 3. 横向脚步移动时后脚蹬地发力 4. 负荷量：2 分钟 ×2 组 （三）重点与难点 1. 眼睛要注视前方 2. 脚步移动时重心的变化、移动时脚尖（移动方向的脚尖）朝向滑步方向 3. 脚步移动时手自然伸展 4. 横向脚步移动的重心 5. 横向脚步移动时后脚发力	要求： 1. 两脚左右开立，脚尖向前，平行站立，重心降低，身体保持正直 2. 滑步时后脚蹬地发力 3. 两手自然平展 4. 两眼平视前方
	5分钟	二、行进间单手运球复习（横向滑步单手运球、行进间单手运球、后撤步单手运球） （一）目的：加强运球技术，掌握运球手法，纠正队员运球的错误动作及拍球位置和落点 （二）方法 1. 双脚开立，膝关节弯曲，腰部挺直，上体稍前倾，单手持球于体前侧 2. 注意运球的手部动作和身体姿势，以及运球时球的落点、球的反弹高度 3. 五指自然张开，用指根以上部位触球 4. 运球时，以肘关节或肩关节为轴，前臂和手腕做屈伸动作，手按拍球的后上方，使球落于体侧前方，球的反弹高度在胸腹之间 5. 负荷量：1 分钟 ×5 组 （三）重点与难点 1. 学会用指根以上部位控制球 2. 上臂带动前臂协调用力 3. 控制好球的反弹高度和速度 4. 行进间运球时，注意控制球的方向与落点	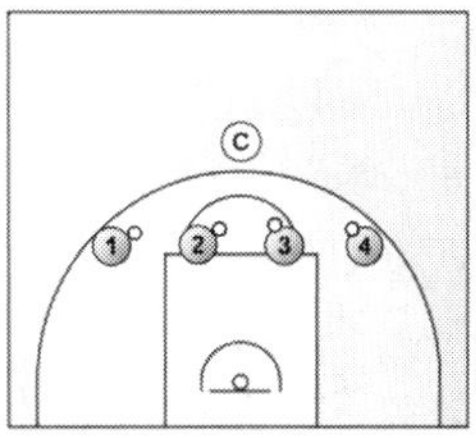 要求： 1. 重心稳定，不要上下起伏 2. 手掌控制球的上方，注意球的落点、高度 3. 眼睛注视前方，不要低头看球 器材：篮球

续表

部分	时间	内容	教法与要求
基础训练	4分钟	三、边线侧身横向滑步复习 （一）目的：锻炼队员的灵敏性和脚步移动能力，调动队员上课的积极性，发展队员的脚步移动能力 （二）方法 1. 所有队员在篮球场端线站成一排 2. 教练说预备时做好预备姿势 3. 听到教练口令开始横向滑步移动 4. 教练对错误动作进行纠正 5. 负荷量：2 次 ×2 组 （三）重点与难点 1. 在滑步过程中重心不要起伏 2. 在变方向过程中注意始终保持低重心 3. 注意双手一直保持张开姿势	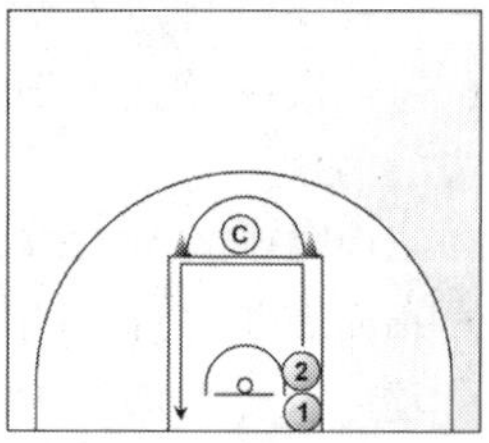 要求：队员滑步时重心不要起伏，并且，时刻保持降低重心，双手张开 器材：标志筒
	6分钟	四、你抛我接游戏 （一）目的：发展移动能力、反应能力、接球和运球及传球能力 （二）方法 1. 队员分成 2 队，中圈外各站成 1 路纵队 2. 教练持球在中圈的半圆内站立 3. 教练随机向每队第一名队员前、左、右方抛球 4. 队员接球后运球返回，并双手胸前传球给教练，排到队尾 5. 负荷量：2 分钟 ×3 组 （三）重点与难点 1. 注意抛球的高度与方向 2. 反应速度要快 3. 注意接球后单手运球 4. 要双手胸前传球给教练	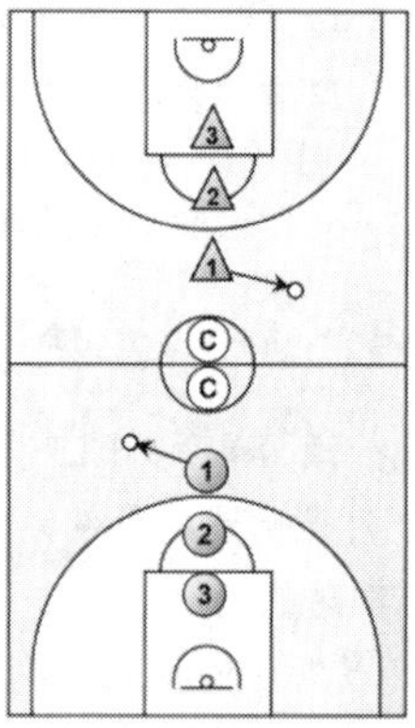 要求： 1. 队员迅速反应，集中精力，判断球的落点 2. 教练抛球时要抛在队员可以接球的范围内 3. 双手胸前传球注意传球的手型及高度 器材：篮球

续表

部分	时间	内容	教法与要求
团队合作游戏竞赛	11分钟	名称：抢球游戏 （一）目的：提高队员的脚步移动能力和反应的敏捷性 （二）方法 1. 队员平均分组在罚球线集合，面向端线，听到教练哨声后每名队员开始横向滑步到端线并抢球 2. 抢到球后单手运球跑回队伍，然后双手胸前传球给下一名队友，随后第二名队员出发，比较每组抢球个数	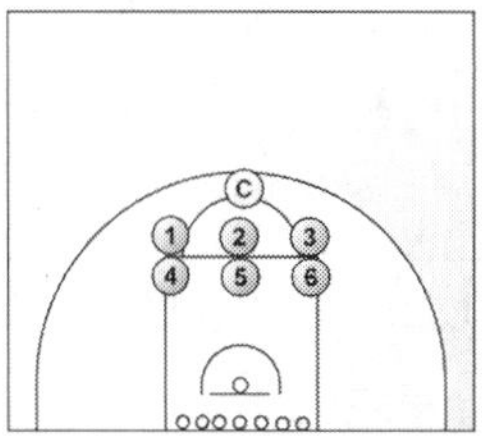 要求： 1. 队员滑步时重心降低 2. 队员注意力集中，抢到球迅速运球跑回队伍 3. 控制传球的高度及方向 器材：篮球
放松与总结	5分钟	1. 课后总结 2. 特别提醒 3. 宣布本节课最佳队员 4. 鼓舞士气	教法： 1. 队员积极发言、参与讨论 2. 队员充分放松身体、认真总结 3. 队员协助教练收器材 4. 教练宣布本节课最佳队员 5. 队员与教练之间相互击掌鼓励

第 37 课时

目的与任务：1. 复习协调性练习，巩固身体的协调能力
2. 学习脚步移动后转身跑的技术
3. 复习投篮技术，巩固队员的投篮能力

部分	时间	内容	教法与要求
课前与家长交流	5分钟	1. 介绍课程计划及执教理念 2. 与家长进行交流	教法：让家长了解本节课学习内容，相互探讨队员在学习过程中遇到的难点，促进队员成长
集合讲解互动沟通	6分钟	1. 慢慢地拍手，大声喊“加油” 2. 强调后转身与脚步移动对篮球运动的重要性 3. 相互介绍：认识教练与队员 4. 本节课的主题是“坚定的信念” 5. 处理好基本功与趣味性的关系，保持足够的耐心 6. 激励、热情、能量至关重要	要求：介绍篮球基本运动时，要生动，能够活跃课堂气氛，调动队员学习的积极性
准备部分	3分钟	一、情绪激发 （一）目的：思维引导，让队员知道本节课的学习内容，激发兴趣 （二）方法 1. 介绍脚步移动后转身跑的作用、重点、难点 2. 当教练大声喊出转身的名称时，队员立即在原地进行后转身	要求： 1. 迅速站好队形 2. 集中精力，激发队员的情绪 3. 教练声音洪亮，富有激情
	10分钟	二、动态热身：听音变速跑 （一）目的：增强队员的反应能力和跑动能力，提高身体的核心温度与肌肉温度 （二）方法 1. 在边线处，队员站成 1 排，教练通过哨声来控制队员的折返跑 2. 队员只要一听到教练哨声就往反方向折返跑，教练可以通过加快哨声的频率来增强趣味性和达到热身效果	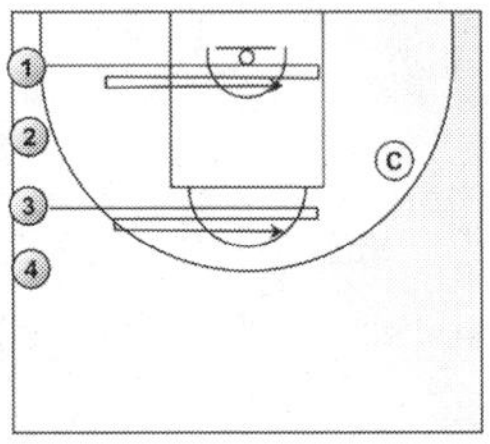 要求： 1. 队员快速反应 2. 跑动速度不要过快，避免受伤

续表

部分	时间	内容	教法与要求
基础训练	5分钟	一、后转身脚步的练习 （一）目的：增强队员后转身能力、身体协调性，确定后转身时的中枢脚及纠正错误动作 （二）方法 1. 以右后转身为例：（以右脚为例）两脚左右开立，脚尖向前，重心降低，身体保持正直 2. 以左脚跟为轴，右脚前脚掌快速蹬地，同时上体快速后转 3. 头部牵引身体快速进行转体 4. 负荷量：1 分钟 ×3 组 （三）重点与难点 1. 注意重心不要上下起伏 2. 注意转身时头部带动身体快速转动	要求： 1. 听教练口令 2. 教练示范脚步动作和中枢脚的确立 3. 队员跟随教练原地体会动作
	5分钟	二、罚球区后转身滑步练习 （一）目的：增强队员的后转身移动能力 （二）方法 1. 所有队员在指定位置站成 1 排 2. 教练说预备时队员做好预备姿势（双手抱球） 3. 听到教练口令，运球跑到罚球线后在第一个标志筒处做后转身，随即横向滑步到第二个标志筒处做后转身，之后单手运球回去投篮，最后运球跑回起点 4. 负荷量：2 分钟 ×2 组 （三）重点与难点 1. 注意后转身中枢脚的确立 2. 注意后转身时重心不要上下起伏 3. 注意后转身以头部带动身体，以脚为轴转动 4. 注意投篮的手型及发力顺序	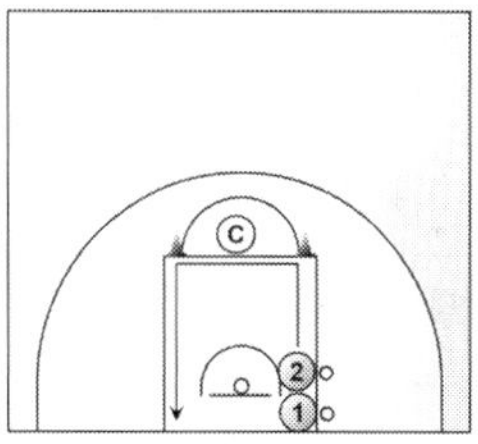 要求： 1. 身体起伏不能过大 2. 中枢脚不能弄错 3. 纠正办法：在一定的高度下练习 器材：篮球、标志筒

续表

部分	时间	内容	教法与要求
基础训练	4分钟	三、传接球投篮 （一）目的：发展传接球能力、投篮能力、队员之间的配合能力 （二）方法 1. 队员分成2队，一队在罚球线站立，另一队持球位于端线站立 2. 教练发出指令，罚球线无球队员向篮下跑动 3. 端线队员待无球队员跑至篮下后把球双手胸前传给无球队员，队员接球投篮 4. 投篮后，传球队员到罚球线后排队，投篮队员抢篮板球并到端线处的队伍排队 5. 负荷量：1.5分钟×2组 （三）重点与难点 1. 传球队员注意传球时机，无球队员跑至篮下急停时再胸前传球 2. 队员接球的同时调整身体成投篮准备姿势，接球后立刻投篮	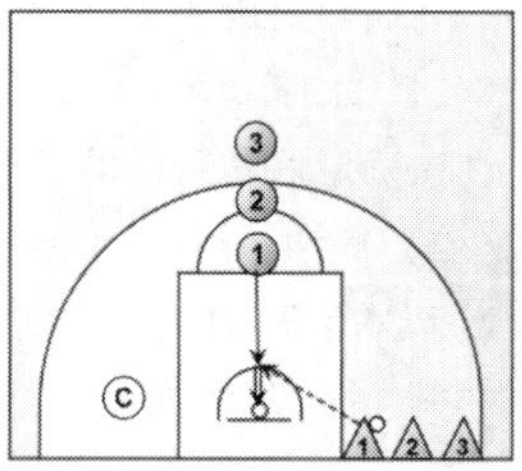 要求： 1. 队员传球距离在1米左右，只能做双手胸前传球 2. 投篮后迅速抢篮板球，并移动至端线处的队伍队尾 器材：篮球
	6分钟	四、交通灯游戏（运球后转身游戏） （一）目的：通过游戏加强队员对后转身的运用 （二）方法 1. 队员在端线处站成1排，单手运球，身体成基本姿势 2. 教练手中拿2个标志筒（红色、蓝色）用来指挥 3. 教练举蓝色标志筒，队员运球迅速进行后转身，并加速跑；教练举红色标志筒，队员静止不动 4. 负荷量：1分钟×4组 （三）重点与难点 1. 注意后转身中枢脚的确立 2. 注意后转身时重心不要上下起伏 3. 注意后转身以头部带动身体，以脚为轴转动	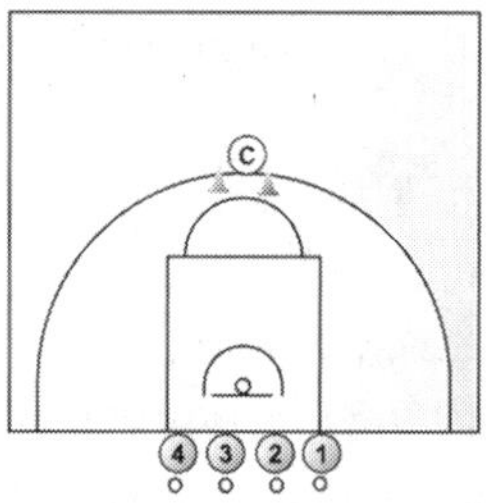 要求： 1. 听教练口令 2. 保持低重心抱球缓冲加速 3. 控制运球落点及方向 器材：篮球、标志筒

续表

部分	时间	内容	教法与要求
团队合作游戏竞赛	11分钟	名称：抢球游戏 （一）目的：将后转身与加速跑结合，增强后转身的连贯性与趣味性 （二）方法 1. 队员平均分组，在端线处集合，面向端线，听到哨声后每名队员开始后转身并加速跑到罚球线抢球 2. 抢到球以后，运球后转身加速到篮底进行投篮，然后拿球跑回队伍，第二名队员出发，计时并比较每组抢球个数	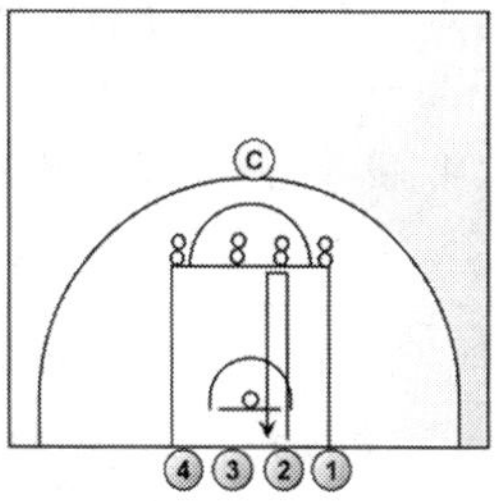 要求： 1. 注意后转身中枢脚的确立 2. 注意后转身重心不要上下起伏 3. 注意后转身以头部带动身体，以脚为轴转动 4. 转身后蹬地加速要快 5. 注意投篮的手型及发力顺序 器材：篮球
放松与总结	5分钟	1. 课后总结 2. 特别提醒 3. 宣布本节课最佳队员 4. 鼓舞士气	教法： 1. 队员积极发言、参与讨论 2. 队员充分放松身体、认真总结 3. 队员协助教练收器材 4. 教练宣布本节课最佳队员 5. 队员与教练之间相互击掌鼓励

第 38 课时

目的与任务：1. 进行身体灵活性和协调性练习，巩固队员的身体协调能力
2. 进行单手肩上投篮练习，巩固队员的肩上投篮能力
3. 学习双手交替大力运球
4. 复习绳梯脚步，巩固提高脚步灵活性
5. 复习端线有球跳跃、运球及传球技术，巩固正确技术动作

部分	时间	内容	教法与要求
课前与家长交流	5分钟	1. 介绍课程计划及执教理念 2. 与家长进行交流	教法：让家长了解本节课学习内容，相互探讨队员在学习过程中遇到的难点，促进队员成长
集合讲解互动沟通	6分钟	1. 慢慢地拍手，大声喊“加油” 2. 强调投篮对学习篮球的重要性 3. 相互介绍：认识教练与队员 4. 本节课的主题是“坚定的信念” 5. 处理好基本功与趣味性的关系，保持足够的耐心 6. 激励、热情、能量至关重要	教法：介绍篮球基本运动时，要生动，能够活跃课堂气氛，调动队员的学习积极性
准备部分	3分钟	一、情绪激发 （一）目的：思维引导，让队员知道本节课学习内容，激发兴趣 （二）方法 1. 介绍绳梯的作用及绳梯对身体素质锻炼的好处 2. 当教练大声喊出在绳梯上需要做的动作时，队员积极尝试	要求： 1. 迅速站好队形 2. 集中精力，激发队员的情绪 3. 教练声音洪亮，富有激情
	10分钟	二、动态热身：转圈跑 （一）目的：增强队员的反应能力和跑动能力，提高身体的核心温度与肌肉温度 （二）方法 1. 在场地上摆1圈标志筒，所有队员围着标志筒慢跑 2. 由教练带领并控制快、慢节奏，待教练突然停止时，每名队员拿1个标志筒，标志筒的数量比队员数量少1个，没拿到标志筒的队员做2个蹲起，之后继续慢跑	 要求：队员抢标志筒时，不允许有推、拉、拽等动作 器材：标志筒

续表

部分	时间	内容	教法与要求
	5分钟	一、双手交替大力运球练习 （一）目的：增强队员的球感，让队员在大力运球的情况下控制好球，加强上肢力量的锻炼 （二）方法 1. 教练示范大力运球 2. 运球时身体协调发力 3. 保证在不失误的情况下，增加力量 4. 负荷量：1 分钟 ×3 组 （三）重点与难点 1. 注意力集中 2. 注意动作姿势标准程度 3. 保持身体平衡和运球姿势	要求： 1. 听教练口令 2. 注意看教练做的动作 3. 练习时不要过于追求速度，要保持身体平衡和重心稳定
基础训练	5分钟	二、无球绳梯脚步练习 （一）目的：加强队员脚步移动练习，提高队员的灵敏性，控制好身体重心及脚步落点 （二）方法 1. 队员在绳梯上练习无球分腿跳及并腿跳 2. 不同方向（前、后、左、右）的分腿跳及并腿跳 3. 逐渐加快跳的频率 4. 负荷量：2 分钟 ×2 组 （三）重点与难点 1. 注意区分单、双脚跳 2. 注意跳的时候重心保持稳定	要求： 1. 注意模仿教练动作 2. 注意控制身体平衡 3. 跳的时候注意跳的方向 器材：绳梯
	4分钟	三、端线有球跳跃、运球及传球练习 （一）目的：增强球感、传接球能力、跳跃能力、协调能力，以及运、传、投综合能力 （二）方法 1. 所有队员在篮球场端线站成 1 排，每名队员身边有 4 个标志筒 2. 教练说预备时队员做好预备姿势（双手抱球） 3. 听到教练口令，抱球做双腿并腿跳（前、后、左、右）练习，然后进行分腿跳（前、后、左、右）练习	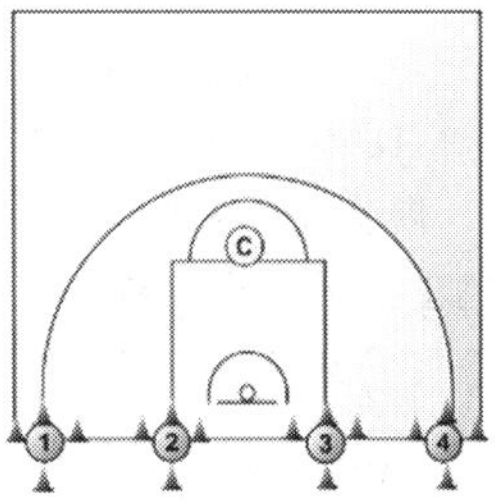 要求： 1. 注意控制身体平衡 2. 注意投篮手型（单手肩上投篮） 器材：标志筒、篮球、小篮筐

续表

部分	时间	内容	教法与要求
基础训练		4. 随即运球跑到罚球线（在罚球线设置1个小篮筐）进行投篮，完成投篮后把球传给队友 5. 负荷量：5次×3组 （三）重点与难点 1. 保持身体平衡 2. 注意投篮手型	
	6分钟	四、“僵尸”蹦蹦跳 （一）目的：加强队员的反应、灵敏性及投篮能力 （二）方法 1. 所有队员持球在端线处站成1排，教练手拿2个标志筒（红色、绿色） 2. 队员看见教练举绿色标志筒就向前跳（分腿跳和并腿跳都可以），看见教练举红色标志筒就停止，直至到达罚球线 3. 到达罚球线后单手运球回到篮下并进行投篮直至到达罚球线 4. 负荷量：2分钟×3组 （三）重点与难点 1. 队员注意观察教练手势 2. 队员注意跳的时候控制身体平衡 3. 队员注意投篮手型	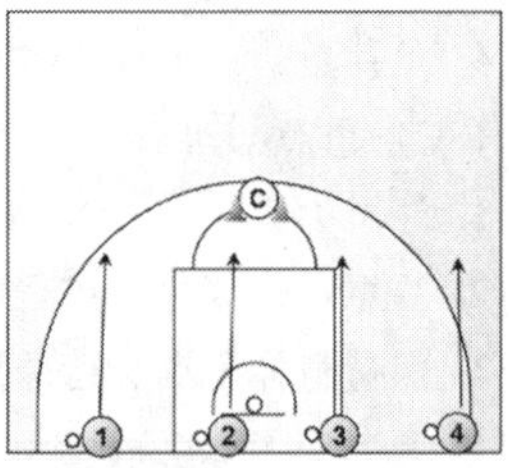 要求： 1. 队员要注意力集中 2. 队员反应速度要快 3. 队员在单手运球时注意控制好球 器材：标志筒、篮球
团队合作游戏竞赛	11分钟	名称：绳梯接力 （一）目的：将跳跃和投篮进行组合，增强队员的球感，提升投篮稳定性 （二）方法：所有队员分成2组，端线站好，每组前面各有1根绳梯和1个小篮筐，根据教练指令做抱球跳练习，跳的方式分为抱球并腿跳和抱球分腿跳	要求： 1. 控制身体平衡 2. 注意投篮手型，跳的时候注意分腿跳和并腿跳，注意身体协调性 器材：篮球、绳梯、小篮筐
放松与总结	5分钟	1. 课后总结 2. 特别提醒 3. 宣布本节课最佳队员 4. 鼓舞士气	教法： 1. 队员积极发言、参与讨论 2. 队员充分放松身体、认真总结 3. 队员协助教练收器材 4. 教练宣布本节课最佳队员 5. 队员与教练之间相互击掌鼓励

第 39 课时

目的与任务：1. 进行身体灵活性和协调性练习，巩固队员的灵活性和协调性
2. 复习投篮手型及身体姿势定型，巩固正确的投篮手型和身体姿势
3. 进行脚步移动练习，巩固提高脚步移动灵活性
4. 学习单手体侧传球动作
5. 复习行进间双手交替大力运球，并改正错误动作

部分	时间	内容	教法与要求
课前与家长交流	5分钟	1. 介绍课程计划及执教理念 2. 与家长进行交流	教法：让家长了解本节课学习内容，相互探讨队员在学习过程中遇到的难点，促进队员成长
集合讲解互动沟通	6分钟	1. 慢慢地拍手，大声喊“加油” 2. 强调队员的身体灵活性与投篮手型对篮球运动的重要性 3. 相互介绍：认识教练与队员 4. 本节课的主题是“坚定的信念” 5. 处理好基本功与趣味性的关系，保持足够的耐心 6. 激励、热情、能量至关重要	教法：介绍篮球基本运动时，要生动，能够活跃课堂气氛，调动队员的积极性
准备部分	3分钟	一、情绪激发 （一）目的：介绍绳梯的作用及绳梯对身体素质锻炼的好处 （二）方法：当教练大声喊出在绳梯上需要做的动作时，队员积极尝试	要求： 1. 迅速站好队形 2. 集中精力，激发队员的情绪 3. 教练声音洪亮，富有激情
	10分钟	二、动态热身：抱球跳 （一）目的：提高身体的核心温度与肌肉温度 （二）方法 1. 队员在端线处站成2路纵队，每名队员持2个球分别用手臂夹在身体两侧 2. 听教练口令向前跳跃，跳至三分线的弧线处，加速跑返回，将球交给该队下一名队员 3. 以此类推，用时短的队伍获胜	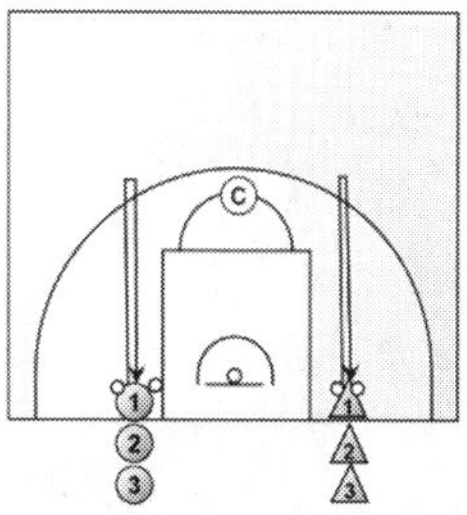 要求： 1. 有序排队，不允许抢跑 2. 队员跑动到三分线才能返回，不允许提前返回 器材：篮球

续表

<table>
<tr><th>部分</th><th>时间</th><th>内容</th><th>教法与要求</th></tr>
<tr><td rowspan="2">基础训练</td><td>5分钟</td><td>一、行进间双手交替大力运球练习
（一）目的：增强球感，并且纠正队员错误动作，在运球基础上增加运球的力度
（二）方法
1. 教练示范大力运球
2. 运球时身体协调发力
3. 保证在不失误的情况下，增加运球力量
4. 负荷量：1 分钟 ×3 组
（三）重点与难点
1. 注意力集中
2. 注意动作姿势标准程度
3. 保持身体平衡和运球姿势</td><td>要求：
1. 听教练口令
2. 注意看教练示范动作
3. 练习时不要过于追求速度，要保持身体平衡和重心稳定</td></tr>
<tr><td>5分钟</td><td>二、单手体侧传球动作学习
（一）目的：发展单手体侧传球能力、队员之间的配合能力
（二）方法
1. 右手持球自然放松置于体侧，两脚前后开立，膝关节微屈，身体重心落于两脚之间，身体正对前方
2. 传球时肘关节微屈，将球提起置于体前，然后以上臂带动前臂由左向右沿水平挥摆，手腕外旋，使手掌对准传球方向，利用手臂的挥摆和手腕最后的甩动将球传出
3. 队员站成 2 排，间隔 1 米距离
4. 第一队排头队员持球，单手体侧传球给第二队队员
5. 第二队队员接球后传球给第一队下一名队员，以此类推
6. 负荷量：20 次 ×3 组
（三）重点与难点
1. 身体重心落于两脚之间，身体正对前方
2. 腕部发力，控制球的方向
3. 手腕外旋，使手掌对准传球方向，利用手臂的挥摆和手腕最后的甩动将球传出</td><td>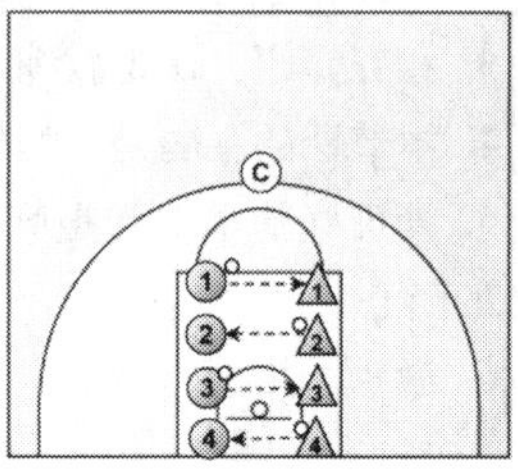

要求：
1. 腰部保持直立，不要摆动身体
2. 两脚前后开立，后脚蹬地发力，通过手腕翻转，将球拨出
器材：篮球</td></tr>
</table>

续表

部分	时间	内容	教法与要求
基础训练	4 分 钟	三、端线有球跳跃、运球及传球练习 （一）目的：加强队员球性及传接球能力，增强队员的跳跃能力与协调能力 （二）方法 1. 所有队员在篮球场端线站成 1 排，每名队员身边有 4 个标志筒 2. 教练说预备时队员做好预备姿势（双手抱球） 3. 听到教练口令，抱球做双腿并腿跳（前、后、左、右）练习，然后进行分腿跳（前、后、左、右）练习 4. 随即运球跑到罚球线（在罚球线设置一个小篮筐）进行投篮，完成投篮后把球传给队友 5. 负荷量：5 次 ×3 组 （三）重点与难点 1. 保持身体平衡 2. 注意投篮手型 3. 注意传球姿势、重心的控制	 要求： 1. 保持身体平衡 2. 注意投篮手型 3. 注意传球手型及身体姿势 器材：标志筒、篮球、小篮筐
	6 分 钟	四、“僵尸”蹦蹦跳 （一）目的：加强队员的反应、灵敏性及投篮能力 （二）方法 1. 所有队员持球在端线处站成 1 排，教练手拿 2 个标志筒（红色、绿色） 2. 队员看见教练举绿色标志筒就向前跳（分腿跳和并腿跳都可以），看见教练举红色标志筒就停止，直至到达罚球线 3. 到达罚球线后单手运球回到篮下并进行投篮 4. 负荷量：2 分钟 ×2 组 （三）重点与难点 1. 队员注意观察教练手势 2. 队员注意跳的时候身体平衡能力的控制 3. 队员注意投篮手型	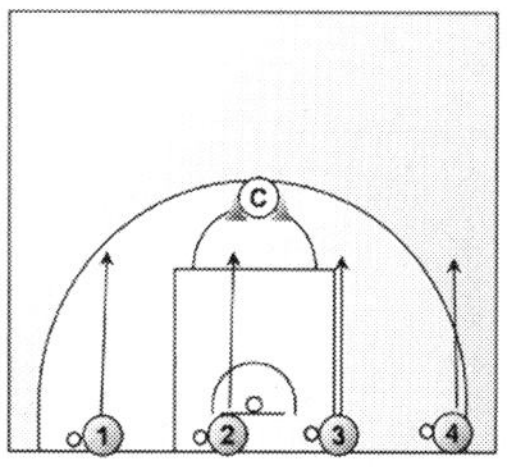 要求： 1. 队员注意力要集中 2. 队员反应速度要快 3. 单手运球注意控制好球 器材：标志筒、篮球

续表

部分	时间	内容	教法与要求
团队合作游戏竞赛	11分钟	名称：绳梯接力 （一）目的：将跳跃和投篮进行组合，增强队员的球感，提升投篮稳定性 （二）方法：所有队员分成2组，端线站好，每组前面各有1根绳梯和1个小篮筐，根据教练指令做抱球跳练习，跳的方式分为抱球并腿跳和抱球分腿跳	要求： 1. 控制身体平衡 2. 注意投篮手型，跳的时候注意分腿跳和并腿跳，注意身体协调性 器材：篮球、绳梯、小篮筐
放松与总结	5分钟	1. 课后总结 2. 特别提醒 3. 宣布本节课最佳队员 4. 鼓舞士气	教法： 1. 队员积极发言、参与讨论 2. 队员充分放松身体、认真总结 3. 队员协助教练收器材 4. 教练宣布本节课最佳队员 5. 队员与教练之间相互击掌鼓励

第 40 课时

目的与任务：1. 复习熟悉球性的练习，巩固正确的技术动作 2. 复习原地单手体侧传球技术，并巩固正确的技术动作			
部分	时间	内容	教法与要求
课前与家长交流	5分钟	1. 介绍课程计划及执教理念 2. 与家长进行交流	教法：让家长了解本节课学习内容，相互探讨队员在学习过程中遇到的难点，促进队员成长
集合讲解互动沟通	6分钟	1. 慢慢地拍手，大声喊“加油” 2. 强调双手击地传球技术对篮球运动的重要性 3. 相互介绍：认识教练与队员 4. 本节课的主题是“积极的态度” 5. 处理好基本功与趣味性的关系，保持足够的耐心 6. 激励、热情、能量至关重要	教法：介绍篮球基本运动时，要生动，能够活跃课堂气氛，调动队员的学习积极性
准备部分	3分钟	一、情绪激发 （一）目的：介绍击地传球的作用及提升队员之间配合的默契程度 （二）方法：当教练大声喊出需要做的动作时，队员两两相对，进行原地尝试	要求： 1. 迅速站好队形 2. 集中精力，激发队员的情绪 3. 教练声音洪亮，富有激情
	10分钟	二、动态热身：跑跳游戏 （一）目的：让队员全身动起来，调动队员上课的积极性 （二）方法 1. 将队员分成 2 组，成纵队站在罚球线后，听到哨声，每组第一名队员快速跑到对面，用手触碰一下标志筒 2. 出发的队员双脚跳回到罚球线并到队尾排队，各组下一名队员再出发，所在组的所有队员率先完成即为获胜	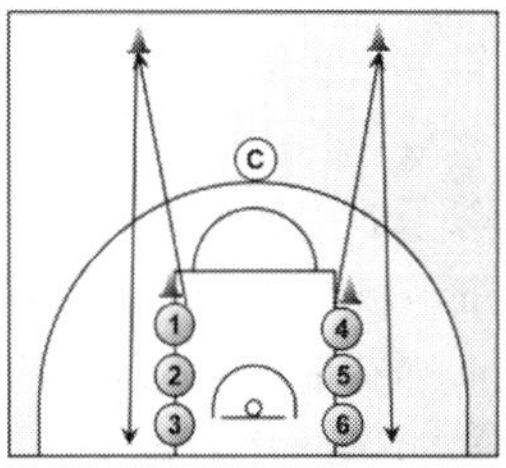 要求： 1. 有序排队，不允许抢跑 2. 队员跑到标志筒处才能返回，不允许提前返回 器材：标志筒

续表

部分	时间	内容	教法与要求
基础训练	5 分 钟	一、原地单手体侧传球 （一）目的：发展单手体侧传球能力，纠正队员传球的高度及传球方向的控制 （二）方法 1. 队员 2 人 1 组，持球面对面站立，间隔 1.5 ~ 3 米 2. 2 名队员互相单手体侧传接球 3. 队员接到球后，可以先原地单手运球 3 次再进行单手体侧传球 4. 负荷量：10 次 ×3 组 （三）重点与难点 1. 身体重心落于两脚之间，身体正对前方 2. 腕部发力，控制球的方向 3. 手腕外旋，使手掌对准传球方向，利用手臂的挥摆和手腕最后的甩动将球传出	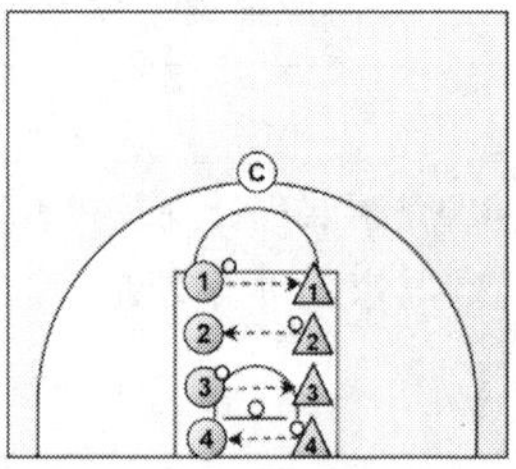 要求： 1. 腰部保持直立，不要摆动身体 2. 双脚前后开立，后脚蹬地发力，通过手腕翻转，将球拨出 器材：篮球
	5 分 钟	二、运球投篮 （一）目的：发展运球衔接投篮能力，提高运球、投篮技术 （二）方法 1. 队员站成纵队，第一名队员在篮下持球 2. 第一名队员单手运球，听教练指令后立刻投篮 3. 没投中须补篮，直至投进为止，球中篮后抢篮板球，并到队尾排队 4. 负荷量：10 次 ×2 组 （三）重点与难点 1. 注意投篮姿势及手型 2. 投篮动作要连贯、顺畅	要求： 1. 注意运球衔接投篮动作，保持重心稳定，通过球的反弹将球停于胸前，直接举球、投篮 2. 快速运球，运球时调整脚步使身体对准篮筐，便于衔接投篮动作 器材：篮球
	4 分 钟	三、原地俯卧拨球练习 （一）目的：增强球感、体能 （二）方法 1. 2 名队员在端线处（间隔一定距离）面对面成俯卧姿势，球放在 2 名队员中间，其中一名队员身体撑起，一只手把球推拨给另一名队员 2. 队员接到球后，以同样的方式将球拨回 3. 负荷量：5 次 ×2 组	要求： 1. 锻炼队员上、下肢力量和协调性 2. 完成不了的队员允许蹲在地上拨球

续表

部分	时间	内容	教法与要求
基础训练		（三）重点与难点 1. 控制身体平衡 2. 拨球时注意控制力量 3. 拨球时注意控制身体姿势 4. 找到拨球时的感觉	
	6分钟	四、交通灯游戏（运球游戏） （一）目的：提高注意力，增强手指控球能力 （二）方法 1. 听教练口令，所有队员端线集合 2. 所有队员降低重心，抬头看教练指令 3. 教练举红色标志筒，队员单手运球前进；教练举蓝色标志筒，队员原地运球；直至运球到罚球线停止 4. 负荷量：1 分钟 ×4 组 （三）重点与难点 1. 不能一直低头看球 2. 注意运球走直线，控制好球的方向	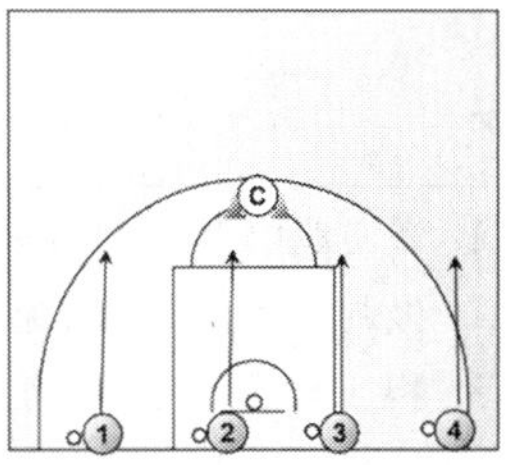 要求： 1. 反应速度要快 2. 单手运球时要控制好球的落点与方向 器材：标志筒、篮球
团队合作游戏竞赛	11分钟	名称：运球接力 （一）目的：增强队员对球的控制能力、运球的流畅性 （二）方法：所有队员分成 2 组，端线站好，每组前面各有 1 排标志筒，根据教练指令做单手运球绕标志筒练习，做完后单手传球给队友，最先完成的一组获胜	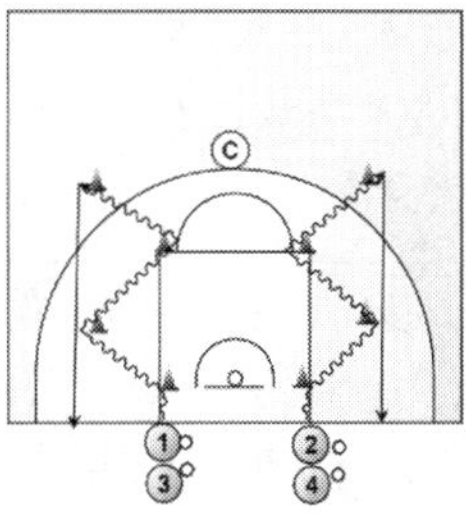 要求： 1. 运球时注意避开标志筒 2. 注意向前运球 器材：标志筒、篮球
放松与总结	5分钟	1. 课后总结 2. 特别提醒 3. 宣布本节课最佳队员 4. 鼓舞士气	教法： 1. 队员积极发言、参与讨论 2. 队员充分放松身体、认真总结 3. 队员协助教练收器材 4. 教练宣布本节课的最佳队员 5. 队员与教练之间相互击掌鼓励

第　41　课时

目的与任务：1. 进行防守练习，巩固防守脚步能力
2. 进行队员之间的相互配合练习，巩固提升队员之间的默契
3. 学习行进间传球接力

部分	时间	内容	教法与要求
课前与家长交流	5分钟	1. 介绍课程计划及执教理念 2. 与家长进行交流	要求：让家长了解本节课学习内容，相互探讨队员在学习过程中遇到的难点，促进队员成长
集合讲解互动沟通	6分钟	1. 慢慢地拍手，大声喊“加油” 2. 强调防守脚步对篮球运动的重要性 3. 相互介绍：认识教练与队员 4. 本节课的主题是“积极的态度” 5. 处理好基本功与趣味性的关系，保持足够的耐心 6. 激励、热情、能量至关重要	要求：介绍篮球基本运动时，要生动，能够活跃课堂气氛，调动队员的积极性
准备部分	3分钟	一、情绪激发 （一）目的：介绍如何提高队员的手脚协调能力及提升脚步防守的作用 （二）方法：当教练大声喊出动作的名称（后转身滑步）时队员做出相应的动作	要求： 1. 迅速站好队形 2. 集中精力，激发队员的情绪 3. 教练声音洪亮，富有激情
	10分钟	二、动态热身：持球跑游戏 （一）目的：训练队员的灵敏性和脚步移动能力，调动队员上课的积极性 （二）方法 1. 队员持球于端线站立，将球置于头顶，保持手臂伸直 2. 跑动至中线返回，继续跑动至端线	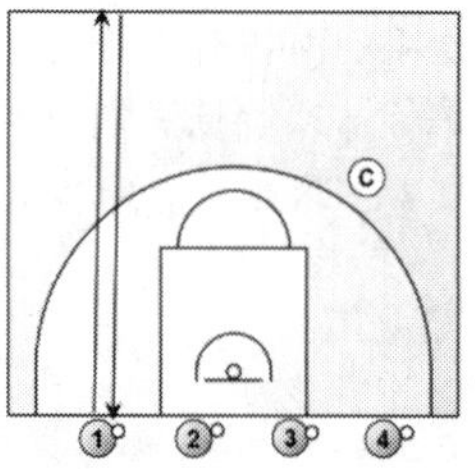 要求： 1. 队员手臂保持伸直，跑动速度适中 2. 队员踩到中线后才能返回，不允许提前返回 器材：篮球

续表

部分	时间	内容	教法与要求
基础训练	5分钟	一、行进间运球传球接力 （一）目的：发展运球、衔接传球能力，增强运球能力、身体协调性 （二）方法 1. 每队队员分成2组，2组队员面对面站立 2. 1组队员持球，向对面队员方向做行进间运球 3. 运球至距对面队员1米左右的位置做双手胸前传球或者单手体侧传球 4. 队员接球后继续运球、传球，每名队员依次进行 5. 负荷量：20次×2组 （三）重点与难点 1. 注意运球衔接传球动作，待球反弹时停球于胸前，然后进行胸前或者体侧传球 2. 注意球的落点，注意手指拨球时保持球的旋转，使球柔和，便于接球	要求： 1. 队员可以双手胸前传球或单手体侧传球，不允许以其他方式传球 2. 距接球队员1米左右传球，避免失误 器材：篮球
	5分钟	二、传接球击掌 （一）目的：增强队员对球的控制能力和队员之间协调配合的能力 （二）方法 1. 2名队员在指定位置面对面站立，一名队员做双手击地传球，另一名队员做单手体侧传球，2人互相传球 2. 队员接球后滑步到罚球线，然后与教练击掌 3. 负荷量：2次×2组 （三）重点与难点 1. 注意传接球的高度 2. 注意击地传球的位置 3. 注意队员之间的默契与协调性	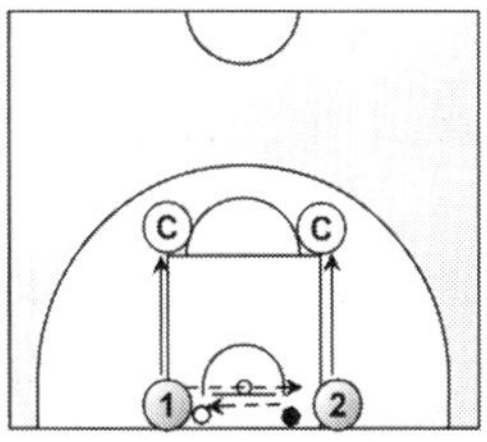 要求： 1. 传球时注意球的高度和位置 2. 跑动速度要快 器材：篮球
	4分钟	三、背夹球练习 （一）目的：加强队员脚步移动训练，增强队员之间的协调配合能力 （二）方法 1. 所有队员在篮球场端线处分成2组面对面站立 2. 教练说预备的时候，2名队员用背部夹住球，听到哨声后立刻从端线加速移动到中线，随即把球放在中线从两侧跑回	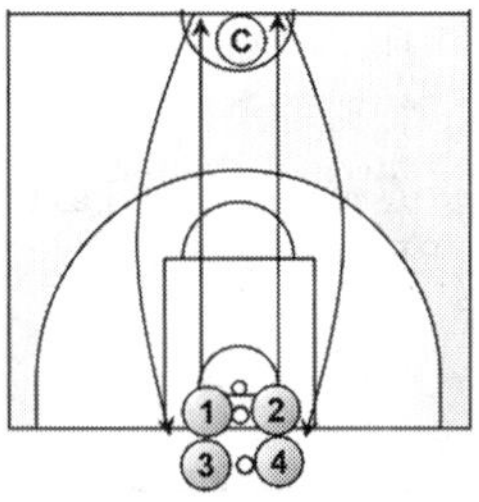

续表

部分	时间	内容	教法与要求
基础训练		3. 教练对动作进行纠正 4. 负荷量：1 分钟 ×3 组 （三）重点与难点 1. 注意夹球时球的位置 2. 移动过程中的脚步协同	要求： 1. 在夹球时 2 名队员要相互配合 2. 注意脚步要同时移动 3. 2 名队员在夹球时注意身体保持横向移动 器材：篮球
	6分钟	四、交通灯游戏（运球游戏） （一）目的：提高注意力和增强手指控球能力 （二）方法 1. 听教练口令，所有队员端线集合 2. 所有队员降低重心，抬头看教练指令 3. 教练举红色标志筒，队员单手运球前进；教练举蓝色标志筒，队员原地运球；直至运球到罚球线停止 4. 负荷量：1 分钟 ×4 组 （三）重点与难点 1. 不能一直低头看球 2. 注意运球走直线，控制好球的方向	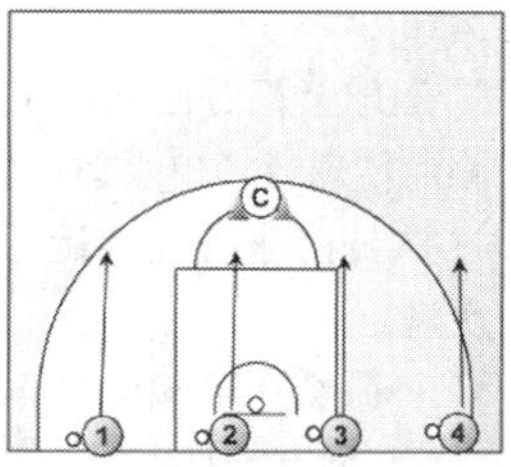 要求： 1. 反应速度要快 2. 单手运球时控制好球的落点及方向 器材：标志筒、篮球
团队合作游戏竞赛	11分钟	名称：防守脚步游戏 （一）目的：考验队员的综合能力，增强队员运球与投篮的能力及体能 （二）方法 1. 所有队员在篮球场端线处分成 2 组，每组队员面前有 1 个标志筒（每个标志筒的位置都有 1 个小篮筐） 2. 每名队员单手运球到中线标志筒后，双手举球过头顶，原地做 6 次小碎步练习，然后进行投篮，随即转身滑步回端线	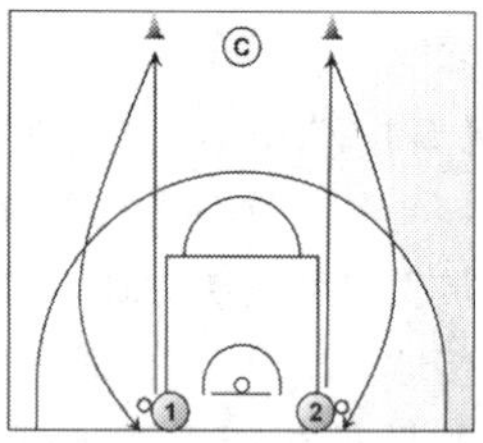 要求： 1. 注意脚步和身体协调配合 2. 注意球的位置和高度 3. 注意小碎步时落脚的位置和发力点 4. 注意滑步的协调性 器材：篮球、小篮筐、标志筒
放松与总结	5分钟	1. 课后总结 2. 特别提醒 3. 宣布本节课最佳队员 4. 鼓舞士气	教法： 1. 队员积极发言、参与讨论 2. 队员充分放松身体、认真总结 3. 队员协助教练收器材 4. 教练宣布本节课最佳队员 5. 队员与教练之间相互击掌鼓励

第__42__课时

目的与任务：1. 进行防守脚步与球性结合练习，巩固队员防守能力 2. 进行队员跳跃和灵敏性练习，提高队员的协调性，巩固队员的协调能力			
部分	时间	内容	教法与要求
课前与家长交流	5分钟	1. 介绍课程计划及执教理念 2. 与家长进行交流	教法：让家长了解本节课学习内容，相互探讨队员在学习过程中遇到的难点，促进队员成长
集合讲解互动沟通	6分钟	1. 慢慢地拍手，大声喊“加油” 2. 强调防守脚步与球性在篮球运动中的重要性 3. 相互介绍：认识教练与队员 4. 本节课的主题是“积极的态度” 5. 处理好基本功与趣味性的关系，保持足够的耐心 6. 激励、热情、能量至关重要	教法：介绍篮球基本运动时，要生动，能够活跃课堂气氛，调动队员的学习积极性
准备部分	3分钟	一、情绪激发 （一）目的：增强队员的手脚协调能力、脚步防守能力 （二）方法：复习前几课时的防守脚步移动（横向滑步）及球性练习（单手运球、单手体侧传球）	要求： 1. 迅速站好队形 2. 集中精力，激发队员的情绪 3. 教练声音洪亮，富有激情
	10分钟	二、动态热身：过独木桥游戏 （一）目的：增加队员身体的核心温度与肌肉温度 （二）方法 1. 在罚球线两端设置2排标志筒，队员从中间穿过，其中教练充当防守队员，阻碍队员通过 2. 教练利用左右横向滑步干扰队员，而队员应迅速摆脱干扰并通过	 要求： 1. 队员在躲闪教练的过程中要避免受伤 2. 队员的注意力要高度集中 器材：标志筒

续表

部分	时间	内容	教法与要求
基础训练	5分钟	一、敏捷圈跳跃练习 （一）目的：增强队员的敏捷性与身体平衡能力 （二）方法 1. 敏捷圈2列（直线形排列），并在敏捷圈中间放1列篮球，一共3列 2. 队员从敏捷圈一侧开始横向双脚跳到球的后方，随即再向前跳过篮球，然后再斜着跳向另一侧敏捷圈（之字形跳跃） 3. 负荷量：2分钟×3组 （三）重点与难点 1. 注意双脚跳跃 2. 注意身体协调发力	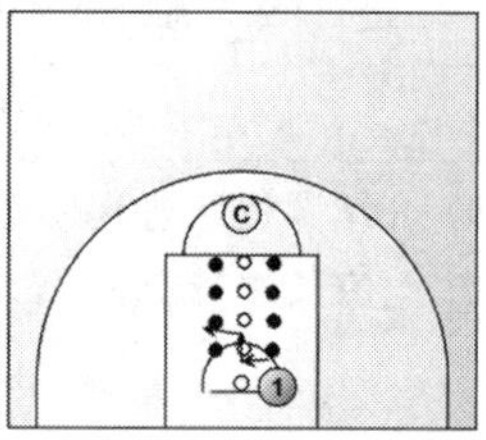 要求：尽力跳起，落地时注意缓冲 器材：敏捷圈、篮球
	5分钟	二、抢球大战 （一）目的：锻炼队员的爆发力及身体协调能力 （二）方法 1. 队员在端线处分成2组，在罚球线垂直方向各有2个敏捷圈，圈内有篮球 2. 队员听到哨声后，立即运球加速跑到罚球线的敏捷圈内，拿1个篮球，随后运球返回并进行投篮，以此类推 3. 负荷量：4次×2组 （三）重点与难点 1. 身体协调用力 2. 蹬地发力要主动	 要求： 1. 拿球时身体协调用力 2. 跑动速度要快 3. 后脚蹬地发力要积极 器材：篮球、敏捷圈
	4分钟	三、脚步练习 （一）目的：增强队员的跑动能力 （二）方法 1. 所有队员在篮球场端线分成2组站好 2. 教练说开始时2名队员脚步前后交替6次，随即冲向罚球线，再进行6次脚步交替，然后冲向中线 3. 负荷量：1分钟×3组 （三）重点与难点 1. 队员的脚步移动 2. 队员呼吸调节	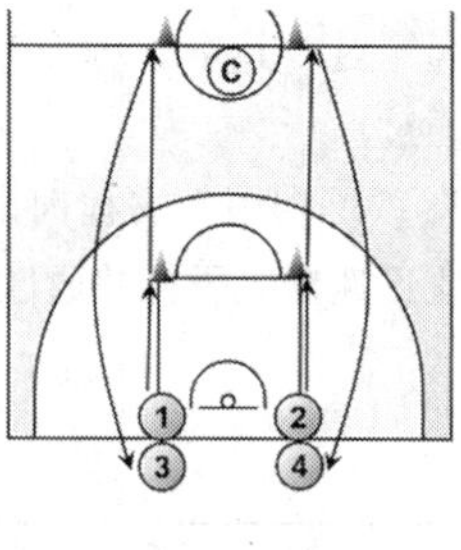 要求： 1. 注意脚步移动节奏 2. 有序排队，顺序进行 器材：标志筒

续表

部分	时间	内容	教法与要求
基础训练	6分钟	四、交通灯游戏（运、传球游戏） （一）目的：提高注意力和增强手指控球能力 （二）方法 1. 听教练口令，所有队员端线集合 2. 所有队员降低重心，抬头看教练指令 3. 教练举红色标志筒，队员单手运球前进；教练举蓝色标志筒，队员原地运球；直至运球到罚球线停止，单手体侧传球给自己对应的下一名队友，进行接力 4. 负荷量：1 分钟 ×4 组 （三）重点与难点 1. 不能一直低头看球 2. 注意运球保持直线，控制好球的方向	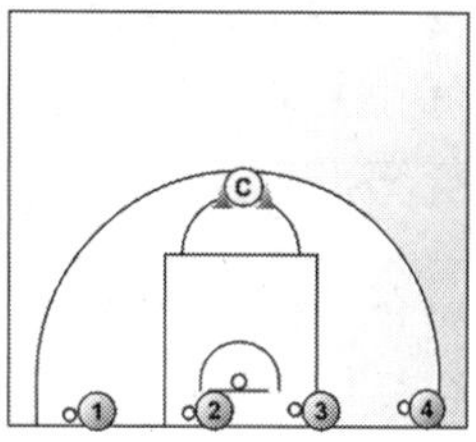 要求： 1. 注意力集中 2. 反应速度要快 器材：标志筒、篮球
团队合作游戏竞赛	11分钟	名称：综合能力考验 （一）目的：考验队员的身体协调能力及投篮稳定性 （二）方法 1. 所有队员在篮球场端线分成 2 组，每名队员面前有 1 个标志筒（标志筒在中线位置） 2. 每名队员单手运球跑到中线标志筒之后，双手举球过头顶，原地做 6 次小碎步以后，转身按指定路线手滚球滑步回端线进行投篮	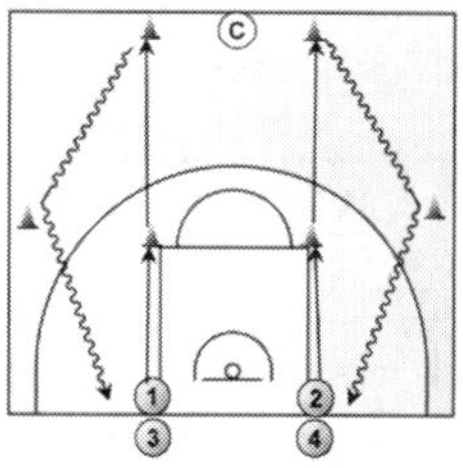 要求： 1. 注意脚步和身体协调配合 2. 注意手和球的位置和高度，注意做小碎步时落脚的位置和发力点 3. 注意滑步时身体协调性 器材：篮球、标志筒
放松与总结	5分钟	1. 课后总结 2. 特别提醒 3. 宣布本节课最佳队员 4. 鼓舞士气	教法： 1. 队员积极发言、参与讨论 2. 队员充分放松身体、认真总结 3. 队员协助教练收器材 4. 教练宣布本节课最佳队员 5. 队员与教练之间相互击掌鼓励

第<u>　43　</u>课时

目的与任务：1. 进行防守脚步与球性结合练习，巩固队员防守能力 2. 进行队员身体平衡、脚踝支撑练习，巩固提升脚踝和身体平衡能力 3. 进行队员行进间传接球练习，巩固传接球稳定性			
部分	时间	内容	教法与要求
课前与家长交流	5分钟	1. 介绍课程计划及执教理念 2. 与家长进行交流	教法：让家长了解本节课学习内容，相互探讨队员在学习过程中遇到的难点，促进队员成长
集合讲解互动沟通	6分钟	1. 慢慢地拍手，大声喊“加油” 2. 强调身体平衡能力在篮球运动中的重要性 3. 相互介绍：认识教练与队员 4. 本节课的主题是“坚韧的毅力” 5. 处理好基本功与趣味性的关系，保持足够的耐心 6. 激励、热情、能量至关重要	教法：介绍篮球基本运动时，要生动，能够活跃课堂气氛，调动队员的积极性
准备部分	3分钟	一、情绪激发 （一）目的：介绍增强队员手脚协调能力、身体平衡能力的练习 （二）方法：复习前几课时的防守脚步移动（后转身）及平衡性练习（单腿跳、分腿跳）	要求： 1. 迅速站好队形 2. 集中精力，激发队员的情绪 3. 教练声音洪亮，富有激情
	10分钟	二、动态热身：听音变速跑 （一）目的：提高队员身体的核心温度与肌肉温度 （二）方法 1. 在边线处，队员站成1排，教练通过哨声来控制队员的折返跑 2. 队员只要一听到哨声就往反方向折返跑，教练可以通过加快哨声的频率来增强趣味性和达到热身效果	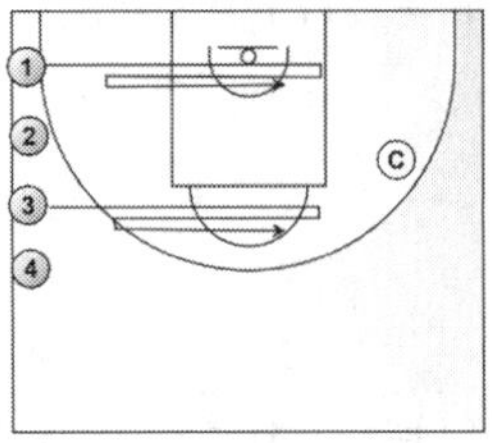 要求： 1. 队员快速反应 2. 跑动速度不要过快，避免受伤

续表

部分	时间	内容	教法与要求
基础训练	5分钟	一、敏捷圈跳跃练习 （一）目的：增强队员的敏捷性与身体平衡能力 （二）方法 1. 敏捷圈2列（直线形排列），并在敏捷圈中间放1列篮球，一共3列 2. 队员从敏捷圈一侧开始横向双脚跳到球的后方，随即再向前跳过篮球，然后再斜着跳向另一侧敏捷圈（之字形跳跃） 3. 负荷量：2分钟×3组 （三）重点与难点 1. 注意双脚跳跃 2. 注意身体协调发力	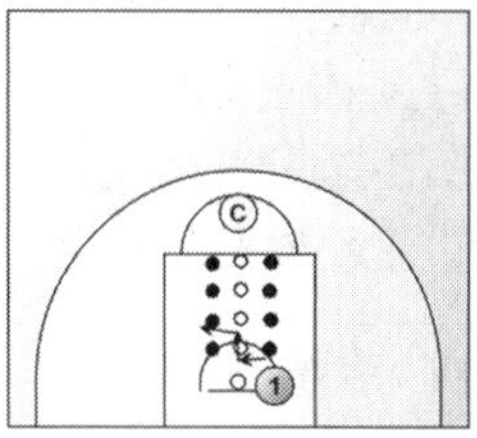 要求：尽力跳起，落地时注意缓冲 器材：敏捷圈、篮球
	5分钟	二、身体对抗游戏 （一）目的：增强队员的单手控球能力和对身体的控制能力 （二）方法 1. 2人1组，端线站立；每名队员拿1个球，一名队员单手运球，侧身面向罚球线横向推进 2. 另一名队员双手抱球挡在推进队员路线上，并用球挡在推进队员的肩部，攻防交换练习完成后，排队投篮 3. 负荷量：2分钟×2组 （三）重点与难点 1. 单手运球注意控制好球的落点及行进路线，不要偏离 2. 注意对抗队员稍微施加阻力即可 3. 注意运球与滑步协调 4. 注意投篮手型及发力	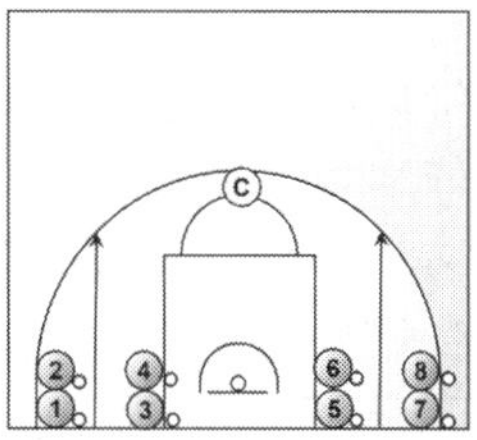 要求： 1. 拿球时身体协调用力，推进队员要蹬地发力 2. 不允许有推、拉等动作，通过脚步进行防守 3. 阻力队员要施加一定的阻力 器材：篮球
	4分钟	三、单腿支撑练习 （一）目的：增强队员的身体平衡能力、脚踝支撑能力 （二）方法 1. 所有队员在篮球场端线处站好 2. 教练说准备的时候队员单腿支撑（不限左右腿），坚持3秒左右教练吹哨，队员跑向罚球线拿球返回	要求： 1. 支撑时注意支撑腿用力、绷紧、蹬直 2. 移动时注意速度要快 3. 队员在跑动过程中注意跑直线 器材：篮球

续表

部分	时间	内容	教法与要求
基础训练		3. 负荷量：1 分钟 ×3 组 （三）重点与难点 1. 注意控制脚尖的方向 2. 注意支撑腿发力	
	6分钟	四、多方向运球游戏 （一）目的：通过方向的改变增强队员对球的控制能力 （二）方法 1. 听教练口令，所有队员分成 2 列在指定位置集合 2. 每组队员前面有 4 个标志筒，在 4 个标志筒组成的区域内进行多方向运球 3. 先横向运球，后斜向运球，再后退运球返回 4. 负荷量：2 分钟 ×2 组 （三）重点与难点 1. 注意前进、后退时的击球点 2. 控制好身体重心及运球高度	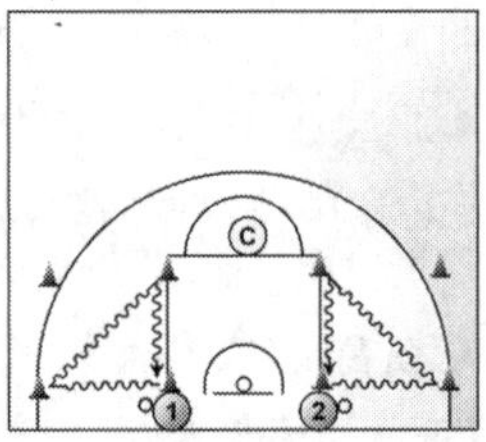 要求： 1. 注意控制运球的方向及落点 2. 行进间运球时要把球往前推放 器材：标志筒、篮球
团队合作游戏竞赛	11分钟	名称：行进间传接球游戏 （一）目的：增加团队之间的默契 （二）方法：所有队员在篮球场端线处分成 2 组，2 组队员间距 2 米面对面站立，同时向对面跑动，用单手体侧传球进行 2 人间的传接球练习	要求： 1. 注意脚步和身体协调配合 2. 注意团队配合 3. 注意传球的高度及方向 器材：篮球
放松与总结	5分钟	1. 课后总结 2. 特别提醒 3. 宣布本节课最佳队员 4. 鼓舞士气	教法： 1. 队员积极发言、参与讨论 2. 队员充分放松身体、认真总结 3. 队员协助教练收器材 4. 教练宣布本节课最佳队员 5. 队员与教练之间相互击掌鼓励

第 44 课时

目的与任务：1. 进行身体协调能力及单手运球练习，并巩固增强单手运球能力 2. 提高队员的注意力，进行手指控球练习，巩固手指控球能力 3. 复习传球技术，巩固提高传球稳定性			
部分	时间	内容	教法与要求
课前与家长交流	5分钟	1. 介绍课程计划及执教理念 2. 与家长进行交流	教法：让家长了解本节课学习内容，相互探讨队员在学习过程中遇到的难点，促进队员成长
集合讲解互动沟通	6分钟	1. 慢慢地拍手，大声喊“加油” 2. 强调运球对篮球运动的重要性 3. 相互介绍：认识教练与队员 4. 本节课的主题是“坚韧的毅力” 5. 处理好基本功与趣味性的关系，保持足够的耐心 6. 激励、热情、能量至关重要	教法：介绍篮球基本运动时，要生动，能够活跃课堂气氛，调动队员学习的积极性
准备部分	3分钟	一、情绪激发 （一）目的：介绍增强队员传球与球性结合能力及脚步防守能力的练习 （二）方法：复习前几课时的防守脚步移动（横向滑步）及球性练习（单手行进间运球和传球）	要求： 1. 迅速站好队形 2. 集中精力，激发队员的情绪 3. 教练声音洪亮，富有激情
	10分钟	二、动态热身：转圈跑 （一）目的：提高身体的核心温度与肌肉温度 （二）方法 1. 在场地上摆1圈标志筒，所有队员站成1队围着标志筒跑动 2. 由教练带领并控制快慢节奏，待教练突然停止时，每名队员拿1个标志筒，标志筒数量比队员数量少1个，没拿到标志筒的队员做2个蹲起，之后继续跑动	 要求：队员抢标志筒时，不允许有推、拉、拽等动作 器材：标志筒

续表

部分	时间	内容	教法与要求
	5分钟	一、敏捷圈跳跃练习 （一）目的：增强队员的敏捷性与身体平衡能力 （二）方法 1. 敏捷圈2列（直线形排列），并在敏捷圈中间放1列篮球，一共3列 2. 队员从敏捷圈一侧开始横向双脚跳到球的后方，随即再向前跳过篮球，然后再斜着跳向另一侧敏捷圈（之字形跳跃） 3. 负荷量：2分钟×2组 （三）重点与难点 1. 注意双脚跳跃 2. 注意身体协调发力	要求： 1. 提高队员无球摆脱的能力，同时强调变向跑的节奏感 2. 掌握直线加速、变向减速再加速的节奏感 器材：标志筒、篮球
基础训练	5分钟	二、传球练习 （一）目的：增强队员的传球能力和对传球发力的控制，纠正队员对传球高低及传球力度的控制 （二）方法 1. 队员在限制区两侧站成2列，面对面站好 2. 一侧队员拿球，听到哨声后，持球队员进行头绕环，然后单手体侧传球给对面队员 3. 接球队员接球后分别做头绕环、腰绕环、地滚球动作，然后再单手体侧传球给对面队员 4. 负荷量：4次×2组 （三）重点与难点 1. 注意绕环时的动作 2. 注意传球的落点及发力	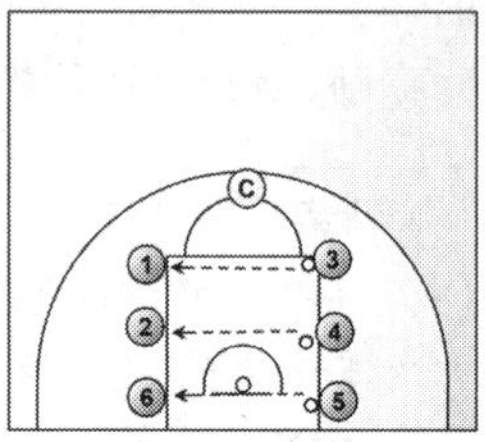 要求： 1. 拿球时身体协调用力 2. 进行绕环时，贴近身体做可以降低难度 3. 传球给对面队员时控制好力度 器材：篮球
	4分钟	三、标志筒传球练习 （一）目的：增强队员对球的控制 （二）方法 1. 队员在端线处分成2组，站成2列，2组队员中间有1排标志筒，2名队员在标志筒中间单手体侧传球行进 2. 2名队员拿1个球，听到哨声后，1名队员进行单手运球，然后单手体侧传球穿过标志筒中间，对面队员接到球后，做同样动作 3. 负荷量：4次×2组 （三）重点与难点 1. 注意运球时走直线 2. 注意传球时的位置及落点	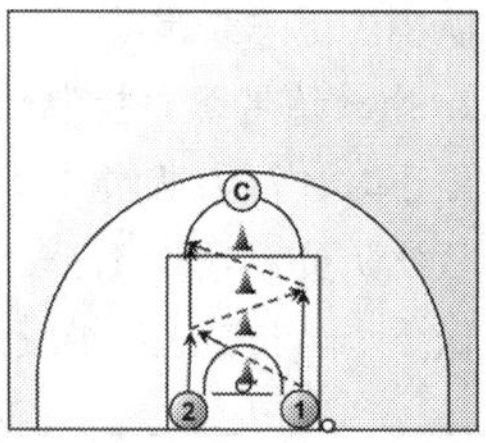 要求： 1. 传球时2名队员相互配合 2. 移动时注意传球路线 3. 注意传球的力度 器材：篮球、标志筒

续表

部分	时间	内容	教法与要求
基础训练	6分钟	四、交通灯游戏（运球游戏） （一）目的：提高注意力和增强手指控球能力 （二）方法 1. 听教练口令，所有队员端线集合 2. 所有队员降低重心，抬头看教练指令 3. 教练举红色标志筒，队员单手运球前进；教练举蓝色标志筒，队员原地运球；直至运球到罚球线停止 4. 负荷量：1 分钟 ×4 组 （三）重点与难点 1. 不能一直低头看球 2. 注意运球走直线，控制好球的方向	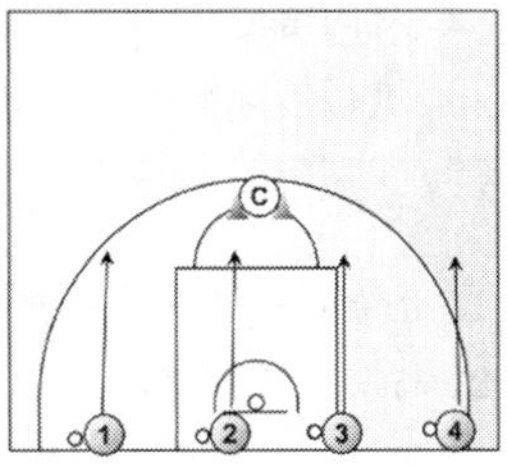 要求： 1. 反应速度要快 2. 单手运球时控制好球的落点与方向 器材：标志筒、篮球
团队合作游戏竞赛	11分钟	名称：综合能力考验 （一）目的：增强队员的身体协调能力及单手运球能力 （二）方法 1. 所有队员在篮球场、端线处分成 2 组，每组队员前面有 3 个标志筒（标志筒在罚球线上位置），标志筒前面放一定数量的篮球 2. 每名队员双手抱球跳过 3 个标志筒后，将球用单手体侧传球的方式传回自己的队伍，然后拿起地上的篮球向前运球跑到中线，随即运球跑回进行投篮	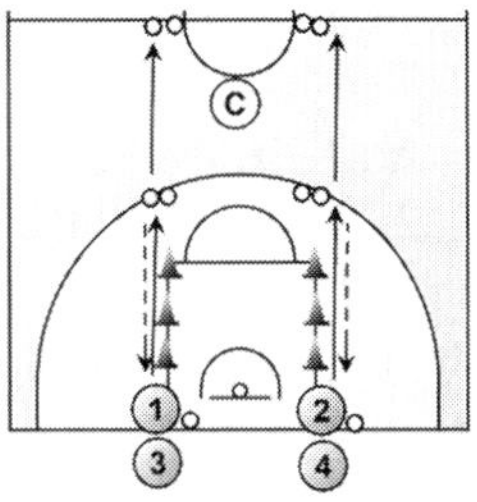 要求： 1. 注意脚步和身体协调配合 2. 注意球的位置和高度 3. 注意直线传球 器材：篮球、标志筒
放松与总结	5分钟	1. 课后总结 2. 特别提醒 3. 宣布本节课最佳队员 4. 鼓舞士气	教法： 1. 队员积极发言、参与讨论 2. 队员充分放松身体、认真总结 3. 队员协助教练收器材 4. 教练宣布本节课最佳队员 5. 队员与教练之间相互击掌鼓励

第 45 课时

目的与任务：1. 进行队员体能与球性结合的练习，巩固体能与球性结合的能力
2. 巩固击地传球技术要点，增强队员之间的默契
3. 进行传球练习，巩固提高传球的稳定性

部分	时间	内容	教法与要求
课前与家长交流	5分钟	1. 介绍课程计划及执教理念 2. 与家长进行交流	教法：让家长了解本节课学习内容，相互探讨队员在学习过程中遇到的难点，促进队员成长
集合讲解互动沟通	6分钟	1. 慢慢地拍手，大声喊“加油” 2. 强调体能对篮球运动的重要性 3. 相互介绍：认识教练与队员 4. 本节课的主题是“坚韧的毅力” 5. 处理好基本功与趣味性的关系，保持足够的耐心 6. 激励、热情、能量至关重要	教法：介绍篮球基本运动时，要生动，能够活跃课堂气氛，调动队员的学习积极性
准备部分	3分钟	一、情绪激发 （一）目的：提高队员的身体协调性、平衡性，增强跑动能力 （二）方法：复习前几课时的跑跳（单、双腿跳）及球性练习（单手行进间运球、双手击地传球、单手肩上投篮、单手体侧传球）	要求： 1. 迅速站好队形 2. 集中精力，激发队员的情绪 3. 教练声音洪亮，富有激情
	10分钟	二、动态热身：抱球跳 （一）目的：提高队员身体的核心温度与肌肉温度 （二）方法 1. 队员在端线处站成2路纵队，每名队员持2个球分别用手臂夹在身体两侧 2. 听教练口令向前跳跃，跳至三分线的弧线处，加速跑返回，将球交给本队下一名队员 3. 以此类推，用时短的队伍获胜	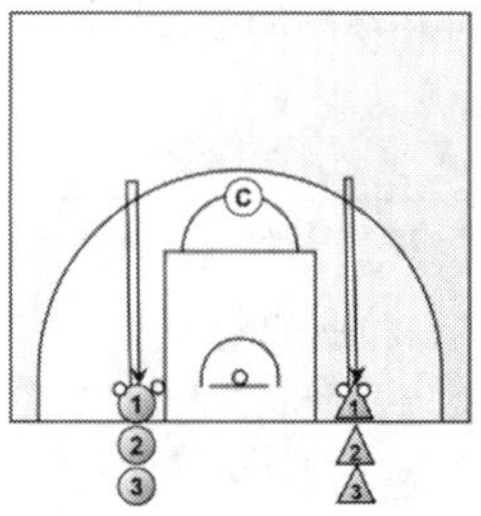 要求： 1. 控制好身体平衡 2. 跑动过程要保持好身体重心，避免摔倒 器材：篮球

续表

部分	时间	内容	教法与要求
基础训练	5分钟	一、围圈追捕 （一）目的：增强队员的反应与灵敏性 （二）方法 1. 所有队员双手抱球围成圆圈，教练站在圆圈中间 2. 队员注意听教练口令，当听到单数时就顺时针单手运球跑动，听到双数时就逆时针单手运球跑动 3. 负荷量：2 分钟 ×2 组 （三）重点与难点 1. 考验队员的反应能力 2. 队员对变向运球的控制	要求： 1. 教练喊数字时要快，考验队员的反应与灵敏能力 2. 队员进行追逐，可以逐渐增加难度，改变抱球的位置 3. 做动作时尽量抬头，不要低头看球，用手的触感来感觉球，增强球感 器材：篮球
	5分钟	二、跳跃练习 （一）目的：增强跳跃能力、身体平衡能力及投篮能力 （二）方法 1. 队员在端线处分成 2 组，站成 2 列，每组队员面前顺序排列标志筒和敏捷圈 2. 队员先进行绕标志筒（6 个直线排列）跑，然后快速跳过 6 个敏捷圈（6 个直线排列）。 3. 跳过之后去排队投篮 4. 负荷量：2 分钟 ×2 组 （三）重点与难点 1. 注意身体发力顺序 2. 注意投篮手型及发力部位 3. 注意控制身体平衡	要求： 1. 队员绕过标志筒时可以贴近做，降低难度 2. 跳跃时注意蹬地发力要迅速 器材：标志筒、敏捷圈
	4分钟	三、标志筒传球练习 （一）目的：增强队员击地传球的能力 （二）方法 1. 队员在端线处分成 2 组站成 2 列，2 组队员中间有 1 排标志筒，2 名队员在标志筒中间单手体侧传球行进 2. 2 名队员拿 1 个球，听到哨声后，一名队员进行单手体侧传球，穿过标志筒中间，另一名队员接到球后，以同样的动作返回后进行投篮 3. 负荷量：2 次 ×2 组 （三）重点与难点 1. 击地的位置及发力 2. 注意向前传球	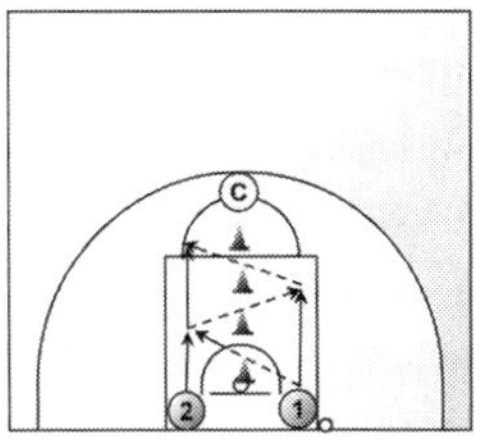 要求： 1. 传球时 2 名队员相互配合 2. 移动时注意传球路线 3. 注意传球的力度 器材：篮球、标志筒

续表

部分	时间	内容	教法与要求
基础训练	6分钟	四、三人接力拨球游戏（传球游戏） （一）目的：强化单手体侧传球的要点及熟练程度，增强队员之间的默契 （二）方法 1. 听教练口令所有队员于端线集合，3 人 1 组，其中有 2 个人站在 1 列 2. 首先 2 人 1 列的拿 1 个球，第一名队员先单手体侧传球给对面队员，传球后从右侧跑到接球队员身后，然后接球队员以相同方式传球给第二名队员 3. 负荷量：5 次×3 组 （三）重点与难点 1. 击地的位置及发力 2. 注意向前传球	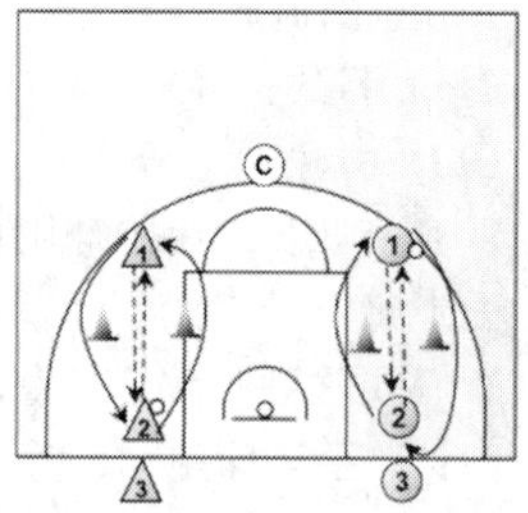 要求： 1. 单手体侧传球，控制好距离及方向 2. 加快传球和移动速度 器材：标志筒、篮球
团队合作游戏竞赛	11分钟	名称：综合能力考验 （一）目的：增强队员的体能与脚步移动能力 （二）方法 1. 所有队员在篮球场端线处站成 1 排，每名队员面前有 1 个标志筒 2. 队员双手抱球跳过标志筒（前后跳 4 次）后，把球放在地上，拿起标志筒做原地小碎步 10 次，做完后放下标志筒，随即爬行到罚球线	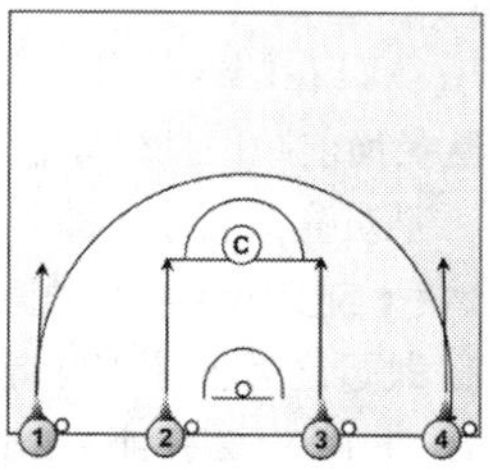 要求： 1. 注意脚步和身体协调配合 2. 注意球的位置和高度 器材：篮球、标志筒
放松与总结	5分钟	1. 课后总结 2. 特别提醒 3. 宣布本节课最佳队员 4. 鼓舞士气	教法： 1. 队员积极发言、参与讨论 2. 队员充分放松身体、认真总结 3. 队员协助教练收器材 4. 教练表扬本节课最佳队员 5. 队员与教练之间相互击掌鼓励

第 46 课时

目的与任务：1. 复习单手运球及行进间急停投篮，巩固正确动作
2. 进行跳跃练习，增强队员的身体素质与弹跳能力，为今后的身体协调发展打下基础

部分	时间	内容	教法与要求
课前与家长交流	5分钟	1. 介绍课程计划及执教理念 2. 与家长进行交流	教法：让家长了解本节课学习内容，相互探讨队员在学习过程中遇到的难点，促进队员成长
集合讲解互动沟通	6分钟	1. 慢慢地拍手，大声喊“加油” 2. 强调单手运球及行进间急停投篮在篮球运动中的重要性 3. 相互介绍：认识教练与队员 4. 本节课的主题是“全力以赴，力争上游” 5. 处理好基本功与趣味性的关系，保持足够的耐心 6. 激励、热情、能量至关重要	教法：介绍篮球基本运动时，要生动，能够活跃课堂气氛，调动队员的学习积极性
准备部分	3分钟	一、情绪激发 （一）目的：提高队员的身体协调性，增强跳跃能力及跑动能力 （二）方法：复习前几课时的跑跳及球性练习（运球、传球、投篮）	要求： 1. 迅速站好队形 2. 集中精力，激发队员的情绪 3. 教练声音洪亮，富有激情
	10分钟	二、动态热身：跑跳游戏 （一）目的：让队员全身动起来，调动队员上课的积极性 （二）方法 1. 将队员分成2组，成纵队站在罚球线后，听到哨声，每组第一名队员快速跑到对面，用手触碰一下标志筒 2. 出发的队员双脚跳回到罚球线并到队尾排队，各组下一名队员再出发，所在组的所有队员率先完成即为获胜	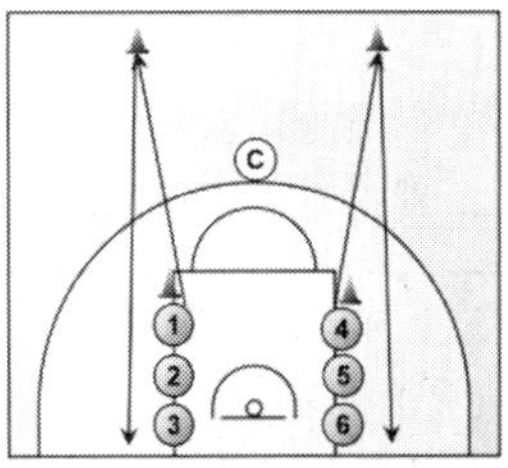 要求： 1. 有序排队，不允许抢跑 2. 队员跑到标志筒处才能返回，不允许提前返回 器材：标志筒

续表

部分	时间	内容	教法与要求
基础训练	5分钟	一、单手绕桩游戏 （一）目的：增强队员的单手运球能力、对球的控制能力，提高身体的协调性 （二）方法 1. 所有队员双手抱球站成 2 列，每队前面都有一排标志筒 2. 队员听到教练口令，单手运球绕过标志筒 3. 随即运球跑回并投篮 4. 负荷量：4 次 ×2 组 （三）重点与难点 1. 注意单手运球时对球的控制 2. 注意运球时尽量不要低头看球	 要求： 1. 教练通过加快绕桩的速度，考验队员的协调与灵敏能力 2. 做动作时尽量抬头，不要看球，用手的触感来感觉球，增强球感 器材：篮球、标志筒
	5分钟	二、跳跃练习 （一）目的：增强队员的跳跃能力，提高敏捷性 （二）方法 1. 队员在端线处分成 2 组，站成 2 列，每组队员面前按顺序依次摆放标志筒和敏捷圈 2. 队员先进行绕标志筒（6 个直线排列）跑，然后依次快速跳过敏捷圈（6 个直线排列） 3. 第一名队员完成后第二名再开始 4. 负荷量：2 分钟 ×2 组 （三）重点与难点 1. 队员跑标志筒的时候注意 S 形跑动 2. 跳的时候须双脚跳	要求： 1. 绕过标志筒时，身体协调发力 2. 绕过标志筒时，贴近做可以降低难度 3. 跳跃时注意蹬地发力要迅速 器材：标志筒、敏捷圈
	4分钟	三、标志筒爆发性练习 （一）目的：加强队员的灵敏性训练，增强队员的爆发力 （二）方法 1. 队员端线分成 2 组站成 2 排，每名队员双手抱球，并且每名队员脚下都有 1 个标志筒 2. 队员听到哨声后，先双手把球击地弹起，后快速蹲下拿起标志筒，并迅速抱住球 3. 负荷量：5 次 ×2 组 （三）重点与难点 1. 蹲下拿起标志筒和抱球要相互配合 2. 注意球击地的落点和力度	要求： 1. 听清教练口令 2. 注意击球的高度 器材：篮球、标志筒

续表

部分	时间	内容	教法与要求
基础训练	6分钟	四、“冰激凌”游戏 （一）目的：增强队员的协调控制能力，增加趣味性 （二）方法 1. 队员站成2排，每名队员倒拿2个标志筒，其中1个标志筒上放1个篮球 2. 每名队员让球在2个标志筒之间来回交替 3. 负荷量：12次×2组 （三）重点与难点 1. 注意双手控制传球力度 2. 注意控制球的落点	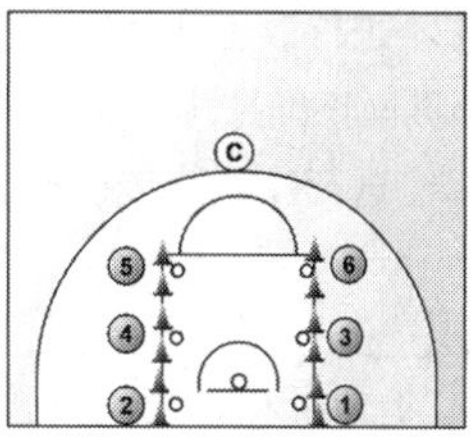 要求： 1. 控制好身体平衡 2. 球要在标志筒上，不能掉下 器材：标志筒、篮球
团队合作游戏竞赛	11分钟	名称：球性与体能结合练习 （一）目的：加强队员单手运球及行进间停球投篮的能力 （二）方法 1. 所有队员在篮球场端线站成1排，每名队员面前有1个标志筒 2. 每名队员单手原地拍球10次，放下篮球，前后跳过标志筒（一共4次），然后加速跑过罚球线 3. 跑完后排队投篮，每人一次机会，投完后传球给下一名队友并回到端线站好	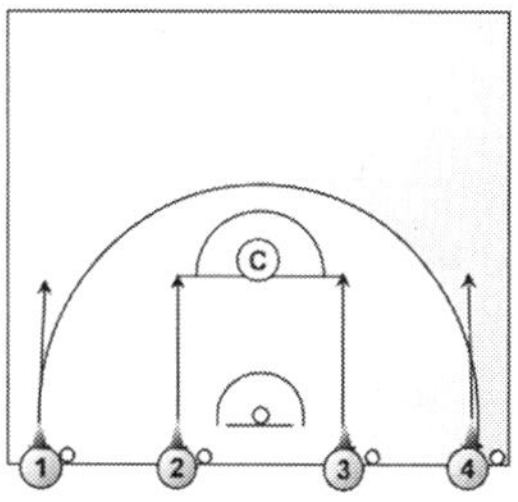 要求： 1. 注意脚步和身体协调配合 2. 注意球的位置和高度 3. 跳的时候注意双手要有向上带的力量 4. 注意传球的方向及力度 器材：篮球、标志筒
放松与总结	5分钟	1. 课后总结 2. 特别提醒 3. 宣布本节课最佳队员 4. 鼓舞士气	教法： 1. 队员积极发言、参与讨论 2. 队员充分放松身体、认真总结 3. 队员协助教练收器材 4. 教练表扬本节课最佳队员 5. 队员与教练之间相互击掌鼓励

第 47 课时

目的与任务：1. 增强队员体能，提高队员的身体素质 2. 进行锻炼身体协调性与平衡能力练习，加强球性训练，为今后的身体协调发展打下基础，并巩固正确技术动作 3. 进行投篮、传接球练习，巩固正确技术动作			
部分	时间	内容	教法与要求
课前与家长交流	5分钟	1. 介绍课程计划及执教理念 2. 与家长进行交流	教法：让家长了解本节课学习内容，相互探讨队员在学习过程中遇到的难点，促进队员成长
集合讲解互动沟通	6分钟	1. 慢慢地拍手，大声喊“加油” 2. 强调队员身体协调性与平衡能力在篮球运动中的重要性 3. 相互介绍：认识教练与队员 4. 本节课的主题是“全力以赴，力争上游” 5. 处理好基本功与趣味性的关系，保持足够的耐心 6. 激励、热情、能量至关重要	教法：介绍篮球基本运动时，要生动，能够活跃课堂气氛，调动队员的学习积极性
准备部分	3分钟	一、情绪激发 （一）目的：提高队员的身体协调性，增强平衡能力和跑动能力，增强球感 （二）方法：复习前几课时的跑跳（单、双腿支撑交替走）及熟悉球性练习（运球急停投篮）	要求： 1. 迅速站好队形 2. 集中精力，激发队员的情绪 3. 教练声音洪亮，富有激情
	10分钟	二、动态热身：持球跑游戏 （一）目的：训练队员的灵敏性和脚步移动能力，调动队员上课的积极性 （二）方法 1. 队员持球于端线站立，将球置于头顶，保持手臂伸直 2. 跑动至中线返回，继续跑动至端线	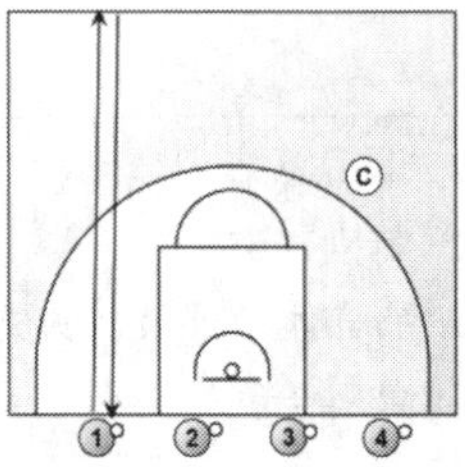 要求： 1. 队员手臂保持伸直，跑动速度适中 2. 队员踩到中线后才能返回，不允许提前返回 器材：篮球

续表

部分	时间	内容	教法与要求
基础训练	5分钟	一、单手绕桩游戏 （一）目的：加强队员的单手运球能力，增强队员对球的控制能力和身体协调性 （二）方法 1. 所有队员双手抱球站成2列，每队前面都有一排标志筒 2. 队员听到教练口令，单手运球绕标志筒 3. 随后运球返回投篮 4. 负荷量：3次×3组 （三）重点与难点 1. 注意单手运球对球的控制能力 2. 注意运球时尽量不要低头看球	 要求： 1. 教练通过加快绕桩的速度考验队员的协调与灵敏能力 2. 做动作时尽量抬头不要看球，用手的触感来感觉球，增强球性 器材：篮球、标志筒
	5分钟	二、行进间运球投篮练习 （一）目的：增强队员的单手运球和投篮的衔接能力及投篮稳定性 （二）方法 1. 队员在端线处分成2组，站成2列，每组队员面前放1个敏捷圈 2. 队员单手运球跑到敏捷圈内再原地运球2次进行投篮 3. 负荷量：2分钟×2组 （三）重点与难点 1. 注意单手击球时球的落点 2. 注意击球的高度 3. 注意投篮出手的手型	要求： 1. 击球时手从高处用力向下拍球 2. 注意击球的落点与方向 3. 接球时眼睛盯住球，双手接球 器材：篮球、敏捷圈
	4分钟	三、爆发性练习 （一）目的：增强队员的爆发性及传球稳定性和快速跑的能力 （二）方法 1. 队员中线分成2组站成2排，每名队员面前有1个标志筒，双脚跳过标志筒后，加速跑到端线拿起地上的球对墙传接球3次 2. 后面队员以此类推 3. 负荷量：2次×2组 （三）重点与难点 1. 控制身体重心与平衡 2. 对墙传球的高度及落点	要求： 1. 注意双脚跳过标志筒 2. 对墙传球注意传球的高度和击球点 器材：篮球、标志筒

续表

部分	时间	内容	教法与要求
基础训练	6分钟	四、“冰激凌”游戏 （一）目的：增强队员的协调控制能力，增加趣味性 （二）方法 1. 队员站成2排，每名队员倒拿2个标志筒，其中1个标志筒上放1个篮球 2. 每名队员让球在2个标志筒之间来回交替 3. 负荷量：6次×2组 （三）重点与难点 1. 注意双手控制传球力度 2. 注意控制球的落点	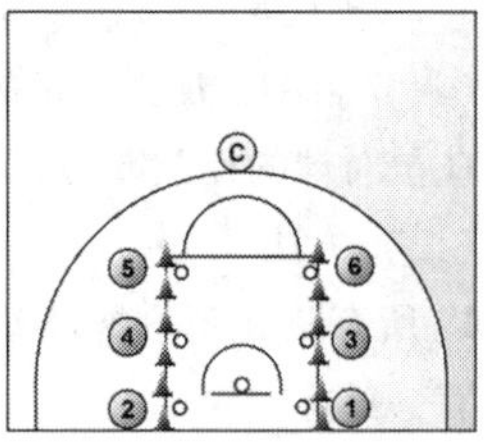 要求： 1. 控制好身体平衡 2. 球要在标志筒上，不能掉下 器材：标志筒、篮球
团队合作游戏竞赛	11分钟	名称：传、接、投球游戏 （一）目的：加强单手运球能力、对球的控制能力及投篮能力 （二）方法 1. 队员在端线处分成2组，每组队员双脚打开围成1个圆圈，每名队员拿1个篮球，听到哨声后做双手原地拍球，球的落点在两腿中间 2. 原地击球10次，顺时针传球，再原地拍球10次，传球到篮下队员，篮下队员投篮后所有队员依次到下一位置进行练习	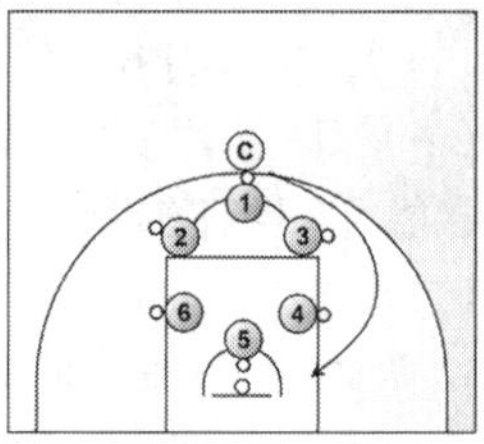 要求：只允许用双手胸前传球或单手体侧传球形式，不允许有扔球、砸球等动作 器材：篮球
放松与总结	5分钟	1. 课后总结 2. 特别提醒 3. 宣布本节课最佳队员 4. 鼓舞士气	教法： 1. 队员积极发言、参与讨论 2. 队员充分放松身体、认真总结 3. 队员协助教练收器材 4. 教练表扬本节课最佳队员 5. 队员与教练之间相互击掌鼓励

第 48 课时

目的与任务：1. 进行锻炼身体协调性与平衡性练习，巩固提高身体平衡协调能力 2. 复习队员对球的控制能力的练习，增强控球能力 3. 复习传接球技术，巩固提高传接球能力			
部分	时间	内容	教法与要求
课前与家长交流	5分钟	1. 介绍课程计划及执教理念 2. 与家长进行交流	教法：让家长了解本节课学习内容，相互探讨队员在学习过程中遇到的难点，促进队员成长
集合讲解互动沟通	6分钟	1. 慢慢地拍手，大声喊“加油” 2. 强调队员控制球的能力在篮球运动中的重要性 3. 相互介绍：认识教练与队员 4. 本节课的主题是“全力以赴，力争上游” 5. 处理好基本功与趣味性的关系，保持足够的耐心 6. 激励、热情、能量至关重要	教法：介绍篮球基本运动时，要生动，能够活跃课堂气氛，调动队员的学习积极性
准备部分	3分钟	一、情绪激发 （一）目的：告诉队员如何开始对球进行加强练习（如原地拍球、抛球及传球） （二）方法：复习前几课时的运球急停投篮及球性练习（对墙传接球）	要求： 1. 迅速站好队形 2. 集中精力，激发队员的情绪 3. 教练声音洪亮，富有激情
	10分钟	二、动态热身：过独木桥游戏 （一）目的：提高队员身体的核心温度与肌肉温度 （二）方法 1. 在罚球线两端设置2排标志筒，队员从中间穿过，其中教练充当防守队员，阻碍队员通过 2. 教练利用左右横向滑步干扰队员，而队员应迅速摆脱干扰并通过	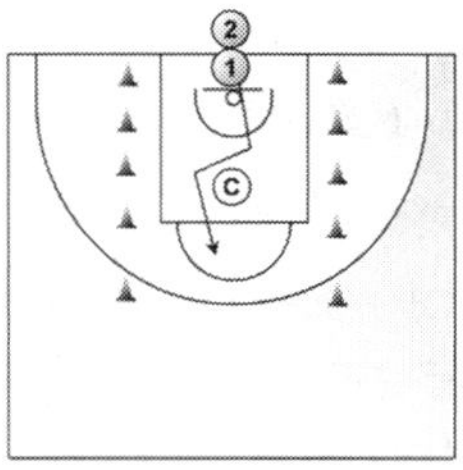 要求： 1. 队员在躲闪教练的过程中要避免受伤 2. 队员的注意力要高度集中 器材：标志筒

续表

部分	时间	内容	教法与要求
	5 分 钟	一、单手绕桩游戏 （一）目的：增强队员单手运球的能力、对球的控制能力，提高身体的协调性 （二）方法 1. 所有队员双手抱球站成 2 列，每队前面都有 1 排标志筒 2. 队员听到教练口令，单手运球绕过标志筒 3. 随即运球跑回并投篮 4. 负荷量：4 次 ×2 组 （三）重点与难点 1. 注意单手运球时对球的控制 2. 注意运球时尽量不要低头看球	 要求： 1. 教练通过加快绕桩的速度，考验队员的协调与灵敏能力 2. 做动作时尽量抬头，不要看球，用手的触感来感觉球，增强球感 器材：篮球、标志筒
基础 训练	5 分 钟	二、原地摸球旋转练习 （一）目的：加强队员双手控球的能力，提高协调性和灵敏性 （二）方法 1. 队员在端线处分成 2 组，面对面站好（距离较近），每名队员面前 2 个篮球 2. 队员双手原地摸球，之后顺时针旋转跳跃，每次跳跃之后都必须双手摸 2 个球 3. 负荷量：5 次 ×3 组 （三）重点与难点 1. 双手同时摸球 2. 旋转跳跃动作要连贯	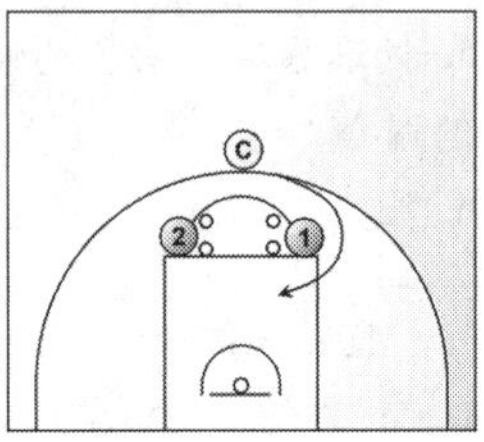 要求： 1. 控制好身体平衡 2. 双手摸球后旋转跳跃要稳 器材：篮球
	4 分 钟	三、爆发性练习 （一）目的：增强队员的传接球能力，提高投篮稳定性 （二）方法 1. 队员在中线处分成 2 组，站成 2 排，每名队员面前有 1 个标志筒，双脚跳过标志筒，然后加速跑到端线，拿起地上的球对墙传球 3 次，再进行投篮 2. 后面队员以此类推 3. 负荷量：2 次 ×2 组 （三）重点与难点 1. 加强对身体协调性的控制 2. 传球的落点及高度 3. 投篮的稳定性	要求： 1. 注意双脚跳过标志筒 2. 对墙传球时注意传球的高度和击球点 器材：篮球、标志筒

续表

部分	时间	内容	教法与要求
基础训练	6分钟	四、传接球游戏 （一）目的：加强队员传接球的熟练度 （二）方法 1. 队员在端线处分成 2 组，站成 2 排（错位站立），每名队员拿 1 个篮球，听到哨声后击地传球给对面队员（斜前方） 2. 后面队员以此类推 3. 负荷量：2 分钟 ×3 组 （三）重点与难点 1. 控制好传球的方向 2. 控制好传球的力度与距离	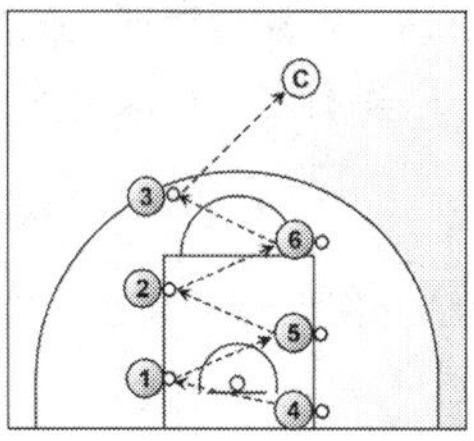 要求： 1. 双手胸前传球及单手体侧传球高度与距离控制好 2. 听清教练口令 3. 注意力要集中 器材：篮球
团队合作游戏竞赛	11分钟	名称：传、接、投球游戏 （一）目的：加强单手运球的能力、对球的控制能力及投篮能力 （二）方法 1. 队员在端线处分成 2 组，每组队员双脚打开围成1 个圆圈，每名队员拿1 个篮球，听到哨声后做双手原地拍球，球的落点在两腿中间 2. 原地击球 10 次，顺时针传球，再原地拍球 10 次，传球到篮下队员，篮下队员投篮后所有队员依次到下一位置进行练习	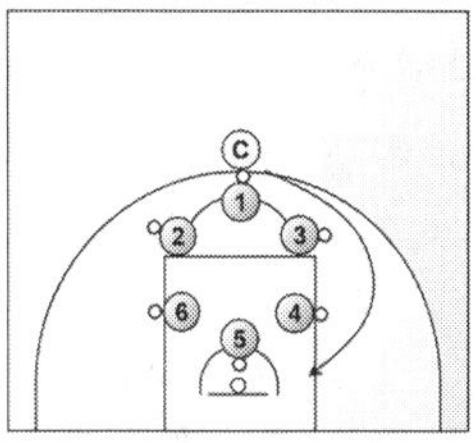 要求：只允许用双手胸前传球或单手体侧传球形式，不允许有扔球、砸球等动作 器材：篮球
放松与总结	5分钟	1. 课后总结 2. 特别提醒 3. 宣布本节课最佳队员 4. 鼓舞士气	教法： 1. 队员积极发言、参与讨论 2. 队员充分放松身体、认真总结 3. 队员协助教练收器材 4. 教练表扬本节课最佳队员 5. 队员与教练之间相互击掌鼓励

第 49 课时

目的与任务：1. 复习运球、传球及投篮技术，并巩固提高正确技术动作 2. 学习原地滚球、拉球技术动作 3. 进行传、接球练习，巩固正确技术动作			
部分	时间	内容	教法与要求
课前与家长交流	5分钟	1. 介绍课程计划及执教理念 2. 与家长进行交流	教法：让家长了解本节课学习内容，相互探讨队员在学习过程中遇到的难点，促进队员成长
集合讲解互动沟通	6分钟	1. 慢慢地拍手，大声喊“加油” 2. 强调球性对篮球运动的重要性 3. 相互介绍：认识教练与队员 4. 本节课的主题是“全力以赴，力争上游” 5. 处理好基本功与趣味性的关系，保持足够的耐心 6. 激励、热情、能量至关重要	教法：介绍篮球基本运动时，要生动，能够活跃课堂气氛，调动队员的学习积极性
准备部分	3分钟	一、情绪激发 （一）目的：调动队员的积极性 （二）方法：增加球性练习（如头绕环练习、球滚地绕环练习）	要求： 1. 迅速站好队形 2. 集中精力，激发队员的情绪 3. 教练声音洪亮，富有激情
	10分钟	二、动态热身：听音变速跑 （一）目的：提高队员身体的核心温度与肌肉温度 （二）方法 1. 在边线处，队员站成1排，教练通过哨声来控制队员的折返跑 2. 队员只要一听到哨声就往反方向跑，教练可以通过加快哨声的频率来增强趣味性和达到热身效果	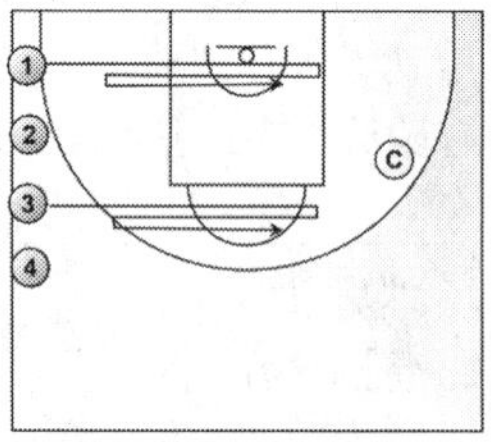 要求： 1. 队员快速反应 2. 跑动速度不要过快，避免受伤

续表

部分	时间	内容	教法与要求
基础训练	5分钟	一、原地滚球、拉球练习 （一）目的：加强队员对球的感觉，增强球感 （二）方法 1. 所有队员双手抱球站成 2 列，每队前面都有 2 个标志筒 2. 队员听到教练口令，把球放在地上用手来回滚球（把球控制在 2 个标志筒之间） 3. 负荷量：1 分钟 ×4 组 （三）重点与难点 1. 注意两手间的距离 2. 用手指拨球	要求： 1. 教练通过加快拉球的速度考验队员的协调与灵敏能力 2. 做动作时尽量抬头，不要看球，用手的触感来感觉球，增强球感 器材：篮球、标志筒
	5分钟	二、小球过山洞 （一）目的：增强队员的球感 （二）方法 1. 队员分成 2 组，面对面站好（距离较近），每名队员手里拿 1 个篮球 2. 队员把球放在地上，进行胯下 8 字绕环练习 3. 负荷量：1 分钟 ×3 组 （三）重点与难点 1. 注意两手间的距离 2. 用手指绕腿拨球	要求： 1. 做动作时重心降低，两脚分开，两脚距离与肩同宽 2. 可以顺时针绕 8 字滚球，也可以逆时针进行 器材：篮球
	4分钟	三、爆发性练习 （一）目的：加强队员的基本传球能力与单手行进间运球能力 （二）方法 1. 队员在限制区两侧站成 2 列，2 人 1 组，直线前进 2. 其中一组队员面前有 1 排标志筒，队员双脚跳过标志筒以后，单手体侧传球给另一名队员 3. 另一名队员只需要接球、传球即可，直线前进 4. 后面队员以此类推 5. 负荷量：2 次 ×2 组 （三）重点与难点 1. 注意传球的方向及落点 2. 注意传接球的时机与跳跃障碍物的衔接配合 3. 跳过障碍物要双脚落地 4. 行进间单手运球	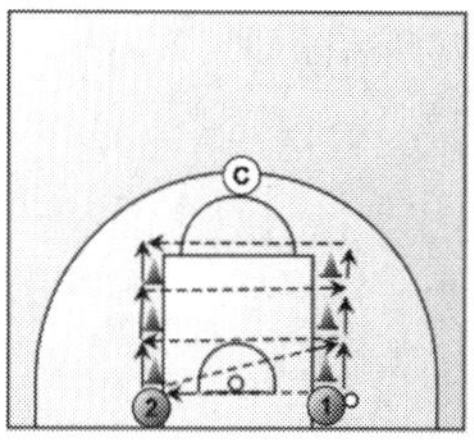 要求： 1. 注意双脚跳过标志筒 2. 注意传球的高度 器材：篮球、标志筒

续表

部分	时间	内容	教法与要求
基础训练	6分钟	四、传、接、投球游戏 （一）目的：加强单手运球能力、对球的控制能力及投篮能力 （二）方法 1. 队员在端线处分成2组，每组队员双脚打开围成1个圆圈，每名队员拿1个篮球，听到哨声后做双手原地拍球，球的落点在两腿中间 2. 原地击球10次，顺时针传球，再原地拍球10次，传球到篮下队员，篮下队员投篮后所有队员依次到下一位置进行练习 3. 负荷量：2分钟×2组 （三）重点与难点 1. 注意运球时不要低头看球 2. 注意发力时控制好球的高度 3. 注意投篮的发力顺序及手型	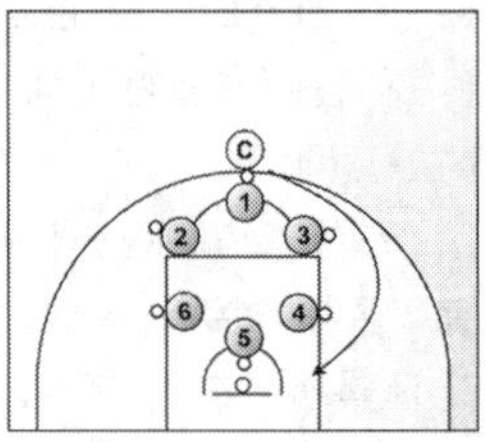 要求： 1. 控制好身体平衡 2. 控制好球的落点及方向 器材：篮球
团队合作游戏竞赛	11分钟	名称：球性与体能结合 （一）目的：增强队员对球的控制能力及队员之间的默契配合 （二）方法：所有队员在篮球场指定位置站成一个圆。队员原地拍球后，顺时针快速旋转跑到下一名队员击球位置去拍球，听到教练吹哨后随即反方向拍球	 要求： 1. 注意脚步和身体协调配合 2. 注意球的位置和高度 3. 注意反方向击球时身体的协调性 4. 队员原地拍球时注意击球的高度不能太低 5. 下一名队员击球速度要快，不能让球落到地上 器材：篮球
放松与总结	5分钟	1. 课后总结 2. 特别提醒 3. 宣布本节课最佳队员 4. 鼓舞士气	教法： 1. 队员积极发言、参与讨论 2. 队员充分放松身体、认真总结 3. 队员协助教练收器材 4. 教练表扬本节课最佳队员 5. 队员与教练之间相互击掌鼓励

第 50 课时

目的与任务：复习运球、传球及投篮技术，巩固强化正确技术动作			
部分	时间	内容	教法与要求
课前与家长交流	5分钟	1. 介绍课程计划及执教理念 2. 与家长进行交流	教法：让家长了解本节课学习内容，相互探讨队员在学习过程中遇到的难点，促进队员成长
集合讲解互动沟通	6分钟	1. 慢慢地拍手，大声喊“加油” 2. 强调兴趣对篮球运动的重要性 3. 相互介绍：认识教练与队员 4. 本节课的主题是“精益求精” 5. 处理好基本功与趣味性的关系，保持足够的耐心 6. 激励、热情、能量至关重要	教法：介绍篮球基本运动时，要生动，能够活跃课堂气氛，调动队员的学习积极性
准备部分	3分钟	一、情绪激发 （一）目的：调动队员的积极性 （二）方法：增加球性练习（如头绕环运球、球滚地绕环、抱球折返跑）	要求： 1. 迅速站好队形 2. 集中精力，激发队员的情绪 3. 教练声音洪亮，富有激情
	10分钟	二、动态热身：转圈跑 （一）目的：提高身体的核心温度与肌肉温度 （二）方法 1. 在场地上摆一圈标志筒，所有队员站成1队围着标志筒跑动 2. 由教练带领并控制快慢节奏待教练突然停止时，每名队员拿1个标志筒，标志筒数量比队员数量少1个，没拿到标志筒的队员做2个蹲起，之后继续跑动	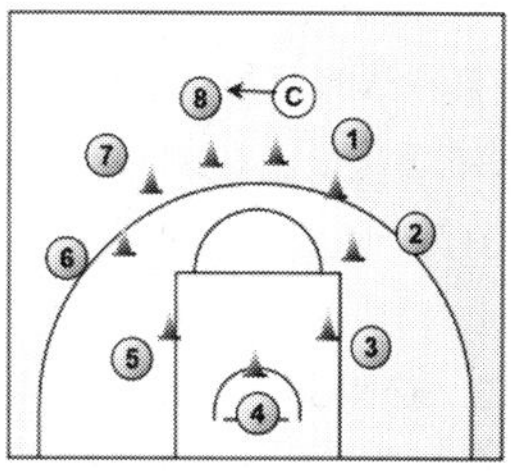 要求：队员抢标志筒时，不允许有推、拉、拽等动作 器材：标志筒

续表

部分	时间	内容	教法与要求
基础训练	5 分 钟	一、传、接“炸弹”游戏（球性练习） （一）目的：加强队员的单手控球能力，提高协调性及灵敏性 （二）方法 1. 所有队员围成1个圆圈，每人1球 2. 队员听到教练口令，把球传给下一名队员 3. 比一比谁的速度快，谁的篮球能追上上一名队员的篮球即为获胜 4. 负荷量：1分钟×4组 （三）重点与难点 1. 运球时注意把头抬起来 2. 注意手指控球时拨球的力量要控制好	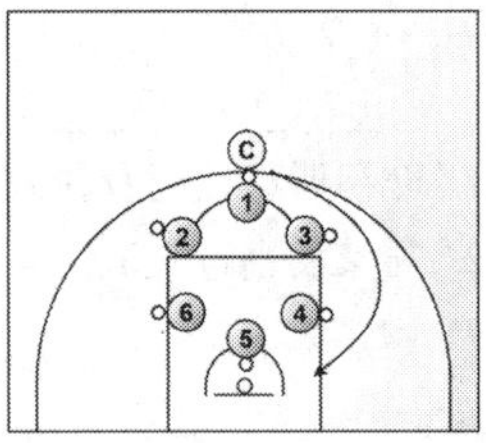 要求： 1. 教练通过加快球的速度及传球方向考验队员的协调与灵敏能力 2. 做动作时尽量抬头，不要看球，用手的触感来感觉球，增强球性 器材：篮球
	5 分 钟	二、抢球大战 （一）目的：增强队员的灵敏性与反应能力 （二）方法 1. 队员在限制区两侧分成2组，面对面站好（距离较近），2名队员只有1个球，放在2名队员中间的地上 2. 教练喊出各种口令，如下蹲、摸膝盖 3. 最后喊出抱球时，看哪名队员反应快，先拿到球的队员去篮底进行投篮 4. 负荷量：1分钟×3组 （三）重点与难点 1. 反应速度要快 2. 听清口令	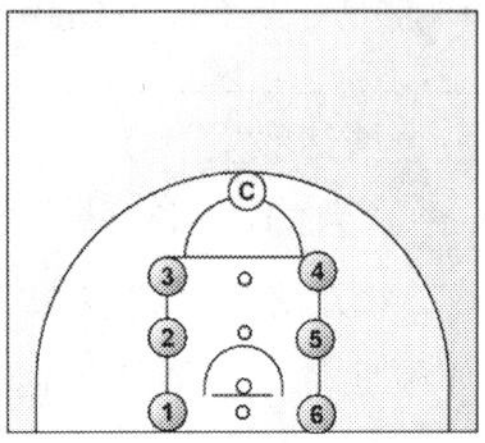 要求：队员注意力要集中，反应要快 器材：篮球
	4 分 钟	三、爆发性练习 （一）目的：加强队员的基本传球能力与单手行进间运球能力 （二）方法 1. 队员在限制区两侧站成2列，2人1组，直线前进 2. 其中一组队员面前有1排标志筒，队员双脚跳过标志筒以后，单手体侧传球给另一名队员 3. 另一名队员只需要接球、传球即可，直线前进 4. 后面队员以此类推 5. 负荷量：2次×2组	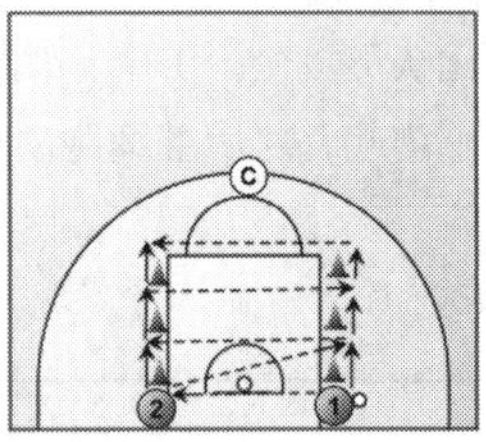 要求： 1. 注意双脚跳过标志筒 2. 注意传球的高度 器材：篮球、标志筒

续表

部分	时间	内容	教法与要求
基础训练		（三）重点与难点 1. 注意传球的方向及落点 2. 注意传、接球的时机与跳跃标志筒的衔接配合 3. 跳过标志筒要双脚落地 4. 行进间单手运球	
	6分钟	四、传、接、投球游戏 （一）目的：加强单手运球能力、对球的控制能力及投篮能力 （二）方法 1. 队员在端线处分成2组，每组队员双脚打开围成一个圆圈，每名队员拿1个篮球，听到哨声后做双手原地拍球，球的落点在两腿中间 2. 原地击球10次，顺时针传球，再原地拍球10次，传球给篮下队员，篮下队员投篮后所有队员依次到下一位置进行练习 3. 负荷量：2分钟×3组 （三）重点与难点 1. 注意运球时不要低头看球 2. 注意发力时控制好球的高度 3. 注意投篮的发力顺序及手型	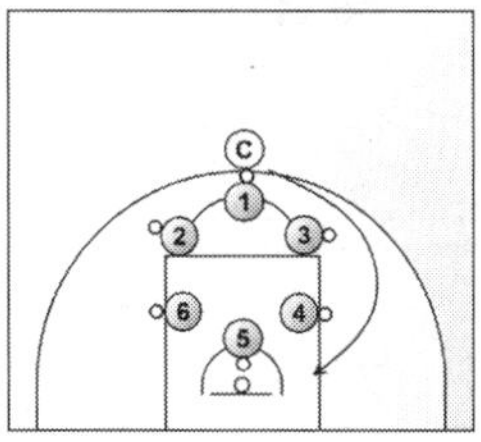 要求： 1. 注意单手运球的方向及落点 2. 注意听清口令 器材：篮球
团队合作游戏竞赛	11分钟	名称：球性与体能结合 （一）目的：加强队员之间的默契程度，增强队员对球的感觉 （二）方法 1. 所有队员在篮球场端线分成若干组，2人1组背对背站立，靠近端线的队员拿球 2. 听到教练口令后，靠近端线的队员双手胯下传球给背对队员；背对队员降低重心，双手从胯下接过球；端线队员传完球以后加速跑到接球队员对面，背对接球队员站好；接球队员接过球以后迅速后转身，形成背对背	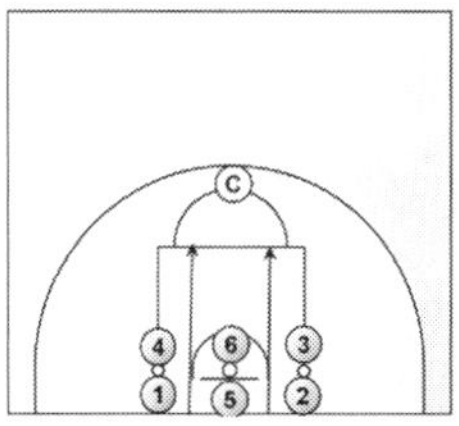 要求： 1. 注意脚步和身体协调配合 2. 注意球的位置和高度 3. 注意反方向拍球时身体的协调性 器材：篮球
放松与总结	5分钟	1. 课后总结 2. 特别提醒 3. 宣布本节课最佳队员 4. 鼓舞士气	教法： 1. 队员积极发言、参与讨论 2. 队员充分放松身体、认真总结 3. 队员协助教练收器材 4. 教练表扬本节课最佳队员 5. 队员与教练之间相互击掌鼓励

成长班幼儿篮球教学训练大纲

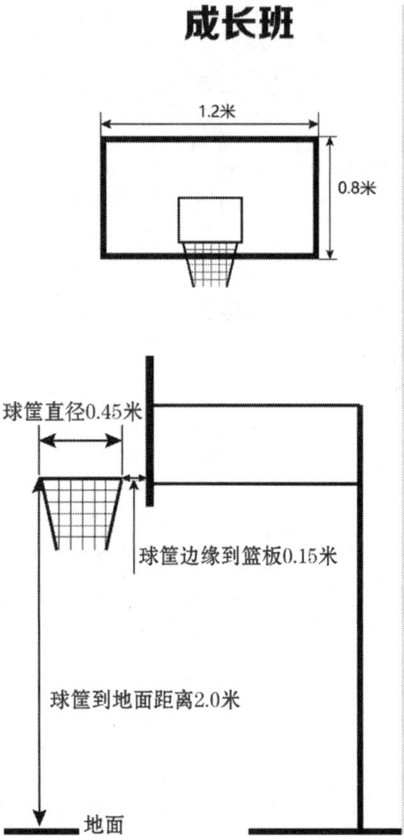

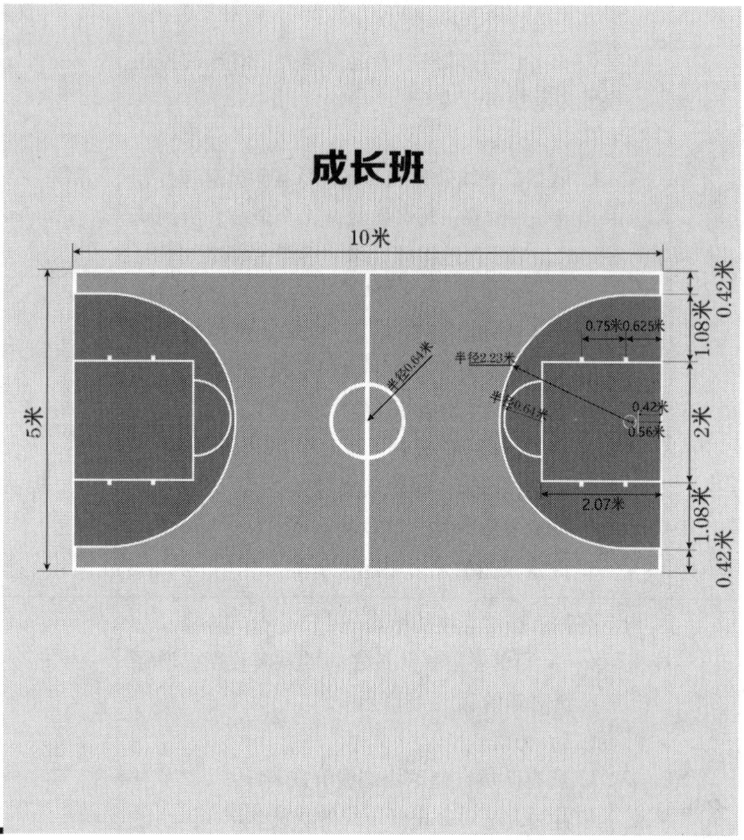

【课程类别】成长班幼儿篮球训练课　　　　　　【适用年龄】4～8 岁

【课 时 数】50 课时　　　　　　　　　　　　【时 长 数】60 分钟

本课程分为基础训练（1～20 课时）、巩固提高（21～35 课时）、熟练运用（36～50 课时）3 个阶段。本课程首先以强化幼儿的身体素质为主，使其能够熟练地控制身体并做出准确与规范的动作；随着幼儿控制身体的能力增强，逐渐增加篮球技术训练的比例，将身体素质练习与球性练习相结合，最终使幼儿掌握 2 VS 2 基本攻防技术。

一、教学目标

（一）第一阶段：基础训练阶段

进一步强化幼儿的协调性、灵敏性与柔韧性，在体能训练中加入篮球技术练习，以加强幼儿控制球的能力；结合简单的篮球技术动作进行训练，使幼儿初步掌握篮球的基本技术，如原地双手胸前传球、体前变向运球、单手投篮；并通过以游戏为主的方式进行训练，为第二阶段打下坚实的基础。

（二）第二阶段：巩固提高阶段

在第一阶段的基础之上，逐渐增加训练强度与负荷。本阶段遵循训练方法由简到繁、动作由易到难、内容由少到多的原则。训练内容全面、突出重点，使每个阶段的教学更加有序、紧密。为了提高幼儿对学习篮球的兴趣，本阶段主要采用游戏教学法，使幼儿进一步掌握运球、传接球、投篮等基本技术，发展其协调性、灵敏性和柔韧性等身体素质，并且在一定程度上培养幼儿积极争抢的意识和勇敢顽强的精神，初步掌握 1 VS 1 基本攻防技术。

（三）第三阶段：熟练运用阶段

本阶段进一步巩固并熟练运用前 2 个阶段的基本技术，在单一技术动作训练的基础上将多种技术动作组合起来进行训练，并以游戏的形式加强训练。此外，将一些简单的进阶性训练融入其中，如行进间运球、原地单双手传接球等基本动作。在熟练技术动作的同时，本阶段会逐渐培养幼儿的竞争意识，遵循训练方法由简到繁、动作由易到难、内容由少到多的原则。在熟练掌握第一、第二阶段教学内容的基础上，确保身体素质训练与篮球基本技术动作学习，最终掌握 2 VS 2 基本攻防技术。

二、教学内容与要求

（一）第一阶段：基础训练阶段

1. 训练内容

（1）本阶段教学计划为 20 课时，由于该年龄阶段的幼儿身体力量仍然薄弱，所能掌握的都是最基础的篮球技能与体能练习，不涉及篮球的深层技战术和高难度的身体表现。总体基本技术训练内容分为 5 个部分。①球性练习（可做一些与球性有关的游戏，如原地指尖拨球、小球过山洞、原地接抛球、屈蹲拨球、小矮人地滚球、滚球追赶）。②基本步法（跑：每个方向跑动的正确姿势，变速跑、变向跑、后退跑。跳：每个方向的双脚起跳、滑步及防守脚步，绳梯综合训练等）。③运球（原地提前变向运球、行进间单手运球、原地单手横拉球）。④传接球（双手胸前传球、双手胸前击地传球、双手接胸部高度传球）。⑤投篮（单手肩上投篮的正确姿势、初步掌握行进间单手肩上投篮）。

（2）身体训练。以简单的走、跑、跳、柔韧性训练为重点，以徒手和一些基本器械练习为主。

（3）心理训练。在训练初级阶段培养幼儿对篮球的兴趣，使其集中注意力。

2. 训练方法与手段

本阶段主要采用讲解法、示范法、思维引导、分解与完整法、重复训练法、减难与加难法、模拟法。

3. 训练负荷总体安排

成长班第一阶段训练负荷总体安排见表4。

表4　成长班第一阶段训练负荷总体安排

	准备期	提高期	稳定期	恢复期
课时	第1～5课时	第6～10课时	第11～15课时	第16～20课时
负荷安排	以小运动量、小强度为主	以中等运动量、中等强度为主	以中等运动量、中等强度为主	以小运动量、小强度为主

（二）第二阶段：巩固提高阶段

1. 训练内容

（1）本阶段教学计划为15课时，分为巩固课程和提高课程。总体技术训练内容分为6个部分。①巩固球性练习（原地指尖拨球，上、下、左、右移动方向，行进间指尖拨球，原地头、肩、腰、腿环绕，分腿胯下8字形绕球，前后击掌接抛球，原地及行进间胯下传接球等）。②基本步法（跑：每个方向跑动的正确姿势，变速跑、变向跑的节奏。跳：每个方向的单双脚起跳，跨步、滑步、后撤步和交叉步，绳梯综合训练等）。③运球（原地及行进间单手低、中、高运球，初步体会体前单、双手变向运球、原地交叉步持球突破）。④传接球（双手胸前传球，单、双手击地传球，双手头上传球，双手接、停来自不同方向的传球）。⑤投篮（复习巩固原地投篮及学习高手上篮）。⑥攻防练习（学习基本的防守姿势、基本的1 VS 1攻防练习）。

（2）身体训练。以协调性、灵敏性、柔韧性训练为重点，以徒手和一些基本器械练习为主。

（3）心理训练。介绍篮球名人的成功事例，提高幼儿对篮球的兴趣，培养勇敢拼搏的意志品质。

2. 训练方法与手段

本阶段主要采用讲解法、示范法、分解与完整法、重复训练法、减难与加难法、虚拟与现实法、想象法。

3. 训练负荷总体安排

成长班第二阶段训练负荷总体安排见表5。

表 5　成长班第二阶段训练负荷总体安排

	准备期	提高期	稳定期	恢复期
课时	第 21 ~ 23 课时	第 24 ~ 30 课时	第 31 ~ 33 课时	第 34、35 课时
负荷安排	以小运动量、小强度为主	以中等运动量、中等强度为主	以中等运动量、中等强度为主	以中等运动量、小强度为主

（三）第三阶段：熟练运用阶段

1. 训练内容

（1）本阶段教学计划为 15 课时，旨在将前 2 个阶段所学技术动作加以熟练运用。总体技术训练内容分为 6 个部分。①球性练习（原地指尖拨球，上、下、左、右移动方向，行进间指尖拨球，原地头、肩、腰、腿环绕，向前击掌接抛球，滚球，以及相应球性游戏，如滚球接力、拨球接力等）。②基本步法（跑：每个方向跑动的正确姿势和变速跑、变向跑的节奏。跳：每个方向的单双脚起跳，跨步、跳步等）。③运球（变向运球技术、转身运球技术、背后运球技术）。④传接球（双手胸前传球，双手胸前击地传球，双手头上传球，双手接胸部高度传球，双手接、停来自不同方向的传球，中长距离传球技术）。⑤投篮（复习巩固投篮、行进间高手上篮、接球上篮、一步急停投篮、后撤步投篮）。⑥攻防练习（巩固 1 VS 1 攻防练习、学习半场 2 VS 2 攻防技术）。

（2）身体训练。以协调性、灵敏性、柔韧性训练为重点，以徒手和一些基本器械练习为主，结合球性练习。

（3）心理训练。介绍篮球名人的成功事例，提高幼儿对篮球的兴趣，培养勇敢拼搏的意志品质，培养幼儿的注意力和竞争意识。

2. 训练方法与手段

本阶段主要采用讲解法、示范法、重复训练法、减难与加难法、虚拟与现实法、想象法、程序法、模拟法。

3. 训练负荷总体安排

成长班第三阶段训练负荷总体安排见表 6。

表 6　成长班第三阶段训练负荷总体安排

	准备期	提高期	稳定期	恢复期
课时	第 36 ~ 39 课时	第 40 ~ 43 课时	第 44 ~ 47 课时	第 48 ~ 50 课时
负荷安排	以小运动量、小强度为主	以中等运动量、中等强度为主	以中等运动量、中等强度为主	以小运动量、小强度为主

成长班幼儿篮球教学训练教案

第 1 课时

<table>
<tr><td colspan="4">目的与任务：1. 鼓励队员在日常生活、学习中要有信心，相信自己能够做好每一件事
2. 积极发展队员的协调性，提高队员动作的控制能力
3. 复习球性，练习滚球与原地高运球，同时改进运球节奏</td></tr>
<tr><td>部分</td><td>时间</td><td>内容</td><td>教法与要求</td></tr>
<tr><td>课前与家长交流</td><td>5分钟</td><td>1. 介绍课程计划及执教理念
2. 与家长进行沟通与交流，了解队员的基本情况，尤其是队员的性格</td><td>教法：与家长进行深入的沟通与交流，介绍本节课的重点与难点，解决家长提出的队员在日常训练中遇到的疑难问题</td></tr>
<tr><td>集合讲解互动沟通</td><td>5分钟</td><td>1. 慢慢地拍手，大声喊“加油”
2. 强调兴趣对篮球运动的重要性
3. 相互介绍：认识教练与队员
4. 本节课的主题是“保持积极的态度”
5. 鼓励队员要有信心，如教练告诉队员：“你们能行”
6. 激励、热情、能量至关重要
7. 选出 1 名最有积极性的队员担任队长，辅助教练完成教学任务</td><td>教法：普及篮球运动知识，介绍篮球规则；讲授本节课的训练主题，激发队员的训练热情，鼓舞团队士气</td></tr>
<tr><td rowspan="2">准备部分</td><td>5分钟</td><td>一、情绪激发
让队员围成 1 圈，教练发言，鼓励队员，让队员手搭着手一起喊“加油”，调动队员的情绪</td><td></td></tr>
<tr><td>10分钟</td><td>二、动态热身
（一）目的：通过适当强度的运动，促进血液循环，提高氧气输送效率，让肌肉激活起来，保护关节</td><td>要求：
1. 教练面对队员进行动作示范，保证每名队员都能基本掌握热身动作
2. 每一个环节的热身都要使队员了解所锻炼的身体部位</td></tr>
</table>

续表

部分	时间	内容	教法与要求
准备部分		（二）方法：半场往返练习 2 组 1. 小步前进 2. 行进间高抬腿 3. 行进间勾腿跳 4. 行进间弓步压腿 5. 行进间侧压腿拉伸 6. 行进间单腿抱膝拉伸	
基础训练	10 分钟	一、滚球练习 （一）目的：掌握基本的滚球练习，同时通过追球提高队员的爆发力和跑动能力 （二）方法 1. 两脚自然开立，与肩同宽，屈膝屈髋，球置于两脚中间 2. 五指自然张开，双手拇指呈八字形，持球时掌心空出 3. 滚球时眼睛看向前方，双手同时发力，将球滚出后，队员快速追球 4. 负荷量：4 次 ×6 组 （三）重点与难点 1. 掌握基本站立位姿势 2. 队员能够良好地控制身体平衡	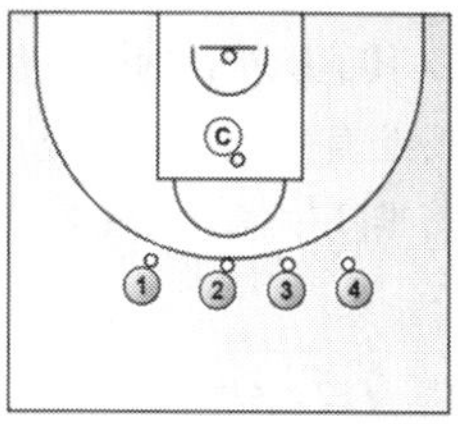 教法： 1. 教练通过正面、侧面的讲解与示范，队员边听讲解边看示范并学习正确、规范的动作 2. 教练讲解完毕，鼓励队员大胆尝试，并手把手地教授队员 器材：篮球
	10 分钟	二、原地高运球练习 （一）目的：掌握原地运球的站姿，初步体会运球的节奏感 （二）方法 1. 两脚开立，与肩同宽，两脚脚尖指向正前方，膝关节弯曲，同时不要超过脚尖的垂直线，屈髋，同时腰背要尽量挺直 2. 双手持球于胸前，五指自然张开，双手拇指呈八字形，掌心空出 3. 运球时上臂带动前臂，前臂带动手腕，掌心尽量不要触球，左右手各 10 次为 1 组 4. 负荷量：10 次 ×4 组 （三）重点与难点：注意正确的站立位姿势，运球时尽量控制好球，初学者逐步增加运球次数	 教法： 1. 教练通过正面、侧面的讲解与示范，使队员学习正确、规范的动作 2. 教练讲解完毕，鼓励队员大胆尝试，并手把手地教授队员 器材：篮球

续表

部分	时间	内容	教法与要求
团队合作游戏竞赛	10分钟	名称：“猫抓老鼠”游戏 （一）目的：强化滚球能力 （二）方法 1. 2人1组，每组1球，两脚开立面对面站立，与肩同宽 2. ①号队员地滚球穿过⑧队员胯下，听到教练指令后，⑧号队员快速转身追球，并双手抱球加速跑返回原位置 3. 其他队员同时进行练习，队员在地滚球时，要准确而顺利地将球穿过对面队员的胯下。若难度过大，可缩短队员之间的距离	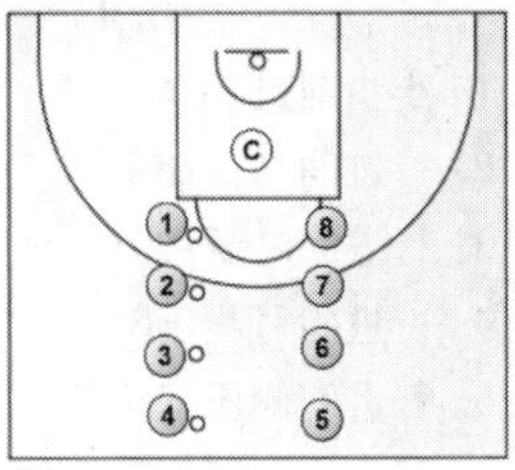 教法： 1. 教练可先与一名队员进行示范，并向队员讲解游戏方法及规则 2. 队员需要充分领会教练的意图 器材：篮球
放松与总结	5分钟	1. 课后总结 2. 特别提醒 3. 宣布本节课最佳队员 4. 鼓舞士气	教法： 1. 教练总结本节课所学内容，再次强调动作的细节与要领 2. 教练布置课下作业 3. 教练宣布本节课最认真、提高最快的队员，让其余队员向其学习 4. 队员面向自己父母鞠躬，说“父母辛苦了”，集合喊“加油”，随后解散

第__2__课时

目的与任务：1. 鼓励队员要勤奋努力，信心源于平时的不懈努力
2. 巩固上节课所学内容，通过游戏培养队员的合作精神，促进队员之间的友谊
3. 复习高运球，增强对篮球的控制能力，左右手兼顾练习
4. 学习纵跳动作，增强跳跃能力与协调能力

部分	时间	内容	教法与要求
课前与家长交流	5分钟	1. 介绍本节课计划及执教理念 2. 与家长进行沟通与交流，了解队员训练课后的基本情况，教练及时做出调整	教法：与家长进行深入的沟通与交流，介绍本节课的重点与难点，解决家长提出的队员在日常训练中遇到的疑难问题
集合讲解互动沟通	5分钟	1. 慢慢地拍手，大声喊“加油” 2. 强调兴趣对篮球运动的重要性 3. 相互介绍：认识教练与队员 4. 本节课的主题是“保持积极的态度” 5. 鼓励队员要有信心，如教练告诉队员：“你们能行” 6. 激励、热情、能量至关重要 7. 选出1名最有积极性的队员担任队长，辅助教练完成教学任务	教法：普及篮球运动知识，介绍篮球规则；讲授本节课的训练主题，激发队员的训练热情，鼓舞团队士气
准备部分	5分钟	一、情绪激发 让队员围成1圈，教练发言，鼓励队员，让队员手搭着手一起喊“加油”，调动队员的情绪	
	10分钟	二、动态热身 （一）目的：通过适当强度的运动，让血液循环加速起来，提高氧气输送效率，让肌肉激活起来，保护关节 （二）方法：半场往返练习2组 1. 小步前进 2. 行进间高抬腿 3. 行进间勾腿跳 4. 行进间弓步压腿 5. 行进间侧压腿拉伸 6. 行进间单腿抱膝拉伸	要求： 1. 教练面对队员进行动作示范，保证每名队员都能基本掌握热身动作 2. 每一个环节的热身都要使队员了解所锻炼的身体部位

续表

部分	时间	内容	教法与要求
基础训练	8分钟	一、滚球练习 （一）目的：复习滚球练习，提高队员的球性，培养队员之间的合作精神 （二）方法 1. 队员分成2组，2人1组面对面站立，相隔1.5米 2. 1名队员持球，将球推滚给对面的队员 3. 2人来回滚接一球，看谁滚得准、接得稳、次数多 4. 负荷量：10次×4组 （三）重点与难点：使用单手进行滚球，球能够准确地滚到对面队员的同侧手中	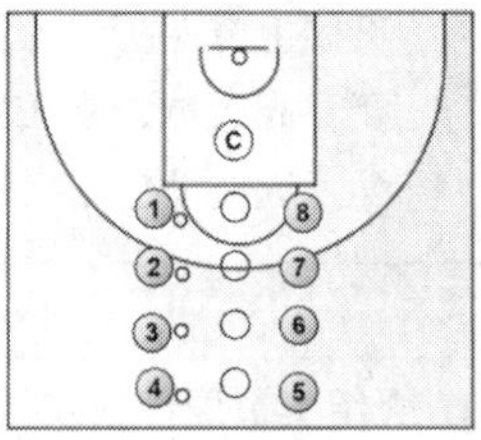 教法： 1. 教练通过正面、侧面的讲解与示范，队员边听讲解边看示范并学习正确、规范的动作 2. 教练讲解完毕，鼓励队员大胆尝试，并手把手地教授队员 器材：篮球
	7分钟	二、原地高运球练习 （一）目的：巩固队员单手高运球的能力 （二）方法 1. 所有队员每人1球，双手持球面对面站立 2. 每人面前放置1个敏捷圈，要求队员每次原地高运球须在敏捷圈内进行反弹球 3. 练习时注意规范动作，及时纠正 4. 负荷量：10次×4组 （三）重点与难点：队员能够熟练控制篮球，尽量运球在敏捷圈里面，要求左右手兼顾	 教法： 1. 教练通过正面、侧面的讲解与示范，队员边听讲解边看示范并学习正确、规范的动作 2. 教练讲解完毕，鼓励队员大胆尝试，并手把手地教授队员 器材：篮球、敏捷圈
	5分钟	三、纵跳练习 （一）目的：增强队员的跳跃能力与协调能力，强化腿部力量 （二）方法 1. 纵跳分为原地纵跳与助跑纵跳，依靠身体各个环节协调配合，发挥核心与下肢肌群爆发力，达到最佳跳跃运动表现 2. 负荷量：5次×4组 （三）重点与难点：注意落地的方式，要求落地要轻，注意膝关节与踝关节的缓冲	要求： 1. 蹲立，屈膝屈髋，双臂由后向前上摆，同时双脚蹬地伸直跳起 2. 在腾起后有一个身体伸展动作，落地时脚尖先触地，双脚落地后注意缓冲，屈膝下蹲

续表

部分	时间	内容	教法与要求
团队合作游戏竞赛	10分钟	名称：接力游戏 （一）目的：强化队员原地高运球能力，通过追球锻炼队员的爆发力与反应能力 （二）方法：所有队员每人1球站成2列，听到教练口令，2队第一名队员首先在起点原地高运球5次，然后行进间地滚球至下一个标志筒，双手抱球于胸前绕过标志筒，加速跑返回起点，返回时第一名队员需要与下一名队员击掌再继续比赛。在进行游戏竞赛时，注意维持好纪律，使练习有序进行	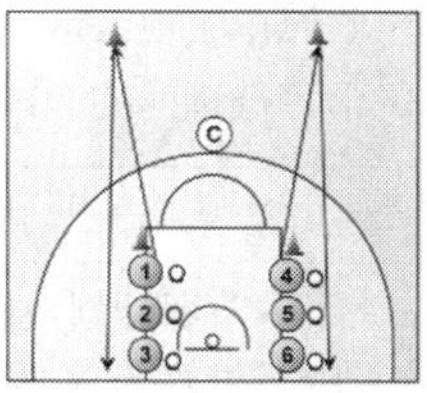 要求： 1. 教练可先与1名队员进行示范，并向队员讲解游戏方法及规则 2. 做游戏时，教练要时刻注意队员的安全 器材：篮球、标志筒
放松与总结	5分钟	1. 课后总结 2. 特别提醒 3. 宣布本节课最佳队员 4. 鼓舞士气	教法： 1. 教练总结本节课所学内容，再次强调动作的细节与要领 2. 教练布置课下作业 3. 教练宣布本节课最认真、提高最快的队员，让其余队员向其学习 4. 队员面向自己父母鞠躬，说“父母辛苦了”，集合喊“加油”，随后解散

第 3 课时

目的与任务：1. 在热身部分巩固上节课所学内容，熟练掌握单手高运球
2. 学习单手地滚球，增强球感，加强队员对球的控制能力
3. 学习行进间高运球，基本掌握运球与行进之间的节奏

部分	时间	内容	教法与要求
课前与家长交流	4分钟	1. 介绍本节课计划及执教理念 2. 与家长进行沟通与交流，了解队员训练课后的基本情况，教练及时做出调整	教法：与家长进行深入的沟通与交流，介绍本节课的重点与难点，解决家长提出的队员在日常训练中遇到的疑难问题
集合讲解互动沟通	3分钟	1. 慢慢地拍手，大声喊“加油” 2. 强调兴趣对篮球运动的重要性 3. 相互介绍：认识教练与队员 4. 本节课的主题是“保持积极的态度” 5. 鼓励队员要有信心，如教练告诉队员：“你们能行” 6. 激励、热情、能量至关重要 7. 选出 1 名最有积极性的队员担任队长，辅助教练完成教学任务	教法：普及篮球运动知识，介绍篮球规则；讲授本节课的训练主题，激发队员的训练热情，鼓舞团队士气
准备部分	3分钟	一、情绪激发 让队员围成 1 圈，教练发言，鼓励队员，让队员手搭着手一起喊“加油”，调动队员的情绪	
	10分钟	二、动态热身 （一）目的：通过适当强度的运动，加速血液循环，提高氧气输送效率，激活肌肉，保护关节 （二）方法：半场往返练习 2 组 1. 小步前进 2. 行进间高抬腿 3. 行进间勾腿跳 4. 行进间弓步压腿 5. 行进间侧压腿拉伸 6. 行进间单腿抱膝拉伸	要求： 1. 教练面对队员进行动作示范，保证每名队员都能基本掌握热身动作 2. 每一个环节的热身都要使队员了解所锻炼的身体部位

续表

部分	时间	内容	教法与要求
准备部分	5分钟	三、“运水果”游戏 （一）目的：提高队员的爆发力 （二）方法 1. 介绍篮球场地“罚球线”的位置与含义，并在罚球线放置若干个标志筒（水果） 2. 无球队员从端线出发，加速跑到罚球线拿相应的标志筒 3. 然后加速跑到场地中圈，将标志筒置于场地中圈内	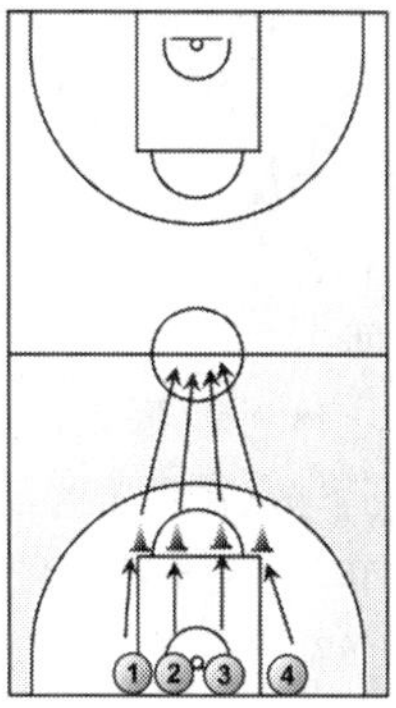 教法： 1. 使队员了解篮球知识，掌握篮球场地线的含义 2. 队员需准确地将标志筒放入中圈内，教练要为队员加油鼓劲；队员要全力奔跑 器材：标志筒
基础训练	5分钟	一、滚球过山洞 （一）目的：增强队员的反应能力与协调能力 （二）方法 1. 2名队员为1组背对背站立，1组1球；两脚开立比肩略宽，1名队员弯下腰，双手将球从两脚间滚过去，给背对的队员 2. 负荷量：10次×5组 （三）重点与难点：由于队员背对背形成盲区，需要队员多次进行练习	 教法： 1. 教练可与1名队员合作进行讲解示范 2. 队员认真听讲，掌握练习要领 器材：篮球
	7分钟	二、行进间小矮人地滚球 （一）目的：增强队员控制球的能力，同时小矮人的动作有利于锻炼队员低重心的能力 （二）方法 1. 要求重心降低模仿小矮人，球与身体一侧间隔约20厘米 2. 行进间单手地滚球时，要求五指自然张开，指尖朝下 3. 滚球的速度不要太快，手指与手掌能够始终在触摸球的情况下进行滚动 4. 负荷量：8次×4组 （三）重点与难点：要求在地滚球时，始终保持低重心姿势	 教法： 1. 教练通过正面、侧面的讲解与示范，队员边听讲解边看示范并学习正确、规范的动作 2. 教练讲解完毕，鼓励队员大胆尝试，并手把手教授队员 3. 队员从起点直线出发，绕过标志筒直线返回，并排到队尾 器材：篮球、标志筒

续表

部分	时间	内容	教法与要求
基础训练	8分钟	三、行进间高运球练习 （一）目的：强化队员的高运球能力 （二）方法 1. 两脚左右稍开立，双膝微屈，重心在两腿之间 2. 上体稍前倾，球的反弹高度在腰胸之间 3. 运球点在身体的正前方，注意行进间的运球节奏，上下肢协调配合 4. 负荷量：2个半场往返×4组 （三）重点与难点 1. 行进间运球难免会失误，教练要鼓励队员大胆尝试 2. 初步练习行进间高运球，重在体会，要求不要太高，以免队员失去信心，没有了兴趣	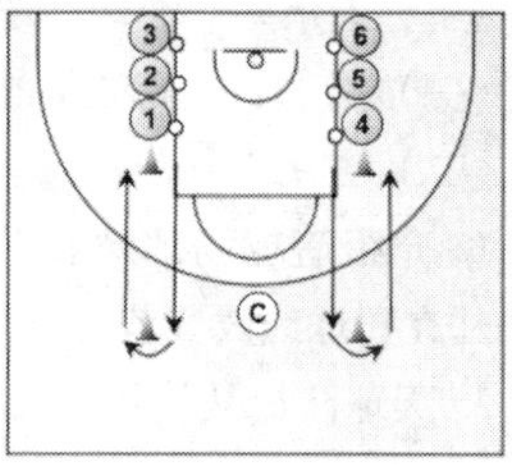 教法： 1. 教练通过正面、侧面的讲解与示范，队员边听讲解边看示范并学习正确、规范的动作 2. 教练讲解完毕，鼓励队员大胆尝试，并手把手地教授队员 3. 队员从起点直线出发，绕过标志筒直线返回，并排到队尾 器材：篮球、标志筒
团队合作游戏竞赛	10分钟	名称：运球、小矮人地滚球接力赛 （一）目的：提高队员的运球能力 （二）方法：队员分成2路纵队，第一名队员单手地滚球从起点（标志筒）到终点（标志筒），行进间高运球从终点返回起点，同时与下一名队员击掌，依次进行，看哪一组完成得最快	 教法： 1. 教练通过正面、侧面的讲解与示范，队员边听讲解边看示范并学习正确、规范的动作 2. 教练讲解完毕，鼓励队员大胆尝试，并手把手地教授队员 器材：篮球、标志筒
放松与总结	5分钟	1. 课后总结 2. 特别提醒 3. 宣布本节课最佳队员 4. 鼓舞士气	教法： 1. 教练总结本节课所学内容，再次强调动作的细节与要领 2. 教练布置课下作业 3. 教练宣布本节课最认真、提高最快的队员，让其余队员向其学习 4. 队员面向自己父母鞠躬，说“父母辛苦了”，集合喊“加油”，随后解散

第 4 课时

目的与任务：1. 本节课通过抢标志筒游戏，训练队员的反应与灵敏，提高球场竞争力
2. 复习行进间高运球，体会行进间运球的节奏感，学习双手胸前传球
3. 学习后退跑，为将来在球场上的攻守转换打下基础

部分	时间	内容	教法与要求
课前与家长交流	4分钟	1. 介绍本节课计划及执教理念 2. 与家长进行沟通与交流，了解队员训练课后的基本情况，教练及时做出调整	教法：与家长进行深入的沟通与交流，介绍本节课的重点与难点，解决家长提出的队员在日常训练中遇到的疑难问题
集合讲解互动沟通	3分钟	1. 慢慢地拍手，大声喊“加油” 2. 强调兴趣对篮球运动的重要性 3. 相互介绍：认识教练与队员 4. 本节课的主题是“保持积极的态度” 5. 鼓励队员要有信心，如教练告诉队员：“你们能行” 6. 激励、热情、能量至关重要 7. 选出1名最有积极性的队员担任队长，辅助教练完成教学任务	教法：普及篮球运动知识，介绍篮球规则；讲授本节课的训练主题，激发队员的训练热情，鼓舞团队士气
准备部分	3分钟	一、情绪激发 让队员围成1圈，教练发言，鼓励队员，让队员手搭着手一起喊“加油”，调动队员的情绪	
	8分钟	二、动态热身 （一）目的：通过适当强度的运动，加速血液循环，提高氧气输送效率，激活肌肉，保护关节 （二）方法：半场往返练习2组 1. 小步前进 2. 行进间高抬腿 3. 行进间勾腿跳 4. 行进间弓步压腿 5. 行进间侧压腿拉伸 6. 行进间单腿抱膝拉伸	要求： 1. 教练面对队员进行动作示范，保证每名队员都能基本掌握热身动作 2. 每一个环节的热身都要使队员了解所锻炼的身体部位

续表

部分	时间	内容	教法与要求
准备部分	7分钟	三、抢标志筒游戏 （一）目的：提高队员的反应能力 （二）方法 1. 标志筒呈圆形摆放，标志筒的数量始终比队员数量少1个 2. 当教练发出口令后，队员绕着标志筒匀速跑动，当教练喊停时，靠近标志筒的一侧手快速拿起标志筒 3. 没有获得标志筒的队员，教练要及时安抚并让其在场边加油，标志筒并随之减少一个	 教法： 1. 教练通过正面、侧面的讲解与示范，队员边听讲解边看示范并学习正确、规范的动作 2. 教练讲解完毕，鼓励队员大胆尝试，并手把手地教授队员 器材：标志筒
基础训练	7分钟	一、原地绕8字地滚球 （一）目的：复习地滚球，强化队员的球性 （二）方法 1. 双脚开立比肩稍宽，上体前屈，双手放于双脚前方地上 2. 左手拨球以左脚为圆心按逆时针方向滚动至左后方，继续用手滚球至胯下，右手接拨球 3. 右手拨球以右脚为圆心按顺时针方向滚动至右后方，继续用手滚球至胯下 4. 双手拿起球一边持球于胸前，一边直腰成直立 5. 负荷量：5次×5组 （三）重点与难点：做动作时要注意保持低重心，注意双手之间的协调配合	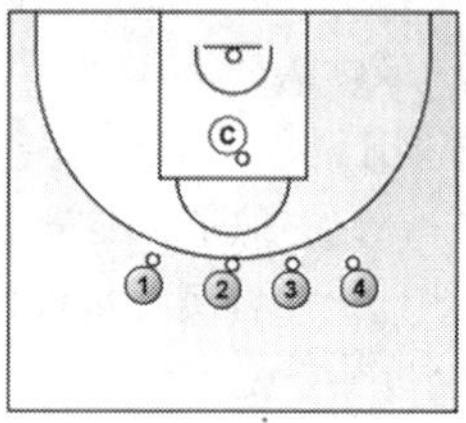 教法： 1. 教练通过正面、侧面的讲解与示范，队员边听讲解边看示范并学习正确、规范的动作 2. 教练讲解完毕，鼓励队员大胆尝试，并手把手地教授队员 器材：篮球
	8分钟	二、行进间之字形高运球 （一）目的：提高队员的运球能力 （二）方法 1. 练习时注意目视前方，注意标志筒的位置，队员需要从标志筒的外侧绕过，奔向下一个标志筒 2. 负荷量：2个半场往返×5组 （三）重点与难点：运球时注意目视前方，尽量不要看球	 教法： 1. 教练通过正面、侧面的讲解与示范，队员边听讲解边看示范并学习正确、规范的动作 2. 教练讲解完毕，鼓励队员大胆尝试，并手把手地教授队员 3. 整个训练过程使用同一只手练习，无需换手 器材：篮球、标志筒

续表

部分	时间	内容	教法与要求
基础训练	10分钟	三、原地双手胸前传球 （一）目的：掌握正确的双手胸前传球动作 （二）方法 1. 五指自然张开，双手拇指呈八字形，用指根以上部位持球，掌心空出 2. 两肘自然弯曲于体侧，置于胸前部位，两脚前后分开，身体成基本姿势站立 3. 传球时，目视传球方向，两臂前伸，手腕由内向外翻，急促抖腕，拇指用力下压，食指、中指用力弹拨，将球传出 4. 球出手后拇指向下，其余四指向前，初步学习可对墙练习，避免队员之间进行练习，以免受伤 5. 负荷量：10 次 ×5 组 （三）重点与难点：传球时注意手腕与手指的发力，传出去的球要有后旋	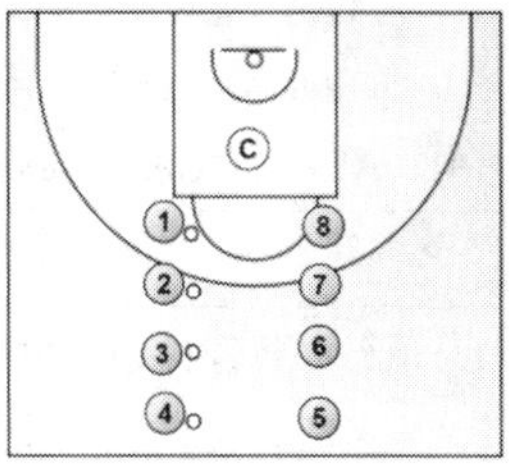 教法： 1. 教练通过正面、侧面的讲解与示范，队员边听讲解边看示范并学习正确、规范的动作 2. 教练讲解完毕，鼓励队员大胆尝试，并手把手地教授队员，队员每人都要完成练习负荷量 3. 在训练过程中，要鼓励接球队员不惧怕篮球，勇敢地用手去接球 器材：篮球
团队合作游戏竞赛	5分钟	名称：“倒车”游戏 （一）目的：增强队员的后退能力，手脚的协调配合 （二）方法：将队员分成 2 组，纵队站在罚球线后；听到开始哨声后，每组第一名队员快速跑到对面用手触碰一下标志筒，再后退跑回到罚球线排队，然后各组下一名队员出发，所在组的所有队员率先完成即获胜	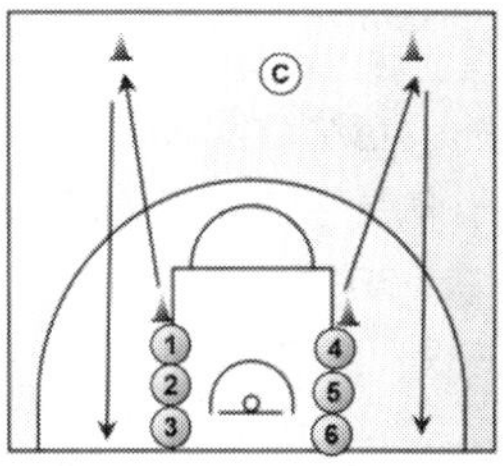 要求： 1. 后退跑是队员为了观察球场上的攻守情况背对前进方向的一种跑法 2. 两脚提踵，用前脚掌交替蹬地提膝向后跑动，上身放松直起，两臂屈肘相应摆动，保持身体平衡 器材：标志筒
放松与总结	5分钟	1. 课后总结 2. 特别提醒 3. 宣布本节课最佳队员 4. 鼓舞士气	教法： 1. 教练总结本节课所学内容，再次强调动作的细节与要领 2. 教练布置课下作业 3. 教练宣布本节课最认真、提高最快的队员，让其余队员向其学习 4. 队员面向自己父母鞠躬，说“父母辛苦了”，集合喊“加油”，随后解散

第 5 课时

目的与任务：1. 复习行进间高运球，强化运球能力 2. 通过“木头人”游戏，加强队员的反应能力和持球能力 3. 学习正确的投篮技术动作，体会正确投篮的发力感 4. 通过绳梯练习，提高队员的灵敏性			
部分	时间	内容	教法与要求
课前与家长交流	4分钟	1. 介绍本节课计划及执教理念 2. 与家长进行沟通与交流，了解队员训练课后的基本情况，教练及时做出调整	教法：与家长进行深入的沟通与交流，介绍本节课的重点与难点，解决家长提出的队员在日常训练中遇到的疑难问题
集合讲解互动沟通	3分钟	1. 慢慢地拍手，大声喊“加油” 2. 强调兴趣对篮球运动的重要性 3. 相互介绍：认识教练与队员 4. 本节课的主题是“保持积极的态度” 5. 鼓励队员要有信心，如教练告诉队员：“你们能行” 6. 激励、热情、能量至关重要 7. 选出 1 名最有积极性的队员担任队长，辅助教练完成教学任务	教法：普及篮球运动知识，介绍篮球规则；讲授本节课的训练主题，激发队员的训练热情，鼓舞团队士气
准备部分	3分钟	一、情绪激发 让队员围成 1 圈，教练发言，鼓励队员，让队员手搭着手一起喊“加油”，调动队员的情绪	
	8分钟	二、动态热身 （一）目的：通过适当强度的运动，加速血液循环，提高氧气输送效率，激活肌肉，保护关节 （二）方法：半场往返练习 2 组 1. 小步前进 2. 行进间高抬腿 3. 行进间勾腿跳 4. 行进间弓步压腿 5. 行进间侧压腿拉伸 6. 行进间单腿抱膝拉伸	要求： 1. 教练面对队员进行动作示范，保证每名队员都能基本掌握热身动作 2. 每个环节的热身都要使队员了解所锻炼的身体部位

续表

部分	时间	内容	教法与要求
准备部分	7分钟	三、原地绕8字地滚球喊数字 （一）目的：复习原地绕8字地滚球，进一步提高队员的球性 （二）方法 1. 进一步熟悉球性，可增加难度，尽量目视前方完成练习 2. 教练可站在队员面前，引导队员目视前方，并用手指表示不同数字，让队员喊出相应数字	 教法： 1. 教练通过正面、侧面的讲解与示范，队员边听讲解边看示范，并学习正确、规范的动作 2. 教练讲解完毕，鼓励队员大胆尝试，并手把手地教授队员 器材：篮球
基础训练	7分钟	一、木头人（运球游戏） （一）目的：增强队员的反应能力 （二）方法 1. 所有队员每人1球，双手持球面对面站成2列 2. 每人面前放置1个敏捷圈 3. 要求队员每次原地高运球须在敏捷圈内进行反弹球 4. 练习时注意规范动作，及时纠正 5. 负荷量：10次×4组 （三）重点与难点：教练发令开始运球，在随机喊停时，队员双手持球紧贴胸部，看谁双手持球稳，不掉球	 教法： 1. 教练通过正面、侧面的讲解与示范，队员边听讲解边看示范并学习正确、规范的动作 2. 教练讲解完毕，鼓励队员大胆尝试，并手把手地教授队员 器材：篮球、敏捷圈
	8分钟	二、学习原地单手肩上投篮 （一）目的：初步体会投篮技术的动作要领 （二）方法 1. 两脚左右开立，两膝微屈，身体重心落在两脚掌上；投篮时，下肢蹬地发力，右臂向前上方抬肘伸臂，手腕前屈，食指、中指用力拨球，通过指端将球柔和地投出 2. 球出手的瞬间，身体随投篮动作向上伸展，脚跟微提起；以右手投篮为例，右手五指自然分开，掌心空出，由指根以上部位持球，大拇指与小拇指控制球体 3. 左手扶在球的左侧，右臂屈肘，肘关节自然下垂；球置于右肩前上方，目视篮筐 4. 负荷量：2分钟×3组	 教法： 1. 教练讲解并完整示范原地单手肩上投篮的动作方法 2. 队员可先在原地做无球的投篮动作练习 器材：篮球

续表

部分	时间	内容	教法与要求
基础训练		（三）重点与难点：投篮动作的连贯性，协调发力，在最高点将球出手	
	5分钟	三、前进小碎步（绳梯） （一）目的：提高脚步的灵活性 （二）方法 1. 前脚掌着地，每步落在绳梯的方格内，一步一格，要求轻快、节奏感强，脚踝有弹性 2. 负荷量：1次×5组 （三）重点与难点：通过视觉反馈，手脚协调配合完成训练任务	教法： 1. 教练通过正面、侧面的讲解与示范，队员边听讲解边看示范并学习正确、规范的动作 2. 教练讲解完毕，鼓励队员大胆尝试，并手把手地教授队员 3. 示范时速度不要过快，每走一步都进行详细的讲解 器材：绳梯
团队合作游戏竞赛	10分钟	名称：行进间高运球过障碍投篮 （一）目的：增强队员的运球能力 （二）方法：将队员整合成1路纵队，将标志筒摆成之字形，标志筒之间间隔1米，按规定顺序依次完成运球后，进行篮下投篮与抢篮板球	 要求： 1. 练习时，注意队员之间的安全距离 2. 避免练习时，队员之间互相干扰 器材：篮球、标志筒
放松与总结	5分钟	1. 课后总结 2. 特别提醒 3. 宣布本节课最佳队员 4. 鼓舞士气	教法： 1. 教练总结本节课所学内容，再次强调动作的细节与要领 2. 教练布置课下作业 3. 教练宣布本节课最认真、提高最快的队员，让其余队员向其学习 4. 队员面向自己父母鞠躬，说“父母辛苦了”，集合喊“加油”，随后解散

第 6 课时

目的与任务：1. 学习变向跑技术，提高队员的灵敏素质
2. 通过学习抛接球，使队员能够勇敢地接球，不掉球
3. 巩固原地高运球，增加运球力度

部分	时间	内容	教法与要求
课前与家长交流	4分钟	1. 介绍本节课计划及执教理念 2. 与家长进行沟通与交流，了解队员训练课后的基本情况，教练及时做出调整	教法：与家长进行深入的沟通与交流，介绍本节课的重点与难点，解决家长提出的队员在日常训练中遇到的疑难问题
集合讲解互动沟通	3分钟	1. 慢慢地拍手，大声喊“加油” 2. 强调兴趣对篮球运动的重要性 3. 相互介绍：认识教练与队员 4. 本节课的主题是“保持积极的态度” 5. 鼓励队员要有信心，如教练告诉队员：“你们能行” 6. 激励、热情、能量至关重要 7. 选出 1 名最有积极性的队员担任队长，辅助教练完成教学任务	教法：普及篮球运动知识，介绍篮球规则；讲授本节课的训练主题，激发队员的训练热情，鼓舞团队士气
准备部分	3分钟	一、情绪激发 让队员围成 1 圈，教练发言，鼓励队员，让队员手搭着手一起喊“加油”，调动队员的情绪	
	8分钟	二、动态热身 （一）目的：通过适当强度的运动，加速血液循环，提高氧气输送效率，激活肌肉，保护关节 （二）方法：半场往返练习 2 组 1. 小步前进 2. 行进间高抬腿 3. 行进间勾腿跳 4. 行进间弓步压腿 5. 行进间侧压腿拉伸 6. 行进间单腿抱膝拉伸	教法： 1. 教练面对队员进行动作示范，保证每名队员都能基本掌握热身动作 2. 每个环节的热身都要使队员了解所锻炼的身体部位

续表

部分	时间	内容	教法与要求
准备部分	7分钟	三、变向跑 （一）目的：提高队员的移动能力 （二）方法 1. 使用标志筒，摆成之字形路线 2. 跑动过程中注意减速与加速的节奏感 3. 负荷量：1个半场往返×4组 （三）重点与难点：在变向时注意外侧脚蹬地、扭胯、跨步加速	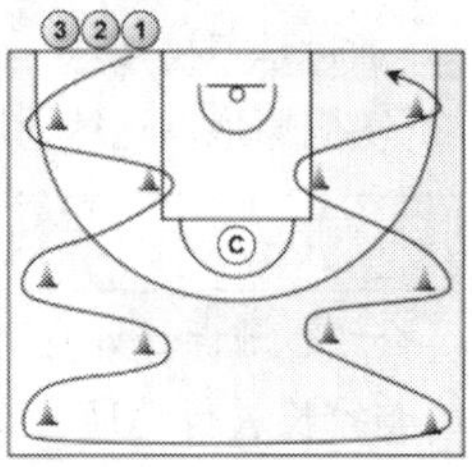 教法： 1. 教练进行讲解和示范 2. 队员在奔跑过程中注意速度节奏感的变化，直线加速，变向减速再加速 器材：标志筒
基础训练	7分钟	一、抛接球 （一）目的：增强队员的球感 （二）方法 1. 两手手指自然张开，两手大拇指朝上，用指根以上部位持球，掌心空出 2. 两肘自然向下弯曲于体侧，身体成基本姿势站立，两脚自然开立 3. 抛球时眼睛跟随球的方向，两臂一起发力向上抛 4. 球出手后，手心向上，拇指朝向左右两边，其余四指向前 5. 接球时以出球时的手势，跟随球的下落，把球接住 6. 负荷量：10次×4组 （三）重点与难点：初次抛接球，抛球高度在头部高度为宜	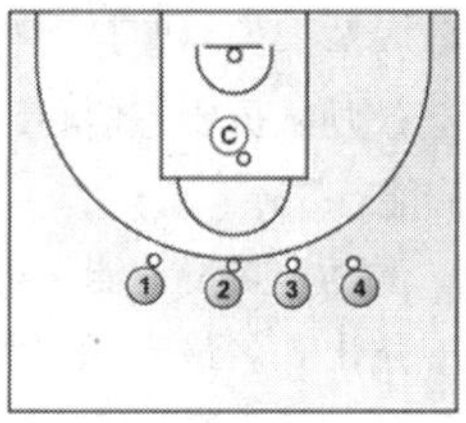 教法： 1. 教练通过正面、侧面的讲解与示范，队员边听讲解边看示范并学习正确、规范的动作 2. 教练讲解完毕，鼓励队员大胆尝试，并手把手地教授队员 器材：篮球
	8分钟	二、原地高运球 （一）目的：巩固和强化原地高运球技术 （二）方法 1. 两脚开立与肩同宽，双膝微屈，身体重心在两腿之间 2. 上体稍前倾，球的反弹高度在腰胸之间 3. 运球点在同侧腿外侧约20厘米处，目视前方 4. 初步练习单手原地高手运球，重在体会，要求不要太高，以免队员失去信心，没有了兴趣 5. 负荷量：10次×4组	 教法： 1. 教练通过正面、侧面的讲解与示范，队员边听讲解边看示范并学习正确、规范的动作 2. 教练讲解完毕，鼓励队员大胆尝试，并手把手地教授队员

续表

部分	时间	内容	教法与要求
基础训练		（三）重点与难点：单手练习要摆脱双手触球的习惯，尽快掌握单手运球	要求：练习时要求队员运球力度加大 器材：篮球
	7分钟	三、运球说数字游戏 （一）目的：增强队员的运球能力 （二）方法 1. 队员原地运球，眼睛尽量看教练的手，教练用手指表示数字，队员说出相应的数字 2. 负荷量：10 次 ×5 组 （三）重点与难点 1. 队员尽量目视前方，不看球进行练习，加大运球力量和速度 2. 通过说数字，提高队员的反应能力，看谁的反应最快	 教法： 1. 教练通过正面、侧面的讲解与示范，队员边听讲解边看示范并学习正确、规范的动作 2. 教练讲解完毕，鼓励队员大胆尝试，并手把手地教授队员 器材：篮球
团队合作游戏竞赛	10分钟	名称：传、运、投综合训练 （一）目的：提高队员的综合能力 （二）方法 1. 从起点开始进行原地抛接球 2 次，抛球高度保持在头部高度，完成后双手胸前传球给教练 2. 然后加速跑到标志筒接教练地滚球，运球至三秒区进行投篮，自投自抢	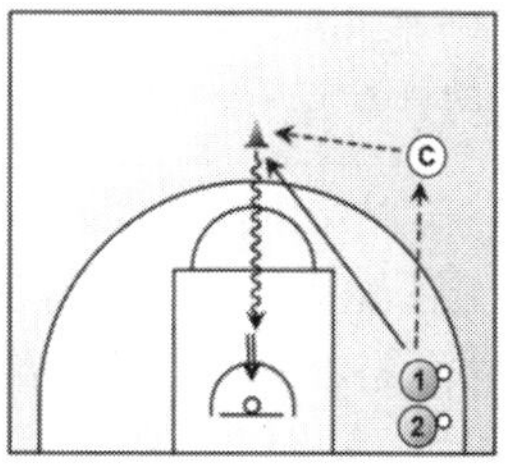 教法： 1. 通过教练正确的讲解示范，队员明确训练目标 2. 教练讲解完毕，鼓励队员大胆尝试，并手把手地教授队员 器材：篮球、标志筒
放松与总结	3分钟	1. 课后总结 2. 特别提醒 3. 宣布本节课最佳队员 4. 鼓舞士气	教法： 1. 教练总结本节课所学内容，再次强调动作的细节与要领 2. 教练布置课下作业 3. 教练宣布本节课最认真、提高最快的队员，让其余队员向其学习 4. 队员面向自己父母鞠躬，说“父母辛苦了”，集合喊“加油”，随后解散

第 7 课时

目的与任务：1. 复习原地高运球，增强左右手原地运球的能力
2. 学习横向小滑步（绳梯），提高队员的脚步灵活性和身体协调性
3. 复习双手胸前传球，尤其是篮球技术中最基本的传球技术，高质量的传球有助于球队技战术的实施

部分	时间	内容	教法与要求
课前与家长交流	4分钟	1. 介绍本节课计划及执教理念 2. 与家长进行沟通与交流，了解队员训练课后的基本情况，教练及时做出调整	教法：与家长进行深入的沟通与交流，介绍本节课的重点与难点，解决家长提出的队员在日常训练中遇到的疑难问题
集合讲解互动沟通	3分钟	1. 慢慢地拍手，大声喊“加油” 2. 强调兴趣对篮球运动的重要性 3. 相互介绍：认识教练与队员 4. 本节课的主题是“保持积极的态度” 5. 鼓励队员要有信心，如教练告诉队员：“你们能行” 6. 激励、热情、能量至关重要 7. 选出1名最有积极性的队员担任队长，辅助教练完成教学任务	教法：普及篮球运动知识，介绍篮球规则；讲授本节课的训练主题，激发队员的训练热情，鼓舞团队士气
准备部分	3分钟	一、情绪激发 让队员围成1圈，教练发言，鼓励队员，让队员手搭着手一起喊“加油”，调动队员的情绪	
	8分钟	二、动态热身 （一）目的：通过适当强度的运动，加速血液循环，提高氧气输送效率，激活肌肉，保护关节 （二）方法：半场往返练习2组 1. 小步前进 2. 行进间高抬腿 3. 行进间勾腿跳 4. 行进间弓步压腿 5. 行进间侧压腿拉伸 6. 行进间单腿抱膝拉伸	教法： 1. 教练面对队员进行动作示范，保证每名队员都能基本掌握热身动作 2. 每一个环节的热身都要使队员了解所锻炼的身体部位

续表

部分	时间	内容	教法与要求
准备部分	7分钟	三、横向小滑步 （一）目的：提高脚步的灵活性 （二）方法 1. 身体横向站立，两脚平行滑动，依次落入绳梯的方格内；同样，两脚依次再进入下一个方格，要求轻盈快速，保持前脚掌着地 2. 完成一组后，后退跑返回起点；后退跑时教练要时刻保持警惕，避免意外受伤的发生 3. 负荷量：1 次 ×3 组 （三）重点与难点：练习时要保持低重心，两脚要协调配合	教法： 1. 教练通过正面、侧面的讲解与示范，队员边听讲解边看示范并学习正确、规范的动作 2. 教练讲解完毕，鼓励队员大胆尝试，并手把手地教授队员 3. 示范时速度不要过快，每走一步都进行详细的讲解 器材：绳梯
基础训练	5分钟	一、保卫篮球（抛接球、运球游戏） （一）目的：提高队员的球性练习 （二）方法 1. 当教练喊“老鹰来了”，队员开始原地单手高运球 2. 当教练喊“老鼠来了”，队员不停地进行抛接球 3. 负荷量：1 分钟 ×5 组 （三）重点与难点：看谁的反应最快，并且不失误、不掉球	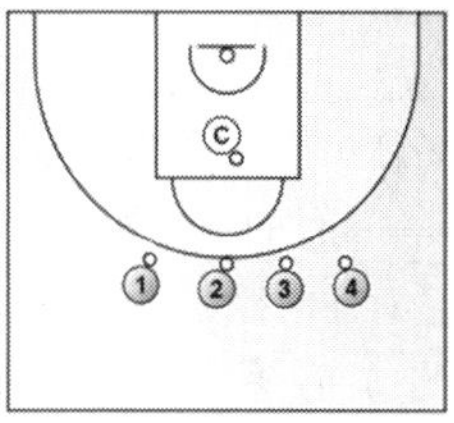 教法： 1. 教练通过正面、侧面的讲解与示范，队员边听讲解边看示范并学习正确、规范的动作 2. 教练讲解完毕，鼓励队员大胆尝试，并手把手地教授队员 器材：篮球
	6分钟	二、原地双手胸前传球后转体 （一）目的：巩固原地双手传球技术 （二）方法 1. 2 人间隔 1.5 米面对面站立，进行双手胸前传球 2. 传球队员在传球后，迅速转体 1 周，准备接传球 3. 负荷量：2 分钟 ×3 组 （三）重点与难点：传球时注意手腕与手指的发力，传出去的球要有后旋	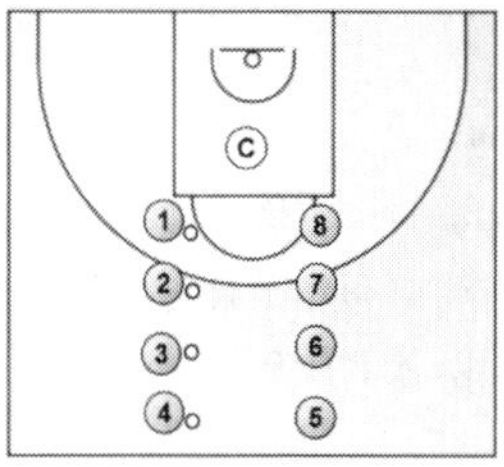 教法： 1. 教练通过正面、侧面的讲解与示范，队员边听讲解边看示范并学习正确、规范的动作 2. 教练讲解完毕，鼓励队员大胆尝试，并手把手地教授队员 3. 在训练过程中，要鼓励接球队员不惧怕篮球，勇敢地用手去接球 器材：篮球

续表

部分	时间	内容	教法与要求
基础训练	7分钟	三、原地单手推拉球 （一）目的：学习原地单手推拉球动作，增强队员的球感 （二）方法 1. 双脚开立，与肩同宽，双脚脚尖指向正前方，膝关节弯曲且不要超过脚尖的垂直线，屈髋，同时腰背要尽量挺直 2. 球的落地点在身体一侧，运球时上臂带动前臂，前臂带动手腕，掌心尽量不要触球 3. 负荷量：10 次 ×4 组 （三）重点与难点：推拉球时，注意手腕的灵活转变	 教法： 1. 教练通过正面、侧面的讲解与示范，队员边听讲解边看示范并学习正确、规范的动作 2. 教练讲解完毕，鼓励队员大胆尝试，并手把手地教授队员 器材：篮球
团队合作游戏竞赛	12分钟	名称：传、接球游戏 （一）目的：加强单手运球的稳定性，增强队员对球的控制能力 （二）方法 1. 每组队员坐在地上，双脚打开，围成 1 个圆圈，每名队员拿 1 个篮球，单手原地拍球，球落在两腿中间 2. 教练鸣哨，队员停止运球，并顺时针依次进行传接球一次然后继续运球	 要求： 1. 队员需要集中注意力，反应迅速 2. 注意球的位置和高度 器材：篮球、标志筒
放松与总结	5分钟	1. 课后总结 2. 特别提醒 3. 宣布本节课最佳队员 4. 鼓舞士气	教法： 1. 教练总结本节课所学内容，再次强调动作的细节与要领 2. 教练布置课下作业 3. 教练宣布本节课最认真、提高最快的队员，让其余队员向其学习 4. 队员面向自己父母鞠躬，说“父母辛苦了”，集合喊“加油”，随后解散

第__8__课时

目的与任务：1. 学习环绕身体交接球，感受球在身体的不同方位，增强队员的球感
2. 学习低运球护球基本姿势，为将来实战打下基础
3. 进行球性练习，达到熟练掌握

部分	时间	内容	教法与要求
课前与家长交流	3分钟	1. 介绍本节课计划及执教理念 2. 与家长进行沟通与交流，了解队员训练课后的基本情况，教练及时做出调整	教法：与家长进行深入的沟通与交流，介绍本节课的重点与难点，解决家长提出的队员在日常训练中遇到的疑难问题
集合讲解互动沟通	2分钟	1. 慢慢地拍手，大声喊“加油” 2. 强调兴趣对篮球运动的重要性 3. 相互介绍：认识教练与队员 4. 本节课的主题是“保持积极的态度” 5. 鼓励队员要有信心，如教练告诉队员：“你们能行” 6. 激励、热情、能量至关重要 7. 选出1名最有积极性的队员担任队长，辅助教练完成教学任务	教法：普及篮球运动知识，介绍篮球规则；讲授本节课的训练主题，激发队员的训练热情，鼓舞团队士气
准备部分	3分钟	一、情绪激发 让队员围成1圈，教练发言，鼓励队员，让队员手搭着手一起喊“加油”，调动队员的情绪	
	10分钟	二、动态热身 （一）目的：通过适当强度的运动，加速血液循环，提高氧气输送效率，激活肌肉，保护关节 （二）方法：半场往返练习2组 1. 小步前进 2. 行进间高抬腿 3. 行进间勾腿跳 4. 行进间弓步压腿 5. 行进间侧压腿拉伸 6. 行进间单腿抱膝拉伸	教法： 1. 教练面对队员进行动作示范，保证每名队员都能基本掌握热身动作 2. 每个环节的热身都要使队员了解所锻炼的身体部位

续表

<table>
<tr><th>部分</th><th>时间</th><th>内容</th><th>教法与要求</th></tr>
<tr><td>准备部分</td><td>7分钟</td><td>三、环绕身体交接球
（一）目的：增强队员对球的位置感和方向感
（二）方法
1. 队员从双手持球开始，过渡到单手持球，双手交替，依次从颈部、腰部、膝关节处顺时针环绕身体
2. 由于队员年龄较小，容易调皮，教练需要带动训练气氛，使队员能够跟随教练一起做，模仿教练的动作
3. 负荷量：5 次 ×2 组
（三）重点与难点：膝关节环绕时，注意强调屈膝</td><td>

教法：
1. 教练通过正面、侧面的讲解与示范，队员边听讲解边看示范并学习正确、规范的动作
2. 教练讲解完毕，鼓励队员大胆尝试，并手把手地教授队员
器材：篮球</td></tr>
<tr><td rowspan="2">基础训练</td><td>8分钟</td><td>一、原地低运球
（一）目的：增强队员的运球能力
（二）方法
1. 两脚前后开立，运球手的同侧脚在后，异侧脚在前，两膝弯曲，上体稍前倾，目视前方，身体重心落在前脚掌上
2. 手腕放松，手掌与地面平行，五指自然张开，掌心空出
3. 运球高度在膝关节左右，非运球手臂抬起护球
4. 负荷量：10 次 ×4 组
（三）重点与难点：要求运球高度不要过高，运球时注意手腕与手指的发力</td><td>

教法：
1. 教练通过正面、侧面的讲解与示范，队员边听讲解边看示范并学习正确、规范的动作
2. 教练讲解完毕，鼓励队员大胆尝试，并手把手地教授队员
器材：篮球</td></tr>
<tr><td>7分钟</td><td>二、传球练习
（一）目的：巩固队员的传球技术
（二）方法
1. 队员并列站成 1 排，教练站到队员对面，手举敏捷圈
2. 停在哪名队员对面，哪名队员将球传入敏捷圈内
3. 传出后将球捡回，持球回到原位，教练表扬做得好的队员
4. 负荷量：2 次 ×3 组
（三）重点与难点：队员须准确地将球传入敏捷圈内</td><td>

要求：
1. 教练在手持敏捷圈时，不要过高或过低，遵循由易到难的原则
2. 激发队员训练的积极性，教练可以迎合队员的传球方向，使球穿过敏捷圈
器材：篮球、敏捷圈</td></tr>
</table>

续表

部分	时间	内容	教法与要求
基础训练	5分钟	三、前前后后（绳梯） （一）目的：提高队员的脚步灵活性，发展脚步控制力、身体平衡能力 （二）方法 1. 队员面向绳梯的一侧站立，从起点进行横向移动，两脚依次踏入小方格内，再依次踏出小方格外，然后再进入下一个方格，以此类推 2. 负荷量：2 分钟 ×2 组 （三）重点与难点：需要队员身体协调配合，练习时速度不要太快，以免打击队员的积极性	教法： 1. 教练通过正面、侧面的讲解与示范，队员边听讲解边看示范并学习正确、规范的动作 2. 教练讲解完毕，鼓励队员大胆尝试，并手把手地教授队员 3. 示范时速度不要过快，每走一步都进行详细的讲解 器材：绳梯
团队合作游戏竞赛	10分钟	名称：球性综合训练 （一）目的：复习之前所学内容，巩固球感 （二）方法 1. 从起点出发进行小矮人地滚球，到达第一个标志筒做 1 次胯下原地绕 8 字地滚球 2. 继续小矮人地滚球到达第二个标志筒做 1 次头部、腰部、膝关节的环绕身体交接球，运球返回进行投篮 3. 教练可将队员分成 2 组，进行接力游戏	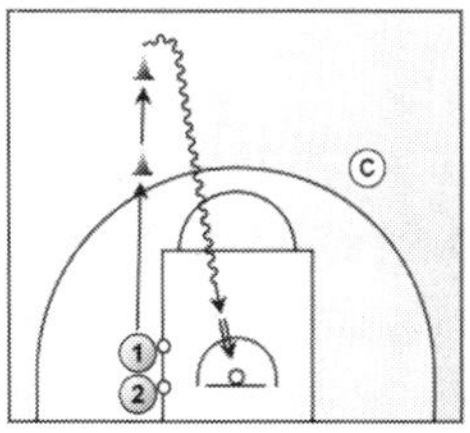 教法： 1. 教练正确示范路线跑动和练习动作，使队员明确训练目标 2. 讲解完毕，鼓励队员大胆尝试，并手把手地教授队员 器材：篮球、标志筒
放松与总结	5分钟	1. 课后总结 2. 特别提醒 3. 宣布本节课最佳队员 4. 鼓舞士气	教法： 1. 教练总结本节课所学内容，再次强调动作的细节与要领 2. 教练布置课下作业 3. 教练宣布本节课最认真、提高最快的队员，让其余队员向其学习 4. 队员面向自己父母鞠躬，说“父母辛苦了”，集合喊“加油”，随后解散

第 9 课时

目的与任务：1. 学习行进间胯下绕 8 字地滚球，锻炼队员手脚协调能力及结合球的能力 2. 复习低运球，提升队员的运球能力，为行进间快运球打好基础 3. 学习单手横拉球，提高队员控制球的能力			
部分	时间	内容	教法与要求
课前与家长交流	3分钟	1. 介绍本节课计划及执教理念 2. 与家长进行沟通与交流，了解队员训练课后的基本情况，教练及时做出调整	教法：与家长进行深入的沟通与交流，介绍本节课的重点与难点，解决家长提出的队员在日常训练中遇到的疑难问题
集合讲解互动沟通	2分钟	1. 慢慢地拍手，大声喊“加油” 2. 强调兴趣对篮球运动的重要性 3. 相互介绍：认识教练与队员 4. 本节课的主题是“保持积极的态度” 5. 鼓励队员要有信心，如教练告诉队员：“你们能行” 6. 激励、热情、能量至关重要 7. 选出 1 名最有积极性的队员担任队长，辅助教练完成教学任务	教法：普及篮球运动知识，介绍篮球规则；讲授本节课的训练主题，激发队员的训练热情，鼓舞团队士气
准备部分	3分钟	一、情绪激发 让队员围成 1 圈，教练发言，鼓励队员，让队员手搭着手一起喊“加油”，调动队员的情绪	
	10分钟	二、动态热身 （一）目的：通过适当强度的运动，加速血液循环，提高氧气输送效率，激活肌肉，保护关节 （二）方法：半场往返练习 2 组 1. 小步前进 2. 行进间高抬腿 3. 行进间勾腿跳 4. 行进间弓步压腿 5. 行进间侧压腿拉伸 6. 行进间单腿抱膝拉伸	教法： 1. 教练面对队员进行动作示范，保证每名队员都能基本掌握热身动作 2. 每个环节的热身都要使队员了解所锻炼的身体部位

续表

部分	时间	内容	教法与要求
准备部分	7分钟	三、行进间胯下绕8字地滚球 （一）目的：增强队员的球感 （二）方法 1. 在熟练掌握原地胯下绕8字地滚球后，开始学习行进间胯下绕8字地滚球 2. 左脚向前一步开立，上体前倾，将球放于身体右侧地上，右手拨球以左脚为圆心按顺时针方向滚动，穿过胯下至身体左侧 3. 左手接球，同时右脚向前迈出，保持好身体姿势，用左手拨球以右脚为圆心按逆时针方向滚动，穿过胯下至身体右侧 4. 负荷量：1个半场往返×3组 （三）重点与难点：练习时重心降低，注意双手与双脚的协调配合	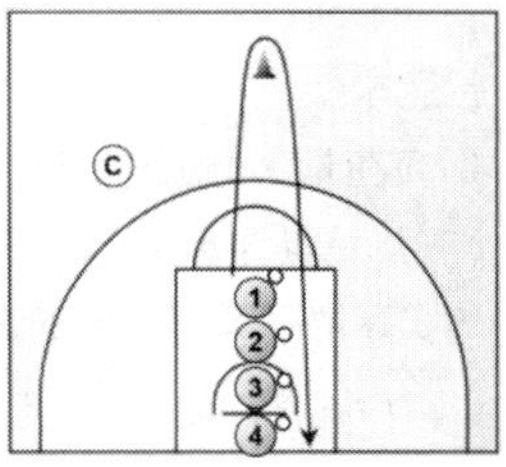 教法： 1. 教练通过正面、侧面的讲解与示范，队员边听讲解边看示范并学习正确、规范的动作 2. 教练讲解完毕，鼓励队员大胆尝试，并手把手地教授队员 器材：篮球、标志筒
基础训练	8分钟	一、原地双手胸前传球后蹲起 （一）目的：增加传接球难度，提高队员传球能力，增强下肢力量 （二）方法 1. 队员分成2组，面对面站立，1人1球，进行传接球练习 2. 接球时，五指自然张开，拇指方向相对，其余四指向上，手臂自然伸直，手心朝向传球的方向，呈半球形，在触球的瞬间顺势屈肘，将球控制于胸前 3. 传球队员传球后做1个蹲起后接传球，2人交替进行 4. 负荷量：8次×5组 （三）重点与难点：接球时双臂要自然伸直提前触球，触球后自然屈臂使球得到缓冲	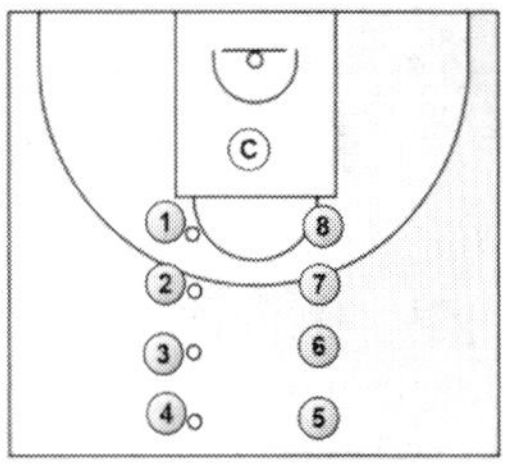 教法： 1. 教练通过正面、侧面的讲解与示范，队员边听讲解边看示范并学习正确、规范的动作 2. 教练讲解完毕，鼓励队员大胆尝试，并手把手地教授队员 3. 在训练过程中，要鼓励接球队员不惧怕篮球，勇敢地用手去接球 器材：篮球
	7分钟	二、小矮人运球（低运球） （一）目的：增强队员的球感 （二）方法 1. 教练蹲下扮演小矮人运球，队员模仿教练运球 2. 教练面对队员形成镜面示范，当教练右手运球时，队员随之使用左手进行运球	 教法： 1. 教练通过正面、侧面的讲解与示范，队员学习正确、规范的动作

续表

部分	时间	内容	教法与要求
基础训练		3. 当教练左手运球时，队员随之使用右手进行运球 4. 负荷量：2 分钟 ×3 组 （三）重点与难点：教练进行示范时根据队员的实际情况调整运球的高度	2. 讲解完毕，鼓励队员大胆尝试，并手把手地教授队员 3. 当队员熟练后，教练可随即加快换手运球的速度，看哪一名队员能够最快跟上教练的节奏 器材：篮球
	5分钟	三、原地单手横拉球 （一）目的：学习原地单手横拉球，增强队员的球感 （二）方法 1. 双脚开立，与肩同宽，双脚脚尖指向正前方，膝关节弯曲且不要超过脚尖的垂直线，屈髋，同时腰背要尽量挺直 2. 球的落点在身体的正前方中间位置，运球时上臂带动前臂，前臂带动手腕，掌心尽量不要触球 3. 负荷量：10 次 ×4 组 （三）重点与难点：横拉球时，注意手腕的灵活转变	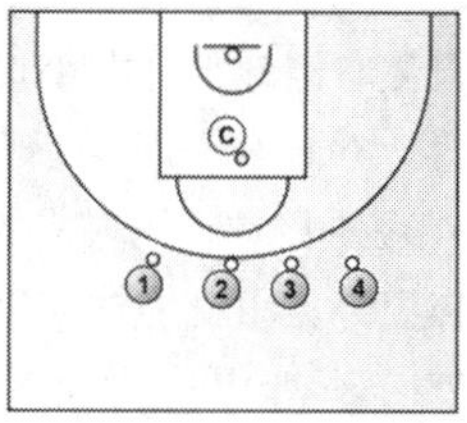 教法： 1. 教练通过正面、侧面的讲解与示范，队员边听讲解边看示范并学习正确、规范的动作 2. 教练讲解完毕，鼓励队员大胆尝试，并手把手地教授队员 器材：篮球
团队合作游戏竞赛	10分钟	名称：综合训练 （一）目的：提高队员运球结合投篮的能力 （二）方法 1. 队员在起点接教练传球，原地单手低运球，左右手各 5 次，然后将球传回给教练，加速跑到标志筒处 2. 到达标志筒后，再次接教练传球，运球至三秒区完成原地单手肩上投篮，自投自抢，将球传回给教练	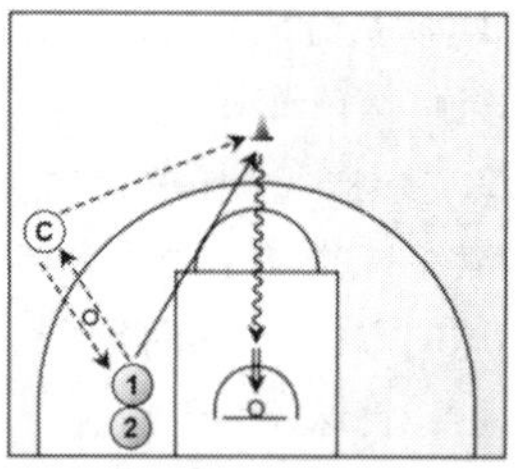 教法： 1. 通过教练的路线跑动和练习动作的正确示范，使队员明确训练目标 2. 讲解完毕，鼓励队员大胆尝试，并手把手地教授队员 器材：篮球、标志筒
放松与总结	5分钟	1. 课后总结 2. 特别提醒 3. 宣布本节课最佳队员 4. 鼓舞士气	教法： 1. 教练总结本节课所学内容，再次强调动作的细节与要领 2. 教练布置课下作业 3. 教练宣布本节课最认真、提高最快的队员，让其余队员向其学习 4. 队员面向自己父母鞠躬，说“父母辛苦了”，集合喊“加油”，随后解散

第__10__课时

目的与任务：1. 本节课以综合练习为主，复习所学内容，为接下来的课程打下基础 2. 虽然内容较多，但强度较小，不再学习新内容			
部分	时间	内容	教法与要求
课前与家长交流	3分钟	1. 介绍本节课计划及执教理念 2. 与家长进行沟通与交流，了解队员训练课后的基本情况，教练及时做出调整	教法：与家长进行深入的沟通与交流，介绍本节课的重点与难点，解决家长提出的队员在日常训练中遇到的疑难问题
集合讲解互动沟通	2分钟	1. 慢慢地拍手，大声喊“加油” 2. 强调兴趣对篮球运动的重要性 3. 相互介绍：认识教练与队员 4. 本节课的主题是“保持积极的态度” 5. 鼓励队员要有信心，如教练告诉队员：“你们能行” 6. 激励、热情、能量至关重要 7. 选出1名最有积极性的队员担任队长，辅助教练完成教学任务	教法：普及篮球运动知识，介绍篮球规则；讲授本节课的训练主题，激发队员的训练热情，鼓舞团队士气
准备部分	3分钟	一、情绪激发 让队员围成1圈，教练发言，鼓励队员，让队员手搭着手一起喊“加油”，调动队员的情绪	
	10分钟	二、动态热身 （一）目的：通过适当强度的运动，加速血液循环，提高氧气输送效率，激活肌肉，保护关节 （二）方法：半场往返练习2组 1. 小步前进 2. 行进间高抬腿 3. 行进间勾腿跳 4. 行进间弓步压腿 5. 行进间侧压腿拉伸 6. 行进间单腿抱膝拉伸	教法： 1. 教练面对队员进行动作示范，保证每名队员都能基本掌握热身动作 2. 每个环节的热身都要使队员了解所锻炼的身体部位

续表

部分	时间	内容	教法与要求
准备部分	7分钟	三、抛接球击掌 （一）目的：复习抛接球击掌，通过增加抛球后的击掌次数，提高队员对球的控制能力 （二）方法 1. 熟练抛接球后可开始增加难度，进行抛接球击掌练习 2. 队员排好队站好位置，将球抛出，当球在空中时击掌，看谁在接住球之前击掌的次数最多 3. 在抛接球的过程中，教练要调整好队员之间的安全距离 4. 负荷量：2 分钟 ×3 组	 教法： 1. 教练通过正面、侧面的讲解与示范，队员边听讲解边看示范并学习正确、规范的动作 2. 教练讲解完毕，鼓励队员大胆尝试，并手把手地教授队员 器材：篮球
基础训练	15分钟	一、球性练习 （一）目的：增强队员的球感 （二）方法 1. 从起点出发做行进间胯下绕 8 字地滚球到达第一个标志筒 2. 在第一个标志筒处做抛接球击掌，抛球 3 次 3. 之后小矮人地滚球到达第二个标志筒做 1 次头部、腰部、膝关节的环绕身体交接球 4. 最后小矮人地滚球返回起点，教练可将队员分成 2 组，以接力游戏的形式进行练习 5. 负荷量：3 分钟 ×4 组	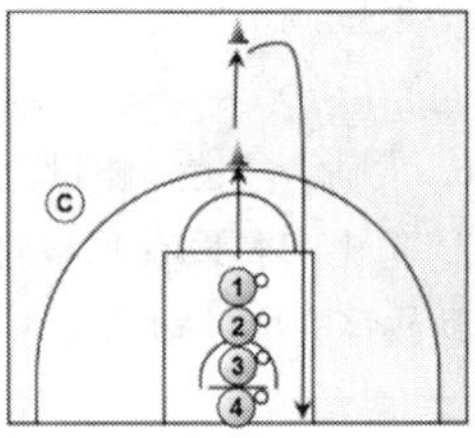 教法： 1. 通过教练的跑动路线和练习动作的正确示范，让队员明确训练目标 2. 讲解完毕，鼓励队员大胆尝试，并手把手地教授队员 要求：在练习过程中，教练要时刻提醒队员在每个环节所需练习的内容 器材：篮球、标志筒
	10分钟	二、综合训练 （一）目的：复习运球、传球，提高队员的综合能力，为接下来的训练打下基础 （二）方法 1. 队员在起点接教练传球，做原地单手低运球，左右手各 5 次 2. 然后将球传回给教练，并加速跑到标志筒处 3. 到达标志筒处再次接教练的传球，原地单手低运球，左右手各 5 次，再将球传给教练，后退跑返回起点 4. 负荷量：2 分钟 ×4 组	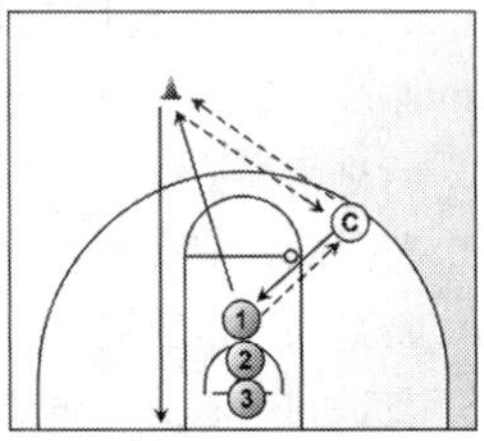 教法： 1. 通过教练的跑动路线和练习动作的正确示范，使队员明确训练目标 2. 讲解完毕，鼓励队员大胆尝试，并手把手地教授队员 要求：在练习过程中，教练要时刻提醒队员在每一个环节所需练习的内容 器材：篮球、标志筒

续表

部分	时间	内容	教法与要求
基础训练	5分钟	三、前前后后（绳梯） （一）目的：复习绳梯脚步，进一步提高脚步的灵活性 （二）方法 1. 队员面向绳梯的一侧站立，从起点进行横向移动，两脚依次踏入小方格，再依次踏出小方格，然后再踏入下一个小方格，以此类推 2. 负荷量：2 分钟 ×2 组	教法： 1. 教练通过正面、侧面的讲解与示范，队员边听讲解边看示范并学习正确、规范的动作 2. 教练讲解完毕，鼓励队员大胆尝试，并手把手地教授队员 要求：示范时速度不要过快，每走一步都进行详细的讲解 器材：绳梯
放松与总结	5分钟	1. 课后总结 2. 特别提醒 3. 宣布本节课最佳队员 4. 鼓舞士气	教法： 1. 教练总结本节课所学内容，再次强调动作的细节与要领 2. 教练布置课下作业 3. 教练宣布本节课最认真、提高最快的队员，让其余队员向其学习 4. 队员面向自己父母鞠躬，说“父母辛苦了”，集合喊“加油”，随后解散

第__11__课时

目的与任务：1. 通过前10节课的学习，将所学球性综合练习放在准备部分不断巩固
2. 多人传球训练，增加队员之间的默契程度，增进友谊，享受篮球的快乐
3. 复习低运球，加强行进间运球，通过“捡玩具”的游戏，锻炼队员身体、视觉的协调能力

部分	时间	内容	教法与要求
课前与家长交流	3分钟	1. 介绍本节课计划及执教理念 2. 与家长进行沟通与交流，了解队员训练课后的基本情况，教练及时做出调整	教法：与家长进行深入的沟通与交流，介绍本节课的重点与难点，解决家长提出的队员在日常训练中遇到的疑难问题
集合讲解互动沟通	2分钟	1. 慢慢地拍手，大声喊“加油” 2. 强调兴趣对篮球运动的重要性 3. 相互介绍：认识教练与队员 4. 本节课的主题是“保持积极的态度” 5. 鼓励队员要有信心，如教练告诉队员：“你们能行” 6. 激励、热情、能量至关重要 7. 选出1名最有积极性的队员担任队长，辅助教练完成教学任务	教法：普及篮球运动知识，介绍篮球规则；讲授本节课的训练主题，激发队员的训练热情，鼓舞团队士气
准备部分	2分钟	一、情绪激发 让队员围成1圈，教练发言，鼓励队员，让队员手搭着手一起喊“加油”，调动队员的情绪	
	8分钟	二、动态热身 （一）目的：通过适当强度的运动，加速血液循环，提高氧气输送效率，激活肌肉，保护关节 （二）方法：半场往返练习2组 1. 小步前进 2. 行进间高抬腿 3. 行进间勾腿跳 4. 行进间弓步压腿 5. 行进间侧压腿拉伸 6. 行进间单腿抱膝拉伸	要求： 1. 教练面对队员进行动作示范，保证每名队员都能基本掌握热身动作 2. 每个环节的热身都要使队员了解所锻炼的身体部位

续表

部分	时间	内容	教法与要求
准备部分	10分钟	三、球性综合练习 （一）目的：巩固与增强队员的球感 （二）方法 1. 以三分线和端线为路线进行球性练习，每种练习各做1组 2. 分别练习小矮人地滚球、抛接球击掌、胯下绕8字地滚球、环绕身体交接球	要求： 1. 练习时，注意队员前后距离，不要太近，避免队员之间互相干扰 2. 行进间匀速进行每种练习 器材：篮球
基础训练	5分钟	一、多人传球练习 （一）目的：复习传球技术，同时增加队员之间的默契配合 （二）方法 1. 将队员分成2组面对面（错位）站立 2. ①号队员接教练传球后传给②号队员，依次进行 3. 可逐渐增加难度，从1球变为2球或者多球，往返为1组 4. 负荷量：3次×3组 （三）重点与难点：当从1球变为多球时，队员在完成传球时，一定要注意接前一名队员的传球	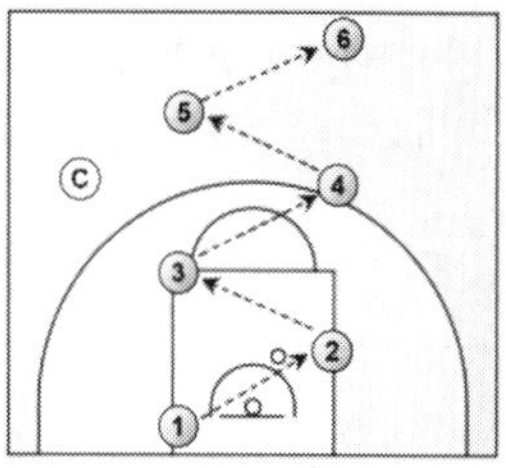 教法： 1. 教练讲解与示范，队员学习正确、规范的动作，领会教练的训练意图 2. 讲解完毕，鼓励队员大胆尝试，并手把手地教授队员 器材：篮球
	6分钟	二、行进间低运球、投篮 （一）目的：通过行进间的低运球提高队员的运球技术，提高队员的投篮稳定性 （二）方法 1. 运球手臂自然弯曲，以肘关节为轴，行进时用手按球的后侧上方 2. 队员从端线出发进行之字形运球后，运球返回三秒区进行原地单手肩上投篮 3. 负荷量：3次×3组 （三）重点与难点 1. 球的落点在身体侧前方，球的反弹高度在膝关节高度 2. 运球时注意手腕与手指发力	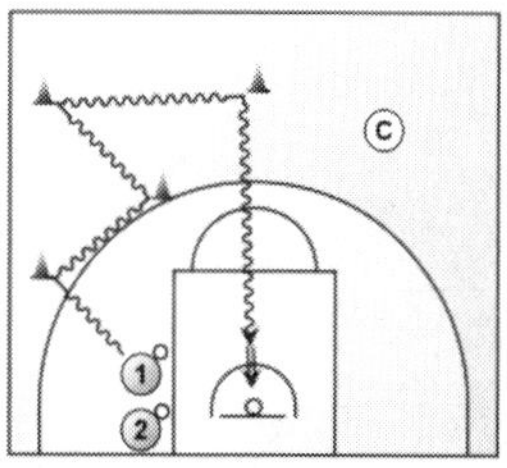 教法： 1. 教练讲解与示范，队员学习正确、规范的动作，领会教练的训练意图 2. 讲解完毕，鼓励队员大胆尝试，并手把手地教授队员 器材：篮球

续表

部分	时间	内容	教法与要求
基础训练	6分钟	三、原地体前变向运球 （一）目的：初步掌握体前变向运球技术 （二）方法 1. 运球手臂自然弯曲，以肘关节为轴，左右拨球时掌心朝向内侧 2. 运球时球始终击在身体前方中间位置 3. 负荷量：10 次 ×3 组 （三）重点与难点 1. 球的反弹高度在膝关节高度 2. 运球时注意手腕与手指发力	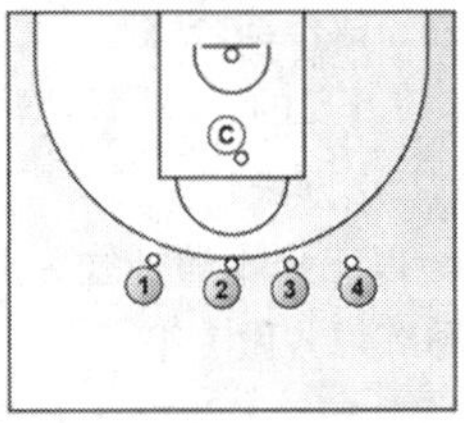 教法： 1. 教练讲解与示范，队员学习正确、规范的动作，领会教练的训练意图 2. 教练讲解完毕，鼓励队员大胆尝试，并手把手地教授队员 器材：篮球
	3分钟	四、“木头人”（运球练习） （一）目的：提高队员的运球能力 （二）方法 1. 教练发令开始行进间运球，当教练喊“木头人”，队员原地高运球 2. 教练要注意左右手共同练习，鼓励队员尝试用弱侧手进行练习	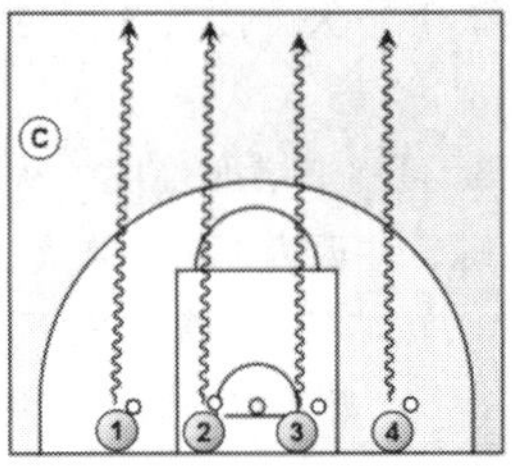 教法： 1. 教练讲解与示范，队员学习正确、规范的动作，领会教练的训练意图 2. 教练讲解完毕，鼓励队员大胆尝试，并手把手地教授队员 要求：队员注意力集中，无论是行进间运球还是原地运球，队员的无球手始终护球 器材：篮球
团队合作游戏竞赛	10分钟	名称：捡玩具（运球练习） （一）目的：通过捡玩具的方式，训练队员单手运球的能力 （二）方法 1. 在中圈放置若干标志筒，将队员分成 2 组进行游戏竞赛 2. 队员从端线出发，运球至中圈，无球手持标志筒，运球返回起点，在规定时间内获得标志筒最多的一组获胜 3. 在游戏时教练要注意左右手的练习，鼓励队员用弱侧手进行练习	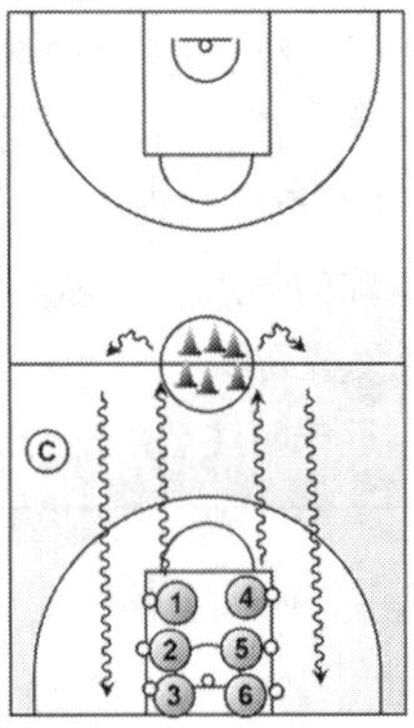

续表

部分	时间	内容	教法与要求
团队合作游戏竞赛			教法： 1. 教练讲解与示范，使队员领会游戏玩法 2. 教练讲解完毕并进行示范，使队员了解游戏规则 器材：篮球、标志筒
放松与总结	5分钟	1. 课后总结 2. 特别提醒 3. 宣布本节课最佳队员 4. 鼓舞士气	教法： 1. 教练总结本节课所学内容，再次强调动作的细节与要领 2. 教练布置课下作业 3. 教练宣布本节课最认真、提高最快的队员，让其余队员向其学习 4. 队员面向自己父母鞠躬，说“父母辛苦了”，集合喊“加油”，随后解散

第 12 课时

目的与任务：1. 通过抢标志筒游戏的方式，复习行进间运球，同时锻炼队员听觉、视觉的反应能力
2. 学习侧滑步，侧滑步是最为基础且最为重要的防守步法，练习时注意两脚的协调配合
3. 运球、传球综合练习，可以帮助队员在竞技比赛中选择最好的进攻方式，同时能够增加队员之间的默契程度，培养团队精神

部分	时间	内容	教法与要求
课前与家长交流	3分钟	1. 介绍本节课计划及执教理念 2. 与家长进行沟通与交流，了解队员训练课后的基本情况，教练及时做出调整	教法：与家长进行深入的沟通与交流，介绍本节课的重点与难点，解决家长提出的队员在日常训练中遇到的疑难问题
集合讲解互动沟通	2分钟	1. 慢慢地拍手，大声喊“加油” 2. 强调兴趣对篮球运动的重要性 3. 相互介绍：认识教练与队员 4. 本节课的主题是“保持积极的态度” 5. 鼓励队员要有信心，如教练告诉队员：“你们能行” 6. 激励、热情、能量至关重要 7. 选出 1 名最有积极性的队员担任队长，辅助教练完成教学任务	教法：普及篮球运动知识，介绍篮球规则；讲授本节课的训练主题，激发队员的训练热情，鼓舞团队士气
准备部分	2分钟	一、情绪激发 让队员围成 1 圈，教练发言，鼓励队员，让队员手搭着手一起喊“加油”，调动队员的情绪	
	8分钟	二、动态热身 （一）目的：通过适当强度的运动，加速血液循环，提高氧气输送效率，激活肌肉，保护关节 （二）方法：半场往返练习 2 组 1. 小步前进 2. 行进间高抬腿 3. 行进间勾腿跳 4. 行进间弓步压腿 5. 行进间侧压腿拉伸 6. 行进间单腿抱膝拉伸	要求： 1. 教练面对队员进行动作示范，保证每名队员都能基本掌握热身动作 2. 每一个环节的热身都要使队员了解所锻炼的身体部位

续表

部分	时间	内容	教法与要求
准备部分	10分钟	三、球性综合练习 （一）目的：巩固与增强队员的球感 （二）方法 1. 以三分线和端线为路线进行球性练习，每种练习各做1组 2. 分别练习小矮人地滚球、抛接球击掌、胯下绕8字地滚球、环绕身体交接球	要求： 1. 练习时，注意队员前后距离不要太近，避免练习时队员之间互相干扰 2. 行进间匀速进行每种练习 器材：篮球
基础训练	8分钟	一、抢标志筒（运球练习） （一）目的：提高队员的运球技术和反应能力 （二）方法 1. 标志筒呈圆形摆放，数量始终比队员数量少1个 2. 当教练发出口令后，队员沿着标志筒外侧，使用外侧手匀速行进间运球，当教练喊停时，靠近标志筒的一侧手快速拿起标志筒 3. 没有获得标志筒的队员，教练要及时安抚并让其在场边加油，标志筒并随之减少1个	 教法： 1. 教练通过讲解与示范，队员学习正确、规范的动作，领会教练的训练意图 2. 教练讲解完毕，鼓励队员大胆尝试，并手把手地教授队员 3. 在游戏过程中教练要特别注意安抚没有抢到标志筒的队员 4. 逆时针3次，顺时针3次 器材：篮球、标志筒
	7分钟	二、看谁传的准（传球练习） （一）目的：提高队员传球的准度，初步体会双手胸前传反弹球 （二）方法 1. 队员面对面呈2排站立，2人1球，队员之间放置1个敏捷圈 2. 当听到教练的哨声，全体持球队员将球推出，击打敏捷圈中心，对面队员将球接住 3. 负荷量：5次×3组 （三）重点与难点 1. 注意手腕与手指的发力，传球力度要足，使球能够充分反弹 2. 双手发力均匀，准度要高	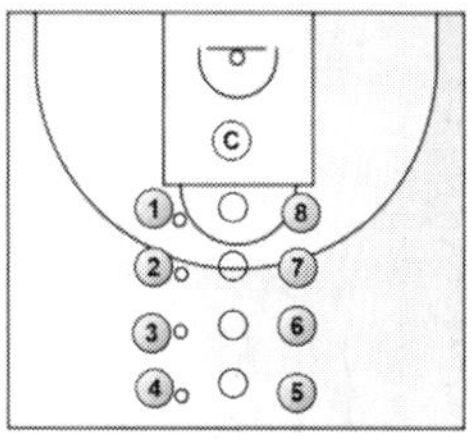 教法： 1. 教练讲解与示范，队员学习正确、规范的动作，领会教练的训练意图 2. 讲解完毕，鼓励队员大胆尝试，并手把手地教授队员 器材：篮球、敏捷圈

续表

部分	时间	内容	教法与要求
基础训练	7分钟	三、侧滑步 （一）目的：提高队员的脚步灵活性，学会防守的基本步法 （二）方法 1. 滑步前，两脚开立，屈膝，上体稍前倾，手臂向两侧张开 2. 向左滑步时，右脚前脚掌内侧蹬地，左脚向左跨出一步，落地的同时，右脚迅速随同滑行，着地后重复上述动作 3. 向右滑行时，动作相反 （三）重点与难点：在练习滑步时，身体始终保持低重心	要求： 1. 在练习过程中，教练要向队员展示规范、正确的滑步动作，同时时刻提醒队员要降低身体重心 2. 侧滑步时，两腿不能交叉
团队合作游戏竞赛	10分钟	名称：运球、传球、投篮综合练习 （一）目的：提高队员的综合能力 （二）方法 1. 队员每人1球排成1路纵队，从起点出发做行进间运球，到达标志筒处与教练进行1次传接球 2. 然后按照规定路线运球至三秒区，进行原地单手肩上投篮	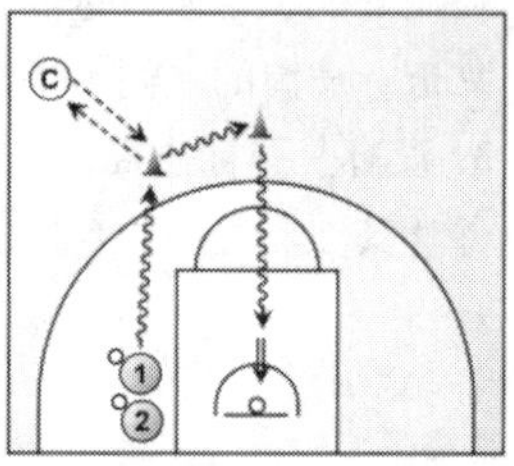 教法： 1. 通过教练的路线跑动和练习动作的正确示范，队员明确训练目标 2. 教练讲解完毕，鼓励队员大胆尝试，并手把手地教授队员 器材：篮球、标志筒
放松与总结	3分钟	1. 课后总结 2. 特别提醒 3. 宣布本节课最佳队员 4. 鼓舞士气	教法： 1. 教练总结本节课所学内容，再次强调动作的细节与要领 2. 教练布置课下作业 3. 教练宣布本节课最认真、提高最快的队员，让其余队员向其学习 4. 队员面向自己父母鞠躬，说“父母辛苦了”，集合喊“加油”，随后解散

第__13__课时

目的与任务：1. 练习传球击中标志筒，锻炼队员传球的准度
2. 复习行进间运球，提高运球时目视前方的能力
3. 学习横向滑步游戏，训练视觉、听觉的反应能力，为将来的防守打下基础

部分	时间	内容	教法与要求
课前与家长交流	3分钟	1. 介绍本节课计划及执教理念 2. 与家长进行沟通与交流，了解队员训练课后的基本情况，教练及时做出调整	教法：与家长进行深入的沟通与交流，介绍本节课的重点与难点，解决家长提出的队员在日常训练中遇到的疑难问题
集合讲解互动沟通	2分钟	1. 慢慢地拍手，大声喊“加油” 2. 强调兴趣对篮球运动的重要性 3. 相互介绍：认识教练与队员 4. 本节课的主题是“保持积极的态度” 5. 鼓励队员要有信心，如教练告诉队员：“你们能行” 6. 激励、热情、能量至关重要 7. 选出1名最有积极性的队员担任队长，辅助教练完成教学任务	教法：普及篮球运动知识，介绍篮球规则；讲授本节课的训练主题，激发队员的训练热情，鼓舞团队士气
准备部分	2分钟	一、情绪激发 让队员围成1圈，教练发言，鼓励队员，让队员手搭着手一起喊“加油”，调动队员的情绪	
	8分钟	二、动态热身 （一）目的：通过适当强度的运动，加速血液循环，提高氧气输送效率，激活肌肉，保护关节 （二）方法：半场往返练习2组 1. 小步前进 2. 行进间高抬腿 3. 行进间勾腿跳 4. 行进间弓步压腿 5. 行进间侧压腿拉伸 6. 行进间单腿抱膝拉伸	要求： 1. 教练面对队员进行动作示范，保证每名队员都能基本掌握热身动作 2. 每一个环节的热身都要使队员了解所锻炼的身体部位

续表

部分	时间	内容	教法与要求
准备部分	10分钟	三、球性综合练习 （一）目的：巩固与增强队员的球感 （二）方法 1. 以三分线和端线为路线进行球性练习，每种练习各做1组 2. 分别练习小矮人地滚球、抛接球击掌、胯下绕8字地滚球、环绕身体交接球	要求： 1. 练习时，注意队员前后距离不要太近，避免练习时队员之间互相干扰 2. 行进间匀速进行每种练习 器材：篮球
基础训练	7分钟	一、轰炸“光头强” （一）目的：增加练习的趣味性，提高队员的传球能力 （二）方法 1. 标志筒放在距离队员3米处，要求队员以双手胸前传球的方式轰炸“光头强” 2. 当听到教练喊“光头强来了”，队员对准“光头强”将球传出，看谁能够击中	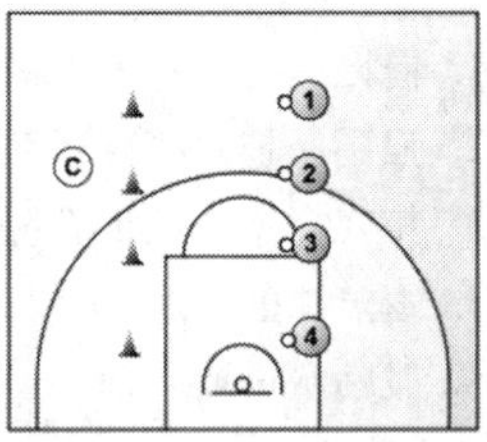 要求： 1. 当队员每完成1次游戏，必须用最快的速度将球捡回并扶正标志筒 2. 提升队员的传球准度，锻炼队员的反应能力 器材：篮球、标志筒
	8分钟	二、行进间高运球练习 （一）目的：提高队员的运球能力 （二）方法 1. 将标志筒呈一字形放置，标志筒之间相距约1米 2. 队员从端线出发只用一侧手进行绕障碍运球练习 3. 负荷量：1个往返×4组 （三）重点与难点 1. 练习时注意左右手的替换，每绕1个标志筒需要换另一侧手运球 2. 无球手注意做出护球动作	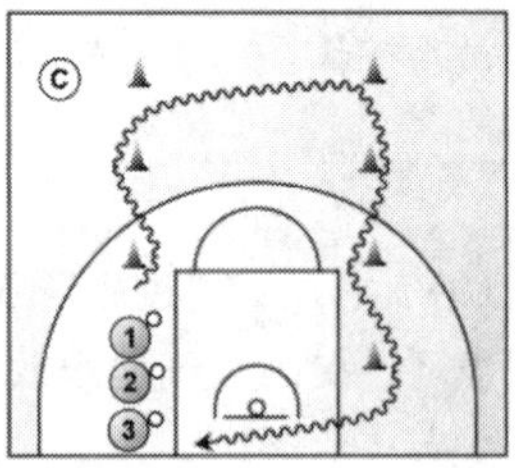 教法： 1. 教练讲解与示范，队员学习正确、规范的动作，领会教练的训练意图 2. 讲解完毕，鼓励队员大胆尝试，并手把手地教授队员 要求：在练习过程中教练一定要时刻提醒队员规范动作 器材：篮球、标志筒

续表

部分	时间	内容	教法与要求
基础训练	5分钟	三、模仿游戏 （一）目的：提高队员的移动能力和反应能力 （二）方法 1. 队员呈一字形站好，间距1米，做好滑步姿势的准备 2. 教练面对队员站立，教练每滑动一步就鸣哨1次，队员跟随教练的方向滑动一步 3. 教练可以任意改变滑动的方向，如“左→左→右”或“右→左→右” 4. 负荷量：2分钟×2组	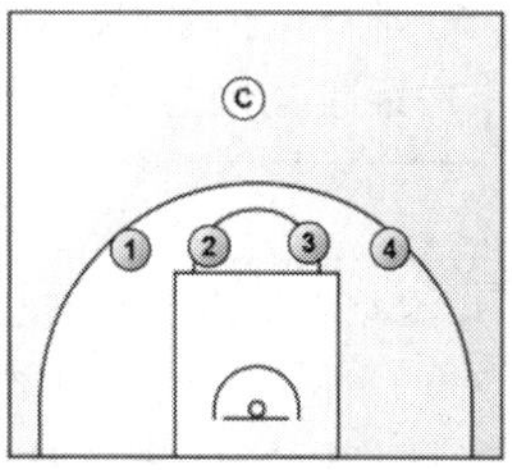 要求： 1. 队员初步练习，要求不要太高，练习队员的反应能力 2. 待练习熟练后，再逐渐增加难度
团队合作游戏竞赛	10分钟	名称：谁是运球小能手 （一）目的：提高队员的运球技术和护球的能力 （二）方法 1. 在指定区域，如三秒区内，队员做单手运球，左右手均可 2. 使用非运球手去干扰其他队员的球，球出界的队员在一旁为其他队员加油 3. 强调在运球时要注意用另一侧手和身体保护球	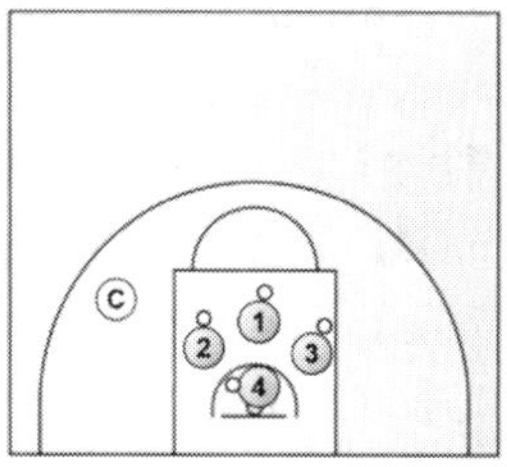 要求： 1. 练习过程中要严格遵守规则，避免嬉戏打闹，防止队员受伤 2. 被淘汰的队员也不要灰心丧气，培养队员坚强的意志品质 器材：篮球
放松与总结	5分钟	1. 课后总结 2. 特别提醒 3. 宣布本节课最佳队员 4. 鼓舞士气	教法： 1. 教练总结本节课所学内容，再次强调动作的细节与要领 2. 教练布置课下作业 3. 教练宣布本节课最认真、提高最快的队员，让其余队员向其学习 4. 队员面向自己父母鞠躬，说“父母辛苦了”，集合喊“加油”，随后解散

第 14 课时

目的与任务：1. 通过原地体前变向运球投篮比赛，提高运球与投篮相结合的能力 2. 学习双手胸前反弹传球，体会和掌握传球时反弹的位置及角度 3. 跳进跳出（绳梯）的练习，提高队员的跳跃能力和协调能力			
部分	时间	内容	教法与要求
课前与家长交流	3分钟	1. 介绍本节课计划及执教理念 2. 与家长进行沟通与交流，了解队员训练课后的基本情况，教练及时做出调整	教法：与家长进行深入的沟通与交流，介绍本节课的重点与难点，解决家长提出的队员在日常训练中遇到的疑难问题
集合讲解互动沟通	2分钟	1. 慢慢地拍手，大声喊“加油” 2. 强调兴趣对篮球运动的重要性 3. 相互介绍：认识教练与队员 4. 本节课的主题是“保持积极的态度” 5. 鼓励队员要有信心，如教练告诉队员：“你们能行” 6. 激励、热情、能量至关重要 7. 选出 1 名最有积极性的队员担任队长，辅助教练完成教学任务	教法：普及篮球运动知识，介绍篮球规则；讲授本节课的训练主题，激发队员的训练热情，鼓舞团队士气
准备部分	2分钟	一、情绪激发 让队员围成 1 圈，教练发言，鼓励队员，让队员手搭着手一起喊“加油”，调动队员的情绪	
	8分钟	二、动态热身 （一）目的：通过适当强度的运动，加速血液循环，提高氧气输送效率，激活肌肉，保护关节 （二）方法：半场往返练习 2 组 1. 小步前进 2. 行进间高抬腿 3. 行进间勾腿跳 4. 行进间弓步压腿 5. 行进间侧压腿拉伸 6. 行进间单腿抱膝拉伸	要求： 1. 教练面对队员进行动作示范，保证每名队员都能基本掌握热身动作 2. 每一个环节的热身都要使队员了解所锻炼的身体部位

续表

部分	时间	内容	教法与要求
准备部分	10分钟	三、球性综合练习 （一）目的：巩固与增强队员的球感 （二）方法 1. 以三分线和端线为路线进行球性练习，每种练习各做1组 2. 分别练习小矮人地滚球、抛接球击掌、胯下绕8字地滚球、环绕身体交接球	要求： 1. 练习时，注意队员前后距离不要太近，避免练习时队员之间互相干扰 2. 行进间匀速进行每种练习 器材：篮球
基础训练	10分钟	一、原地体前变向运球投篮比赛 （一）目的：初步体会运球与投篮相结合的练习 （二）方法 1. 将队员分成2队，每队第一名队员准备投篮 2. 当听到教练的哨声时，排头2名队员先原地体前变向运球6次，然后进行单手肩上投篮，再抢到篮板球，返回队尾 3. 比比谁运球不丢球、谁投篮投得准	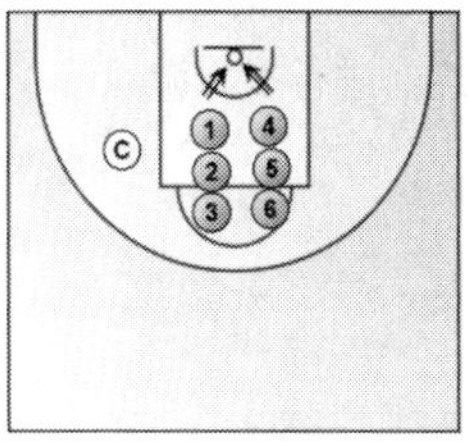 要求： 1. 原地运球投篮，巩固队员的运球能力 2. 提升队员运球结合投篮的能力 器材：篮球
	7分钟	二、原地双手胸前传反弹球 （一）目的：初步掌握原地双手胸前传反弹球 （二）方法 1. 传球时，两脚开立，屈膝，上体稍前倾，双手持球于胸前，两臂不要外展，五指自然分开，持球的侧后方（掌心空出） 2. 两臂迅速向前伸展的同时，用翻抖手腕和手指的弹拨力量将球向2人之间的地面传出，重心随之前移 3. 负荷量：10次×4组 （三）重点与难点：注意击球的位置能够使接球队员顺利接球	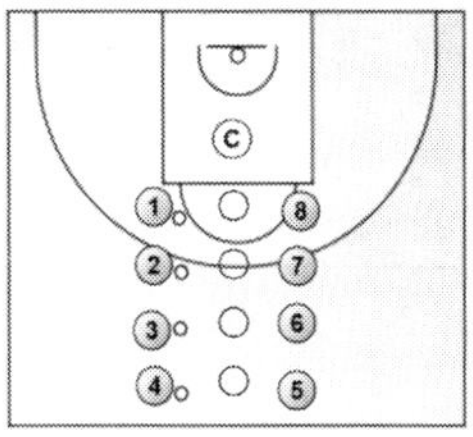 要求： 1. 教练讲解与示范，队员学习正确、规范的动作，领会教练的训练意图 2. 教练讲解完毕，鼓励队员大胆尝试，并手把手地教授队员 器材：篮球
	5分钟	三、跳进跳出（绳梯） （一）目的：提高队员的跳跃能力和协调能力 （二）方法 1. 双脚跳进绳梯第一个格子，再双脚起跳，在空中分开，左脚落在第一格子与第二格子之间的左侧，右脚落在其右侧 2. 然后双脚跳进第二格子，依次进行	教法： 1. 教练通过正面、侧面的讲解与示范，队员边听讲解边看示范并学习正确、规范的动作 2. 教练讲解完毕，鼓励队员大胆尝试，并手把手地教授队员 要求：示范时速度不要过快，每走一步都进行详细的讲解 器材：绳梯

续表

部分	时间	内容	教法与要求
团队合作游戏竞赛	8分钟	名称：综合练习 （一）目的：复习之前所学内容，巩固球感 （二）方法 1. 从起点出发进行小矮人地滚球到达第一个标志筒，做1次胯下原地绕8字地滚球。 2. 继续小矮人地滚球到达第二个标志筒，做1次头部、腰部、膝关节的环绕身体交接球 3. 运球返回进行投篮，教练可将队员分成2组，进行接力游戏	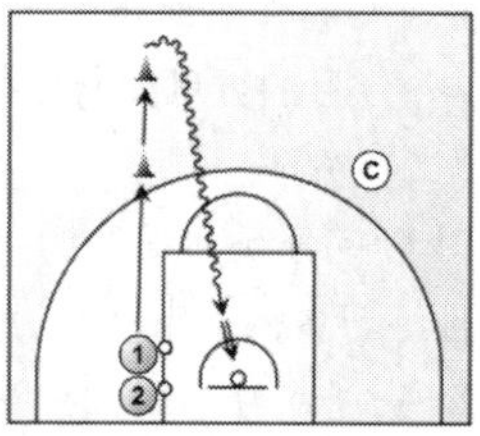 教法： 1. 通过教练的跑动路线和练习动作的正确示范，队员明确训练目标 2. 教练讲解完毕，鼓励队员大胆尝试，并手把手地教授队员 器材：篮球、标志筒
放松与总结	5分钟	1. 课后总结 2. 特别提醒 3. 宣布本节课最佳队员 4. 鼓舞士气	教法： 1. 教练总结本节课所学内容，再次强调动作的细节与要领 2. 教练布置课下作业 3. 教练宣布本节课最认真、提高最快的队员，让其余队员向其学习 4. 队员面向自己父母鞠躬，说“父母辛苦了”，集合喊“加油”，随后解散

第 15 课时

目的与任务：1. 复习之字形运球，使队员在实战中能够有更多的进攻选择
2. 通过运球→传球→投篮的综合练习，巩固所学内容，为接下来的简单攻防打好基础
3. 学习前滑步移动技术，增加队员防守的多样性
4. 学习折返跑投篮，通过折返投篮，增加队员在一定运动强度后的投篮稳定性

部分	时间	内容	教法与要求
课前与家长交流	3分钟	1. 介绍本节课计划及执教理念 2. 与家长进行沟通与交流，了解队员训练课后的基本情况，教练及时做出调整	教法：与家长进行深入的沟通与交流，介绍本节课的重点与难点，解决家长提出的队员在日常训练中遇到的疑难问题
集合讲解互动沟通	2分钟	1. 慢慢地拍手，大声喊“加油” 2. 强调兴趣对篮球运动的重要性 3. 相互介绍：认识教练与队员 4. 本节课的主题是“保持积极的态度” 5. 鼓励队员要有信心，如教练告诉队员：“你们能行” 6. 激励、热情、能量至关重要 7. 选出1名最有积极性的队员担任队长，辅助教练完成教学任务	教法：普及篮球运动知识，介绍篮球规则；讲授本节课的训练主题，激发队员的训练热情，鼓舞团队士气
准备部分	2分钟	一、情绪激发 让队员围成1圈，教练发言，鼓励队员，让队员手搭着手一起喊“加油”，调动队员的情绪	
	8分钟	二、动态热身 （一）目的：通过适当强度的运动，加速血液循环，提高氧气输送效率，激活肌肉，保护关节 （二）方法：半场往返练习2组 1. 小步前进 2. 行进间高抬腿 3. 行进间勾腿跳 4. 行进间弓步压腿 5. 行进间侧压腿拉伸 6. 行进间单腿抱膝拉伸	要求： 1. 教练面对队员进行动作示范，保证每名队员都能基本掌握热身动作 2. 每一个环节的热身都要使队员了解所锻炼的身体部位

续表

部分	时间	内容	教法与要求
准备部分	10分钟	三、球性综合练习 （一）目的：巩固与增强队员的球感 （二）方法 1. 以三分线和端线为路线进行球性练习，每种练习各做1组 2. 分别练习小矮人地滚球、抛接球击掌、胯下绕8字地滚球、环绕身体交接球	要求： 1. 练习时，注意队员前后距离不要太近，避免练习时队员之间互相干扰 2. 行进间匀速进行每种练习 器材：篮球
基础训练	7分钟	一、之字形运球、投篮 （一）目的：提高队员左右手的运球能力 （二）方法 1. 练习时注意目视前方，注意标志筒的位置，左侧行进时使用左手运球 2. 到达左边标志筒的内侧，则换右手运球，向右侧标志筒行进，依次进行 3. 返回完成运球后，进行原地单手肩上投篮	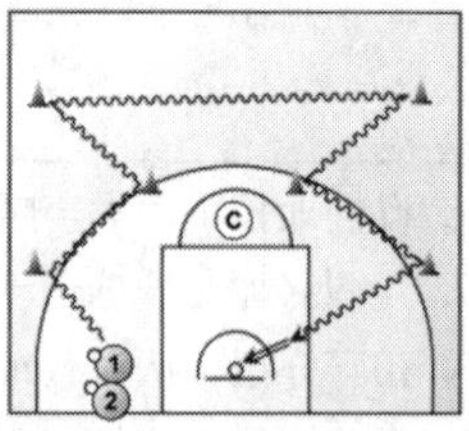 要求： 1. 教练讲解与示范，队员学习正确、规范的动作，领会教练的训练意图 2. 教练讲解完毕，鼓励队员大胆尝试，并手把手地教授队员 器材：篮球、标志筒
	8分钟	二、运球→传球→投篮练习 （一）目的：提高队员运、传、投的能力 （二）方法 1. 队员从中线位置出发运球 2. 与教练进行双手胸前传球、双手胸前传反弹球各1次 3. 然后教练做消极防守，队员从任一方向避开教练，进行原地单手肩上投篮	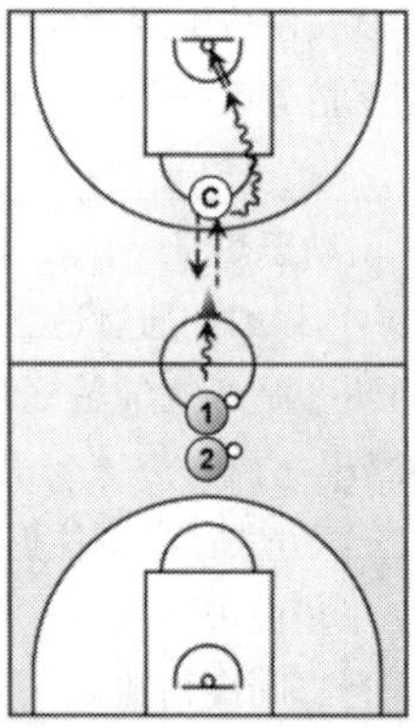 教法： 1. 教练讲解与示范，队员学习正确、规范的动作，领会教练的训练意图 2. 讲解完毕，鼓励队员大胆尝试，并手把手地教授队员 器材：篮球、标志筒

续表

部分	时间	内容	教法与要求
基础训练	7分钟	三、前滑步 （一）目的：掌握前滑步的基本要领 （二）方法 1. 两脚前后站立，当向前滑步时，后脚前脚掌内侧蹬地，前脚向前跨步 2. 前脚着地后，后脚随之向前滑动，两脚保持前后开立姿势，注意屈膝降低重心 （三）重点与难点：滑步时注意降低重心，保持重心不要有起伏	要求： 1. 在练习滑步时，最容易犯的错误就是队员不注意降低重心 2. 在练习过程中，教练要向队员展示规范、正确的滑步动作，同时时刻提醒队员降低重心
团队合作游戏竞赛	8分钟	名称：折返跑投篮 （一）目的：提高队员的跑动能力、传接球及投篮的能力 （二）方法 1. 将队员分成2组，呈2路纵队排列，2组第一名队员不拿球，其余队员每人1球 2. 教练发出口令，2组第一名队员加速跑到对面的标志筒处，手必须触碰标志筒然后返回三秒区的标志筒处，同时接第二名队员的传球，进行原地双手投篮，抢到篮板球，返回队尾；第二名队员传球后，做与第一名队员相同的练习，依次进行	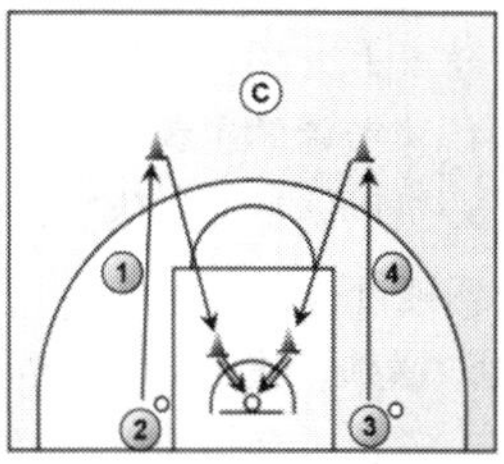 要求： 1. 教练讲解与示范，队员学习正确、规范的动作，领会教练的训练意图 2. 教练讲解完毕，鼓励队员大胆尝试，并手把手地教授队员 器材：篮球、标志筒
放松与总结	5分钟	1. 课后总结 2. 特别提醒 3. 宣布本节课最佳队员 4. 鼓舞士气	教法： 1. 教练总结本节课所学内容，再次强调动作的细节与要领 2. 教练布置课下作业 3. 教练宣布本节课最认真、提高最快的队员，让其余队员向其学习 4. 队员面向自己父母鞠躬，说“父母辛苦了”，集合喊“加油”，随后解散

第__16__课时

<table>
<tr><td colspan="4">目的与任务：1. 通过在竞争情景下运球，提高队员的运球稳定性
2. 通过团队投篮比赛，激发队员积极的训练情绪，同时也能够训练传球技术
3. 通过运球抓人游戏，提高队员行进间运球的能力，同时复习前滑步</td></tr>
<tr><td>部分</td><td>时间</td><td>内容</td><td>教法与要求</td></tr>
<tr><td>课前与家长交流</td><td>3分钟</td><td>1. 介绍本节课计划及执教理念
2. 与家长进行沟通与交流，了解队员训练课后的基本情况，教练及时做出调整</td><td>教法：与家长进行深入的沟通与交流，介绍本节课的重点与难点，解决家长提出的队员在日常训练中遇到的疑难问题</td></tr>
<tr><td>集合讲解互动沟通</td><td>2分钟</td><td>1. 慢慢地拍手，大声喊“加油”
2. 强调兴趣对篮球运动的重要性
3. 相互介绍：认识教练与队员
4. 本节课的主题是“保持积极的态度”
5. 鼓励队员要有信心，如教练告诉队员：“你们能行”
6. 激励、热情、能量至关重要
7. 选出1名最有积极性的队员担任队长，辅助教练完成教学任务</td><td>教法：普及篮球运动知识，介绍篮球规则；讲授本节课的训练主题，激发队员的训练热情，鼓舞团队士气</td></tr>
<tr><td rowspan="2">准备部分</td><td>2分钟</td><td>一、情绪激发
让队员围成1圈，教练发言，鼓励队员，让队员手搭着手一起喊“加油”，调动队员的情绪</td><td></td></tr>
<tr><td>8分钟</td><td>二、动态热身
（一）目的：通过适当强度的运动，加速血液循环，提高氧气输送效率，激活肌肉，保护关节
（二）方法：半场往返练习2组
1. 小步前进
2. 行进间高抬腿
3. 行进间勾腿跳
4. 行进间弓步压腿
5. 行进间侧压腿拉伸
6. 行进间单腿抱膝拉伸</td><td>要求：
1. 教练面对队员进行动作示范，保证每名队员都能基本掌握热身动作
2. 每一个环节的热身都要使队员了解所锻炼的身体部位</td></tr>
</table>

续表

<table>
<tr><th>部分</th><th>时间</th><th>内容</th><th>教法与要求</th></tr>
<tr><td>准备部分</td><td>10分钟</td><td>三、球性综合练习
(一) 目的：巩固与增强队员的球感
(二) 方法
1. 以三分线和端线为路线进行球性练习，每种练习各做1组
2. 分别练习小矮人地滚球、抛接球击掌、胯下绕8字地滚球、环绕身体交接球</td><td>要求：
1. 练习时，注意队员前后距离不要太近，避免练习时队员之间互相干扰
2. 行进间匀速进行每种练习
3. 每种动作1组×1次
器材：篮球</td></tr>
<tr><td rowspan="2">基础训练</td><td>7分钟</td><td>一、运球比赛
(一) 目的：在竞争情景下练习运球，提高队员的运球能力
(二) 方法
1. 各组1球，听到教练信号后每组第一名队员右手运球绕过标志筒，然后换左手运球返回
2. 返回后交给下一人继续进行，直至全部做完，先做完的组为优胜组
3. 负荷量：2分钟×3组</td><td>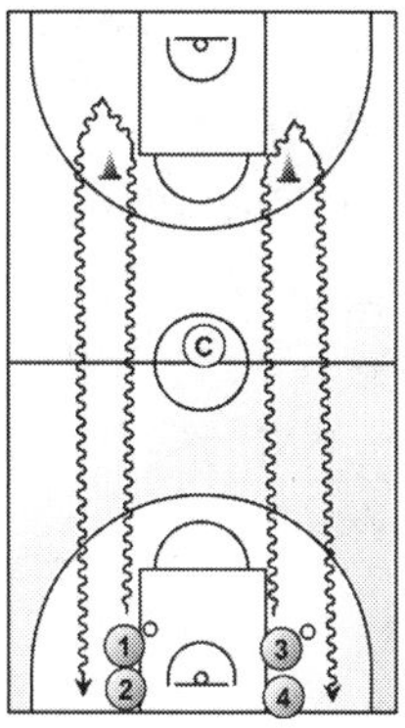

教法：
1. 教练讲解与示范，队员学习正确、规范的动作，领会教练的训练意图
2. 教练讲解完毕，鼓励队员大胆尝试，并手把手地教授队员
要求：手脚协调配合，运球高度适当，加强手指对球的控制
器材：篮球、标志筒</td></tr>
<tr><td>8分钟</td><td>二、投篮比赛
(一) 目的：提高队员的投篮能力
(二) 方法
1. 每组1球，各组队员依次投篮
2. 自投自抢传给下一人，然后排到队尾，投中5球的组获胜，各半场的2组间进行比赛</td><td>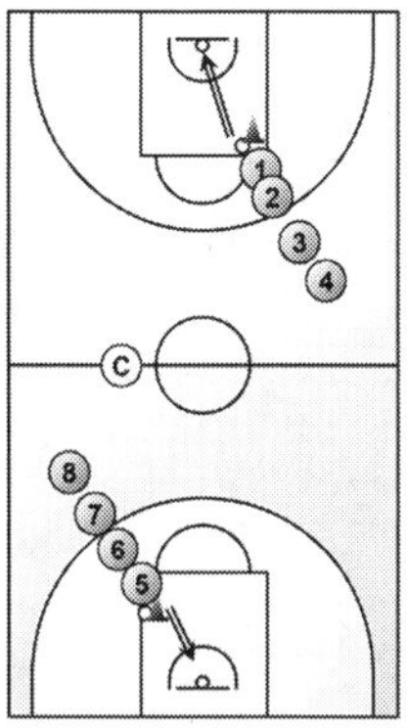

要求：抢到篮板球迅速给下一名队员，将传球动作方法应用到练习中
器材：篮球、标志筒</td></tr>
</table>

续表

部分	时间	内容	教法与要求
基础训练	5分钟	三、复习前滑步 （一）目的：熟练掌握前滑步的要领 （二）方法 1. 由两脚前后站立姿势开始，向前滑步时，后脚前脚掌内侧蹬地，前脚向前跨步 2. 前脚着地后，后脚随之向前滑动，保持前后开立姿势，注意屈膝降低重心 3. 负荷量：半场往返练习 3 组	教法：在练习过程中，教练要向队员展示规范、正确的滑步动作，同时时刻提醒队员降低重心
团队合作游戏竞赛	10分钟	名称：运球抓人 （一）目的：提高队员的运球能力与护球能力 （二）方法：队员每人 1 球，在场内进行运球，其中 2 人为追逐者，分别运球追逐其他人，被追到的人变为追逐者，继续追逐其他人	 要求：在游戏中注意避免击打、拉扯 器材：篮球
放松与总结	5分钟	1. 课后总结 2. 特别提醒 3. 宣布本节课最佳队员 4. 鼓舞士气	教法： 1. 教练总结本节课所学内容，再次强调动作的细节与要领 2. 教练布置课下作业 3. 教练宣布本节课最认真、提高最快的队员，让其余队员向其学习 4. 队员面向自己父母鞠躬，说“父母辛苦了”，集合喊“加油”，随后解散

第__17__课时

目的与任务：1. 通过有防守干扰的传球练习，提高队员的传球能力和传球机动性
2. 复习行进间运球投篮，提升队员运球结合投篮的能力
3. 学习后滑步，为将来实战中的防守能力打下基础

部分	时间	内容	教法与要求
课前与家长交流	3分钟	1. 介绍本节课计划及执教理念 2. 与家长进行沟通与交流，了解队员训练课后的基本情况，教练及时做出调整	教法：与家长进行深入的沟通与交流，介绍本节课的重点与难点，解决家长提出的队员在日常训练中遇到的疑难问题
集合讲解互动沟通	2分钟	1. 慢慢地拍手，大声喊“加油” 2. 强调兴趣对篮球运动的重要性 3. 相互介绍：认识教练与队员 4. 本节课的主题是“保持积极的态度” 5. 鼓励队员要有信心，如教练告诉队员：“你们能行” 6. 激励、热情、能量至关重要 7. 选出1名最有积极性的队员担任队长，辅助教练完成教学任务	教法：普及篮球运动知识，介绍篮球规则；讲授本节课的训练主题，激发队员的训练热情，鼓舞团队士气
准备部分	2分钟	一、情绪激发 让队员围成1圈，教练发言，鼓励队员，让队员手搭着手一起喊“加油”，调动队员的情绪	
	8分钟	二、动态热身 （一）目的：通过适当强度的运动，加速血液循环，提高氧气输送效率，激活肌肉，保护关节 （二）方法：半场往返练习2组 1. 小步前进 2. 行进间高抬腿 3. 行进间勾腿跳 4. 行进间弓步压腿 5. 行进间侧压腿拉伸 6. 行进间单腿抱膝拉伸	要求： 1. 教练面对队员进行动作示范，保证每名队员都能基本掌握热身动作 2. 每一个环节的热身都要使队员了解所锻炼的身体部位

续表

部分	时间	内容	教法与要求
准备部分	10分钟	二、球性综合练习 （一）目的：巩固与增强队员的球感 （二）方法 1. 以三分线和端线为路线进行球性练习，每种练习各做1组 2. 分别练习小矮人地滚球、抛接球击掌、胯下绕8字地滚球、环绕身体交接球	要求： 1. 练习时，注意队员前后距离不要太近，避免练习时队员之间互相干扰 2. 行进间匀速进行每种练习 器材：篮球
基础训练	8分钟	一、防守干扰下的传接球 （一）目的：提高队员的传球能力和防守能力 （二）方法 1. 3名队员为1组，每组1球，2名队员面对面站立，分别站在指定位置 2. 2名队员进行双手胸前传接球，中间队员进行防守 3. 若传球失误或断球成功，则交换角色	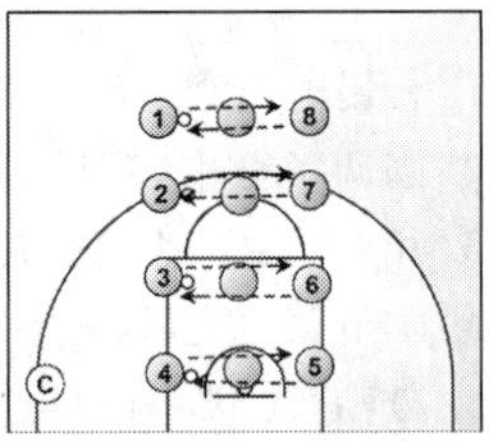 要求： 1. 教练面对队员进行讲解与示范 2. 队员可以任何方式进行传球 3. 防守队员必须紧防有球人，不允许在无球队员面前干扰传球 器材：篮球
	7分钟	二、运球投篮练习 （一）目的：熟练掌握运球结合投篮的能力 （二）方法 1. 队员在一侧半场快速运球上篮，然后抢篮板球，然后运球到另一半场排队练习 2. 队员在投篮之后迅速且主动地抢篮板球，尽量不要让球落地	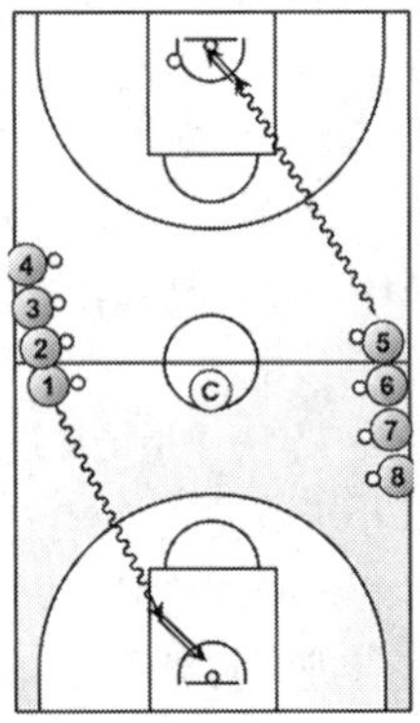 教法： 1. 教练讲解与示范，队员学习正确、规范的动作，领会教练的训练意图 2. 讲解完毕，鼓励队员大胆尝试，并手把手地教授队员 要求：手脚协调配合，运球高度适当，加强手指对球的控制 器材：篮球

续表

部分	时间	内容	教法与要求
基础训练	5分钟	三、学习后滑步 （一）目的：掌握后滑步，为将来实战防守打下基础 （二）方法 1. 滑步前，两脚开立，屈膝，上体稍前倾，手臂向两侧张开 2. 与侧滑步动作要领相同，只是向侧后方向移动 3. 负荷量：1个半场往返×4组 （三）重点与难点：保持低重心，后蹬滑步有力	要求： 1. 在练习滑步时，最容易犯的错误就是队员不注意降低重心 2. 在练习过程中，教练要向队员展示规范、正确的滑步动作，同时时刻提醒队员降低重心
团队合作游戏竞赛	10分钟	名称：一对一抢球 （一）目的：提高队员的运球和护球的能力 （二）方法：2人1组，每人1球。在三秒区或指定区域内，2名队员运用进攻防守的技术去抢对方的球。在游戏过程中，队员必须一直进行运球	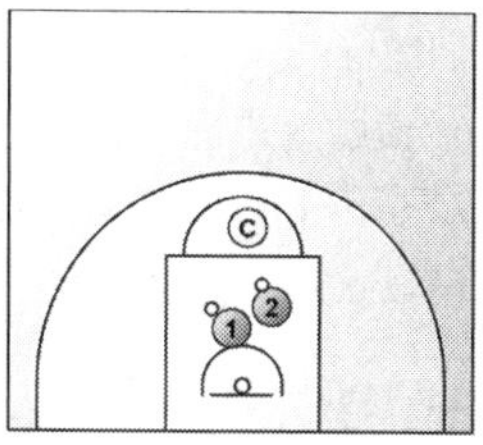 要求： 1. 在游戏过程中，教练要规范队员的动作 2. 对一些违例和犯规的动作要及时纠正，传授基本的篮球知识 器材：篮球
放松与总结	5分钟	1. 课后总结 2. 特别提醒 3. 宣布本节课最佳队员 4. 鼓舞士气	教法： 1. 教练总结本节课所学内容，再次强调动作的细节与要领 2. 教练布置课下作业 3. 教练宣布本节课最认真、提高最快的队员，让其余队员向其学习 4. 队员面向自己父母鞠躬，说“父母辛苦了”，集合喊“加油”，随后解散

第　18　课时

目的与任务：1. 巩固行进间运球练习，提高行进间运球的能力，改进行进间低运球投篮的技术动作 2. 通过追网球的训练，提高队员的反应和灵敏能力			
部分	时间	内容	教法与要求
课前与家长交流	3分钟	1. 介绍本节课计划及执教理念 2. 与家长进行沟通与交流，了解队员训练课后的基本情况，教练及时做出调整	教法：与家长进行深入的沟通与交流，介绍本节课的重点与难点，解决家长提出的队员在日常训练中遇到的疑难问题
集合讲解互动沟通	2分钟	1. 慢慢地拍手，大声喊“加油” 2. 强调兴趣对篮球运动的重要性 3. 相互介绍：认识教练与队员 4. 本节课的主题是“保持积极的态度” 5. 鼓励队员要有信心，如教练告诉队员：“你们能行” 6. 激励、热情、能量至关重要 7. 选出1名最有积极性的队员担任队长，辅助教练完成教学任务	教法：普及篮球运动知识，介绍篮球规则；讲授本节课的训练主题，激发队员的训练热情，鼓舞团队士气
准备部分	2分钟	一、情绪激发 让队员围成1圈，教练发言，鼓励队员，让队员手搭着手一起喊“加油”，调动队员的情绪	
	8分钟	二、动态热身 （一）目的：通过适当强度的运动，加速血液循环，提高氧气输送效率，激活肌肉，保护关节 （二）方法：半场往返练习2组 1. 小步前进 2. 行进间高抬腿 3. 行进间勾腿跳 4. 行进间弓步压腿 5. 行进间侧压腿拉伸 6. 行进间单腿抱膝拉伸	要求： 1. 教练面对队员进行动作示范，保证每名队员都能基本掌握热身动作 2. 每一个环节的热身都要使队员了解所锻炼的身体部位

续表

部分	时间	内容	教法与要求
准备部分	10分钟	三、球性综合练习 （一）目的：巩固与增强队员的球感 （二）方法 1. 以三分线和端线为路线进行球性练习，每种练习各做1组 2. 分别练习小矮人地滚球、抛接球击掌、胯下绕8字地滚球、环绕身体交接球	要求： 1. 练习时，注意队员前后距离不要太近，避免练习时队员之间互相干扰 2. 行进间匀速进行每种练习 器材：篮球
基础训练	5分钟	一、行进间运球练习 （一）目的：提高队员行进间运球的能力 （二）方法 1. 第一名队员出发做直线行进间低运球，外侧手运球 2. 无球手与标志筒同侧，每到1个标志筒处，将其放倒 3. 第二名队员练习时，再将标志筒摆正，所有队员依次进行	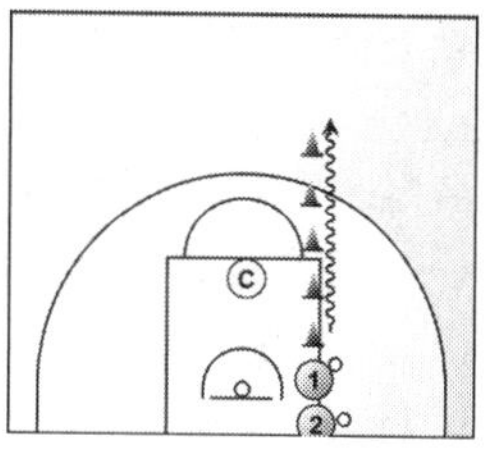 教法： 1. 教练通过正面、侧面的讲解与示范，队员边听讲解边看示范并学习正确、规范的动作 2. 教练讲解完毕，鼓励队员大胆尝试，并手把手地教授队员 器材：篮球、标志筒
	10分钟	二、全场之字形运球和原地单手肩上投篮综合练习 （一）目的：提高队员左右换手运球的能力和投篮能力 （二）方法 1. 队员1人1球，从右侧端线后出发，按照指定路线进行运球，在标志筒前要进行换手运球 2. 运球超过最后1个标志筒，加速运球并进行原地单手肩上投篮，投篮后抢到篮板球，在对侧继续运球、投篮，然后抢到篮板球回队尾，以此类推	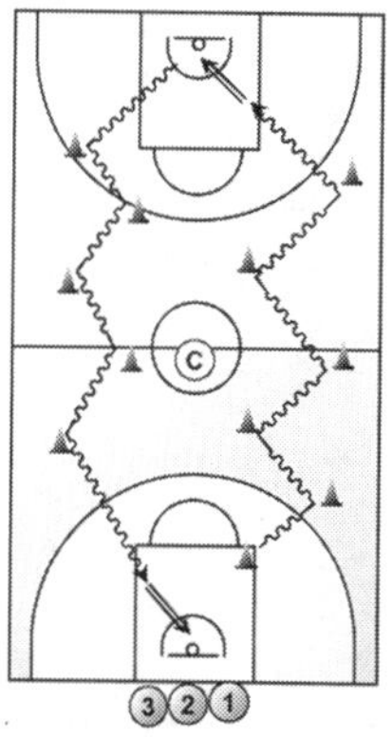 教法： 1. 通过教练的路线跑动和练习动作的正确示范，使队员明确训练目标 2. 讲解完毕，鼓励队员大胆尝试，并手把手地教授队员 器材：篮球、标志筒

续表

部分	时间	内容	教法与要求
基础训练	5分钟	三、追网球 （一）目的：提高队员的灵敏能力与反应能力 （二）方法 1. 队员站立在罚球线处背对教练 2. 教练手持网球，在队员背后任意方向将网球抛滚出 3. 队员以最快的速度判断网球的方向并加速跑追拿网球 4. 负荷量：3 次 ×2 组	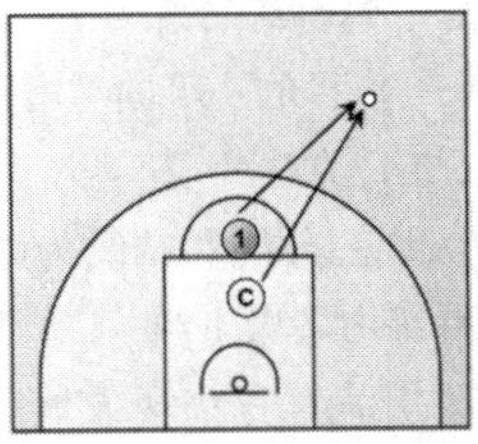 要求：要求队员反应速度要快，提高队员的灵敏能力和反应能力 器材：网球
团队合作游戏竞赛	10分钟	名称：投篮、补篮游戏 （一）目的：提高队员的综合能力 （二）方法 1. 将 1 个篮球置于三分线弧顶，2 名队员分别站于底角。教练发令后，2 名队员以最快的速度抢球，率先抢到球的队员运球至篮下投篮 2. 另一名队员必须在有球队员的身后等待抢篮板球。若第一名队员投篮不中，则后一名队员抢篮板球，将球补进	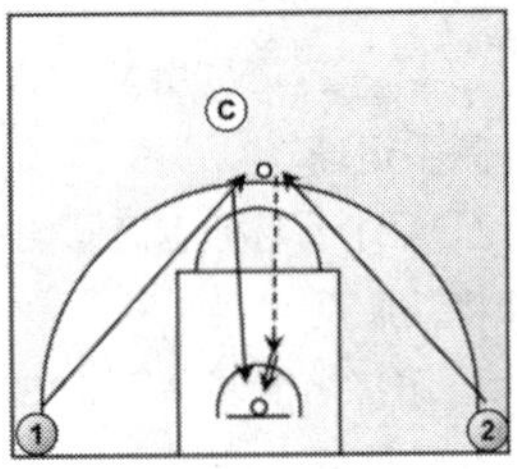 要求： 1. 若第二名队员没有抢到球，必须跟在第一名队员身后，不准干扰第一名队员运球和投篮 2. 抢篮板球的队员尽量不要掉球 器材：篮球
放松与总结	5分钟	1. 课后总结 2. 特别提醒 3. 宣布本节课最佳队员 4. 鼓舞士气	教法： 1. 教练总结本节课所学内容，再次强调动作的细节与要领 2. 教练布置课下作业 3. 教练宣布本节课最认真、提高最快的队员，让其余队员向其学习 4. 队员面向自己父母鞠躬，说“父母辛苦了”，集合喊“加油”，随后解散

第__19__课时

目的与任务：1. 复习滑步，通过滑步游戏，提高队员的滑步频率和反应能力
2. 进行全场传球、加速跑、接球运球上篮综合练习，提高传球、运球和投篮的综合运用能力
3. 进行V形变向跑练习，提高队员的变向跑能力

部分	时间	内容	教法与要求
课前与家长交流	3分钟	1. 介绍本节课计划及执教理念 2. 与家长进行沟通与交流，了解队员训练课后的基本情况，教练及时做出调整	教法：与家长进行深入的沟通与交流，介绍本节课的重点与难点，解决家长提出的队员在日常训练中遇到的疑难问题
集合讲解互动沟通	2分钟	1. 慢慢地拍手，大声喊“加油” 2. 强调兴趣对篮球运动的重要性 3. 相互介绍：认识教练与队员 4. 本节课的主题是“保持积极的态度” 5. 鼓励队员要有信心，如教练告诉队员：“你们能行” 6. 激励、热情、能量至关重要 7. 选出1名最有积极性的队员担任队长，辅助教练完成教学任务	教法：普及篮球运动知识，介绍篮球规则；讲授本节课的训练主题，激发队员的训练热情，鼓舞团队士气
准备部分	2分钟	一、情绪激发 让队员围成1圈，教练发言，鼓励队员，让队员手搭着手一起喊“加油”，调动队员的情绪	
	8分钟	二、动态热身 （一）目的：通过适当强度的运动，加速血液循环，提高氧气输送效率，激活肌肉，保护关节 （二）方法：半场往返练习2组 1. 小步前进 2. 行进间高抬腿 3. 行进间勾腿跳 4. 行进间弓步压腿 5. 行进间侧压腿拉伸 6. 行进间单腿抱膝拉伸	要求： 1. 教练面对队员进行动作示范，保证每名队员都能基本掌握热身动作 2. 每一个环节的热身都要使队员了解所锻炼的身体部位

续表

部分	时间	内容	教法与要求
准备部分	10分钟	三、球性综合练习 （一）目的：巩固与增强队员的球感 （二）方法 1. 以三分线和端线为路线进行球性练习，每种练习各做1组 2. 分别练习小矮人地滚球、抛接球击掌、胯下绕8字地滚球、环绕身体交接球	要求： 1. 练习时，注意队员前后距离不要太近，避免练习时队员之间互相干扰 2. 行进间匀速进行每种练习 器材：篮球
基础训练	7分钟	一、滑步游戏 （一）目的：练习脚步与反应能力 （二）方法 1. 队员站成2排，错位站立，避免视线遮挡 2. 教练面对队员站位，当教练响哨指向队员的后方，队员随即后滑步1次；响哨指向队员的左侧，队员随即左侧滑步1次 3. 教练可随机指方向，响哨与指方向同时进行，看谁反应最快，并且方向准确 4. 负荷量：1分钟×4组	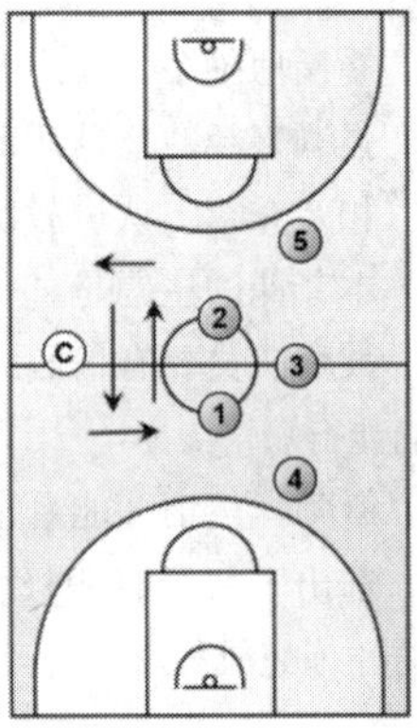 要求：提高队员的反应能力，同时巩固队员的滑步能力，为将来实战的防守打下基础
	8分钟	二、全场传球、加速跑、接球运球上篮综合练习 （一）目的：提高队员的运球、传球、投篮能力 （二）方法 1. 队员平均分成2组，每人1球，队员通过双手胸前传球将球传给教练，沿边线加速跑 2. 接教练的传球后运球至三秒区，做单手肩上投篮，然后抢到篮板球运球并到另一组的队尾，以此类推 3. 负荷量：4分钟×2组	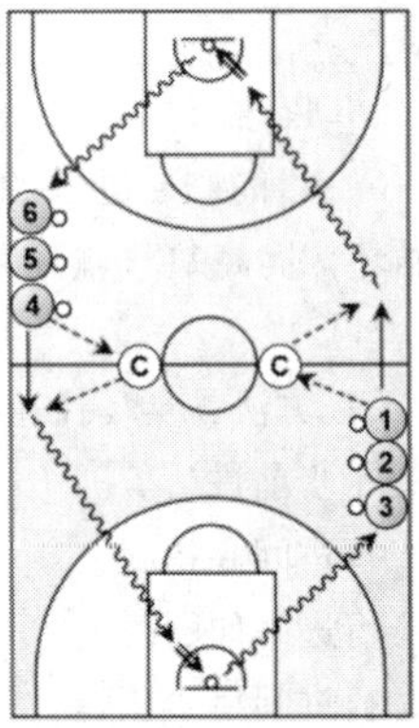 要求： 1. 此练习需要2名教练协同合作 2. 教练进行详细的讲解与示范，若队员无法完成，可先由半场练习开始，逐步过渡到全场练习 器材：篮球

续表

部分	时间	内容	教法与要求
基础训练	5分钟	三、V形变向跑练习 （一）目的：提高队员的跑动能力 （二）方法 1. 队员平均分成2组，在篮球场两侧做V形变向跑练习 2. 变向时脚蹬地要有力，蹬地后及时跨步，跨步后身体重心降低，不要上下起伏 3. 负荷量：1个往返×3组	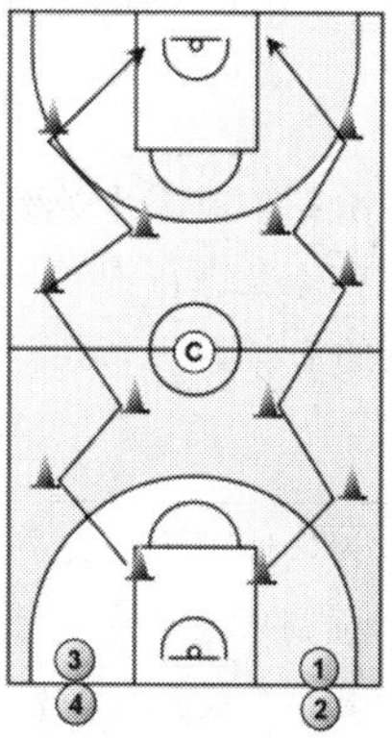 要求： 1. 提高队员无球摆脱的能力，同时强调变向跑的节奏感 2. 掌握直线加速、变向减速再加速的节奏感 器材：标志筒
团队合作游戏竞赛	10分钟	名称：投篮、补篮游戏 （一）目的：提高队员的综合能力 （二）方法 1. 将1个篮球置于三分线弧顶，2名队员分别站于底角。教练发令后，2名队员以最快的速度抢球，率先抢到球的队员运球至篮下投篮 2. 另一名队员必须在有球队员的身后等待抢篮板球。若第一名队员投篮不中，则另一名队员抢篮板球，将球补进 3. 负荷量：5组×1次	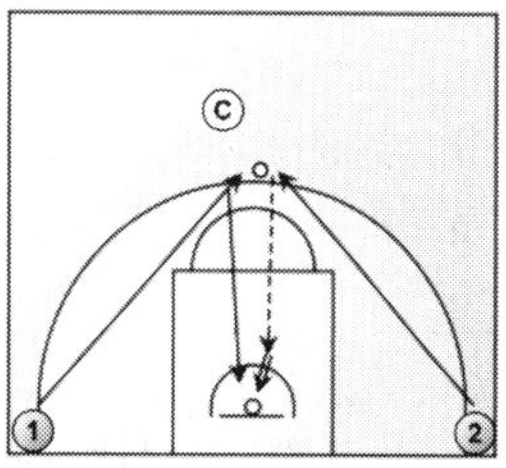 要求： 1. 若第二名队员没有抢到球，必须跟在第一名队员身后，不准干扰第一名队员运球和投篮 2. 抢篮板球的队员尽量不要掉球 器材：篮球
放松与总结	5分钟	1. 课后总结 2. 特别提醒 3. 宣布本节课最佳队员 4. 鼓舞士气	教法： 1. 教练总结本节课所学内容，再次强调动作的细节与要领 2. 教练布置课下作业 3. 教练宣布本节课最认真、提高最快的队员，让其余队员向其学习 4. 队员面向自己父母鞠躬，说“父母辛苦了”，集合喊“加油”，随后解散

第__20__课时

<table>
<tr><td colspan="4">目的与任务：1. 进行全场之字形运球和原地单手肩上投篮综合练习，提高运球和投篮能力
2. 复习防守干扰下的传接球，巩固队员的传球能力，同时提高队员的防守能力</td></tr>
<tr><td>部分</td><td>时间</td><td>内容</td><td>教法与要求</td></tr>
<tr><td>课前与家长交流</td><td>3分钟</td><td>1. 介绍本节课计划及执教理念
2. 与家长进行沟通与交流，了解队员训练课后的基本情况，教练及时做出调整</td><td>教法：与家长进行深入的沟通与交流，介绍本节课的重点与难点，解决家长提出的队员在日常训练中遇到的疑难问题</td></tr>
<tr><td>集合讲解互动沟通</td><td>2分钟</td><td>1. 慢慢地拍手，大声喊“加油”
2. 强调兴趣对篮球运动的重要性
3. 相互介绍：认识教练与队员
4. 本节课的主题是“保持积极的态度”
5. 鼓励队员要有信心，如教练告诉队员：“你们能行”
6. 激励、热情、能量至关重要
7. 选出1名最有积极性的队员担任队长，辅助教练完成教学任务</td><td>教法：普及篮球运动知识，介绍篮球规则；讲授本节课的训练主题，激发队员的训练热情，鼓舞团队士气</td></tr>
<tr><td rowspan="2">准备部分</td><td>2分钟</td><td>一、情绪激发
让队员围成1圈，教练发言，鼓励队员，让队员手搭着手一起喊“加油”，调动队员的情绪</td><td></td></tr>
<tr><td>8分钟</td><td>二、动态热身
（一）目的：通过适当强度的运动，加速血液循环，提高氧气输送效率，激活肌肉，保护关节
（二）方法：半场往返练习2组
1. 小步前进
2. 行进间高抬腿
3. 行进间勾腿跳
4. 行进间弓步压腿
5. 行进间侧压腿拉伸
6. 行进间单腿抱膝拉伸</td><td>要求：
1. 教练面对队员进行动作示范，保证每名队员都能基本掌握热身动作
2. 每一个环节的热身都要使队员了解所锻炼的身体部位</td></tr>
</table>

续表

部分	时间	内容	教法与要求
准备部分	10分钟	三、球性综合练习 （一）目的：巩固与增强队员的球感 （二）方法 1. 以三分线和端线为路线进行球性练习，每种练习各做1组 2. 分别练习小矮人地滚球、抛接球击掌、胯下绕8字地滚球、环绕身体交接球	要求： 1. 练习时，注意队员前后保持一定距离，不要太近，避免练习时队员之间互相干扰 2. 行进间匀速进行每种练习 器材：篮球
基础训练	8分钟	一、全场之字形运球、原地单手肩上投篮综合练习 （一）目的：巩固并提高队员的运球和投篮能力 （二）方法 1. 队员1人1球，从右侧端线后出发，按照指定路线进行运球 2. 运球超过最后1个标志筒，加速运球并进行原地单手肩上投篮，投篮后抢到篮板球，在对侧继续运球、投篮，然后抢到篮板球回队尾，以此类推 3. 负荷量：1个往返×4组	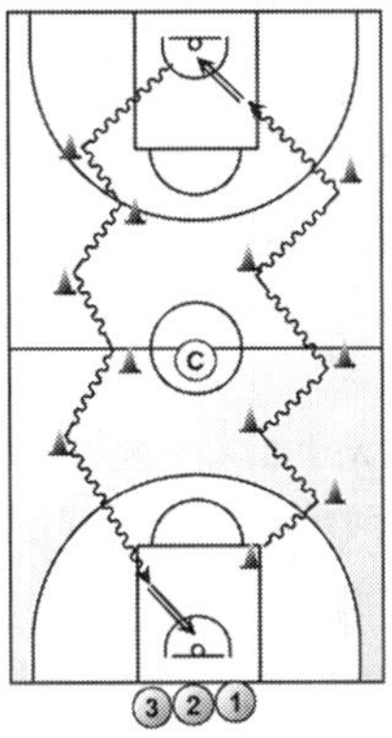 要求： 1. 通过教练的跑动路线和练习动作的正确示范，使队员明确训练目标 2. 教练讲解完毕，鼓励队员大胆尝试，并手把手地教授队员 器材：篮球、标志筒
	7分钟	二、防守干扰下的传接球 （一）目的：提高队员的传球和防守能力 （二）方法 1. 队员4人1组。其中，3人呈三角形站立，分别站在敏捷圈内；1人作为防守队员，站在三角形的中间 2. 3名队员进行双手胸前传接球，中间队员进行防守 3. 若传球失误或断球成功，则交换角色 4. 负荷量：3分钟×2组	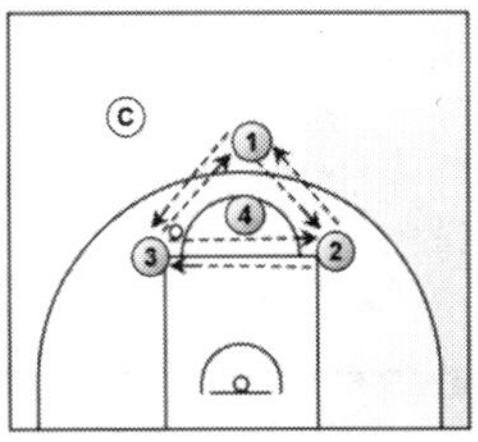 要求： 1. 敏捷圈的作用主要是限制传球队员的活动范围，锻炼队员的传球能力 2. 同时3人传球配合，提升防守队员的防守能力 器材：篮球、敏捷圈

续表

部分	时间	内容	教法与要求
基础训练	5分钟	三、复习前前后后（绳梯） （一）目的：提高队员的脚步灵活性 （二）方法 1. 队员面向绳梯的一侧站立，从起点横向进行移动，两脚依次踏入小方格内，再依次踏出小方格，然后再踏入下一个方格，以此类推 2. 发展队员的脚步控制力、身体平衡能力 3. 负荷量：2 次×3 组	教法： 1. 教练通过正面、侧面的讲解与示范，队员边听讲解边看示范并学习正确、规范的动作 2. 教练讲解完毕，鼓励队员大胆尝试，并手把手地教授队员 要求：示范时速度不要过快，每走一步都进行详细的讲解 器材：绳梯
团队合作游戏竞赛	10分钟	名称：投篮、补篮游戏 （一）目的：提高队员的综合能力 （二）方法 1. 将 1 个篮球置于三分线弧顶，2 名队员分别站于底角。教练发令后，2 名队员以最快的速度抢球，率先抢到球的队员运球至篮下投篮 2. 另一名队员必须在有球队员的身后等待抢篮板球。若第一名队员投篮不中，则另一名队员抢篮板球，将球补进	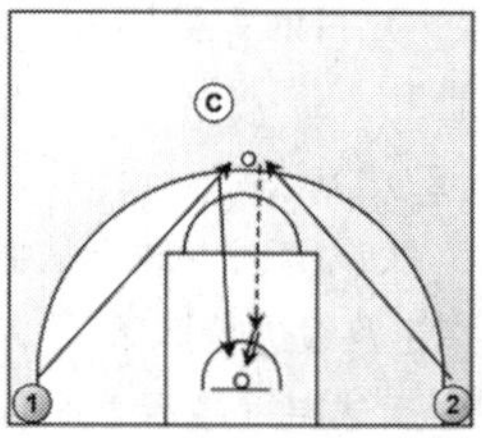 要求： 1. 若第二名队员没有抢到球，必须跟在第一名队员身后，不准干扰第一名队员运球和投篮 2. 抢篮板球的队员尽量不要掉球 器材：篮球
放松与总结	5分钟	1. 课后总结 2. 特别提醒 3. 宣布本节课最佳队员 4. 鼓舞士气	教法： 1. 教练总结本节课所学内容，再次强调动作的细节与要领 2. 教练布置课下作业 3. 教练宣布本节课最认真、提高最快的队员，让其余队员向其学习 4. 队员面向自己父母鞠躬，说“父母辛苦了”，集合喊“加油”，随后解散

第__21__课时

目的与任务：1. 巩固球性，进行控制球的练习
2. 巩固原地高运球的动作方法，改进球的落点
3. 巩固行进间高运球，改进控制球的方向及落点

部分	时间	内容	教法与要求
课前与家长交流	4分钟	1. 介绍课程计划及执教理念 2. 简单地向家长介绍球性练习及原地运球在篮球运动中的重要性	教法：与家长进行深入的沟通与交流，介绍本节课的重难点，解决家长提出的队员在日常训练时遇到的疑难问题
集合讲解互动沟通	4分钟	1. 慢慢地拍手，大声喊“加油” 2. 强调兴趣对篮球运动的重要性 3. 相互介绍：认识教练与队员 4. 本节课的主题是“保持积极的态度” 5. 加强篮球基本技术的熟练程度 6. 选出本节课的队长，协助教练完成教学任务	教法：普及篮球运动知识，介绍篮球规则；讲授本节课的训练主题，激发队员的训练热情，鼓舞团队士气
准备部分	3分钟	一、情绪激发 让队员围成1圈，教练发言，鼓励队员，让队员手搭着手一起喊“加油”，调动队员的情绪	
	10分钟	二、动态热身 (一) 目的：充分活动身体肌肉和各关节，避免在训练中出现拉伤 (二) 方法：全场1个往返 1. 在队长的带领下围绕全场慢跑5圈 2. 行进间弓箭步压腿 3. 行进间“蜘蛛”爬行 4. 高抬腿跑、过半场后踢腿跑 5. 手触脚尖，拉伸股后肌群 6. 单手拉脚踝，拉伸股四头肌	要求： 1. 在热身慢跑时，教练要时刻注意队员的安全，避免嬉戏打闹，强调课堂纪律 2. 教练面对队员进行动作示范，保证每名队员都能基本掌握热身动作 3. 每一个环节的热身都要使队员了解所锻炼的身体部位

续表

部分	时间	内容	教法与要求
准备部分	5分钟	三、体育游戏：推球接力赛 （一）目的：提高队员的反应能力，培养团队精神 （二）方法 1. 队员分成 2 组，均持球从端线出发，用惯用手的手掌部位推球前行 2. 每名队员须推球到标志筒位置，然后返回端线，同时将球传递至下一名队员	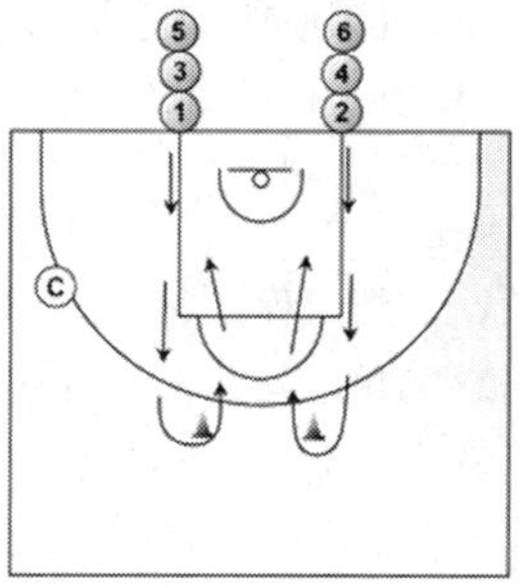 要求： 1. 培养队员控制球的能力及身体协调性，加强团队合作意识 2. 球不能离开地面，手不能离开球面 器材：标志筒、篮球
基础训练	6分钟	一、巩固球性、控制球训练 （一）目的：提高队员对球的感觉 （二）方法 1. 胸前指拨球 2. 单双手抛接球 3. 腰部、膝关节环绕 4. 胯下 8 字绕球 5. 前踢腿腿下交接球 6. 负荷量：20 次 ×3 组 （三）重点与难点 1. 控制好球，减少失误的次数 2. 控制重心在两腿之间	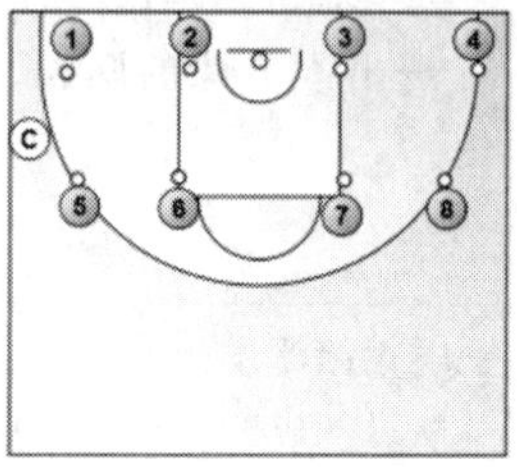 要求： 1. 原地呈体操队形，1 人 1 球进行练习 2. 注意手和脚的协调配合，按照要求，认真训练 器材：篮球
	6分钟	二、巩固原地高运球训练 （一）目的：提高队员对基本运球姿势和运球方法的掌握 （二）方法 1. 两脚前后开立，两膝微屈，上体稍前倾，抬头目视前方 2. 运球手臂自然弯曲，以肘关节为轴，用手按拍球的正上方 3. 负荷量：30 次 ×4 组 （三）重点与难点：球的落点控制在身体侧前方，球的反弹高度在腰胸之间	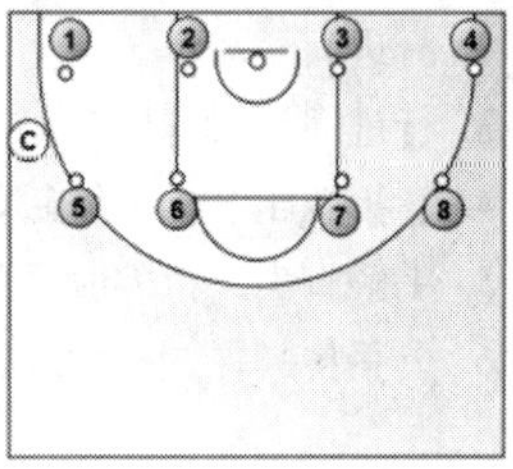 要求： 1. 原地左右手高、低运球各 30 次 2. 手按球的部位正确，注意手脚的协调配合 3. 基本掌握原地高、低运球的动作方法 器材：篮球

续表

部分	时间	内容	教法与要求
基础训练	8分钟	三、全场行进间高运球 （一）目的：提高队员行进间运球的能力 （二）方法 1.5人1组，呈体操队形站在端线 2. 当听到第一声哨响时用低手运球的方式向前推进 3. 当听到第二声哨响时迅速切换到高手运球的方式向前推进 4. 负荷量：1个往返×4组 （三）重点与难点 1. 控制好球的方向和落点，减少运球失误 2. 全程运球匀速前进，目光平视前方	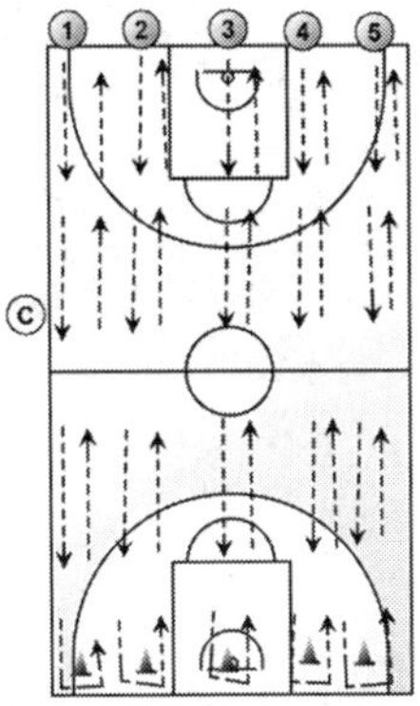 要求： 1. 推放球时，遵循先放球再迈步的原则，避免运球违例 2. 在行进间运球时，注意手和脚的协调配合 器材：标志筒、篮球
团队合作游戏竞赛	9分钟	名称：斗牛游戏 （一）目的：以培养队员的竞争意识为主，调动队员的积极性和提高控球能力 （二）方法 1. 以中圈为限制区，队员1人1球在限制区内进行比赛 2. 队员可以采用高、低运球2种方式在圈内运球，在保证自己正常运球情况下可用非运球手去抢断别人的球 3. 当球冲出限制区，则该队员淘汰，其他队员继续比赛，以此类推，最后1名在圈内的队员获胜	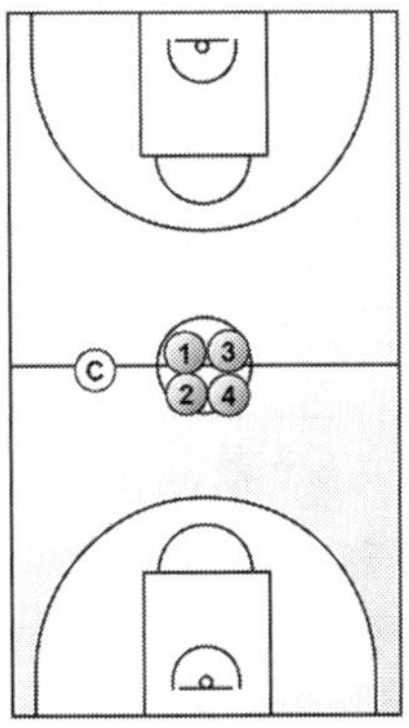 要求：在游戏进行过程中，不能推、拉、拽其他队员 器材：篮球
放松与总结	5分钟	1. 拉伸放松 2. 课后总结 3. 特别提醒 4. 宣布本节课最佳队员 5. 鼓舞士气	教法： 1. 教练总结本节课所学内容，强调每个新学技术的动作方法 2. 教练布置课后练习 3. 队员集合喊“加油”，随后解散

第　22　课时

<table>
<tr><td colspan="4">目的与任务：1. 进行球性练习，提高动作连贯性及身体协调性
2. 复习移动技术，使队员进一步掌握脚步移动的动作方法，根据教练的指令，迅速、准确地做出反应</td></tr>
<tr><td>部分</td><td>时间</td><td>内容</td><td>教法与要求</td></tr>
<tr><td>课前与家长交流</td><td>4分钟</td><td>1. 介绍课程计划及执教理念
2. 与家长进行交流，了解队员课下练习情况</td><td>教法：与家长进行深入的沟通与交流，介绍本节课的重难点，解决家长提出的队员在日常训练时遇到的疑难问题</td></tr>
<tr><td>集合讲解互动沟通</td><td>4分钟</td><td>1. 慢慢地拍手，大声喊“加油”
2. 强调兴趣对篮球运动的重要性
3. 本节课的主题是“热爱篮球运动”
4. 增强篮球基本技术的熟练程度，培养队员主动训练的意识
5. 激励、热情、能量至关重要
6. 选举本节课的实习队长，实习队长要协助教练维持纪律，带领队员认真练习</td><td>教法：普及篮球运动知识，介绍篮球规则；讲授本节课的训练主题，激发队员的训练热情，鼓舞团队士气</td></tr>
<tr><td rowspan="2">准备部分</td><td>3分钟</td><td>一、情绪激发
让队员围成1圈，教练发言，鼓励队员，让队员手搭着手一起喊“加油”，调动队员的情绪</td><td></td></tr>
<tr><td>10分钟</td><td>二、动态热身
（一）目的：让身体充分预热，预防队员受伤
（二）方法：全场1个往返
1. 由小队长带领，绕球场慢跑5圈
2. 行进间“蜘蛛”爬行
3. 行进间高抬腿
4. 行进间后踢腿
5. 单手抱同侧脚脚踝向后拉，拉伸股四头肌
6. 指尖摸脚尖，拉伸股后肌群</td><td>要求：
1. 在热身跑圈时，教练要时刻注意队员的安全，避免嬉戏打闹，强调课堂纪律
2. 教练面对队员进行动作示范，保证每名队员都能基本掌握热身动作
3. 每一个环节的热身都要使队员了解所锻炼的身体部位</td></tr>
</table>

续表

部分	时间	内容	教法与要求
准备部分	5分钟	三、体育游戏：抢“车位” （一）目的：提高运球的快速起动及场上观察能力，活跃课堂气氛 （二）方法 1. 每人1球，沿球场上的各条线自由运球 2. 当听到教练的哨声时，马上运球抢占场上任意1个交叉点（车位） 3. 未抢到“车位”或最后1名抢到“车位”的队员接受小惩罚	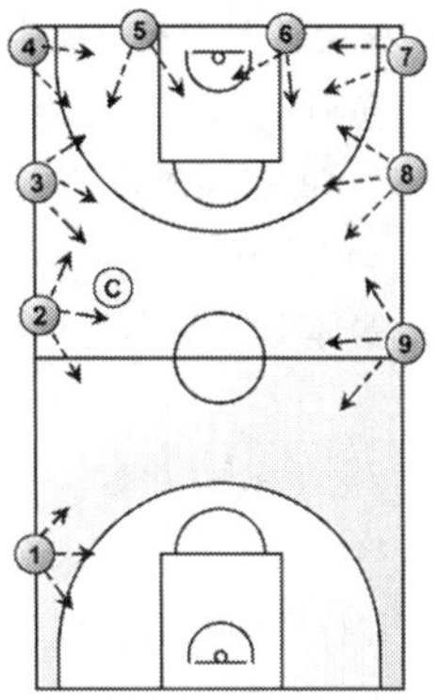 要求： 1. 必须运球至交叉点，不能运球违例 2. 每个交叉点只能有1名队员 器材：篮球
基础训练	5分钟	一、复习球性的练习 （一）目的：进一步增强队员的球感 （二）方法 1. 根据教练的哨声，队员5人1组做行进间球性练习 2. 行进间指尖拨球 3. 行进间击掌接抛球 4. 行进间胯下8字绕球 5. 负荷量：1个往返×4组 （三）重点与难点 1. 注意动作之间的连贯性 2. 身体上下肢的协调配合	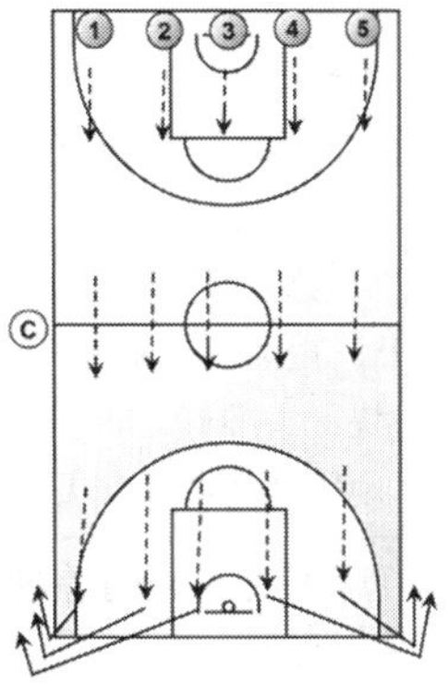 要求： 1. 努力控制好球，减少运球失误 2. 根据教练的指令迅速做出调整 3. 注意手脚的协调配合及前后衔接动作的流畅性 器材：篮球
	10分钟	二、复习移动技术 （一）目的：巩固队员基本防守站立姿势和基础移动的动作方法 （二）方法 1. 按基本姿势站立，向前起动时上体迅速前倾，向前移动重心，一只脚用力蹬地，另一只脚迅速向前跨出 2. 向侧起动时，向起动方向一侧移动重心，上体迅速转向起动方向，异侧脚用力蹬地，同	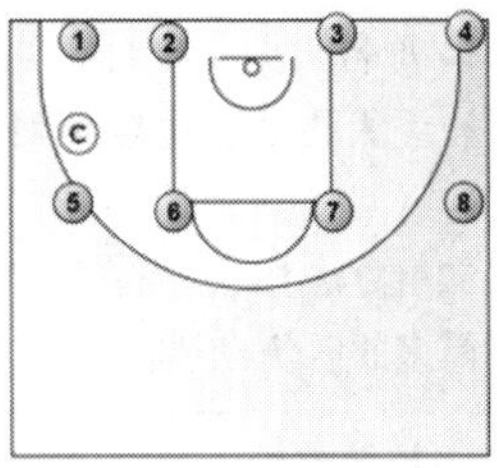 要求： 1. 基本姿势自然、正确 2. 起动时抬头向前看，蹬地有力，起动快

续表

部分	时间	内容	教法与要求
基础训练		时脚尖转向起动方向，并向起动方向跨出 3. 负荷量：30 秒 1 组 ×4 组 （三）重点与难点 1. 动作的连贯性 2. 身体上下肢协调配合	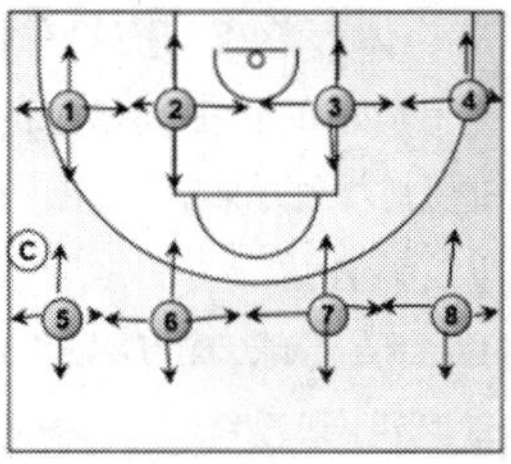
	8分钟	三、半场运球用标志盘套标志筒 （一）目的：发展队员行进间急起急停运球能力和行进间手脚协调配合能力 （二）方法 1. 将标志筒放在指定位置上，每个标志筒旁边放 1 个标志盘 2. 将队员分为人数相等的若干组，每名队员 1 个球，每组队员站成纵队原地运球在端线等待 3. 第一名队员在听到哨声时，迅速运球向前推进，依次将所有的标志盘套在标志筒上，然后快速运球返回与下一名队员击掌接力 4. 负荷量：1 个半场往返 ×4 组 （三）重点与难点 1. 快速、准确地将标志盘套在标志筒上 2. 动作之间的衔接要顺畅	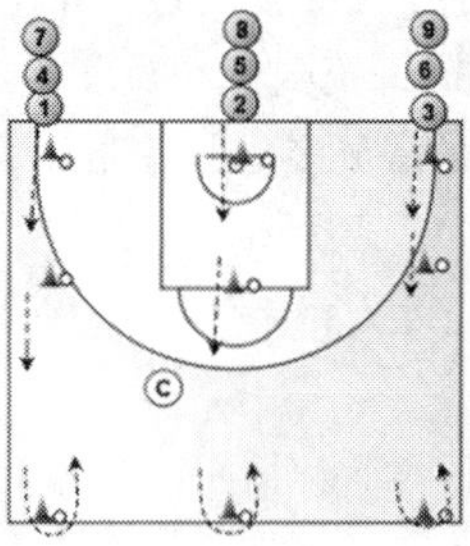 要求：推进途中不能停球和碰倒标志筒 器材：篮球、标志筒、标志盘
团队合作游戏竞赛	8分钟	名称：争夺标志筒游戏 （一）目的：培养和发展队员团队协作的能力和竞争意识 （二）方法 1. 将同等数量（各 10 个）的 2 种颜色（红色和蓝色）的标志筒分别依次放在相距 5 米的平行线上，将队员分成人数相等的 2 组分别站在自己所属颜色的标志筒前 2. 每名队员 1 个球，当听到开始哨声时，第一组队员迅速运球到对方阵地拿标志筒并快速返回将拿到的标志筒放在自己的队里，第二组方法相同，在规定时间内获得对方标志筒多的队伍获胜	 要求：每次只能拿 1 个标志筒，标志筒必须单独放置，不得堆在一起，不得阻挡对方运球线路 器材：篮球、标志筒各 10 个
放松与总结	3分钟	1. 拉伸放松 2. 课后总结 3. 特别提醒 4. 宣布本节课最佳队员 5. 鼓舞士气	教法： 1. 教练总结本节课所学内容，强调每个新学技术的动作方法 2. 教练布置课后练习 3. 队员集合喊“加油”，随后解散

第 23 课时

目的与任务：1. 复习移动技术（变速跑、变向跑），加强队员对移动技术的掌握
2. 进行全场持球移动技术的综合练习，达到复习巩固的作用，进一步加深队员对移动技术动作的领会

部分	时间	内容	教法与要求
课前与家长交流	4分钟	1. 介绍课程计划及执教理念 2. 与家长进行交流，了解队员课后练习情况及心理活动	教法：与家长进行深入的沟通与交流，介绍本节课的重难点，解决家长提出的队员在日常训练时遇到的疑难问题
集合讲解互动沟通	4分钟	1. 慢慢地拍手，大声喊“加油” 2. 强调兴趣对篮球运动的重要性 3. 宣布本节课的学习内容和任务 4. 本节课的主题是“热爱篮球运动” 5. 增强篮球基本技术的熟练程度，培养队员主动训练的意识 6. 激励、热情、能量至关重要 7. 选举本节课的实习队长，实习队长要协助教练维持纪律，带领队员认真练习	教法：普及篮球运动知识，介绍篮球规则；讲授本节课的训练主题，激发队员的训练热情，鼓舞团队士气
准备部分	3分钟	一、情绪激发 让队员围成1圈，教练发言，鼓励队员，让队员手搭着手一起喊“加油”，调动队员的情绪	
	10分钟	二、动态热身 （一）目的：让身体充分预热，预防队员受伤 （二）方法：全场1个往返 1. 由小队长带领，绕篮球场跑5圈 2. 行进间高抬腿 3. 原地小碎步加速跑 4. 行进间弓步压腿 5. 行进间侧压腿 6. 行进间抱踝向后拉，拉伸股四头肌	要求： 1. 在热身慢跑时，教练要时刻注意队员的安全，避免嬉戏打闹，强调上课纪律 2. 教练面对队员进行动作示范，保证每名队员都能基本掌握热身动作

续表

部分	时间	内容	教法与要求
准备部分	5分钟	三、体育游戏："弹球穿过" （一）目的 1. 增加队员的胆量、反应和协调能力 2. 加强队员的积极性，让队员在体验游戏娱乐性的同时提高篮球基本素质 （二）方法 1. 队员成1路纵队站立 2. 教练站在第一名队员的侧前方做原地反弹球，当球反弹上升的一瞬间，队员迅速从球的正下方通过 3. 每1次反弹球只能通过1名队员	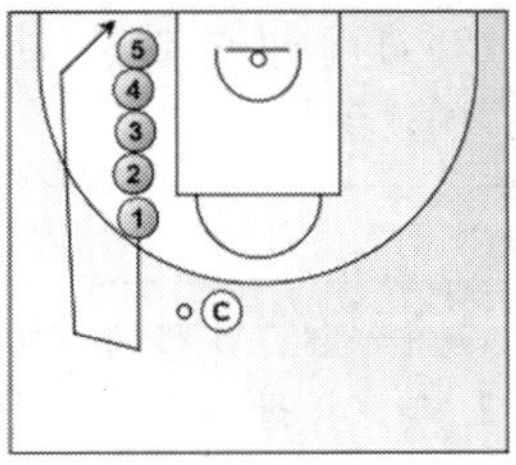 要求： 1. 教练站在一旁随时保护队员，避免被球砸到 2. 队员穿过时要迅速，看准时机 器材：篮球
基础训练	5分钟	一、复习移动技术（变速跑、变向跑） （一）目的：进一步掌握基本的移动技术的动作方法 （二）方法 1. 加速时，上体微前倾，用前脚掌短促有力蹬地，步频加快，同时用力摆臂 2. 减速时，步幅适当增大，上体直起，用前脚掌用力抵地减缓向前的冲力，从而降低跑速 3. 负荷量：1个半场往返×4组 （三）重点与难点 1. 移动时要保持身体的稳定性 2. 起动时，蹬地有力迅速 3. 急停时，控制好身体重心	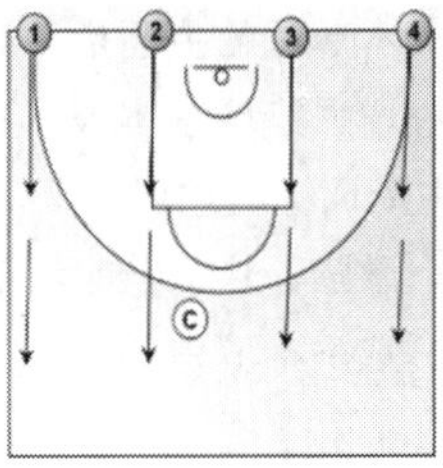 要求： 1. 起动时，抬头向前看，蹬地有力，重心前倾 2. 减速时，上体稍直起，步幅加大，控制速度
	6分钟	二、复习变向跑技术 （一）目的：进一步掌握基本变向跑技术的动作方法 （二）方法 1. 从右向左变向移动时，最后一步用右脚前脚掌内侧用力蹬地，同时脚尖稍内扣，迅速屈膝，腰部随之左转，上体向左前倾，重心向左移，左脚向前方跨出，然后加速前进 2. 负荷量：1个半场往返×4组 （三）重点与难点 1. 变向时，前脚掌内侧用力蹬地，另一只脚迅速朝变化的方向迈出 2. 保持身体的稳定性，注意手脚协调配合和发力顺序	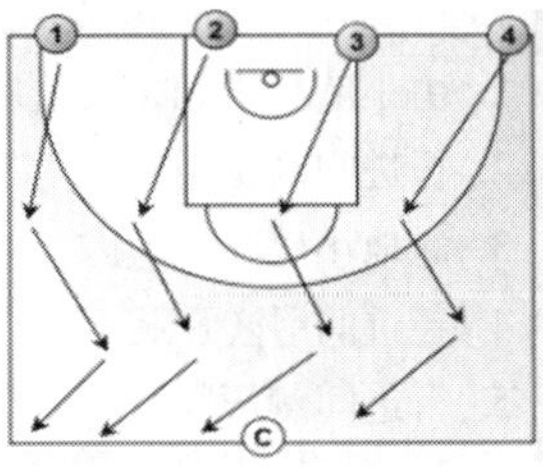 要求： 1. 变向突然，蹬地跨步迅速 2. 变向时降低重心，控制身体稳定性

续表

部分	时间	内容	教法与要求
基础训练	8分钟	三、全场持球移动技术练习 （一）目的：进一步巩固队员的移动技术 （二）方法 1. 在指定位置放置标志筒 2. 所有队员成体操队形（4 人 1 组）站在端线，基本姿势站立，当听到教练哨声时，队员迅速做出反应，双手持球，以正确的动作方法起动，用变速跑技术向前移动，当到达第一个标志筒时，迅速转换到向左变向跑至第二个标志筒，再向右变向跑至第三个标志筒 3. 负荷量：1 个往返 ×4 组 （三）重点与难点 1. 在起动时迅速蹬地发力向前移动 2. 在做变向跑时，注意正确的发力顺序 3. 在推进过程中球不能丢	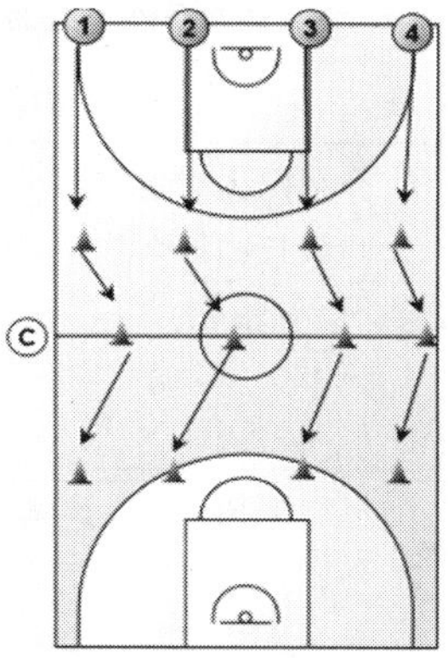 要求： 1. 在移动过程中不能碰倒标志筒 2. 抬头目视前方，注意动作的协调连贯 器材：标志筒、篮球
团队合作游戏竞赛	9分钟	名称：运球绕标志筒游戏 （一）目的：发展移动运球能力和脚步灵活性，提高身体的协调性和灵敏性 （二）方法 1. 每名队员配有 1 个篮球和 1 个标志筒，原地用左手或右手运球，站在标志筒的正前方 2. 听到开始口令后，队员迅速运球至标志筒的前、后、左、右位置，在规定时间内不失误的队员获胜	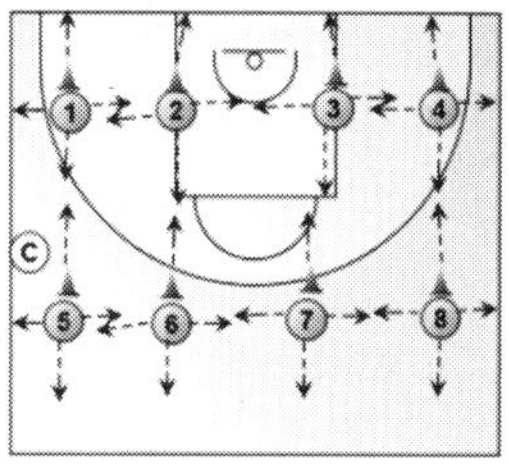 要求：运球时不掉球，碰倒标志筒须扶起 器材：篮球、标志筒
放松与总结	6分钟	1. 拉伸放松 2. 课后总结 3. 特别提醒 4. 宣布本节课最佳队员 5. 鼓舞士气	教法： 1. 教练总结本节课所学内容，强调每个新学技术的动作方法 2. 教练布置课后练习 3. 队员集合喊“加油”，随后解散

第__24__课时

目的与任务：1. 进行球性练习，改进动作连贯过程中手和球的衔接性
2. 学习移动技术（急停、转身），让队员初步掌握急停、转身的动作方法和动作要领

部分	时间	内容	教法与要求
课前与家长交流	4分钟	1. 介绍课程计划及执教理念 2. 与家长进行交流，了解队员课下练习情况	教法：与家长进行深入的沟通与交流，介绍本节课的重难点，解决家长提出的队员在日常训练时遇到的疑难问题
集合讲解互动沟通	4分钟	1. 慢慢地拍手，大声喊“加油” 2. 强调兴趣对篮球运动的重要性 3. 宣布本节课的学习内容和任务 4. 本节课的主题是“热爱篮球运动” 5. 增强篮球基本技术的熟练程度，培养队员主动训练的意识 6. 激励、热情、能量至关重要 7. 选举本节课的实习队长，实习队长要协助教练维持纪律，带领队员认真练习	教法：普及篮球运动知识，介绍篮球规则；讲授本节课的训练主题，激发队员的训练热情，鼓舞团队士气
准备部分	3分钟	一、情绪激发 让队员围成1圈，教练发言，鼓励队员，让队员手搭着手一起喊“加油”，调动队员的情绪	
	10分钟	二、动态热身 （一）目的：让身体充分预热，预防队员受伤 （二）方法：全场1个往返 1. 行进间小步跑 2. 行进间正压腿 3. 行进间侧压腿 4. 行进间后踢腿 5. 行进间高抬腿	要求： 1. 充分活动身体的各关节 2. 保证动作的准确性、规范性，认真完成每一个动作

续表

部分	时间	内容	教法与要求
准备部分	5分钟	三、体育游戏：原地双手交替运球 （一）目的：锻炼队员原地运球的能力 （二）方法 1. 所有队员呈体操队形在指定位置站成 1 排，每名队员的正前方放 1 个标志筒，先原地运球，听到哨声换手运球，随后摸标志筒 1 次 2. 根据训练次数和时间的增加，可逐渐加快吹哨的频率，从而提高队员的运球反应和协调能力	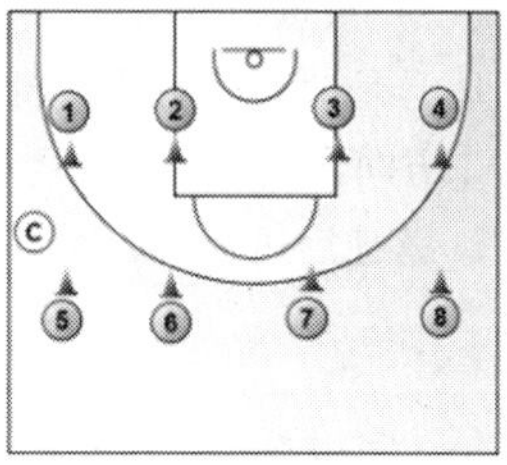 要求： 1. 运球时屈膝降低重心，背部挺直 2. 双眼注视面前的标志筒，不要低头看球 3. 运球幅度随着练习次数的增加而慢慢变大 器材：篮球、标志筒
基础训练	5分钟	一、球性练习 （一）目的：熟悉球性练习，改进完整动作过程中手和球的连贯性 （二）方法 1. 运用原地低手运球方法，做单手原地前后推拉球练习 2. 向前推球时，掌心向上，五指张开，掌心空出 3. 向后拉球时，掌心向下，五指张开，掌心空出 4. 运球的幅度由小到大 5. 负荷量：30 次 ×3 组 （三）重点与难点 1. 正确的运球手法 2. 运球过程中不失误，动作连贯	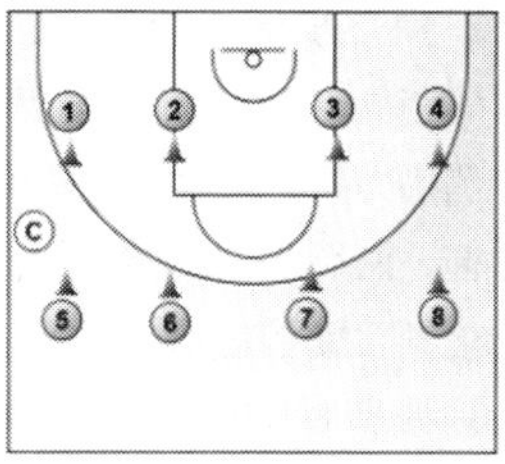 要求： 1. 原地呈体操队形，分别练习原地左右手低运球 2. 看教练手势报数运球 3. 运球手法正确，抬头运球 器材：篮球、标志筒
	6分钟	二、学习移动技术中跨步急停 （一）目的：让队员感受并初步掌握起跳的动作方法 （二）方法 1. 跑动中用单脚或双脚起跳，使双脚稍有腾空 2. 上体稍后仰，两脚平行或前后落地（略宽于肩）形成进攻基本站立姿势 3. 负荷量：1 个往返 ×4 组	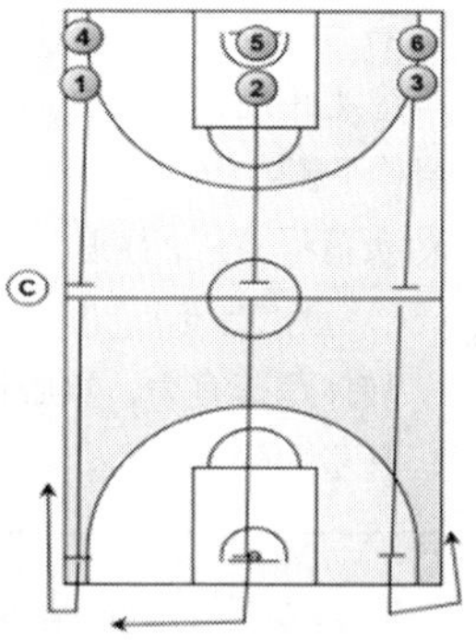

续表

部分	时间	内容	教法与要求
基础训练		（三）重点与难点 1. 落地时动作轻盈，身体在空中稍向任何一个方向自然侧转，以缓和前冲速度 2. 落地后迅速降低重心，保持身体平衡	教法： 1. 教练讲解急停、转身技术的概念、分类和运用 2. 讲解急停、转身技术的动作方法 3. 完整示范急停、转身技术
	8分钟	三、学习跨步急停移动技术 （一）目的：使队员初步掌握跨步急停的技术动作 （二）方法 1. 急停时先向前跨出一大步，脚跟先着地并迅速过渡到全脚掌抵住地面，降低重心，身体稍后仰 2. 第二步落地的同时，两膝深屈并内扣，身体稍侧转，两脚尖自然转向前方，前脚掌内侧用力抵住地面制动向前的冲力，上体稍后仰，两臂屈肘自然张开，然后上体迅速自然前倾帮助控制身体平衡 3. 负荷量：1个往返×4组 （三）重点与难点 1. 第一步要用脚步外侧着地，膝关节微屈 2. 第二步落地的同时用前脚掌内侧蹬地制动前冲速度，屈膝降低重心，腰胯用力	教法： 队员成体操队形站立于端线，慢跑中练习跨步急停到另一端线返回 要求：动作正确，控制好身体重心停稳
		四、学习前转身动作技术 （一）目的：使队员初步掌握前转身技术动作 （二）方法 1. 移动脚向中枢脚脚尖方向跨出，改变身体方向为前转身 2. 转身时，中枢脚的前脚掌用力碾地，移动脚蹬地并迅速跨步，同时转腰、转肩并保持身体平衡 3. 负荷量：1个往返×4组 （三）重点与难点 1. 转体蹬跨有力，重心迅速转移 2. 跨步后降低重心，不要上下起伏	要求： 1. 蹬跨有力，转身时保持重心平衡 2. 控制身体重心，急停时重心不要前移，转身时身体重心不要上下起伏

续表

部分	时间	内容	教法与要求
团队合作游戏竞赛	9分钟	横向小滑步练习 （一）目的：提高身体的灵活性、协调性及敏捷性 （二）方法 1. 队员分为人数相等的若干组（6 人 1 组）站在端线上 2. 当听到开始的口令时，第一名队员迅速用横向小滑步的方式向前推进，当通过绳梯以后，迅速用相同的方式返回，与下一名队员击掌接力，依次进行 3. 率先完成的组获胜	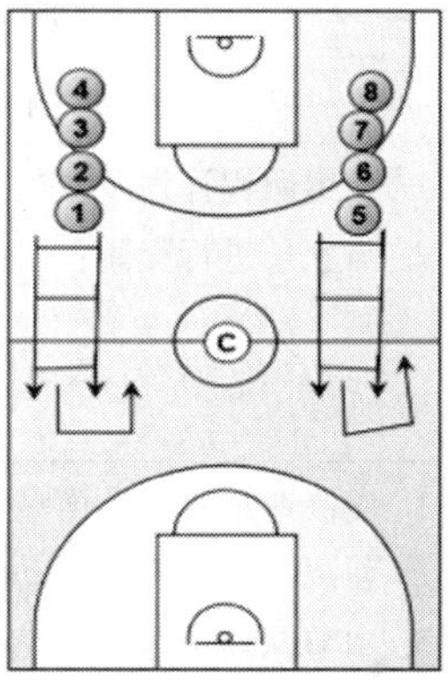 要求： 1. 由身体横向站立开始，两脚平行滑动，依次落入小方格内 2. 动作轻盈快速，保持前脚掌着地 器材：绳梯
放松与总结	6分钟	1. 拉伸放松 2. 课后总结 3. 特别提醒 4. 宣布本节课最佳队员 5. 鼓舞士气	教法： 1. 教练总结本节课所学内容，强调每个新学技术的动作方法 2. 教练布置课后练习 3. 队员集合喊“加油”，随后解散

第__25__课时

目的与任务：1. 复习移动的综合技术练习 2. 复习原地双手胸前传接球，改进传球发力的顺序及接球前的预判			
部分	时间	内容	教法与要求
课前与家长交流	4分钟	1. 介绍课程计划及执教理念 2. 与家长进行交流，了解队员课下练习情况	教法：与家长进行深入的沟通与交流，介绍本节课的重难点，解决家长提出的队员在日常训练时遇到的疑难问题
集合讲解互动沟通	5分钟	1. 慢慢地拍手，大声喊“加油” 2. 强调兴趣对篮球运动的重要性 3. 本节课的主题是“热爱篮球运动” 4. 增强篮球基本技术的熟练程度，培养队员主动训练的意识 5. 激励、热情、能量至关重要 6. 选举本节课的实习队长，实习队长要协助教练维持纪律，带领队员认真练习	教法：普及篮球运动知识，介绍篮球规则；讲授本节课的训练主题，激发队员的训练热情，鼓舞团队士气
准备部分	3分钟	一、情绪激发 让队员围成1圈，教练发言，鼓励队员，让队员手搭着手一起喊“加油”，调动队员的情绪	
	10分钟	二、动态热身 （一）目的：让身体充分预热，预防队员受伤 （二）方法：全场1个往返 1. 在队长的带领下，绕篮球场地慢跑5圈 2. 行进间高抬腿跑 3. 行进间小步跑 4. 行进间抱膝提踵 5. 行进间燕式平衡 6. 行进间弓箭步转体	要求：充分活动身体的各关节

续表

部分	时间	内容	教法与要求
准备部分	5分钟	三、体育游戏：闯关 （一）目的：培养队员的团队合作能力及竞争意识，提高行进间运球能力 （二）方法 1. 把队员分为人数相等的4组，每2组进行对决。一组作为攻方，另一组作为守方 2. 进攻方每人1球，站在端线后，守方每3～4名队员分别站在罚球线及其延长线和中线上 3. 鸣哨，计时，开始游戏；进攻方运球出发，尽量摆脱防守，闯过各个关卡；守方队员，在线上左右积极移动阻止攻方队员过关，规定时间内，闯过所有关卡人数多的队获胜，若2队都闯关成功，则用时少的队伍获胜	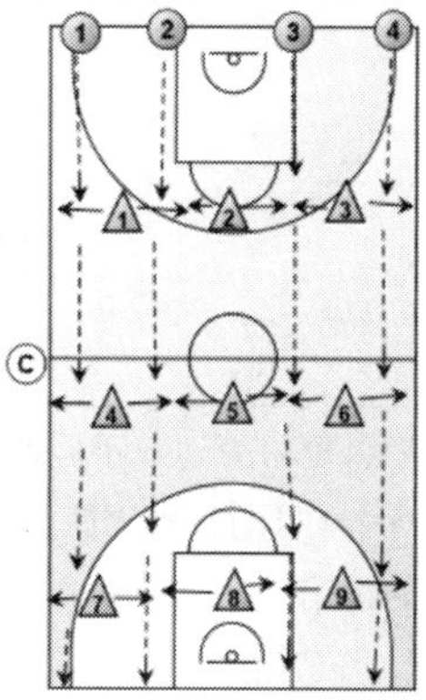 要求： 1. 攻方队员在运球过程中若被抢断、丢球，则需要从头开始闯关 2. 防守队员只能左右平行移动，不能前后移动 3. 双方队员不得出界，否则闯关或防守无效 器材：篮球
基础训练	5分钟	一、行进间前转身练习 （一）目的：锻炼队员在移动中对身体重心的控制 （二）方法 1. 行进间移动脚向中枢脚脚尖方向跨出，改变身体方向 2. 转身时，中枢脚前脚掌用力蹬地，移动脚蹬地并迅速跨步，同时转腰、转肩，保持身体平衡 3. 负荷量：1个往返×4组 （三）重点与难点 1. 手脚的协调配合 2. 动作的连贯性	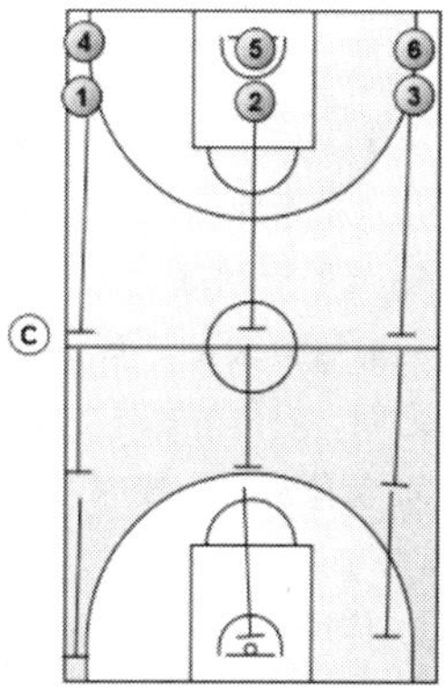 要求：动作正确，控制好身体重心，停稳
	6分钟	二、移动的综合技术练习 （一）目的：对移动技术的灵活运用 （二）方法 1. 队员成体操队形站成2排，慢跑中接自抛球练习急停前转身 2. 负荷量：1个往返×4组 （三）重点与难点 1. 抛接球时不能失误 2. 接球与转身技术的衔接要流畅	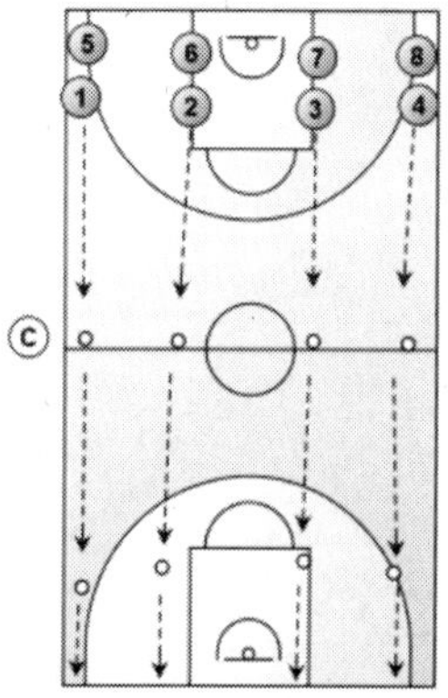

续表

部分	时间	内容	教法与要求
基础训练			要求： 1. 蹬跨有力，转身时保持身体平衡 2. 急停时重心不要前移，转身时身体重心尽量不要上下起伏 器材：篮球
	8分钟	三、复习原地双手胸前传接球技术 （一）目的：巩固队员对原地双手传接球技术的运用 （二）方法 1. 双手持球于胸腹之间，两肘自然弯曲于体侧，身体成基本站立姿势，两眼平视传球目标 2. 传球时，后脚蹬地发力，身体重心前移，两臂前伸，两手腕随之内旋，拇指用力下压，食指、中指用力拨球并将球传出，球出手后，两手向下略向外翻 3. 接球时，两眼注视来球，两臂迎球伸出，双手手指自然张开，两拇指相对，呈八字形，其余手指向前伸出，两手呈半圆形 4. 当手指触球时，双手将球握住，两臂顺势屈肘后引缓冲来球的力量，两手持球于胸腹之间，身体成基本站立姿势 5. 负荷量：传接球各 20 次 ×3 组 （三）重点与难点 1. 传球力度的控制 2. 传球方向的控制 3. 传球发力顺序的正确性 4. 接球前的预判和接球的正确手法	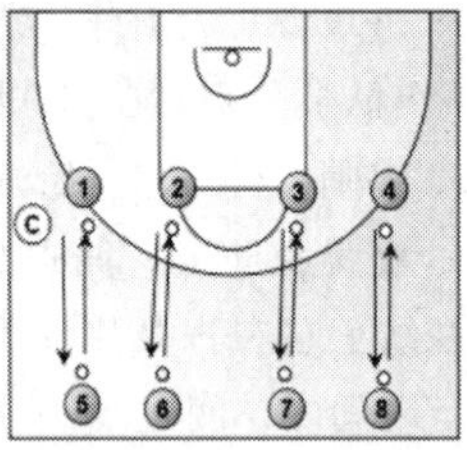 要求： 1. 2 人 1 组 1 球，相距 3 ~4 米对传 2. 持球及接球的手法要正确 3. 注意传球时肘关节不要外展 4. 传接球动作基本正确 器材：篮球

续表

部分	时间	内容	教法与要求
团队合作游戏竞赛	9分钟	名称：传球风火轮游戏 （一）目的：巩固和提高行进间双手胸前传接球技术动作，培养团队意识 （二）方法 1. 队员8人1组，分成2队，面对面成同心圆站立（同心圆内圈直径4米，外圈直径9米） 2. 外圈4名队员沿弧线逆时针跑动，内圈队员沿顺时针跑动，并在移动过程中同时完成传接球练习，直到连续完成规定次数	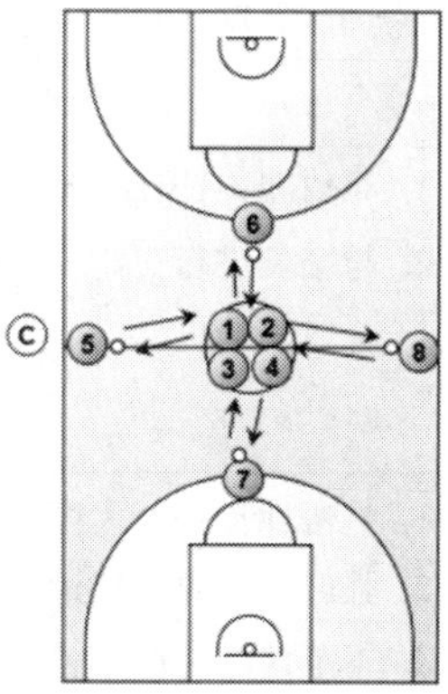 要求： 1. 外圈队员运用行进间传接球技术，内圈队员迅速跑到位置后运用原地胸前传接球技术 2. 中途有1个球失误，全体重新开始 器材：篮球
放松与总结	5分钟	1. 拉伸放松 2. 课后总结 3. 特别提醒 4. 宣布本节课最佳队员 5. 鼓舞士气	要求： 1. 教练总结本节课所学内容，强调每个新学技术的动作方法 2. 教练布置课后练习 3. 队员集合喊“加油”，随后解散

第　26　课时

目的与任务：1. 复习原地双手胸前传接球，改进传球的连贯性，提升传球速度 2. 学习行进间高、低运球，改进运球时身体的稳定性			
部分	时间	内容	教法与要求
课前与家长交流	4分钟	1. 介绍课程计划及执教理念 2. 与家长进行交流，了解队员课下练习情况	教法：与家长进行深入的沟通与交流，介绍本节课的重难点，解决家长提出的队员在日常训练时遇到的疑难问题
集合讲解互动沟通	4分钟	1. 慢慢地拍手，大声喊“加油” 2. 强调兴趣对篮球运动的重要性 3. 本节课的主题是“热爱篮球运动” 4. 增强队员篮球基本技术的熟练程度，培养队员主动训练的意识 5. 激励、热情、能量至关重要 6. 选举本节课的实习队长，实习队长要协助教练维持纪律，带领队员认真练习	教法：普及篮球运动知识，介绍篮球规则；讲授本节课的训练主题，激发队员的训练热情，鼓舞团队士气
准备部分	3分钟	一、情绪激发 让队员围成1圈，教练发言，鼓励队员，让队员手搭着手一起喊“加油”，调动队员的情绪	
	10分钟	二、动态热身 （一）目的：让身体充分预热，预防队员受伤 （二）方法：全场1个往返 1. 在队长带领下，绕篮球场慢跑5圈 2. 行进间小步跑 3. 原地小碎步后加速跑 4. 行进间正踢腿 5. 行进间弓步压腿 6. 指尖触摸脚尖，拉伸股后肌群	要求：充分活动身体的各关节
	5分钟	三、体育游戏：对墙传球接龙 （一）目的：巩固和提高行进间双手胸前传接球技术动作，培养团队意识 （二）方法 1. 把队员分成人数相等的若干组，1路纵队距离墙5～6米站立，排头队员手持1球	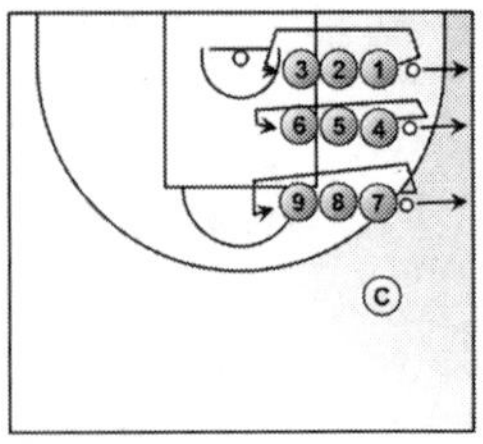

续表

部分	时间	内容	教法与要求
准备部分		2. 游戏开始，排头队员用行进间双手胸前传球将球传向墙壁后迅速跑至排尾，第二名队员快速跟进接反弹的球并顺势将球传向墙壁，然后排至队尾，以此类推，直到连续完成规定次数，用时短的一组获胜	要求： 1. 球传到墙后只能落地反弹一次，并用规定的动作和规定的位置完成 2. 中途出现失误重新开始计数 器材：篮球
基础训练	5分钟	一、复习原地双手胸前传接球技术 （一）目的：进一步掌握双手胸前传接球技术的动作方法 （二）方法 1. 3 人 1 组呈三角形站立，2 球，3 人之间相距 3 ~4 米进行对传练习 2. 当听到教练指令后，2 名持球队员按逆时针顺序依次传球，接球队员接到球后快速传出 3. 负荷量：30 次 ×4 组 （三）重点与难点 1. 传球的连贯性 2. 传球速度的提升	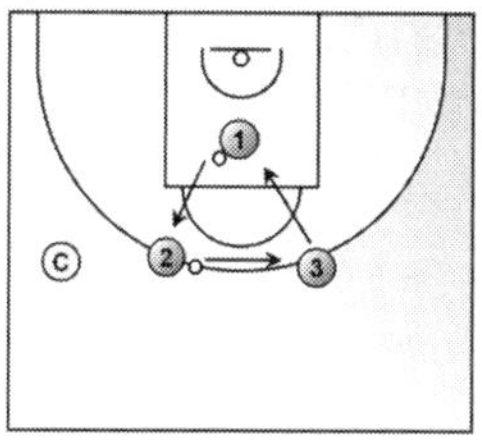 要求： 1. 进一步体会接球的正确手法 2. 控制传球的手法，避免失误 3. 熟练掌握双手胸前传接球技术动作方法 器材：篮球
	6分钟	二、学习行进间高、低运球 （一）目的：基本掌握行进间运球技术 （二）方法 1. 队员分成 2 组，1 人 1 球分别站在端线上，听教练口令向前慢跑，分别练习行进间高、低运球 2. 负荷量：1 个往返 ×4 组 （三）重点与难点 1. 向前推进运球时球的落点与球反弹方向的掌握 2. 运球时身体保持协调、平稳	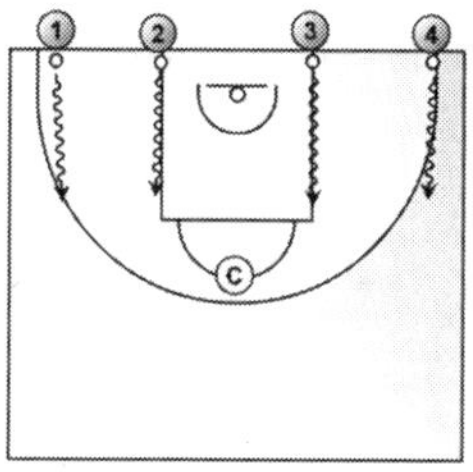 要求： 1. 注意拍按球的部位与身体的协调配合 2. 低速运球前进，以掌握动作方法为目的 器材：篮球

续表

部分	时间	内容	教法与要求
基础训练	8分钟	三、行进间高、低运球的综合练习 （一）目的：提高队员的高、低运球技术 （二）方法 1. 所有队员成一路纵队站在端线 2. 1人1球，听到哨声，第一名队员运球匀速通过所有标志筒，当第一名队员完成后，下一名队员立即出发，以此类推，使整个训练循环起来 3. 负荷量：1个往返×4组 （三）重点与难点 1. 运球推进路线的准确性 2. 避免出现运球违例	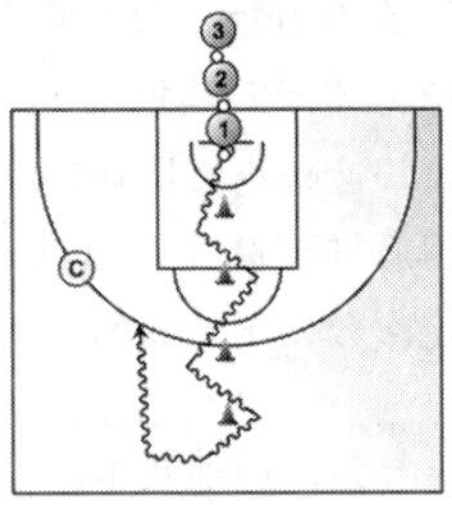 要求： 1. 控制好球，全身配合协调 2. 尽量不要碰倒标志筒 3. 当运球接近标志筒时，应减速，控制身体重心，做换手运球，通过标志筒 器材：标志筒、篮球
团队合作游戏竞赛	9分钟	名称："照镜子"游戏 （一）目的：提高队员的动态模仿能力 （二）方法 1. 2人1组，面对面相距3米站立 2. 游戏开始，其中一人做各种运球技术动作（高运球、低运球、换手运球等），另一名队员模仿该队员动作，一定时间后互换	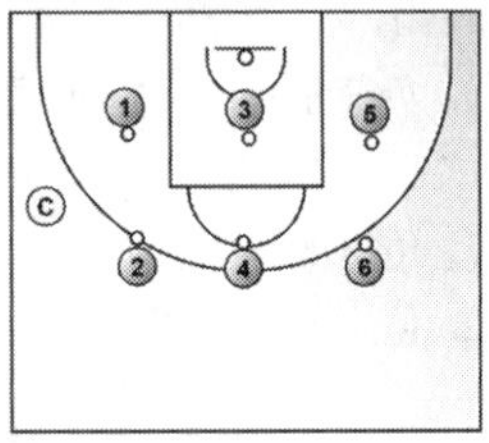 要求： 1. 模仿动作必须与原动作保持一致，包括运球的方向、路线等 2. 每1个运球动作时间不能少于10秒 器材：篮球
放松与总结	6分钟	1. 拉伸放松 2. 课后总结 3. 特别提醒 4. 宣布本节课最佳队员 5. 鼓舞士气	教法： 1. 教练总结本节课所学内容，强调每个新学技术的动作方法 2. 教练布置课后练习 3. 队员集合喊"加油"，随后解散

第 27 课时

目的与任务：1. 复习行进间高、低运球，改进运球的切换速度
2. 复习前滑步、侧滑步，改进滑步时的身体重心
3. 学习后撤步

部分	时间	内容	教法与要求
课前与家长交流	4分钟	1. 介绍课程计划及执教理念 2. 与家长进行交流，了解队员课下练习情况	教法：与家长进行深入的沟通与交流，介绍本节课的重难点，解决家长提出的队员在日常训练时遇到的疑难问题
集合讲解互动沟通	4分钟	1. 慢慢地拍手，大声喊“加油” 2. 强调兴趣对篮球运动的重要性 3. 本节课的主题是“热爱篮球运动” 4. 加强篮球基本技术的熟练程度，培养队员主动训练的意识 5. 激励、热情、能量至关重要 6. 选举本节课的实习队长，实习队长要协助教练维持纪律，带领队员认真练习	教法：普及篮球运动知识，介绍篮球规则；讲授本节课的训练主题，激发队员的训练热情，鼓舞团队士气
准备部分	3分钟	一、情绪激发 让队员围成1圈，教练发言，鼓励队员，让队员手搭着手一起喊“加油”，调动队员的情绪	
	10分钟	二、动态热身 （一）目的：让身体充分预热，预防队员受伤 （二）方法：全场1个往返 1. 由小队长带领，绕球场慢跑5圈 2. 行进间“蜘蛛”爬行 3. 行进间高抬腿 4. 行进间后踢腿 5. 单手抱同侧脚脚踝向后拉，拉伸股四头肌 6. 指尖摸脚尖，拉伸股后肌群	要求：充分活动身体的各关节

续表

部分	时间	内容	教法与要求
准备部分	5分钟	三、体育游戏：持球接力赛 （一）目的：发展上下肢灵敏性、协调性，培养团队合作意识 （二）方法 1. 将队员分为人数相等的2组，成2路纵队站在端线处，每人1球 2. 每名队员双手持球，将球举过头顶，控制在头顶正上方；游戏开始，第一名队员采用双脚起跳的方式越过4个跨栏，然后绕过标志筒返回，当第一名队员返回至出发点，第二名队员迅速出发，以此类推 3. 率先完成的一组获胜	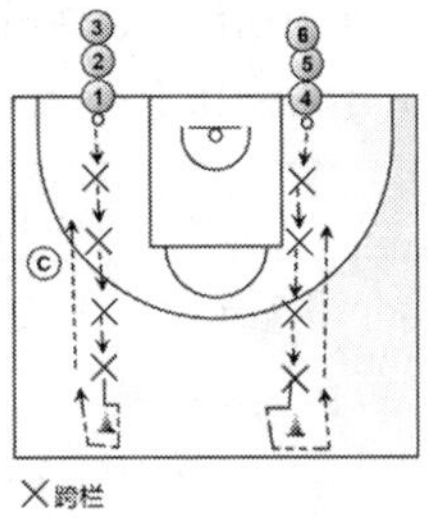 要求：若球落地，须返回起点重新开始 器材：标志筒、跨栏、篮球
基础训练	5分钟	一、复习行进间运球技术 （一）目的：进一步巩固提高行进间基本运球技术 （二）方法 1. 队员1人1球，成2排站立于端线，慢速中练习行进间高运球 2. 队员1人1球，成2排站立于端线，慢速中练习行进间低运球 3. 队员1人1球，成2排站立于端线，中速练习行进间高、低运球，左右手交替进行 4. 负荷量：1个往返×4组 （三）重点与难点 1. 推进运球的速度 2. 及时迅速地切换运球方法	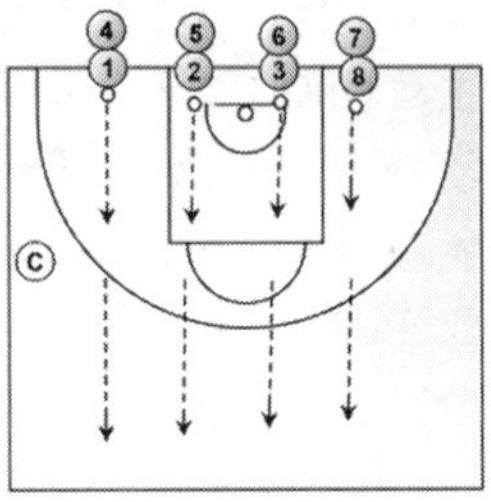 要求： 1. 控制好球，全身配合协调 2. 在熟练的情况下，可适当提高运球速度 器材：篮球
	6分钟	二、复习滑步移动技术 （一）目的：基本掌握滑步的动作方法 （二）方法 1. 前滑步：两脚前后站立，向前滑步时，前脚向前迈出一步，着地的同时，后脚紧随着向前滑动，保持前后开立姿势，注意屈膝、降低重心 2. 侧滑步：两脚平行站立，两膝较深弯曲，上体稍前倾，两臂侧伸；向右侧滑步时，右脚向右迈出，同时左脚蹬地滑动，向右脚靠近，两脚保持一定距离，右脚继续向右跨出	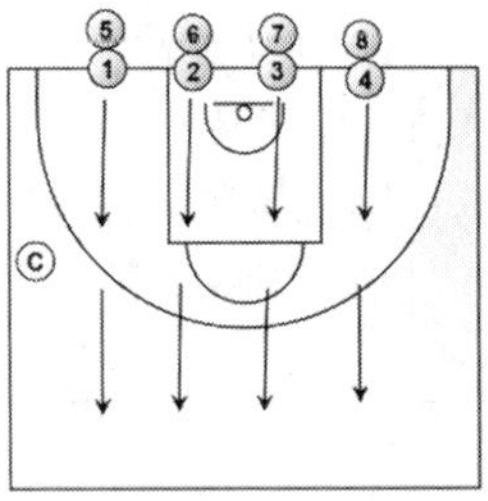 要求： 1. 降低重心，滑步时身体尽量不要起伏 2. 前滑步时，前脚同侧手臂上举，另一只手臂侧下张开

续表

部分	时间	内容	教法与要求
基础训练		3. 负荷量：1 个往返 ×4 组 （三）重点与难点 1. 滑步时的重心控制 2. 起动与结束动作的连贯性	3. 侧滑步时，两腿不要交叉，重心保持在两腿之间，两眼平视前方
	8 分钟	三、学习后撤步移动技术 （一）目的：使队员初步掌握后撤步的技术动作 （二）方法 1. 做后撤步时，用前脚的前脚掌内侧蹬地，同时腰部用力向后转动，后脚蹍蹬地面，前脚快速后撤，紧接着滑步调整防守位置 2. 负荷量：1 个往返 ×4 组 （三）重点与难点 1. 身体重心的控制 2. 身体的平稳性及发力蹬地的顺序	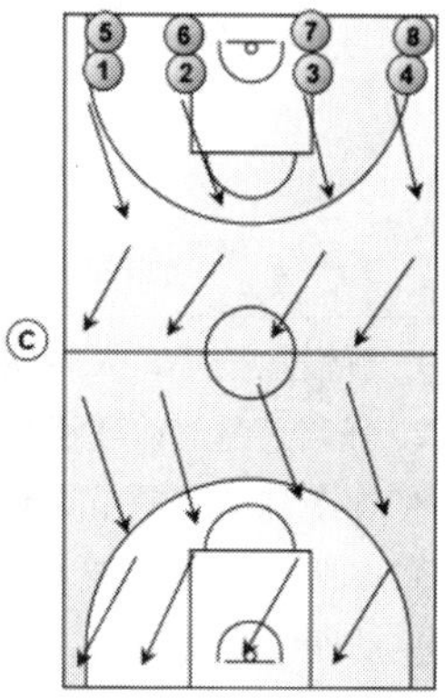 要求： 1. 前脚蹬地后撤要快，后脚蹍地、扭腰、转髋要猛 2. 后撤角度不宜过大，身体不要上下起伏
团队合作游戏竞赛	9 分钟	名称：躲闪运球游戏 （一）目的：锻炼队员的视野和灵活性，提高控球能力 （二）方法 1. 在篮球场半场进行。将队员分成 2 组（内、外组），一组在内，4～7 人，每人 1 球进行运球 2. 外围组共 3 个球，把这 3 个球滚或抛入圈中，击里面的人腰部以下位置，被击中或运球停止则出来，加入外围击球行列，直至都被击中为止，换组进去继续进行	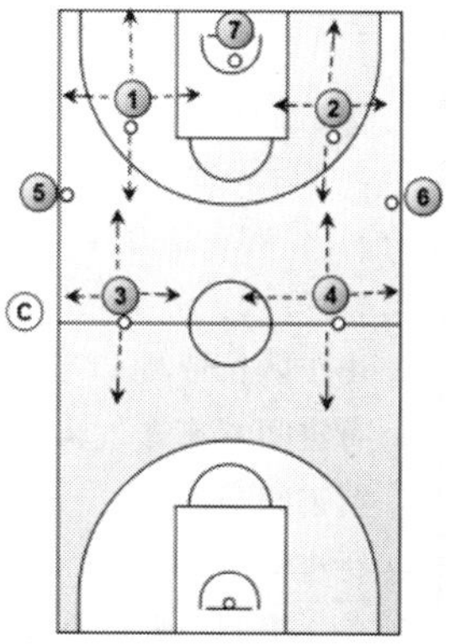 要求：不能违例运球 器材：篮球
放松与总结	6 分钟	1. 拉伸放松 2. 课后总结 3. 特别提醒 4. 宣布本节课最佳队员 5. 鼓舞士气	教法： 1. 教练总结本节课所学内容，强调每个新学技术的动作方法 2. 教练布置课后练习 3. 队员集合喊“加油”，随后解散

第　28　课时

目的与任务：1. 学习行进间变向运球技术，基本掌握行进间变向运球技术
2. 复习行进间运球急停急起的动作方法，改进起动速度与急停平稳能力
3. 学习行进间双手胸前传接球技术，初步掌握行进间双手胸前传接球技术

部分	时间	内容	教法与要求
课前与家长交流	4分钟	1. 介绍课程计划及执教理念 2. 与家长进行交流，了解队员课下练习情况	教法：与家长进行深入的沟通与交流，介绍本节课的重、难点，解决家长提出的队员在日常训练时遇到的疑难问题
集合讲解互动沟通	4分钟	1. 慢慢地拍手，大声喊“加油” 2. 强调兴趣对篮球运动的重要性 3. 本节课的主题是“热爱篮球运动” 4. 加强篮球基本技术的熟练程度，培养队员主动训练的意识 5. 激励、热情、能量至关重要 6. 选举本节课的实习队长，实习队长要协助教练维持纪律，带领队员认真练习	教法：普及篮球运动知识，介绍篮球规则；讲授本节课的训练主题，激发队员的训练热情，鼓舞团队士气
准备部分	3分钟	一、情绪激发 让队员围成1圈，教练发言，鼓励队员，让队员手搭着手一起喊“加油”，调动队员的情绪	
	10分钟	二、动态热身 （一）目的：让身体充分预热，预防队员受伤 （二）方法：全场1个往返 1. 由小队长带领，绕球场慢跑5圈 2. 行进间“蜘蛛”爬行 3. 行进间高抬腿 4. 行进间后踢腿 5. 单手抱同侧脚脚踝向后拉，拉伸股四头肌 6. 指尖摸脚尖，拉伸股后肌群	要求： 1. 充分活动身体的各关节 2. 保证每个动作的准确性、规范性

续表

部分	时间	内容	教法与要求
准备部分	5分钟	三、体育游戏：沿线运球追逐 （一）目的：提高个人运球能力，以及培养队员的竞争意识 （二）方法 1. 队员1人1球，分散站在球场的各条线上 2. 游戏开始，1人运球去追逐其他在线上的运球队员	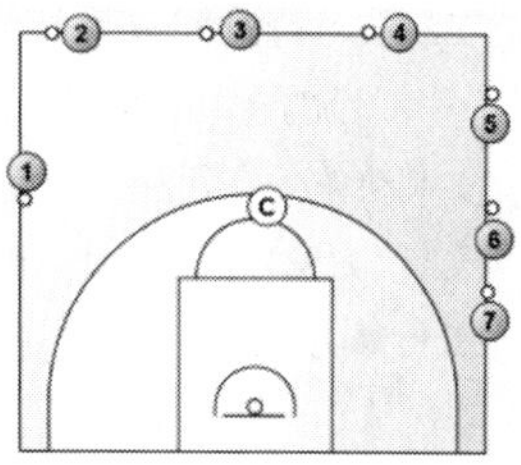 要求： 1. 队员只能沿线运球 2. 队员之间前后距离不能太近 器材：篮球
基础训练	5分钟	一、学习行进间变向运球 （一）目的：让队员初步掌握变向运球的动作方法 （二）方法 1. 运球队员从对手右侧突破时，先向对手左侧运球，当对手向左侧移动时，突然向右侧变向，用右手按拍球的右侧上方 2. 同时，右脚向左前方跨出，用腿部、上体挡住对手，接着迅速换左手按拍球的后上方，从对方的右侧运球超越对手 3. 换手时，球要低，动作要快 4. 负荷量：30次×4组 （三）重点与难点 1. 持球变向时手对球的控制 2. 避免出现违例运球 3. 变向的幅度要大	 要求：变向时重心降低，转体探肩，蹬跨迅速，快速用力，换手变向后加速要快 器材：篮球
	6分钟	二、复习行进间运球急停急起 （一）目的：巩固行进间急停急起运球技术 （二）方法 1. 利用跨步急停动作，用手按拍球的前上方，先原地运球，用手臂、身体和腿部保护球 2. 急起时，身体重心迅速前移，后脚用力蹬地跨出，同时用手按拍球的后上方，推球前进 3. 负荷量：1个往返×4组 （三）重点与难点 1. 起动时要迅速 2. 急停时要停稳，避免出现运球违例	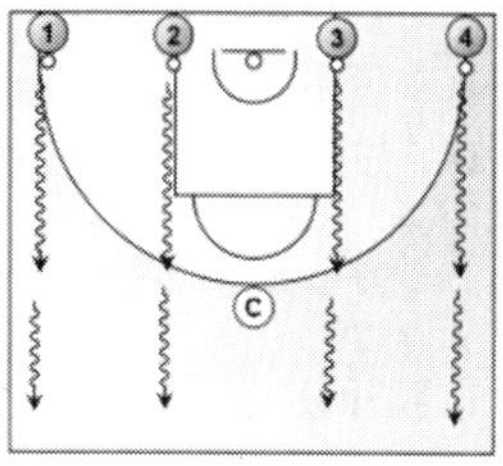 要求： 1. 重心转移快，脚蹬、抵地要有力 2. 按拍球部位要正确，手脚协调一致 器材：篮球

续表

部分	时间	内容	教法与要求
基础训练	8分钟	三、学习行进间双手胸前传接球技术 （一）目的：初步掌握行进间双手胸前传接球技术动作 （二）方法 1. 传球方法：手上动作基本与原地双手胸前传接球动作一致 2. 脚步动作是在跑动中，跨步接球，上步传球，球的落点在接球同伴前一步远的位置 3. 接球方法：基本与原地双手胸前接球动作一致 4. 迎：迎球伸臂 5. 引：手触球后引，缓冲球的力量 6. 收：收球于胸前 7. 负荷量：1 个往返 ×4 组 （三）重点与难点：侧身移动，跨步接球，上步传球，动作协调	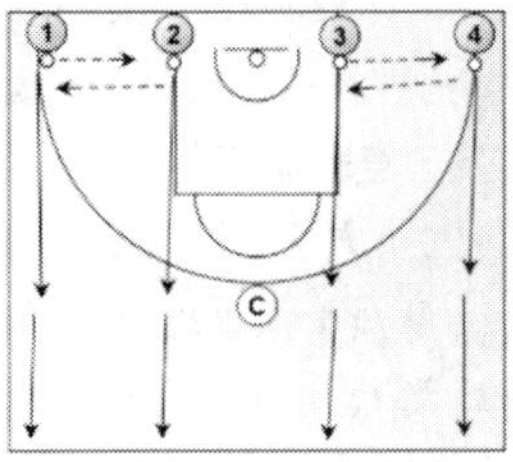 要求： 1. 2 人 1 组，从端线出发做行进间双手胸前传接球 2. 传接球动作连贯一致 器材：篮球
团队合作游戏竞赛	9分钟	名称：圆圈追传游戏 （一）目的：提高传球的速度及应变能力 （二）方法 1. 将人数均匀地分布在圆圈上，保持间隔距离，人数要成双数，先指定 2 名对称站位的队员，各持 1 球 2. 教练站于圆心上，负责发信号，随时改变传球方向 3. 游戏开始，持球队员根据教练的信号，即举左手，向左传球；举右手，向右传球 4. 如此传球一定时间，看是否出现将 2 个球集中传给 1 个人，如发生 1 名队员要接 2 个球，该队员将在游戏结束后，接受一定的判罚	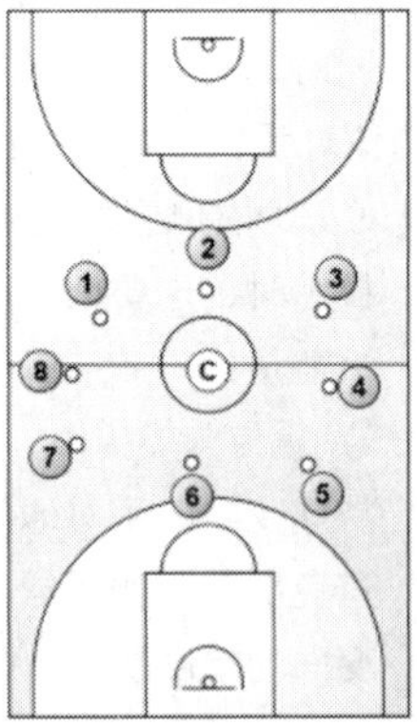 要求： 1. 传球手法正确 2. 传球的预判迅速 器材：篮球
放松与总结	6分钟	1. 拉伸放松 2. 课后总结 3. 特别提醒 4. 宣布本节课最佳队员 5. 鼓舞士气	教法： 1. 教练总结本节课所学内容，强调每个新学技术的动作方法 2. 教练布置课后练习 3. 队员集合喊“加油”，随后解散

第 29 课时

目的与任务：1. 复习行进间变向技术，改进对球的控制及身体重心
2. 复习行进间双手胸前传接球技术，巩固行进间双手胸前传球技术动作方法
3. 学习原地交叉步持球突破技术，初步掌握原地交叉步持球突破技术

部分	时间	内容	教法与要求
课前与家长交流	4分钟	1. 介绍课程计划及执教理念 2. 与家长进行交流，了解队员课下练习情况	教法：与家长进行深入的沟通与交流，介绍本节课的重难点，解决家长提出的队员在日常训练时遇到的疑难问题
集合讲解互动沟通	4分钟	1. 慢慢地拍手，大声喊“加油” 2. 强调兴趣对篮球运动的重要性 3. 本节课的主题是“热爱篮球运动” 4. 加强篮球基本技术的熟练程度，培养队员主动训练的意识 5. 激励、热情、能量至关重要 6. 选举本节课的实习队长，实习队长要协助教练维持纪律，带领队员认真练习	教法：普及篮球运动知识，介绍篮球规则；讲授本节课的训练主题，激发队员的训练热情，鼓舞团队士气
准备部分	3分钟	一、情绪激发 让队员围成1圈，教练发言，鼓励队员，让队员手搭着手一起喊“加油”，调动队员的情绪	
	10分钟	二、动态热身 （一）目的：让身体充分预热，预防队员受伤 （二）方法：全场1个往返 1. 由小队长带领，进行全场的5次折返跑 2. 后退跑 3. 行进间跳步、振臂、扩胸 4. 行进间弓步压腿 5. 行进间侧压腿 6. 行进间转体	要求： 1. 充分活动身体的各关节 2. 保证每个动作的准确性和规范性

续表

部分	时间	内容	教法与要求
准备部分	5分钟	三、体育游戏："传球追触" （一）目的：提高行进间传接球技术，增强协同配合传球意识 （二）方法 1. 先指定3名队员为"追触者"，其余队员分散在场内。为了便于区别，除了"追触者"，其余队员都穿上统一颜色的训练服 2. 游戏开始，3名"追触者"进行移动传接球，并在传球过程中触及在场上任意奔跑躲闪的队员，被触及的队员，脱下训练服加入"追触者"队伍 3. 以此类推，"追触者"队伍逐渐扩大，直到剩最后1名"被追触"的队员即为获胜	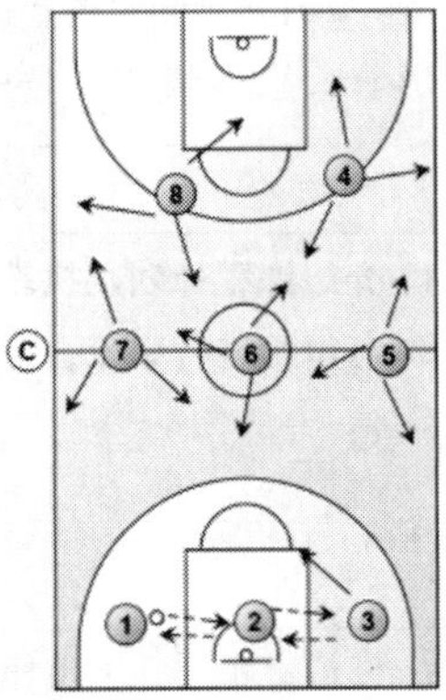 要求： 1. "追触者"只准传球不准运球，违者触到不算 2. 在追触过程中，只能用手持球触人，球不能离手触人 3. 活动范围在球场以内，不得出界 器材：篮球
基础训练	5分钟	一、复习行进间变向技术 （一）目的：进一步掌握行进间变向运球动作方法 （二）方法 1. 之字形变向运球，1人1球站立于端线，中速跑练习体前变向换手运球 2. 负荷量：1个往返×4组 （三）重点与难点：球和重心的控制，变向时蹬地转体，急停时停得稳，起动快	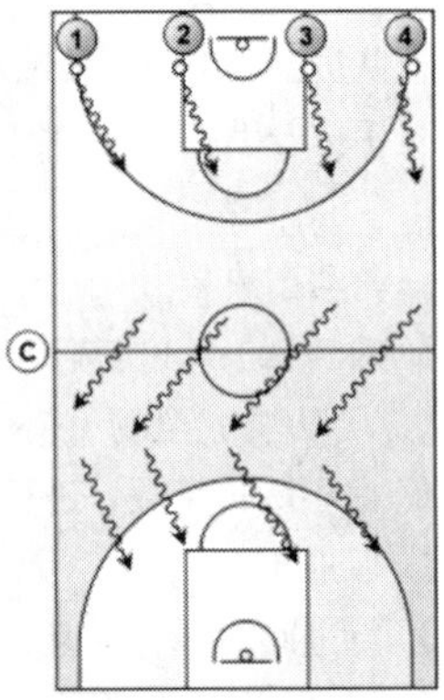 要求： 1. 变向时重心低，蹬地转体 2. 尽量不要失误 器材：篮球

续表

部分	时间	内容	教法与要求
基础训练	6分钟	二、复习行进间双手胸前传接球技术 （一）目的：进一步掌握行进间双手胸前传接球技术 （二）方法 1. 2人1组，从端线出发，慢速向前推进 2. 尽量在6次传接球之内完成1次全场练习 3. 负荷量：1个往返×4组 （三）重点与难点 1. 尽量做到人到球到 2. 传球准确，出手迅速	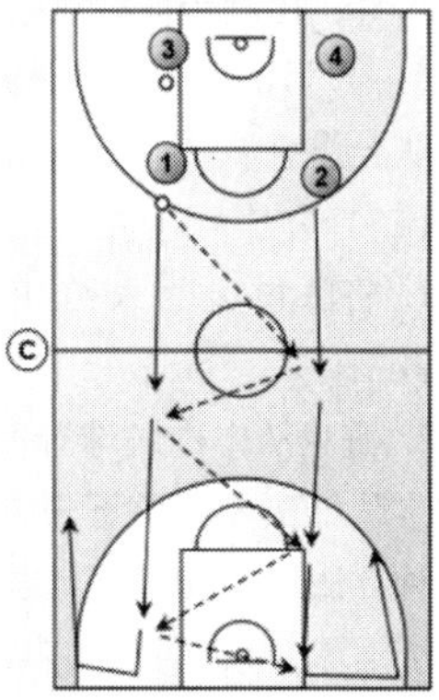 要求： 1. 传球准确、到位，不走步 2. 传球的力度和路线准确 器材：篮球
	8分钟	三、学习原地交叉步持球突破技术 （一）目的：初步领会原地交叉步突破的动作方法 （二）方法 1. 以右脚做中枢脚为例。突破时，左脚向左前方跨出半步，做向左突破的假动作，当对手重心向右移动时，左脚前脚掌内侧迅速蹬地，向对手左侧跨出一大步 2. 同时上体右转探肩，贴近对手；球移至右手，向左脚右斜前方推放球，右脚迅速蹬地跨步，加速超越对手 3. 负荷量：2次×4组 （三）重点与难点 1. 动作连贯，身体上下肢协调配合 2. 蹬地有力，移动迅速	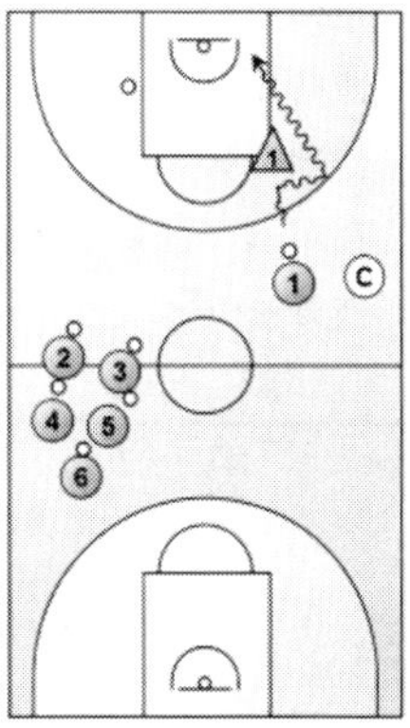 要求： 1. 假动作要逼真，后蹬有力 2. 起动迅速突然，动作连贯 器材：篮球

续表

部分	时间	内容	教法与要求
团队合作游戏竞赛	9分钟	名称：控制传球游戏 （一）目的：发展队员传球的准确性，培养团队合作意识 （二）方法 1. 将队员分为人数相等的2组，教练充当裁判 2. 游戏从中圈跳球开始，得球的队伍设法在本队相互传球而不失误，对方则积极采用各种方法进行抢断球，游戏规定只准传球，不准运球，2队员间最多连续传球2次 3. 1个队连续传球10次不失误则得1分，得分后由对方发界外球，再次开始，在规定时间内，得分多的一组获胜	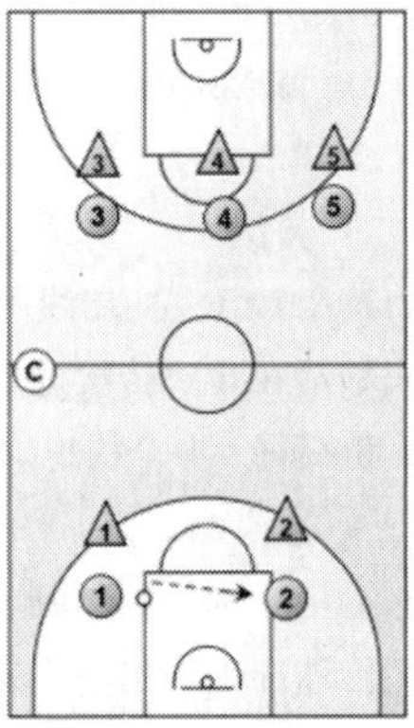 要求： 1. 发生任何违例，由对方发界外球 2. 持球队员不能运球，只能传球 器材：篮球
放松与总结	6分钟	1. 拉伸放松 2. 课后总结 3. 特别提醒 4. 宣布本节课最佳队员 5. 鼓舞士气	教法： 1. 教练总结本节课所学内容，强调每个新学技术的动作方法 2. 教练布置课后练习 3. 队员集合喊“加油”，随后解散

第 30 课时

目的与任务：1. 复习行进间交叉步，加强队员对交叉步突破动作方法的掌握
2. 学习高手上篮，让队员初步掌握高手上篮的动作方法
3. 复习双手胸前反弹球，改进传球击地点及传球路线

部分	时间	内容	教法与要求
课前与家长交流	4分钟	1. 介绍课程计划及执教理念 2. 与家长进行交流，了解队员课下练习情况	教法：与家长进行深入的沟通与交流，介绍本节课的重难点，解决家长提出的队员在日常训练时遇到的疑难问题
集合讲解互动沟通	4分钟	1. 慢慢地拍手，大声喊“加油” 2. 强调兴趣对篮球运动的重要性 3. 本节课的主题是“热爱篮球运动” 4. 加强篮球基本技术的熟练程度，培养队员主动训练的意识 5. 激励、热情、能量至关重要 6. 选举本节课的实习队长，实习队长要协助教练维持纪律，带领队员认真练习	教法：普及篮球运动知识，介绍篮球规则；讲授本节课的训练主题，激发队员的训练热情，鼓舞团队士气
准备部分	3分钟	一、情绪激发 让队员围成1圈，教练发言，鼓励队员，让队员手搭着手一起喊“加油”，调动队员的情绪	
	10分钟	二、动态热身 （一）目的：让身体充分预热，预防队员受伤 （二）方法：全场1个往返 1. 行进间小步跑 2. 行进间正压腿 3. 行进间侧压腿 4. 行进间后踢腿 5. 行进间高抬腿	要求： 1. 充分活动身体的各关节 2. 保证动作的准确性、规范性，认真完成每一个动作

续表

部分	时间	内容	教法与要求
准备部分	5分钟	三、体育游戏："贪吃蛇" （一）目的：提高队员的控球能力及场上观察、预判能力 （二）方法 1. 每人1球，队员分布在球场各个交叉点，相邻的2个点之间距离不得小于5米 2. 2～3名队员作为"蛇头"，沿着各条线进行运球。当"蛇头"到达任意1个点后，和点上的队员球碰球，该点的队员作为"蛇身"跟着"蛇头"运球前进，依次进行，直到点上的所有队员被"吃光"为止 3. 在规定时间内，看哪条"蛇"吃得快、吃得多	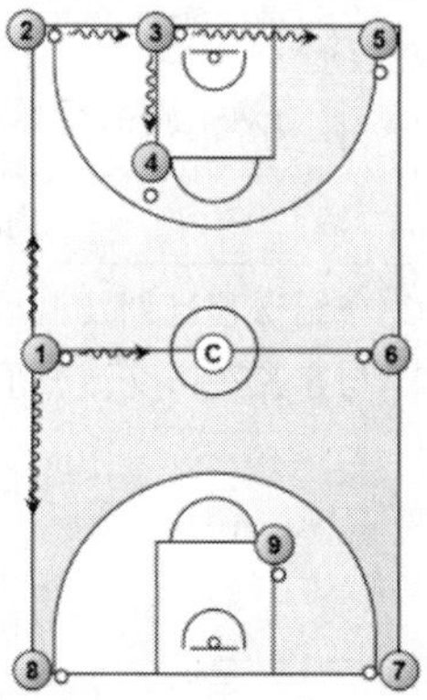 要求： 1. "蛇头"每到1个点只能吃1个人 2. 在行进过程中，若有人运球失误，则退出队伍，站回任意点上 器材：篮球
基础训练	5分钟	一、复习交叉步突破运球技术 （一）目的：巩固交叉步突破变向运球和运球急停急起动作方法，加强对球的控制并熟悉球性 （二）方法 1. 队员成2路纵队站立，依次来到三分球弧顶围绕2个标志筒做行进间8字运球 2. 每名队员须顺时针和逆时针各完成2次行进间运球 3. 负荷量：2次×4组 （三）重点与难点 1. 推进时完整做完1遍训练，尽量不要出现失误 2. 动作连贯，适当提高速度	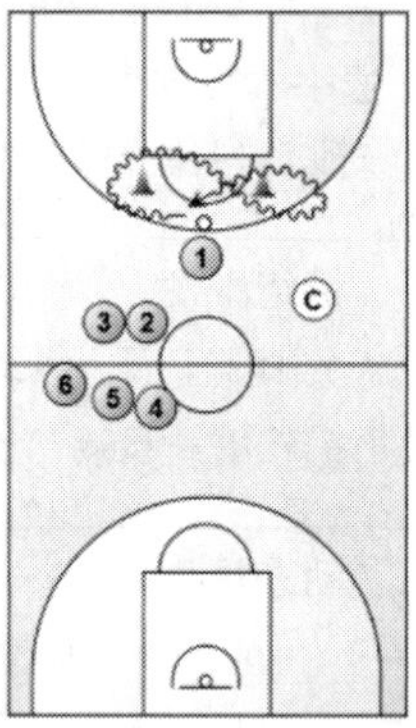 要求： 1. 球和重心的控制，变向时蹬地转体，急停时停得稳，起动快 2. 尽量不要碰倒标志筒 3. 不要停球，动作连贯，注意手脚的协调配合 器材：篮球、标志筒
	6分钟	二、学习高手上篮 （一）目的：使队员基本掌握高手上篮技术 （二）方法 1. 队员面向篮筐站成1列，每人持1球进行练习 2. 开始时，以右手投篮为例，先将球运出，同时右脚向前跨出接球，接着迅速上左脚起跳，右腿屈膝上抬，同时举球至头右侧	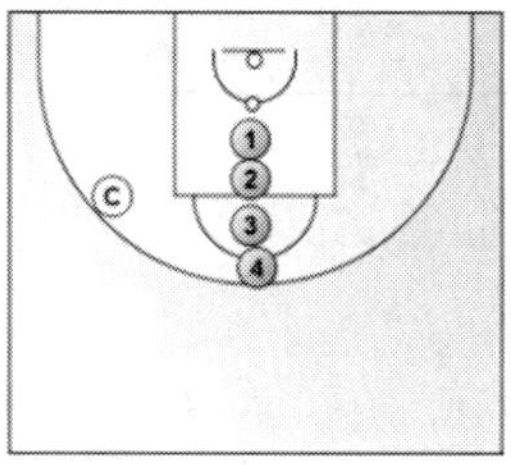

续表

部分	时间	内容	教法与要求
基础训练		3. 起跳后，当身体跳到最高点时，右手臂伸直，用手腕和手指力量将球投出 4. 负荷量：20 次 ×4 组 （三）重点与难点 1. 向前跨步时第一步步幅要大，接球后双手牢牢将球抓住 2. 左脚跟进时，步幅稍小，为起跳做准备，起跳时左脚充分发力向上跳 3. 起跳时，右腿向上抬，同时将球举起准备投出，投球时手臂伸直，手腕、手指发力拨球	要求： 1. 引球动作正确，蹬地用力，动作协调连贯 2. 从原地静止状态开始练习，练习时动作标准、完整 3. 尽量采用打板方式将球投进 器材：篮球
	8 分钟	三、复习双手胸前反弹传球技术 （一）目的：巩固双手胸前反弹传球动作方法 （二）方法 1. 基本同双手胸前传球一样 2. 不同点是球飞行的路线是折线，球的击地点一般是在距离接球队员 1/3 处 3. 负荷量：30 次 ×3 组 （三）重点与难点 1. 击地的点掌握不好，传球路线容易发生偏移 2. 击球力度的把握	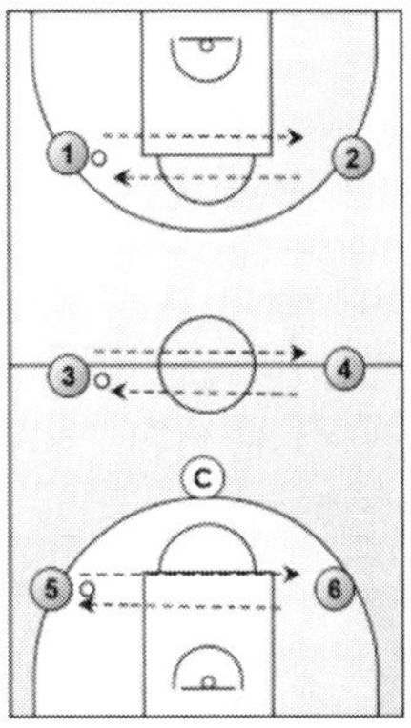 要求：练习要求同上 器材：篮球
团队合作游戏竞赛	9 分钟	名称：传球入筐游戏 （一）目的：发展队员传球的准确性，熟练原地传球，提高传球速度 （二）方法 1. 队员成 2 路纵队面对面交叉站立，队伍相距 5 米，队员左右相距 3 米 2. 游戏开始，队员以最快的速度将 1 筐球依次放入队尾的筐内，传球动作根据教练要求进行	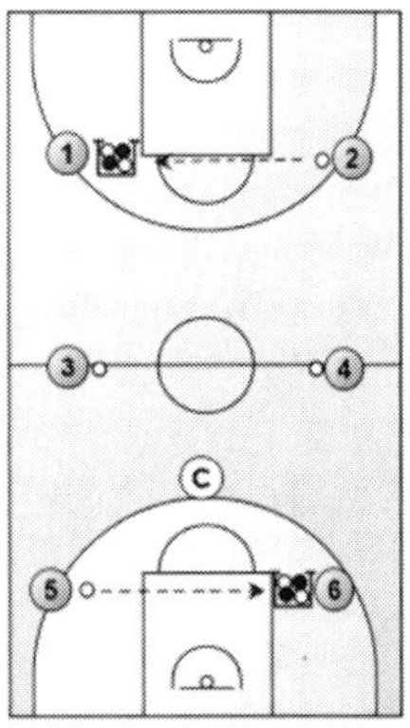 要求：传球必须依次进行，中途如果出现失误必须重新开始 器材：篮筐、篮球

续表

部分	时间	内容	教法与要求
放松与总结	6分钟	1. 拉伸放松 2. 课后总结 3. 特别提醒 4. 宣布本节课最佳队员 5. 鼓舞士气	教法： 1. 教练总结本节课所学内容，强调每个新学技术的动作方法 2. 教练布置课后练习 3. 队员集合喊“加油”，随后解散

第 31 课时

部分	时间	内容	教法与要求
目的与任务：1. 复习双手胸前传球、双手击地传球，改进传球速度 2. 复习单手肩上投篮，改进投篮动作连贯性			
课前与家长交流	4分钟	1. 介绍课程计划及执教理念 2. 与家长进行交流，了解队员课下练习情况	教法：与家长进行深入的沟通与交流，介绍本节课的重难点，解决家长提出的队员在日常训练时遇到的疑难问题
集合讲解互动沟通	4分钟	1. 慢慢地拍手，大声喊“加油” 2. 强调兴趣对篮球运动的重要性 3. 本节课的主题是“热爱篮球运动” 4. 加强篮球基本技术的熟练程度，培养队员主动训练的意识 5. 激励、热情、能量至关重要 6. 选举本节课的实习队长，实习队长要协助教练维持纪律，带领队员认真练习	教法：普及篮球运动知识，介绍篮球规则；讲授本节课的训练主题，激发队员的训练热情，鼓舞团队士气
准备部分	3分钟	一、情绪激发 让队员围成1圈，教练发言，鼓励队员，让队员手搭着手一起喊“加油”，调动队员的情绪	
	10分钟	二、动态拉伸 1. 在队长的带领下，绕篮球场地慢跑5圈 2. 行进间高抬腿跑 3. 行进间小步跑 4. 行进间抱膝提蹬 5. 行进间燕式平衡 6. 行进间弓箭步转体 7. 行进间侧向左右侧压腿	练习要求：充分活动身体的各关节

续表

部分	时间	内容	教法与要求
准备部分	5分钟	三、体育游戏：传球接力 （一）目的：发展队员的速度灵敏素质，培养队员的团队合作精神 （二）方法 1. 将队员分为人数相等的 4 个偶数组，分别站在端线后成 4 路纵队 2. 第一名队员拿球，其余队员不拿球，游戏开始，第二名队员迅速跑到队伍前面的标志圈内，接第一名队员的传球，同时，第一名队员迅速跑到第二个标志圈内，依次进行传接球，共 4 个圈 3. 返回时回传球，接下来 2 名队员依此进行 4. 率先完成的一组获胜	 要求： 1. 如果出现传球失误，则需要返回原点，重新开始 2. 传球方法可选择双手胸前传球或单手肩上传球 器材：篮球、敏捷圈
基础训练	5分钟	一、复习双手胸前传球 （一）目的：巩固双手胸前传球和双手胸前击地传球的动作方法，发展队员的判断能力和协调素质 （二）方法 1. 队员 2 人 1 组，相距 5 米面对面站立，每人 1 球 2. 一名队员用双手胸前传球的方法将球传给另一名队员，同时另一名队员用双手胸前击地传球的方法把球传给对方 3. 负荷量：20 次 ×4 组 （三）重点与难点 1. 训练中不出现失误 2. 适当提升传球速度	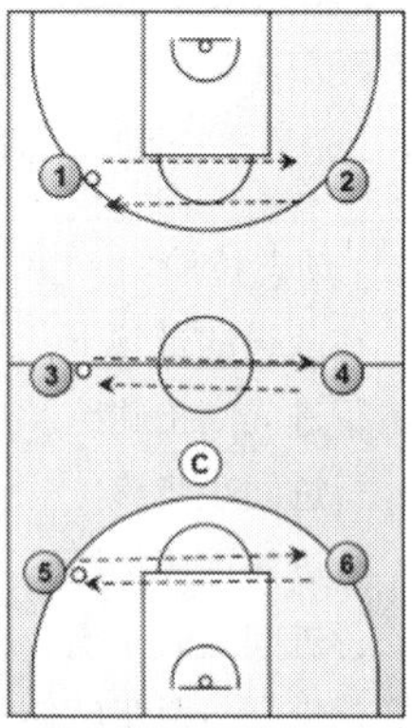 要求： 1. 注意传接球的正确方法，尽量不要失误 2. 提高传球的速度 器材：篮球

续表

部分	时间	内容	教法与要求
基础训练	6分钟	二、三角传球练习 （一）目的：进一步巩固传接球的动作方法，培养队员的团队合作意识 （二）方法 1. 所有队员分3路纵队成三角形站立 2. ①持球传给②后跑到②组队尾，②传球给③后跑到③组队尾，③传球给①后跑到①组队尾，依次进行练习 3. 当达到一定的熟练程度后，可适当增加难度，2个球同时传 4. 负荷量：30次×4组 （三）重点与难点 1. 传完球迅速找到自己的位置，等待下一次练习 2. 多种传球方法切换	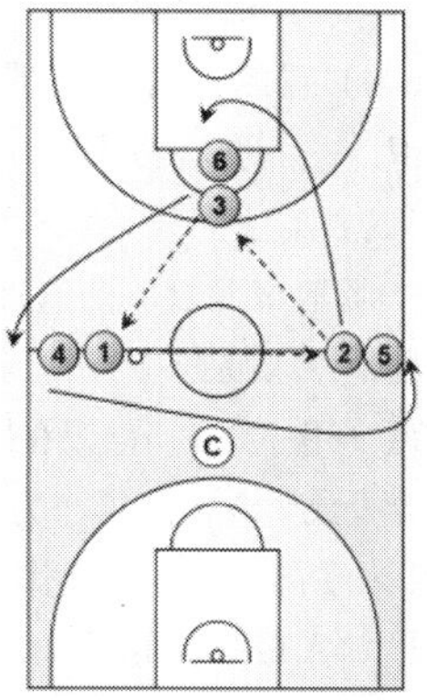 要求： 1. 注意传球的连贯性，避免失误 2. 传球后跑动要迅速 3. 可采用胸前传球或单手肩上传球 器材：篮球
	8分钟	三、复习原地单手肩上投篮 （一）目的：初步掌握原地单手肩上投篮的动作方法 （二）方法 1. 两脚左右开立，两膝微屈，重心落在两脚掌上 2. 投篮时，下肢蹬地发力，右臂向前上方抬肘伸臂，手腕前屈，食指、中指用力拨球，通过指端将球柔和地投出 3. 球出手的瞬间，身体随投篮动作向上伸展，脚跟微提起 4. 以右手投篮为例，右手五指自然分开，掌心空出，由指根以上的部位持球，大拇指与小拇指控制球体 5. 左手扶在球的左侧，右臂屈肘，肘关节自然下垂；置球于右肩前上方，目视篮筐 6. 负荷量：2次×5组 （三）重点与难点 1. 投篮动作的连贯性 2. 协调发力，在最高点将球出手	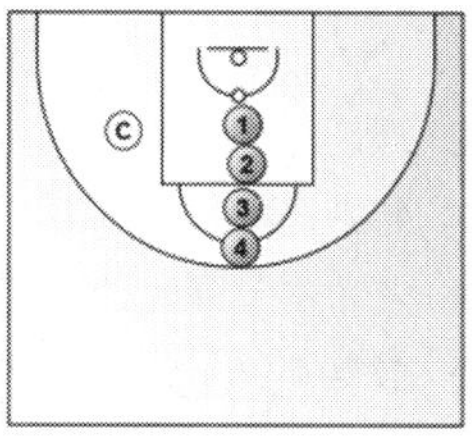 教法： 1. 教练讲解并完整示范原地单手肩上投篮的动作方法 2. 队员可先在原地做无球的投篮动作练习 器材：篮球

续表

部分	时间	内容	教法与要求
团队合作游戏竞赛	9分钟	名称：地滚球游戏 （一）目的：培养队员的团队协作和竞争意识，进一步培养球感 （二）方法 1. 场地布置以1个篮球场作为“小足球”的场地，以端线中点为圆心，5.80米为半径画弧（用虚线表示），在限制区的斜边和端线交界处放2个标志筒作为球门，在圈顶画1条长2米平行于端线的线作为罚球线 2. 将人数分为相等的2队，各队推派1名队员担任守门员站在球门区内（球门区是指虚线内的区域） 3. 双方分别站于距中线3米左右，进攻一方以手代脚相互传递地滚球，并设法射门得分，规定射门高度不得高过腰部，防守一方则设法阻截，争取获得球，以守转攻 4. 游戏以规定时间内得分多的队为优胜	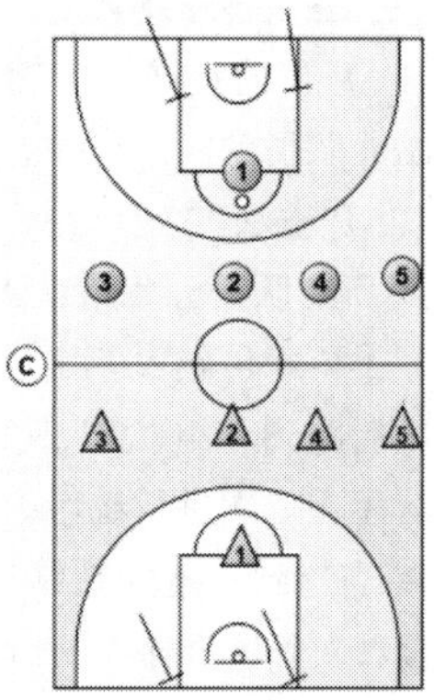 要求： 1. 只准传地滚球，不得运球或采用其他传球方法，不准走步，发生以上情况为违例，由对方掷边线球 2. 射进1球得1分，得分后对方在中场发球 器材：篮球、标志筒
放松与总结	6分钟	1. 拉伸放松 2. 课后总结 3. 特别提醒 4. 宣布本节课最佳队员 5. 鼓舞士气	教法： 1. 教练总结本节课所学内容，强调每个新学技术的动作方法 2. 教练布置课后练习 3. 队员集合喊“加油”，随后解散

第__32__课时

<table>
<tr><td colspan="4">目的与任务：1. 复习单手肩上投篮，改进球的抛物线
2. 复习综合性的传球练习，巩固队员对传球技术的运用
3. 复习单手肩上投篮，提高投篮速度</td></tr>
<tr><td>部分</td><td>时间</td><td>内容</td><td>教法与要求</td></tr>
<tr><td>课前与家长交流</td><td>4分钟</td><td>1. 介绍课程计划及执教理念
2. 与家长进行交流，了解队员课下练习情况</td><td>教法：与家长进行深入的沟通与交流，介绍本节课的重、难点，解决家长提出的队员在日常训练时遇到的疑难问题</td></tr>
<tr><td>集合讲解互动沟通</td><td>4分钟</td><td>1. 慢慢地拍手，大声喊“加油”
2. 强调兴趣对篮球运动的重要性
3. 本节课的主题是“热爱篮球运动”
4. 加强篮球基本技术的熟练程度，培养队员主动训练的意识
5. 激励、热情、能量至关重要
6. 选举本节课的实习队长，实习队长要协助教练维持纪律，带领队员认真练习</td><td>教法：普及篮球运动知识，介绍篮球规则；讲授本节课的训练主题，激发队员的训练热情，鼓舞团队士气</td></tr>
<tr><td rowspan="2">准备部分</td><td>3分钟</td><td>一、情绪激发
让队员围成1圈，教练发言，鼓励队员，让队员手搭着手一起喊“加油”，调动队员的情绪</td><td></td></tr>
<tr><td>10分钟</td><td>二、动态热身
（一）目的：让身体充分预热，预防队员受伤
（二）方法：全场1个往返
1. 行进间小步跑
2. 行进间正压腿
3. 行进间侧压腿
4. 行进间后踢腿
5. 行进间高抬腿</td><td>要求：
1. 队员精神饱满，注意纪律
2. 保证动作的准确性、规范性，认真完成每一个动作</td></tr>
</table>

续表

部分	时间	内容	教法与要求
准备部分	5分钟	三、体育游戏：躲避运球 （一）目的：训练队员在运球时抬头的习惯，加强直线运球的速度和运球开始时的起动速度 （二）方法 1. 队员分成2组，横向站立，2队之间距离1.5米左右，同时左右队员距离约一肩宽；游戏开始，2队队员向同一方向运球推进，后排队员在推进过程中，触碰到前排队员身体的任何1个部位，得1分 2. 在规定时间内，后排队员未碰到前排队员，则前排队员得1分，最后记录得分情况	 要求： 1. 运球不能超过场地范围 2. 不能运球失误，否则得分无效 器材：篮球
基础训练	5分钟	一、复习单手肩上投篮 （一）目的：进一步加强队员的投篮手法和发力动作 （二）方法 1. 所有队员每人1球，平躺在地上，围成1个大圆 2. 每名队员在地上做自投自接的练习 3. 负荷量：20次×3组 （三）重点与难点 1. 尽量控制球的抛弧线 2. 在球不落地的同时双手接住球	 要求： 1. 速度尽量放慢，目的是找到投篮的发力感觉 2. 每1次投篮动作都要完整做完，注意身体的协调配合 器材：篮球
	6分钟	二、横向移动换位传接球练习 （一）目的：巩固行进间传接球的能力 （二）方法 1. 队员4人1组，呈口字形相距10米相对站立 2. ④与⑤各持1球，同时分别将球传给⑥和⑦，然后2人立即横向联合移动换位接⑥与⑦的回传球，⑥、⑦传球后同样横向移动换位接球，照此反复练习 3. 负荷量：10次×5组 （三）重点与难点 1. 做到球动人动，传完球的一瞬间，移动要迅速 2. 传球不要失误	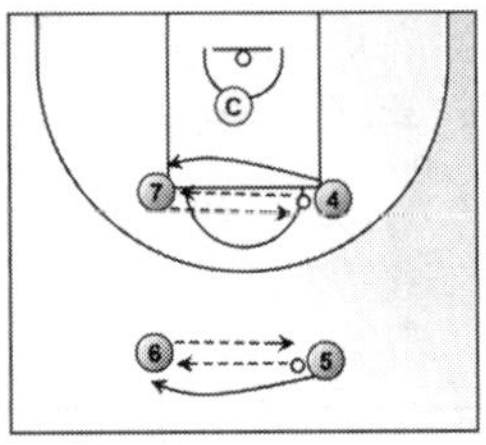 要求： 1. 传球后移动换位要快，接球后要停稳 2. 要用眼睛的余光做到人球兼顾 器材：篮球

续表

部分	时间	内容	教法与要求
基础训练	8分钟	三、复习单手肩上投篮 （一）目的：巩固原地单手肩上投篮的动作方法 （二）方法 1. 双手手持球于头前，肘关节自然下垂，两脚前后或左右开立，两膝微屈，身体重心在两脚之间，眼睛注视篮筐 2. 投篮时，下肢蹬地发力，手臂向前上方伸直，拇指下压，两手腕同时外翻，食指、中指用力拨球，通过指端将球投出 3. 球出手时，身体随投篮出手方向自然伸展，脚跟微提起 4. 负荷量：4 次 ×5 组 （三）重点与难点 1. 尽量将球投进篮筐 2. 提高投篮速度	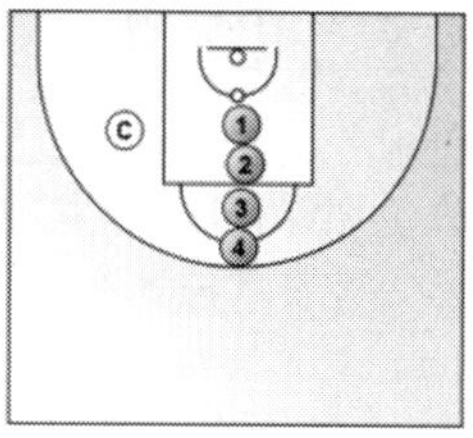 教法： 1. 教练讲解并完整示范原地单手肩上投篮的动作方法 2. 队员可先在原地做无球的投篮动作练习 器材：篮球
团队合作游戏竞赛	9分钟	名称：投篮比赛 （一）目的：培养队员团队合作的意识，在游戏比赛中提高队员对投篮技术的运用 （二）方法 1. 将队员分为人数相等的 2 组，分别成 1 路纵队站立在离篮筐 2 米的位置 2. 每组需要分别完成 2 种投篮的练习，并记录每组进球数 3. 在规定时间内，进球数多的一组获胜	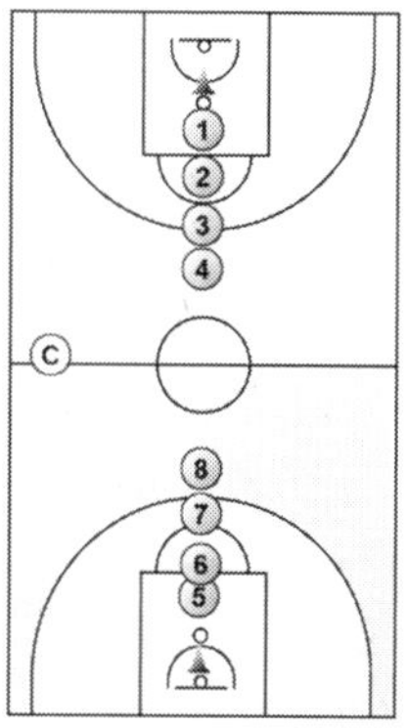 要求： 1. 自投自抢，将球手递手传给下一名队员 2. 投篮时，脚不能超过规定的位置，否则该次投篮无效 器材：篮球、标志筒
放松与总结	6分钟	1. 拉伸放松 2. 课后总结 3. 特别提醒 4. 宣布本节课最佳队员 5. 鼓舞士气	教法： 1. 教练总结本节课所学内容，强调每个新学技术的动作方法 2. 教练布置课后练习 3. 队员集合喊“加油”，随后解散

第 33 课时

目的与任务：1. 复习运球与投篮结合的综合练习，巩固投篮动作
2. 进行绳梯的综合训练，发展队员的灵敏素质和脚步的灵活性

部分	时间	内容	教法与要求
课前与家长交流	4分钟	1. 介绍课程计划及执教理念 2. 与家长进行交流，了解队员课下练习情况	教法：与家长进行深入的沟通与交流，介绍本节课的重、难点，解决家长提出的队员在日常训练时遇到的疑难问题
集合讲解互动沟通	4分钟	1. 慢慢地拍手，大声喊“加油” 2. 强调兴趣对篮球运动的重要性 3. 本节课的主题是“热爱篮球运动” 4. 加强篮球基本技术的熟练程度，培养队员主动训练的意识 5. 激励、热情、能量至关重要 6. 选举本节课的实习队长，实习队长要协助教练维持纪律，带领队员认真练习	教法：普及篮球运动知识，介绍篮球规则；讲授本节课的训练主题，激发队员的训练热情，鼓舞团队士气
准备部分	3分钟	一、情绪激发 让队员围成1圈，教练发言，鼓励队员，让队员手搭着手一起喊“加油”，调动队员的情绪	
	10分钟	二、动态热身 （一）目的：让身体充分预热，预防队员受伤 （二）方法：全场1个往返 1. 行进间小步跑 2. 行进间正压腿 3. 行进间侧压腿 4. 行进间后踢腿 5. 行进间高抬腿	要求： 1. 充分活动身体的各关节 2. 保证动作的准确性、规范性，认真完成每一个动作

续表

部分	时间	内容	教法与要求
准备部分	5分钟	三、体育游戏：传球捕人 （一）目的：培养队员的判断能力和快速移动能力，巩固行进间传接球能力，培养队员的竞争意识 （二）方法 1. 以半场为例，选出 2 人作为捕捉人，其余队员在半场不超出边线和中场线内任意地躲避捕捉 2. 选出的 2 人用 1 个篮球，只能用传球的方式移动，用球触碰躲避人，在球不可离手的情况下捕捉 3. 被捕捉后的队员加入一起去捕捉剩余的队员，直到捕捉到最后 1 名队员 4. 躲避方可看准时机抢断捕捉人之间的传球	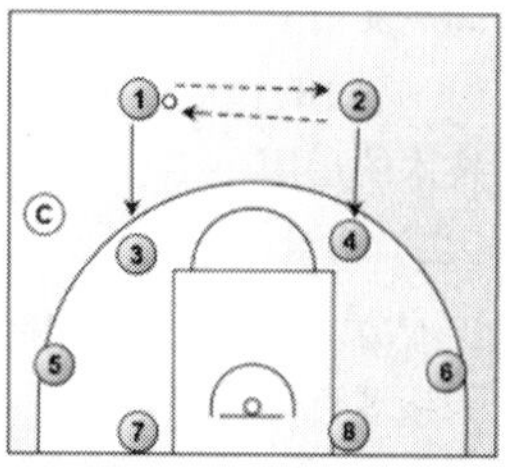 要求： 1. 所有队员只能在规定的区域活动，不能出界 2. 如果人数过多，可选择全场进行游戏 器材：篮球
基础训练	5分钟	一、复习原地单手肩上投篮技术 （一）目的：进一步加强队员对投篮手法和发力动作方法的感受，将运球和投球结合起来，发展队员的综合能力 （二）方法 1. 所有队员每人 1 球，在原地做自走自接练习 10 次，然后快速运球至离篮筐 2 米处进行投篮 2. 球进，则该队员可在一旁休息等待其他队员完成训练，开始下一组练习；球不进，该队员需返回出发点重新开始本次练习 3. 负荷量：5 次 ×5 组 （三）重点与难点 1. 适当提高出手速度 2. 投篮过程中保持身体的稳定	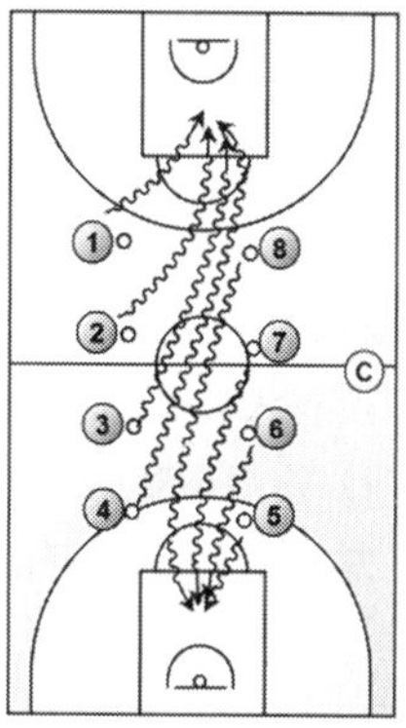 要求： 1. 投篮速度尽量放慢，目的是找到投篮的发力感觉 2. 每一次投篮动作都要完整做完，注意身体的协调配合 3. 运球移动速度要快速 器材：篮球

续表

部分	时间	内容	教法与要求
基础训练	6分钟	二、复习双手胸前传球技术 （一）目的：进一步加强队员对双手胸前传球技术的运用 （二）方法 1. 队员2人1组，传球队员将球传出后，跑到接球点等待接球 2. 接到球后的队员运球至传球点，将球迅速传给接球队员 3. 传球者为下一次练习的运球者 4. 负荷量：1个往返×4组 （三）重点与难点 1. 运球过程中不失误 2. 提高传接球速度	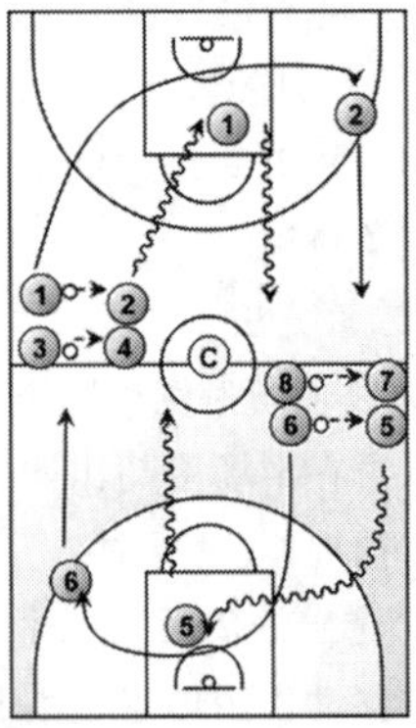 要求：尽量减少传球次数，加快传球速度 器材：篮球
	8分钟	三、绳梯的综合练习 （一）目的：培养节奏感，增强脚踝小肌肉群的力量 （二）方法 1. 前脚掌着地，每一步落在绳梯的小方格以内 2. 根据队员的熟练程度，改变对速度的要求 3. 所有队员依次进行练习 （三）重点与难点 1. 身体上下肢协调配合 2. 蹬地有力迅速通过	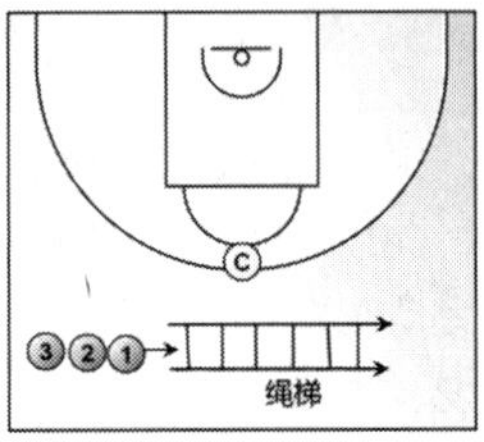 要求： 1. 控制身体的平衡，身体摆动不要过大 2. 蹬地有力，发力迅速 器材：绳梯
团队合作游戏竞赛	9分钟	名称：运球投篮接力 （一）目的：培养队员团队合作的意识，在游戏比赛中提高队员对投篮技术的运用，加强行进间运球能力 （二）方法 1. 将队员分为人数相等的2组，分别成1路纵队站立在离篮筐2米的位置 2. 游戏开始，队员需运球绕过4个标志筒后，立即返回至投篮得分点进行投篮，球投中，得1分，下一名队员接球后及时出发；球未投进，则该队员需返回起点重新开始，直到投篮得分，以此类推 3. 在规定时间内，进球数多的一组获胜	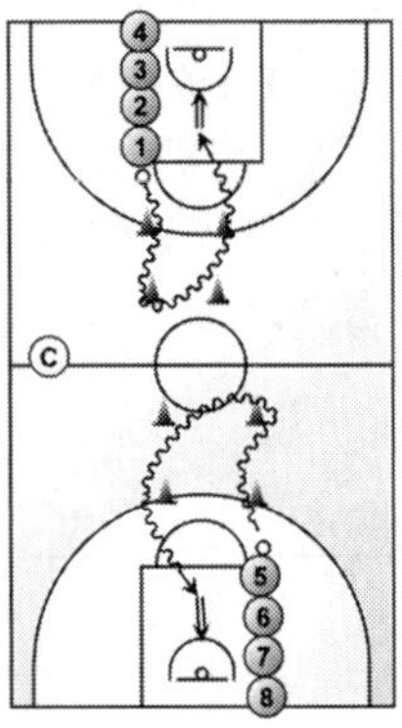 要求： 1. 自投自抢，球进筐后将球手递手传给下一名队员

续表

部分	时间	内容	教法与要求
团队合作游戏竞赛			2. 投篮时，脚不能超过规定的位置，否则该次投篮无效 3. 运球过程中不能碰倒障碍物 器材：篮球、标志筒
放松与总结	6分钟	1. 拉伸放松 2. 课后总结 3. 特别提醒 4. 宣布本节课最佳队员 5. 鼓舞士气	教法： 1. 教练总结本节课所学内容，强调每个新学技术的动作方法 2. 教练布置课后练习 3. 队员集合喊“加油”，随后解散

第 34 课时

目的与任务：1. 学习防守有球队员（防投篮、防运球），使队员建立正确概念，了解动作方法、要领，并初步掌握技术动作 2. 运球的综合练习，使队员进一步掌握多种运球的技术动作			
部分	时间	内容	教法与要求
课前与家长交流	4分钟	1. 介绍课程计划及执教理念 2. 与家长进行交流，了解队员课下练习情况	教法：与家长进行深入的沟通与交流，介绍本节课的重、难点，解决家长提出的队员在日常训练时遇到的疑难问题
集合讲解互动沟通	4分钟	1. 慢慢地拍手，大声喊“加油” 2. 强调兴趣对篮球运动的重要性 3. 本节课的主题是“热爱篮球运动” 4. 加强篮球基本技术的熟练程度，培养队员主动训练的意识 5. 激励、热情、能量至关重要 6. 选举本节课的实习队长，实习队长要协助教练维持纪律，带领队员认真练习	教法：普及篮球运动知识，介绍篮球规则；讲授本节课的训练主题，激发队员的训练热情，鼓舞团队士气
准备部分	3分钟	一、情绪激发 让队员围成1圈，教练发言，鼓励队员，让队员手搭着手一起喊“加油”，调动队员的情绪	
	10分钟	二、动态热身 （一）目的：让身体充分预热，预防队员受伤 （二）方法：全场1个往返 1. 行进间小步跑 2. 行进间正压腿 3. 行进间侧压腿 4. 行进间后踢腿 5. 行进间高抬腿	要求： 1. 充分活动身体的各关节 2. 保证动作的准确性、规范性，认真完成每一个动作
	5分钟	三、体育游戏：夹球跑接力 （一）目的：培养队员的团队合作精神，在游戏中提高基本身体素质 （二）方法 1. 将队员分为人数相等的2队，每队2人1组，用背部夹着球向前推进 2. 队员绕过标志筒返回，并将球传给下一组，以此类推，率先完成的队伍获胜	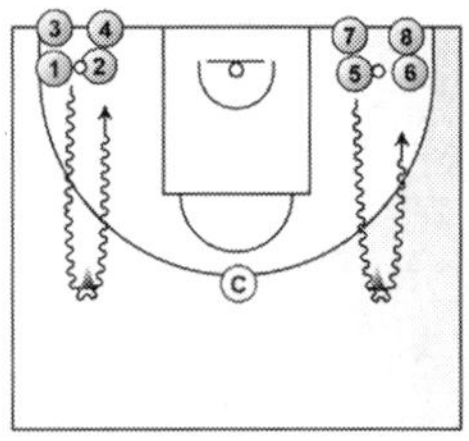 要求：培养队员果断、迅速、遵守纪律和团结协作的集体主义精神 器材：篮球、标志筒

续表

部分	时间	内容	教法与要求
基础训练	5分钟	一、学习防运球 （一）目的：使队员建立正确的概念，了解技术动作方法、要领，并初步掌握技术动作 （二）方法 1. 当对手运球时，防守队员的注意力集中在对手的手和球上，抢先向运球方向移动 2. 以身体的躯干对着球，伸臂扩大防守范围，并伺机干扰抢断球 3. 负荷量：1 个往返 ×5 组 （三）重点与难点 1. 防守面的选择 2. 防守时不要犯规，注意防守距离的选择	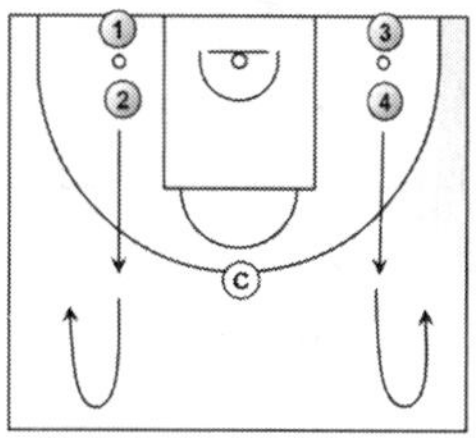 教法： 1. 躯干对着球，注意对手重心变化，手臂张开 2. 防守采用消极防守 器材：篮球、标志筒
	6分钟	二、学习防投篮 （一）目的：使队员建立正确的概念，了解技术动作方法、要领，并初步掌握技术动作 （二）方法 1. 防守队员要站在对手与球篮之间，与对手保持一臂的距离，伸手干扰对手的举球习惯动作 2. 当对手举球准备投篮时，防守队员前伸手臂，手掌对准球，当对手投篮刚出手或起跳时，防守队员应及时起跳，干扰其出球弧度，并争取“盖帽” 3. 负荷量：10 次 ×4 组 （三）重点与难点 1. 防守距离的选择 2. 防守的站位姿势	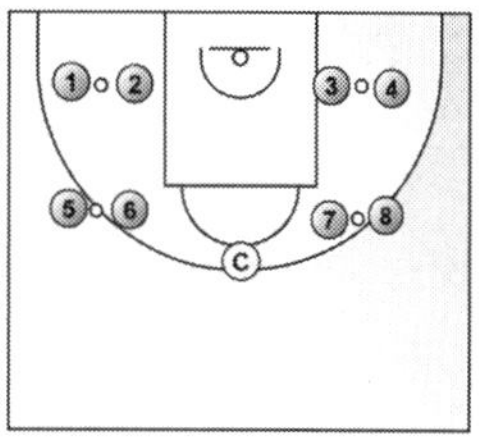 要求： 1. 防守距离合理，姿势正确，手臂上抬积极干扰 2. 防守采用消极防守 器材：篮球

续表

部分	时间	内容	教法与要求
基础训练	8分钟	三、运球的综合练习 （一）目的：提高队员对多种运球方法的灵活使用，发展队员控制球的能力 （二）方法 1. 所有队员成1路纵队站立在端线 2. 每人1球，训练开始，用高运球快速推进到第一个标志筒，同时，利用变向运球通过，并使用低运球继续推进至第二个障碍物，再次运用S形变向运球推进至投篮点进行投篮 3. 所有队员依次进行，完成练习 4. 负荷量：1个往返×5组 （三）重点与难点 1. 完成每组动作的连贯性 2. 中途不能出现失误	 要求： 1. 尽量避免运球失误，不要违例运球 2. 注意各种运球方法的动作要点 器材：标志筒、篮球
团队合作游戏竞赛	9分钟	名称："老鹰捉小鸡"游戏 （一）目的：在有防守的情况下训练运球能力，训练"老鹰"防守运球的能力 （二）方法 1. 将队员分为人数相等的2组，每组各推选1名队员作为"老鹰"，其余队员作为"小鸡" 2. 游戏开始，基本规则同正常"老鹰捉小鸡"相同，但"老鹰"需在运球的情况下进行游戏 3. 2组同时进行，在规定时间内，捕捉"小鸡"数量多的一组获胜	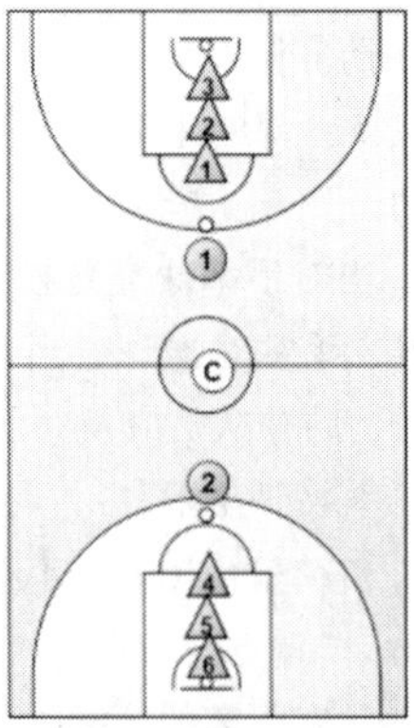 要求： 1. "老鹰"在运球捕捉的过程中不能运球违例或停止运球 2. 游戏需要在规定的区域内进行 器材：篮球
放松与总结	6分钟	1. 拉伸放松 2. 课后总结 3. 特别提醒 4. 宣布本节课最佳队员 5. 鼓舞士气	教法： 1. 教练总结本节课所学内容，强调每个新学技术的动作方法 2. 教练布置课后练习 3. 队员集合喊"加油"，随后解散

第 35 课时

目的与任务：1. 学习防守有球队员（防传球、防突破），通过学习防守有球队员（防传球、防突破），队员建立正确的概念，了解动作方法要领，并初步掌握技术动作
2. 进行全场传球、运球、投篮的综合练习

部分	时间	内容	教法与要求
课前与家长交流	4分钟	1. 介绍课程计划及执教理念 2. 与家长进行交流，了解队员课下练习情况	教法：与家长进行深入的沟通与交流，介绍本节课的重、难点，解决家长提出的队员在日常训练时遇到的疑难问题
集合讲解互动沟通	4分钟	1. 慢慢地拍手，大声喊“加油” 2. 强调兴趣对篮球运动的重要性 3. 本节课的主题是“热爱篮球运动” 4. 加强篮球基本技术的熟练程度，培养队员主动训练的意识 5. 激励、热情、能量至关重要 6. 选举本节课的实习队长，实习队长要协助教练维持纪律，带领队员认真练习	教法：普及篮球运动知识，介绍篮球规则；讲授本节课的训练主题，激发队员的训练热情，鼓舞团队士气
准备部分	3分钟	一、情绪激发 让队员围成1圈，教练发言，鼓励队员，让队员手搭着手一起喊“加油”，调动队员的情绪	
	10分钟	二、动态热身 （一）目的：让身体充分预热，预防队员受伤 （二）方法：全场1个往返 1. 行进间小步跑 2. 行进间正压腿 3. 行进间侧压腿 4. 行进间后踢腿 5. 行进间高抬腿	练习要求： 1. 充分活动身体的各关节 2. 保证动作的准确性、规范性，认真完成每一个动作

续表

部分	时间	内容	教法与要求
准备部分	5分钟	三、体育游戏：握手运球接力赛 （一）目的：培养队员的团队合作精神和个人的竞争意识，培养队员之间的默契 （二）方法 1. 将队员分为人数相等的2组，每组2人，每组队员需要面对面站立，以握手的形式单手运球推进并返回，与下一组队员完成接力 2. 率先完成的小组获胜	 要求： 1. 在推进途中小组队员不能放手和换手运球 2. 运球失误须返回原地重新开始 器材：篮球、标志筒
基础训练	5分钟	一、学习防传球技术动作 （一）目的：使队员建立正确的概念，了解技术动作方法、要领，并初步掌握技术动作 （二）方法 1. 防守队员在防守时要根据进攻队员的位置，判断其传球方向，贴近对手并挥动手臂封堵其传球，使对手不能顺利传球给处在有利位置的进攻队员 2. 不断地干扰，同时要伺机抢断球 3. 负荷量：2次×10组 （三）重点与难点 1. 防守位置的选择 2. 传球队员传球的速度要迅速而隐蔽	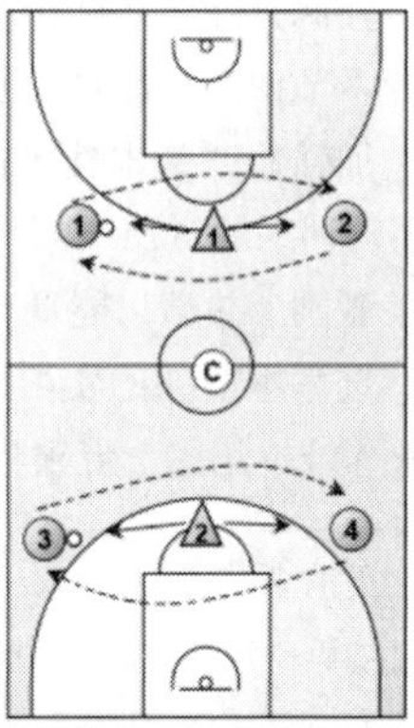 要求： 1. 队员3人1组，用1球，2人进攻1人防守 2. 进攻队员之间相距3～4米，只能相互传球，不允许运球；防守队员积极干扰传球，防守队员触到球即攻防交换
	6分钟	二、学习防突破技术动作 （一）目的：使队员建立正确概念，了解技术方法、要领，并初步掌握技术动作 （二）方法 1.（以对手左脚为中枢脚，用交叉步从防守者右侧突破为例）防守队员以右脚在前的斜步（或平步）站位、右手前伸指向球，并伺机挑、打球 2. 当对手突破时，利用后撤步，右脚向侧后方跨出，左脚蹬地，利用滑步控制对手，右臂迅速下摆侧伸，扩大防守面积 3. 负荷量：4次×5组	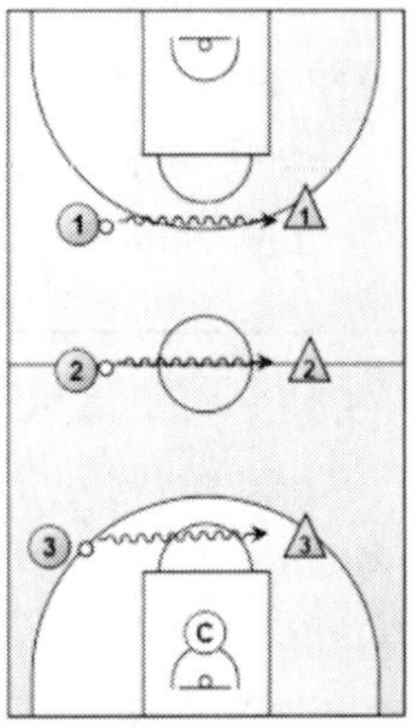

续表

部分	时间	内容	教法与要求
基础训练		（三）重点与难点 1. 防守位置及防守姿势选择 2. 突破队员突破时要迅速 3. 防守采用消极防守	要求： 1. 进攻队员运球不违例，防守队员采用消极防守 2. 注意突破的时机选择 器材：篮球
	8分钟	三、传球、运球、投球的综合练习 （一）目的：进一步加强队员对基本技术的综合运用 （二）方法 1. 参加者分4组成纵队在全场4个边角，面向场内站立 2. ⑤持球传给沿边线向前跑动的①，①接球后运球到中线附近，及时将球传给上移的②，然后快速向篮下切入接②回传球投篮，投篮后排到②队尾 3. ②传球后跟进抢篮板球，并将球传给另一侧向前跑动的③，然后排到③队尾，全组依次轮转 4. 负荷量：1个往返×4组 （三）重点与难点 1. 整组练习连贯起来，中途尽量不要失误 2. 每个球尽量投进篮筐	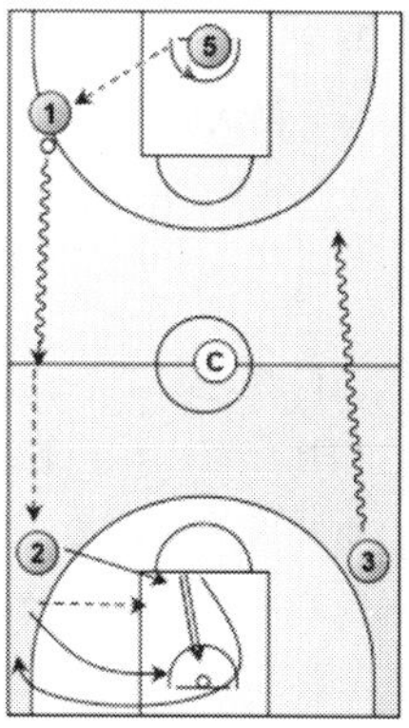 要求： 1. 起动及时，传球准确到位 2. 接球、传球、运球、投篮动作衔接熟练 器材：篮球
团队合作游戏竞赛	9分钟	名称：通过障碍赛游戏 （一）目的：提升队员的多种移动能力和灵敏素质 （二）方法 1. 将队员分为人数相等的2组成2路纵队站立 2. 听到开始口令后队员快速起动，通过前面的各种障碍返回与下一名队友接力 3. 率先完成的一组获胜	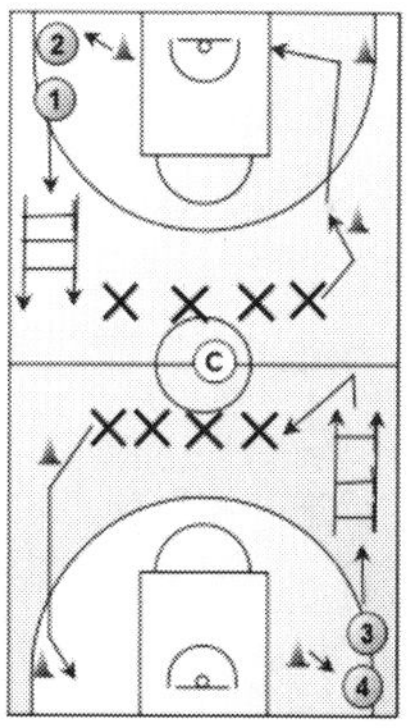 要求：使用碎步通过绳梯；双脚起跳通过跨栏；使用滑步通过标志筒返回接力 器材：标志筒、跨栏、绳梯
放松与总结	6分钟	1. 拉伸放松 2. 课后总结 3. 特别提醒 4. 宣布本节课最佳队员 5. 鼓舞士气	教法： 1. 教练总结本节课所学内容，强调每个新学技术的动作方法 2. 教练布置课后练习 3. 队员集合喊“加油”，随后解散

第 36 课时

目的与任务：1. 复习行进间变向运球技术，改进变向时的身体重心 2. 复习行进间高低运球技术，改进高低运球时身体重心的变化 3. 复习双手胸前传球，改进传球时的蹬地发力			
部分	时间	内容	教法与要求
课前与家长交流	4分钟	1. 介绍课程计划及执教理念 2. 与家长进行交流，了解每名队员的性格特点，了解队员在练习过程中是否消极	教法：与家长积极地进行沟通与交流，介绍本节课训练的重点与难点，解决家长提出的队员在日常训练时遇到的疑难问题
集合讲解互动沟通	4分钟	1. 强调兴趣对篮球运动的重要性 2. 相互介绍：认识教练与队员 3. 本节课的主题是“保持自己的热情” 4. 鼓励队员，让队员在练习的过程中保证自己充满热情，避免出现消极的态度 5. 鼓励、热情、监督至关重要 6. 选择本节课的实习队长，负责配合教练维持秩序，起模范作用	教法：介绍本节课的训练主题，激发队员的热情、积极性，使队员了解更多的篮球知识及本节课涉及知识
准备部分	3分钟	一、情绪激发 让队员围成1圈，教练发言，鼓励队员，让队员手搭着手一起喊“加油”，调动队员的情绪	
	5分钟	二、动态热身 （一）目的：让身体充分预热，预防队员受伤 （二）方法：全场1个往返 1. 行进间小步跑 2. 行进间正压腿 3. 行进间侧压腿 4. 行进间后踢腿 5. 行进间高抬腿	要求： 1. 队员精神饱满，注意纪律 2. 保证动作的准确性、规范性，认真完成每一个动作

续表

部分	时间	内容	教法与要求
准备部分	6分钟	三、体育游戏："追逐模仿" （一）目的：锻炼队员的瞬间反应能力，加速、急停能力，加强队员的身体素质 （二）方法 1. 所有队员围成1个圆圈 2. 选出2名队员①和②，开始时①追②，追逐过程中，当②停下并做任意动作时，①要模仿②所做动作，完成后才可继续追 3. 当②被追到后，①可指定余下的1名队员成为下次追逐中的"①"	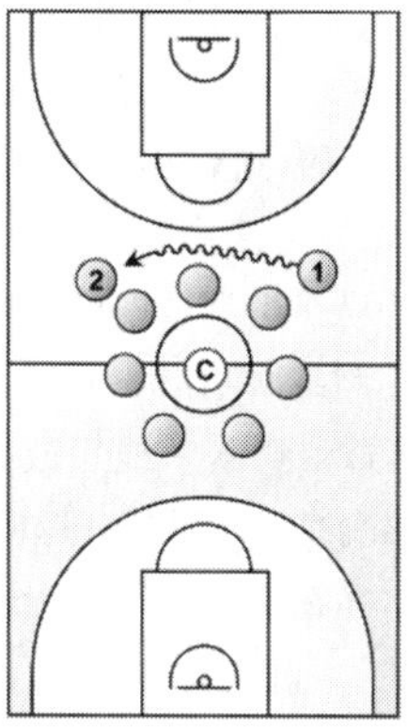 要求： 1. 追逐过程中队员不得出界 2. ①追逐②过程中，②做出的动作①必须做与其相同的动作，不得偷工减料
基础训练	9分钟	一、行进间Z形变向运球 （一）目的：训练队员的基本移动能力，加强队员对球的控制能力，完成体前变向与脚步的配合 （二）方法 1. 队员分为2组，每组第一名队员从端线出发，行进间低运球至标志筒，到达标志筒时完成体前变向动作，完成变向动作后，换手运球至下一标志筒 2. 当前一名队员运球至中场时，下一名队员出发，每名队员完成后持球跑回起点排队 3. 负荷量：2次×4组 （三）重点与难点 1. 运球至标志筒做体前变向时，变向后侧肩，保护球，低重心通过 2. 做体前变向时，注意变向运球时上身与下身动作的衔接，尽量保证变向的同时转髋，后脚蹬地加速通过 3. 变向通过时，身体紧贴标志筒，纵向通过，避免绕路	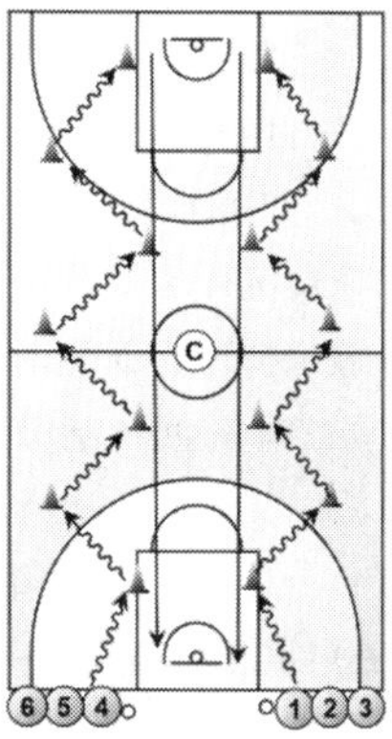 要求： 1. 运球至标志筒须全速行进，增加对球的控制 2. 全程注意变向与直线加速运球时的重心变换 3. 队员右侧做完后换至左侧 器材：标志筒、篮球

续表

部分	时间	内容	教法与要求
基础训练	9分钟	二、行进间左右手高、低运球 （一）目的：加强队员的基本运球能力，增强队员的球感 （二）方法 1. 队员沿端线站成1列 2. 教练吹哨后，队员首先开始行进间右手高运球，到达中线后改为低运球，运球至另一端端线后左手运球返回 3. 负荷量：1个往返×4组 （三）重点与难点 1. 运球时要保证运球基本姿势，屈膝、提臀、挺腰，运球时尽量保证目视前方 2. 低运球时，球的高度要控制在膝关节以下 3. 要注意当一侧手低运球时，另一侧手要做护球动作	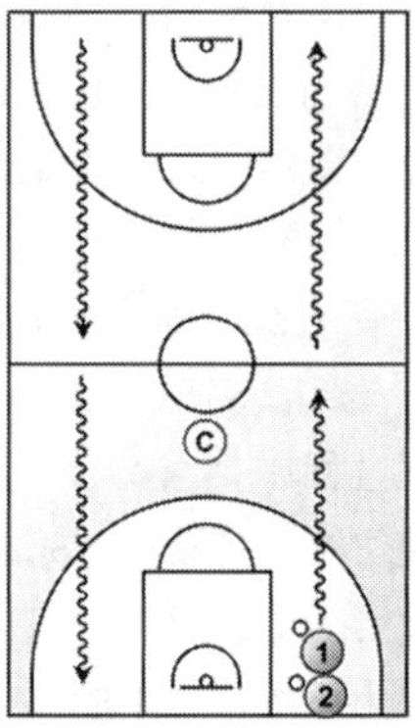 要求： 1. 运球时要保证低重心，目视前方 2. 低运球时不能弯腰，通过屈膝降低高度 3. 运球时完全发力 器材：篮球
	7分钟	三、复习双手胸前传球 （一）目的：加强队员的传接球技术 （二）方法 1. 队员围成1圈，教练站在圈内 2. 教练持球，开始时传球给1名队员，这名队员接球后回传给教练；教练再传给下一名队员，以此类推 3. 负荷量：1圈×2组 （三）重点与难点 1. 传球时，五指自然分开，手心向前，用手臂推球后用手指拨球，传出后双手手指应指向传球方向 2. 接球时，手心向外主动迎球 3. 传接球时要运用腿部力量，传球时脚蹬地，重心前移，接球时收腿，重心后移	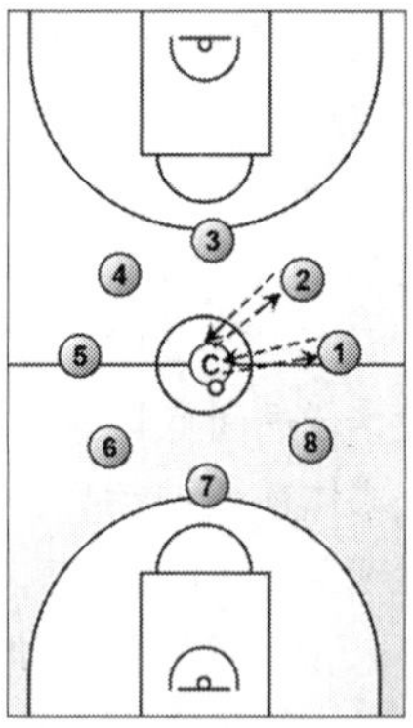 要求： 1. 采用双手胸前接球 2. 外圈队员回传时也采用标准动作

续表

部分	时间	内容	教法与要求
基础训练	10分钟	四、抱球十字跳跃训练 （一）目的：加强队员的身体协调能力、跳跃能力，提高队员心肺功能 （二）方法 1. 将队员分成 2 排，面对面站立，每名队员对应 1 个标志筒 2. 队员将球置于头上并围绕标志筒前、后、左、右进行跳跃 3. 一侧队员完成后，另一侧队员开始进行，轮流交替 4. 负荷量：1 分钟 ×5 组 （三）重点与难点 1. 跳跃时要将球举起置于头上 2. 跳跃时双脚起跳双脚落地，减少对膝关节的损伤 3. 向后跳时注意控制身体的平衡	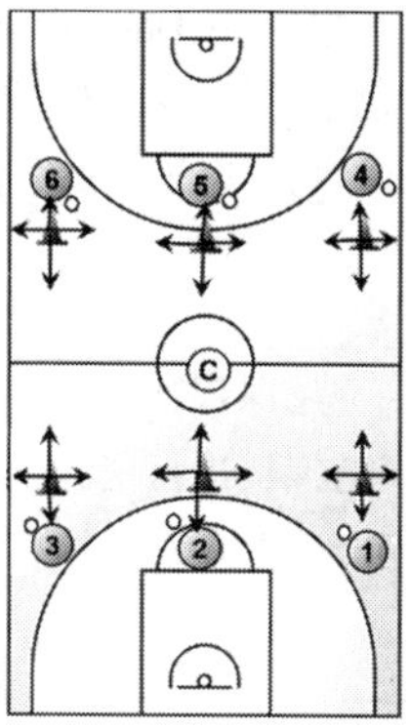 要求： 1. 起跳时双脚均匀发力，落地时双脚要同时落地 2. 每次的跳跃动作都要标准 3. 跳跃过程中球不能掉落 器材：标志筒、篮球
放松与总结	3分钟	1. 课后总结 2. 特别提醒 3. 宣布本节课最佳队员 4. 鼓舞士气	教法： 1. 教练总结本节课所学内容，强调每个新学技术的动作方法 2. 教练布置课后练习 3. 队员集合喊“加油”，随后解散

第 37 课时

目的与任务：1. 复习胯下交接球，改进行进中腰背部分的动作
2. 复习行进间变向运球，改进变向侧肩保护球的技术动作
3. 复习原地高手三步上篮，改进上篮时步幅的大小
4. 进行球性与脚步移动结合练习，提高队员的身体素质

部分	时间	内容	教法与要求
课前与家长交流	3分钟	1. 介绍课程计划及执教理念 2. 与家长进行交流，说明球性练习的重要性，并了解队员的心理状态	教法：与家长积极地进行沟通与交流，介绍本节课训练的重点与难点，解决家长提出的队员在日常训练时遇到的疑难问题
集合讲解互动沟通	3分钟	1. 慢慢地拍手，大声喊“加油” 2. 强调兴趣对篮球运动的重要性 3. 相互介绍：认识教练与队员 4. 本节课的主题是“耐心” 5. 鼓励队员，强调基本功的重要性，在练习的过程中要有耐心，不要半途而废 6. 激励、热情、能量至关重要 7. 选取本节课的小队长，协助教练维持秩序	教法：介绍本节课的训练主题，激发队员的热情、积极性，使队员了解更多的篮球知识及本节课涉及的知识
准备部分	3分钟	一、情绪激发 让队员围成1圈，教练发言，鼓励队员，让队员手搭着手一起喊“加油”，调动队员的情绪	
	4分钟	二、动态热身 （一）目的：让身体充分预热，预防队员受伤 （二）方法：全场1个往返 1. 在队长带领下绕篮球场慢跑5圈 2. 行进间小步跑 3. 原地小碎步后加速跑 4. 行进间正踢腿 5. 行进间弓步压腿 6. 指尖触摸脚尖，拉伸股后肌群	要求： 1. 队员精神饱满，注意纪律 2. 保证动作的准确性、规范性，认真完成每一个动作

续表

部分	时间	内容	教法与要求
准备部分	7分钟	三、体育游戏：抱球接力跑 （一）目的：锻炼队员的反应能力、跑动能力、身体协调能力 （二）方法 1. 队员分成2组，每组成1列纵队，在每一组队员的身边放置4个篮球 2. 当教练下达口令，说出1～4任意1个数字时，队员听到后将相应数量的篮球抱至怀中，并围绕标志筒沿S形路线跑 3. 到达中场后，原路返回，交给下一名队员，哪组先完成接力，哪组获胜 （三）重点与难点 1. 抱球时要注意控制球的数量，要在能够完全抱得住的情况下进行 2. 将球抱起后，行进时双脚与地面尽可能地贴近，避免摔倒 3. 绕标志筒时，控制核心区发力	 要求： 1. 跑的过程中球不能落地，落地便从原点出发 2. 接力时必须2人进行交接，其他人不得帮助，也不得干扰 器材：标志筒、篮球
基础训练	5分钟	一、行进间胯下8字交接球（前进、后退） （一）目的：加强队员对球的感知能力，增强球感，为胯下运球奠定基础 （二）方法 1. 队员分为4组，每组成1列横队 2. 每人持1球，从端线开始做行进间胯下8字交接球，到达标志筒后，转换方向，做后退行进间胯下8字交接球 3. 到达另一侧端线后结束 4. 负荷量：2次×4组 （三）重点与难点 1. 胯下8字交接时，球尽可能地不贴近身体，行进过程中要保证低重心 2. 行进过程中，尽量保持挺直腰背，让上身与下身在一条直线上 3. 后退时注意先向后伸腿再进行交接球	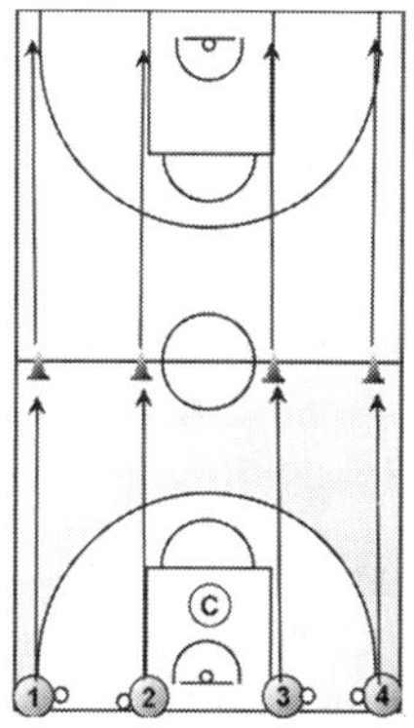 要求： 1. 行进过程中成弓步，屈膝，直腰，目视前方 2. 前进和后退过程中，球不能落地 器材：标志筒、篮球

续表

部分	时间	内容	教法与要求
基础训练	7分钟	二、运球急停变向加速 （一）目的：提高队员对球的掌控能力，加强变向基本技术，同时加强队员的脚步灵活性及移动能力 （二）方法 1. 队员沿端线站成1排，每排5人 2. 队员持球加速，当运球到标志筒时，急停，变向运球加速；到下一标志筒时，急停，变向运球加速；以此类推，做到另一端线 3. 负荷量：1个往返×4组 （三）重点与难点 1. 从原地开始时，注意先放球再蹬地加速 2. 注意节奏的变换，加速到达标志筒时双脚要主动发力使身体停住，停住后做变向运球然后突然加速冲向下一标志筒 3. 变向要侧肩、降重心，保护球	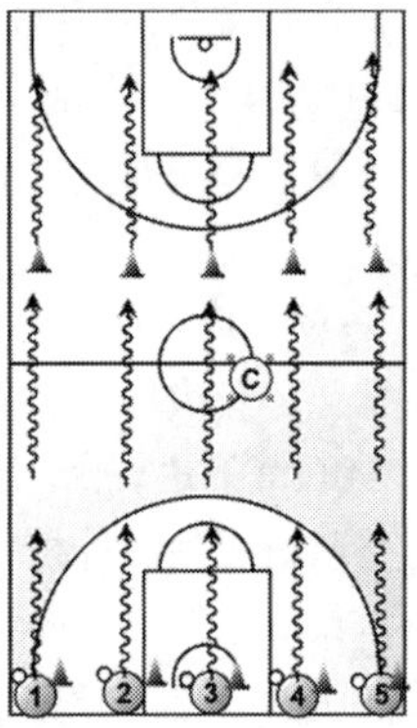 要求： 1. 急停至标志筒后再进行变向 2. 变向时重心要低，注意侧肩保护球 器材：标志筒、篮球
	9分钟	三、原地高手三步上篮练习 （一）目的：复习高手上篮动作，提高队员投篮的感觉 （二）方法 1. 队员面向篮筐45°站成1列，每人持1球进行练习 2. 开始时，队员位于标志筒右侧，以右手投篮为例，先将球运出，同时右脚向前跨出接球，接着迅速上左脚起跳，右腿屈膝上抬，同时举球至头右侧 3. 起跳后，当身体跳到最高点时，右手臂伸直，用手腕和手指力量将球投出 4. 负荷量：2次×5组 （三）重点与难点 1. 向前跨步时步幅要大，接球后双手牢牢将球抓住 2. 左脚跟进时，步幅稍小，为起跳做准备，起跳时左脚充分发力向上跳 3. 起跳时，右脚向上抬，同时将球举起准备投出；投球时手臂伸直，手腕手指发力拨球	 要求： 1. 先熟练掌握惯用手侧的三步上篮 2. 从原地静止状态开始练习，练习时动作标准、完整 3. 投篮时向篮板投出，打板进球 器材：篮球、标志筒

续表

部分	时间	内容	教法与要求
基础训练	8分钟	四、原地三绕环接绳梯跳跃 （一）目的：增强队员的球感，提高队员的跳跃能力 （二）方法 1. 队员分成2组，每组排成1列 2. 第一名队员运球至标志筒，到达标志筒后进行头、腰、腿三绕环，完成后将球置于头上进行绳梯跳跃 3. 完成跳跃后持球绕标志筒跑回队尾，下一名队员出发 4. 负荷量：2次×5组 （三）重点与难点 1. 环绕时，篮球尽可能不贴近身体进行 2. 腿环绕时，要屈膝降重心，尽量保证腰背挺直，目视前方 3. 跳跃时要注意双脚起跳双脚落地，同时将球置于头上	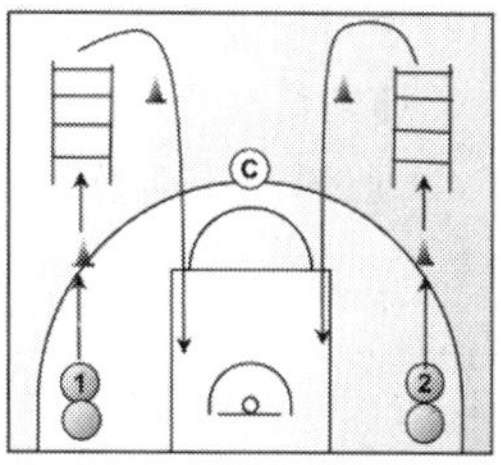 要求： 1. 三绕环时动作做完整，跳跃时球置于头上，眼睛目视前方 2. 跳跃时，1次只能在绳梯中跳跃1格 3. 完成5组后休息1分钟，2队交换位置进行剩余的训练 器材：标志筒、绳梯、篮球
团队合作游戏竞赛	8分钟	名称："狼吃羊"游戏 （一）目的：提高队员对球的控制能力及队员的反应能力、加速能力 （二）方法 1. 队员每人持1球站在端线，教练站在中线背对队员。当队员问教练："老狼、老狼几点了"，教练说出10以内数字时，队员根据听到的数字行进相应的步数 2. 当教练说出"开饭"时，教练迅速转身去追队员，队员当听到教练喊出"开饭"时迅速跑回端线，防止被抓到	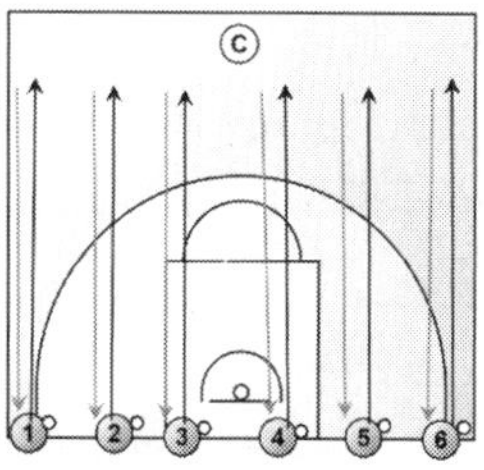 要求： 1. 行进中球不能落地 2. 当队员被抓到时，队员成为"老狼" 3. 加速时注意先转身再蹬地 器材：篮球
放松与总结	3分钟	1. 课后总结 2. 特别提醒 3. 宣布本节课最佳队员 4. 鼓舞士气	教法： 1. 教练总结本节课所学内容，强调每个新学技术的动作方法 2. 教练布置课后练习 3. 队员集合喊"加油"，随后解散

第__38__课时

目的与任务：1. 复习原地运球，进一步提高队员原地运球的能力 2. 复习行进间双手胸前传球，改进2人之间传球时的时机 3. 复习接球的同时高手上篮，改进接球上篮的衔接动作 4. 通过脚步的训练，加强移动能力			
部分	时间	内容	教法与要求
课前与家长交流	3分钟	1. 介绍课程计划及执教理念 2. 与家长进行交流，强调运球基本技术的重要性	教法：与家长积极地进行沟通与交流，介绍本节课训练的重点与难点，解决家长提出的队员在日常训练时遇到的疑难问题
集合讲解互动沟通	3分钟	1. 慢慢地拍手，大声喊“加油” 2. 强调兴趣对篮球运动的重要性 3. 相互介绍：认识教练与队员 4. 本节课的主题是“勤奋” 5. 鼓励队员继续加油，从本节课开始将提高强度，勤奋会带领队员走向成功 6. 激励、热情、能量至关重要 7. 选取本节课的小队长	教法：介绍本节课的训练主题，激发队员的热情、积极性，使队员了解更多的篮球知识及本节课涉及的知识
准备部分	3分钟	一、情绪激发 让队员围成1圈，教练发言，鼓励队员，让队员手搭着手一起喊“加油”，调动队员的情绪	
	5分钟	二、动态热身 （一）目的：让身体充分预热，预防队员受伤 （二）方法：全场1个往返 1. 由小队长带领，绕球场慢跑5圈 2. 行进间“蜘蛛”爬行 3. 行进间高抬腿 4. 行进间后踢腿 5. 单手抱同侧脚脚踝向后拉，拉伸股四头肌 6. 指尖摸脚尖，拉伸股后肌群	要求： 1. 队员精神饱满，注意纪律 2. 保证动作的准确性、规范性，认真完成每一个动作

续表

部分	时间	内容	教法与要求
准备部分	8分钟	三、体育游戏：听数抱团 （一）目的：锻炼队员的反应能力，提高身体协调性 （二）方法 1. 队员成纵队站立，绕篮球场慢跑 2. 教练站在场地中央，当教练喊出任意数字时，队员听到后立即按所听到的相应数字抱团，人数达不到要求的即为输	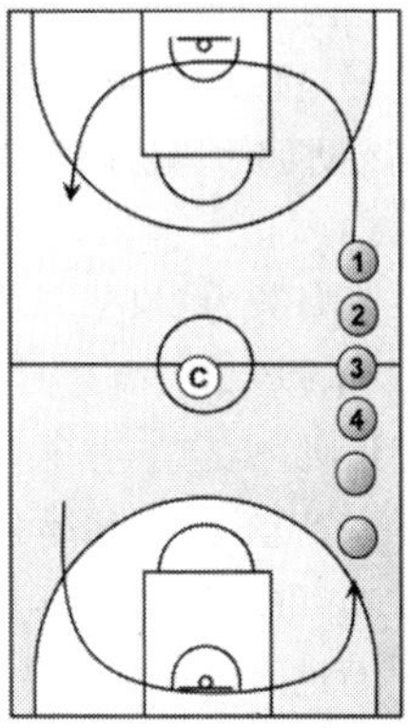 要求： 1. 跑步过程中队形不能乱，听到数字后要迅速就近寻找队友 2. 须沿边线跑动
基础训练	10分钟	一、原地推标志筒运球 （一）目的：加强队员的控球能力，更好地保证低重心，同时提高协调运球能力 （二）方法 1. 2 人 1 组，面对面站立 2. 一侧队员开始时低运球，运球过程中原地将标志筒推至对面队员的身前；对面队员接到标志筒后，同理，原地运球将标志筒推回 3. 负荷量：12 次 ×4 组 （三）重点与难点 1. 推动标志筒时，要保证屈膝降重心，臀部不要撅起，用腿部力量支撑，在运球的同时将标志筒推出 2. 推出标志筒后要恢复正常运球姿势，注意运球与推标志筒运球的重心切换，加强重心与运球的配合	 要求： 1. 运球时，屈膝、直腰，必须原地推标志筒 2. 推标志筒必须使标志筒贴地，不能随意扔标志筒 3. 推标志筒时，要保持运球 器材：标志筒、篮球

续表

部分	时间	内容	教法与要求
基础训练	8分钟	二、两人行进间双手胸前传球 （一）目的：加强队员行进间的传球能力，提高行进间手脚协调配合能力 （二）方法 1. 队员分为2组，从端线出发 2. 出发后2人面对面行进传球，传球至端线后返回 3. 负荷量：1个往返×5组 （三）重点与难点 1. 行进间传球时，要考虑行进的速度，提前将球传出 2. 行进间传球，队员向前奔跑的同时，上半身稍微向内侧身，面对传球队友，2人进行传球	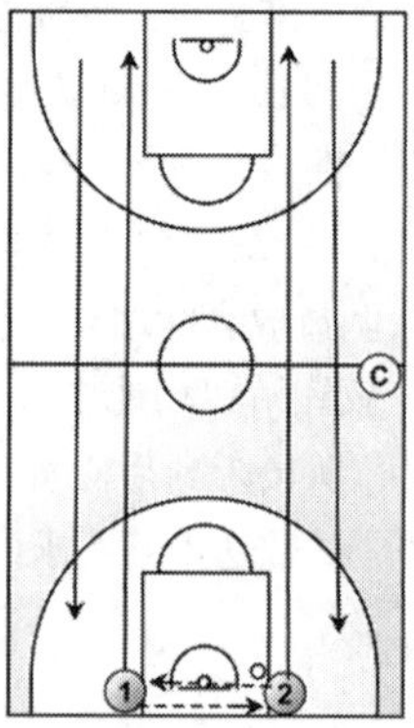 要求： 1. 传球时注意时机及位置 2. 接球后立即将球传出，到达另一侧端线后行进间传球返回
	8分钟	三、原地接球高手三步上篮 （一）目的：练习接球后的高手上篮，提高队员上篮的能力 （二）方法 1. 队员面向篮筐45°站成1列 2. 开始时，队员位于标志筒右侧，以右手投篮为例，教练将球传给队员，队员接球的同时右脚向前跨出，接着迅速上左脚起跳，右腿屈膝上抬，同时举球至头右侧 3. 起跳后，当身体跳到最高点时，右手臂伸直，用手腕和手指力量将球投出 4. 负荷量：2次×5组 （三）重点与难点 1. 接球时，右脚与双手同时伸出，做到接球的同时右脚向前跨出 2. 右脚向前跨步时步幅要大，接球后双手牢牢将球抓住 3. 左脚跟进时，步幅稍小，为起跳做准备	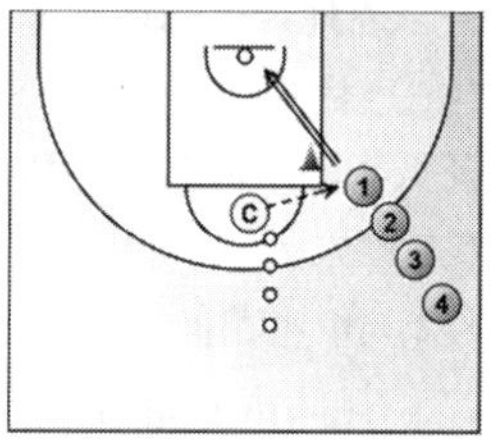 要求： 1. 先熟练掌握惯用手侧的三步上篮 2. 从原地静止状态开始练习，练习时动作标准、完整 3. 投篮时向篮板投出，打板进球 器材：篮球、标志筒

续表

部分	时间	内容	教法与要求
基础训练	9分钟	四、小碎步急停急起 （一）目的：训练队员的移动能力，加强队员的脚步移动、急停急起能力，训练队员的身体素质 （二）方法 1. 队员沿端线站 1 排，每排 5 人，教练站至场中央 2. 当第一声哨声响起时，队员原地进行小碎步练习；当第二声哨声响起时，队员加速跑至下一个标志筒并停住做原地小碎步；当哨声再次响起时，加速至下一个标志筒，以此类推 3. 做到另一端端线即可，下一排队员再出发 （三）重点与难点 1. 小碎步时，屈膝、降低重心，用前脚掌点地 2. 哨响后加速、后脚蹬地，身体微向前倾，压低重心	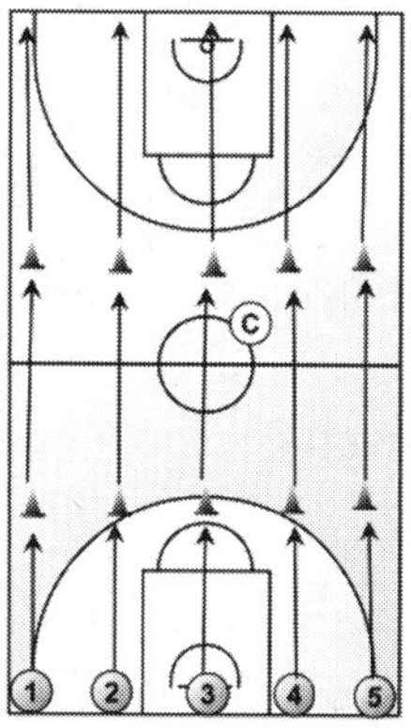 要求： 1. 加速时要有爆发力，小碎步时用前脚掌点地，频率越快越好 2. 注意小碎步时保持低重心，双手打开，随时准备起动 器材：标志筒
放松与总结	3分钟	1. 课后总结 2. 特别提醒 3. 宣布本节课最佳队员 4. 鼓舞士气	教法： 1. 教练总结本节课所学内容，强调每个新学技术的动作方法 2. 教练布置课后练习 3. 队员集合喊“加油”，随后解散

第 39 课时

目的与任务：1. 复习行进间转身运球，改进转身时重心的控制
2. 复习单手肩上投篮，改进投篮动作
3. 复习传接球与行进间运球的结合

部分	时间	内容	教法与要求
课前与家长交流	3分钟	1. 介绍课程计划及执教理念 2. 与家长进行交流，了解队员最近训练后的恢复状态	教法：与家长积极地进行沟通与交流，介绍本节课训练的重点与难点，解决家长提出的队员在日常训练时遇到的疑难问题
集合讲解互动沟通	3分钟	1. 慢慢地拍手，大声喊“加油” 2. 强调兴趣对篮球运动的重要性 3. 相互介绍：认识教练与队员 4. 本节课的主题是“保持积极的态度” 5. 鼓励队员，让队员保持积极的态度，训练中要去主动挑战困难 6. 激励、热情、能量至关重要 7. 选取本节课小队长，协助教练维持秩序	教法：介绍本节课的训练主题，激发队员的热情、积极性，使队员了解更多的篮球知识及本节课涉及的知识
准备部分	3分钟	一、情绪激发 让队员围成1圈，教练发言，鼓励队员，让队员手搭着手一起喊“加油”，调动队员的情绪	
	5分钟	二、动态热身 （一）目的：让身体充分预热，预防队员受伤 （二）方法：全场1个往返 1. 由小队长带领，进行全场的5个折返跑 2. 后退跑 3. 行进间跳步、振臂、扩胸 4. 行进间弓步压腿 5. 行进间侧压腿 6. 行进间转体	要求： 1. 队员精神饱满，注意纪律 2. 保证动作的准确性、规范性，认真完成每一个动作

续表

部分	时间	内容	教法与要求
准备部分	8分钟	三、体育游戏：叫号接龙 （一）目的：增强队员的球感，锻炼队员的反应能力 （二）方法 1. 队员围成1圈，教练站在圆圈中央 2. 队员依次报数，并记住自己喊出的数字。开始时教练抛球，当喊出队员对应的数字时，所喊数字对应的队员要上前接球，接到球后向上抛并喊下一个数字，以此类推 3. 没接到球或球落地，要受到相应的惩罚	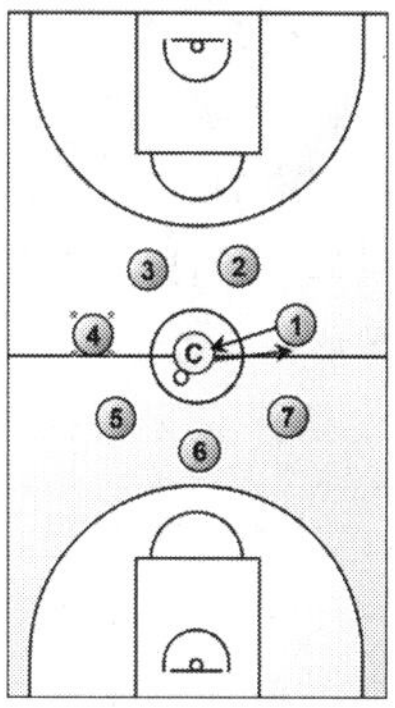 要求： 1. 队员喊出数字后，需要回到自己的位置 2. 抛球时只可向正上方抛出 器材：篮球
基础训练	8分钟	一、转身运球训练 （一）目的：提高队员的转身运球能力 （二）方法 1. 队员沿端线站成1排，每排5人 2. 开始后，队员做行进间转身运球，到达中线后下一组开始 3. 负荷量：2次×5组 （三）重点与难点 1. 转身运球时，屈膝，降低重心，上半身微屈 2. 以向左转身为例，最后一次运球发力，同时左脚蹬地，右脚主动向左后方转动，同时转髋，用下身带动上身 3. 转身时，单手将球拉至左侧，待身体完全转正后，异侧手跟上运球	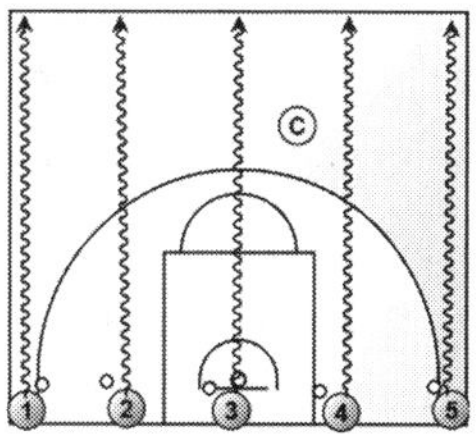 要求： 1. 转身时，保持低重心，不要将球抱起 2. 按标准动作完成，熟悉动作发力 器材：篮球
	8分钟	二、传球后加速跑接变向运球 （一）目的：将传球与运球结合，巩固提高队员的基本功，同时锻炼队员的加速能力、跑动能力 （二）方法 1. 队员站成纵队，教练站在场地中央 2. 队员从端线出发，开始时传球给教练，传出后加速跑接教练传球 3. 接到球后，从场地另一侧S形变向运球回到起点 4. 负荷量：1个往返×6组	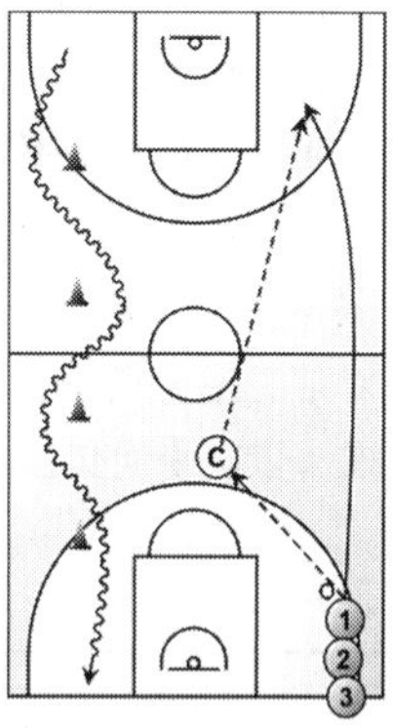

续表

部分	时间	内容	教法与要求
基础训练		（三）重点与难点 1. 队员传球后沿场地边线绕弧形跑动并回头接教练传球 2. 接球时侧身双手主动迎球 3. S 形变向运球注意变向运球时上身与下身配合，摆臂、拨球后蹬地加速	要求： 1. 传球后绕弧线加速跑 2. 运球返回时，遇到标志筒再变向 3. 一侧完成 3 组后换另一侧进行 器材：标志筒、篮球
	10 分钟	三、原地变向投篮 （一）目的：学习变向后接投篮的技术动作，巩固队员投篮的感觉 （二）方法 1. 队员面向篮筐站成 1 列 2. 开始后，队员向前运 1 次球做体前变向动作 3. 以向右变向运球为例，变向后，右手接球的同时，左脚向右前方迈出，右脚跟上，双脚迈出的同时双手将球抱住，准备投篮 4. 负荷量：2 次 ×5 组 （三）重点与难点 1. 变向后双脚的跟进要与接球同步，双脚移动后应平行站立，脚尖指向篮筐 2. 接球的同时，双手用力将球抱住，并将球放置于胸前位置，双腿屈膝，准备投篮	 要求： 1. 变向时重心降低，完全发力运球 2. 变向后的接球，双手要发力将球抱住，双脚跟进要与双手接球同时完成 器材：篮球、标志筒
团队合作游戏竞赛	8 分钟	名称："楚河汉界"游戏 （一）目的：锻炼队员的团队配合意识，加强运球能力 （二）方法 1. 以篮球场中线为"楚河汉界"，在与中圈相交的 2 点上摆放 4 个标志筒将队员分为"楚河"和"汉界"2 队，其分别在各自半场的端线以外站成人数相等的 2 路纵队。每队持 1 个球，各队左边第一名队员持球 2. 游戏开始后，每名队员运球绕过中圈与自己对角的标志筒后，即刻返回递交给另一组队友，依次来回交替，用时最短的队伍获胜	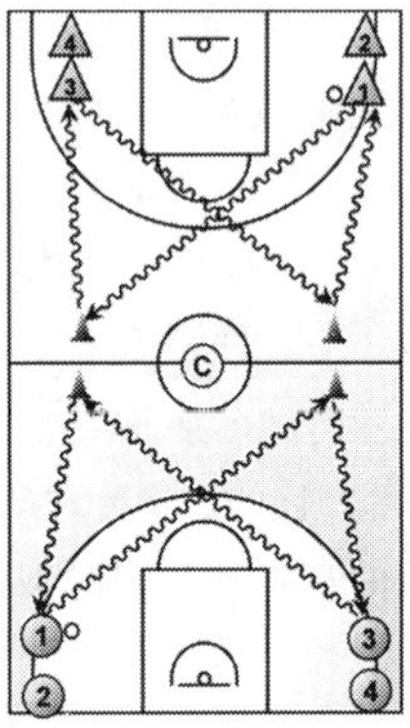 要求： 1. 绕标志筒时必须两脚同时绕过 2. 传接球必须手递手进行 器材：标志筒、篮球

续表

部分	时间	内容	教法与要求
放松与总结	4分钟	1. 课后总结 2. 特别提醒 3. 宣布本节课最佳队员 4. 鼓舞士气	教法： 1. 教练总结本节课所学内容，强调每个新学技术的动作方法 2. 教练布置课后练习 3. 队员集合喊“加油”，随后解散

第__40__课时

目的与任务：1. 复习行进间变向运球衔接投篮，改进动作的衔接
2. 复习行进间双手击地传球，改进传球时机
3. 复习传接球与投篮结合
4. 学习半场1 VS 1进攻技术配合

部分	时间	内容	教法与要求
课前与家长交流	3分钟	1. 介绍课程计划及执教理念 2. 与家长进行交流	教法：与家长积极地进行沟通与交流，介绍本节课训练的重点与难点，解决家长提出的队员在日常训练时遇到的疑难问题
集合讲解互动沟通	3分钟	1. 慢慢地拍手，大声喊“加油” 2. 强调兴趣对篮球运动的重要性 3. 相互介绍：认识教练与队员 4. 本节课的主题是“坚持” 5. 鼓励队员要继续坚持，要持之以恒，做事情不能半途而废，加大训练量的同时不能降低训练质量 6. 激励、热情、能量至关重要 7. 选取本节课的小队长，协助教练维持秩序	教法：介绍本节课的训练主题，激发队员的热情、积极性，使队员了解更多的篮球知识及本节课涉及的知识
准备部分	3分钟	一、情绪激发 让队员围成1圈，教练发言，鼓励队员，让队员手搭着手一起喊“加油”，调动队员的情绪	
	4分钟	二、动态热身 （一）目的：让身体充分预热，预防队员受伤 （二）方法：全场1个往返 1. 由小队长带领，绕篮球场跑5圈 2. 行进间高抬腿 3. 原地小碎步加速跑 4. 行进间弓步压腿、转体 5. 行进间侧压腿 6. 行进间抱踝向后，拉伸股四头肌	要求： 1. 队员精神饱满，注意纪律 2. 保证动作的准确性、规范性，认真完成每一个动作

续表

部分	时间	内容	教法与要求
准备部分	7分钟	三、体育游戏："一运到底" （一）目的：提高运球的趣味性，加强基本功的训练 （二）方法 1. 每人1球站在三分线内 2. 听到开始哨声后，队员开始运球，每名队员在运球时需要破坏他人的运球，将球打出界，同时也要保护自己的球 3. 球出界即为淘汰，最终只留1人在圈内	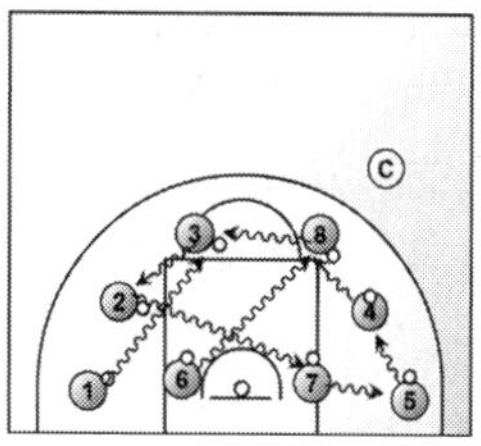 要求： 1. 只能用手去干扰别人的运球，干扰他人时保证自己的持续运球 2. 球出界后不得再回到圈内 器材：篮球
基础训练	8分钟	一、行进间变向投篮 （一）目的：学习行进间变向后接投篮动作，巩固队员投篮的能力 （二）方法 1. 队员分为2队，分别站在两端端线 2. 开始后，队员向标志筒运球，到达标志筒后做体前变向，变向完成后加速向下一个标志筒运球 3. 到达最后一个标志筒后，体前变向接球投篮 4. 以向右变向运球为例，运球至标志筒后体前变向，变向后右手接球的同时，左脚向右前方迈出，右脚跟上，双脚迈出的同时双手将球抱住准备投篮 5. 负荷量：2次×5组 （三）重点与难点 1. 变向后双脚的跟进要与接球同步，双脚移动后应平行站立，脚尖指向篮筐 2. 接球的同时，双手用力将球抱住，并将球放置于胸前位置、双脚屈膝，准备投篮	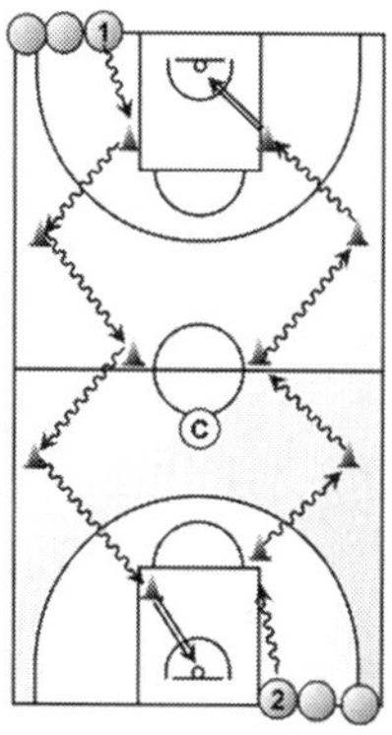 要求： 1. 变向时重心降低，完全发力运球，变向后蹬地全力加速 2. 变向后的接球，双手发力将球抱住，双脚跟进要与双手接球同时完成 器材：篮球、标志筒

续表

部分	时间	内容	教法与要求
	6 分 钟	二、行进间两人双手击地传球 （一）目的：加强队员双手击地传球的能力 （二）方法 1. 2 人 1 组面对面站立，每组 1 球 2. 开始后，持球队员双手击地传球给另一侧队员，另一侧队员接球后进行回传 3. 负荷量：1 个往返 ×4 组 （三）重点与难点 1. 行进间传球时，要考虑传球的时机，下半身向前奔跑，上半身微微向内侧身，面对传球队友 2. 2 人传球时，上臂带动前臂推球，传球后双手手指指向地面，击地传球时，球的落地控制在 2 人中间位置	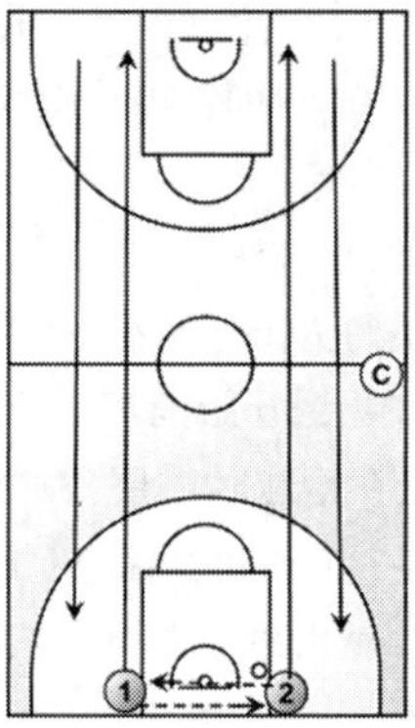 要求： 1. 击地传球动作和胸前传球一致，行进间要考虑传球时机 2. 注意击地传球球的落点在 2 人中间 器材：篮球
基础 训练	8 分 钟	三、传接球投篮 （一）目的：将传接球与投篮结合，加强队员投篮动作的衔接，提高投篮能力 （二）方法 1. 队员面对篮筐站成纵队，教练站在队员面前 2. 开始后，队员运球前进至标志筒，将球传给教练，教练回传给队员，队员接球后直接投篮 3. 负荷量：2 次 ×5 组 （三）重点与难点 1. 传球时，利用向前的惯性将球传出 2. 接球时，向前迈步，接球的同时双脚触地并屈膝，做好投篮准备	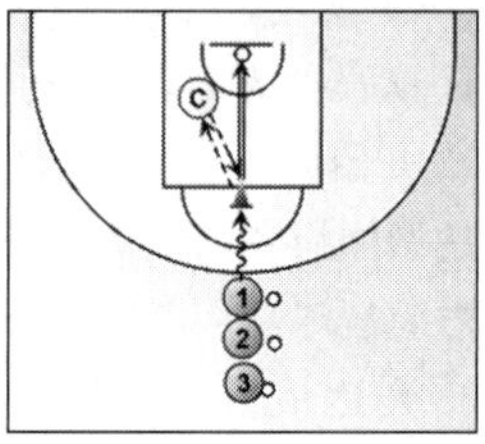 要求：接球后不运球直接投篮，注意接球后与投篮动作的衔接 器材：标志筒、篮球
	7 分 钟	四、转身运球投篮训练 （一）目的：提高队员转身运球的能力，加强转身与投篮动作的结合 （二）方法 1. 队员分 2 队，站于两端端线 2. 开始后，队员运球至标志筒，到达标志筒后做行进间转身运球 3. 到达最后一个标志筒，转身后衔接投篮动作 4. 负荷量：2 次 ×5 组	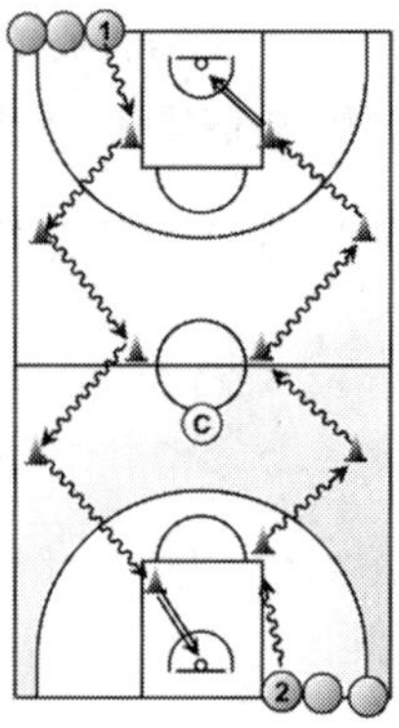

续表

部分	时间	内容	教法与要求
基础训练		（三）重点与难点 1. 转身运球时，屈膝，降重心，上半身微屈 2. 行进间转身，待转身动作完成后，双脚脚尖朝向下一前进方向，蹬地加速	要求： 1. 下半身完全转正后才可加速 2. 加速时，前脚掌蹬地，身体前倾 器材：篮球、标志筒
团队合作游戏竞赛	7分钟	名称：半场 1 VS 1 攻防练习 （一）目的：提高队员 1 VS 1 攻防技术运用的能力 （二）方法 1. 2 名队员在端线站立，教练手持网球，抬到肩部位置，让网球自然下落 2. 当网球恰好离开教练的手时，进攻队员持球加速出发，绕过标志筒开始进攻 3. 当网球恰好落地时，防守队员加速堵截防守；防守队员采用滑步防守，循环进行	 要求： 1. 要求进攻队员以最快的速度完成进攻，且保证进攻的成功率 2. 进攻队员要主动对抗，上篮时，护球手注意对球的保护 3. 防守队员提前占据合理的防守位置，干扰进攻队员的进攻 器材：标志筒、网球、篮球
放松与总结	4分钟	1. 课后总结 2. 特别提醒 3. 宣布本节课最佳队员 4. 鼓舞士气	教法： 1. 教练总结本节课所学内容，强调每个新学技术的动作方法 2. 教练布置课后练习 3. 队员集合喊“加油”，随后解散

第 41 课时

目的与任务：1. 学习原地背后运球 2. 学习双手头上传接球 3. 复习转身运球与投篮结合 4. 脚步移动训练与运球、投篮结合，增强球感，加大训练强度			
部分	时间	内容	教法与要求
课前与家长交流	3分钟	1. 介绍课程计划及执教理念 2. 与家长进行交流，了解队员训练后恢复情况、心理状态	教法：与家长积极地进行沟通与交流，介绍本节课训练的重点与难点，解决家长提出的队员在日常训练时遇到的疑难问题
集合讲解互动沟通	3分钟	1. 慢慢地拍手，大声喊“加油” 2. 强调兴趣对篮球运动的重要性 3. 相互介绍：认识教练与队员 4. 本节课的主题是“挑战” 5. 在加大训练强度的同时，鼓励队员勇于挑战自我，不能轻易退缩 6. 激励、热情、能量至关重要 7. 选取本节课的小队长，协助教练维持秩序	教法：介绍本节课的训练主题，激发队员的热情、积极性，使队员了解更多的篮球知识及本节课涉及的知识
准备部分	3分钟	一、情绪激发 让队员围成1圈，教练发言，鼓励队员，让队员手搭着手一起喊“加油”，调动队员的情绪	
	5分钟	二、动态热身 （一）目的：让身体充分预热，预防队员受伤 （二）方法：全场1个往返 1. 由小队长带领，进行见线折返跑2组 2. 行进间后踢腿 3. 行进间高抬腿 4. 行进间“熊爬” 5. 行进间弓步压腿、转体 6. 指尖摸脚尖，拉伸股后肌群	要求： 1. 队员精神饱满，注意纪律 2. 保证动作的准确性、规范性，认真完成每一个动作

续表

部分	时间	内容	教法与要求
准备部分	8分钟	三、体育游戏：踩线追逐 （一）目的：进行充分热身，提高队员的身体运动能力、加速能力、反应能力 （二）方法 1. 队员分别站在半场内的任意一条线上 2. 由1名队员从端线开始抓人，被抓者必须沿线奔跑，避免被抓 3. 被抓到的队员返回至端线，从端线开始抓人	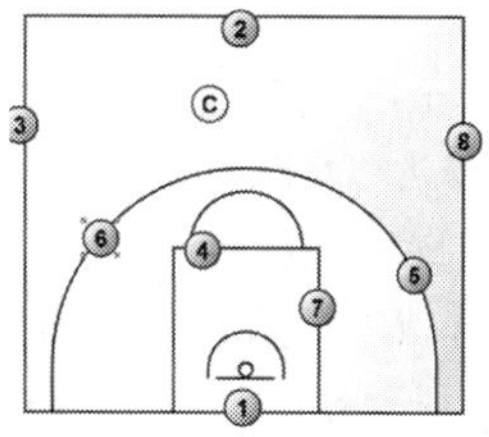 要求： 1. 队员必须踩线奔跑 2. 必须在同一条线上才可抓人
基础训练	10分钟	一、原地背后运球 （一）目的：学习原地背后运球技术 （二）方法 1. 队员分为2排，原地面对面成马步站立 2. 收腹、直腰、屈膝、降臀 3. 开始后，队员双手持球，将球放于身体右后方，此时右手发力摆臂、拨腕，让球在体后做变向运球 4. 出手后，双手立即放置于身体左后方等待接球 5. 负荷量：2次×7组 （三）重点与难点 1. 背后运球时，球出手的瞬间要保持身体姿势不变，臀部不可前倾 2. 背后运球时球的落地一定要在臀部下方、两腿的中间位置	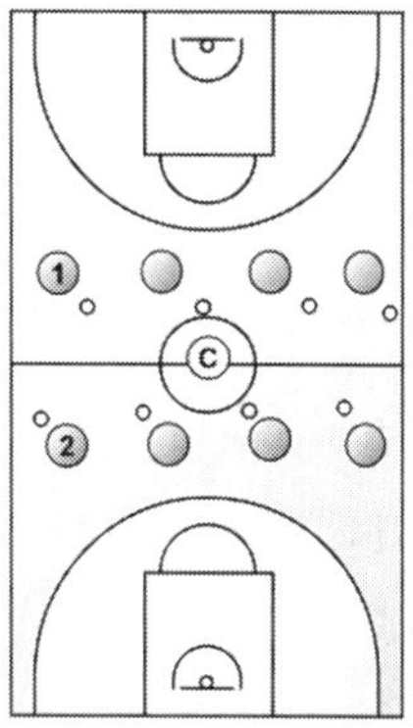 要求： 1. 初期阶段，队员可向后扭头或转动上半身接球，脚不能动 2. 运球时先用一半的力量，熟练后用全力 器材：篮球
	7分钟	二、两人双手头上传球 （一）目的：加强队员双手头上传球的能力 （二）方法 1. 2人1组面对面站立，每组1球 2. 开始后，持球队员双手头上传球给另一侧队员，另一侧队员接球后进行回传 3. 负荷量：12次×4组 （三）重点与难点 1. 头上传球时，先上腿，用核心力量带动手臂将球传出 2. 传球时双手手指指向传球方向	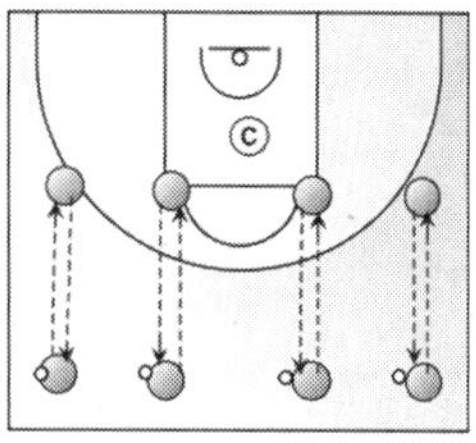 要求：传球的高度应该在队友胸前靠上位置 器材：篮球

续表

部分	时间	内容	教法与要求
基础训练	8分钟	三、转身运球加速投篮 （一）目的：运球与投篮结合，提高队员的转身运球及投篮能力 （二）方法 1. 队员分为2组，分别站于两端端线 2. 开始后队员运球至标志筒，到达标志筒后转身运球，加速运球至下一个标志筒，以此类推，最终到达最后一个标志筒后投篮 3. 负荷量：1次×6组 （三）重点与难点 1. 转身运球时，屈膝，降低重心，上体稍前倾 2. 待身体完全转正后，异侧手跟球加速运至下一个标志筒 3. 投篮前，最后一次运球的同时双脚向前跟进，双脚触地后接球屈膝进行投篮	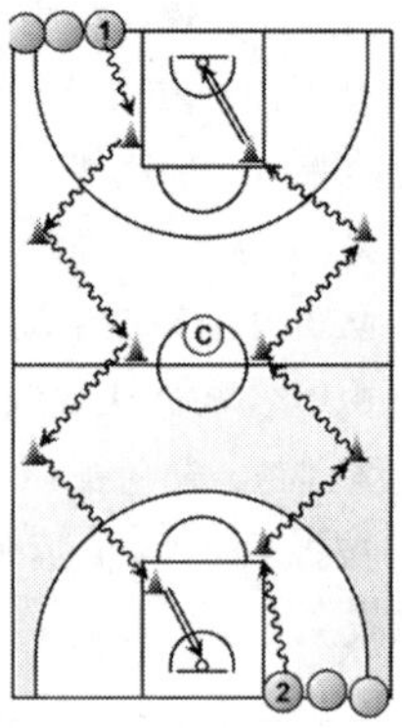 要求： 1. 转身后第一步加速，重心要低，运球后投篮注意脚步的衔接，不要走步 2. 每3组换一个方向 器材：标志筒、篮球
团队合作游戏竞赛	8分钟	名称：半场1 VS 1攻防练习 （一）目的：提高队员1 VS 1攻防技术运用的能力 （二）方法 1. 2名队员在端线站立，教练手持网球，抬到肩部位置，让网球自然下落 2. 当网球恰好离开教练的手时，进攻队员持球加速出发，绕过标志筒开始进攻 3. 当网球恰好落地时，防守队员加速堵截防守；防守队员采用滑步防守，循环进行	 要求： 1. 要求进攻队员以最快的速度完成进攻，且保证进攻的成功率 2. 进攻队员要主动对抗，上篮时，护球手注意对球的保护 3. 防守队员提前占据合理的防守位置，干扰进攻队员的进攻 器材：标志筒、网球、篮球
放松与总结	5分钟	1. 课后总结 2. 特别提醒 3. 宣布本节课最佳队员 4. 鼓舞士气	教法： 1. 教练总结本节课所学内容，强调每个新学技术的动作方法 2. 教练布置课后练习 3. 队员集合喊“加油”，随后解散

第__42__课时

目的与任务：1. 学习三人传接球的配合
2. 复习原地背后运球技术，改进运球时的身体姿势
3. 学习一步急停的投篮技术

部分	时间	内容	教法与要求
课前与家长交流	3分钟	1. 介绍课程计划及执教理念 2. 与家长进行交流	教法：与家长积极地进行沟通与交流，介绍本节课训练的重点与难点，解决家长提出的队员在日常训练时遇到的疑难问题
集合讲解互动沟通	3分钟	1. 慢慢地拍手，大声喊“加油” 2. 强调兴趣对篮球运动的重要性 3. 相互介绍：认识教练与队员 4. 本节课的主题是“适应能力” 5. 鼓励队员，在大强度训练的条件下学会适应，找出不足 6. 激励、热情、能量至关重要 7. 选取本节课小队长，协助教练维持秩序	教法：介绍本节课的训练主题，激发队员的热情、积极性，使队员了解更多的篮球知识及本节课涉及的知识
准备部分	3分钟	一、情绪激发 让队员围成1圈，教练发言，鼓励队员，让队员手搭着手一起喊“加油”，调动队员的情绪	
	5分钟	二、动态热身 （一）目的：让身体充分预热，预防队员受伤 （二）方法：全场1个往返 1. 由小队长带领，绕篮球场慢跑5圈 2. 行进间“蜘蛛”爬行 3. 行进间弓步压腿 4. 行进间侧压腿 5. 行进间交叉步 6. 行进间跨步、振臂、扩胸	要求： 1. 队员精神饱满，注意纪律 2. 保证动作的准确性、规范性，认真完成每一个动作

续表

部分	时间	内容	教法与要求
准备部分	8分钟	三、体育游戏："猫抓老鼠"游戏 （一）目的：训练队员的反应能力及移动能力 （二）方法 1. 队员分为2排站立，一排为"猫"，另一排为"老鼠"，2排队员面对面站立，教练站在中间位置 2. 开始时，教练随意喊出"猫"或者"老鼠"，当听到喊出"猫"时，"猫"这一排向身后端线加速跑，"老鼠"的一排追"猫"；反之同理	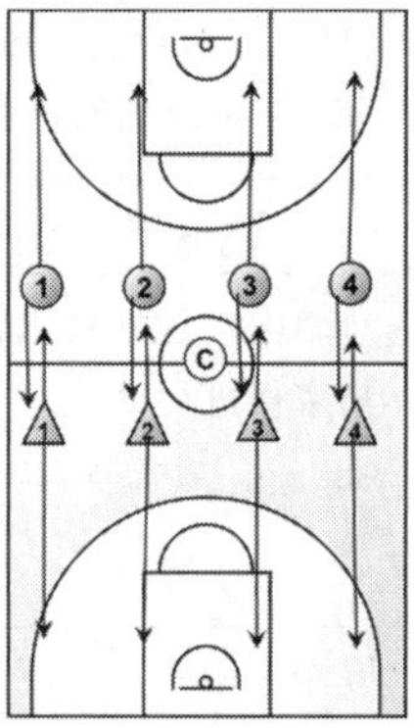 要求：追逐方只需触摸逃跑者即可，避免受伤
基础训练	8分钟	一、三人传接球 （一）目的：提升队员的传接球能力、脚步移动能力及反应能力 （二）方法 1. 3名队员1组，2名队员面对面站立传球，1人站在2名传球队员中间位置 2. 开始后2名传球队员运用击地传球、头上传球、胸前传球等技术动作进行传球；中间队员负责断球 3. 当球被断后，传球的队员变为中间断球者 4. 负荷量：20次×3组 （三）重点与难点 1. 传球队员确立中枢脚，以中枢脚为点进行上步、退步的移动，用身体保护球 2. 根据防守队员的位置选择传球方式 3. 防守者防守动作随意，但不可以用脚干扰	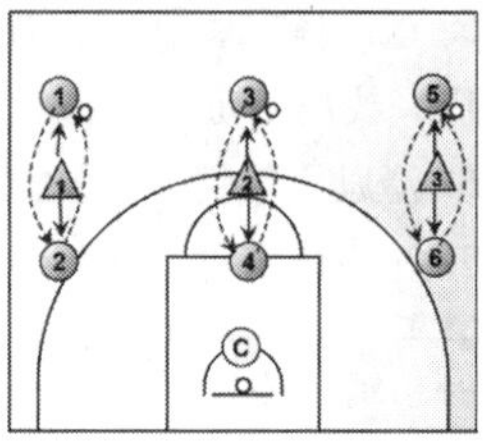 要求： 1. 防守者不能消极防守，球无论到哪一侧都要上去抢断 2. 传球者传球时不能走步，要确立中枢脚 3. 防守者不能推、拉传球队员 4. 每人传球完成20次后，更换队员 器材：篮球

续表

部分	时间	内容	教法与要求
基础训练	8分钟	二、原地背后运球 （一）目的：学习原地背后运球技术 （二）方法 1. 队员分为2排，原地面对面成马步站立 2. 收腹、直腰、屈膝、降臀 3. 开始后，队员单手持球，将球放于身体右后方，此时右手发力摆臂、拨腕，让球在体后做变向运球 4. 出手后，左手立即放置于身体左后方等待接球，左右手接球后各运球1次并将球抱起，重新开始 5. 负荷量：2次×7组 （三）重点与难点 1. 背后运球时，球出手的瞬间要保持身体姿势不变，臀部不可前倾 2. 背后运球时球的落地一定要在臀部下方、两腿的中间位置	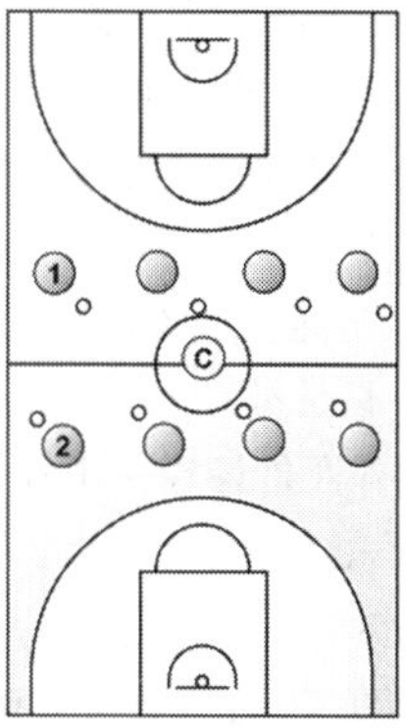 要求： 1. 初期阶段，队员可向后扭头或转动上半身接球，脚不能动 2. 运球时先用一半的力量，熟练后用全力 器材：篮球
	10分钟	三、一步急停投篮 （一）目的：学习一步急停投篮技术 （二）方法 1. 队员面向篮筐站成1列 2. 以向右急停为例，队员原地站在标志筒前，开始后队员原地运球1次，球下落的同时队员双脚发力向右前方跳步 3. 双脚落地后，双手发力将球抱起持于胸前准备投篮 4. 负荷量：2次×5组 （三）重点与难点 1. 起跳后前脚掌先落地，重心放在臀部，不要前倾，也不要让脚跟受力 2. 在投篮之前调整脚步和方向的同时，臀部须降低，重心也随之降低；臀部是身体协调发力的关键所在	 要求： 1. 起跳落地用前脚掌发力，落地后膝关节微屈准备投篮 2. 抱球后起跳垂直向上 器材：篮球、标志筒

续表

部分	时间	内容	教法与要求
团队合作游戏竞赛	8分钟	四、标志筒滑步折返跑 （一）目的：加强队员滑步移动的能力，提高身体素质、敏捷性、心肺功能 （二）方法 1. 将标志筒摆成2排，队员站成1列 2. 队员做滑步动作将第一排第一个标志筒放在第二排最后一个标志筒上，第一排第二个标志筒放在第二排倒数第二个标志筒上，依次对应 3. 负荷量：1次×6组 （三）重点与难点 1. 滑步的整个过程始终保持同样的重心，不能有起伏 2. 捡起放下标志筒时，要屈膝、降重心	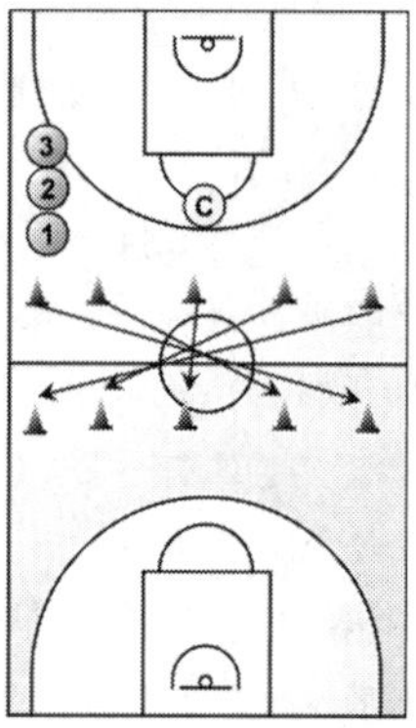 要求： 1. 放置标志筒必须一一对应 2. 放置标志筒时不能扔出，必须使标志筒重叠 器材：标志筒
放松与总结	4分钟	1. 课后总结 2. 特别提醒 3. 宣布本节课最佳队员 4. 鼓舞士气	教法： 1. 教练总结本节课所学内容，强调每个新学技术的动作方法 2. 教练布置课后练习 3. 队员集合喊“加油”，随后解散

第 43 课时

目的与任务：1. 复习双手行进间传接球技术，改进传球时上半身的动作
2. 复习原地背后运球技术，改进运球时球的落点
3. 复习行进间一步急停投篮能力，改进停球时的身体重心

部分	时间	内容	教法与要求
课前与家长交流	4分钟	1. 介绍课程计划及执教理念 2. 与家长进行交流	教法：与家长积极地进行沟通与交流，介绍本节课训练的重点与难点，解决家长提出的队员在日常训练时遇到的疑难问题
集合讲解互动沟通	4分钟	1. 慢慢地拍手，大声喊“加油” 2. 强调兴趣对篮球运动的重要性 3. 相互介绍：认识教练与队员 4. 本节课的主题是“友谊” 5. 说明友谊的重要性，在训练、学习中友谊是基石 6. 激励、热情、能量至关重要 7. 选取本节课小队长，协助教练维持秩序	教法：介绍本节课的训练主题，激发队员的热情、积极性，使队员了解更多的篮球知识及本节课涉及的知识
准备部分	3分钟	一、情绪激发 让队员围成1圈，教练发言，鼓励队员，让队员手搭着手一起喊“加油”，调动队员的情绪	
	5分钟	二、动态热身 （一）目的：让身体充分预热，预防队员受伤 （二）方法：全场1个往返 1. 由小队长带领，绕球场慢跑5圈 2. 行进间跳步 3. 行进间后踢腿 4. 行进间高抬腿 5. 行进间弓步压腿 6. 行进间侧压腿	要求： 1. 队员精神饱满，注意纪律 2. 保证动作的准确性、规范性，认真完成每一个动作

续表

部分	时间	内容	教法与要求
准备部分	8分钟	三、体育游戏：保龄球竞赛 （一）目的：培养队员的球感和团队精神 （二）方法 1. 在端线左右两侧放置相同数量的标志筒，队员分为2组 2. 开始后2组队员分别将球向本组的标志筒滚出，每名队员1次，先碰倒全部标志筒的一组即为获胜	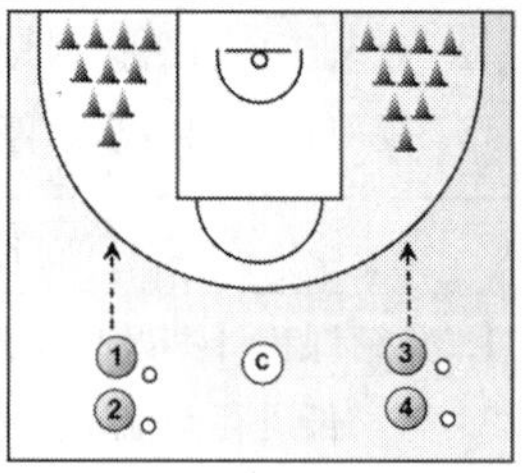 要求：通过此游戏提升队员对球的感觉，培养其竞争意识；抛出的球必须是地滚球 器材：篮球、标志筒
基础训练	8分钟	一、行进间双手胸前、击地传球 （一）目的：加强队员双手行进间的传球能力，提高队员的身体协调性 （二）方法 1. 2人1组面对面站立，每组1球 2. 开始后，持球队员双手胸前传球给另一侧队员，另一侧队员接球后进行回传 3. 到达另一端端线后返回，返回时2人双手击地传球 4. 负荷量：1个往返×5组 （三）重点与难点 1. 行进间传球时，要考虑传球的时机，将球传出 2. 行进间传球，下半身向前奔跑，上半身微微向内侧身，面对传球队友，2人传球 3. 传球时，每次胸前或击地传球，须掌握自己与标志筒的距离，传球必须在2个标志筒间完成，整个过程不要走步	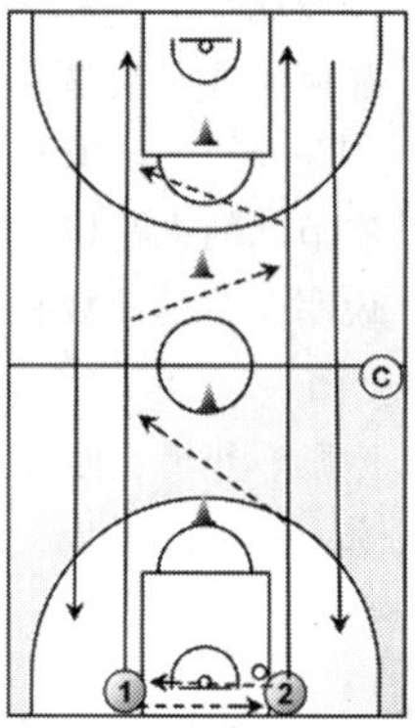 要求： 1. 传球时注意时机 2. 接球后立即将球传出，到达另一侧端线后行进间传球返回，传球须在标志筒间完成 器材：篮球、标志筒
	8分钟	二、行进间背后运球 （一）目的：巩固原地背后运球技术，加强行进间背后运球技术 （二）方法 1. 队员沿端线站成1排，每人1球 2. 开始后，队员单手运球前进，到达标志筒后双腿开立，下蹲成原地背后运球姿势 3. 此时右手发力摆臂、拨腕，在体后做变向运球 4. 出手后，左手立即放置于身体左后方等待接球，左手接球后运球至下一个标志筒，以此类推	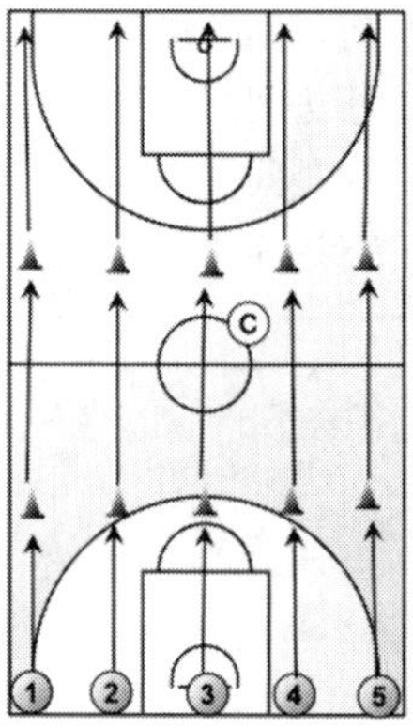

续表

部分	时间	内容	教法与要求
基础训练		5. 负荷量：2 次 ×7 组 （三）重点与难点 1. 背后运球时，球出手的瞬间，要保持身体姿势不变，臀部不可前倾 2. 背后运球时，球的落地一定要在臀部下方、两腿的中间位置	要求： 1. 初期阶段，队员可向后扭头或转动上半身接球，脚不能动 2. 行进到达标志筒后，动作迅速，双腿开立下蹲，运球时先用一半的力量，熟练后用全力 器材：标志筒、篮球
	8分钟	三、行进间一步急停投篮 （一）目的：加强一步急停投篮技术 （二）方法 1. 队员面向篮筐站成 1 列 2. 以向右急停为例，队员行进间运球至标志筒，到达标志筒后原地大力运球，球下落的同时队员双脚发力向右前方跳步 3. 双脚落地后，双手发力将球抱起持于胸前准备投篮 4. 负荷量：2 次 ×5 组 （三）重点与难点 1. 起跳后前脚掌先落地，重心放在臀部，不要前倾，也不要让脚跟受力 2. 在投篮之前调整脚步和方向的同时，臀部须降低，重心也随之降低；臀部是身体协调发力的关键所在	 要求： 1. 行进间到达标志筒后投篮前的最后一次运球用全力 2. 投篮起跳时垂直向上 器材：篮球、标志筒
团队合作游戏竞赛	8分钟	名称：半场 1 VS 1 攻防练习 （一）目的：提高队员 1 VS 1 攻防技术运用的能力 （二）方法 1. 2 名队员在端线站立，教练手持网球，抬到肩部位置，让网球自然下落 2. 当网球恰好离开教练的手时，进攻队员持球加速出发，绕过标志筒开始进攻 3. 当网球恰好落地时，防守队员加速堵截防守；防守队员采用滑步防守，循环进行	 要求： 1. 要求进攻队员以最快的速度完成进攻，且保证进攻的成功率 2. 进攻队员要主动对抗，上篮时，护球手注意对球的保护 3. 防守队员提前占据合理的防守位置，干扰进攻队员的进攻 器材：标志筒、网球、篮球

续表

部分	时间	内容	教法与要求
放松与总结	4分钟	1. 课后总结 2. 特别提醒 3. 宣布本节课最佳队员 4. 鼓舞士气	教法： 1. 教练总结本节课所学内容，强调每个新学技术的动作方法 2. 教练布置课后练习 3. 队员集合喊“加油”，随后解散

第 44 课时

目的与任务：1. 复习行进间一步急停投篮，改进投篮前的脚步方向 2. 学习背后运球投篮 3. 复习行进间传接球上篮，改进接球和脚步的衔接动作			
部分	时间	内容	教法与要求
课前与家长交流	3分钟	1. 介绍课程计划及执教理念 2. 与家长进行交流，了解队员在生活中的情况	教法：与家长积极地进行沟通与交流，介绍本节课训练的重点与难点，解决家长提出的队员在日常训练时遇到的疑难问题
集合讲解互动沟通	3分钟	1. 慢慢地拍手，大声喊“加油” 2. 强调兴趣对篮球运动的重要性 3. 相互介绍：认识教练与队员 4. 本节课的主题是“团队精神” 5. 告诉队员团队的重要性，通过练习及游戏体现 6. 激励、热情、能量至关重要 7. 选取本节课小队长，协助教练维持秩序	教法：介绍本节课的训练主题，激发队员的热情、积极性，使队员了解更多的篮球知识及本节课涉及的知识
准备部分	3分钟	一、情绪激发 让队员围成1圈，教练发言，鼓励队员，让队员手搭着手一起喊“加油”，调动队员的情绪	
	5分钟	二、动态热身 （一）目的：让身体充分预热，预防队员受伤 （二）方法：全场1个往返 1. 在小队长带领下绕球场慢跑5圈 2. 行进间后踢腿 3. 行进间跨步、振臂、扩胸 4. 行进间弓步压腿、转体 5. 指尖摸脚尖，拉伸股后肌群 6. 手握脚踝向后拉，拉伸股四头肌	要求： 1. 队员精神饱满，注意纪律 2. 保证动作的准确性、规范性，认真完成每一个动作

续表

部分	时间	内容	教法与要求
准备部分	7分钟	三、体育游戏：两人夹球 （一）目的：提高队员的团队配合意识，培养一定的竞争意识 （二）方法 1. 队员2人1组，沿端线背对背站立 2. 开始后，2人背对背挽住手臂，将球置于2人后背中间，队员用后背夹球行进，到另一端端线后返回	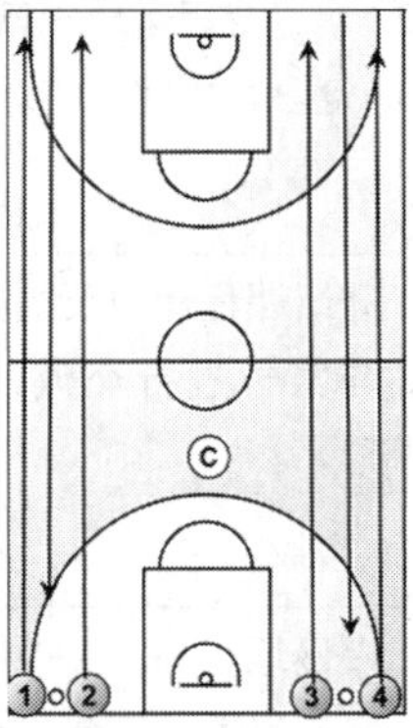 要求：行进时球不能掉，掉球需要重新放好才可继续前进 器材：篮球
基础训练	7分钟	一、行进间一步急停投篮 （一）目的：加强一步急停投篮技术 （二）方法 1. 队员面向篮筐站成1列 2. 以向右急停为例，队员行进间运球至标志筒，到达标志筒后原地大力运球，球下落的同时队员双脚发力向右前方跳步 3. 双脚落地后，双手发力将球抱起持于胸前准备投篮 4. 负荷量：2次×5组 （三）重点与难点 1. 起跳后前脚掌先落地，重心放在臀部，不要前倾，也不要让脚跟受力 2. 在投篮之前调整脚步和方向的同时，臀部须降低，重心也随之降低；臀部是身体协调发力的关键所在	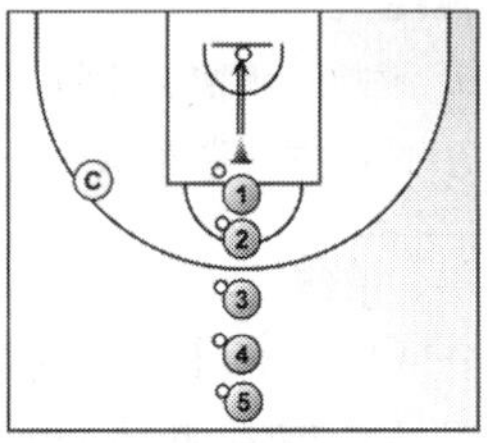 要求： 1. 行进间到达标志筒后投篮前的最后一次运球用全力 2. 投篮起跳时垂直向上 器材：篮球、标志筒
	7分钟	二、背后运球投篮 （一）目的：提高队员的背后技术动作，并与投篮技术衔接 （二）方法 1. 队员持球面向篮筐站成1列 2. 开始后队员原地做背后变向运球，完成后双手抱球，屈膝做投篮动作 3. 负荷量：2次×5组	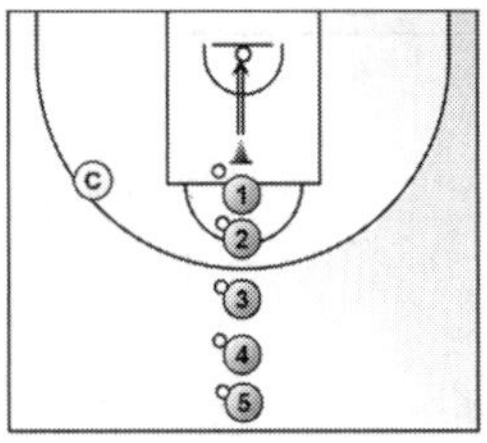 要求： 1. 左右手各做1次为1组 2. 背后运球时保持马步姿势，下半身不能动

续表

部分	时间	内容	教法与要求
		（三）重点与难点 1. 背后运球后双脚要保持与肩同宽，脚尖朝向篮筐，屈膝，投篮 2. 衔接投篮动作时，要注意手向前发力将球抱至身前	3. 在熟练的前提下，可以加大运球的幅度与力量 器材：标志筒、篮球
基础训练	7分钟	三、两人行进间双手胸前、击地传球接高手上篮 （一）目的：加强队员的双手行进间传球能力，提高队员接球后高手上篮能力、身体协调性 （二）方法 1. 2人1组面对面站立，每组1球 2. 开始后，持球队员双手胸前传球给另一侧队员，另一侧队员接球后进行回传 3. 到达最后1排标志筒后，最后接球的队员持球进行高手上篮 4. 返回时2人双手击地传球高手上篮 5. 负荷量：1个往返×5组 （三）重点与难点 1. 行进间传球时，要考虑传球的时机，将球传出 2. 行进间传球，下半身向前奔跑，上半身微微向内侧身，面对传球队友，2人传球 3. 接球上篮时，注意接球与脚步的衔接动作	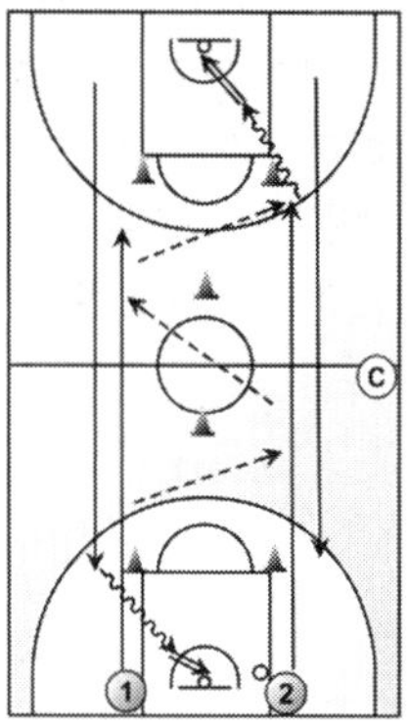 要求： 1. 传球时，注意时机 2. 传球时，传球路线必须在2个标志筒中间 3. 接球上篮时可选择直接接球三步上篮或1次运球后三步上篮 器材：篮球、标志筒
	7分钟	四、绳梯跳跃 （一）目的：加强队员的移动能力、跳跃能力 （二）方法 1. 队员分为2组，每组站成1列 2. 开始后，队员双脚跳跃，向前跳2次，向后跳1次，直至跳出绳梯，然后从场地两侧返回队尾 3. 负荷量：2次×5组 （三）重点与难点 1. 跳跃时双脚起跳，双脚落地 2. 向后跳时，脚尖先发力，跳起后双腿主动向后延展确定着地点	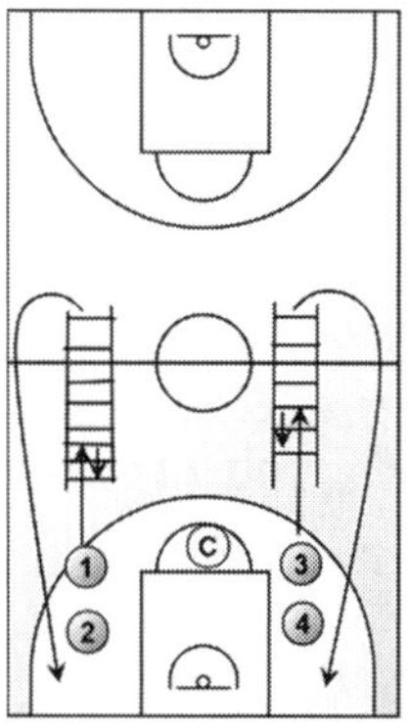 要求：双脚跳跃，每次只跳1格，配合手臂动作 器材：绳梯

续表

部分	时间	内容	教法与要求
团队合作游戏竞赛	8分钟	名称：半场1 VS 1攻防练习 （一）目的：提高队员1 VS 1攻防技术运用的能力 （二）方法 1. 2名队员在端线站立，教练手持网球，抬到肩部位置，让网球自然下落 2. 当网球恰好离开教练的手时，进攻队员持球加速出发，绕过标志筒开始进攻 3. 当网球恰好落地时，防守队员加速堵截防守；防守队员采用滑步防守，循环进行	 要求： 1. 进攻队员要以最快的速度完成进攻，且保证进攻的成功率 2. 进攻队员要主动对抗，上篮时，护球手注意对球的保护 3. 防守队员提前占据合理的防守位置，干扰进攻队员的进攻 器材：标志筒、网球、篮球
放松与总结	3分钟	1. 课后总结 2. 特别提醒 3. 宣布本节课最佳队员 4. 鼓舞士气	教法： 1. 教练总结本节课所学内容，强调每个新学技术的动作方法 2. 教练布置课后练习 3. 队员集合喊“加油”，随后解散

第 45 课时

目的与任务：1. 复习两人中长距离传接球
2. 复习行进间一步急停投篮能力，改进急停时对身体重心的控制
3. 学习两步急停投篮技术
4. 学习半场 2 VS 2 进攻技术

部分	时间	内容	教法与要求
课前与家长交流	3分钟	1. 介绍课程计划及执教理念 2. 与家长进行交流	教法：与家长积极地进行沟通与交流，介绍本节课训练的重点与难点，解决家长提出的队员在日常训练时遇到的疑难问题
集合讲解互动沟通	3分钟	1. 慢慢地拍手，大声喊“加油” 2. 强调兴趣对篮球运动的重要性 3. 相互介绍：认识教练与队员 4. 本节课的主题是“技巧” 5. 鼓励队员，提升训练难度的同时注意技巧的提升 6. 激励、热情、能量至关重要 7. 选取本节课小队长，协助教练维持秩序	教法：介绍本节课的训练主题，激发队员的热情、积极性，使队员了解更多的篮球知识及本节课涉及的知识
准备部分	3分钟	一、情绪激发 让队员围成 1 圈，教练发言，鼓励队员，让队员手搭着手一起喊“加油”，调动队员的情绪	
	5分钟	二、动态热身 （一）目的：让身体充分预热，预防队员受伤 （二）方法：全场 2 个往返 1. 原地小碎步听哨加速跑 2. 原地跳跃听哨加速跑 3. 行进间高抬腿 4. 行进间小步跑 5. 行进间弓步压腿 6. 行进间侧压腿	要求： 1. 队员精神饱满，注意纪律 2. 保证动作的准确性、规范性，认真完成每一个动作

续表

部分	时间	内容	教法与要求
准备部分	8 分 钟	三、体育游戏：护送标志筒 （一）目的：提高队员的控球能力、跑步能力，培养队员的团队配合意识 （二）方法 1. 将队员分成 2 组，沿端线站成 2 列，每一组放置同样多的标志筒 2. 在教练的指令下达后，队员右手运球，左手拿标志筒，从场地一端运球至另一端，到达另一端端线后放下标志筒，运球返回接力，下一名队员出发运球送标志筒，哪一组先将标志筒运送完，哪一组获胜	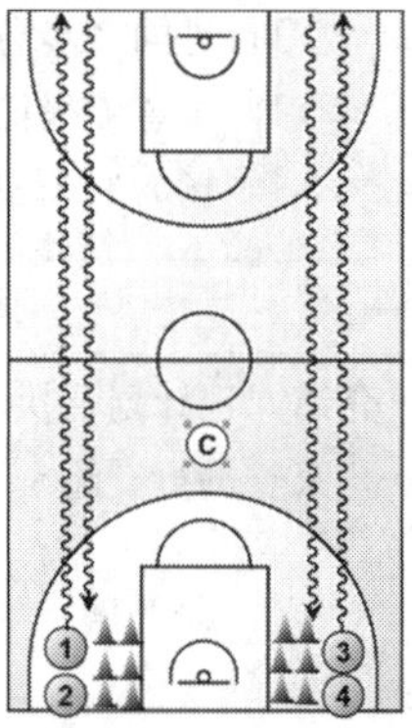 要求：护送时标志筒与球不能丢；护送与返回时必须跑直线，返回后击掌接力 器材：标志筒、篮球
基础训练	6 分 钟	一、两人中长距离传球 （一）目的：加强队员中长距离的传球能力 （二）方法 1. 2 人 1 组，1 人在前，1 人在后 2. 开始后，①将球传给②，球传出后，①绕过标志筒沿边线弧线加速 3. ②接球后，待①跑至中场时运用双手胸前传球将球传给①，①接球投篮 4. 负荷量：2 次 ×4 组 （三）重点与难点 1. ①传球后，沿边线做弧形加速跑，加速过程中要侧身，用余光观察②的动作，准备接球 2. ②传球时，要有弧度，传球要给予提前量，领略球领人的意识	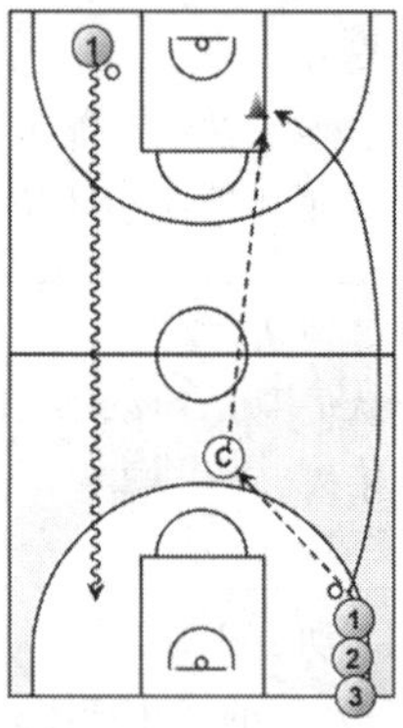 要求： 1. 传球时用双手胸前传球动作，传球队员最多 1 次运球调整 2. 加速队员用全速向另一端端线加速，加速过程侧身回头 器材：标志筒、篮球

续表

部分	时间	内容	教法与要求
基础训练	8分钟	二、行进间手拿标志筒一步急停投篮 （一）目的：加强队员的控球能力，队员运球时要降低重心，将一步急停投篮有效结合，提高投篮能力 （二）方法 1. 队员沿端线分为 2 组，左、右边各 1 组，每组排成 1 列 2. 开始后，左侧队员一手拿标志筒，另一手运球，到罚球线时将标志筒放于地上，并且推动标志筒沿着弧线运球，到达另一侧罚球线交点时，松开标志筒，做一步急停投篮 3. 负荷量：2 次 ×5 组 （三）重点与难点 1. 放置标志筒时先屈膝，降重心 2. 推动标志筒时保持低重心，松开后直腰、运球急停，保证脚尖朝向篮筐，最后屈膝投篮	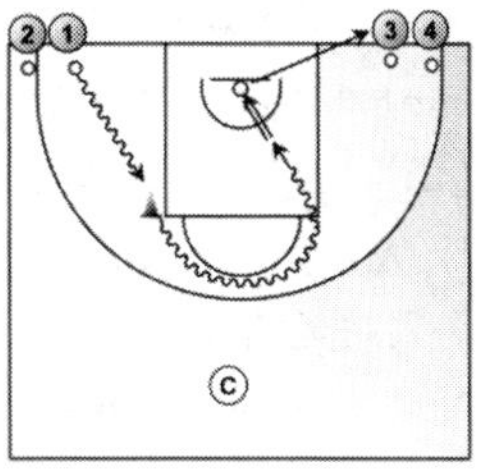 要求： 1. 推标志筒时重心要低 2. 到达另一侧后重复动作返回 器材：标志筒、篮球
	10分钟	三、学习两步急停投篮 （一）目的：熟悉两步急停投篮技术动作 （二）方法 1. 队员面向篮筐站成 1 列 2. 以向右急停为例，队员原地站在标志筒前，开始后队员向右前方运球 1 次，球下落的同时队员双脚一前一后落地，分别跟进 3. 双脚落稳后，双手发力将球抱起，持于胸前，准备投篮 4. 负荷量：2 次 ×5 组 （三）重点与难点 1. 两步急停区别于一步急停的动作是两脚要分别落地，一只脚迈出后另一只脚跟进 2. 两脚落地后，抱球时要将球尽量贴近身体，以免掏球 3. 起跳时身体垂直向上	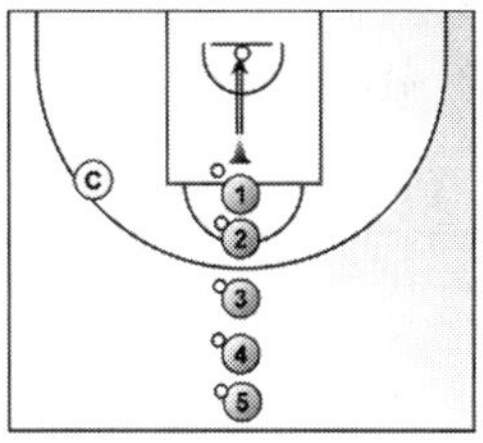 要求： 1. 起跳落地用前脚掌发力，落地后膝关节微屈准备投篮 2. 抱球后起跳垂直向上 器材：篮球、标志筒

续表

部分	时间	内容	教法与要求
基础训练	9分钟	名称：半场2 VS 2进攻训练 （一）目的：学习半场2 VS 2进攻方式 （二）方法 1. 队员2人1组，不持球，一人站至中场，一人站至端线 2. 以右侧为例，开始后，①原地不动，此时②从端线跑至①的右侧处，给①做挡拆 3. 挡住后，①向右突破，起动后，②做后转身跟进，朝篮下跑动	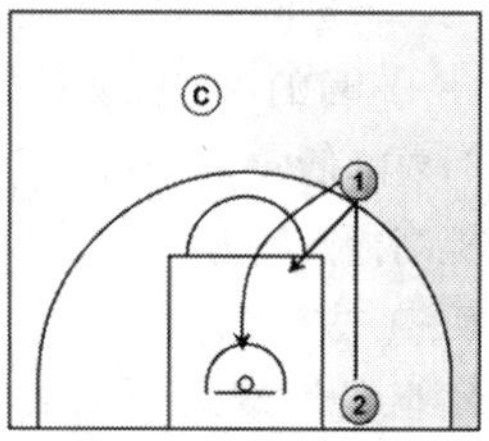 要求： 1. 挡拆时，②要面向①的防守队员，双脚开立，膝盖微屈，双手垂直下放 2. 进攻队友要在队员做好挡拆姿势后开始跑动 3. 队友挡拆完成后，进攻队员跑动时要紧贴同伴身体突破 4. ②下顺跟进时，要将防守队员挡在身后，再冲击篮筐
放松与总结	5分钟	1. 课后总结 2. 特别提醒 3. 宣布本节课最佳队员 4. 鼓舞士气	教法： 1. 教练总结本节课所学内容，强调每个新学技术的动作方法 2. 教练布置课后练习 3. 队员集合喊“加油”，随后解散

第 46 课时

目的与任务：1. 复习行进间两步急停投篮能力，改进起跳时垂直向上起跳动作 2. 复习传接球与高手上篮结合 3. 复习 2 VS 2 挡拆后突破上篮能力			
部分	时间	内容	教法与要求
课前与家长交流	4 分钟	1. 介绍课程计划及执教理念 2. 与家长进行交流，了解队员训练后恢复情况及心理状态	教法：与家长积极地进行沟通与交流，介绍本节课训练的重点与难点，解决家长提出的队员在日常训练时遇到的疑难问题
集合讲解互动沟通	4 分钟	1. 慢慢地拍手，大声喊“加油” 2. 强调兴趣对篮球运动的重要性 3. 相互介绍：认识教练与队员 4. 本节课的主题是“状态” 5. 鼓励队员，确定一个目标后，保证自己在通往成功的道路上有一个良好的状态 6. 激励、热情、能量至关重要 7. 选取本节课小队长，协助教练维持秩序	教法：介绍本节课的训练主题，激发队员的热情、积极性，使队员了解更多的篮球知识及本节课涉及的知识
准备部分	3 分钟	一、情绪激发 让队员围成 1 圈，教练发言，鼓励队员，让队员手搭着手一起喊“加油”，调动队员的情绪	
	4 分钟	二、动态热身 （一）目的：让身体充分预热，预防队员受伤 （二）方法：全场 2 个往返 1. 由小队长带领，从端线出发，完成见线折返跑 2 组 2. 行进间“蜘蛛”爬行 3. 行进间跨步 4. 后退跑 5. 行进间正踢腿 6. 行进间髋绕环	要求： 1. 队员精神饱满，注意纪律 2. 保证动作的准确性、规范性，认真完成每一个动作
	7 分钟	三、体育游戏：后退拨球 （一）目的：提高队员的拨球能力，利用游戏调动队员上课的积极性 （二）方法 1. 队员分为 2 组，在指定地点站好 2. 开始后，队员面向篮筐向后倒退走，同时	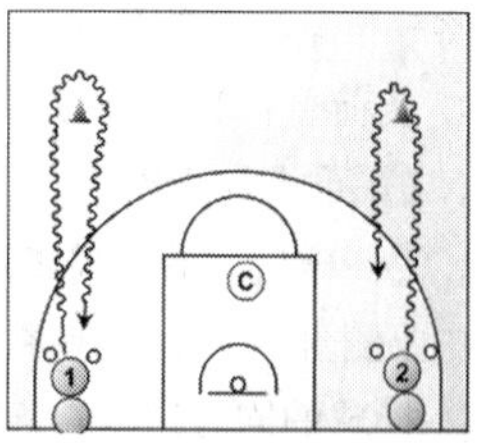

续表

<table>
<tr><th>部分</th><th>时间</th><th>内容</th><th>教法与要求</th></tr>
<tr><td>准备部分</td><td></td><td>双手进行指尖拨球，到达标志筒后，队员绕标志筒1圈，双手拨球向前快速回到起始位置，将球交给下一名队员，以此类推
3. 负荷量：2分钟×3组
（三）重点与难点
1. 控制身体，降低重心，保持均匀速度向后退
2. 用指尖进行拨球</td><td>要求：保持低重心拨球，臀部不能撅起，尽量目视前方
器材：篮球、标志筒</td></tr>
<tr><td rowspan="2">基础训练</td><td>8分钟</td><td>一、行进间两步急停投篮
（一）目的：加强两步急停投篮技术
（二）方法
1. 队员面向篮筐站成1列
2. 以向右急停为例，队员从弧顶运球至标志筒前，到达标志筒后队员向右前方运球1次，球下落的同时队员双脚一前一后落地，分别跟进
3. 双脚落稳后，双手发力将球抱起，持于胸前，准备投篮
4. 负荷量：2次×5组
（三）重点与难点
1. 两步急停区别于一步急停的动作是两脚要分别落地，一只脚迈出后另一只脚跟进
2. 两脚落地后，抱球时要将球尽量贴近身体，以免掏球
3. 起跳时身体垂直向上</td><td>
要求：
1. 行进间到达标志筒后投篮前的最后一次运球用全力
2. 投篮起跳时垂直向上
器材：篮球、标志筒</td></tr>
<tr><td>8分钟</td><td>二、中长距离传球后高手上篮
（一）目的：加强队员中长距离的传球能力、衔接高手上篮能力
（二）方法
1. 2人1组，一人在前，一人在后
2. 开始后，①将球传给②，球传出后，①绕过标志筒沿边线弧线加速
3. ②接球后，待①跑至中场时双手胸前传球将球传给①，①接球高手上篮
4. 负荷量：2次×4组
（三）重点与难点
1. ①传球后，沿边线做弧形加速跑，加速过程中要侧身，用余光观察②的动作，准备接球
2. 接球的同时迈腿，起跳完成上篮</td><td>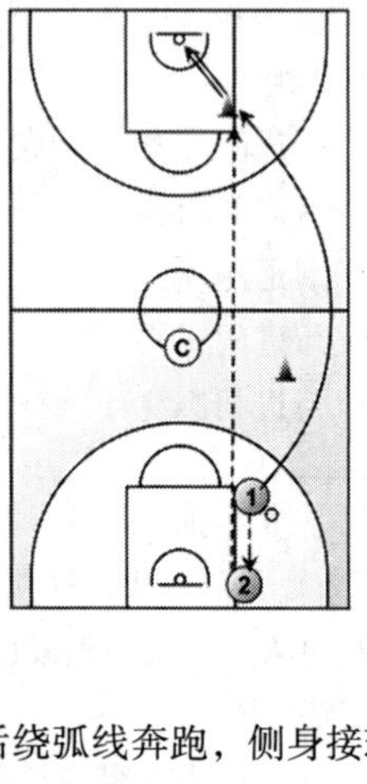
要求：
1. 队员传球后绕弧线奔跑，侧身接球
2. 左右各完成1次为1组
器材：标志筒、篮球</td></tr>
</table>

续表

部分	时间	内容	教法与要求
基础训练	8分钟	三、绳梯脚步练习 （一）目的：提高队员的脚步移动能力、跳跃能力、身体运动能力 （二）方法 1. 队员面向绳梯站成1列 2. 开始后，队员将球举在头顶，第一个绳梯做高抬腿；第二个绳梯做向前、向左、向右跳跃 3. 负荷量：1次×6组 （三）重点与难点 1. 高抬腿时，脚掌点地，最快速度抬腿 2. 跳跃时，用前脚掌蹬地向不同方向跳跃，跳跃时双脚同时起跳、落地	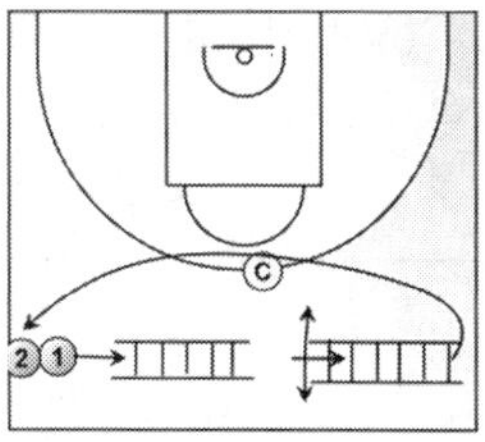 要求： 1. 高抬腿时，1步1格，腿尽可能地抬高 2. 双脚跳跃，每次1步，注意动作的衔接 器材：绳梯
团队合作游戏竞赛	9分钟	名称：半场2 VS 2进攻训练 （一）目的：练习半场2 VS 2挡拆后进攻队员直接攻击篮筐的能力 （二）方法 1. 队员2人1组，进攻队员持球，一人站至中场，一人站至端线 2. 以右侧为例，开始后，①原地不动，此时②从端线跑动至①的右侧处，给①做挡拆 3. 挡住后，①持球向右突破，起动后，②做后转身跟进，朝篮下跑动 4. ①突破后直接快速冲击篮筐	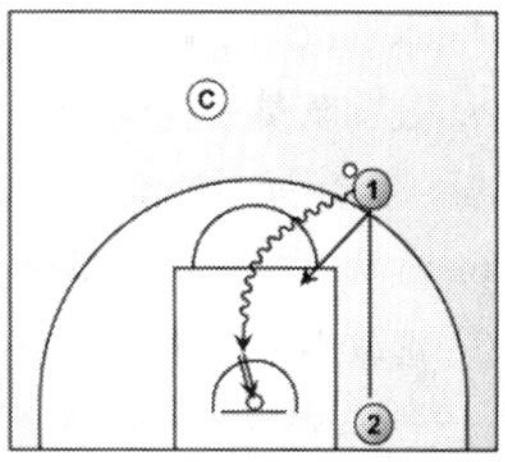 要求： 1. 挡拆时，②要面向①的防守队员，双脚开立，膝盖微屈，双手垂直下放 2. 进攻队员要在队友做好挡拆姿势后再开始跑动 3. 队友挡拆完成后，进攻队员跑动时要紧贴同伴身体突破上篮或投篮 4. ②下顺跟进时，要将防守队员挡在身后，再冲击篮筐
放松与总结	5分钟	1. 课后总结 2. 特别提醒 3. 宣布本节课最佳队员 4. 鼓舞士气	教法： 1. 教练总结本节课所学内容，强调每个新学技术的动作方法 2. 教练布置课后练习 3. 队员集合喊“加油”，随后解散

第 47 课时

目的与任务：1. 复习两步急停投篮，改进急停时脚尖朝向篮筐
2. 复习中长距离传球及接球后上篮
3. 复习脚步移动能力、加速能力
4. 复习 2 VS 2 进攻分球

部分	时间	内容	教法与要求
课前与家长交流	4分钟	1. 介绍课程计划及执教理念 2. 与家长进行交流，了解队员训练后恢复情况及心理状态	教法：与家长积极地进行沟通与交流，介绍本节课训练的重点与难点，解决家长提出的队员在日常训练时遇到的疑难问题
集合讲解互动沟通	4分钟	1. 慢慢地拍手，大声喊“加油” 2. 强调兴趣对篮球运动的重要性 3. 相互介绍：认识教练与队员 4. 本节课的主题是“全力以赴” 5. 鼓励队员，在综合练习的过程中要全力以赴，把握每一处细节 6. 激励、热情、能量至关重要 7. 选取本节课小队长，协助教练维持秩序	教法：介绍本节课的训练主题，激发队员的热情、积极性，使队员了解更多的篮球知识及本节课涉及的知识
准备部分	3分钟	一、情绪激发 让队员围成1圈，教练发言，鼓励队员，让队员手搭着手一起喊“加油”，调动队员的情绪	
	5分钟	二、动态热身 （一）目的：让身体充分预热，预防队员受伤 （二）方法：全场2个往返 1. 由小队长带领，从端线出发，完成见线折返2组 2. 行进间高抬腿 3. 行进间弓步压腿 4. 行进间侧压腿 5. 行进间交叉步 6. 行进间髋绕环	要求： 1. 队员精神饱满，注意纪律 2. 保证动作的准确性、规范性，认真完成每一个动作

续表

部分	时间	内容	教法与要求
准备部分	8分钟	三、体育游戏："捕鱼" （一）目的：加强队员的团队意识、移动能力、判断能力 （二）方法 1. 选出2名队员作为"渔网"，2名队员手拉手追捕其他队员 2. 其他队员需要在半场内进行逃避，被"渔网"抓到或出界就要加入"渔网"队伍	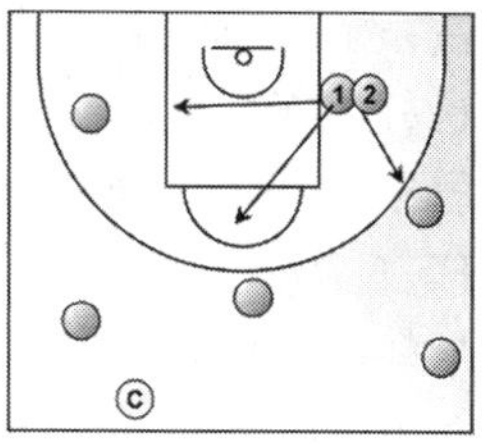 要求："小鱼"在逃跑时不能踩线，逃跑时要注意安全
基础训练	8分钟	一、行进间手拿标志筒两步急停投篮 （一）目的：加强队员的控球能力，降低队员运球重心，将两步急停投篮有效结合，提高投篮能力 （二）方法 1. 队员沿端线分为2组，左、右两边各1组，每组排成1行 2. 开始后，左侧队员一手拿标志筒，另一手运球，到罚球线时将标志筒放于地上，并且推动标志筒沿着边线弧形运球，到达另一侧罚球线交点时，松开标志筒，做两步急停投篮 3. 负荷量：2次×5组 （三）重点与难点 1. 放置标志筒时先屈膝，降重心 2. 推动标志筒时保持低重心，松开后直腰、运球急停，保证脚尖朝向篮筐，最后屈膝投篮	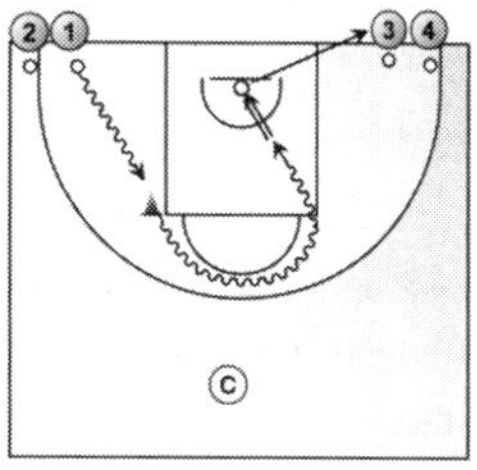 要求： 1. 推标志筒时重心要低 2. 到达另一侧后重复动作返回，注意区分两步急停与一步急停的动作 器材：标志筒、篮球
	8分钟	二、中长距离传球后高手上篮 （一）目的：加强队员中长距离的传球能力、衔接高手上篮能力 （二）方法 1. 2人1组，一人在前，一人在后 2. 开始后，①将球传给②，球传出后，①绕过标志筒沿边线弧形加速 3. ②接球后，待①跑至中场时双手胸前传球将球传给①，①接球高手上篮 4. 负荷量：2次×4组 （三）重点与难点 1. ①传球后，沿边线做弧形加速跑，加速过程中要侧身，用余光观察②的动作，准备接球 2. 接球的同时迈腿，起跳完成上篮	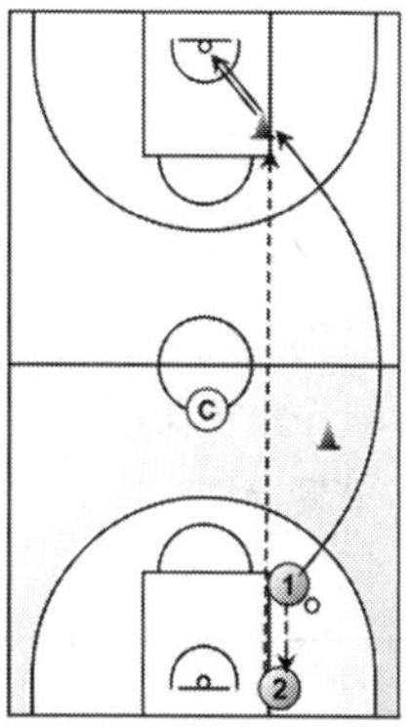 要求： 1. 队员传球后绕弧线奔跑，侧身接球 2. 左右各完成1次为1组 器材：标志筒、篮球

续表

部分	时间	内容	教法与要求
基础训练	8分钟	三、对角线变速跑 （一）目的：提高队员的移动能力、加速能力及身体协调性，加强身体训练 （二）方法 1. 队员站成1列 2. 开始后，队员沿球场对角线冲刺跑，跑到端线后，从端线一侧慢跑至另一侧，从另一侧继续进行对角线加速跑 3. 负荷量：2次×5组 （三）重点与难点：加速时，身体向前倾，后脚蹬地发力向前	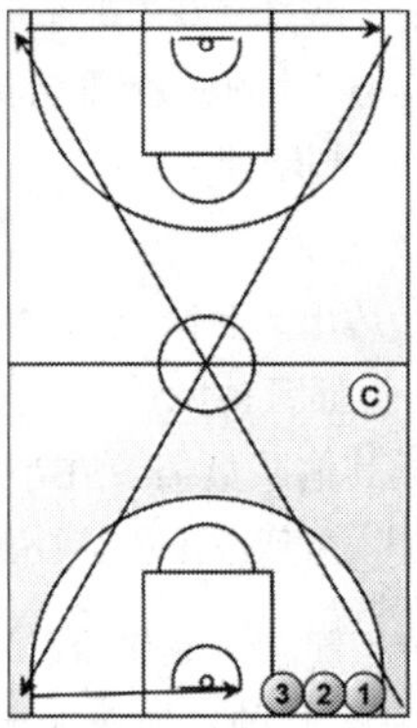 要求：慢跑与快跑速度区分明显
团队合作游戏竞赛	8分钟	名称：半场2 VS 2进攻训练 （一）目的：练习半场2 VS 2挡拆后进攻队员①传球给②的能力 （二）方法 1. 队员2人1组，进攻队员持球，一人站至中场，一人站至端线 2. 以右侧为例，开始后，①原地不动，此时②从端线跑动至①的右侧处，给①做挡拆 3. 挡住后，①持球向右突破，起动后，②做后转身跟进，向篮下跑动 4. ①突破后利用2人空隙将球传给②，②接球上篮或投篮	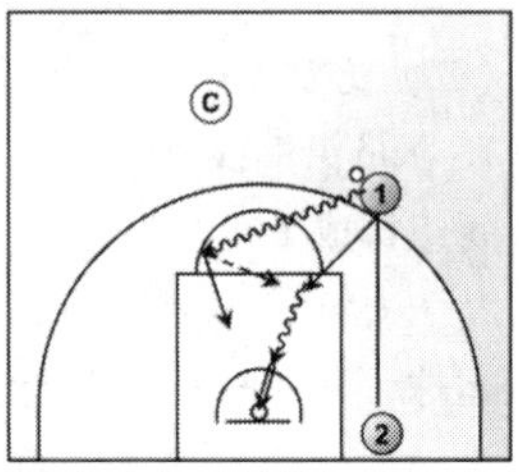 要求： 1. 挡拆时，②要面向①的防守队员，双脚开立，膝关节微屈，双手垂直下放 2. 进攻队员要在队友做好挡拆姿势后再开始跑动 3. 队友挡拆完成后，进攻队员跑动时要紧贴同伴身体突破随后传给② 4. ②下顺跟进时，要将防守队员挡在身后，然后做后转身跟进，接球直接上篮 器材：篮球
放松与总结	4分钟	1. 课后总结 2. 特别提醒 3. 宣布本节课最佳队员 4. 鼓舞士气	教法： 1. 教练总结本节课所学内容，强调每个新学技术的动作方法 2. 教练布置课后练习 3. 队员集合喊“加油”，随后解散

第 48 课时

目的与任务：1. 复习行进间运球，提高灵敏性 2. 复习三人传接球，改进脚步的控制 3. 复习后撤步投篮，改进后撤步的发力点 4. 复习 2 VS 2 进攻配合			
部分	时间	内容	教法与要求
课前与家长交流	5 分钟	1. 介绍课程计划及执教理念 2. 与家长进行交流，了解队员心理状态	教法：与家长积极地进行沟通与交流，介绍本节课训练的重点与难点，解决家长提出的队员在日常训练时遇到的疑难问题
集合讲解互动沟通	5 分钟	1. 慢慢地拍手，大声喊“加油” 2. 强调兴趣对篮球运动的重要性 3. 相互介绍：认识教练与队员 4. 本节课的主题是“信心” 5. 鼓励队员，在朝向目标前进之时要对自己充满信心 6. 激励、热情、能量至关重要 7. 选取本节课小队长，协助教练维持秩序	教法：介绍本节课的训练主题，激发队员的热情、积极性，使队员了解更多的篮球知识及本节课涉及的知识
准备部分	3 分钟	一、情绪激发 让队员围成 1 圈，教练发言，鼓励队员，让队员手搭着手一起喊“加油”，调动队员的情绪	
	4 分钟	二、动态热身 （一）目的：让身体充分预热，预防队员受伤 （二）方法：全场 2 个往返 1. 由小队长带领，绕球场慢跑 5 圈 2. 行进间“熊爬” 3. 行进间弓步压腿 4. 行进间侧压腿 5. 行进间交叉步 6. 行进间小步跑	要求： 1. 队员精神饱满，注意纪律 2. 保证动作的准确性、规范性，认真完成每一个动作
	7 分钟	三、体育游戏：四脚朝天 （一）目的：提高队员的移动能力、判断能力、反应能力 （二）方法 1. 选出 1～2 名队员作为追逐者，其他队员作为逃跑者在半场内随意跑动	

续表

部分	时间	内容	教法与要求
准备部分		2. 开始后，由追逐者抓捕其他队员，当追逐者快要追到逃跑者时，逃跑者可立刻原地躺下四脚朝天，此时追逐者不可再抓此人 3. 躺下的逃跑者需要队友进行解救方可重新继续游戏	要求：队员躺下后在没有得到帮助前不得继续参与游戏，被抓到的队员加入抓捕队列
基础训练	6分钟	一、网球灵敏训练 （一）目的：增强队员的控球能力、反应能力及队员的灵敏性 （二）方法 1. 队员每人持 1 球沿边线站成 1 列 2. 开始后，队员原地运球，此时教练向队员正前方抛出网球，队员看到网球抛出后，运球加速将网球拿住 3. 负荷量：2 次 ×6 组 （三）重点与难点 1. 原地运球准备时，保证运球低重心，屈膝，降臀 2. 网球抛出后，队员双脚瞬间成前后分开站立，后脚蹬地加速冲出	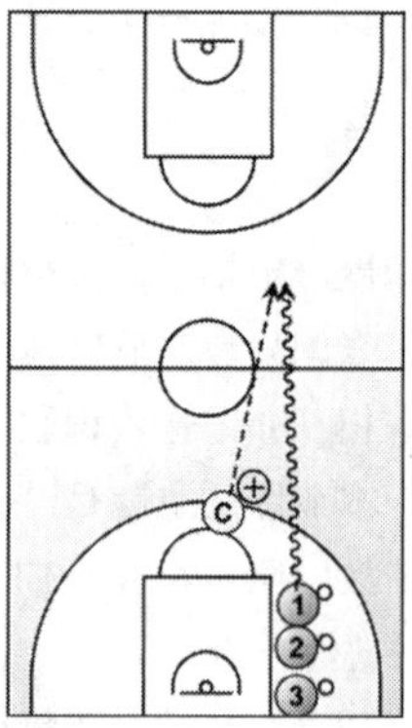 要求： 1. 原地运球时重心低，以最大力量运球 2. 抛出网球后以最快速度蹬地冲出，在网球反弹次数最少的情况下将网球拿走，抓网球时运球不能停止 器材：网球、篮球
	7分钟	二、三人传接球 （一）目的：提升队员的传接球能力、脚步移动能力及反应能力 （二）方法 1.3 名队员 1 组，2 人面对面站立传球，1 人站在 2 名传球队员中间位置 2. 开始后 2 名传球队员运用击地传球、头上传球、胸前传球等技术动作进行传球；中间队员负责断球 3. 当球被断后，传球的队员变为中间断球者 4. 负荷量：20 次 ×3 组 （三）重点与难点 1. 传球队员确立中枢脚，以中枢脚为轴进行上步、退步的移动，用身体保护球 2. 根据防守队员的位置选择传球方式 3. 防守者防守动作随意，但不可以用脚干扰	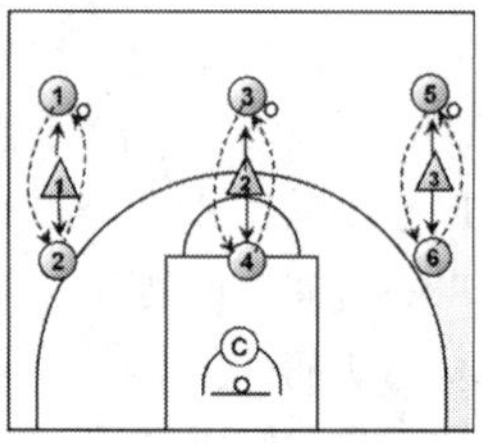 要求： 1. 防守者不能消极防守，球无论到哪一侧都要上去抢断 2. 传球者传球时不能走步，确立中枢脚 3. 防守者不能推、拉传球队员 4. 每人传球完成 20 次后，更换队员 器材：篮球

续表

部分	时间	内容	教法与要求
基础训练	8分钟	三、后撤步投篮练习 （一）目的：加强后撤步技术动作，提高后撤步投篮能力 （二）方法 1. 队员持球面向篮筐站成1列 2. 开始后，队员运球至标志筒，到达标志筒后运球做后撤步动作，完成动作后抱球投篮 3. 负荷量：2次×5组 （三）重点与难点 1. 做后撤步时，用前脚的前脚掌内侧蹬地，同时腰部用力向后转动，后脚踝蹬地面，前脚快速后撤 2. 后撤步动作完成后保证双脚脚尖朝向篮筐并且屈膝，做好投篮准备	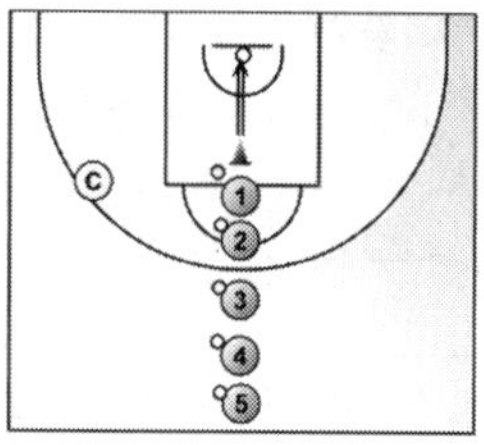 要求： 1. 左右两侧各做1次后撤步投篮动作 2. 后撤步运球重心起伏变化明显 器材：标志筒、篮球
团队合作游戏竞赛	10分钟	名称：半场2 VS 2进攻训练 （一）目的：练习半场2 VS 2进攻 （二）方法 1. 队员2人1组，进攻队员持球，一人站至弧顶，一人站在端线 2. 此时，防守队员加入，进行2 VS 2训练，队员根据所学内容进行随意的挡拆配合	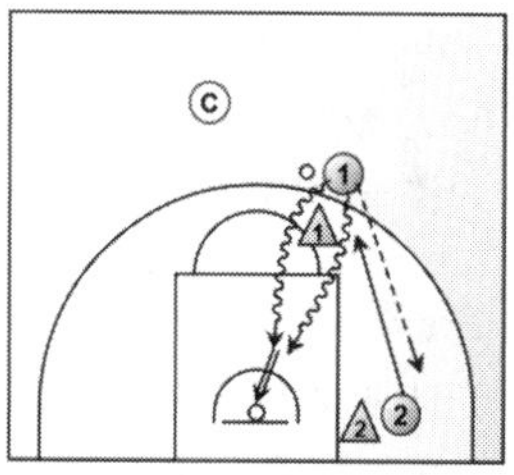 要求： 1. 挡拆时，②要面向①的防守队员，双脚开立，膝盖微屈，双手垂直下放 2. 进攻队员要在队友做好挡拆姿势后开始跑动 3. 队友挡拆完成后，进攻队员跑动时要紧贴同伴身体突破，可以传给②也可以选择自己进攻 4. ②下顺跟进时，要将防守队员挡在身后然后做后转身跟进，接球直接上篮 器材：篮球
放松与总结	5分钟	1. 课后总结 2. 特别提醒 3. 宣布本节课最佳队员 4. 鼓舞士气	教法： 1. 教练总结本节课所学内容，强调每个新学技术的动作方法 2. 教练布置课后练习 3. 队员集合喊“加油”，随后解散

第__49__课时

目的与任务：1. 复习传接球与高手上篮结合
2. 复习变向运球，增强反应能力
3. 复习行进间后撤步变向投篮，改进动作衔接
4. 复习 2 VS 2 进攻配合

部分	时间	内容	教法与要求
课前与家长交流	3分钟	1. 介绍课程计划及执教理念 2. 与家长进行交流，了解队员在生活中的情况	教法：与家长积极地进行沟通与交流，介绍本节课训练的重点与难点，解决家长提出的队员在日常训练时遇到的疑难问题
集合讲解互动沟通	3分钟	1. 强调兴趣对篮球运动的重要性 2. 相互介绍：认识教练与队员 3. 本节课的主题是“勇往直前” 4. 鼓励队员，让队员在实现目标的时候勇往直前，挑战困难 5. 鼓励、热情、监督至关重要 6. 选择本节课的小队长，配合教练维持秩序，起模范作用	教法：介绍本节课的训练主题，激发队员的热情、积极性，使队员了解更多的篮球知识及本节课涉及的知识
准备部分	3分钟	一、情绪激发 让队员围成 1 圈，教练发言，鼓励队员，让队员手搭着手一起喊“加油”，调动队员的情绪	
	5分钟	一、动态热身 （一）目的：让身体充分预热，预防队员受伤 （二）方法：全场 2 个往返 1. 由小队长带领，绕球场慢跑 5 圈 2. 行进间小步跑 3. 行进间侧压腿 4. 行进间后踢腿 5. 行进间高抬腿 6. 行进间髋绕环	要求： 1. 队员精神饱满，注意纪律 2. 保证动作的准确性、规范性，认真完成每一个动作

续表

部分	时间	内容	教法与要求
准备部分	7分钟	二、体育游戏：传球接力赛跑 （一）目的：训练队员的团队配合意识，培养竞争意识 （二）方法 1. 队员分为2组，每组站成1列，所有队员双腿开立站立 2. 开始后，第一名队员将球从胯下手递手传给第二名队员，第二名队员接球后胯下传给第三名队员，以此类推 3. 最后一名队员接球后抱球跑至另一侧端线并返回，先返回起点的获胜	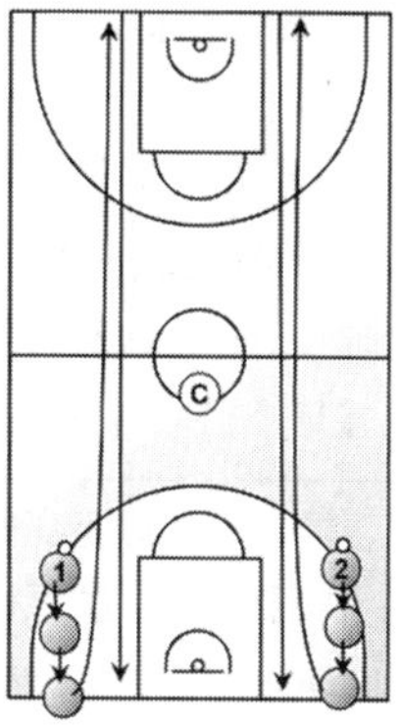 要求：传球时必须从胯下手递手交接球 器材：篮球
基础训练	7分钟	一、标志筒灵敏变向运球 （一）目的：提高队员的控球能力和反应能力 （二）方法 1. 队员分为2排，每排5人 2. 开始后，队员原地运球，当听到哨声后，做体前变向运球再触摸标志筒，再次听到哨声后，再做体前变向运球触摸标志筒，以此类推 3. 负荷量：20次×4组 （三）重点与难点 1. 当听到哨声做变向运球摸标志筒时，变向拨球后，拨球手跟进，沉肩，降重心摸标志筒 2. 摸标志筒的同时保证膝盖弯曲	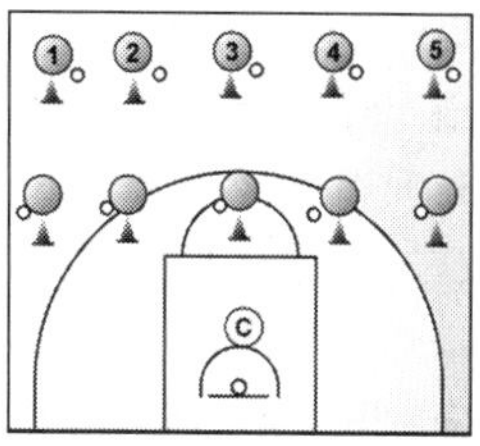 要求： 1. 只做1次体前变向，用非运球手触摸标志筒 2. 变向运球保证基本运球姿势，屈膝直腰 器材：标志筒、篮球
	7分钟	二、两人行进间双手胸前、击地传球接高手上篮 （一）目的：加强队员双手行进间的传球能力，提高队员接球后高手上篮能力和身体协调性 （二）方法 1. 2人1组面对面站立，每组1球 2. 开始后，持球队员双手胸前传球给另一侧队员，另一侧队员接球后进行回传 3. 到达最后一排标志筒后，最后接球的队员持球进行高手上篮 4. 返回时2人做双手击地传球接高手上篮 5. 负荷量：1个往返×5组	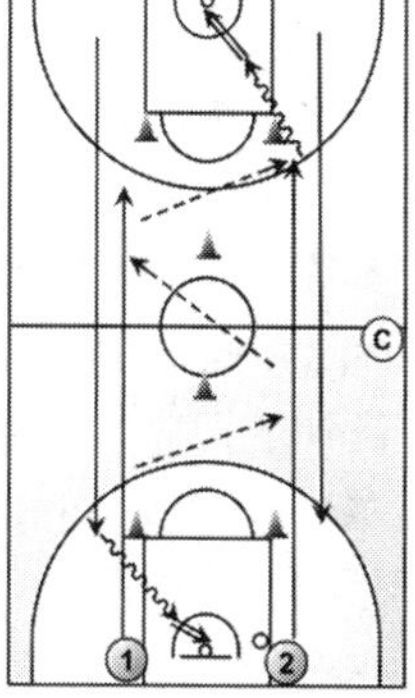

续表

部分	时间	内容	教法与要求
		（三）重点与难点 1. 行进间传球时，要考虑传球的时机将球传出 2. 行进间传球，下半身向前奔跑，上半身微微向内侧身，面对传球队友，2 人传球 3. 接球上篮时，注意接球与脚步的衔接	要求： 1. 传球时，注意时机 2. 传球时，传球路线必须在 2 个标志筒中间 3. 接球上篮时可选择直接接球三步上篮或运球 1 次后三步上篮 器材：篮球、标志筒
基础训练	7分钟	三、行进间后撤步变向投篮 （一）目的：加强后撤步技术动作，将撤步、变向动作衔接，提高后撤步变向投篮能力 （二）方法 1. 队员持球面向篮筐站成 1 列 2. 开始后，队员运球至标志筒，到达标志筒后运球做后撤步动作，完成撤步动作后做体前变向运球，变向后投篮 3. 负荷量：2 次 ×5 组 （三）重点与难点 1. 做后撤步时，用前脚的前脚掌内侧蹬地，同时腰部用力向后转动，后脚踝蹬地面，前脚快速后撤 2. 衔接体前变向时，注意将球压低，身体重心立即随球下降 3. 变向后做两步急停动作，双脚分别落地，抱球投篮	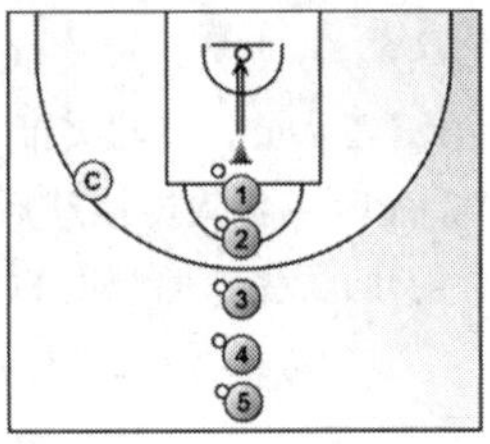 要求： 1. 左右两侧各做 1 次为 1 组 2. 运球过程尽可能地目视前方，保持低重心 器材：标志筒、篮球
	7分钟	四、四角反映训练 （一）目的：加强队员的身体协调能力、反应能力及移动能力 （二）方法 1. 用多个标志筒围成矩形，将其虚拟编号，队员站至中间 2. 教练喊出任意 1 个号码，队员须触碰到相应标志筒后再回到中点，进行任意方向的脚步移动 3. 负荷量：2 次 ×4 组 （三）重点与难点 1. 摸前方标志筒时，前脚先上步，后脚再跟进 2. 摸后方标志筒时，后脚先向后跨，前脚再跟进 3. 注意滑步时保持两脚的间距	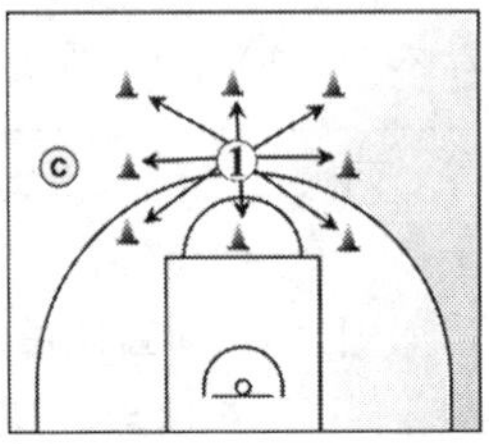 要求： 1. 听到指令后单手摸标志筒，触摸后需要回归中点 2. 摸标志筒采用滑步行进 器材：标志筒

续表

部分	时间	内容	教法与要求
团队合作游戏竞赛	8分钟	名称：半场 2 VS 2 进攻训练 （一）目的：练习半场 2 VS 2 进攻 （二）方法 1. 队员 2 人 1 组，进攻队员持球，一人站至弧顶，一人站在端线 2. 防守队员加入，进行 2 VS 2 训练，队员根据所学内容进行随意的挡拆配合	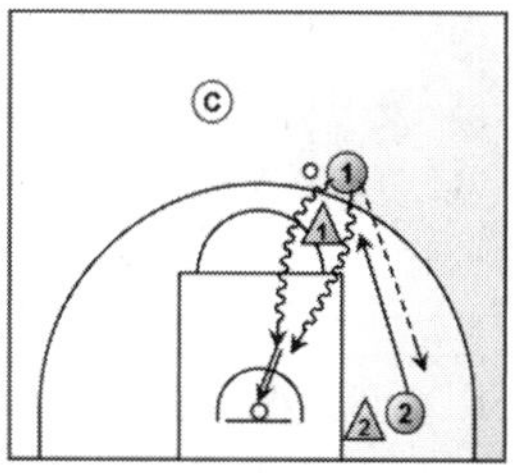 要求： 1. 挡拆时，②要面向①的防守队员，双脚开立，膝盖微屈，双手垂直下放 2. 进攻队员要在队友做好挡拆姿势后开始跑动 3. 队友挡拆完成后，进攻队员跑动时要紧贴同伴身体突破，可以传给②也可以选择自己进攻 4. ②下顺跟进时，要将防守队员挡在身后然后做后转身跟进，接球直接上篮 器材：篮球
放松与总结	3分钟	1. 课后总结 2. 特别提醒 3. 宣布本节课最佳队员 4. 鼓舞士气	教法： 1. 教练总结本节课所学内容，强调每个新学技术的动作方法 2. 教练布置课后练习 3. 队员集合喊“加油”，随后解散

第 50 课时

目的与任务：1. 复习传球、运球、投篮综合练习
2. 复习行进间双手胸前、击地传球，并与高手上篮结合
3. 复习后撤步变向投篮，改进动作要领的衔接
4. 复习 2 VS 2 进攻技术配合

部分	时间	内容	教法与要求
课前与家长交流	3分钟	1. 介绍课程计划及执教理念 2. 与家长进行交流，了解队员在生活中的情况	教法：与家长积极地进行沟通与交流，介绍本节课训练的重点与难点，解决家长提出的队员在日常训练时遇到的疑难问题
集合讲解互动沟通	3分钟	1. 慢慢地拍手，大声喊“加油” 2. 强调兴趣对篮球运动的重要性 3. 相互介绍：认识教练与队员 4. 本节课的主题是“成功” 5. 鼓励队员，赞扬队员，在完成一个阶段的训练的同时变成一名成功者 6. 激励、热情、能量至关重要 7. 选取本节课小队长，协助教练维持秩序	教法：介绍本节课的训练主题，激发队员的热情、积极性，使队员了解更多的篮球知识及本节课涉及的知识
准备部分	3分钟	一、情绪激发 让队员围成1圈，教练发言，鼓励队员，让队员手搭着手一起喊“加油”，调动队员的情绪	
	5分钟	二、动态热身 （一）目的：让身体充分预热，预防队员受伤 （二）方法：全场2个往返 1. 由小队长带领，绕球场慢跑5圈 2. 行进间“蜘蛛”爬行 3. 行进间高抬腿 4. 行进间交叉步 5. 指尖摸脚尖，拉伸股后肌群 6. 手握脚踝，拉伸股四头肌	要求： 1. 队员精神饱满，注意纪律 2. 保证动作的准确性、规范性，认真完成每一个动作

续表

部分	时间	内容	教法与要求
准备部分	7分钟	三、体育游戏："粘糖人" （一）目的：训练队员的反应能力、判断能力、移动能力 （二）方法 1. 队员围成1圈，两两前后站立 2. 开始时选出2人，一人追另一人跑，当逃跑者跑到任意队员身后，对应组的前一人就要变成逃跑者	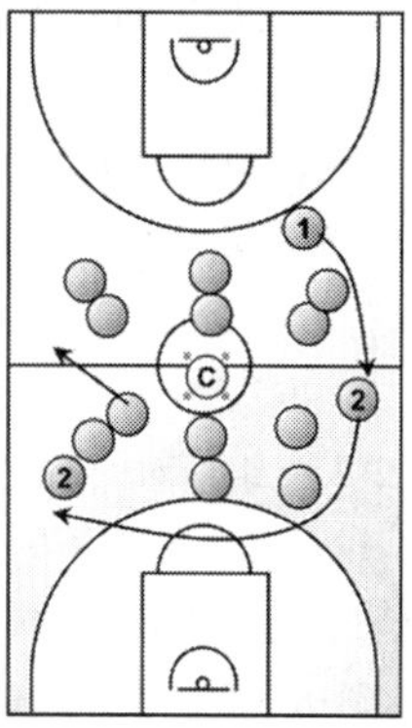 要求：当逃跑者寻找队友时，必须喊"贴"方可生效
基础训练	10分钟	一、全场运球、传球、投篮综合练习 （一）目的：提高队员传球切入与运球突破的能力 （二）方法 1. 队员从端线持球，运用顺步突破与交叉步突破加速起动 2. 运球至罚球线的延长线附近将球传给教练，向前切入摆脱防守 3. 接教练传球后，运球突破三分线附近的标志筒后低手上篮 4. 抢到篮板球，排到另一队队尾，若上篮未进，做10个俯卧撑 5. 负荷量：2次×4组 （三）重点与难点 1. 传球后立即侧身跑切入接回传球，做好传接球的呼应 2. 传接球时，注意脚步移动，在中枢脚落地之前将球传出，避免造成走步违例	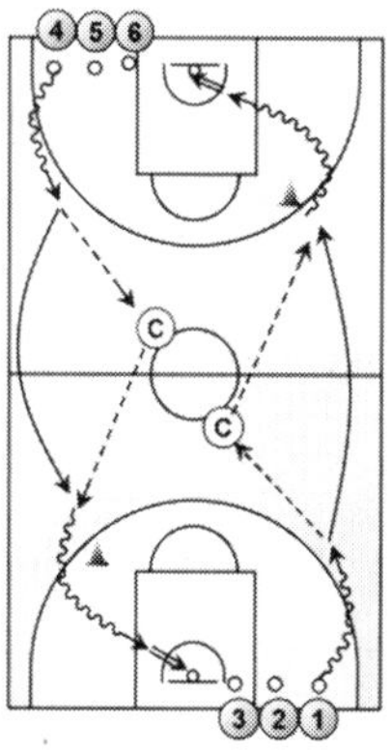 要求： 1. 切入时，面向传球者，有伸手要球的预备接球姿势 2. 注意在运球突破后侧身压肩，加速通过 3. 行进间低手投篮时，顺势向上引球，高于头部，利用手指、手腕的力量，将球拨送出去，切记上臂不可向上撩球、挥球 器材：标志筒、篮球

续表

部分	时间	内容	教法与要求
基础训练	8分钟	二、两人行进间双手胸前、击地传球接高手上篮 （一）目的：加强队员双手行进间传球的能力，提高队员接球后高手上篮能力和身体协调性 （二）方法 1. 2 人 1 组面对面站立，每组 1 球 2. 开始后，持球队员双手胸前传球给另一侧队员，另一侧队员接球后进行回传 3. 到达最后一排标志筒后，最后接球的队员持球进行高手上篮 4. 返回时 2 人做双手击地传球接高手上篮 5. 负荷量：1 个往返 ×5 组 （三）重点与难点 1. 行进间传球时，要考虑传球的时机 2. 行进间传球，下半身向前奔跑，上半身微微向内侧身，面对传球队友，2 人传球 3. 接球上篮时，注意接球与脚步的衔接	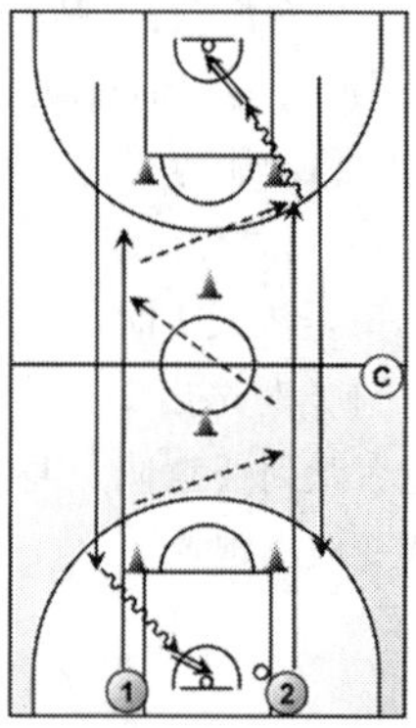 要求： 1. 传球时注意时机 2. 传球时，传球路线必须在 2 个标志筒中间 3. 接球上篮时可选择直接接球三步上篮或运球 1 次的三步上篮 器材：篮球、标志筒
	10分钟	三、行进间后撤步变向投篮 （一）目的：加强后撤步技术动作，将撤步、变向动作衔接，提高后撤步变向高手上篮能力 （二）方法 1. 队员持球面向篮筐站成 1 列 2. 开始后，队员运球至标志筒，到达标志筒后运球做后撤步动作，完成撤步动作后做体前变向运球，变向后高手上篮 3. 负荷量：2 次 ×5 组 （三）重点与难点 1. 做后撤步时，用前脚的前脚掌内侧蹬地，同时腰部用力向后转动，后脚踬蹬地面，前脚快速后撤 2. 衔接体前变向时，注意将球压低，身体重心立即随球下降 3. 变向后做行进间高手上篮，变向后球反弹瞬间迈同侧脚，抱球上篮	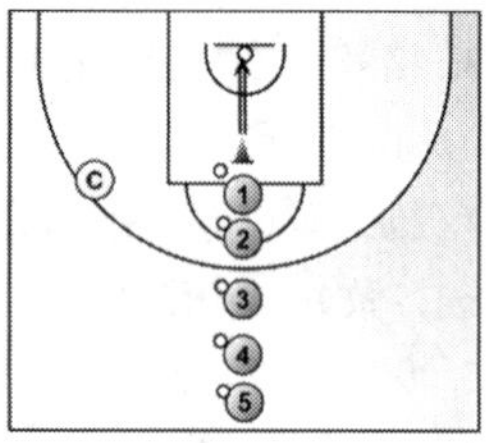 要求： 1. 左右两侧各做 1 次为 1 组 2. 运球过程尽可能地目视前方，保持低重心 器材：标志筒、篮球

续表

部分	时间	内容	教法与要求
团队合作游戏竞赛	8分钟	名称：半场 2 VS 2 进攻训练 （一）目的：练习半场 2 VS 2 进攻 （二）方法 1. 队员 2 人 1 组，进攻队员持球，一人站至弧顶，一人站在端线 2. 防守队员加入，进行 2 VS 2 训练，队员根据所学内容进行随意的挡拆配合	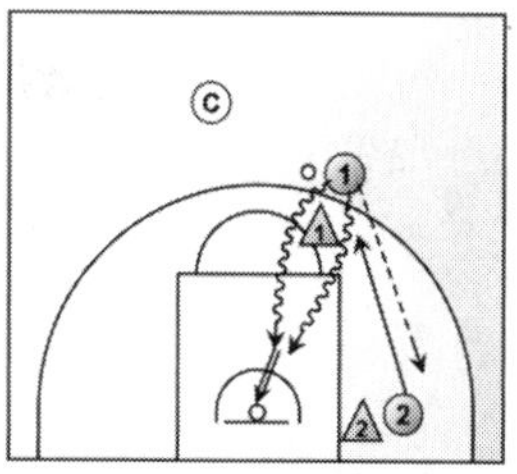 要求： 1. 挡拆时，②面向①的防守队员，双脚开立，膝盖微屈，双手垂直下放 2. 进攻队员要在队友做好挡拆姿势后开始跑动 3. 队友挡拆完成后进攻队员跑动时要紧贴同伴身体突破，可以传给②也可以选择自己进攻 4. ②下顺跟进时，要将防守队员挡在身后然后做后转身跟进，接球直接上篮
放松与总结	3分钟	1. 课后总结 2. 特别提醒 3. 宣布本节课最佳队员 4. 鼓舞士气	教法： 1. 教练总结本节课所学内容，强调每个新学技术的动作方法 2. 教练布置课后练习 3. 队员集合喊“加油”，随后解散

探索班幼儿篮球教学训练大纲

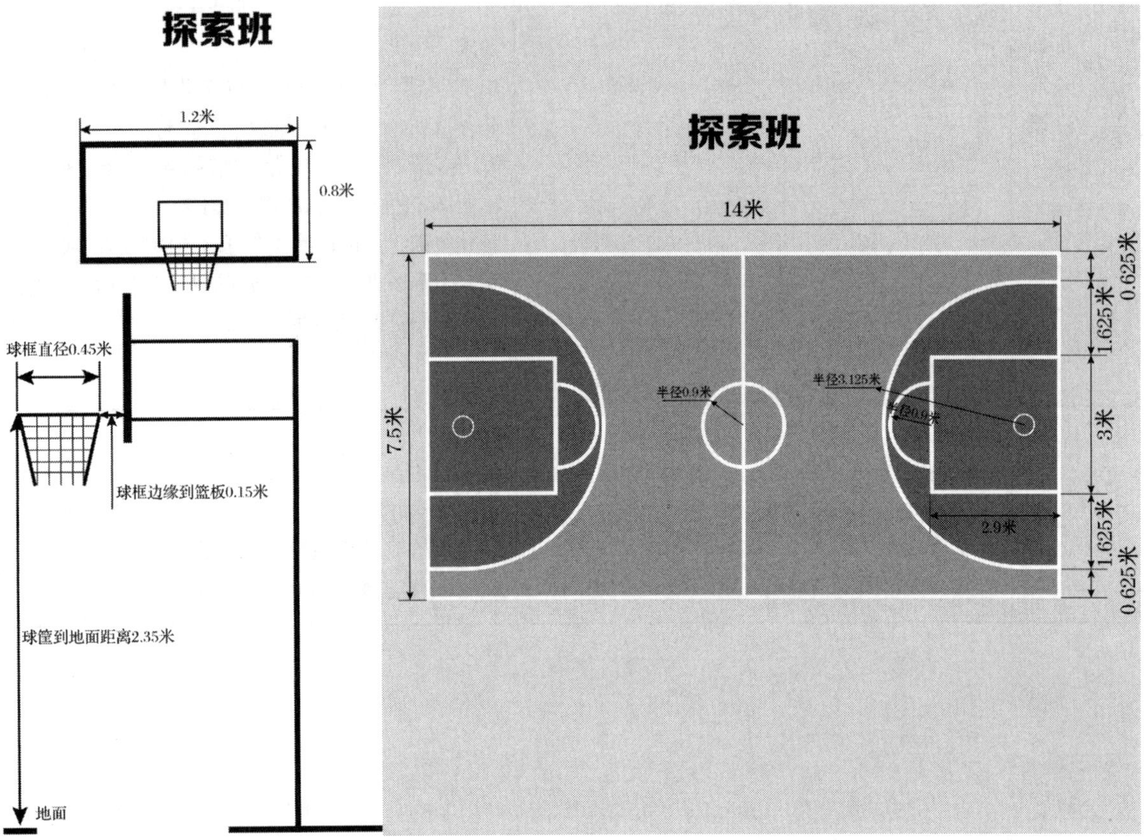

【课程类别】探索班幼儿篮球训练课　　　　　　　【适用年龄】4～8 岁

【课 时 数】50 课时　　　　　　　　　　　　　【时 长 数】90 分钟

本课程分为基础训练（1～20 课时）、巩固提高（21～35 课时）、熟练运用（36～50 课时）3 个阶段。各训练阶段教学内容全面、重点突出，教学训练更加合理、有序，切实提升了篮球教学的训练水平。

一、教学目标

（一）第一阶段：基础训练阶段

进一步掌握与熟练运用前一阶段所学的各项基本技术，规范篮球运动的基本姿势，加强球性与球感的练习，培养运球、传接球、投篮等多项能力；提高技术运用的水平与组合动作的实战水平，提高主动参与训练的能力，培养不怕失败、敢于尝试的意志品质。

（二）第二阶段：巩固提高阶段

进一步提高技术运用的水平，增加基础配合环节的学习与练习，提高幼儿场上的默契程度，初步让幼儿掌握多人之间的配合技术，增加多人对抗性训练；逐步培养篮球意识，普及相关篮球运动知识；同时，每课时配有相应的体能训练，以提高幼儿的多项运动素质。

（三）第三阶段：熟练运用阶段

进一步提高幼儿全面综合的篮球技战术水平，学会攻防战术的配合；全面提高幼儿实战比赛能力，增强篮球战术素养；着重加强队员篮球意识的培养，使其能真正领悟每项练习的重点与难点，进行思维引导式教学；同时，增加多个团队竞赛环节，树立团队配合与公平合理竞争的意识。

二、教学内容与要求

（一）第一阶段：基础训练阶段

1. 训练内容

首先，规范篮球运动的基本姿势，如无球站位的基本姿势、球场移动的基本姿势、持球进攻的基本姿势及防守选位的基本姿势；其次，加强球性与球感的练习，培养幼儿的运球、传接球、投篮等能力；最后，提高技术运用的水平与组合动作的实战水平，增加 1 VS 1 对抗性练习；每课时配有相应的体能训练，提高幼儿的多项身体素质，提高队员主动参与训练的能力，培养队员不怕失败、敢于尝试的意志品质。

本阶段主要学习的内容包括运球转身技术、胯下运球技术、基本防守技术、交叉步与顺步突破技术、行进间低手上篮技术等。

2. 训练方法与手段

本阶段主要采用讲解法、示范法、分解与完整法、想象法。

3. 训练负荷总体安排

本阶段严格遵循循序渐进原则，训练负荷以中等运动量、小强度为主。(表 7)

表 7 探索班幼儿第一阶段训练负荷总体安排

	准备期	提高期	稳定期	恢复期
课时	第 1 ~ 3 课时	第 4 ~ 12 课时	第 13 ~ 17 课时	第 18 ~ 20 课时
负荷安排	以中等运动量、小强度为主	以大运动量、中等强度为主	以中等运动量、大强度为主	以中等运动量、小强度为主

（二）第二阶段：巩固提高阶段

1. 训练内容

进一步提高技术运用的水平，如无球站位的基本姿势、持球进攻的基本姿势及防守选位的基本姿势的准确度，起动与急停技术、跨步滑步与后撤步技术、转身与跑跳技术等移动技术的协调性与规范性，运球熟练程度与标准程度的提升，可以完成较为复杂的障碍物练习；提升传接球技术，不仅要提升传接球技术的规范性，而且要提升传球与接球的准确性，幼儿可以在快速移动的情况下完成传接球练习；提高投篮技术的稳定性，幼儿能掌握投篮基本技术动作；增加多人对抗性训练，让幼儿初步掌握多人之间的配合技术，提高幼儿场上的默契程度。普及相关篮球运动知识，如篮球运动的起源与发展、篮球场地的介绍、篮球规则的讲解、相关篮球明星的典故，激发幼儿学习篮球的热情。与此同时，每课时配有相应的体能训练，提高幼儿的多项运动素质。本阶段主要学习的内容包括无球摆脱技术、挡拆配合、快攻配合、2 VS 2、3 VS 3 对抗练习等。

2. 训练方法与手段

本阶段主要采用讲解法、示范法、分解与完整法、重复训练法、减难与加难法、虚拟与现实法、想象法、程序法和模拟法。

3. 训练负荷总体安排

本阶段严格遵循循序渐进原则，训练负荷以大运动量、中等强度为主。（表 8）

表 8 探索班幼儿第二阶段训练负荷总体安排

	准备期	提高期	稳定期	恢复期
课时	第 21 ~ 23 课时	第 24 ~ 28 课时	第 29 ~ 32 课时	第 33 ~ 35 课时
负荷安排	以小运动量、中等强度为主	以大运动量、大强度为主	以大运动量、中等强度为主	以中等运动量、小强度为主

（三）第三阶段：熟练运用阶段

1. 训练内容

进一步加强多个技术动作的组合性练习，使幼儿能熟练地掌握并灵活运用各项基本技术，加强幼儿运球的组合性训练、进阶性训练、持球突破训练、行进间传接球训练、行进间投篮训练、运球急停投篮训练、抢篮板球训练、防守训练等；进一步掌握篮球运动的基础配合，如挡拆配合、策应配合、传切配合、突分配合；全面提高幼儿实战比赛能力，提高幼儿技术运用的丰富性与灵活性，增强篮球战术素养；着重加强幼儿篮球意识的培养，使其能真正领悟每项练习的重点与难点；进行思维引导式教学，充分调动幼儿学习的积极性，注重动作的反馈与提高；同时，增设多项团队竞赛环节，培养幼儿团队配合的意识，增强公平合理竞争的能力。

2. 训练方法与手段

本阶段主要采用讲解法、示范法、重复训练法、减难与加难法、虚拟与现实法、想象法、程序法和模拟法。

3. 训练负荷总体安排

本阶段严格遵循循序渐进原则，训练负荷以大运动量、大强度为主。（表9）

表9　探索班幼儿第三阶段训练负荷总体安排

	准备期	提高期	稳定期	恢复期
课时	第36～38课时	第39～43课时	第44～47课时	第48～50课时
负荷安排	以中等运动量、中等强度为主	以大运动量、大强度为主	以大运动量、中等强度为主	以中等运动量、中等强度为主

探索班幼儿篮球教学训练教案

第__1__课时

目的与任务：1. 复习起动、运球、传球、投篮技术动作，巩固起动、运球、传球、投篮动作方法
2. 提高队员的身体协调性、灵活性，培养抢断意识
3. 复习手指拨球，增强球感
4. 培养队员的独立意识

部分	时间	内容	教法与要求
课前与家长交流	5分钟	1. 介绍课程计划及执教理念 2. 与家长进行交流，鼓励父母培养队员的独立意识	教法：在与家长交谈的过程中了解队员的性格特点，方便教练因材施教；避免家长对教学进行干涉，鼓励队员发扬独立自主的精神；让队员在学习篮球知识的同时，收获篮球运动与交友带来的快乐
集合讲解互动沟通	6分钟	1. 队员成2列横队站好，保持安静 2. 慢慢地拍手，大声喊“加油” 3. 强调兴趣对篮球运动的重要性 4. 相互介绍：认识教练与队员 5. 本节课的主题是“培养队员的独立意识” 6. 处理好基本功与趣味性的关系，保持足够的耐心 7. 激励、热情、能量至关重要	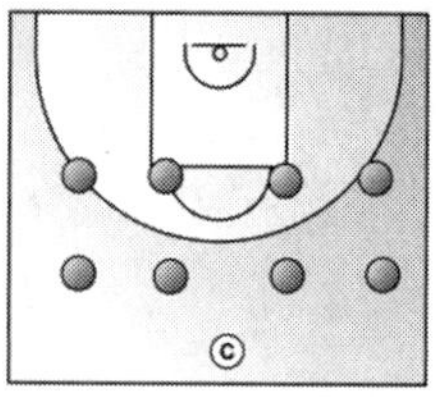 要求：队员在听到教练喊“上课”后，迅速站好队形，做到快、静、齐
准备部分	6分钟	一、动态拉伸 （一）目的：提高中枢神经系统的兴奋水平，降低肌肉粘滞性，增加弹性，避免肌肉损伤 （二）方法：全场往返练习1组 1. 端线出发做弓步压腿 2. 端线出发做小步跑 3. 端线出发做高抬腿跑 4. 端线出发做后踢腿跑	要求：队员须保持专注，认真进行拉伸，每个动作都要做到位，使全身肌肉得到动员，迅速进入训练状态，避免受伤

续表

部分	时间	内容	教法与要求
准备部分	7分钟	二、体育游戏："中圈斗牛" （一）目的：提高队员的注意力及运球能力 （二）方法 1. 2人1组各拿1球，站在中圈内 2. 各自运球并对对方的球进行抢断 3. 先将对方球断掉出中圈即为获胜，脚踩到圈外算输 4. 下一组2名队员站在场边监督，准备轮换	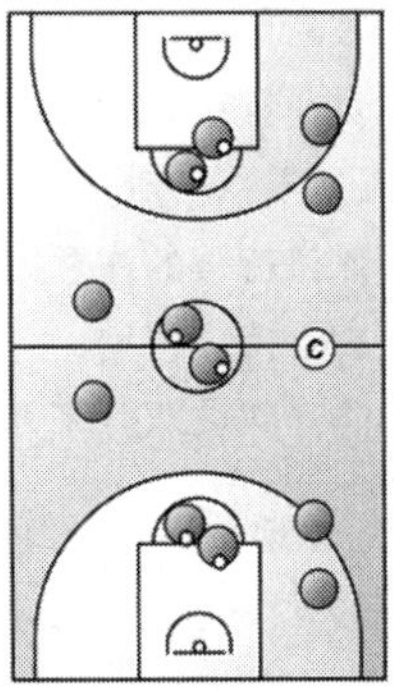 要求： 1. 在两侧罚球线及中圈可同时进行 2. 队员在断球时要注意不能一味地追求断球或者获胜，首先要保证自己运球的质量 3. 要利用护球手对球进行保护 器材：篮球
基础训练	10分钟	一、全场起动练习 （一）目的：提高队员快速摆脱防守的能力 （二）方法 1. 两脚前后站立，起动时后脚前脚掌内侧蹬地 2. 向跑动方向转移重心，两臂摆动，迅速跑动 3. 5人1排站在端线 4. 听到教练信号后，迅速起动 5. 跑至中线后减速，第二组开始 6. 负荷量：1个往返×4组 （三）重点与难点 1. 蹬地要有力，身体和手脚协调配合 2. 始终保持身体重心平衡	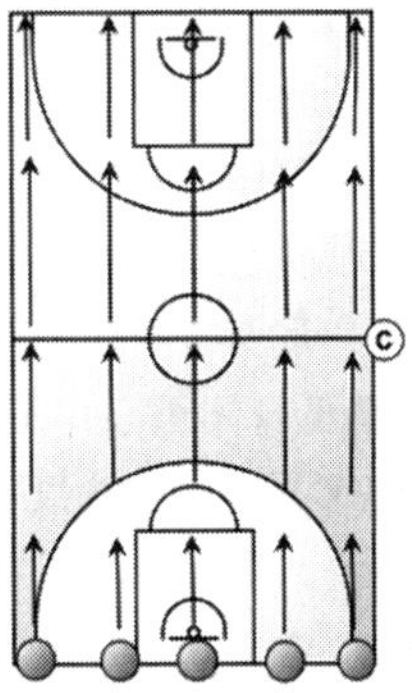 要求：队员须集中精力，在听到信号后统一出发，保持排面整齐
	10分钟	二、四人传抢练习 （一）目的：调动防守队员的积极性，并提升专注力，强化进攻队员在有防守情况下的传接球准确性及队员间的默契程度 （二）方法 1. 4人1组，1人抢球，剩余3人相距5米站成三角形 2. 根据防守队员的不同防守位置，选择正确的传球方式	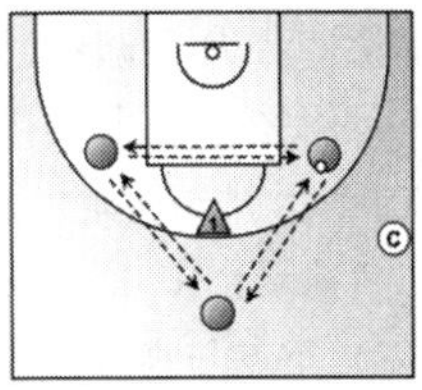 要求：队员要保持专注，当出现角色互换后，立刻完成互换，继续练习 器材：篮球

续表

部分	时间	内容	教法与要求
基础训练		3. 被断球后，传球队员与防守队员互换角色 4. 负荷量：2 分钟 ×4 组 （三）重点与难点 1. 保持持续的注意力 2. 脚下持续移动 3. 防守队员双臂张开，判断来球方向	
	10 分钟	三、原地单手运球练习 （一）目的：增强队员的球感及控球能力，注重基本功练习 （二）方法 1. 以右手运球为例，两脚前后开立，左脚在前，右脚在后 2. 两腿深蹲，重心降低，躯干前倾 3. 左肩在前，抬起左臂保护球 4. 右手五指自然张开，指尖触球 5. 以腕关节为轴，运球时球的反弹高度在膝关节以下 6. 原地运球 7. 负荷量：20 次 ×3 组 （三）重点与难点 1. 降低身体重心，在不看球的情况下感受球的位置及运球的力度 2. 保持每次运球基本都在同一高度和同一落点	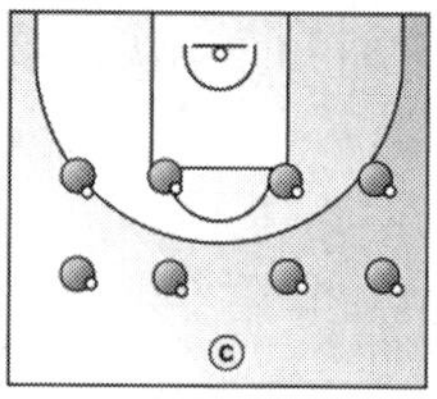 要求： 1. 熟练后目光平视，不要看球 2. 重心降低，注意用肩和护球手护球 器材：篮球
	13 分钟	四、罚球线前两步原地投篮练习 （一）目的：使队员感受对篮筐的距离感及球出手的弧度与指间拨球的感觉 （二）方法 1. 队员成 1 路纵队站在标志筒后 2. 第一名队员拿球，投篮后自投自抢 3. 运用之前学过的传球动作将球传给下一名队员，并排至队尾，依次进行投篮 4. 负荷量：10 次 ×3 组 （三）重点与难点 1. 动作要做到位 2. 充分利用腿部发力 3. 注意手指拨球	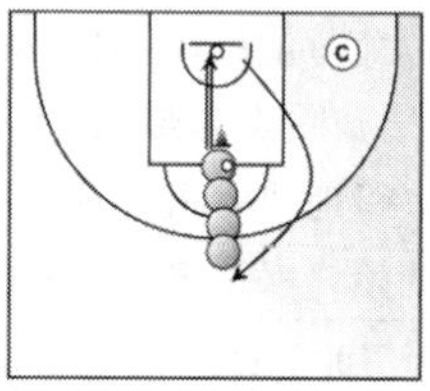 要求： 1. 队员在练习时要培养抢篮板球的习惯 2. 注意传球的准确度 器材：标志筒、篮球

续表

部分	时间	内容	教法与要求
团队合作游戏竞赛	13分钟	名称：绕桩滚球游戏 （一）目的：提高队员的积极性，在游戏中锻炼队员的耐力及球性 （二）方法：2人1组，分别站在端线后，每人1球，将球放在体侧的地上，用手推球绕过标志筒且手不能离球，先到达端线的队员胜出。1个来回为1组，共做3组	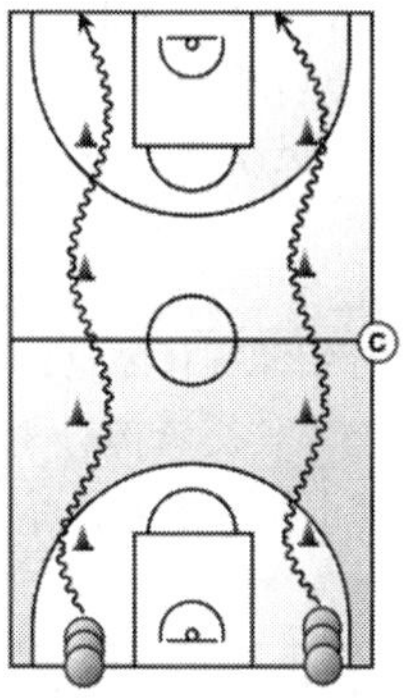 要求： 1. 队员须集中精力，在听到信号后统一出发，保持排面整齐 2. 其他队员要为场上队员鼓掌、呐喊进行鼓励，减少队员在场上的紧张感 器材：标志筒、篮球
放松与总结	10分钟	1. 队员成2列横队体操队形散开，教练带领进行拉伸活动，保证拉伸动作的质量，告诉队员拉伸的重要性 2. 课后总结，口头提问本节课学习的内容 3. 特别提醒 4. 宣布本节课最佳队员（在球场上展现出独立自主的品质），让其余队员向他学习 5. 鼓舞士气，宣布下课	要求：队员在中圈围成圆圈，喊“1，2，3，加油！”

第 2 课时

目的与任务：1. 复习变向跑和侧身跑技术动作，熟练掌握动作方法
2. 复习行进间单手运球动作，提高行进间运球能力
3. 复习单手肩上投篮技术动作，巩固投篮姿势
4. 培养队员的团队意识，发展队员的灵敏素质

部分	时间	内容	教法与要求
课前与家长交流	5分钟	1. 介绍课程计划及执教理念 2. 与家长交流部分学习内容，询问队员在家是否也能做到独立自主	教法：与家长交流队员在上节训练课后的情绪及身体反应，获取反馈
集合讲解互动沟通	6分钟	1. 队员成2列横队集合，保持安静 2. 慢慢地拍手，大声喊“加油” 3. 强调兴趣对篮球运动的重要性 4. 本节课的主题是“团队意识” 5. 简单对上节课学习的内容进行提问复习 6. 激励、热情、能量至关重要	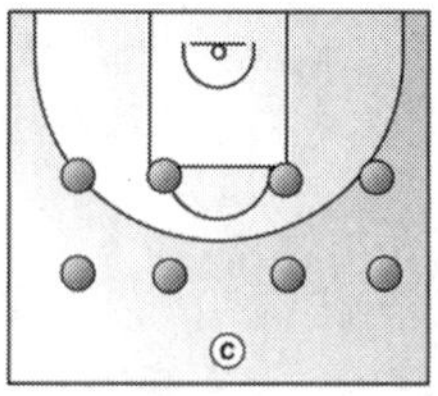 要求：队员在听到教练喊“上课”后，迅速站好队形，做到快、静、齐
准备部分	6分钟	一、动态拉伸 （一）目的：提高中枢神经系统兴奋水平，降低肌肉粘滞性，增加弹性，避免肌肉损伤 （二）方法：全场往返练习1组 1. 端线出发做弓步压腿 2. 端线出发做小步跑 3. 端线出发做高抬腿跑 4. 端线出发做后踢腿跑	要求：队员须保持专注，认真进行拉伸，每个动作都要做到位，使全身肌肉得到动员，迅速进入训练状态，避免受伤
	7分钟	二、体育游戏：“击鼓传球” （一）目的：提高队员的兴奋性、注意力及兴趣 （二）方法 1. 队员按照要求站好 2. 教练有节奏地吹哨，第一名队员向下一名队员传球 3. 当听到明显的信号后，拿球的队员与上一名传球的队员立即按照路线完成任务，先到达终点的队员获胜	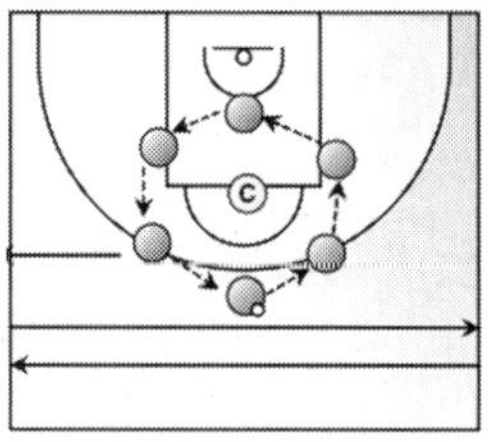 要求： 1. 在游戏过程中要求每一名队员做好准备，随时出发 2. 在游戏过程中要保证传球的质量 器材：篮球

续表

部分	时间	内容	教法与要求
	13分钟	一、全场变向跑练习 （一）目的：摆脱防守队员，寻找接球、进攻机会 （二）方法 1. 以从左向右变向为例，落地最后一步用左脚前脚掌内侧蹬地 2. 两脚脚尖转向右前方 3. 躯干向右前方前倾 4. 转肩、腰、胯 5. 右脚向右前方蹬地，左脚迅速跟随 6. 队员遇到标志筒后进行变向跑 7. 跑至对面端线后，排到另一边队尾继续练习 8. 负荷量：1 个往返 ×3 组 （三）重点与难点 1. 变向之前最后一步脚尖内扣 2. 腰部发力配合重心转移	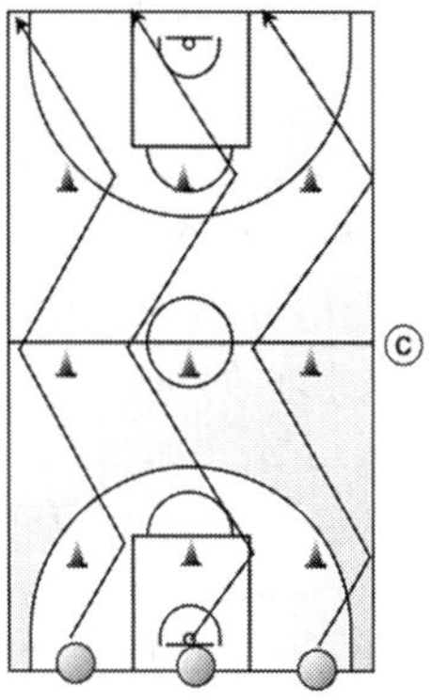 要求：队员在听到信号后统一出发，保持练习有序进行 器材：标志筒
基础训练	13分钟	二、行进间单手运球练习 （一）目的：提高队员的运球能力及手对球的感知能力 （二）方法 1. 队员在端线处拿球准备 2. 听到教练信号后运球出发 3. 行进间运球时注意手指发力，使球快速回弹 4. 队员之间控制好间距 5. 到达中线后换手运球，第二组出发 6. 负荷量：1 个往返 ×5 组 （三）重点与难点 1. 运球过程中注意护球手抬起护球 2. 掌握推球的力度及方向，增强球感	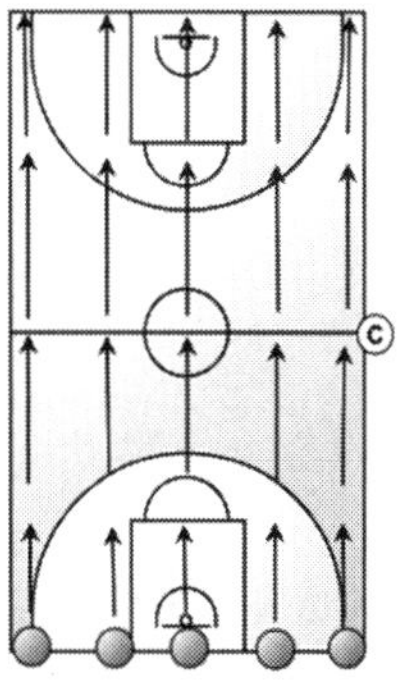 要求： 1. 在运球过程中保持重心降低，不要有起伏 2. 队员运球过程中尽量做到不看球，不要发生失误 器材：篮球
	13分钟	三、侧身跑传接球练习 （一）目的：提高队员的灵活性和专注度，锻炼队员时刻看球的习惯 （二）方法 1. 跑动时，头部与躯干转向有球一侧 2. 脚尖跟随跑动方向 3. 双手自然放在腰侧 4. 准备接球时，将外侧手向前伸出 5. 队员成 2 路纵队	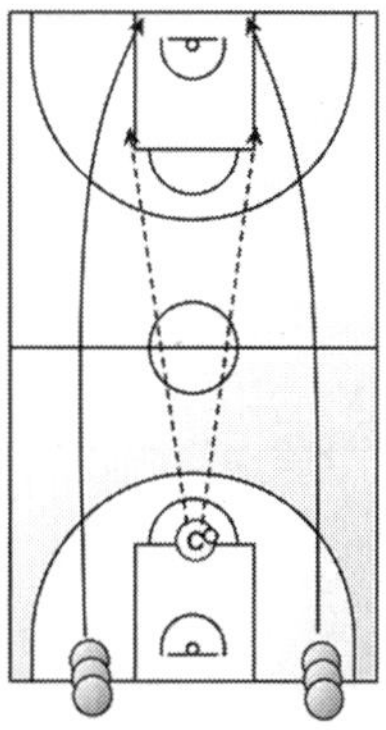

续表

部分	时间	内容	教法与要求
基础训练		6. 队员同时延边线进行侧身跑，准备接教练传球 7. 负荷量：1个往返×5组 （三）重点与难点：侧身跑同时保持身体重心不起伏，在不同角度都要时刻关注教练的位置及来球的方向，做好接球与传球的准备	要求：奔跑时要同时注意观察有球一侧及前方情况 器材：篮球
团队合作游戏竞赛	17分钟	名称：投篮大比拼游戏 （一）目的：提高投篮准确度、队员间的默契程度，并提高队员抢进攻篮板球的意识 （二）方法：队员分成2组，每组1球，在指定位置站立，哨响后，各组依次进行投篮，自投自抢后，将球传给下一名队员，先命中5球的组为胜者，胜者要互相击掌，败者做5个蹲起，共做3组练习	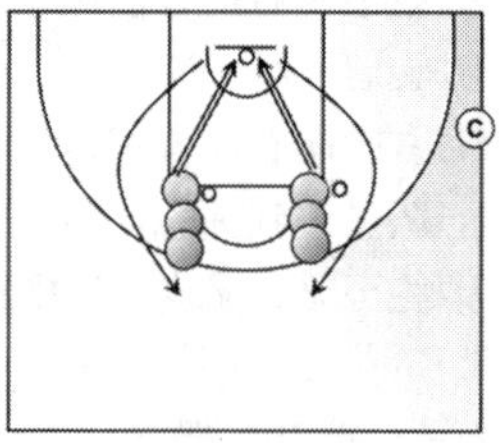 要求： 1. 练习结束后，教练要告诉队员，每一个人的表现都会影响集体，要有担当，为集体贡献出自己的一份力。赢了一起喝彩，输了一起承担 2. 在比赛中要注意投篮的姿势正确，不能因为求快而破坏了正确的姿势 3. 传球要做到快、准，投篮后要有抢篮板球的意识 器材：篮球
放松与总结	10分钟	1. 队员成2列横队体操队形散开，教练带领进行拉伸活动，保证拉伸动作的质量 2. 课后总结，口头提问本节课学习的内容 3. 特别提醒 4. 宣布本节课最佳队员（在球场上展现出了团队精神），让其余队员向他学习 5. 鼓舞士气，宣布下课	要求：队员在中圈围成圆圈，喊“1，2，3，加油！”

第 3 课时

目的与任务：1. 复习单、双脚起跳技术动作，熟练掌握动作方法 2. 提高队员的身体协调性、耐力和跑跳能力 3. 复习运球、投篮技术动作，巩固动作方法与稳定性 4. 培养队员积极学习的态度			
部分	时间	内容	教法与要求
课前与家长交流	5 分钟	1. 介绍课程计划及执教理念 2. 与家长交流部分学习内容	教法：与家长交流队员在上节训练课后的情绪及身体反应，获取反馈
集合讲解互动沟通	6 分钟	1. 队员成 2 列横队集合，保持安静 2. 慢慢地拍手，大声喊“加油” 3. 强调兴趣对篮球运动的重要性 4. 本节课的主题是“建立积极学习的态度” 5. 简单对上节课学习的内容进行提问复习 6. 激励、热情、能量至关重要	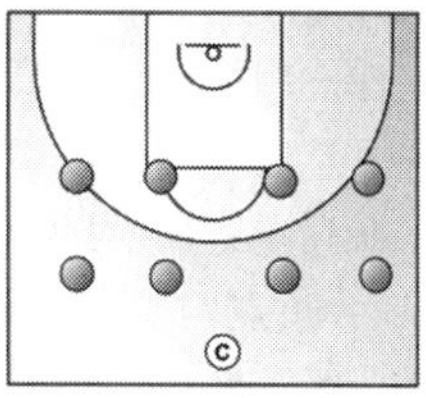 要求：队员在听到教练喊“上课”后，迅速站好队形，做到快、静、齐
准备部分	5 分钟	一、动态拉伸 （一）目的：提高中枢神经系统的兴奋水平，降低肌肉粘滞性，增加弹性，避免肌肉损伤 （二）方法：全场往返练习 1 组 1. 端线出发做弓步压腿 2. 端线出发做小步跑 3. 端线出发做高抬腿跑 4. 端线出发做后踢腿跑	要求：队员须保持专注，认真进行拉伸，每个动作都要做到位，使全身肌肉得到动员，迅速进入训练状态，避免受伤
	5 分钟	二、体育游戏：“左右为难” （一）目的：提高队员后转身技术及反应能力 （二）方法 1. 队员分为 2 排，基本姿势站立，原地持球 2. 教练发出口令，以左脚或右脚为轴，做 90° 或 180° 的前转身或后转身动作，或做出与口令相反的动作 3. 做错或反应慢的队员原地坐下，以手腕为轴做低运球，等待其他队员 4. 最后胜出者休息，其余队员做 10 次深蹲跳	 要求： 1. 注意转身时重心不要上下起伏，中枢脚前脚掌着地，体会蹬转动作，核心区发力 2. 转体时球放置于胸前，拿稳 3. 在做动作的过程中，尽量目视前方 器材：篮球

续表

部分	时间	内容	教法与要求
基础训练	13分钟	一、双脚起跳练习 （一）目的：提高队员的弹跳能力及爆发力 （二）方法 1. 两脚开立，快速下蹲 2. 两臂后摆，躯干前倾 3. 双脚用力蹬地，提腰 4. 两臂前摆，身体向上腾起 5. 5人1组，从端线出发，助跑2～3步进行双脚起跳 6. 第一组到中线后第二组开始。保证全场做5～8次起跳 7. 负荷量：1个往返×5组 （三）重点与难点：起跳时要将身体重心降低，充分蓄力，落地后也要屈膝进行缓冲	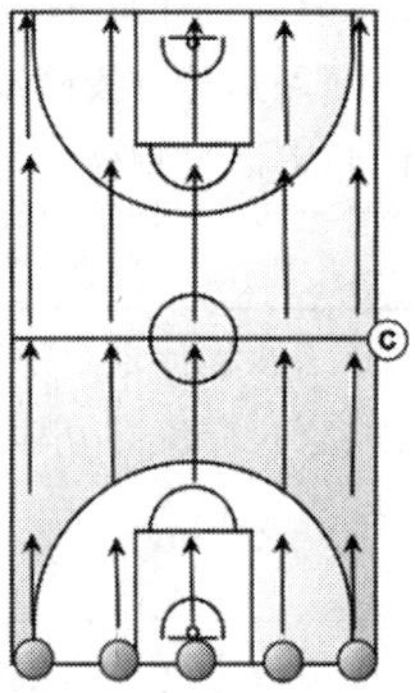 要求：队员在听到信号后统一出发，保持练习有序进行
	13分钟	二、全场行进间双手运球练习 （一）目的：提高队员双手运球的能力及手对球的感知能力，并发展队员的协调能力 （二）方法 1. 队员在端线处双手各拿1球准备 2. 听到教练信号后双手运球 3. 行进间运球时注意手指发力，使球快速回弹，双手快速运球 4. 队员之间控制好间距 5. 负荷量：1个往返×5组 （三）重点与难点：运球时队员不要看球，目视前方，要多加练习，掌握推球的力度及方向，增强球感	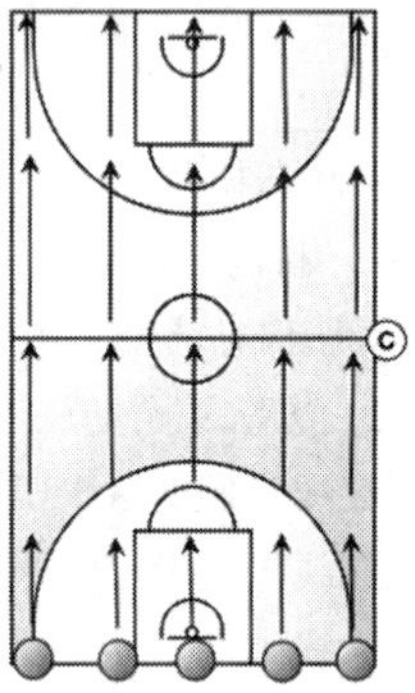 要求： 1. 身体重心要降低 2. 尽量控制运球节奏，避免发生失误 器材：篮球
	16分钟	三、罚球线前一步原地投篮练习 （一）目的：使队员感受与篮筐的距离感、球出手的弧度及指间拨球的感觉 （二）方法 1. 队员成1路纵队站在标志筒后 2. 第一名队员拿球，投篮后自投自抢 3. 运用之前学过的传球动作将球传给下一名队员，并排至队尾，依次进行投篮 4. 负荷量：10次×5组 （三）重点与难点 1. 在保证动作标准的同时提高命中率 2. 形成投篮出手的肌肉记忆	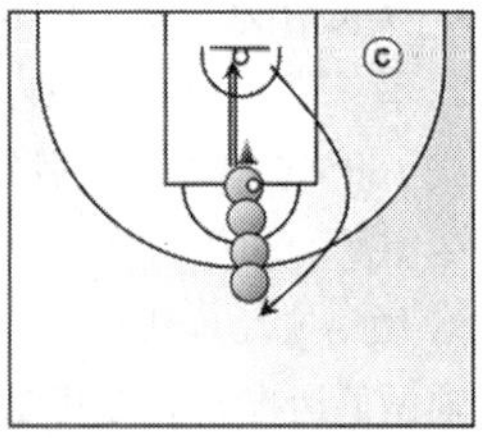 要求： 1. 队员在练习时要培养抢篮板球的习惯 2. 注意传球的准确度 器材：标志筒、篮球

续表

部分	时间	内容	教法与要求
团队合作游戏竞赛	15分钟	名称：中圈抢球游戏 （一）目的：激发队员的求胜欲，提高队员的兴奋性 （二）方法 1. 5人1组，在中圈内围绕4个篮球进行逆时针慢跑 2. 听到教练发出信号后，立刻拿起附近的篮球，未抢到篮球的队员展示本节课学到的内容，队员对他的动作进行评价及鼓励	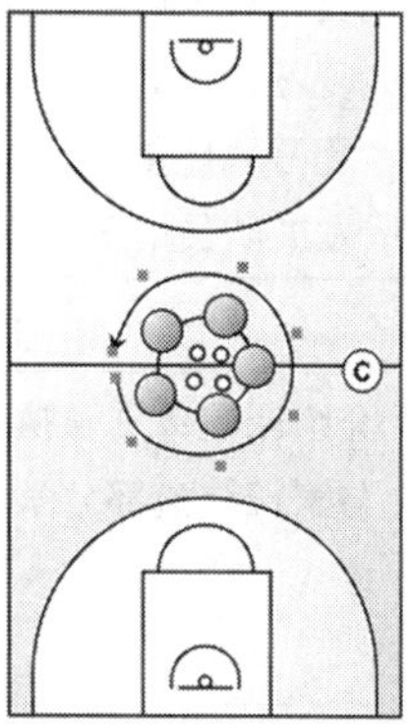 要求：队员须保持注意力，抢球的同时注意动作不要过大，避免受伤 器材：篮球
放松与总结	12分钟	1. 队员成2列横队体操队形散开，在教练的带领下进行拉伸活动，保证拉伸动作的质量 2. 课后总结，口头提问本节课学习的内容 3. 特别提醒 4. 宣布本节课最佳队员（在球场上展现出了积极学习的态度），让其余队员向他学习 5. 鼓舞士气，宣布下课	要求：队员在中圈围成圆圈，喊“1，2，3，加油！”

第 4 课时

目的与任务：1. 复习跨步急停、跳步急停技术，熟练掌握动作方法 2. 复习双手胸前传接球技术动作，巩固传球姿势与发力方法 3. 复习全场 Z 形背后运球，增强队员的球感 4. 复习原地单手肩上投篮技术动作，提高投篮稳定性 5. 发展队员的耐力素质，培养队员吃苦耐劳的品质			
部分	时间	内容	教法与要求
课前与家长交流	5分钟	1. 介绍课程计划及执教理念 2. 与家长交流部分学习内容	教法：与家长交流队员在上节训练课后的情绪及身体反应，获取反馈
集合讲解互动沟通	6分钟	1. 队员成 2 列横队集合，保持安静 2. 慢慢地拍手，大声喊“加油” 3. 强调兴趣对篮球运动的重要性 4. 本节课的主题是“培养吃苦耐劳的品质” 5. 简单地对上节课学习的内容进行提问复习 6. 激励、热情、能量至关重要	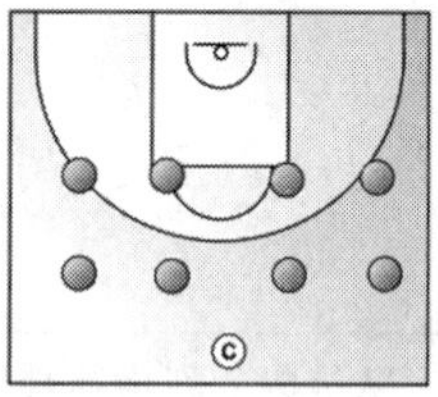 要求：队员在听到教练喊“上课”后，迅速站好队形，做到快、静、齐
准备部分	5分钟	一、动态拉伸 （一）目的：提高中枢神经系统兴奋水平，降低肌肉粘滞性，增加弹性，避免肌肉损伤 （二）方法：全场往返练习 1 组 1. 端线出发做弓步压腿 2. 端线出发做小步跑 3. 端线出发做高抬腿跑 4. 端线出发做后踢腿跑	要求：队员须保持专注，认真进行拉伸，每个动作都要做到位，使全身肌肉得到动员，迅速进入训练状态，避免受伤
	5分钟	二、体育游戏：“成群结队” （一）目的：提高队员快速反应、观察、起动、加速及急停的能力 （二）方法 1. 队员排成 1 队，绕半场慢跑 2. 教练发出口令“4 个人”，队员则 4 个人抱或凑在一起，多出的没有凑成 4 个人的队员做 5 个深蹲 3. 教练可以加大口令难度，如“三男一女”	 要求： 1. 不允许跑到界外 2. 队员在奔跑过程中注意观察，避免发生意外

续表

部分	时间	内容	教法与要求
基础训练	10分钟	一、全场接球跨步急停练习 （一）目的：使队员了解急停的一种方式 （二）方法 1. 队员在快速跑动中急停时，向前跨出一大步 2. 脚跟先着地，屈膝，躯干后倾，后移重心 3. 跨出第二步，脚尖内扣，前脚掌内侧蹬地 4. 两膝弯曲，重心放在两脚中间 5. 两臂自然张开 6. 每人 1 球，沿场地边线站立 7. 自己将球抛起，快速起动 8. 在球落地前将球接住，同时做跨步急停 9. 负荷量：1 圈 ×5 组 （三）重点与难点 1. 第二步脚内侧要蹬地有力，保持身体平衡 2. 急停后，降低身体重心	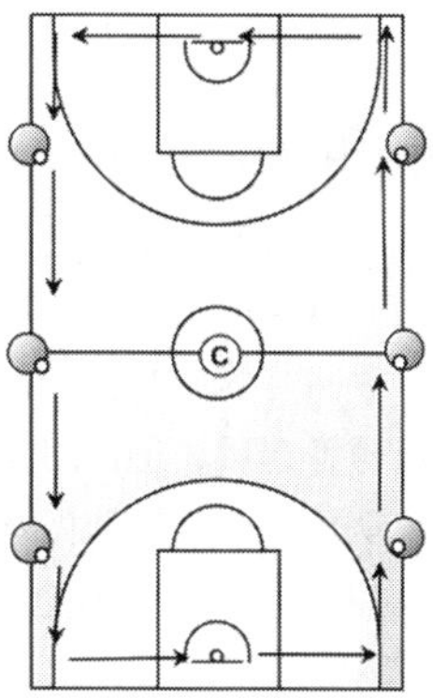 要求： 1. 队员速度保持匀速，注意调整队员之间的距离 2. 每个动作都要做扎实 器材：篮球
	10分钟	二、复习原地双手胸前传接球练习 （一）目的：复习之前学习的双手胸前传球技术动作，提高动作连贯性 （二）方法 传球： 1. 双脚前后开立，躯干面向传球方向 2. 双手手指分开，两拇指相对，呈八字形，掌心空出 3. 双手持球置于胸腹之间 4. 后脚蹬地发力，重心前移 5. 两臂前伸，手腕随之内旋 6. 食指、中指发力 接球： 1. 两臂伸出迎球，手指自然分开 2. 双手拇指呈八字形，手指指向前上方 3. 接球时双臂随球后引，两手置球于胸腹间 4. 2 人 1 组，相距 5 米 5. 负荷量：15 次 ×5 组 （三）重点与难点：传接球都要保持十指分开，避免戳伤，注意手臂不要外张，出球时抖手腕，食指、中指拨球	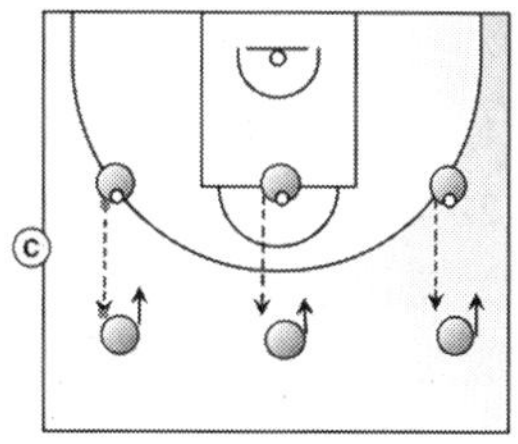 要求： 1. 身体重心下降，食指张开，避免戳伤手指 2. 传球时，注意两肘不要外张 器材：篮球

续表

部分	时间	内容	教法与要求
基础训练	16分钟	三、全场Z字形体前变向运球练习 （一）目的：提高队员体前变向运球的能力及手对球的感知能力 （二）方法 1. 右脚在前，右手拉球至身后 2. 手指将球向身体左侧前下方拍 3. 球弹起后，迅速用左手接球，向前加速 4. 队员在标志筒前做背后运球 5. 注意起动后的加速过程，队员之间控制好间距 6. 负荷量：1个往返×5组 （三）重点与难点：背后运球时队员看不到球的方向，要多加练习，掌握推球的力度及方向，增强球感	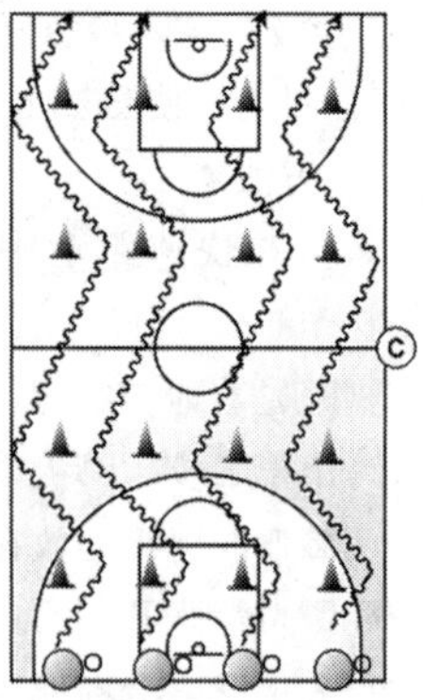 要求： 1. 身体重心要降低，以便于加速过人 2. 利用肩、臂护球 器材：标志筒、篮球
	8分钟	四、罚球线原地投篮练习 （一）目的：使队员感受与篮筐的距离感、球出手的弧度及指间拨球的感觉 （二）方法 1. 队员成1路纵队站在标志筒后 2. 第一名队员拿球，投篮后自投自抢 3. 运用之前学过的传球动作将球传给下一名队员，并排至队尾，依次进行投篮 4. 负荷量：10次×3组 （三）重点与难点 1. 动作要到位 2. 充分利用腿部发力 3. 注意手指拨球	 要求： 1. 队员在练习时要培养抢篮板球的习惯 2. 注意传球的准确度 器材：标志筒、篮球
团队合作游戏竞赛	15分钟	名称："老鹰捉小鸡"游戏 （一）目的：提高队员的积极性、兴奋性，在游戏中提升运球、滑步、变向跑等技术动作的熟练程度 （二）方法：最后一名队员单手运球，从后向前依次手拉手排成1队，第一名队员进行保护，"老鹰"灵活利用学过的变向跑和转身、加速跑技术动作，抢到球获胜，获胜者与其余队员交换位置	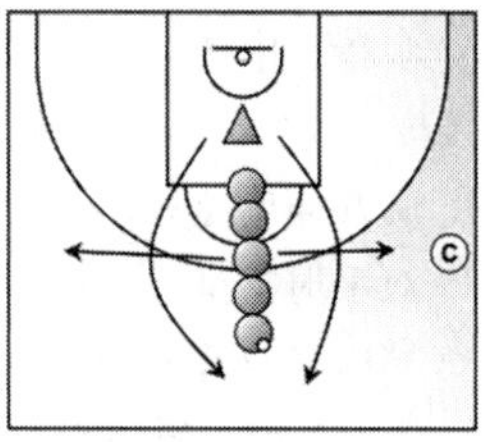 要求： 1. 队员不可跨出边线，在游戏过程中"小鸡"手拉手不能松开 2. 注意将所学的动作在游戏中活学活用 器材：篮球

续表

部分	时间	内容	教法与要求
放松与总结	10分钟	1. 队员成2列横队体操队形散开，教练带领进行拉伸活动，保证拉伸动作的质量 2. 课后总结，口头提问本节课学习的内容 3. 特别提醒 4. 宣布本节课最佳队员（在球场上展现出了吃苦耐劳的品质），让其余队员向他学习 5. 鼓舞士气，宣布下课	要求：队员在中圈围成圆圈，喊“1，2，3，加油！”

第__5__课时

目的与任务：1. 学习前转身、后转身技术动作，初步掌握其动作方法
2. 培养队员的集体荣誉感
3. 提高队员的身体协调性
4. 复习运球、投篮技术动作，巩固其动作方法与稳定性

部分	时间	内容	教法与要求
课前与家长交流	5分钟	1. 介绍课程计划及执教理念 2. 与家长交流部分学习内容	教法：与家长交流队员在上节训练课后的情绪及身体反应，获取反馈
集合讲解互动沟通	6分钟	1. 队员成2列横队集合，保持安静 2. 慢慢地拍手，大声喊“加油” 3. 强调兴趣对篮球运动的重要性 4. 本节课的主题是“培养集体荣誉感” 5. 简单对上节课学习的内容进行提问复习 6. 激励、热情、能量至关重要	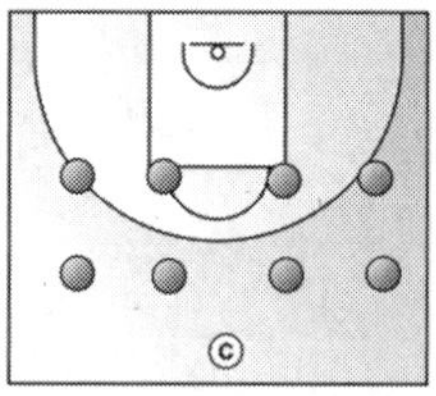 要求：队员在听到教练喊“上课”后，迅速站好队形，做到快、静、齐
准备部分	6分钟	一、动态拉伸 （一）目的：提高中枢神经系统的兴奋水平，降低肌肉粘滞性，增加弹性，避免肌肉损伤 （二）方法：全场往返练习1组 1. 端线出发做弓步压腿 2. 端线出发做小步跑 3. 端线出发做高抬腿跑 4. 端线出发做后踢腿跑	要求：队员须保持专注，认真进行拉伸，每个动作都要做到位，使全身肌肉得到动员，迅速进入训练状态，避免受伤
准备部分	7分钟	二、体育游戏：“主人与影子” （一）目的：锻炼队员快速反应、起动及急停的能力 （二）方法 1. 2名队员面对面在端线站好 2. 由教练指定一侧队员为“主人”，另外一侧队员为“影子” 3. 听到教练口令后，角色为“主人”的队员开始向中线移动，移动方式包括滑步、加速跑、侧身跑、后退跑等，过程中可以加入上、下肢的任何动作，如小碎步、挥舞手臂等 4. 角色为“影子”的队员模仿同伴的所有动作，直到通过中线为止	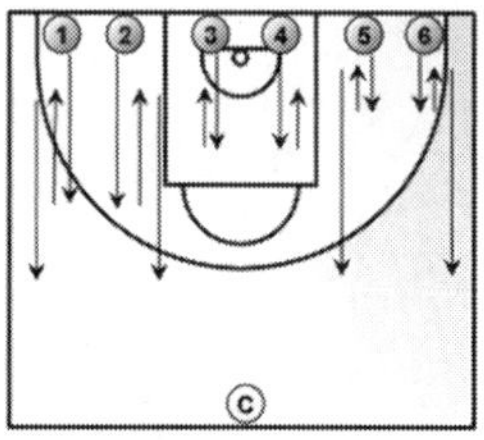 要求：队员要尽全力模仿，包括动作的细节，不得因动作太难而放弃模仿

续表

部分	时间	内容	教法与要求
基础训练	3分钟	一、学习前转身技术 （一）目的：学习防守队员在侧后方的一种摆脱方法 （二）方法 1. 移动脚向前蹬地，中枢脚蹍地 2. 蹬跨有力 3. 保持身体重心平稳 （三）重点与难点 1. 躯干重心要移向中枢脚 2. 中枢脚不能离地，用力蹍地	要求：队员要仔细体会教练讲的要点，模仿动作时要加深记忆，明确中枢脚定义
	3分钟	二、学习后转身技术 （一）目的：学习防守队员在侧前方的一种摆脱方法 （二）方法 1. 移动脚向后蹬地，中枢脚蹍地 2. 蹬跨有力 3. 保持身体重心平稳 （三）重点与难点 1. 躯干重心要移向中枢脚 2. 中枢脚不能离地，用力蹍地	要求：队员要仔细体会教练讲的要点，可与前转身进行对比，看 2 个动作有什么相同点和不同点，养成善于总结、思考的习惯
	10分钟	三、行进间前转身、后转身练习 （一）目的：队员根据标志筒位置随机应变，掌握前、后转身动作运用的时机 （二）方法 1. 队员排成 2 列，间隔 2 米，由一侧端线向另一侧端线慢跑中跳步急停，做后转身接前转身 2. 做完前转身后，继续向前跑动，在标志筒前完成转身动作 3. 第一组过中线后第二组出发 4. 教练要求所有人步调统一，强调集体观念 5. 负荷量：1 个往返 ×5 组 （三）重点与难点 1. 降低身体重心 2. 转身时注意脚掌内侧蹬地	 要求：队员听到信号后统一出发，保持排面整齐 器材：标志筒

续表

部分	时间	内容	教法与要求
基础训练	11 分 钟	四、协调大比拼 （一）目的：提高队员协调性、球感及在球的大小不断变化的情况下，迅速切换手指、手腕力量的能力 （二）方法 1. 2 人 1 组，面对面相隔 2 米 2. 一手运球，一手将网球传给对方。每局更替运球手，先出现失误者为负，3 局 2 胜 3. 身体重心降低，保证运球姿势正确 4. 负荷量：2 分钟 ×5 组 （三）重点与难点 1. 尽量保持传球动作不变形 2. 保持传球的准确性	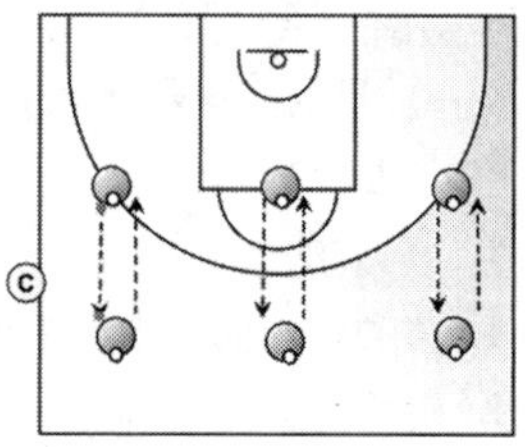 要求： 1. 不能为了赢得比赛故意传丢网球 2. 在运球、传球时保持眼睛直视前方 器材：网球、篮球
	13 分 钟	五、“切三圆”体前变向运球练习 （一）目的：提高队员在高速运球时体前变向的熟练程度 （二）方法 1. 队员在端线排成 1 列 2. 运球过程中要提高跑动速度 3. 分别在标志筒处做体前变向运球 4. 变向后加速冲刺 5. 负荷量：1 个往返 ×5 组 （三）重点与难点 1. 变向时要保持身体重心降低 2. 变向后注意沉肩、推球、加速过程	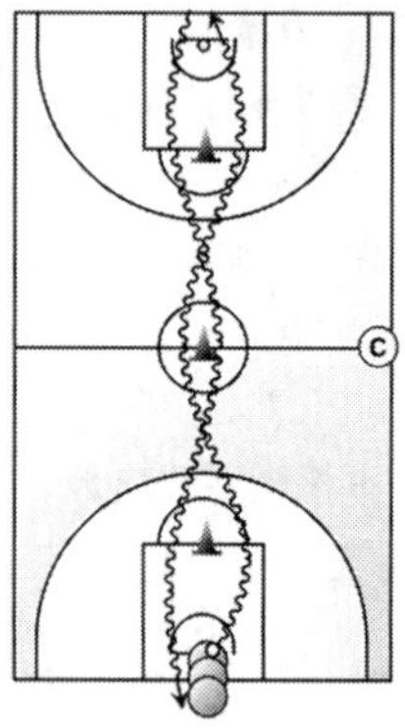 要求： 1. 注意在变向时将动作做扎实，幅度尽可能地大 2. 队员过中线时要注意前方情况，避免发生碰撞 器材：标志筒、篮球
团队合作游戏竞赛	16 分 钟	名称：罚球线投篮大师游戏 （一）目的：提高队员投篮能力、与队友默契程度及自投自抢的前场篮板球意识 （二）方法 1. 队员分成 2 组，每组 1 球，在指定位置站立 2. 哨响后，各组依次进行投篮，自投自抢，完成后将球传给下一名队员，先命中 5 球的组为胜者 3. 胜者要互相击掌，败者做 5 个蹲起	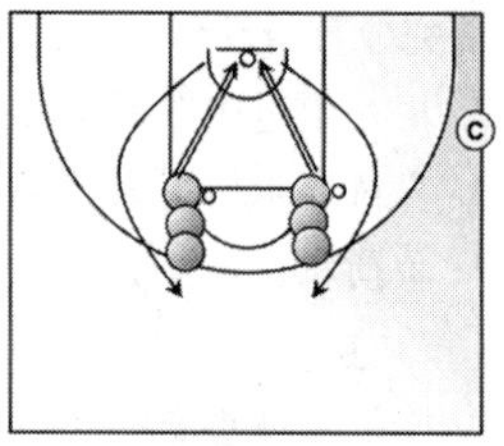

续表

部分	时间	内容	教法与要求
团队合作游戏竞赛			要求： 1. 练习结束后，教练要告诉队员，每一个人的表现都会影响集体，要有担当，为集体贡献自己的一份力。赢了一起喝彩，输了一起承担 2. 在比赛中要注意投篮的姿势正确，不能因为求快而破坏了正确的姿势 3. 传球要做到快、准，投篮后要有抢篮板球的意识 器材：篮球
放松与总结	10分钟	1. 队员成2列横队体操队形散开，教练带领进行拉伸活动，保证拉伸动作的质量 2. 课后总结，口头提问本节课学习的内容 3. 特别提醒 4. 宣布本节课最佳队员（在球场上展现出了集体荣誉感），让其余队员向他学习 5. 鼓舞士气，宣布下课	要求：队员在中圈围成圆圈，喊“1，2，3，加油！”

第 6 课时

目的与任务：1. 复习滑步基本脚步动作，巩固其动作方法 2. 复习运球、投篮技术动作，增强球感，提高投篮命中率 3. 提高队员的专注力			
部分	时间	内容	教法与要求
课前与家长交流	5分钟	1. 介绍课程计划及执教理念 2. 与家长交流部分学习内容	教法：与家长交流队员在上节训练课后的情绪及身体反应，获取反馈
集合讲解互动沟通	6分钟	1. 队员呈 2 列横队集合，保持安静 2. 慢慢地拍手，大声喊“加油” 3. 强调兴趣对篮球运动的重要性 4. 本节课的主题是“培养队员认真专注的意志品质” 5. 简单对上节课学习的内容进行提问复习 6. 激励、热情、能量至关重要	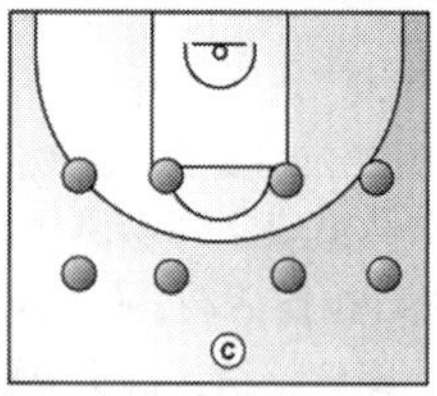 要求：队员在听到教练喊“上课”后，迅速站好队形，做到快、静、齐
准备部分	5分钟	一、动态拉伸 （一）目的：提高中枢神经系统的兴奋水平，降低肌肉粘滞性，增加弹性，避免肌肉损伤 （二）方法：全场往返练习 1 组 1. 端线出发做弓步压腿 2. 端线出发做小步跑 3. 端线出发做高抬腿跑 4. 端线出发做后踢腿跑	要求：队员须保持专注，认真进行拉伸，每个动作都要做到位，使全身肌肉得到动员，迅速进入训练状态，避免受伤
	5分钟	二、体育游戏：“星际穿越” （一）目的：提高队员传球的准确性，增强集体荣誉感 （二）方法 1. 将队员分为 2 队，每队的第一名队员持球，每名队员两腿分开站立 2. 听到教练哨声后，第一名队员用双手从两腿之间将球以地滚球的方式传到最后一名队员的手里 3. 最后一名队员接到球后，持球跑到第一名队员前面，以同样的方式再传给最后一名队员，以此类推，直至第一名队员再次回到第一的位置，将球举起，游戏结束 4. 若传球过程中碰到某名队员的腿或脚，则由被碰队员传至最后一名队员 5. 先完成的队获胜，失败方做 10 个波比跳	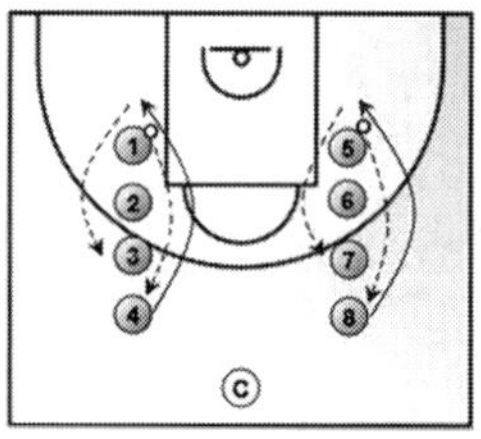 要求： 1. 队员在传地滚球时注意控制好方向，尽量不要碰到其余队员的身体 2. 每名队员在传球后，快速跑到第一名队员身前 3. 队员之间要互相鼓励，共同进步 器材：篮球

续表

部分	时间	内容	教法与要求
基础训练	10分钟	一、侧滑步、前滑步、后滑步练习 （一）目的：介绍防守时的基本脚步动作 （二）方法 1. 侧滑步：两脚平行站立，两膝弯曲，躯干前倾，两臂张开，向右滑步时，左脚前脚掌内侧蹬地，右脚同时向右跨出，落地时左脚紧随滑动 2. 前滑步：两脚前后站立，前脚同侧臂前举，后脚同侧臂侧举，向前滑步时，前脚前脚掌内侧蹬地，跨出一小步后，后脚紧随滑动 3. 后滑步：前脚脚掌内侧蹬地，后脚向后跨出，随后移动前脚，与侧滑步相似 4. 队员排成一路纵队，沿篮球场半场边线进行侧滑步练习 5. 改变方向后变为前滑步 6. 然后进行后滑步练习，最后变为侧滑步结束 7. 负荷量：1 圈 ×5 组 （三）重点与难点：滑步的同时随时保持身体重心的降低，同时注意将双臂侧平举进行防守	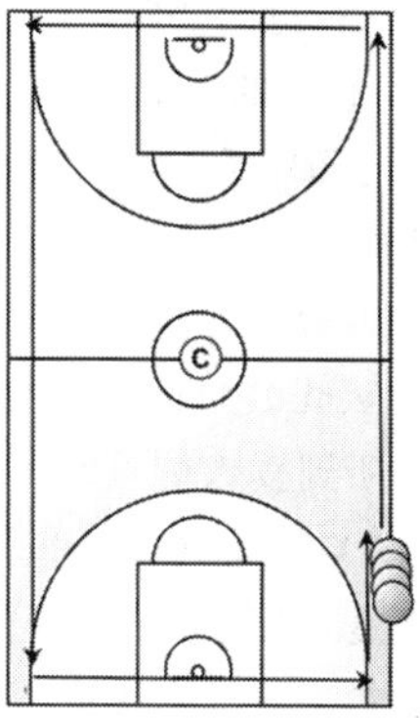 要求：队员要保持队列整齐、有序
	10分钟	二、三分线滑步传接球练习 （一）目的：提高队员滑步的熟练程度，以及在滑步过程中时刻观察球的习惯 （二）方法 1. 教练拿球，队员排成 1 路纵队站在一侧底角的三分线处 2. 依次沿三分线进行侧滑步，目光要时刻注视教练，教练随时传球，队员需要在完成滑步的同时接球，并回传球 3. 第一名队员结束后第二名开始，全部队员完成后，再依次从右至左进行滑步练习 4. 负荷量：1 个往返 ×5 组 （三）重点与难点 1. 躯干方向随着脚下移动而变换 2. 双手打开 3. 降低重心，下肢蹬地发力	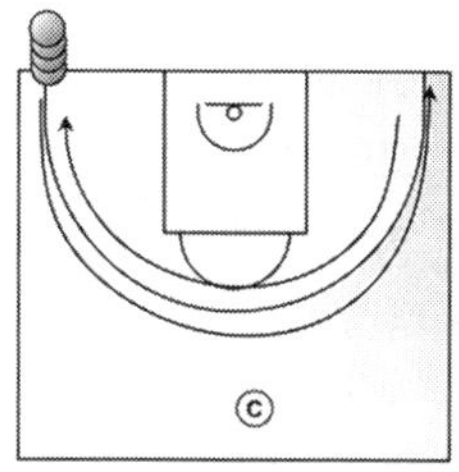 要求： 1. 滑步时要注意腰部及腿部随着方向的变化而变化 2. 目光聚集在拿球人身上 器材：篮球

续表

部分	时间	内容	教法与要求
基础训练	13分钟	三、行进间变向运球、触筒练习 （一）目的：提高队员运球能力的同时强调变向时降低重心这一要点，并且锻炼队员左右手的协调能力 （二）方法 1. 队员4人1组，站在端线后，每人拿1球 2. 听到教练信号后，同时出发，一只手做Z形变向运球练习，每次变向运球时另一只手要摸标志筒 3. 第一组过中线后，第二组开始，全部结束后，依次返回 4. 负荷量：1个往返×5组 （三）重点与难点 1. 移动运球时，重心不要有明显起伏 2. 目视前方，努力感知球的方向及运球的力度 3. 再次强调降低身体重心	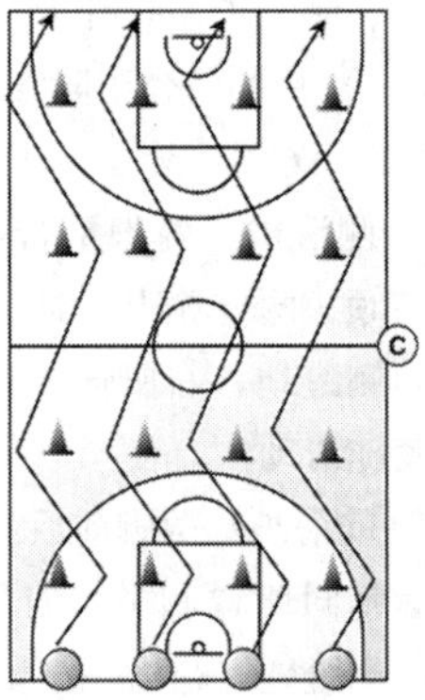 要求： 1. 队员听到信号后统一出发，保持排面整齐 2. 未触摸到标志筒的队员须返回重新做练习 器材：标志筒、篮球
	13分钟	四、双人投篮组队练习 （一）目的：提高队员投篮能力、与队友默契程度及自投自抢的前场篮板球意识 （二）方法 1. 队员分成5组 2. 每组成纵队各站在1个投篮点上，每组1球 3. 面对篮筐呈弧形站立，依次进行投篮，自投自抢，完成后将球传给下一名队员，先投进3球者获胜 4. 负荷量：2分钟×5组 （三）重点与难点 1. 培养自投自抢的习惯 2. 在高强度下保证投篮命中率和动作规范	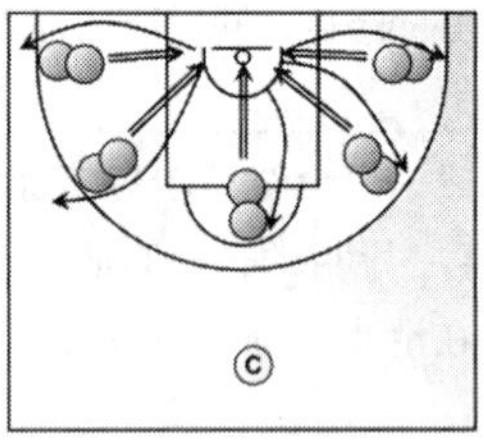 要求： 1. 队员在练习中要学会对篮板球落点的判断 2. 抢篮板球时只能抢自己组的篮球 器材：篮球

续表

部分	时间	内容	教法与要求
团队合作游戏竞赛	13分钟	名称：练反应游戏 （一）目的：提高队员的专注度及反应能力 （二）方法 1. 队员分成2组，每组1列，间隔5米，面对面站队 2. 教练站在中间，教练随机喊“左”“右”“上”“下”后，队员分别做出相反的手势 3. 四分钟后教练发出信号后换为相同方向动作	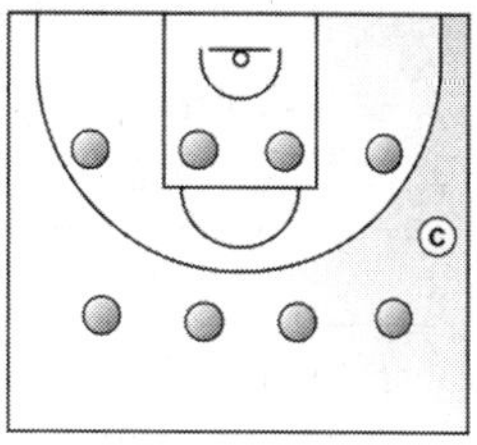 要求： 1. 队员之间要相互监督，游戏过程中要保持高度集中 2. 教练要强调队员提高专注力
放松与总结	10分钟	1. 队员成2列横队体操队形散开，教练带领进行拉伸活动，保证拉伸动作的质量 2. 课后总结，口头提问本节课学习的内容 3. 特别提醒 4. 宣布本节课最佳队员（在球场上展现出了较高的专注度），让其余队员向他学习 5. 鼓舞士气，宣布下课	要求：队员在中圈围成圆圈，喊“1，2，3，加油！”

第__7__课时

目的与任务：1. 复习胸前传球、击地传球技术动作，巩固其动作方法 2. 复习运球、投篮技术动作，增强球感，提高投篮命中率 3. 提高队员的灵敏性、协调性 4. 培养队员之间的默契程度			
部分	时间	内容	教法与要求
课前与家长交流	5分钟	1. 介绍课程计划及执教理念 2. 与家长交流部分学习内容	教法：与家长交流队员在上节训练课后的情绪及身体反应，获取反馈
集合讲解互动沟通	6分钟	1. 队员呈2列横队集合，保持安静 2. 慢慢地拍手，大声喊“加油” 3. 强调兴趣对篮球运动的重要性 4. 本节课的主题是“培养队员之间的默契” 5. 简单对上节课学习的内容进行提问复习 6. 激励、热情、能量至关重要	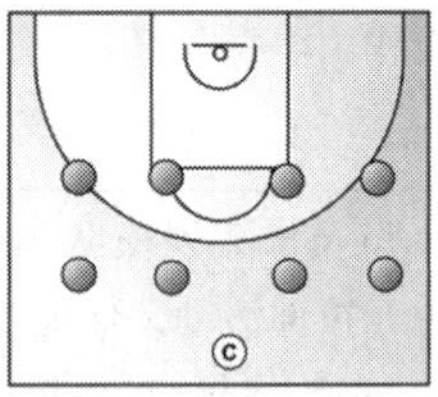 要求：队员在听到教练喊“上课”后，迅速站好队形，做到快、静、齐
准备部分	5分钟	一、动态拉伸 （一）目的：提高中枢神经系统的兴奋水平，降低肌肉粘滞性，增加弹性，避免肌肉损伤 （二）方法：全场往返练习1组 1. 端线出发做弓步压腿 2. 端线出发做小步跑 3. 端线出发做高抬腿跑 4. 端线出发做后踢腿跑	要求：队员须保持专注，认真进行拉伸，每个动作都要做到位，使全身肌肉得到动员，迅速进入训练状态，避免受伤
	5分钟	二、体育游戏：“石头剪刀布” （一）目的：锻炼队员快速反应、起动及急停的能力 （二）方法 1. 每名队员持球，分为2队分别站在边线后，队员两两对应 2. 听到教练哨声后，队员同时运球出发，直至2人间隔1米左右 3. 队员边运球边做“石头剪刀布”的游戏，胜者跑回自己的边线，败者追赶胜者 4. 若胜者跑过边线之前败者未能抓住胜者，则胜者加1分，败者不得分；若抓住胜者，则败者加1分，胜者不得分 5. 教练控制时间，游戏结束后，每组分数最少的队员做10个蹲起	 要求： 1. 队员根据输或赢时须做出瞬间反应，是应该跑还是应该追 2. 运球起动时，后脚蹬地发力，向前推进放球，在全速跑动情况下也要控制住球 3. 运球过程中尽量目视前方，时刻观察场上情况 器材：篮球

续表

部分	时间	内容	教法与要求
	6 分 钟	一、双手胸前传球练习 （一）目的：使队员了解传球的意义及最基本、最常用的传球方法的技术动作 （二）方法 1. 2人1组，相距5米 2. 传球过程中重心降低，两脚前后开立，躯干略微前倾 3. 注意球速要快，提高传球准确度 4. 负荷量：15次×5组 （三）重点与难点：传接球都要保持十指分开，避免戳伤，注意手臂不要外张，球出手时抖手腕，食指、中指拨球	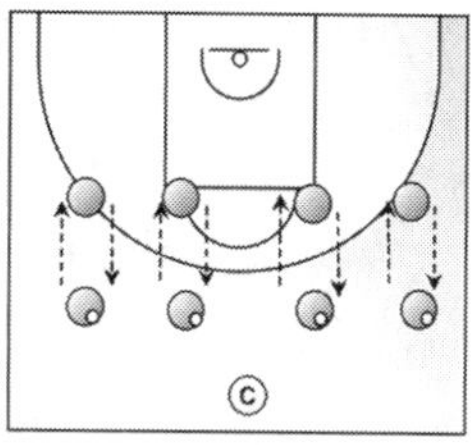 要求： 1. 身体重心下降，食指张开，避免戳伤手指 2. 传球时，注意两肘不要外张 器材：篮球
基础训练	6 分 钟	二、双手击地传球练习 （一）目的：使队员了解需要使用击地传球的情况，以及传接球的技术动作 （二）方法 1. 2人1组，相距5米 2. 传球过程中重心降低，两脚前后开立，躯干略微前倾 3. 注意球速要快，击地点距自己2/3处，提高传球准确度 4. 负荷量：15次×5组 （三）重点与难点：掌握好击球点的位置与传球力度，手指向前下方发力	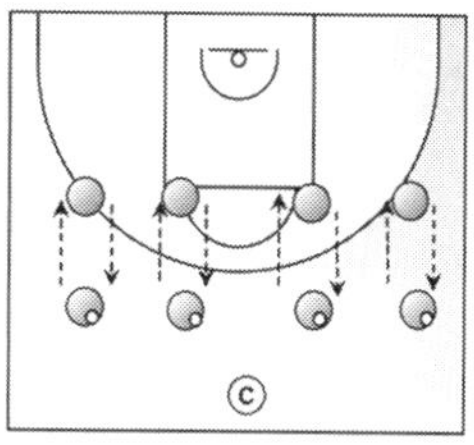 要求： 1. 身体重心下降，食指张开，避免戳伤手指 2. 传球时，注意两肘不要外张 器材：篮球
	8 分 钟	三、全场急停急起变速跑练习 （一）目的：提高队员的爆发力、敏捷性 （二）方法 1. 加速时，上体略微前倾，前脚掌蹬地，步频加快 2. 减速时，步幅增大，上体直立，前脚掌用力抵地降低速度 3. 5人1排，站在端线后，听到教练信号时，向前加速跑 4. 跑至罚球线后，立即减速跑，中线继续加速，罚球线继续做减速跑 5. 下一组在第一组跑至中线后开始 6. 负荷量：1个往返×5组 （三）重点与难点：蹬地要用力，重心迅速转移	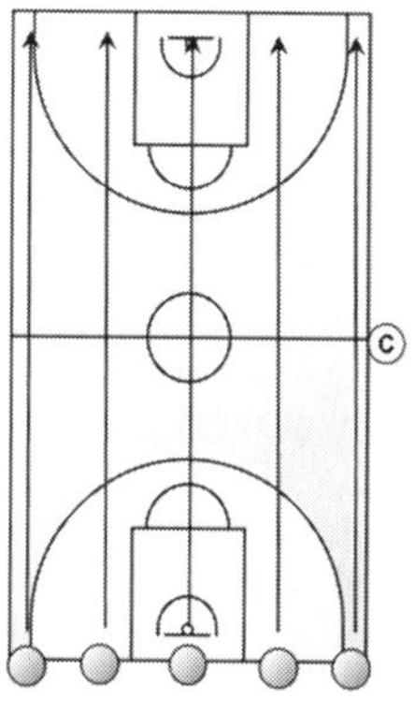 要求：队员须集中精力，在听到信号后统一出发，保持排面整齐

续表

部分	时间	内容	教法与要求
基础训练	10分钟	四、行进间交替运球投篮练习 （一）目的：提高队员的运球能力及协调性 （二）方法 1. 队员一手拿网球，另一手拿篮球站在端线处 2. 当听到教练信号后，一手托篮球，另一手运网球，向前行进 3. 到罚球线后，交换动作，一手托网球，另一手运篮球，以此类推 4. 到达端线后保持单手持篮球做投篮动作，辅助手托网球，不得碰篮球 5. 上一名队员到达中线后，下一名队员开始练习 6. 负荷量：1个往返×4组 （三）重点与难点 1. 运球时目视前方，不要将注意力集中到球上面 2. 交换球时避免发生失误 3. 单手做投篮动作时努力感知单手出手的感觉，形成肌肉记忆	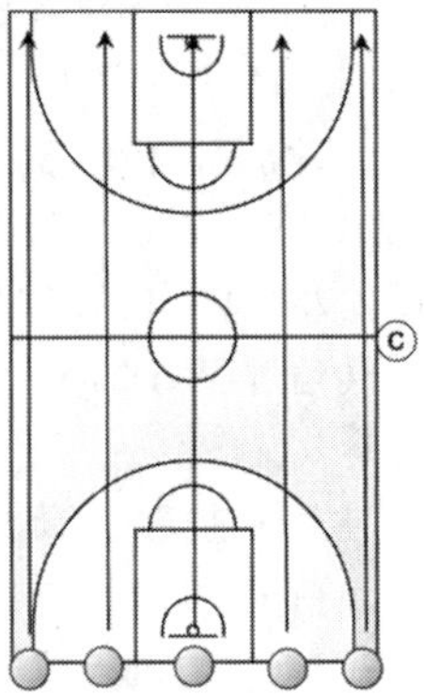 要求： 1. 队员须集中精力，在听到信号后统一出发，保持排面整齐 2. 若发生失误后，队员迅速捡回自己的球，返回端线重新开始练习，不要影响到其他队员 器材：篮球、网球
	9分钟	五、原地投篮练习 （一）目的：巩固投篮手型，提高队员的命中率，培养队员自投自抢的能力 （二）方法 1. 队员成为1路纵队站在标志筒后 2. 第一名队员拿球，投篮后自投自抢 3. 运用之前学过的传球动作将球传给下一名队员，并排至队尾，依次进行投篮 4. 负荷量：10次×3组 （三）重点与难点 1. 在保证动作标准的同时提高命中率 2. 形成投篮出手的肌肉记忆	 要求： 1. 队员在练习时要培养抢篮板球的习惯 2. 注意传球的准确度 器材：标志筒、篮球

续表

部分	时间	内容	教法与要求
团队合作游戏竞赛	15分钟	名称：敏捷性练习 （一）目的：提高队员的敏捷性及协调性 （二）方法：在绳梯前排成1路纵队，分别按照指定路线做脚尖点地快速脚步动作（如右脚1，左脚2，右脚3，左脚4，右脚5，左脚6）依次进行练习，每人做4组	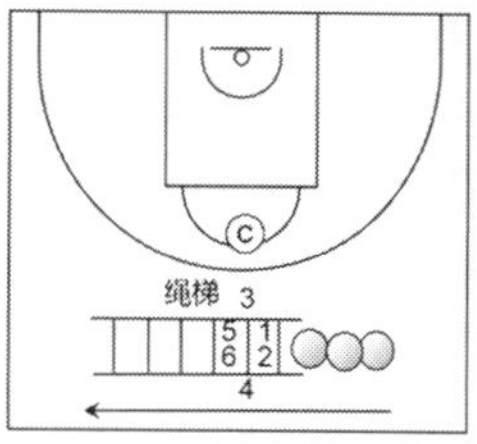 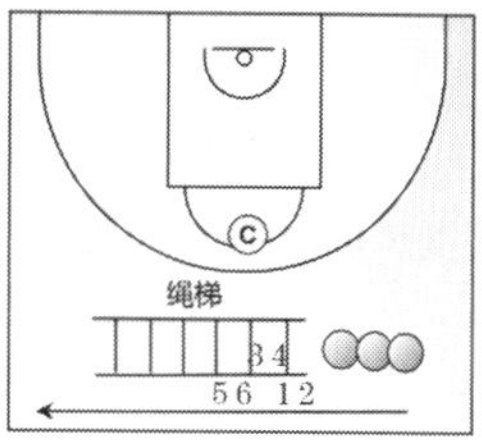 要求： 1. 练习时，双膝微屈，重心下降 2. 队员必须以较快的频率进行练习，双臂配合腿部进行规律地摆臂 3. 每2组间隔1分钟 器材：绳梯
放松与总结	15分钟	1. 队员成2列横队体操队形散开，在教练的带领下进行拉伸活动，保证拉伸动作的质量 2. 课后总结，口头提问本节课学习的内容 3. 特别提醒 4. 宣布本节课最佳队员（在球场上展现出了较高的专注度），让其余队员向他学习 5. 鼓舞士气，宣布下课	要求：队员在中圈围成圆圈，喊“1，2，3，加油！”

第__8__课时

目的与任务：1. 复习行进间运球技术动作、变向技术动作，熟练掌握其动作方法，提高队员的球性、球感 2. 复习原地单手肩上投篮，提高投篮命中率 3. 培养队员自觉训练的品质			
部分	时间	内容	教法与要求
课前与家长交流	5分钟	1. 介绍课程计划及执教理念 2. 与家长交流部分学习内容	教法：与家长交流队员在上节训练课后的情绪及身体反应，获取反馈
集合讲解互动沟通	6分钟	1. 队员成2列横队集合，保持安静 2. 慢慢地拍手，大声喊“加油” 3. 强调兴趣对篮球运动的重要性 4. 本节课的主题是“培养队员自觉训练的品质” 5. 简单对上节课学习的内容进行提问复习 6. 激励、热情、能量至关重要	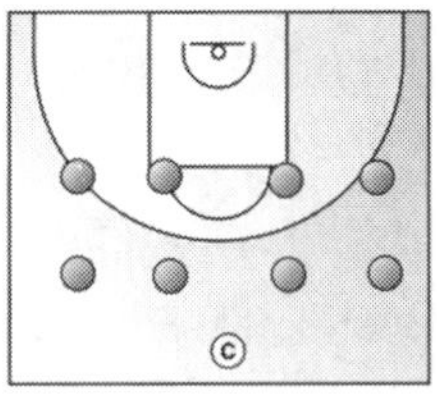 要求：队员在听到教练喊“上课”后，迅速站好队形，做到快、静、齐
准备部分	5分钟	一、动态拉伸 （一）目的：提高中枢神经系统的兴奋水平，降低肌肉粘滞性，增加弹性，避免肌肉损伤 （二）方法：全场往返练习1组 1. 端线出发做弓步压腿 2. 端线出发做小步跑 3. 端线出发做高抬腿跑 4. 端线出发做后踢腿跑	要求：队员须保持专注，认真进行拉伸，每个动作都要做到位，使全身肌肉得到动员，迅速进入训练状态，避免受伤
	5分钟	二、体育游戏：“深海结网捕鱼” （一）目的：锻炼队员的协调性与灵活性，以及在跑动过程中身体的控制能力和团队协作能力 （二）方法 1. 队员随机在半场范围内站立，由教练选出2名队员作为“捕鱼者” 2. “捕鱼者”必须手牵手，听到教练哨声后游戏开始，“捕鱼者”开始捕“鱼”（队员），“鱼”开始躲避追捕	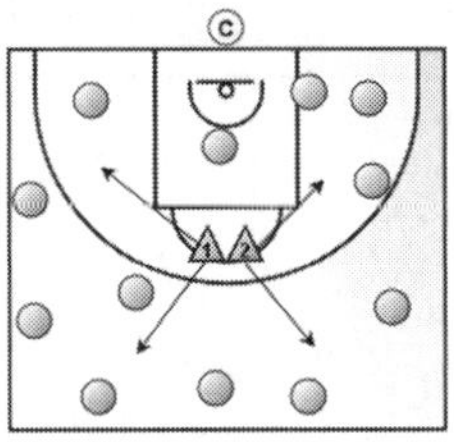 要求： 1. 在追捕过程中所有队员的手不可以松开 2. 队员之间要沟通，确定一个目标后统一行动 3. 不允许出界

续表

部分	时间	内容	教法与要求
准备部分		3. “捕鱼者”抓到“鱼”后，“鱼”加入“捕鱼者”的行列，在捕鱼过程中“捕鱼者”必须手牵手，否则抓住也不算 4. 直到所有“鱼”全被抓完，开始下一局，由第一名被抓队员和最后一名被抓队员当“捕鱼者” 5. 教练可控制时间，若 3 分钟内还有没被抓到的“鱼”，则“捕鱼者”每人做 10 个深蹲跳	
基础训练	10 分钟	一、全场后退跑练习 （一）目的：提高队员身体灵敏性、协调性 （二）方法 1. 两脚前脚掌蹬地，提膝，提踵 2. 躯干保持直立，两臂自然摆动 3. 队员成 2 路纵队，听到教练信号后，从端线出发后退跑 4. 到中线后转身，冲刺至端线，第二组出发 5. 负荷量：1 个往返 ×4 组 （三）重点与难点：臀部稍向后坐，后退时保持平衡，重心不要后移	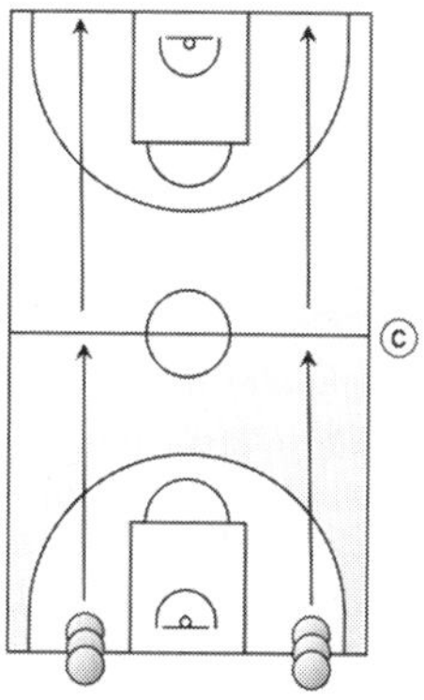 要求：队员在听到信号后统一出发，保持练习有序进行
	10 分钟	二、全场 Z 形交替运球、变向练习 （一）目的：巩固队员的运球能力，并进一步提高指尖对不同球的感觉能力 （二）方法 1. 队员 4 人 1 组，站在端线后，前一组拿篮球，后一组拿网球 2. 第一组出发做运球变向，到达中线后将篮球放下，拿起中线处放置的网球继续做体前变向练习 3. 下一组队员出发，先用网球做体前变向，到中线后换篮球继续做体前变向练习 4. 注意变向起动后的加速过程，队员之间控制好间距 5. 负荷量：1 个往返 ×5 组 （三）重点与难点：使用不同球都要过人后降低重心、推球、沉肩、跨步、加速动作连贯，一气呵成	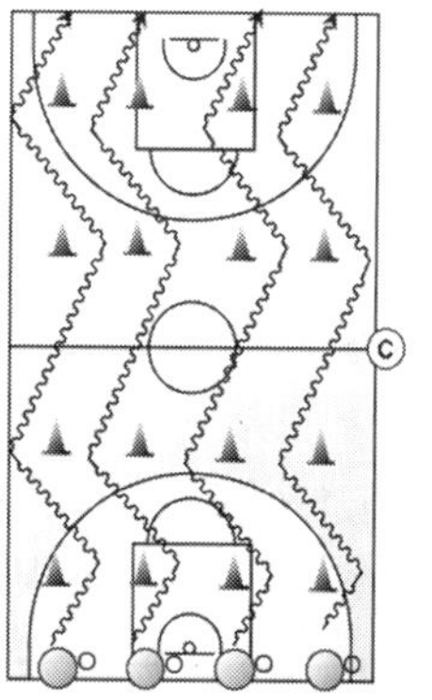 要求： 1. 变向时重心降低，便于加速 2. 注意沉肩，配合护球手保护球 器材：标志筒、网球、篮球

续表

部分	时间	内容	教法与要求
基础训练	11分钟	三、消极防守 1 VS 1 运球、投篮练习 （一）目的：在有队员防守的情况下练习体前变向运球技术动作，提高灵活应变能力，并规范投篮动作 （二）方法 1. 2人1组，按Z形线路进行练习 2. 防守队员做消极防守，练习滑步与后撤步；进攻队员练习体前变向技术动作，接近端线处出手投篮 3. 第一组过中线后第二组开始 4. 负荷量：1个往返×5组 （三）重点与难点 1. 防守时不强调防守强度、不抢球，只需要利用滑步跟上进攻队员即可 2. 进攻时可随时在任何地点运用体前变向技术动作，同时保持进攻的侵略性 3. 保证投篮姿势规范，提高命中率	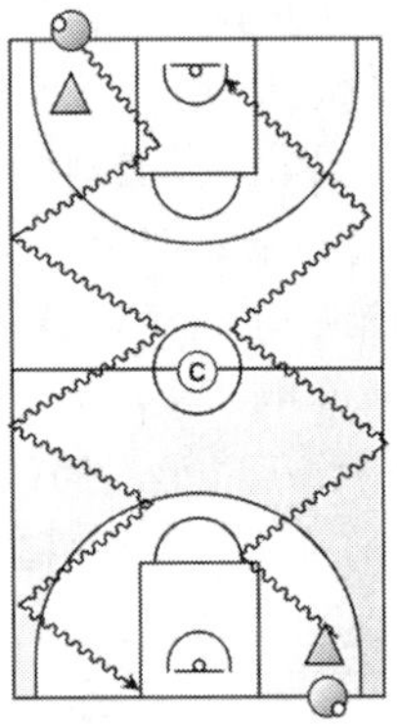 要求： 1. 练习时，同时开始的组注意不要越过中线，以免发生碰撞 2. 每次往返保证做8次以上体前变向练习 器材：篮球
	12分钟	四、原地投篮练习 （一）目的：巩固投篮手型，提高队员的命中率，培养队员的自投自抢能力 （二）方法 1. 队员成1路纵队站在标志筒后 2. 第一名队员拿球，投篮后自投自抢 3. 运用之前学过的传球动作将球传给下一名队员，并排至队尾，依次进行投篮 4. 负荷量：10次×3组 （三）重点与难点 1. 在保证动作标准的同时提高命中率 2. 形成投篮出手的肌肉记忆	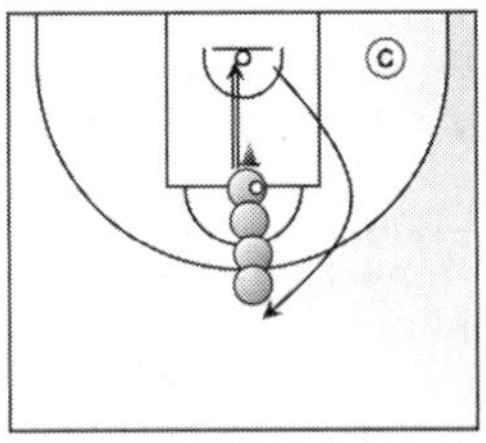 要求： 1. 队员在练习时要培养抢篮板球的习惯 2. 注意传球的准确度 器材：标志筒、篮球

续表

部分	时间	内容	教法与要求
团队合作游戏竞赛	16分钟	名称：中圈“斗牛”游戏 （一）目的：提高队员的注意力及运球能力 （二）方法 1. 2人1组各拿1球，站在中圈内 2. 各自运球并对对方的球进行抢断 3. 先将对方球断掉出中圈即为获胜，脚踩到圈外算输 4. 下一组2名队员站在场边监督，准备轮换	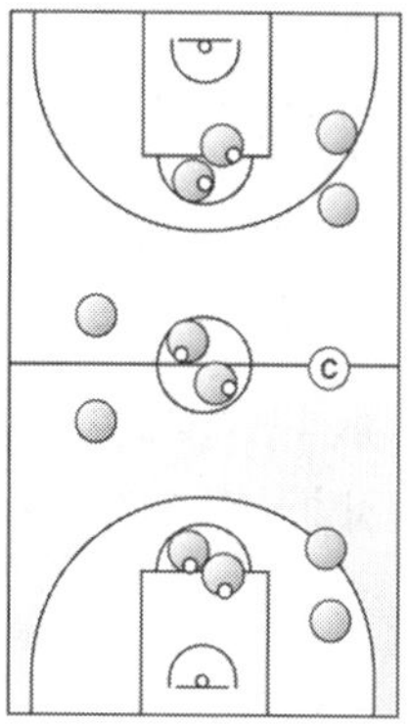 要求： 1. 在两侧罚球线及中圈可同时进行 2. 队员在断球时要注意不能一味地追求断球或者获胜，而是要保证自己运球的质量 3. 要利用护球手对球进行保护 器材：篮球
放松与总结	10分钟	1. 队员成2列横队体操队形散开，在教练的带领下进行拉伸活动，保证拉伸动作的质量 2. 课后总结，口头提问本节课学习的内容 3. 特别提醒 4. 宣布本节课最佳队员（在球场上展现出了较高的专注度），让其余队员向他学习 5. 鼓舞士气，宣布下课	要求：队员在中圈围成圆圈，喊“1，2，3，加油！”

第 9 课时

目的与任务：1. 复习单双脚起跳技术动作，巩固其动作方法
2. 复习背后运球、转身运球技术动作，巩固其动作方法
3. 复习原地单手肩上投篮，提高投篮命中率
4. 培养队员善于总结、自我批评的习惯
5. 提高队员的协调性

部分	时间	内容	教法与要求
课前与家长交流	5分钟	1. 介绍课程计划及执教理念 2. 与家长交流部分学习内容	教法：教练与家长交流队员在上节训练课后的情绪及身体反应，获取反馈
集合讲解互动沟通	6分钟	1. 队员成 2 列横队集合，保持安静 2. 慢慢地拍手，大声喊“加油” 3. 强调兴趣对篮球运动的重要性 4. 本节课的主题是“培养队员善于总结、自我批评的习惯” 5. 简单对上节课学习的内容进行提问复习 6. 激励、热情、能量至关重要	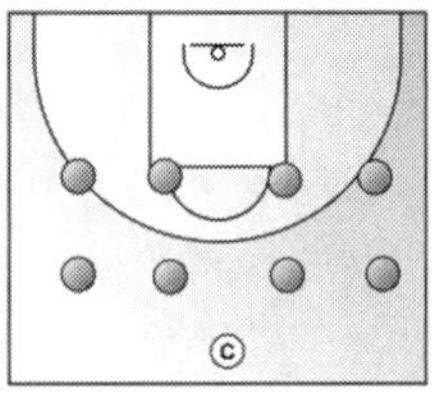 要求：队员在听到教练喊“上课”后，迅速站好队形，做到快、静、齐
准备部分	5分钟	一、动态拉伸 （一）目的：提高中枢神经系统的兴奋水平，降低肌肉粘滞性，增加弹性，避免肌肉损伤 （二）方法：全场往返练习 1 组 1. 端线出发做弓步压腿 2. 端线出发做小步跑 3. 端线出发做高抬腿跑 4. 端线出发做后踢腿跑	要求：队员须保持专注，认真进行拉伸，每个动作都要做到位，使全身肌肉得到动员，迅速进入训练状态，避免受伤
	5分钟	二、体育游戏：“抢数游戏” （一）目的：提高队员的兴奋性、注意力 （二）方法 1. 所有队员围成 1 圈 2. 游戏开始后，由一名队员说开始（从第二轮开始，刚被惩罚过的人说开始） 3. 然后所有人要按照一定的数字顺序（有几个数字由参与游戏的人数决定）去抢着报数 4. 每人只能抢 1 次，当有 2 人同时抢报 1 个数字的时候，则这 2 名队员接受惩罚，做 10 个立卧撑练习 5. 如果一直没有重复报数，则报数到最后 2 名的队员接受惩罚	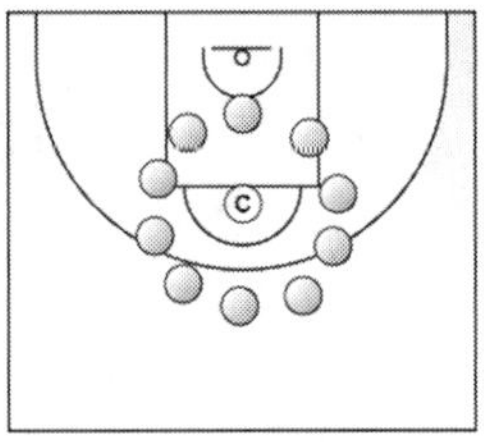 要求：队员要保持较高的注意力，声音要洪亮

续表

部分	时间	内容	教法与要求
	10 分 钟	一、单脚、双脚跳结合练习 （一）目的：提高队员的协调性及弹跳能力 （二）方法 1. 5 人 1 组，从端线开始 2. 先进行 5 次双脚原地 360°转体跳 3. 然后单腿跳至中线，变为双脚跳至对面端线，有效练习队员的方向感、平衡性及耐力 4. 负荷量：1 个往返 ×4 组 （三）重点与难点：注意摆动臂与摆动腿同时摆动，注意动作协调及蹬地屈膝动作	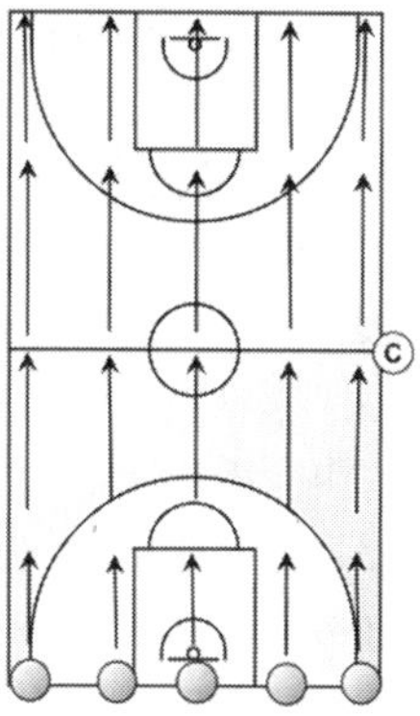 要求：注意摆臂与起跳的协调，起跳前降低身体重心
基础训练	10 分 钟	二、全场 Z 字形转身运球 （一）目的：使队员了解可以使用转身运球过人技术的情况及巩固转身运球技术动作 （二）方法 1. 队员在标志筒前做转身运球 2. 注意变向起动后的加速过程，队员之间控制好间距 3. 上一组队员练习过中线后，下一组队员开始练习 4. 负荷量：1 个往返 ×5 组 （三）重点与难点：转身（脚尖蹍地）、推球、跨步、加速动作要一气呵成，保持连贯	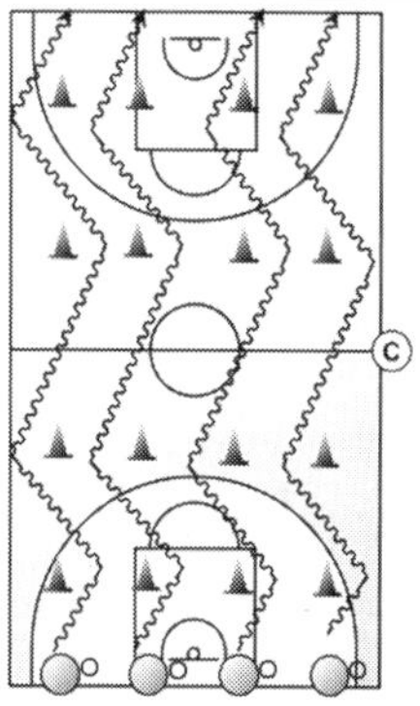 要求： 1. 转身与拉球动作要一气呵成、流畅连贯 2. 重心保持降低，转身过程中不要有起伏 3. 转身后，蹬地发力，加速 器材：标志筒、篮球
	10 分 钟	三、“切三圆”背后运球练习 （一）目的：在全场高速运球情况下提高背后过人技术动作的掌握程度 （二）方法 1. 按照规定的路线，从端线出发 2. 在每个标志筒旁做背后运球练习 3. 第一名队员到达中线后，第二名队员出发 4. 负荷量：1 个往返 ×5 组 （三）重点与难点 1. 注意变向时尽可能地幅度大一点 2. 变向后加速要明显 3. 运球时手指要加力，保证球迅速反弹到手上	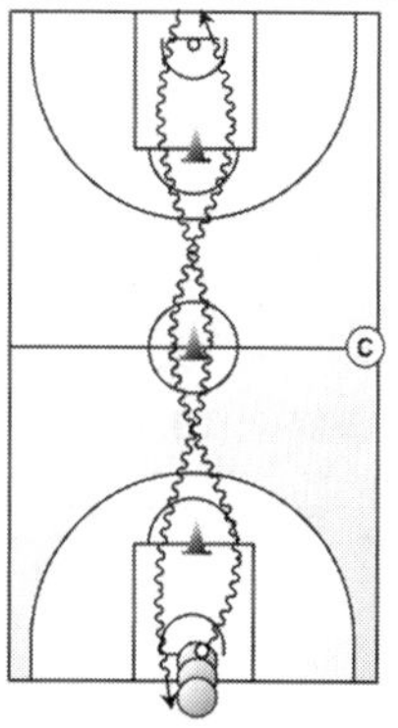 要求： 1. 注意在变向时将动作做扎实，幅度尽可能地大 2. 队员过中线时要注意前方情况，避免发生碰撞 器材：标志筒、篮球

续表

部分	时间	内容	教法与要求
基础训练	9分钟	四、原地有球投篮练习 （一）目的：巩固投篮手型及动作规范性，进一步要求投篮命中率 （二）方法 1. 队员成为1路纵队站在标志筒后 2. 第一名队员拿球，投篮后自投自抢 3. 运用之前学过的传球动作将球传给下一名队员，并排至队尾，依次进行投篮 4. 10次出手，要求命中个数不得低于3球，少1球罚做5次蹲起 5. 负荷量：10次×3组 （三）重点与难点 1. 在保证动作标准的同时提高命中率 2. 形成投篮出手的肌肉记忆	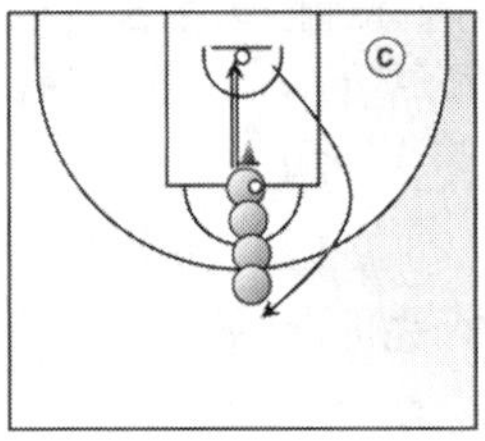 要求： 1. 队员在练习时要培养抢篮板球的习惯 2. 注意传球的准确度 器材：标志筒、篮球
团队合作游戏竞赛	20分钟	名称：协调性大作战游戏 （一）目的：提高队员的球性及手眼协调能力 （二）方法 1. 队员面对面站成2行，前、后、左、右各间隔2米 2. 2人1组，2个篮球，1个网球 3. 一只手运球3次，用另一只手传网球 4. 传球10次为1组，做4组	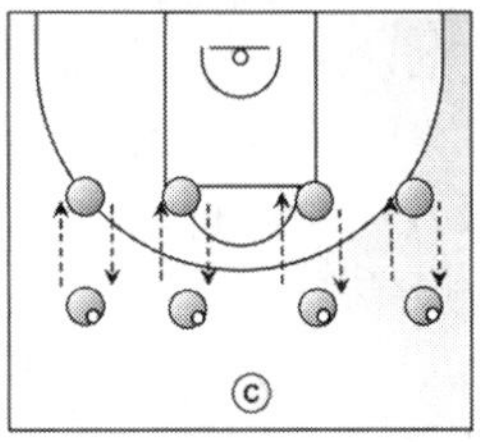 要求： 1. 在传网球时也要保证运球的动作尽量标准 2. 眼睛不得看篮球，传球失误后，重新开始 器材：网球、篮球
放松与总结	10分钟	1. 队员成2列横队体操队形散开，在教练的带领下进行拉伸活动，保证拉伸动作的质量 2. 课后总结，口头提问本节课学习的内容 3. 特别提醒 4. 宣布本节课最佳队员（在球场上展现出了较高的专注度），让其余队员向他学习 5. 鼓舞士气，宣布下课	要求：队员在中圈围成圆圈，喊“1，2，3，加油！”

第 10 课时

目的与任务：1. 学习基本的防守姿势与站位，掌握在实际防守中正确的选位与动作 2. 学习胯下运球技术动作，初步掌握其动作方法 3. 复习运球、投篮技术动作，增强球感，提高投篮命中率 4. 培养队员勇往直前的意志品质			
部分	时间	内容	教法与要求
课前与家长交流	5分钟	1. 介绍课程计划及执教理念 2. 与家长交流部分学习内容	教法：与家长交流队员在上节训练课后的情绪及身体反应，获取反馈
集合讲解互动沟通	6分钟	1. 队员成2列横队集合，保持安静 2. 慢慢地拍手，大声喊“加油” 3. 强调兴趣对篮球运动的重要性 4. 本节课的主题是“培养队员勇往直前的意志品质” 5. 简单对上节课学习的内容进行提问复习 6. 激励、热情、能量至关重要	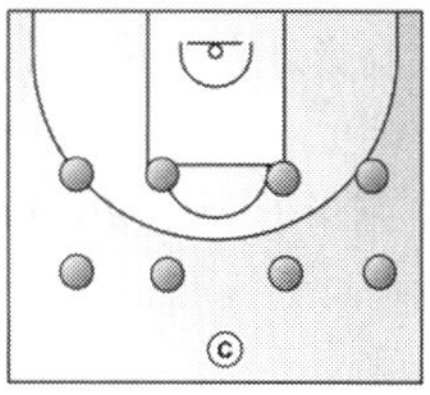 要求：队员在听到教练喊“上课”后，迅速站好队形，做到快、静、齐
准备部分	5分钟	一、动态拉伸 （一）目的：提高中枢神经系统的兴奋水平，降低肌肉粘滞性，增加弹性，避免肌肉损伤 （二）方法：全场往返练习1组 1. 端线出发做弓步压腿 2. 端线出发做小步跑 3. 端线出发做高抬腿跑 4. 端线出发做后踢腿跑	要求：队员须保持专注，认真进行拉伸，每个动作都要做到位，使全身肌肉得到动员，迅速进入训练状态，避免受伤
	5分钟	二、体育游戏：“击鼓传球” （一）目的：提高队员的兴奋性、注意力及兴趣 （二）方法 1. 队员按照要求站好 2. 教练有节奏地吹哨，第一名队员向下一名队员传球 3. 当听到明显的信号后，拿球的队员与上一名传球的队员立即按照路线完成任务，先到达终点的队员获胜	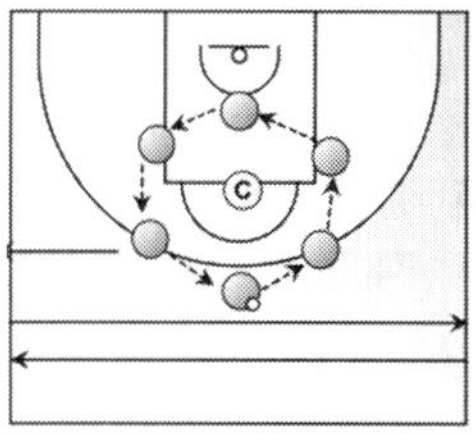 要求： 1. 在游戏过程中要求每一名队员做好准备，随时出发 2. 在游戏过程中要保证传球的质量 器材：篮球

续表

部分	时间	内容	教法与要求
基础训练	5分钟	一、学习防守姿势 （一）目的：使队员了解防守姿势的动作要领，提高队员的防守意识，养成规范的防守动作习惯 （二）方法 1. 防守无球人时，要“人球兼顾”，站在可以同时看到无球人与球的位置 2. 躯干保持直立，略微向对手前倾，重心落在两脚之间，随时准备随对手移动而移动 3. 防有球人时，屈膝，降低重心 4. 目光平视对方胸口高度，膝关节内扣 5. 躯干前倾，两臂侧张开，十指自然张开，面向对手斜 45°站位 6. 随对手移动而选择滑步与撤步 （三）重点与难点 1. “人球兼顾” 2. 与对手保持合适的距离，太近容易被超越，太远不能及时防守对手投篮 3. 降低重心	要求：队员在听教练讲解动作时，可以在原地进行模仿，遇到不懂的问题时可以随时举手提问，不能交头接耳，谈论与上课无关的内容
	10分钟	二、消极进攻无球 1 VS 1 练习 （一）目的：在实际情况下练习防守动作和脚步的协调性、连贯性及防守的延续性 （二）方法 1. 2 人 1 组，从端线开始 2. 进攻队员规律地按照 Z 形进行跑动，不要突然做起动或者变向技术动作 3. 防守队员注意滑步与跑动的衔接 4. 到达中线后第二组开始，到达端线后攻守互换 5. 负荷量：全场 1 个往返 ×5 组 （三）重点与难点 1. 防守时保证防守强度 2. 进攻队员规律地做 Z 形跑动，但变向时还是要有加速过程	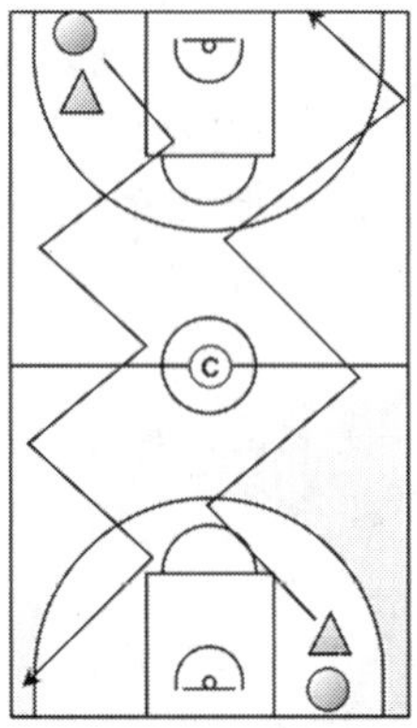 要求： 1. 保证防守的强度 2. 练习时不要越过中线，避免发生碰撞 器材：篮球

续表

部分	时间	内容	教法与要求
基础训练	13分钟	三、学习原地胯下运球技术动作 （一）目的：让队员了解胯下运球技术动作的要点，基本可以做出胯下运球技术动作 （二）方法 1. 两腿成弓步，略比肩宽，重心降低 2. 躯干保持略微前倾 3. 以右手运球为例，左腿在前，右手向胯下左后方运球 4. 左手伸出在左腿后下方准备接球 5. 指尖拨球，球反弹后左手接球 6. 接球后手指立即向来球方向拨球，右手接球 7. 负荷量：20 次 ×5 组 （三）重点与难点 1. 两腿呈弓步，重心降低 2. 运球手送球，接球手提前准备接球 3. 注意球速，运球后让球迅速弹起至接球手	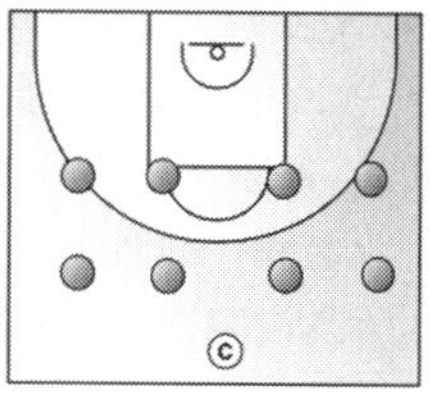 要求： 1. 前 3 组练习可以看球，注意观察球的路线 2. 后 2 组根据个人掌握情况，尽量不看球，可用余光观察，用手感受球的方向和力度 器材：篮球
	11分钟	四、罚球线原地投篮练习 （一）目的：使队员感受与篮筐的距离感、球出手的弧度及指间拨球的感觉 （二）方法 1. 队员成 1 路纵队站在标志筒后 2. 第一名队员拿球，投篮后自投自抢 3. 运用之前学过的传球动作将球传给下一名队员，并排至队尾，依次进行投篮 4. 负荷量：10 次 ×3 组 （三）重点与难点 1. 动作要做到位 2. 充分利用腿部发力 3. 注意手指拨球	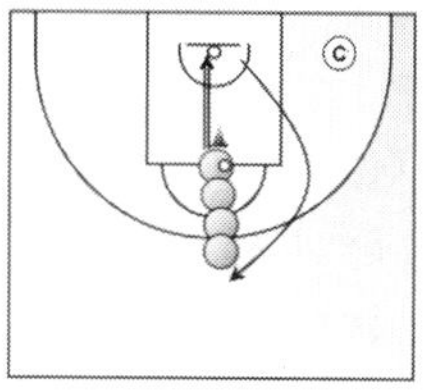 要求： 1. 队员在练习时要培养抢篮板球的习惯 2. 注意传球的准确度 器材：标志筒、篮球

续表

部分	时间	内容	教法与要求
团队合作游戏竞赛	20分钟	名称：行进间“运双球” （一）目的：提高队员的球感及协调性 （二）方法 1. 队员在端线站立 2. 左右间隔2米距离，每人一手拿篮球，一手拿网球，同时做运球练习 3. 原地运球10次后，向前行进运球 4. 运球至中线后拿起网球，单手运篮球至端线 5. 第二组开始，每人做2个来回	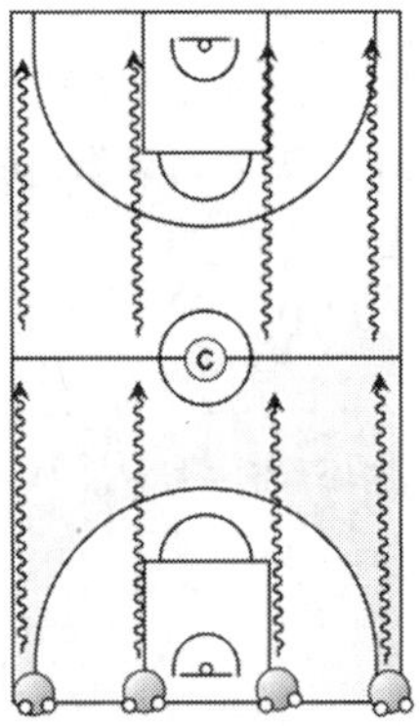 要求： 1. 双手运球时，要降低重心 2. 不追求速度快，但要感受2个不同大小的球在手中的差别，提高手对球的掌控能力 3. 若发生失误，拿球至端线重新出发 器材：网球、篮球
放松与总结	10分钟	1. 队员成2列横队体操队形散开，教练带领进行拉伸活动，保证拉伸动作的质量 2. 课后总结，口头提问本节课学习的内容 3. 特别提醒 4. 宣布本节课最佳队员（其在球场上展现出了较高的专注度），让其余队员向他学习 5. 鼓舞士气，宣布下课	要求：队员在中圈围成圆圈，喊“1，2，3，加油！”

第 11 课时

目的与任务：1. 学习行进间胯下运球，巩固其动作熟练度
2. 复习行进间体前变向、背后、转身运球，提高过人技术熟练度、衔接性、连贯性
3. 提高队员脚下灵活性及爆发力
4. 培养队员乐于助人的品质

部分	时间	内容	教法与要求
课前与家长交流	5分钟	1. 介绍课程计划及执教理念 2. 与家长交流部分学习内容	教法：与家长交流队员在上节训练课后的情绪及身体反应，获取反馈
集合讲解互动沟通	6分钟	1. 队员成2列横队集合，保持安静 2. 慢慢地拍手，大声喊“加油” 3. 强调兴趣对篮球运动的重要性 4. 本节课的主题是“培养队员乐于助人的品质” 5. 简单对上节课学习的内容进行提问复习 6. 激励、热情、能量至关重要	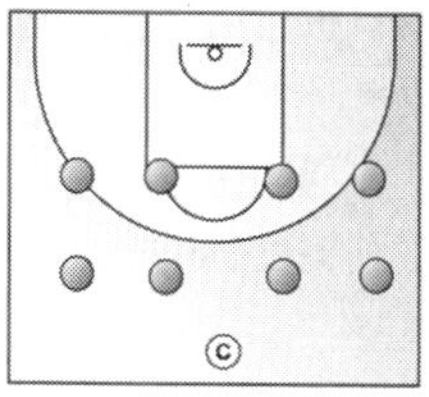 要求：队员在听到教练喊“上课”后，迅速站好队形，做到快、静、齐
准备部分	5分钟	一、动态拉伸 （一）目的：提高中枢神经系统的兴奋水平，降低肌肉粘滞性，增加弹性，避免肌肉损伤 （二）方法：全场往返练习1组 1. 端线出发做弓步压腿 2. 端线出发做小步跑 3. 端线出发做高抬腿跑 4. 端线出发做后踢腿跑	要求：队员须保持专注，认真进行拉伸，每个动作都要做到位，使全身肌肉得到动员，迅速进入训练状态，避免受伤
	5分钟	二、体育游戏：“线上追逐” （一）目的：锻炼队员的快速反应、起动、急停及观察能力 （二）方法 1. 所有队员站到篮球场的任意一条线上，冲撞区的线除外 2. 由教练指定1名队员为追捕者，其余队员沿线跑动躲避 3. 在跑动时，只能面朝1个方向，不得变换跑动的方向，也不得跨线 4. 抓到某名队员后，被抓队员为追捕者	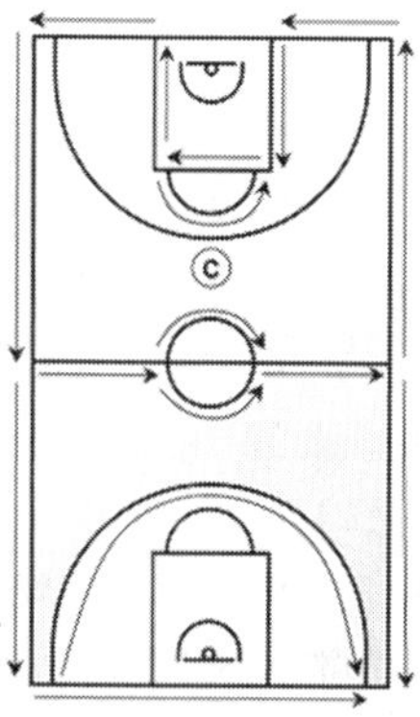

续表

部分	时间	内容	教法与要求
准备部分			要求： 1. 队员在跑动过程中不得从一条线直接跨到另一条线上，必须在线上跑动 2. 队员不得随意改变方向，不能因为追捕者从正面跑来而选择向后跑或后退跑
基础训练	8分钟	一、行进间胯下运球练习 （一）目的：提高队员行进间胯下运球技术动作的熟练程度及手对球的感知能力 （二）方法 1. 队员自己选择在标志筒前做胯下变向过人技术动作 2. 不同动作之间要注意衔接 3. 任何变向过人技术动作要保证动作质量、规范 4. 注意起动后的加速过程，队员之间控制好间距 5. 负荷量：1个往返×4组 （三）重点与难点 1. 注意每次动作的完整性 2. 运球时目视前方，要多加练习，掌握推球的力度及方向，增强球感	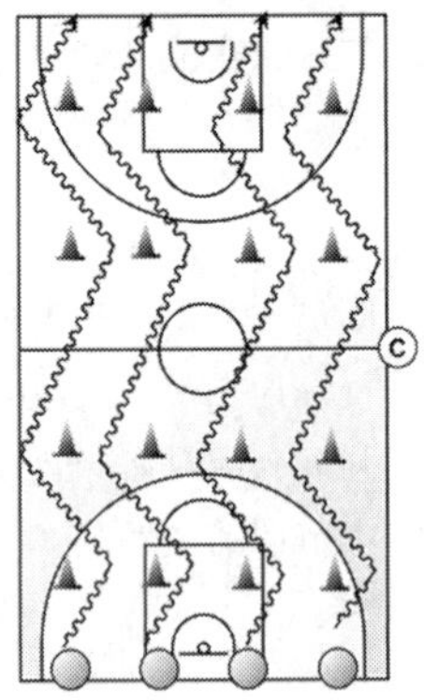 要求： 1. 初次做行进间胯下运球练习可以慢一点，但动作要标准 2. 身体重心要降低，以便加速过人 3. 利用肩来护球 器材：标志筒、篮球
	10分钟	二、消极防守1 VS 1练习 （一）目的：在有人防守情况下练习体前变向运球技术动作，鼓励队员多做、敢做胯下运球过人技术，提高灵活应变能力 （二）方法 1. 2人1组，按Z形线路进行练习 2. 防守队员做消极防守，练习滑步与后撤步，进攻队员练习胯下运球过人技术动作 3. 第一组过中线后第二组开始 4. 负荷量：1个往返×5组 （三）重点与难点 1. 防守时不强调防守强度、不抢球，只需要利用滑步跟上进攻队员即可 2. 进攻时可随时在任何地点运用胯下运球过人技术动作，同时保持进攻的侵略性	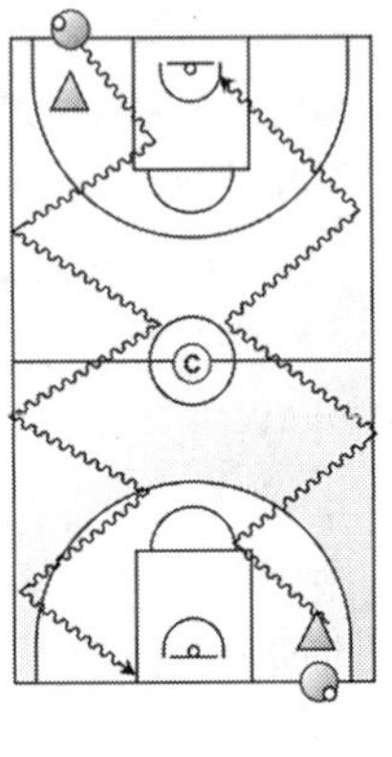 要求： 1. 同时开始练习的组注意不要越过中线，以免发生碰撞 2. 每次往返保证做8次以上体前变向练习 器材：篮球

续表

部分	时间	内容	教法与要求
基础训练	5分钟	三、行进间变换运球练习 （一）目的：在全场高速运球情况下提高体前变向、背后过人、胯下过人、转身过人技术动作的掌握程度 （二）方法 1. 按照规定的路线，从端线出发 2. 在3个标志筒旁分别做体前变向、背后过人、胯下过人或转身过人运球练习 3. 第一名队员到达中线后，第二名队员开始出发 4. 负荷量：1个往返×5组 （三）重点与难点 1. 注意变向时尽可能地幅度大一点 2. 变向后加速要明显 3. 运球时手指要加力，保证球迅速反弹到手上	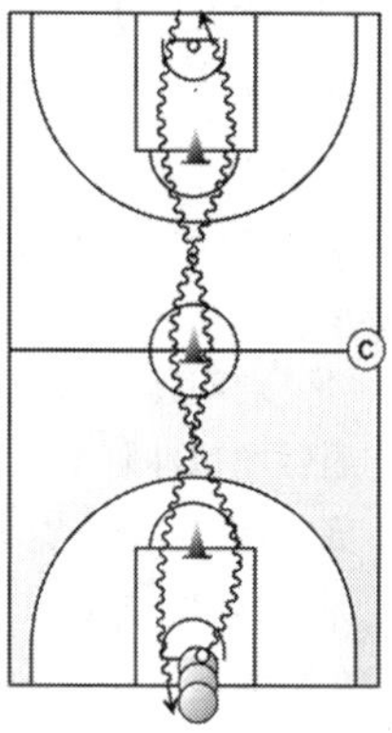 要求： 1. 注意在变向时将动作做扎实，幅度尽可能地大 2. 队员过中线时要注意前方情况，避免发生碰撞 器材：标志筒、篮球
	13分钟	四、罚球线后原地投篮练习 （一）目的：加长投篮距离，检查队员投篮手型是否有变化，使队员感受与篮筐的距离感、球出手的弧度及指间拨球的感觉 （二）方法 1. 队员成1路纵队站在标志筒后 2. 第一名队员拿球，投篮后自投自抢 3. 运用之前学过的传球动作将球传给下一名队员，并排至队尾，依次进行投篮 4. 每人每组出手10次，要求进球数高于5次，少1次罚做5次蹲起 5. 负荷量：10次×5组 （三）重点与难点 1. 在保证动作标准的同时提高命中率 2. 形成投篮出手的肌肉记忆	 要求： 1. 队员在练习时要培养抢篮板球的习惯 2. 注意传球的准确度 器材：标志筒、篮球

续表

部分	时间	内容	教法与要求
基础训练	11分钟	五、敏捷性练习 （一）目的：提高队员脚下的灵敏性及协调性 （二）方法 1. 在3个跨栏处先做顺时针上步、撤步、滑步 2. 再分别向前、向后跨跳3次跨栏 3. 最后加速冲刺至端线 4. 负荷量：1个往返×3组 （三）重点与难点 1. 在高强度下保证脚下的灵活性 2. 冲刺要有明显的加速过程	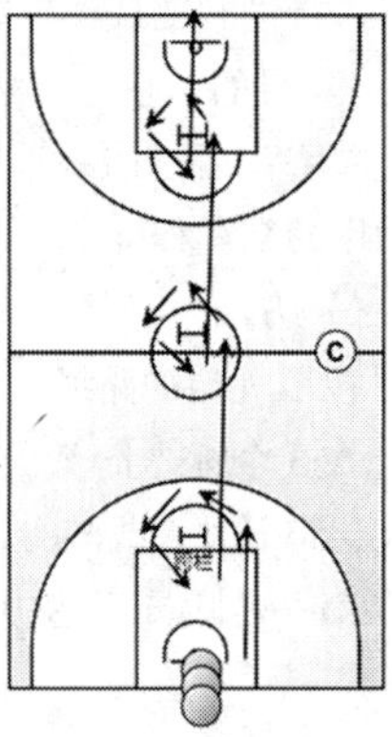 要求： 1. 队员在做脚步动作时要连贯 2. 最后冲刺时脚下要有明显的蹬地动作 器材：跨栏
团队合作游戏竞赛	12分钟	名称：蛙跳接力赛游戏 （一）目的：提高队员的爆发力及耐力 （二）方法 1. 队员在指定位置站位 2. 听到教练发出信号，各组第一名队员开始蛙跳 3. 到达第二名队员位置后与其击掌 4. 第二名队员出发，依次进行，率先完成比赛的组获得胜利	 要求： 1. 蛙跳时注意摆臂与跳跃的协调性 2. 队员未到达位置击掌或没有击掌下一名队员就出发则算违例
放松与总结	10分钟	1. 队员成2列横队散开，在教练的带领下进行拉伸活动，保证拉伸动作的质量 2. 课后总结，口头提问本节课学习的内容 3. 特别提醒 4. 宣布本节课最佳队员（在球场上展现出了较高的专注度），让其余队员向他学习 5. 鼓舞士气，宣布下课	要求：队员在中圈围成圆圈，喊“1，2，3，加油！”

第 12 课时

目的与任务：1. 复习行进间变向运球、投篮技术动作，提高过人技术与投篮命中率
2. 提高队员耐力素质及高强度运动下投篮的稳定性
3. 培养队员乐于奉献的品质

部分	时间	内容	教法与要求
课前与家长交流	5分钟	1. 介绍课程计划及执教理念 2. 与家长交流部分学习内容	教法：教练与家长交流队员在上节训练课后的情绪及身体反应，获取反馈
集合讲解互动沟通	6分钟	1. 队员成2列横队集合，保持安静 2. 慢慢地拍手，大声喊“加油” 3. 强调兴趣对篮球运动的重要性 4. 本节课的主题是“培养队员乐于奉献的品质” 5. 简单对上节课学习的内容进行提问复习 6. 激励、热情、能量至关重要	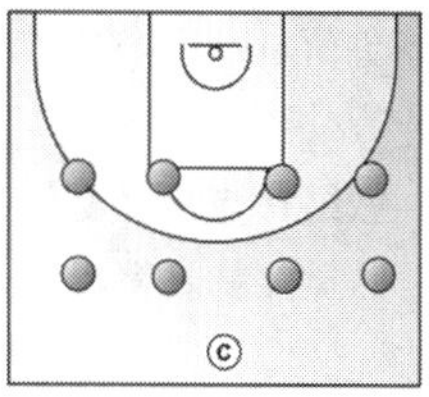 要求：队员在听到教练喊“上课”后，迅速站好队形，做到快、静、齐
准备部分	5分钟	一、动态拉伸 （一）目的：提高中枢神经系统的兴奋水平，降低肌肉粘滞性，增加弹性，避免肌肉损伤 （二）方法：全场往返练习1组 1. 端线出发做弓步压腿 2. 端线出发做小步跑 3. 端线出发做高抬腿跑 4. 端线出发做后踢腿跑	要求：队员须保持专注，认真进行拉伸，每个动作都要做到位，使全身肌肉得到动员，迅速进入训练状态，避免受伤
	5分钟	二、体育游戏：“气球篮球” （一）目的：增强队员的球感，提高协调性与灵活性 （二）方法 1. 每名队员持篮球、气球各1个 2. 听到教练哨声后，开始运球，在运球的同时，另一只手将气球打向空中，在气球落地前再次打向空中 3. 熟练后可增加难度，如做一些变向运球、气球快落地时救起等	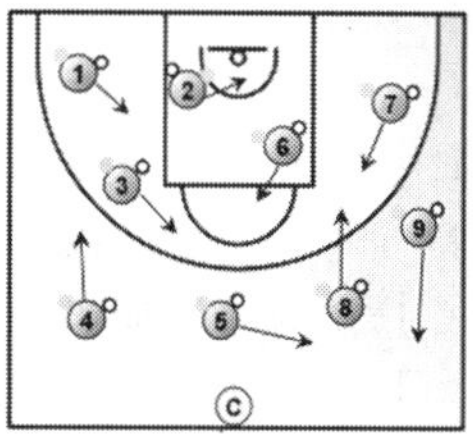 要求： 1. 队员在训练过程中注意上下肢及眼睛的配合，尽量做到不让气球落地 2. 队员在训练过程中时刻观察场上情况，避免与其他队员发生碰撞 器材：篮球、气球

续表

部分	时间	内容	教法与要求
基础训练	12分钟	一、障碍接力赛 （一）目的：提高练习趣味性及队员的协调性 （二）方法 1. 按照既定的路线依次完成每一个部分的动作 2. 到达终点后与队友击掌，下一名队员开始 3. 先完成的小组获胜，输者每人做 10 个立卧撑 4. 负荷量：1 个往返 ×3 组 （三）重点与难点 1. 做绳梯脚步时要保证脚下灵活性与准确性 2. 队员要认真完成每一个站点的练习任务	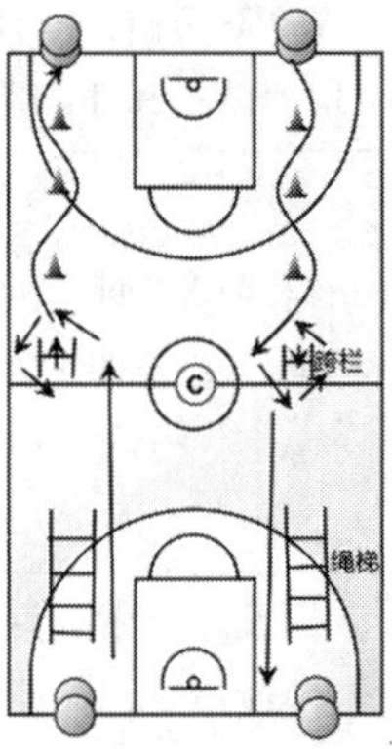 要求：队员在做每一项练习时都要认真对待，不能为了追求速度而放弃练习质量 器材：跨栏、标志筒、绳梯
	13分钟	二、行进间变换运球练习 （一）目的：在全场高速运球情况下提高体前变向、背后过人、胯下过人、转身过人技术动作的掌握程度 （二）方法 1. 按照规定的路线，从端线出发 2. 在 3 个标志筒旁分别做体前变向、背后过人、胯下过人或转身过人运球练习 3. 第一名队员到达中线后，第二名队员开始出发 4. 负荷量：1 个往返 ×5 组 （三）重点与难点 1. 注意变向时动作幅度尽可能大一点 2. 变向后加速要明显 3. 运球时手指要用力，保证球迅速反弹到手上	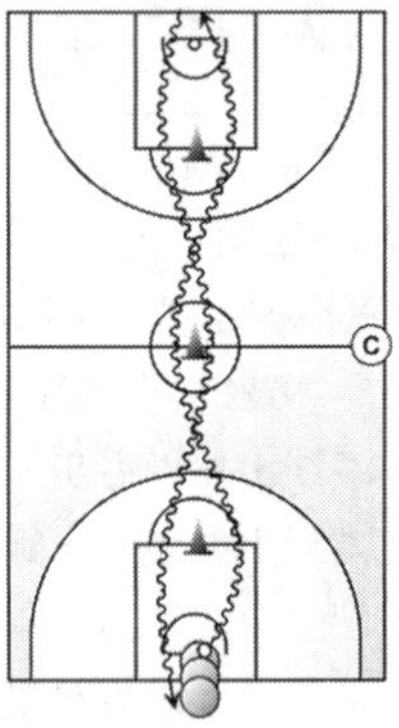 要求： 1. 注意在变向时将动作做扎实，幅度尽可能大 2. 队员过中线时要注意前方情况，避免发生碰撞 器材：标志筒、篮球
	13分钟	三、折返跑投篮练习 （一）目的：提高队员的耐力及在高强度下的投篮的稳定性 （二）方法 1. 队员分成 2 组 2. 第一组从端线出发，第二组从对面端线出发 3. 加速跑，摸到中线统一返回并加速跑至端线	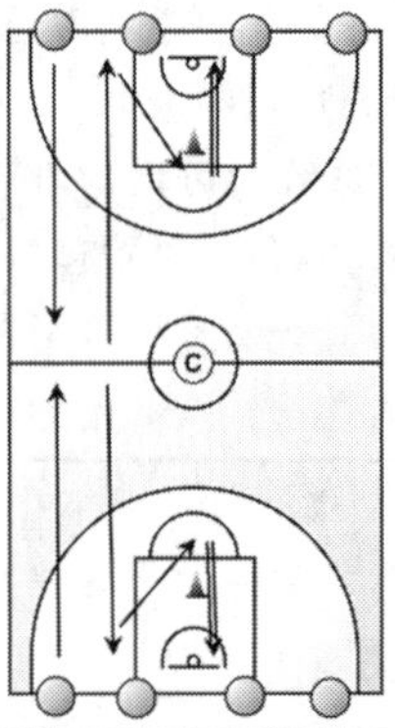

续表

部分	时间	内容	教法与要求
基础训练		4. 选1名队员在标志筒前投篮，投中即可休息，不中则继续做折返跑 5. 如果连续做5组不进则进行休息 6. 负荷量：10次×3组 （三）重点与难点 1. 高强度下保证投篮命中率 2. 高强度下要学会调整呼吸	要求： 1. 罚球时提前深呼吸以平稳气息，提高命中率 2. 队员若未罚中则迅速归位，进行下一组练习 器材：标志筒、篮球
团队合作游戏竞赛	21分钟	名称：投篮大比拼游戏 （一）目的：提高练习趣味性、投篮熟练程度、队员之间配合的默契程度及培养队员自投自抢的习惯 （二）方法 1. 队员分成5组 2. 每组成纵队各站在1个投篮点上 3. 每组1球，面对篮筐成弧形站立，依次进行投篮 4. 自投自抢，完成后将球传给下一名队员，先投进3球获胜；共做3次练习	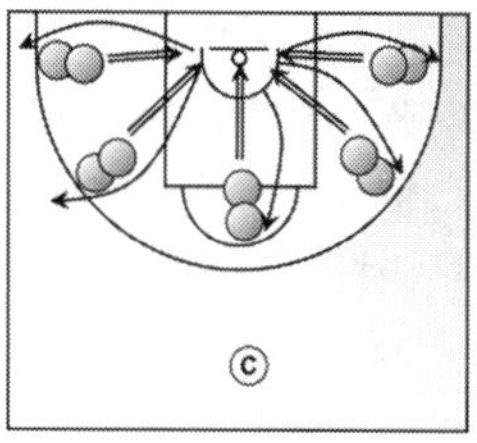 要求： 1. 队员在练习中要学会对篮板球落点的判断 2. 抢篮板球时只能抢自己组的篮球 器材：篮球
放松与总结	10分钟	1. 队员成2列横队体操队形散开，在教练的带领下进行拉伸活动，保证拉伸动作的质量 2. 课后总结，口头提问本节课学习的内容 3. 特别提醒 4. 宣布本节课最佳队员（在球场上展现出了较高的专注度），让其余队员向他学习 5. 鼓舞士气，宣布下课	要求：队员在中圈围成圆圈，喊“1，2，3，加油！”

第 13 课时

目的与任务：1. 复习行进间变向运球、投篮技术动作，提高动作连贯性
2. 复习单手肩上投篮技术动作，提高投篮命中率
3. 提高队员的柔韧、速度素质
4. 培养队员不服输的精神

部分	时间	内容	教法与要求
课前与家长交流	5分钟	1. 介绍课程计划及执教理念 2. 与家长交流部分学习内容	教法：教练与家长交流队员在上节训练课后的情绪及身体反应，获取反馈
集合讲解互动沟通	6分钟	1. 队员成2列横队集合，保持安静 2. 慢慢地拍手，大声喊“加油” 3. 强调兴趣对篮球运动的重要性 4. 本节课的主题是“培养队员不服输的精神” 5. 简单对上节课学习的内容进行提问复习 6. 激励、热情、能量至关重要	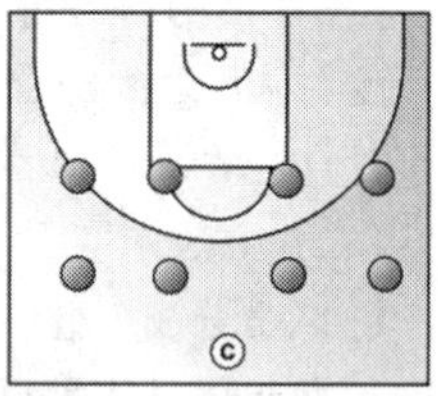 要求：队员在听到教练喊“上课”后，迅速站好队形，做到快、静、齐
准备部分	5分钟	一、动态拉伸 （一）目的：提高中枢神经系统的兴奋水平，降低肌肉粘滞性，增加弹性，避免肌肉损伤 （二）方法：全场往返练习1组 1. 端线出发做弓步压腿 2. 端线出发做小步跑 3. 端线出发做高抬腿跑 4. 端线出发做后踢腿跑	要求：队员须保持专注，认真进行拉伸，每个动作都要做到位，使全身肌肉得到动员，迅速进入训练状态，避免受伤
	5分钟	二、体育游戏：“上天下地” （一）目的：提高队员传球的准确性，增强集体荣誉感 （二）方法 1. 队员分成2队，每队的第一名队员持球 2. 所有队员两脚开立，听到教练哨声后，第一名队员双手持球，经过自己的胯下将球传递给第二名队员 3. 第二名队员接球后，双手持球，由头顶传递给第三名队员，第三名队员再由胯下传递给第四名队员，以此类推 4. 最后一名队员拿到球后，跑步至排头位置，继续向后传球	 要求： 1. 队员在传球过程中，注意速度与动作准确性、时机的结合 2. 最后一名队员传球后，快速跑到第一名队员身前

续表

部分	时间	内容	教法与要求
准备部分		5. 直到第一名持球队员再次回到排头位置，游戏结束 6. 若动作出错或丢球，从失误队员处重新开始 7. 先完成的队伍获胜，失败方做10个俯卧撑	3. 队员之间要互相鼓励，共同进步 器材：篮球
基础训练	15分钟	一、全场Z形交替运球变向练习 （一）目的：巩固队员的运球能力，并进一步提高指尖对不同球的感觉能力 （二）方法 1. 队员4人1组，站在端线后，前一组拿篮球，后一组拿网球 2. 第一组出发做运球变向，到达中线后将篮球放下，拿起中线处放置的网球做变向练习 3. 下一组队员出发，先用网球做变向练习，到中线后换篮球继续做变向练习 4. 注意变向起动后的加速过程，队员之间控制好间距 5. 第一、二组做体前变向练习，第三、四组做背后变向练习，第五、六组做胯下变向练习，第七、八组做转身变向练习 6. 负荷量：1个往返×8组 （三）重点与难点：使用不同球都要过人后降低重心、推球、沉肩、加速动作连贯、一气呵成	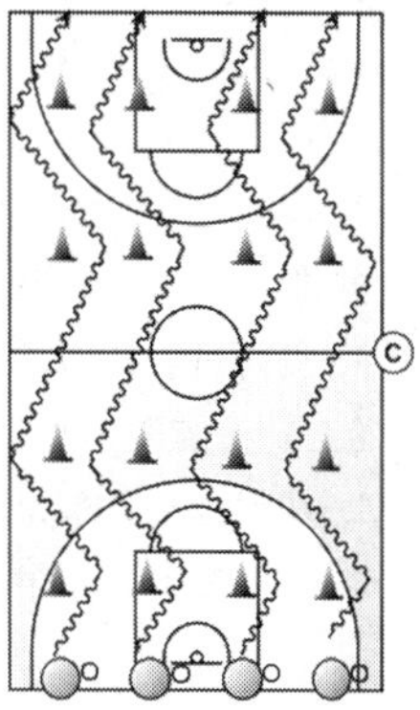 要求： 1. 变向时重心降低，便于加速 2. 注意沉肩，配合护球手保护球 器材：标志筒、网球、篮球
	15分钟	二、行进间变换运球练习 （一）目的：在全场高速运球情况下提高体前变向、背后过人、胯下过人、转身过人技术动作的掌握程度 （二）方法 1. 按照规定的路线，从端线出发 2. 在3个标志筒旁分别做体前变向、背后过人、胯下过人或转身过人运球练习 3. 第一名队员到达中线后，第二名队员开始出发 4. 负荷量：1个往返×5组 （三）重点与难点 1. 注意变向时动作幅度尽可能大一点 2. 变向后加速要明显 3. 运球时手指要用力，保证球迅速反弹到手上	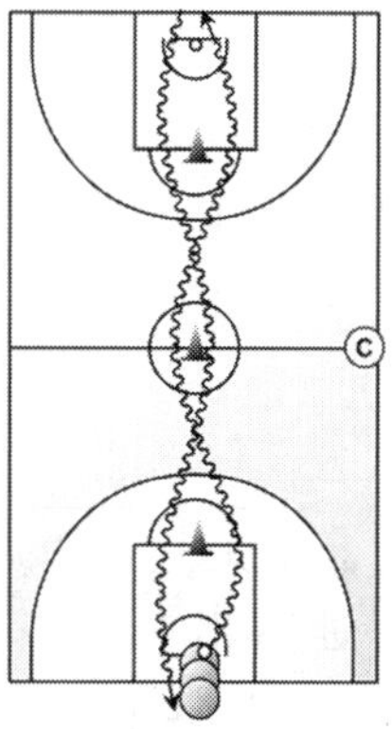 要求： 1. 注意在变向时将动作做扎实，幅度尽可能大 2. 队员过中线时要注意前方情况，避免发生碰撞 器材：标志筒、篮球

续表

部分	时间	内容	教法与要求
基础训练	15分钟	三、原地投篮练习 （一）目的：巩固投篮手型，提高队员的命中率，培养队员自投自抢的能力 （二）方法 1. 队员成1路纵队站在标志筒后 2. 第一名队员拿球，投篮后自投自抢 3. 运用之前学过的传球动作将球传给下一名队员，并排至队尾，依次进行投篮 4. 负荷量：10次×3组 （三）重点与难点 1. 在保证动作标准的同时提高命中率 2. 形成投篮出手的肌肉记忆	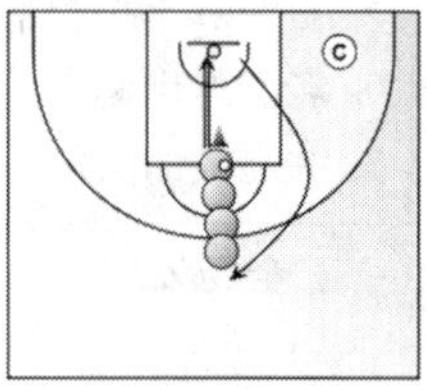 要求： 1. 队员在练习时要培养抢篮板球的习惯 2. 注意传球的准确度 器材：标志筒、篮球
团队合作游戏竞争	14分钟	名称：见线折返跑耐力比拼游戏 （一）目的：提高队员有氧耐力水平 （二）方法 1. 队员分成2组，站在端线处 2. 按照指定路线摸到线后立即转身加速冲刺 3. 第一组队员完成练习后第二组队员开始	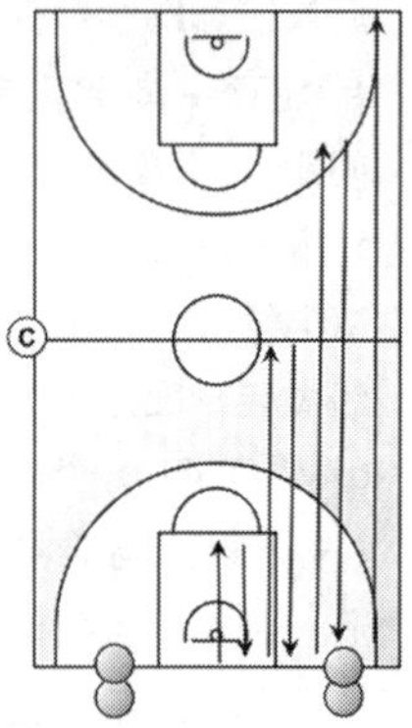 要求： 1. 教练和场下队员要为场上队员加油鼓劲，鼓励跑不动的队员坚持跑到终点，并击掌 2. 刚完成练习的队员不能立即坐下休息，要慢走休息
放松与总结	10分钟	1. 队员成2列横队体操队形散开，在教练的带领下进行拉伸活动，保证拉伸动作的质量 2. 课后总结，口头提问本节课学习的内容 3. 特别提醒 4. 宣布本节课最佳队员（在球场上展现出了较高的专注度），让其余队员向他学习 5. 鼓舞士气，宣布下课	要求：队员在中圈围成圆圈，喊“1，2，3，加油！”

第__14__课时

目的与任务：1. 复习传球、运球、投篮技术动作，提高队员跑动情况下的传球、运球、投篮结合能力 2. 复习折返跑投篮练习，提高队员的耐力素质和高强度投篮的稳定性 3. 培养队员勇于承担责任的品质			
部分	时间	内容	教法与要求
课前与家长交流	5分钟	1. 介绍课程计划及执教理念 2. 与家长交流部分学习内容	教法：教练与家长交流队员在上节训练课后的情绪及身体反应，获取反馈
集合讲解互动沟通	6分钟	1. 队员成 2 列横队集合，保持安静 2. 慢慢地拍手，大声喊“加油” 3. 强调兴趣对篮球运动的重要性 4. 本节课的主题是“培养队员勇于承担责任的品质” 5. 简单对上节课学习的内容进行提问复习 6. 激励、热情、能量至关重要	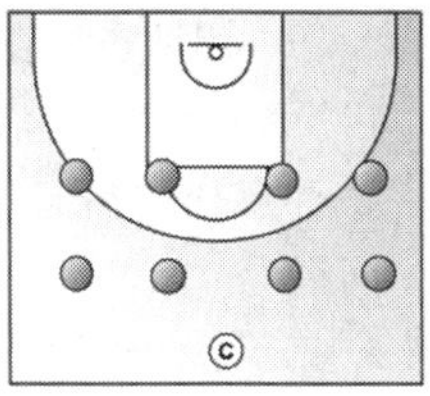 要求：队员在听到教练喊“上课”后，迅速站好队形，做到快、静、齐
准备部分	5分钟	一、动态拉伸 （一）目的：提高中枢神经系统的兴奋水平，降低肌肉粘滞性，增加弹性，避免肌肉损伤 （二）方法：全场往返练习 1 组 1. 端线出发做弓步压腿 2. 端线出发做小步跑 3. 端线出发做高抬腿跑 4. 端线出发做后踢腿跑	要求：队员须保持专注，认真进行拉伸，每个动作都要做到位，使全身肌肉得到动员，迅速进入训练状态，避免受伤
	5分钟	二、体育游戏：“蛇形穿越” （一）目的：训练队员的快速反应、起动及急停能力 （二）方法 1. 队员分 2 列面对面在场地内站好，每名队员侧平举站立 2. 听到教练哨声后，第一名队员变向运球从其余队员的双臂下钻过，直到钻过最后一名队员后，用地滚球的方式将球传给在排头的队员，随后在队尾两臂侧平举站好 3. 直到第一名出发的队员再次成为排头结束游戏，2 组比赛，先完成的队伍获胜，失败方做 10 次深蹲	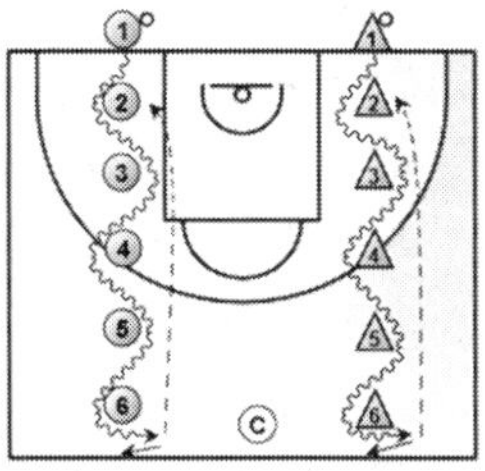 要求： 1. 两臂一定要侧平举，不能为了缩短距离而举高 2. 注意球尽量滚成直线 3. 队员要有团队协作能力、集体荣誉感，并学会互相鼓励 器材：篮球

续表

部分	时间	内容	教法与要求
基础训练	16分钟	一、全场Z字形交替运球变向练习 （一）目的：巩固队员的运球能力，并进一步提高指尖对不同球的感觉能力 （二）方法 1. 队员4人1组，站在端线后，前一组拿篮球，后一组拿网球 2. 第一组出发做体前变向换手运球，到达中线后将篮球放下，拿起中线处放置的网球做变向运球练习 3. 下一组队员出发，先用网球做变向运球，到中线后换篮球继续做体前变向换手运球 4. 注意变向后起动的加速过程，队员之间控制好间距 5. 第一、二组做体前变向换手运球练习，第三、四组做背后运球练习，第五、六组做胯下运球练习，第七、八组做运球转身练习 6. 负荷量：1个往返×8组 （三）重点与难点：使用不同球过人后都要降低重心、推球、沉肩、加速动作连贯、一气呵成	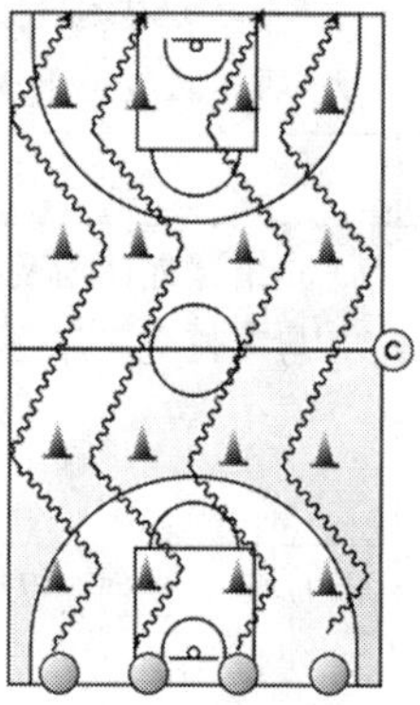 要求： 1. 变向时重心降低，便于加速 2. 注意沉肩，配合护球手保护球 器材：标志筒、网球、篮球
	16分钟	二、侧身跑传接球、投篮练习 （一）目的：提高队员的灵活性及专注度，锻炼队员快攻时沿边线快下、时刻看球的习惯 （二）方法 1. 队员将球传给教练，沿边线快下 2. 跑动时，头部与躯干转向有球一侧 3. 准备接球时，将外侧手向前伸出 4. 接球后在罚球线附近急停、投篮 5. 负荷量：1个往返×5组 （三）重点与难点 1. 在不同角度都要时刻关注教练的位置及来球的方向，做好接球与传球的准备 2. 沿边线快下，伸手做好接球准备 3. 处理好接球、急停、投篮技术动作的连贯性	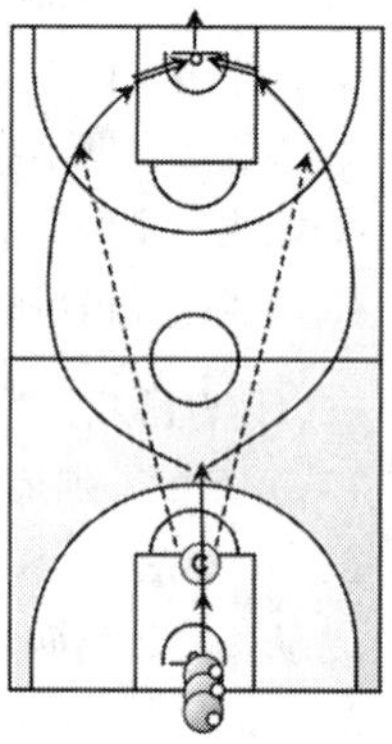 要求：奔跑的同时注意观察有球一侧及前方情况 器材：篮球

续表

部分	时间	内容	教法与要求
基础训练	17分钟	三、折返跑投篮练习 （一）目的：提高队员的有氧耐力水平、在高强度下的投篮稳定性及心理素质 （二）方法 1. 将队员分成2组 2. 第一组从端线出发，第二组从对面端线出发 3. 加速跑，摸到中线统一返回并加速跑至端线 4. 选1名队员在标志筒前投篮，投中即可休息，不中则继续做折返跑 5. 如连续做5组投篮不进则进行休息，共做2组练习 6. 负荷量：5次×2组 （三）重点与难点 1. 高强度下保证投篮命中率 2. 高强度下要学会调整呼吸	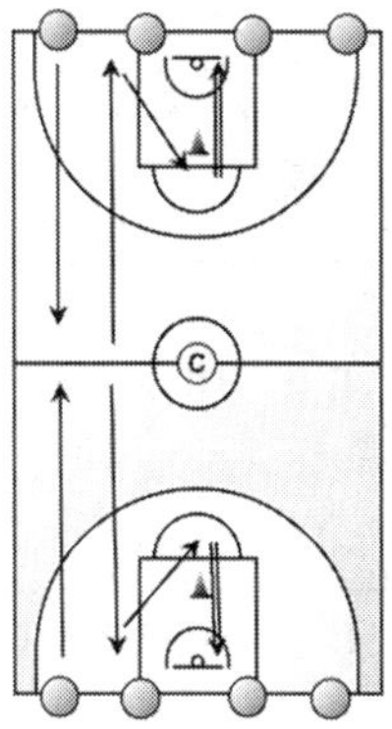 要求： 1. 罚球前做深呼吸以平稳气息，提高命中率 2. 队员若未罚中则迅速归位，进行下一组练习 器材：篮球、标志筒
团队合作游戏竞赛	10分钟	名称：击鼓传球游戏 （一）目的：提高队员的兴奋性、注意力及兴趣 （二）方法 1. 队员按照要求站好 2. 教练有节奏地吹哨，第一名队员给下一名队员传球 3. 当听到明显的信号后，拿球的队员与上一名传球的队员立即按即定路线完成任务，先到达终点的队员获胜	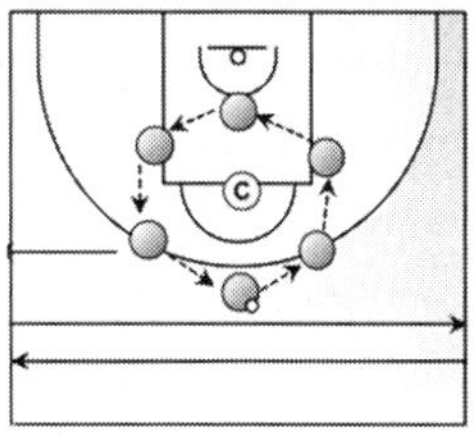 要求： 1. 在游戏过程中要求每名队员做好准备，随时出发 2. 在游戏过程中要保证传球的质量 器材：篮球
放松与总结	10分钟	1. 队员成2列横队体操队形散开，在教练的带领下进行拉伸活动，保证拉伸动作的质量 2. 课后总结，口头提问本节课学习的内容 3. 特别提醒 4. 宣布本节课最佳队员（在球场上展现出了较高的专注度），让其余队员向他学习 5. 鼓舞士气，宣布下课	要求：队员在中圈围成圆圈，喊“1，2，3，加油！”

第 15 课时

目的与任务：1. 学习行进间低手投篮技术动作，初步掌握其动作方法 2. 复习单手肩上投篮，提高投篮命中率 3. 培养队员之间的沟通能力、团队配合的默契程度			
部分	时间	内容	教法与要求
课前与家长交流	5分钟	1. 介绍课程计划及执教理念 2. 与家长交流部分学习内容	教法：教练与家长交流队员在上节训练课后的情绪及身体反应，获取反馈
集合讲解互动沟通	6分钟	1. 队员成2列横队集合，保持安静 2. 慢慢地拍手，大声喊“加油” 3. 强调兴趣对篮球运动的重要性 4. 本节课的主题是“培养队员之间的沟通能力” 5. 简单对上节课学习的内容进行提问复习 6. 激励、热情、能量至关重要	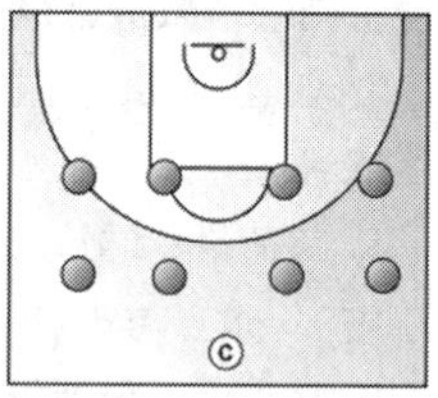 要求：队员在听到教练喊“上课”后，迅速站好队形，做到快、静、齐
准备部分	5分钟	一、动态拉伸 （一）目的：提高中枢神经系统的兴奋水平，降低肌肉粘滞性，增加弹性，避免肌肉损伤 （二）方法：全场往返练习1组 1. 端线出发做弓步压腿 2. 端线出发做小步跑 3. 端线出发做高抬腿跑 4. 端线出发做后踢腿跑	要求：队员须保持专注，认真进行拉伸，每个动作都要做到位，使全身肌肉得到动员，迅速进入训练状态，避免受伤
	5分钟	二、体育游戏：“三环追逐” （一）目的：提高队员的协调性与灵活性，以及在跑动过程中的身体控制能力和稳定性 （二）方法 1. 队员在端线后排队站好，前2名队员持球 2. 听到教练哨声后，第一名队员出发，右手运球绕罚球圈1周后，换手运球至中圈 3. 第一名队员绕完第一个圈后，教练吹哨，下一名队员出发，路线与第一名队员一致 4. 绕过最后一个圈后返回，返回时为S形线路，最后做三步上篮 5. 球投进并抢到篮板球后将球传给下一名队员，以此类推	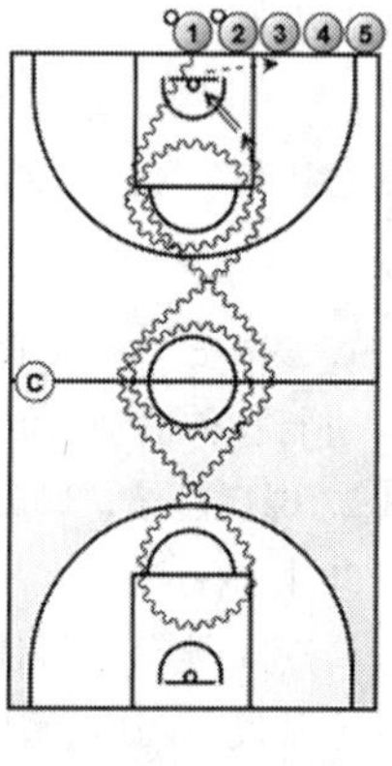 要求： 1. 在运球绕环过程中重心降低，向圆心偏移，将球控制在腰部以下；在绕圈时注

续表

部分	时间	内容	教法与要求
准备部分		6. 第二名队员全力追赶第一名队员 7. 在运球过程中不要违例，若出现失误，快速从失误处捡球继续完成练习	意前脚掌蹬地，侧压肩，控制住球的高度 2. 在换手运球后注意后脚主动蹬地发力，加速，将球向前放运球 3. 运球时，视线尽量离开篮球，注意观察场上情况 器材：篮球
基础训练	16分钟	一、行进间变换运球练习 （一）目的：在全场高速运球情况下提高体前变向、背后过人、胯下过人、转身过人技术动作的掌握程度 （二）方法 1. 按照规定的路线，从端线出发 2. 在3个标志筒旁分别做体前变向、背后过人、胯下过人或转身过人运球练习 3. 第一名队员到达中线后，第二名队员开始出发 4. 负荷量：1个往返×5组 （三）重点与难点 1. 注意变向时动作幅度尽可能大一点 2. 变向后加速要明显 3. 运球时手指要加力，保证球迅速反弹到手上	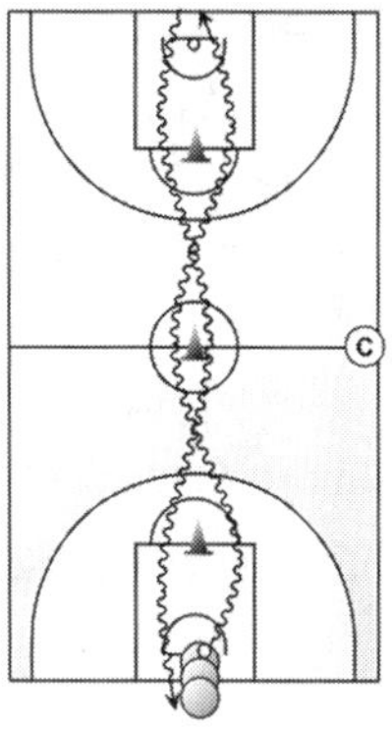 要求： 1. 注意在变向时将动作做扎实，幅度尽可能地大 2. 队员过中线时要注意前方情况，避免发生碰撞 器材：标志筒、篮球
	6分钟	二、学习行进间低手投篮技术动作 （一）目的：让队员了解行进间低手上篮的基本步骤及规范动作 （二）方法 1. 以右手投篮为例，运球后收球，保持两手持球动作 2. 右脚向前跨出一大步 3. 左脚跨出一小步并用力蹬地向前上方起跳 4. 右腿屈膝上提，同时双手向前上方举球 5. 当身体接近最高点时，左手离球，右手掌心向上托球 6. 屈腕，食指、中指拨球将球投出	要求：队员在听教练讲解动作时，可以在原地进行模仿，遇到不懂的问题时可以随时举手提问，不能交头接耳、谈论与上课无关的内容

续表

部分	时间	内容	教法与要求
		（三）重点与难点 1. 注意哪只手上篮抬哪条腿 2. 一步大、二步小、三步高 3. 以右手投篮为例，将球向篮筐上方白色区域的右上角投出，命中率较高	
基础训练	8分钟	三、无球行进间低手投篮练习 （一）目的：让队员对于起步动作及距离形成感觉，逐渐摸索动作 （二）方法 1. 将队员分成2组，站在半场三分线的两侧 2. 同时开始练习，当听到教练喊“1”时，做运球收球动作 3. 当教练喊“2”时，做三步动作 4. 当教练喊“3”时，做单手低手投篮动作 5. 队员做完后排至队尾，依次进行练习 6. 负荷量：10次×5组 （三）重点与难点 1. 保证动作的连贯性 2. 注意步法的准确性	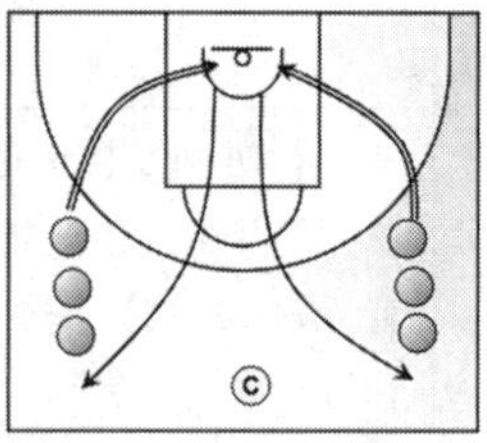 要求：队员在练习时要注意动作的连贯性
	8分钟	四、传切上篮练习 （一）目的：初步掌握行进间单手上篮后，结合球进行巩固练习 （二）方法 1. 队员传球后移动到标志筒位置准备接球、上篮 2. 自投自抢，排至队尾，依次进行练习 3. 负荷量：5次×5组 （二）重点与难点 1. 在保证命中率的同时确保动作标准 2. 传球要到位，接球时要做好迎球准备	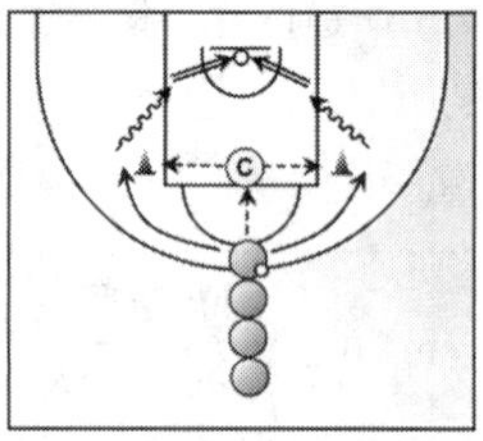 要求：队员在投篮后迅速抢篮板球，不要影响下一名队员的练习 器材：标志筒、篮球
	8分钟	五、双人投篮组队练习 （一）目的：提高队员的投篮能力、与队友的默契程度及自投自抢的前场篮板球意识 （二）方法 1. 将队员分成5组 2. 每组成纵队各站在1个投篮点上，每组1球	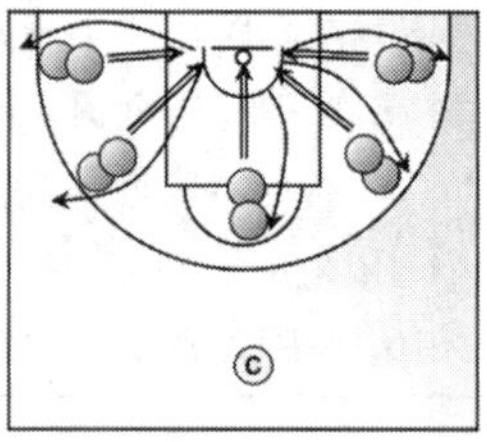

续表

部分	时间	内容	教法与要求
基础训练		3. 面对篮筐成弧形站立，依次进行投篮，自投自抢，完成后将球传给下一名队员，先投进 3 球者获胜，输者罚做 5 个蹲起 4. 负荷量：2 分钟 ×4 组 （三）重点与难点 1. 培养自投自抢的习惯 2. 在高强度下保证投篮命中率和动作规范	要求： 1. 队员在练习中要学会对篮板球落点的判断 2. 抢篮板球时只能抢自己组的篮球 器材：篮球
团队合作游戏竞赛	13 分钟	名称：“小兔采蘑菇”游戏 （一）目的：提高队员的兴奋性、协调性、团队竞争意识及运球能力 （二）方法 1. 队员分成 2 组，每组第一名队员拿球 2. 听到教练的信号后，从端线出发运球通过标志筒 3. 到达终点后，从圈内拿 1 个网球，原路运球返回 4. 将篮球传给下一名队员，网球放在圈内 5. 游戏结束后，网球多的组获胜	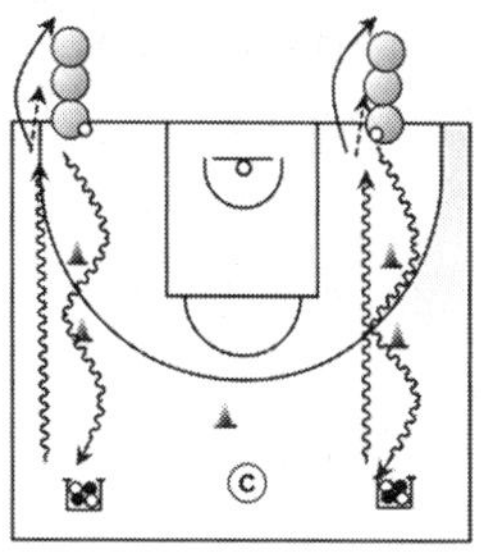 要求： 1. 在运球过程中如果发生失误，则回原点重新开始 2. 队员每次只能拿 1 个网球 器材：网球、标志筒、篮筐
放松与总结	10 分钟	1. 队员成 2 列横队体操队形散开，在教练的带领下进行拉伸活动，保证拉伸动作的质量 2. 课后总结，口头提问本节课学习的内容 3. 特别提醒 4. 宣布本节课最佳队员（在球场上展现出了较高的专注度），让其余队员向他学习 5. 鼓舞士气，宣布下课	要求：队员在中圈围成圆圈，喊“1，2，3，加油！”

第　16　课时

目的与任务：1. 复习行进间低手投篮技术动作，掌握左、右手上篮技术动作
2. 提高队员四肢的协调性及高强度运动下投篮的稳定性
3. 培养队员的自信心

部分	时间	内容	教法与要求
课前与家长交流	5分钟	1. 介绍课程计划及执教理念 2. 与家长交流部分学习内容	教法：教练与家长交流队员在上节训练课后的情绪及身体反应，获取反馈
集合讲解互动沟通	6分钟	1. 队员成2列横队集合，保持安静 2. 慢慢地拍手，大声喊“加油” 3. 强调兴趣对篮球运动的重要性 4. 本节课的主题是“培养队员的自信心” 5. 简单地对上节课学习的内容进行提问复习 6. 激励、热情、能量至关重要	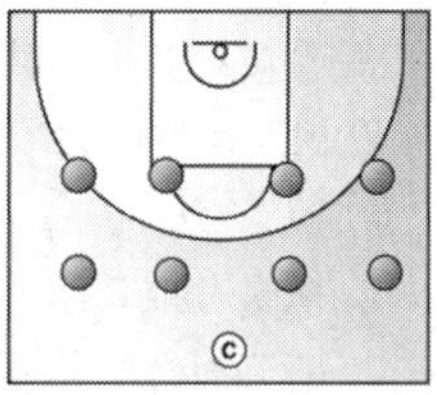 要求：队员在听到教练喊“上课”后，迅速站好队形，做到快、静、齐
准备部分	5分钟	一、动态拉伸 （一）目的：提高中枢神经系统的兴奋水平，降低肌肉的粘滞性，增加弹性，避免肌肉损伤 （二）方法：全场往返练习1组 1. 端线出发做弓步压腿 2. 端线出发做小步跑 3. 端线出发做高抬腿跑 4. 端线出发做后踢腿跑	要求：队员须保持专注，认真进行拉伸，每个动作都要做到位，使全身肌肉得到动员，迅速进入训练状态，避免受伤
	5分钟	二、体育游戏：“击鼓传球” （一）目的：提高队员的兴奋性、注意力及兴趣 （二）方法 1. 队员按照要求站好 2. 教练有节奏地吹哨，第一名队员向下一名队员传球 3. 当听到明显的信号后，拿球的队员与上一名传球的队员立即按照即定路线完成任务，先到达终点的队员获胜	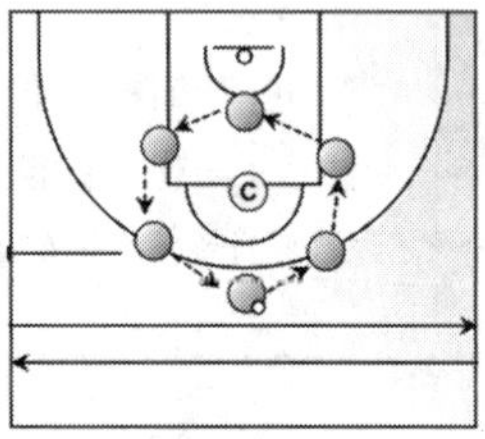 要求： 1. 在游戏过程中要求每一名队员做好准备，随时出发 2. 在游戏过程中要保证传球的质量 器材：篮球

续表

部分	时间	内容	教法与要求
基础训练	11分钟	一、半场运球上篮练习 （一）目的：加长运球距离，检验队员是否掌握并熟练运用行进间单手投篮动作，教练要仔细观察队员起步动作是否正确 （二）方法 1. 队员排成1路纵队 2. 每人1球，运球至标志筒位置进行行进间单手投篮 3. 自投自抢，排至队尾，依次进行练习 4. 负荷量：3次×3组 （三）重点与难点 1. 在保证命中率的同时确保动作标准 2. 完成投篮后迅速捡回球排到队尾	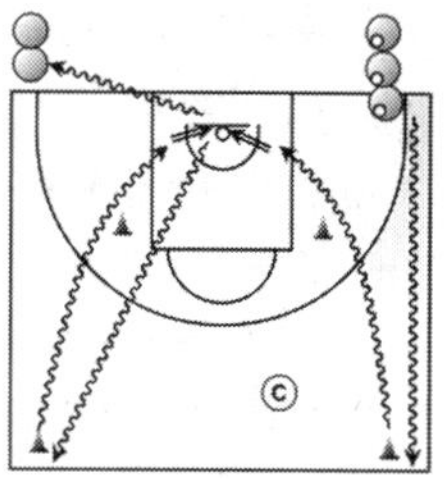 要求： 1. 队员在练习时，要保证绕过每一个标志筒并踩到中线才能返回 2. 从中线返回时，尽量贴边线运球，接近三分线时跑动路线要有一个明显的弧度向内切 器材：标志筒、篮球
	11分钟	二、左右手随机上篮练习 （一）目的：提高队员的奔跑能力、反应能力、上篮能力 （二）方法 1. 队员成1路纵队站在篮下，每人1球 2. 将球传给教练后全速奔跑，教练随机传球 3. 根据接球位置选择左手或右手上篮 4. 球投进就在端线后休息，下一名队员出发，球未投进则返回中线后继续 5. 负荷量：1个往返×5组 （三）重点与难点 1. 在保证命中率的同时确保动作标准 2. 传球要到位，接球时要做好迎球准备 3. 传球后沿边线加速奔跑	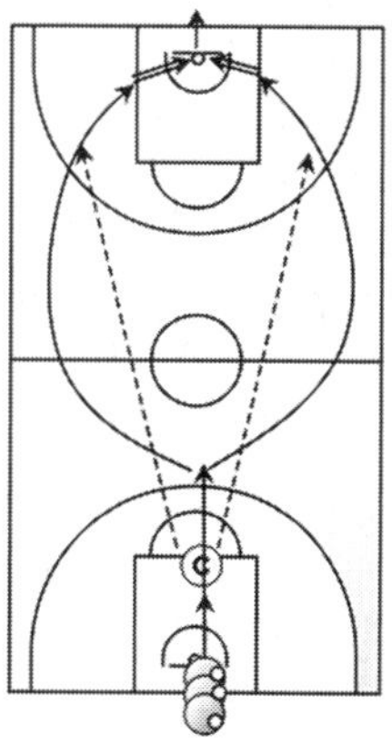 要求： 1. 队员在传球后要保持较高的注意力，不仅要观察前方的情况，而且要兼顾到教练传球的方向 2. 根据球的落点调整自己的速度，在合适的位置接球并完成上篮 3. 队员要沿边线快下 器材：篮球
	11分钟	三、双人投篮组队练习 （一）目的：提高队员的投篮能力、与队友的默契程度及自投自抢的前场篮板球意识 （二）方法 1. 队员分成5组 2. 每组成纵队各站在1个投篮点上，每组1球	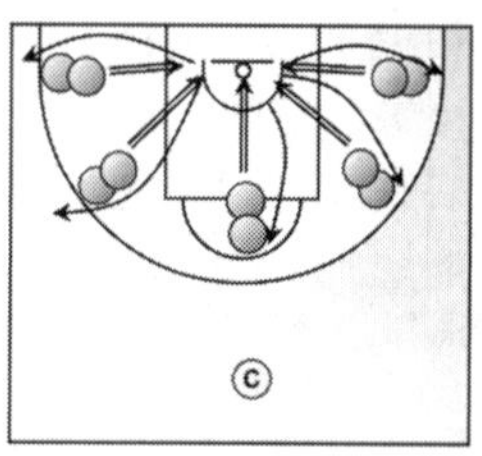

续表

部分	时间	内容	教法与要求
基础训练		3. 面对篮筐成弧形站立，依次进行投篮，自投自抢，完成后将球传给下一名队员，先投进 3 球者获胜，输者罚做 5 个蹲起 4. 负荷量：2 分钟 ×4 组 （三）重点与难点 1. 培养自投自抢的习惯 2. 在高强度下保证投篮命中率和动作规范	要求： 1. 队员在练习中要学会对篮板球落点的判断 2. 抢篮板球时只能抢自己组的篮球 器材：篮球
	13 分钟	四、“全场 1 VS 1 斗牛”练习 （一）目的：在实战中选择不同的突破技术动作，巩固突破技术动作 （二）方法 1. 2 人 1 组 2. 进攻队员根据防守队员位置，选择合适的变向过人技术动作 3. 防守队员全力防守 4. 到达端线后可选择投篮或上篮 5. 投篮或上篮未进则自投自抢 6. 总得分多者获胜，输者做 10 个蹲起 7. 负荷量：1 个往返 ×5 组 （三）重点与难点 1. 防守时保持防守强度 2. 进攻时要注意在不同情况下变向技术的选择，同时保持进攻的侵略性	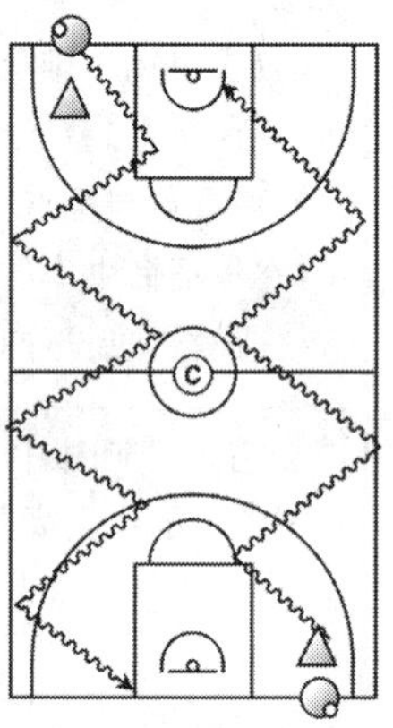 要求： 1. 队员练习时不要越过中轴线，以免发生碰撞 2. 防守时要保持强度 器材：篮球
团队合作游戏竞赛	13 分钟	名称：匍匐前进推球接力赛游戏 （一）目的：提高队员的积极性、全身协调性、队员之间配合的默契程度 （二）方法 1. 队员分成 2 组，站在端线处 2. 听到教练的信号后，匍匐前进推球，绕过标志筒 3. 在绳梯附近起身，将球举过头顶，做脚步动作 4. 结束后，将球传给第二名队员，依此类推，先完成比赛的小组获胜	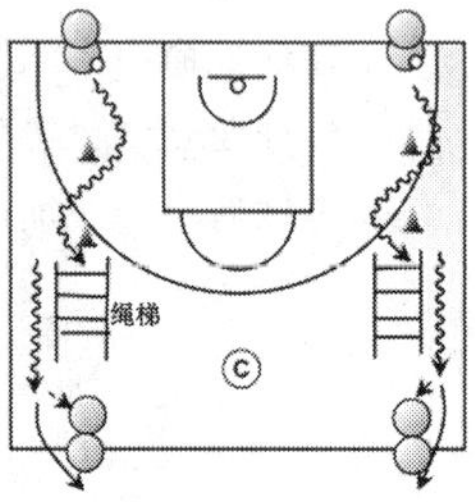 要求： 1. 匍匐前进时要保持球掌握在手掌附近，目视前方 2. 匍匐前进推球附加绳梯练习可以有效地促进队员的四肢协调能力、球感及脚步灵活性 器材：篮球、绳梯、标志筒

续表

部分	时间	内容	教法与要求
放松与总结	10分钟	1. 队员成2列横队体操队形散开，教练带领进行拉伸活动，保证拉伸动作的质量 2. 课后总结，口头提问本节课学习的内容 3. 特别提醒 4. 宣布本节课最佳队员（在球场上展现出了较高的专注度），让其余队员向他学习 5. 鼓舞士气，宣布下课	要求：队员在中圈围成圆圈，喊“1，2，3，加油!”

第 17 课时

目的与任务：1. 学习交叉步突破与顺步突破技术动作，并掌握其动作方法，提高突破与投篮、上篮的连贯性 2. 提高队员 1 VS 1 能力、队员防守能力 3. 培养队员的协调性与灵敏性 4. 培养队员的成功心理			
部分	时间	内容	教法与要求
课前与家长交流	5分钟	1. 介绍课程计划及执教理念 2. 与家长交流部分学习内容	教法：教练与家长交流队员在上节训练课后的情绪及身体反应，获取反馈
集合讲解互动沟通	6分钟	1. 队员成 2 列横队集合，保持安静 2. 慢慢地拍手，大声喊“加油” 3. 强调兴趣对篮球运动的重要性 4. 本节课的主题是“培养队员的成功心理” 5. 简单地对上节课学习的内容进行提问复习 6. 激励、热情、能量至关重要	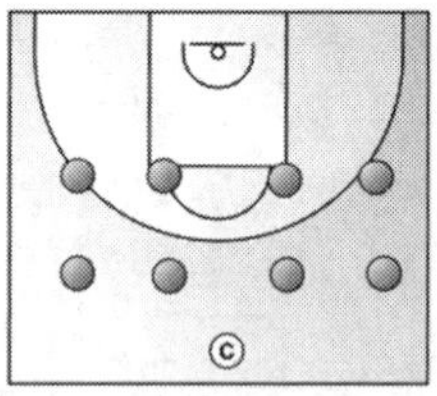 要求：队员在听到教练喊“上课”后，迅速站好队形，做到快、静、齐
准备部分	5分钟	一、动态拉伸 （一）目的：提高中枢神经系统的兴奋水平，降低肌肉粘滞性，增加弹性，避免肌肉损伤 （二）方法：全场往返练习 1 组 1. 端线出发做弓步压腿 2. 端线出发做小步跑 3. 端线出发做高抬腿跑 4. 端线出发做后踢腿跑	要求：队员须保持专注，认真进行拉伸，每个动作都要做到位，使全身肌肉得到动员，迅速进入训练状态，避免受伤
	5分钟	二、体育游戏：“中圈斗牛” （一）目的：提高队员的注意力及运球能力 （二）方法 1. 2 人 1 组各拿 1 球，站在中圈内 2. 各自运球并对对方的球进行抢断 3. 先将对方球断掉出中圈即为获胜，脚踩到圈外算输 4. 下一组 2 名队员站在场边监督，准备轮换	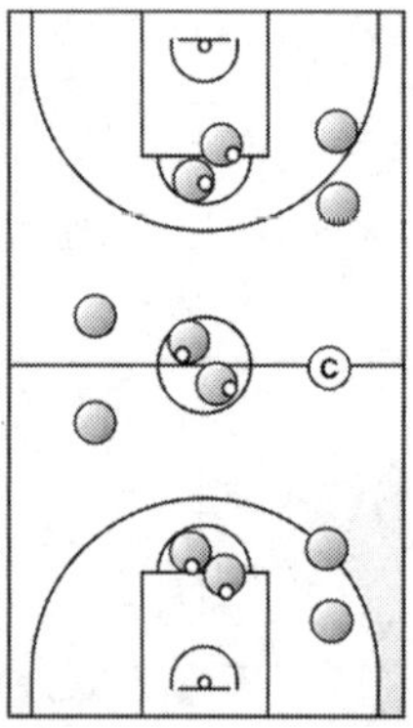 要求： 1. 在两侧罚球线及中圈可同时进行

续表

部分	时间	内容	教法与要求
准备部分			2. 队员在断球时要注意不能一味地追求断球或者获胜，而是要保证自己运球的质量 3. 要利用护球手对球进行保护 器材：篮球
基础训练	15分钟	一、罚球线顺步突破上篮练习 （一）目的：让队员了解突破的基本动作并初步掌握完整动作 （二）方法 1. 以左脚为中枢脚，两脚左右开立，两膝微屈 2. 身体重心降低，右脚向右前方跨出 3. 向右转体，沉肩，重心前移 4. 右手向前推球，加速突破防守 5. 队员在标志筒前进行持球顺步突破后，运球上篮 6. 自投自抢，排至队尾，完成2组后换到左侧，练习左手顺步突破 7. 负荷量：5次×3组 （三）重点与难点 1. 突破后有明显的加速过程 2. 加速时沉肩、推球	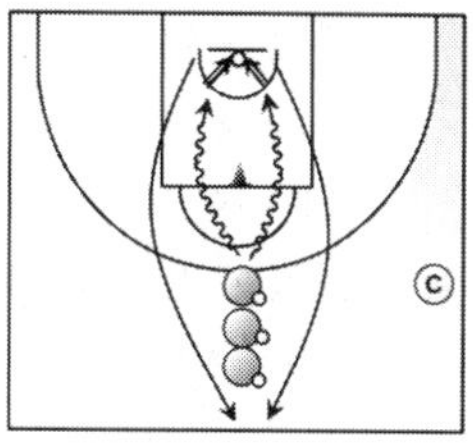 要求： 1. 降低重心，沉肩 2. 注意中枢脚在运球突破前不要离地 器材：标志筒、篮球
	15分钟	二、罚球线交叉步突破上篮练习 （一）目的：让队员了解交叉步突破与顺步突破的区别，并明白在什么情况下使用 （二）方法 1. 两脚前后开立，与肩同宽 2. 两膝微屈，重心降低 3. 持球于胸腹之间 4. 左脚前脚掌内侧用力蹬地，向对手左侧跨出一大步 5. 沉左肩，球移至右手，向左脚右前方放球 6. 右脚蹬地发力，加速超越对手 7. 队员在标志筒前进行持球交叉步突破 8. 运球上篮，队员自投自抢，排至队尾 9. 完成2组后换到左侧，练习左手顺步突破 10. 负荷量：5次×3组 （三）重点与难点 1. 突破后有明显的加速过程 2. 加速时沉肩、推球	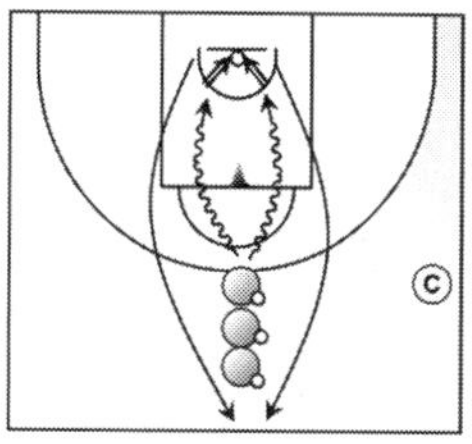 要求： 1. 中枢脚在运球前不要离地 2. 沉肩，降低重心 3. 向前推球，蹬地加速 器材：标志筒、篮球

续表

部分	时间	内容	教法与要求
基础训练	14分钟	三、全场1 VS 1斗牛练习 （一）目的：在实际情况下选择不同的突破技术动作，对突破动作进行巩固 （二）方法 1. 2人1组 2. 进攻队员根据防守队员位置，选择合适的变向过人技术动作 3. 防守队员全力防守 4. 到达端线后可选择投篮或上篮 5. 投篮或上篮未进则自投自抢 6. 总得分多者获胜，输者做10个蹲起 7. 负荷量：1个往返×5组 （三）重点与难点 1. 防守时保持防守强度 2. 进攻时要注意在不同情况下变向技术的选择，同时保持进攻的侵略性	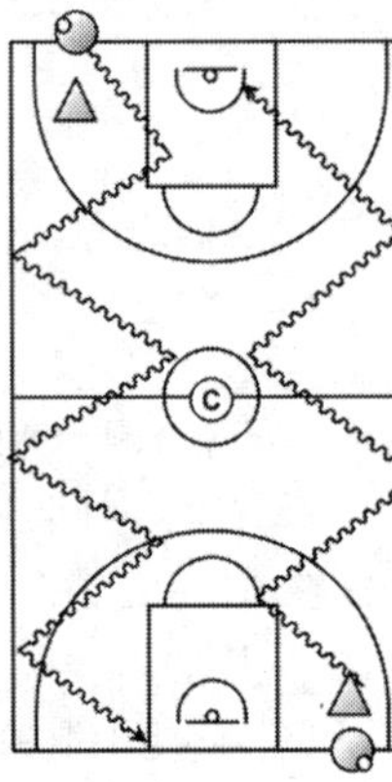 要求： 1. 队员练习时不要越过中轴线，以免发生碰撞 2. 防守时要保持强度 器材：篮球
团队合作游戏竞赛	15分钟	名称：花样投篮竞赛游戏 （一）目的：提高队员的积极性、兴奋性、球感，并培养自投自抢的习惯 （二）方法 1. 队员分2组 2. 一组拿篮球，另一组拿网球，投篮 3. 先投中3球者即此局获胜，每局结束后2组交换用球，五局三胜	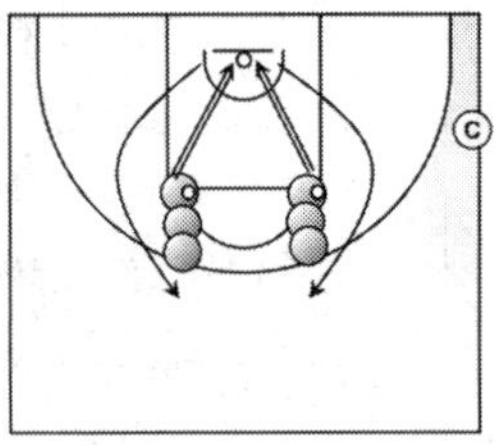 要求： 1. 队员自投自抢，网球弹性较大，要提前做好抢篮板球的准备，节约捡球时间 2. 投篮时教练要注意维持秩序，一名队员投完之后，下一名队员才能出手 器材：网球、篮球
放松与总结	10分钟	1. 队员成2列横队体操队形散开，教练带领进行拉伸活动，保证拉伸动作的质量 2. 课后总结，口头提问本节课学习的内容 3. 特别提醒 4. 宣布本节课最佳队员（在球场上展现出了较高的专注度），让其余队员向他学习 5. 鼓舞士气，宣布下课	要求：队员在中圈围成圆圈，喊“1，2，3，加油!”

第 18 课时

目的与任务：1. 培养队员对篮球运动的热情，教导队员一定要真正地热爱与享受所做的事情
2. 复习防守脚步移动技术，巩固其动作方法
3. 复习传球、运球、投篮技术动作，提高其动作的规范性、准确性及稳定性

部分	时间	内容	教法与要求
课前与家长交流	5分钟	1. 介绍课程计划及执教理念 2. 与家长进行深入交流，了解队员的性格特点，是否能够对一件喜欢的事情保持热情	教法：与家长进行深入的沟通与交流，介绍本节课的重点与难点，解决家长提出的队员在日常训练中遇到的各种问题
集合讲解互动沟通	10分钟	1. 慢慢地拍手，大喊“加油” 2. 强调兴趣对篮球运动的重要性 3. 相互介绍：认识教练与队员 4. 本节课的主题是“热爱” 5. 提高运用篮球基本技术的熟练程度，培养队员主动训练的意识 6. 激励、热情、能量至关重要 7. 选出本节课的实习队长，协助教练维持纪律，带领队员认真练习	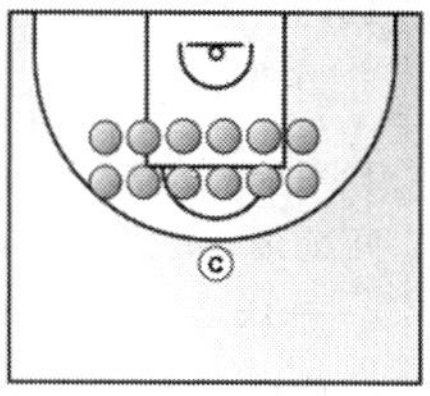 要求：队员要集中注意力，并强调课堂纪律
准备部分	10分钟	一、动态拉伸 （一）目的：降低肌肉粘滞性，避免在训练中拉伤 （二）方法：全场往返练习 1 组 1. 在队长的带领下，绕篮球场地慢跑 5 圈 2. 行进间弓箭步转体 3. 行进间侧向左右侧压腿 4. 行进间小步跑 5. 后退跑 6. 行进间后踢腿跑 7. 行进间高抬腿跑 8. 行进间跑跳步 9. 行进间侧身前后交叉步跑	要求： 1. 在慢跑过程中，队员双手持球，在胸前运用手指和指尖左右拨球，手掌及掌心不接触球 2. 在拉伸过程中，要求队员注意拉伸力度，不要盲目追求速度 3. 时刻提醒队员，保证拉伸动作的准确性 4. 告诉队员某动作应牵拉某块肌肉，并时刻询问队员该肌肉是否有牵拉感

续表

部分	时间	内容	教法与要求
准备部分	10分钟	二、体育游戏：“猫和老鼠” （一）目的：提高队员的快速反应能力、快速移动能力及协调性和灵敏性 （二）方法 1. 将队员分为2组，身着不同颜色的背心，分别站在两侧边线后，游戏中称为“窝” 2. 听到哨声后，两边队员同时向中间跑动，听教练口令，某颜色队员为“猫”，随后“老鼠”一方朝自己的“窝”跑去 3. 在听到教练的口令后，角色为“猫”的队员要迅速去追捕角色为“老鼠”的队员，而“老鼠”要尽可能地摆脱追捕，跑向自己的“窝” 4. 到达“窝”的队员即为安全，被抓住的队员在旁边休息，等待其余队员继续完成游戏，或结束于规定时间 5. 被淘汰的队员做10个蹲起	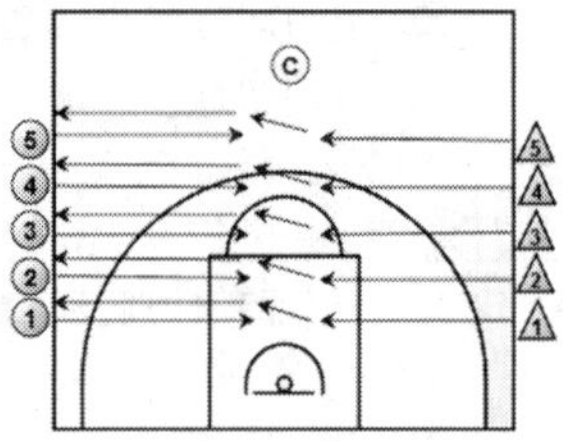 要求： 1. 队员根据教练的哨声迅速做出反应，按照自己的路线跑动 2. 注意力集中，安全第一，避免发生碰撞
基础训练	10分钟	一、防守脚步移动练习 （一）目的：提高队员的脚下移动能力及反应能力 （二）方法 1. 根据教练的口令，队员成2列横队体操队形进行防守滑步练习 2. 口令：“准备”——原地碎步 3. 口令：“向左”——左侧横滑步 4. 口令：“向右”——右侧横滑步 5. 口令：“左后”——左侧后滑步 6. 口令：“右后”——右侧后滑步 7. 口令：“左前”——左侧前滑步 8. 口令：“右前”——右侧前滑步 9. 滑动到指定位置，伸手触摸标志筒，随后返回起始位置，双手打开，原地做小碎步跑，等待教练下达口令 10. 可加大难度，教练加快下达口令的速度，不必等队员回到起始位置 11. 负荷量：2分钟×5组 （三）重点与难点：队员要时刻注意控制重心，特别是在疲劳的情况下双腿会不由自主地伸直，降低移动速度，导致训练效果下降	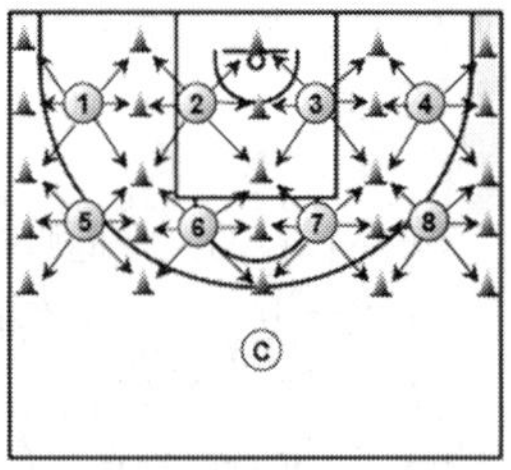 要求： 1. 队员要根据教练的口令迅速做出反应 2. 主动蹬地发力，迅速有力，身体重心平稳，不要起伏 3. 双臂微屈，双手打开，抬头目视前方 器材：标志筒

续表

部分	时间	内容	教法与要求
基础训练	10分钟	二、移动传接球练习 （一）目的：提高队员在行进间的传接球能力及传球的准确性 （二）方法 1. 熟练掌握双手胸前平传球、双手胸前反弹传球、单手肩上传球（内侧手、外侧手）、双手头上传球的技术动作 2. 队员分为 2 组，④将球传给⑤，然后跑到⑤的队尾 3. ⑤接到球后将球传给③，然后跑到③的队尾 4. ③再将球传给⑥，然后跑到⑥的队尾，以此类推 5. 负荷量：2 分钟 ×5 组 （三）重点与难点 1. 双手胸前平传球时，后脚蹬地发力，由下肢带动上肢，出手后五指自然分开指向接球队员，手背相对，上臂伸直 2. 双手胸前反弹传球和单手击地传球时，球的落点应在球反弹后能够到达队友胸口的位置 3. 单手肩上传球时，由肩膀前侧位置将球传出，球出手后手臂伸直，五指分开指向接球队员 4. 双手头上传球时，肘部略微弯曲，将球置于头部上方偏后的位置，注意不要放到后脑勺的位置 5. 接球的同时迅速调整脚步，避免走步违例	 要求： 1. 传接球动作要规范，手指、手腕拨球有力，传球速度逐渐加快，快中求准，让接球队员接到球后可以直接做下一个动作 2. 传球后按照逆时针方向轮转换位 器材：篮球
	10分钟	三、全场变向运球上篮练习 （一）目的：提高队员的全场运球及上篮能力 （二）方法 1. 队员分 2 组，成 2 路纵队持球站在端线后，听到教练口令后每组的排头同时出发 2. 加速运球至标志筒前，做单手体前变向运球突破，至下一个标志筒，依次进行 3. 三步上篮，若球未进，直至投进为止。上篮分为低手上篮和高手上篮，队员上篮时教练可站在篮下利用手臂或双手进行干扰 4. 球投进抢到篮板球后，到端线后等待。队员两两之间可以竞赛的形式进行，或以组为单位进行比赛 5. 负荷量：5 分钟 ×2 组 （三）重点与难点 1. 突破时注意中枢脚的脚跟抬起，蹬地转体发力，同时转体，侧压肩，向前放球加速 2. 注意上篮时的起步位置，将球置于胸前，由下肢至上肢协调发力上篮，手指、手腕柔和拨球	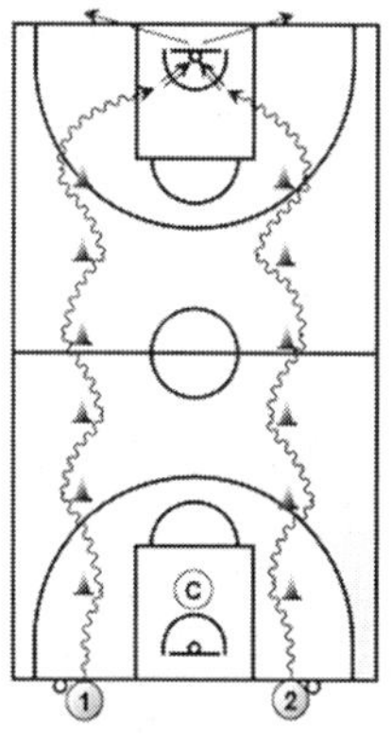 要求： 1. 运球起动时，后脚蹬地发力，向前推进放球 2. 在标志筒前做变向时，重心降低，将球控制在腰部以下，尽可能地加大变向幅度 3. 行进间低手投篮时将球置于胸前，双手由胸前向斜上方举球，注意球出手时单手

续表

部分	时间	内容	教法与要求
基础训练			托住球的底部向上抬上臂和前臂，手腕柔和发力，五指同时拨球 4. 行进间高手投篮时注意根据队员力量的大小调整前臂与上臂、上臂与躯干的角度，抬肘压腕，手指柔和拨球 5. 行进间投篮时尽量舒展身体，往高跳 器材：标志筒、篮球
团队合作游戏竞赛	15分钟	名称：行进间上篮追逐比赛游戏 （一）目的：提高队员全速跑动中的上篮技术及上篮命中率 （二）方法 1. 将队员分为2组，分别在2条端线后面站好，每队第一名队员持球。听到哨声后，游戏开始，双方同时加速运球到对手的篮筐上篮，期间可以两手交替运球 2. 双方各须进2个球，即对手篮筐与己方篮筐各进一球，随后将球传给自己的下一名队友，即①传给②，△6传给△7，以此类推 3. 若球未进，补进后方可继续进行，如一方队员追上或赶超对方队员，则被追上一方全体队员做10个深蹲跳 4. 每名队员都完成上篮后还未分出胜负，则双方都要做10个蹲起	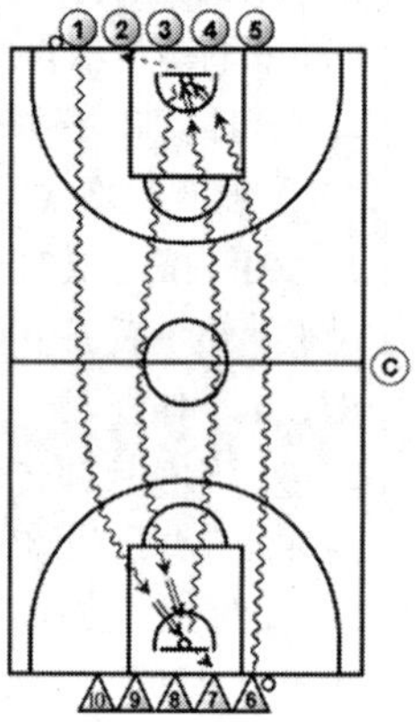 要求： 1. 游戏全程不允许违例，球不允许离开自己的控制范围，如先将球扔出再去追球即为违例 2. 运球起动时，后脚蹬地发力，向前推进放球 3. 运球过程中视线尽量离开篮球，注意观察路线及对手 4. 运球过程中尽量将球控制在腰部以下 器材：篮球
放松与总结	10分钟	1. 拉伸放松 2. 课后总结 3. 特别提醒 4. 宣布本节课最佳队员 5. 鼓舞士气	教法： 1. 教练总结本节课所学内容，再次强调动作的细节与要领 2. 教练布置课下作业 3. 教练宣布本节课最认真、提高最快的队员，让其余队员向其学习 4. 队员面向自己父母鞠躬，说“父母辛苦了”，集合喊“加油”，随后解散

第 19 课时

目的与任务：1. 培养队员的专注度，将自己的时间、注意力和智慧都用到所要做的事情上
2. 复习防守脚步移动技术，巩固其动作方法
3. 复习传球、运球、投篮技术动作，提高其动作规范性、准确性及稳定性

部分	时间	内容	教法与要求
课前与家长交流	5 分钟	1. 介绍课程计划及执教理念 2. 与家长进行深入交流，了解队员的性格特点，是否对一件喜欢的事情保持专注的态度	教法：询问上节课作业完成情况，向家长了解队员的身体情况及心理状况，以便及时调整训练量
集合讲解互动沟通	10 分钟	1. 慢慢地拍手，大声喊“加油” 2. 强调兴趣对篮球运动的重要性 3. 相互介绍：认识教练与队员 4. 本节课的主题是“专注” 5. 提高运用篮球基本技术的熟练程度，培养队员主动训练的意识 6. 激励、热情、能量至关重要 7. 选出本节课的实习队长，协助教练维持纪律，带领队员认真练习	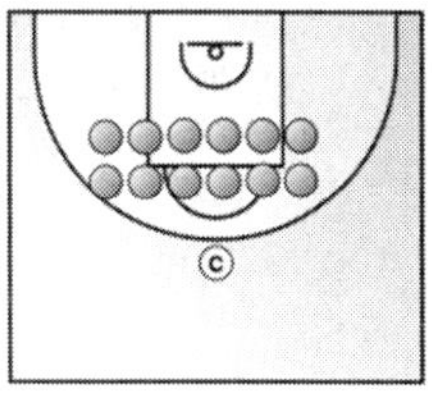 要求：集合时以 2 列横队队形站好，尽快集中队员的注意力，并强调上课时的纪律性
准备部分	10 分钟	一、动态拉伸 （一）目的：降低肌肉粘滞性，避免在训练中拉伤 （二）方法：全场往返练习 1 组 1. 在队长的带领下，绕篮球场地慢跑 5 圈 2. 行进间直腿屈体摸脚尖 3. 行进间燕式平衡 4. 行进间小步跑 5. 行进间侧身前后交叉步跑 6. 行进间高抬腿跑 7. 行进间后踢腿跑 8. 行进间横向滑步 9. 后退跑	要求： 1. 在慢跑过程中，队员双手持球，在胸前运用手指和指尖左右拨球，手掌及掌心不接触球 2. 在拉伸过程中，要求队员注意拉伸力度，不要盲目追求速度 3. 时刻提醒队员，保证拉伸动作的准确性 4. 告诉队员某动作应当牵拉某块肌肉，并时刻询问队员该肌肉是否有牵拉感

续表

部分	时间	内容	教法与要求
准备部分	10分钟	二、体育游戏："左右为难" （一）目的：提高队员后转身技术及反应能力 （二）方法 1. 队员站成2排，基本姿势站立，原地持球 2. 教练发出口令，队员以左脚或右脚为轴，做90°或180°前转身或后转身动作，或做出与口令相反的动作 3. 做错或反应慢的队员原地坐下，以手腕为轴做低运球，等待其他队员 4. 最后胜出者休息，其余队员做10次深蹲跳	 要求： 1. 注意转身时重心不要上下起伏，中枢脚前脚掌着地，体会蹬转动作，核心区发力 2. 转体时球放置于胸前，拿稳 3. 在做动作的过程中，尽量目视前方 器材：篮球
基础训练	10分钟	一、原地双手运球练习 （一）目的：增强队员的球感、双手运球能力及协调性 （二）方法 1. 队员分2排站好，每名队员持2个篮球，并在每名队员脚下摆2个敏捷圈 2. 听到教练哨声后开始运球，将球的落点控制在敏捷圈内 3. 原地双手运球方式包括：双手同时低运球、双手同时高运球、双手交替运球、双手高低运球、双手体前变向运球、双手前后推拉球、双手体前交替手运球等 4. 可根据运球的方式改变敏捷圈的位置 5. 队员运球时，教练可以伸出手指比划数字让队员大声喊出 6. 教练在队员运球时可适当对其进行干扰，如轻拍队员肘部或上臂等 7. 负荷量：50次×5组 （三）重点与难点 1. 运球时将球控制在敏捷圈内，不要碰到敏捷圈的边缘 2. 队员在疲劳时或被教练施加阻力时也要控制好球的力度与方向，柔和拨球、接球	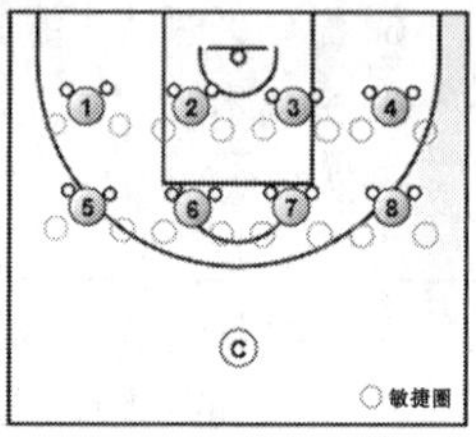 要求： 1. 高运球时以肩为轴，中运球时以肘为轴，低运球时以手腕为轴，五指分开，压腕，手指与指尖柔和发力拨球 2. 运球时双脚略宽于肩，重心降低，保持身体平衡，不要上下起伏 3. 运球时背部挺直，不要含胸弓腰，抬头挺胸，目视前方 器材：敏捷圈、篮球

续表

部分	时间	内容	教法与要求
基础训练	10分钟	二、行进间传接球上篮练习 （一）目的：提高队员的脚下移动能力及传接球上篮能力 （二）方法 1. 队员分成 2 组，其中 1 组持球，①跑到教练身前，做摆脱动作，向篮下空切，⑥传球给①，①接球后直接三步上篮 2. ①抢篮板球后到⑦队尾排队，⑥跟随①到篮下，提高冲抢篮板球意识 3. ⑥到②队尾排队，依次进行 4. 增加传球的方式，如内侧手击地传球、外侧手击地传球等 5. 上篮分为低手上篮和高手上篮，队员上篮时教练可站在篮下利用手臂或双手进行干扰 6. 负荷量：5 分钟 ×2 组 （三）重点与难点 1. 在接球的同时快速调整身体重心与方向，做好上篮准备 2. 注意传接球的时机，尽量做到人到球到，将球传准、传好	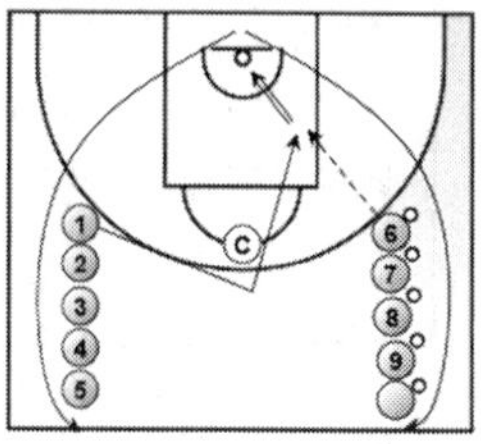 要求： 1. 传接球动作要规范，手指、手腕拨球有力，要传球准确，接球队员接球后可直接衔接下一个动作 2. 队员起动摆脱应有节奏变化，传球队员与接球队员要确立眼神和语言的交流 3. 行进间低手投篮时将球置于胸前，双手由胸前向斜上方举球，注意球出手时单手托住球的底部向上抬上臂和前臂，手腕柔和发力，五指同时拨球 4. 行进间高手投篮时注意根据队员力量的大小调整前臂与上臂、上臂与躯干角度的大小，抬肘压腕，手指柔和拨球 器材：篮球
	10分钟	三、行进间接球投篮练习 （一）目的：提高队员的移动接球能力及接球后快速急停能力 （二）方法 1. 队员站成 1 列，除第一名队员外每人 1 球 2. ①往左侧移动，②将球传给①，①接球后投篮，随后自己去抢篮板球，回到队尾 3. ②传完球后往右侧移动，③将球传给②，②接球后投篮，抢到篮板球后回到队尾，依次进行 4. 负荷量：5 分钟 ×2 组 （三）重点与难点 1. 注意传接球的时机与位置 2. 接球急停后迅速做好投篮准备姿势，重心降低 3. 接球时注意脚下步伐，避免走步违例 4. 注意根据队员力量的大小调整前臂与上臂、上臂与躯干角度的大小，抬肘压腕，手指柔和拨球	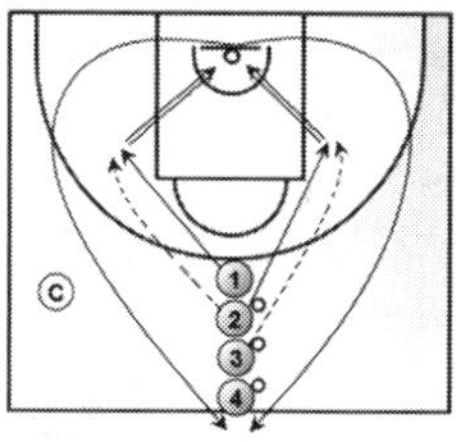 要求： 1. 传接球动作要规范，手指、手腕拨球有力，要传球准确，接球队员接球后可直接衔接下一个动作 2. 队员在移动时，注意要侧身交叉步跑动，时刻看着传球队员，重心降低，调整好脚步，准备好接球投篮 3. 投篮时将球置于胸前，弯腿降低重心，由下肢至上肢协调发力，停稳跳直，手指、手腕柔和拨球，注意蹬地、提臀、伸臂、屈肘、压腕（送）拨球 器材：篮球

续表

部分	时间	内容	教法与要求
团队合作游戏竞赛	15分钟	名称：传接球投篮比赛 （一）目的：提高队员的团队协作的能力及队员在竞争环境下投篮的稳定性和心理素质 （二）方法 1. 将队员分为2组，每组第一名队员持球。听到教练的哨声后，①和⑤同时开始投篮 2. 抢篮板球时，各组不得干扰对方的球，拿到篮板球后传给下一名队友，以此类推 3. 优先投进10个球的组获胜，三局两胜制，失败的组做3次端线至中线折返跑	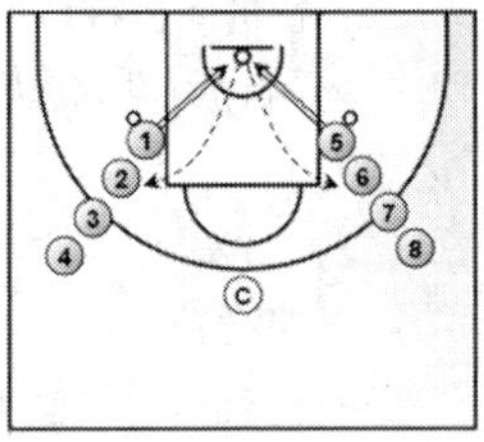 要求： 1. 接球的同时迅速调整好投篮姿势和脚步，注意双脚开立，与肩同宽，避免走步违例 2. 传接球时，注意目光交流，球要传准、传好 3. 投篮时将球置于胸前，弯腿降低重心，由下肢至上肢协调发力，停稳跳直，手指、手腕柔和拨球，注意蹬地、提臂、伸臂、屈肘、压腕（送）拨球 器材：篮球
放松与总结	10分钟	1. 拉伸放松 2. 课后总结 3. 特别提醒 4. 宣布本节课最佳队员 5. 鼓舞士气	教法： 1. 教练总结本节课所学内容，再次强调动作的细节与要领 2. 教练布置课下作业 3. 教练宣布本节课最认真、提高最快的队员，让其余队员向其学习 4. 队员面向自己父母鞠躬，说“父母辛苦了”，集合喊“加油”，随后解散

第 20 课时

目的与任务：1. 培养队员积极的态度，向制定好的目标努力，做事时刻保持积极性
2. 提高队员的协调性和灵活性
3. 复习传球、运球、投篮技术动作，提高其动作规范性、准确性及稳定性

部分	时间	内容	教法与要求
课前与家长交流	5分钟	1. 介绍课程计划及执教理念 2. 与家长进行深入交流，了解队员的性格特点，是否对一件喜欢的事情保持积极的态度	教法：询问上节课作业完成情况，向家长了解队员的身体情况及心理状况，以便及时调整训练量
集合讲解互动沟通	10分钟	1. 慢慢地拍手，大喊“加油” 2. 强调兴趣对篮球运动的重要性 3. 相互介绍：认识教练与队员 4. 本节课的主题是“积极” 5. 提高运用篮球基本技术的熟练程度，培养队员主动训练的意识 6. 激励、热情、能量至关重要 7. 选出本节课的实习队长，协助教练维持纪律，带领队员认真练习	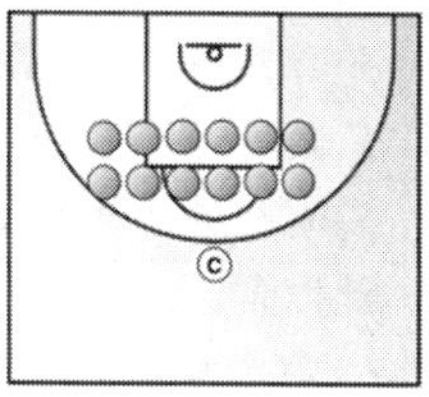 要求：集合时以 2 列横队队形站好，尽快集中队员的注意力，并强调上课时的纪律性
准备部分	10分钟	一、动态拉伸 （一）目的：降低肌肉粘滞性，避免在训练中拉伤 （二）方法：全场往返练习 1 组 1. 在队长的带领下，绕篮球场地慢跑 5 圈 2. 行进间直腿屈体摸脚尖 3. 行进间弓箭步压腿 4. 行进间小步跑 5. 行进间高抬腿跑 6. 行进间后踢腿跑 7. 行进间跑跳步 8. 后退跑 9. 行进间横滑步	要求： 1. 在慢跑过程中，队员双手持球，在胸前运用手指和指尖左右拨球，手掌及掌心不接触球 2. 在拉伸过程中，要求队员注意拉伸力度，不要盲目追求速度 3. 时刻提醒队员，保证拉伸动作的准确性 4. 告诉队员某动作应当牵拉某块肌肉，并时刻询问队员该肌肉是否有牵拉感

续表

部分	时间	内容	教法与要求
准备部分	10分钟	二、体育游戏："三环追逐" （一）目的：提高队员的协调性与灵活性，以及在跑动过程中身体的控制能力和稳定性 （二）方法 1. 队员在端线后排队站好，前2名队员持球 2. 听到教练哨声后，第一名队员出发，右手运球绕罚球圈1周后，换手运球至中圈 3. 第一名队员绕完第1个圈后，教练吹哨，下一名队员出发，路线与第一名队员一致 4. 绕过最后1个圈后返回，返回时为S形线路，最后做三步上篮 5. 球投进并抢到篮板球后将球传给下一名队员，依此类推 6. 第二名队员全力追赶第一名队员 7. 在运球过程中不要违例，若出现失误球，快速捡回后从失误处继续完成练习	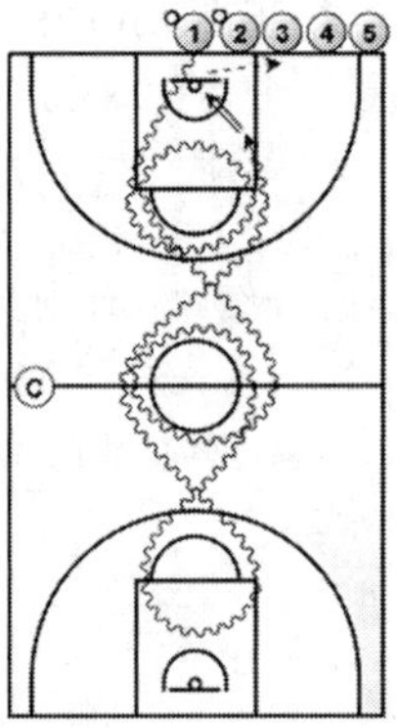 要求： 1. 在运球绕环过程中重心向圆心偏移，将球控制在腰部以下，重心降低，在绕圈时注意前脚掌蹬地，侧压肩，控制住球的高度 2. 在换手运球后注意后腿主动蹬地发力，加速，将球向前放，运球 3. 运球时，视线尽量离开篮球，注意观察场上情况 器材：篮球
基础训练	10分钟	一、防守脚步移动练习 （一）目的：锻炼队员的快速反应、起动及急停能力 （二）方法 1. 将队员分为2组在边线外站好，队员两两相对 2. 听到教练哨声后，起动加速向前跑，在与同伴快接近时（2人相距1米左右），做原地防守小碎步，双手随之摆动 3. 在听到教练口令，如"左"或"右"后，队员根据口令方向加速至对面边线 4. 熟练后可加大难度，进行反向口令的训练 5. 负荷量：2分钟×5组 （三）重点与难点 1. 在做反向口令练习时，要集中注意力，避免因走神而发生碰撞 2. 听到口令第二次起动时，注意后脚蹬地发力，侧压肩向前加速	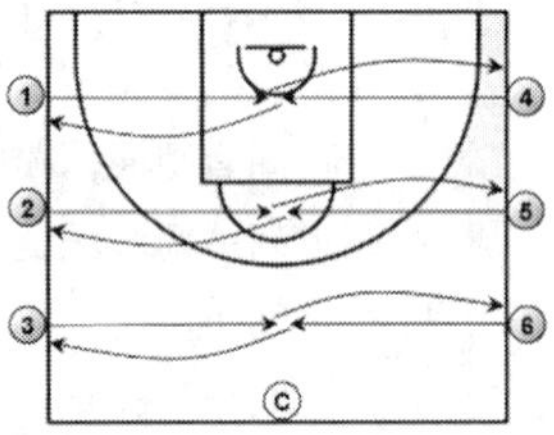 要求： 1. 起动时后脚蹬地发力，重心降低，急停时注意弯腿，保持重心平稳 2. 训练过程中保持目视前方

续表

部分	时间	内容	教法与要求
基础训练	10分钟	二、行进间急停急起运球练习 （一）目的：提高队员行进间运球的能力及急停急起的能力 （二）方法 1. 每名队员持球在端线后站好，听到教练哨声后，运球加速起动 2. 当再次听到教练哨声时，快速急停，弓箭步站立，原地运球 3. 再次听到教练哨声后，加速起动；再次听到哨声后，急停；以此类推，直至对面端线 4. 负荷量：2 分钟 ×5 组 （三）重点与难点 1. 运球时大胆发力，克服失误球的心理 2. 要求队员全速运球，不要因为怕失误或有意判断教练的哨声而提前减速或没有全速前进	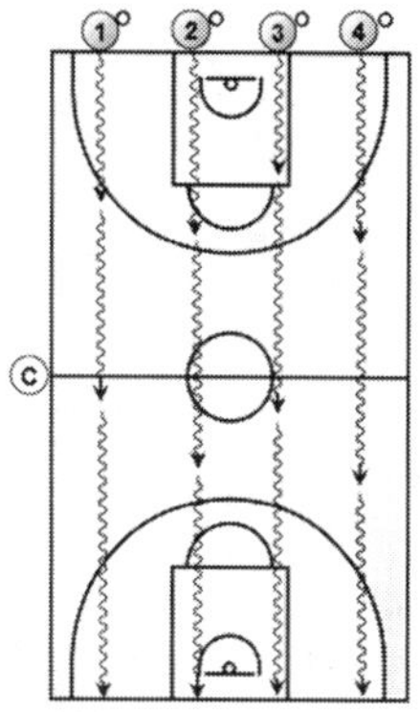 要求： 1. 起动时后脚蹬地发力，重心降低，急停时注意屈腿，保持身体重心平稳 2. 运球时尽量目视前方，观察场上情况 3. 向前加速运球时，将球向前放，争取做到球领人 器材：篮球
	10分钟	三、行进间运球上篮练习 （一）目的：提高队员行进间变向运球的能力和上篮的能力 （二）方法 1. 队员持球分 2 队在两端端线站好，听到教练哨声后出发 2. 运球到标志筒前做变向，变向包括体前、后转身、背后、胯下、单手晃动、V 字变向等，以及 2 种或多种变向组合 3. 运球突破过最后一个标志筒后做行进间投篮，投进后抢到篮板球并到队尾排队 4. 上篮分为低手上篮和高手上篮，队员上篮时教练可站在篮下利用手臂进行干扰 5. 左右两侧交替训练 6. 负荷量：5 分钟 ×2 组 （三）重点与难点 1. 注意上篮时的起步位置，将球置于胸前，由下肢至上肢协调发力上篮，手指、手腕柔和拨球 2. 在运球过程中，始终将球控制在腰部以下，重心不要起伏，变向时控制好球的落点，注意不要走步违例	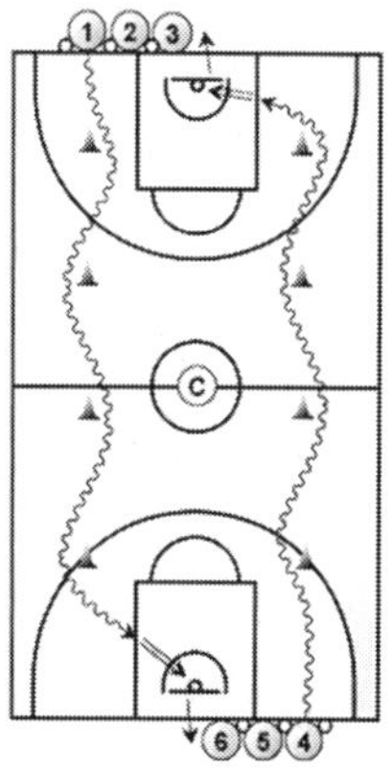 要求： 1. 运球突破起动时，后脚蹬地发力，向前推进放球 2. 在标志筒前做变向时，重心降低，将球控制在腰部以下，尽可能地加大变向幅度 3. 运球时尽量目视前方，观察场上情况 4. 突破时注意中枢脚脚跟抬起，蹬地发力，同时转体、侧压肩向前放球加速

续表

部分	时间	内容	教法与要求
基础训练		3. 注意每个变向要在标志筒正前方做，把标志筒当成防守队员	5. 行进间低手投篮时将球置于胸前，双手由胸前向斜上方举球，注意球出手时单手托住球的底部向上抬上臂和前臂，手腕柔和发力，五指同时拨球 6. 行进间高手投篮时注意根据队员力量的大小调整前臂与上臂、上臂与躯干的角度，抬肘压腕，手指柔和拨球 器材：标志筒、篮球
团队合作游戏竞赛	15分钟	名称：S 弯接力比赛游戏 （一）目的：提高队员的协调性与灵活性，以及团队协作能力、集体荣誉感 （二）方法 1. 将队员分成 2 组，每名队员两脚之间放一个篮球。除第一名队员外，所有队员手拉手站好 2. 听到教练哨声后第一名队员出发，运球从其余队员手臂下穿过，直到运球绕过最后一名队员后，将球放置于两脚之间，和最后一名队员手拉手，第二名队员出发，以此类推 3. 直到再次轮到第一名队员的时候游戏结束，速度快的队伍获胜，失败方做 10 个蹲起	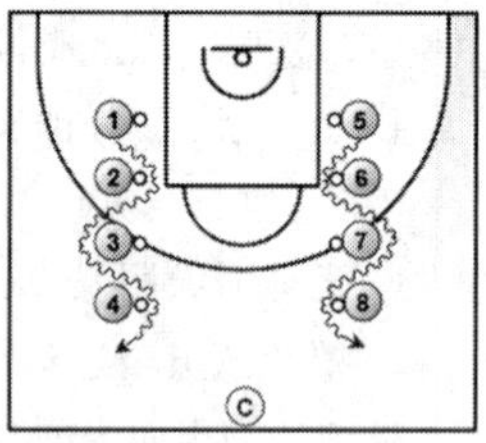 要求： 1. 队员在游戏过程中两臂始终要保持水平姿势，避免突然落下发生危险 2. 行进过程中注意屈腿，控制好重心与速度 3. 眼睛注意观察场上情况 器材：篮球
放松与总结	10分钟	1. 拉伸放松 2. 课后总结 3. 特别提醒 4. 宣布本节课最佳队员 5. 鼓舞士气	教法： 1. 教练总结本节课所学内容，再次强调动作的细节与要领 2. 教练布置课下作业 3. 教练宣布本节课最认真、提高最快的队员，让其余队员向其学习 4. 队员面向自己父母鞠躬，说“父母辛苦了”，集合喊“加油”，随后解散

第 21 课时

目的与任务：1. 培养队员能够真实表达自身情感的能力，真诚对待他人
2. 复习防守脚步移动技术，巩固其动作方法
3. 复习传球、运球、投篮技术动作，提高其动作规范性、准确性及稳定性

部分	时间	内容	教法与要求
课前与家长交流	5 分钟	1. 介绍课程计划及执教理念 2. 与家长进行深入交流，了解队员的性格特点，是否能对一件喜欢的事情保持真诚的态度	教法：询问上节课作业完成情况，向家长了解队员的身体情况及心理状况，以便及时调整训练量
集合讲解互动沟通	10 分钟	1. 慢慢地拍手，大喊“加油” 2. 强调兴趣对篮球运动的重要性 3. 相互介绍：认识教练与队员 4. 本节课的主题是“诚实、真诚” 5. 提高运用篮球基本技术的熟练程度，培养队员主动训练的意识 6. 激励、热情、能量至关重要 7. 选出本节课的实习队长，协助教练维持纪律，带领队员认真练习	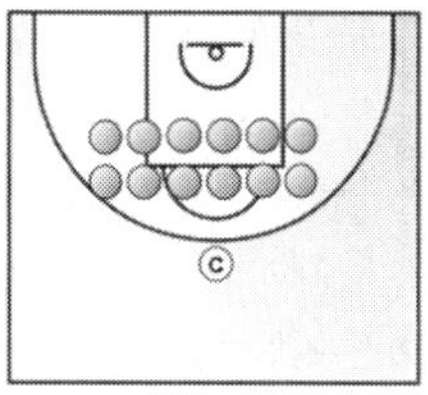 要求：集合时以 2 列横队队形站好，尽快集中队员的注意力，并强调上课时的纪律性
准备部分	10 分钟	一、动态拉伸 （一）目的：降低肌肉粘滞性，避免在训练中拉伤 （二）方法：全场往返练习 1 组 1. 在队长的带领下，绕篮球场地慢跑 5 圈 2. 行进间弓箭步压腿 3. 行进间直腿屈体摸脚尖 4. 行进间跑跳步转体 5. 行进间小步跑 6. 后退跑 7. 行进间后踢腿跑 8. 行进间侧身交叉步跑 9. 行进间高抬腿跑	要求： 1. 在慢跑过程中，队员双手持球，在胸前运用手指和指尖左右拨球，手掌及掌心不接触球 2. 在拉伸过程中，要求队员注意拉伸力度，不要盲目追求速度 3. 时刻提醒队员，保证拉伸动作的准确性 4. 告诉队员某动作应当牵拉某块肌肉，并时刻询问队员该肌肉是否有牵拉感

续表

部分	时间	内容	教法与要求
准备部分	10分钟	二、体育游戏："木头人" （一）目的：提高队员快速反应、起动及急停的能力 （二）方法 1. 队员在端线后排队站好 2. 每名队员手中拿1个标志筒，将标志筒倒置，将球放在标志筒上，举过头顶 3. 教练站在中线上，背对队员 4. 队员听到哨声后从端线出发，教练转头面向队员时，队员立刻停止移动；只有教练背对队员时，队员方可移动 5. 若有队员被教练看到还在移动，或标志筒上的球掉落，则被淘汰，在旁边等待其余队员完成游戏 6. 第一个冲过中线的队员获胜，其余队员每人做10个俯卧撑	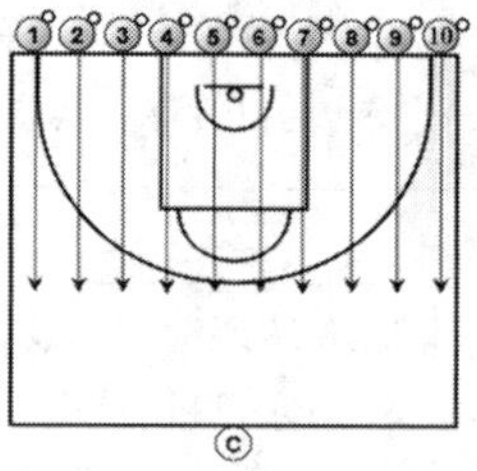 要求： 1. 跑动时目视前方，时刻观察教练的一举一动 2. 队员在跑动过程中要控制好身体的重心，以及上肢对标志筒和篮球的控制 3. 急停时屈腿，注意上下肢的配合 器材：标志筒、篮球
基础训练	10分钟	一、防守脚步移动练习 （一）目的：提高队员的脚下移动能力及反应能力 （二）方法 1. 将队员分为2排站好，根据教练的手势进行防守滑步练习 2. 教练手势的方向代表滑动的方向，滑动脚步包括原地碎步、横向滑步、前滑步、后滑步 3. 教练手势向上的时候，即为抢篮板球，队员做出抢篮板球的动作。教练做出双手推人的手势时，即为制造带球撞人犯规，队员向后倒下 4. 负荷量：2分钟×5组 （三）重点与难点 1. 队员要时刻注意控制重心，特别是在疲劳的情况下双腿会不由自主地伸直，降低移动速度，导致训练效果下降 2. 后倒时注意保护头部与腰部，起身要迅速	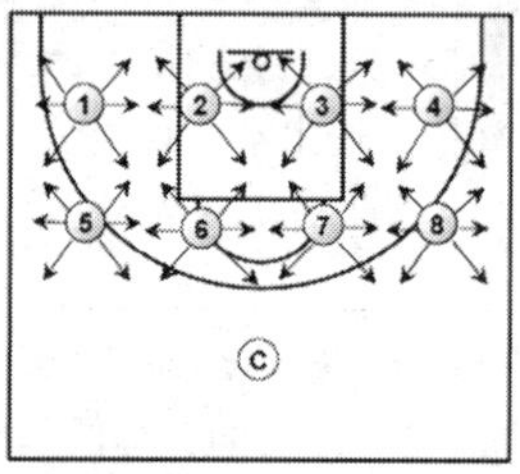 要求： 1. 队员要根据教练的手势迅速做出反应 2. 滑动时主动脚蹬地发力迅速、有力，身体重心平稳，不要起伏 3. 双臂微屈，双手打开，抬头目视前方，观察教练手势
	10分钟	二、行进间传球练习 （一）目的：提高队员行进间传接球的能力及协调性 （二）方法 1. 将队员分为2组站在端线后，一侧队员持球 2. 2人进行行进间传球，传球过中线后，从两侧回到异侧队尾 3. 传球技术包括双手胸前平传球、双手胸前反弹传球、单手肩上传球（内侧手、外侧手）、头上传球	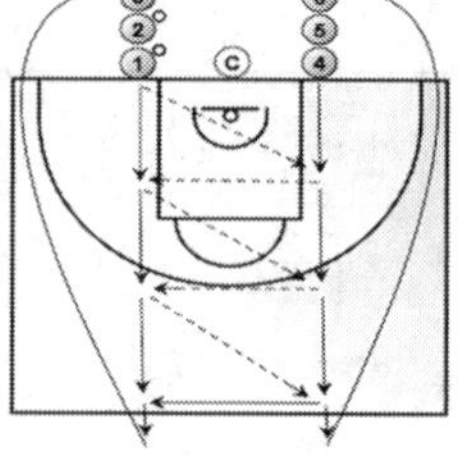

续表

部分	时间	内容	教法与要求
基础训练		4. 负荷量：5 分钟 ×2 组 （三）重点与难点 1. 双手胸前传球时，后脚蹬地发力，由下肢带动上肢，出手后五指自然分开指向接球队员，手背相对，上臂伸直 2. 双手胸前击地传球和单手击地传球时，球的落点应控制在球反弹后能够到达队友胸口的位置 3. 单手肩上传球时，由肩膀前侧位置将球传出，出球后手臂伸直，五指分开指向接球队员 4. 双手头上传球时，肘部略微弯曲，将球置于头部上方偏后的位置，注意不要放到后脑勺的位置 5. 注意传接球的时机与位置 6. 队员在接球时迅速调整上下肢动作，避免走步违例 7. 上篮时努力向上跳，尽量舒展身体	要求： 1. 传接球动作要规范，手指、手腕拨球有力，要传球准确，接球队员接球后可直接衔接下一个动作 2. 接球时不要走步违例 3. 接球时虎口相对，克服接球恐惧感 4. 2 人速度保持一致，注意抬头观察 器材：篮球
	10 分钟	三、行进间运球突破上篮练习 （一）目的：提高队员行进间运球变向和上篮的能力 （二）方法 1. 队员分为 2 列站在中线与边线的夹角处，人手 1 球 2. 两侧队员同时出发，在标志筒前做变向，突破过最后 1 个标志筒，加速上篮 3. 变向包括体前、后转身、背后、胯下、单手晃动、V 字变向等，以及 2 种或多种变向组合 4. 将球投进并抢到篮板球后去异侧队尾排队 5. 上篮分为低手上篮和高手上篮，队员上篮时教练可站在篮下利用手臂动作进行干扰 6. 负荷量：5 分钟 ×2 组 （三）重点与难点 1. 队员在标志筒前做变向时，重心降低，将球控制在腰部以下，尽可能地加大变向幅度 2. 队员在运球过程中注意抬头观察 3. 注意上篮时的起步位置，将球置于胸前，由下肢至上肢协调发力上篮，手指、手腕柔和拨球	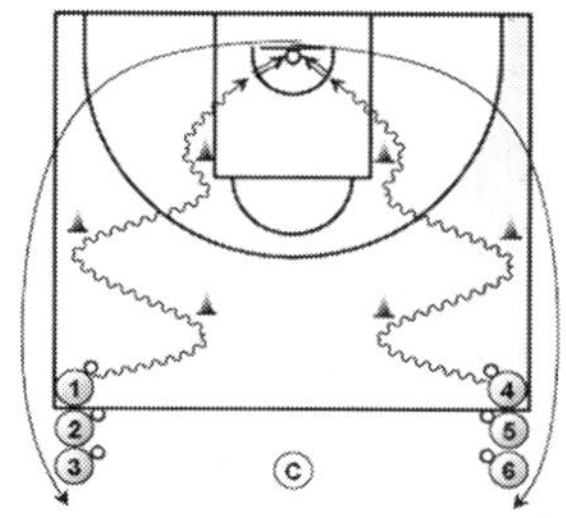 要求： 1. 运球突破起动时，后脚蹬地发力，向前推进放球 2. 突破时注意中枢脚脚跟抬起，蹬地转体发力，同时转体、侧压肩、向前放球、加速 3. 行进间低手投篮时将球置于胸前，双手由胸前向斜上方举球，注意出球时单手托住球的底部，向上抬上臂和前臂，手腕柔和发力，五指同时拨球 4. 行进间高手投篮时注意根据队员力量的大小调整前臂与上臂、上臂与躯干角度的大小，抬肘压腕，手指柔和拨球 器材：标志筒、篮球

续表

部分	时间	内容	教法与要求
团队合作游戏竞赛	15分钟	名称：剩者为王游戏 （一）目的：提高队员在竞争环境下投篮的稳定性及心理素质 （二）方法 1. 队员在罚球线后站成1路纵队，前2名队员持球。第一名队员出手后，第二名队员方可出手。第一名队员球若投进，抢到篮板球将球传给下一名队员；若没投进，则补进；在此期间，若②在①补篮前投进，则①被淘汰，若②投篮也未进，③在②补篮前投进，则②被淘汰 2. 以此类推，最后2人对决时，则为自投自抢，直至最后一人胜出	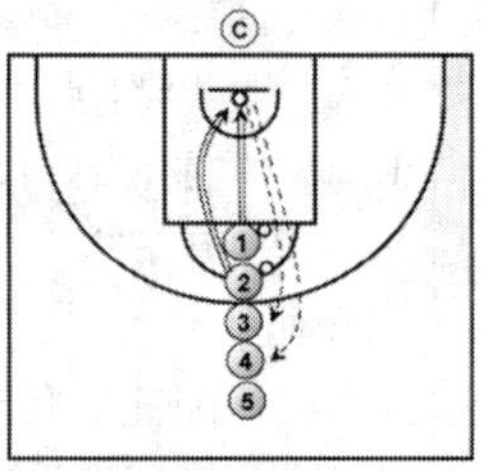 要求： 1. 接球后迅速调整好投篮姿势和脚步，注意双脚开立，与肩同宽，避免走步违例 2. 传接球时，注意目光交流，球要传准、传好 3. 投篮时将球置于胸前，弯腿降低重心，由下肢至上肢协调发力，停稳跳直，手指、手腕柔和拨球，注意蹬地、提臀、伸臂、屈肘、压腕（送）拨球 器材：篮球
放松与总结	10分钟	1. 拉伸放松 2. 课后总结 3. 特别提醒 4. 宣布本节课最佳队员 5. 鼓舞士气	教法： 1. 教练总结本节课所学内容，再次强调动作的细节与要领 2. 教练布置课下作业 3. 教练宣布本节课最认真、提高最快的队员，让其余队员向其学习 4. 队员面向自己父母鞠躬，说“父母辛苦了”，集合喊“加油”，随后解散

第 22 课时

目的与任务：1. 培养队员勤奋学习的能力，要认真、努力地做好每一件事情 2. 提高队员的反应能力、协调性，增强集体荣誉感 3. 复习传球、运球、投篮技术动作，提高其动作规范性、准确性及稳定性			
部分	时间	内容	教法与要求
课前与家长交流	5分钟	1. 介绍课程计划及执教理念 2. 与家长进行深入交流，了解队员的性格特点，是否能够认真努力的干好一件事	教法：询问上节课作业完成情况，向家长了解队员的身体情况及心理状况，以便及时调整训练量
集合讲解互动沟通	10分钟	1. 慢慢地拍手，大喊“加油” 2. 强调兴趣对篮球运动的重要性 3. 相互介绍：认识教练与队员 4. 本节课的主题是“勤奋” 5. 提高运用篮球基本技术的熟练程度，培养队员主动训练的意识 6. 激励、热情、能量至关重要 7. 选出本节课的实习队长，协助教练维持纪律，带领队员认真练习	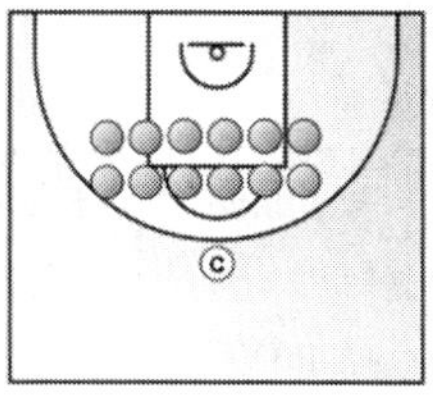 要求：集合时以 2 列横队队形站好，尽快集中队员的注意力，并强调上课时的纪律性
准备部分	10分钟	一、动态拉伸 （一）目的：降低肌肉粘滞性，避免在训练中拉伤 （二）方法：全场往返练习 1 组 1. 在队长的带领下，绕篮球场地慢跑 5 圈 2. 行进间弓箭步压腿 3. 行进间直腿屈体摸脚尖 4. 行进间跨步跑 5. 行进间高抬腿跑 6. 行进间后踢腿跑 7. 行进间交替踢腿 8. 行进间振臂跑 9. 行进间双臂前后回环	要求： 1. 在慢跑过程中，队员双手持球，在胸前运用手指和指尖左右拨球，手掌及掌心不接触球 2. 在拉伸过程中，要求队员注意拉伸力度，不要盲目追求速度 3. 时刻提醒队员，保证拉伸动作的准确性 4. 告诉队员某动作应当牵拉某块肌肉，并时刻询问队员该肌肉是否有牵拉感

续表

部分	时间	内容	教法与要求
准备部分	10分钟	二、体育游戏："成群结队" （一）目的：提高队员快速反应、观察、起动、加速及急停的能力 （二）方法 1. 队员排成1队，绕半场慢跑 2. 教练发出口令"4个人"，队员则4个人抱或凑在一起，多出的没有凑成4个人的队员做5个深蹲 3. 教练可以加大口令难度，如"三男一女"	 要求： 1. 不允许跑到界外 2. 队员在奔跑过程中注意观察，避免发生意外
基础训练	10分钟	一、行进间单手运球练习 （一）目的：提高队员行进间运球能力、团队意识和竞争意识 （二）方法 1. 队员分为2列在端线站好，第一名队员持球 2. 教练吹哨，队员从端线右手运球出发，经过每1个标志筒，将其用内侧手推倒，推倒最后1个标志筒后，运球绕过标志杆，然后返回，再将推倒的标志筒扶起，扶起最后1个标志筒后，将球传给下1名队友 3. 2队可以竞赛的形式进行训练，完成速度快的队获胜，失败方做10个深蹲 4. 训练时可要求队员左手或右手运球出发，或绕过标志杆后按原路返回 5. 若有队员违例，则从违例的地方重新开始 6. 负荷量：5分钟×2组 （三）重点与难点 1. 要锻炼队员快速起动、急停、观察能力 2. 在运球过程中，将球控制在腰部以下，推倒和扶起标志筒时注意重心下降，而不是弯腰	 要求： 1. 运球起动时，后脚蹬地发力，向前推进放球 2. 放倒标志筒时，重心降低，屈腿，不要弓腰，起动时加速，保持重心平稳 器材：篮球、标志筒、标志杆
	10分钟	二、原地传接球练习 （一）目的：提高队员原地传接球的能力及传接球动作的规范性、准确性 （二）方法 1. 熟练掌握双手胸前平传球、双手胸前反弹传球、单手肩上传球（内侧手、外侧手）、头上传球的技术动作	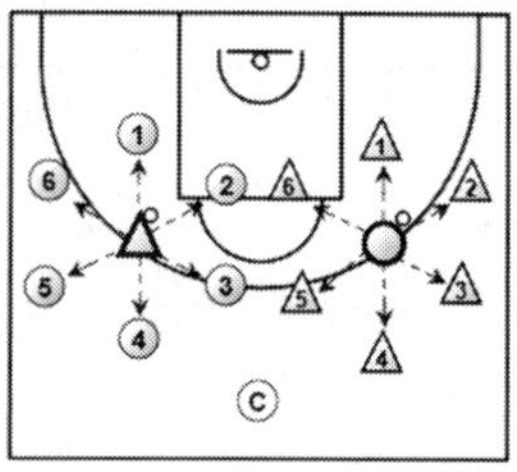

续表

部分	时间	内容	教法与要求
基础训练		2. 将队员分为 2 组围成 2 个圆圈，圆心站有 1 名持球队员 3. 所有队员弓箭步站好，听到教练的口令开始传球，如口令：“顺时针胸前传球”，队员运用胸前传球的方式顺时针传球 1 圈 4. 单一传球熟练后，可增加难度，如口令：“胸前平传球加胸前击地传球交替进行”，队员则运用 1 次胸前平传球、1 次胸前击地传球传给接球队员 5. 接球队员接到球后，以同样的方式回传给传球队员 6. 1 名队员传完 1 圈后，下一名队员进入圆心位置传球，以此类推 7. 熟练后，可逐渐加快传球速度，增加传球方式 8. 负荷量：2 分钟 ×5 组 （三）重点与难点：传球时，后脚蹬地发力，由下肢带动上肢，出手后五指自然分开指向接球队员，手背相对，上臂伸直。接球时虎口相对，克服接球恐惧感	要求： 1. 传接球动作要规范，手指、手腕拨球有力，传球速度逐渐加快，快中求准，让接球队员接到球后可以直接做下一个动作 2. 队员在较快的球速中保持接传球动作的规范性和准确性 器材：篮球
	10 分钟	三、投篮比赛练习 （一）目的：提高队员在竞争环境下投篮的稳定性、心理素质及团队协作的能力 （二）方法 1. 队员分为 2 列站在篮筐左右两侧，第一名队员持球 2. 听到教练哨声后，双方队员开始投篮；若投进，把球传给下一名队友，然后到对方的标志碟处拿走 1 个标志碟放到自己队伍的标志碟中；若未能投进，则直接将球传给下一名队友后，回队尾排队 3. 直至一方没有标志碟为止，或在规定时间内，标志碟多的队伍获胜，失败方做 10 个深蹲 4. 负荷量：5 分钟 ×2 组 （三）重点与难点 1. 注意根据队员力量的大小调整前臂与上臂、上臂与躯干角度的大小，抬肘压腕，手指柔和拨球 2. 移动过程中注意观察场上的情况，避免在跑动过程中发生碰撞	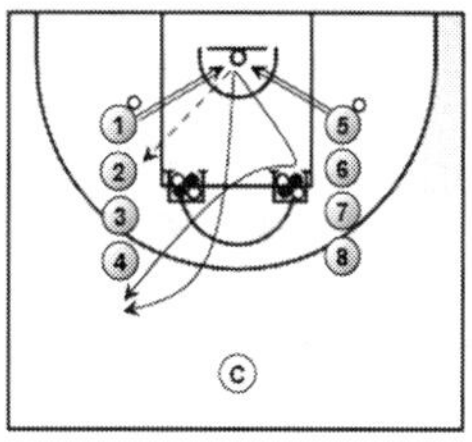 要求： 1. 接球时不要发生走步违例，注意双脚开立，与肩同宽 2. 传接球时，注意目光交流，球要传准、传好 3. 投篮时将球置于胸前，屈膝降低重心，由下肢至上肢协调发力，停稳跳直，手指、手腕柔和拨球，注意蹬地、提臂、伸臂、屈肘、压腕（送）拨球 器材：标志碟、篮球

续表

部分	时间	内容	教法与要求
团队合作游戏竞赛	15分钟	名称：叫号比赛游戏 （一）目的：提高队员在实战中运用技术的能力及快速反应能力，增强集体荣誉感 （二）方法 1. 队员分成2队，分别在边线两侧站好，由1至5报数，并记住自己的数字。教练持球站在罚球线区域，喊出口令，如“一号”，同时将球径直抛向空中。队员听到口令后，被叫到的队员加速进入球场，去争夺球权，一方拿到球后运球上篮，另一方则阻止对方上篮 2. 球未进时，若进攻方抢到篮板球，可继续进攻；若防守方抢到篮板球，则防守方得1分。若球投进则进攻方得1分，犯规扣1分 3. 一回合结束后，双方队员回到原位，教练开始下一轮叫号，先得到5分的队伍获胜，失败方做10个俯卧撑	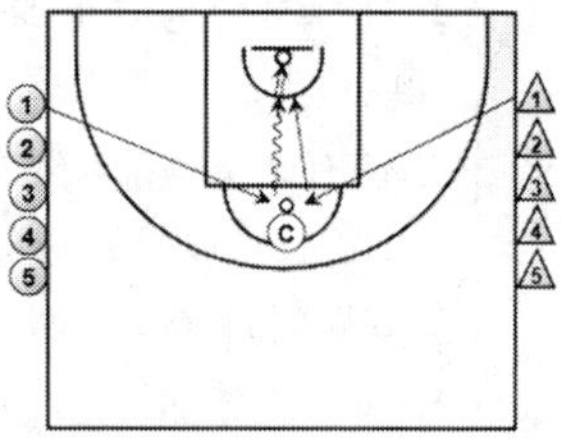 要求： 1. 队员进攻时根据实际情况运用所学的技术，注意保护球 2. 突破时后脚蹬地发力，变向后侧压肩加速运球 3. 进攻队员拿到球后尽快完成进攻，未拿到球的队员要快速寻找并到达能够有效阻止对手进攻的防守位置，即使失去最佳或有利位置也要全力以赴地追赶 器材：篮球
放松与总结	10分钟	1. 拉伸放松 2. 课后总结 3. 特别提醒 4. 宣布本节课最佳队员 5. 鼓舞士气	教法： 1. 教练总结本节课所学内容，再次强调动作的细节与要领 2. 教练布置课下作业 3. 教练宣布本节课最认真、提高最快的队员，让其余队员向其学习 4. 队员面向自己父母鞠躬，说“父母辛苦了”，集合喊“加油”，随后解散

第 23 课时

目的与任务：1. 培养队员友善待人的品质，让队员知道人与人之间要和睦相处
2. 提高队员的团队协作能力，增强集体荣誉感
3. 复习传球、运球、投篮技术动作，提高其动作规范性、准确性及稳定性

部分	时间	内容	教法与要求
课前与家长交流	5分钟	1. 介绍课程计划及执教理念 2. 与家长进行深入交流，了解队员的性格特点，是否能够做到友善待人，与他人和睦相处	教法：询问上节课作业完成情况，向家长了解队员的身体情况及心理状况，以便及时调整训练量
集合讲解互动沟通	10分钟	1. 慢慢地拍手，大喊“加油” 2. 强调兴趣对篮球运动的重要性 3. 相互介绍：认识教练与队员 4. 本节课的主题是“友善” 5. 提高运用篮球基本技术的熟练程度，培养队员主动训练的意识 6. 激励、热情、能量至关重要 7. 选出本节课的实习队长，协助教练维持纪律，带领队员认真练习	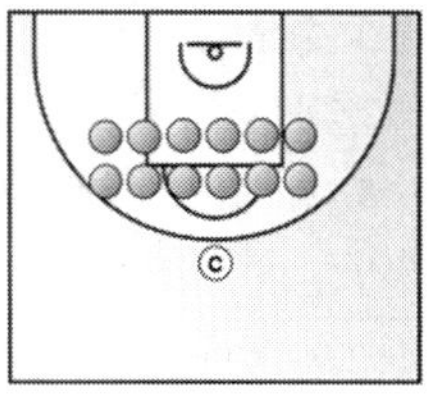 要求：集合时以 2 列横队队形站好，尽快集中队员的注意力，并强调上课时的纪律性
准备部分	10分钟	一、动态拉伸 （一）目的：降低肌肉粘滞性，避免在训练中拉伤 （二）方法：全场往返练习 1 组 1. 在队长的带领下，绕篮球场地慢跑 5 圈 2. 行进间直腿屈体摸脚尖 3. 行进间燕式平衡 4. 行进间小步跑 5. 行进间跑跳步 6. 后退跑 7. 行进间高抬腿跑 8. 行进间侧身交叉步跑 9. 行进间交替踢腿	要求： 1. 在慢跑过程中，队员双手持球，在胸前运用手指和指尖左右拨球，手掌及掌心不接触球 2. 在拉伸过程中，要求队员注意拉伸力度，不要盲目追求速度 3. 时刻提醒队员，保证拉伸动作的准确性 4. 告诉队员某动作应当牵拉某块肌肉，并时刻询问队员该肌肉是否有牵拉感

续表

部分	时间	内容	教法与要求
准备部分	10分钟	二、体育游戏："篮球快递" （一）目的：锻炼队员在跑动过程中控制身体平衡的能力及协调性，增强集体荣誉感 （二）方法 1. 将队员分成2队，在端线后站好，第一名队员持3个篮球 2. 听到教练哨声后，2队的第一名队员同时出发，跑到中线后，原路返回，并将所有球交给下一名队友 3. 在跑动过程中，若篮球掉落，则须捡回球并从掉落处继续游戏 4. 先完成的队伍获胜，失败方做10个俯卧撑	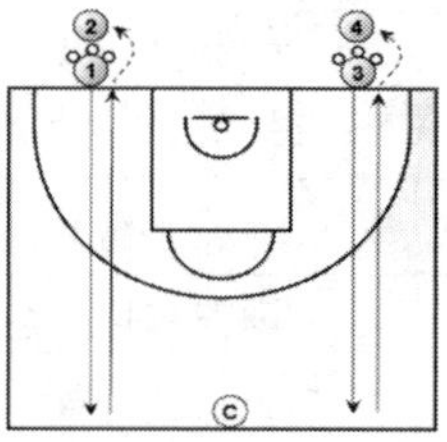 要求： 1. 出发时后脚蹬地发力，控制重心，踩到中线后再返回 2. 队员前进过程中控制好身体的重心，尽量跑直线，调整好上肢动作，避免篮球掉落 器材：篮球
基础训练	10分钟	一、行进间单手运球练习 （一）目的：提高队员的平衡能力、球感、协调性、团队合作意识及竞争意识 （二）方法 1. 将队员分为2队在端线后站好，第一名队员一手持球，一手持标志筒，再将1个篮球放在标志筒上 2. 听到教练哨声后，用左手或右手开始运球绕过标志筒，将手中的标志筒举到头顶位置，行进中无须换手 3. 绕完最后1个标志筒后，将球和标志筒交给下一名队员，以此类推 4. 若运球过程中出现标志筒的球掉落，教练可协助队员将球摆好，从失误处继续完成训练 5. 2队可以竞赛的形式进行训练，完成速度快的队获胜，失败方做10个开合跳 6. 负荷量：5分钟×2组 （三）重点与难点：队员在运球行进过程中要控制好身体的重心及上肢对标志筒和篮球的控制	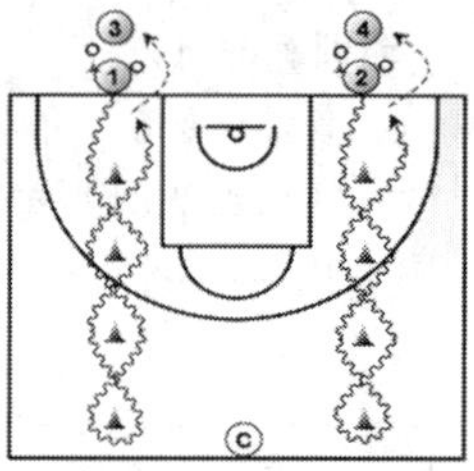 要求： 1. 运球起动时，后脚蹬地发力，向前推进放球 2. 运球过程中不得碰倒标志筒 器材：标志筒、篮球
	10分钟	二、"双龙戏珠"移动练习 （一）目的：提高队员的身体协调性、球感、团结协作的意识和能力 （二）方法 1. 队员2人1组1球在端线后站好，背对背，将球放在2人的背部位置夹好	

续表

部分	时间	内容	教法与要求
基础训练		2. 听到教练哨声后，队员从端线同时出发，横向移动至中线处，2 人同时将标志筒拿起，按原路返回至端线 3. 移动期间，球若落地或队员用手阻止即将掉落的球，则为违例行为，从违例处重新开始，教练可协助队员将球放置于 2 人背部之间，队员继续练习 4. 可以比赛形式进行，在移动过程中除背部以外都不可以接触球，违例重新开始除外 5. 最后通过端线的一组做 10 个蹲起 6. 负荷量：2 分钟 ×5 组 （三）重点与难点 1. 2 名队员需同时移动，时刻注意并调整球的位置，尽量保持在背部的中间位置 2. 下蹲拿标志筒时，队员要注意弯腿而不是弯腰	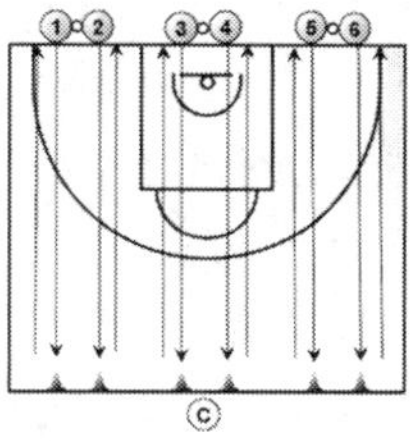 要求： 1. 移动时重心降低，保持身体平稳 2. 游戏过程中不得走到其他队员的行进路线上 器材：标志筒、篮球
	10 分钟	三、三人原地传接球练习 （一）目的：提高队员原地传接球的能力及传接球动作的规范性、准确性 （二）方法 1. 3 人 1 组，中间队员持球，每名队员成弓箭步站好 2. 听到教练哨声开始传球，中间队员先将球传给一侧队员，随后再将球接回，传给另一侧队员 3. 传球方式包括：双手胸前平传球、双手胸前击地传球、双手头上传球、单手肩上传球、单手击地传球、单手体侧传球等 4. 每名队员传 10 次球后，换另一名队员到中间位置 5. 负荷量：2 分钟 ×5 组 （三）重点与难点 1. 双手胸前传球时，后脚蹬地发力，由下肢带动上肢，出手后五指自然分开指向接球队员，手背相对，上臂伸直 2. 双手胸前击地传球和单手击地传球时，球的落点应在球反弹后能够到达队友胸口的位置 3. 单手肩上传球时，由肩膀前侧位置将球传出，出球后手臂伸直，五指分开指向接球队员 4. 双手头上传球时，肘部略微弯曲，将球置于头部上方偏后的位置，注意不要放到后脑勺的位置 5. 接球时虎口相对，克服接球恐惧感	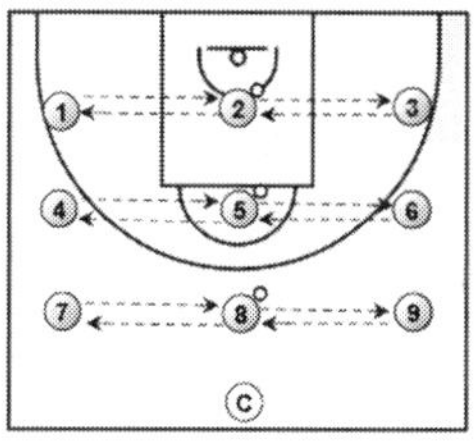 要求： 1. 传接球动作要规范，手指、手腕拨球有力，要传球准确，接球队员接球后可直接衔接下一个动作 2. 传接球时，注意眼神交流，球要传准、传好 3. 转体时脚跟抬起，前脚掌蹬转发力 器材：篮球

续表

部分	时间	内容	教法与要求
团队合作游戏竞赛	15分钟	名称："争名逐利"游戏 （一）目的：锻炼队员的快速反应、起动和急停的能力，增强集体荣誉感 （二）方法 1. 队员分成 2 队在端线后站好。教练在三分线弧顶持球，听到教练哨声后 2 队队员同时从端线出发，教练将球抛向空中，2 队队员去争抢篮球，抢到的队得 1 分，抢到后将球传给教练，回到自己队的队尾，下一名队员准备 2. 先获到 10 分的队伍获胜，失败方做 10 个收腹跳	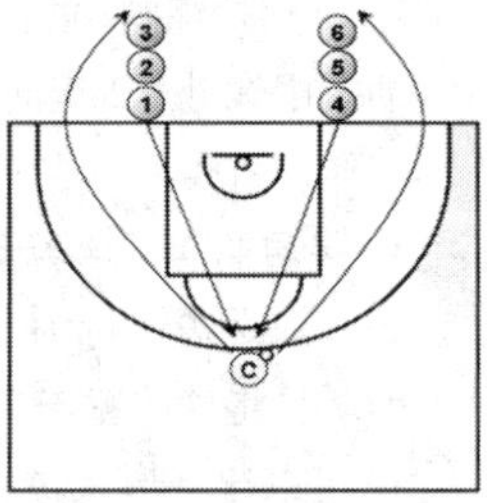 要求：队员要加速起动，判断好球的落点及反弹的高度，占据有利位置，主动伸手去抢夺球 器材：篮球
放松与总结	10分钟	1. 拉伸放松 2. 课后总结 3. 特别提醒 4. 宣布本节课最佳队员 5. 鼓舞士气	教法： 1. 教练总结本节课所学内容，再次强调动作的细节与要领 2. 教练布置课下作业 3. 教练宣布本节课最认真、提高最快的队员，让其余队员向其学习 4. 队员面向自己父母鞠躬，说"父母辛苦了"，集合喊"加油"，随后解散

第 24 课时

目的与任务：1. 培养队员的自律性，让队员知道不是让规章制度束缚他们，而是用自律更好地学习与生活
2. 提高队员的团队合作能力和脚下移动能力
3. 提高队员的竞争意识
4. 复习行进间运球技术动作，增强队员的球感

部分	时间	内容	教法与要求
课前与家长交流	5分钟	1. 介绍课程计划及执教理念 2. 与家长进行深入交流，了解队员的性格特点，是否能在平时的生活、学习和训练中做到自律	教法：询问上节课作业完成情况，向家长了解队员的身体情况及心理状况，以便及时调整训练量
集合讲解互动沟通	10分钟	1. 慢慢地拍手，大喊“加油” 2. 强调兴趣对篮球运动的重要性 3. 相互介绍：认识教练与队员 4. 本节课的主题是“自律” 5. 提高运用篮球基本技术的熟练程度，培养队员主动训练的意识 6. 激励、热情、能量至关重要 7. 选出本节课的实习队长，协助教练维持纪律，带领队员认真练习	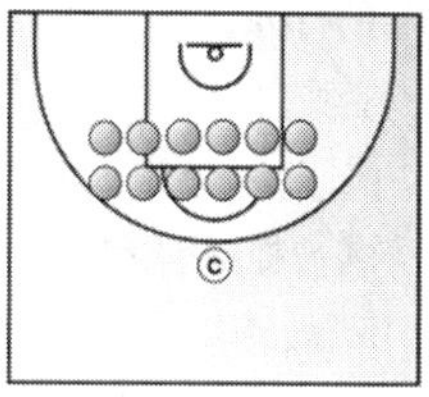 要求：集合时以 2 列横队密集队形站好，尽快集中队员的注意力，并强调上课时的纪律性
准备部分	10分钟	一、动态拉伸 （一）目的：降低肌肉粘滞性，避免在训练中拉伤 （二）方法：全场往返练习 1 组 1. 在队长的带领下，绕篮球场地慢跑 5 圈 2. 行进间弓箭步压腿 3. 行进间小步跑 4. 行进间高抬腿跑 5. 行进间后踢腿跑 6. 行进间侧身前后交叉步跑 7. 行进间跑跳步转体 8. 行进间跑跳步扩胸 9. 行进间跑跳步振臂	要求： 1. 在慢跑过程中，队员双手持球，在胸前运用手指和指尖左右拨球，手掌及掌心不接触球 2. 在拉伸过程中，要求队员注意拉伸力度，不要盲目追求速度 3. 时刻提醒队员，保证拉伸动作的准确性 4. 告诉队员某动作应当牵拉某块肌肉，并时刻询问队员该肌肉是否有牵拉感

续表

部分	时间	内容	教法与要求
准备部分	10分钟	二、体育游戏："深海结网捕鱼" （一）目的：锻炼队员的协调性与灵活性，以及在跑动过程中身体的控制能力和团队协作能力 （二）方法 1. 队员随机在半场范围内站立，由教练选出2名队员作为"捕鱼者" 2. "捕鱼者"必须手拉着手，听到教练哨声后游戏开始，"捕鱼者"开始捕"鱼"（队员），"鱼"开始躲避追捕 3. "捕鱼者"抓到"鱼"后，"鱼"加入"捕鱼者"的行列，在"捕鱼"过程中"捕鱼者"必须手牵手，否则抓住也不算 4. 直到所有"鱼"全被抓完，开始下一局，由第一名被抓队员和最后一名被抓队员当"捕鱼者" 5. 教练可控制时间，若3分钟内还有没被抓到的"鱼"，则"捕猎者"每人做10个深蹲跳	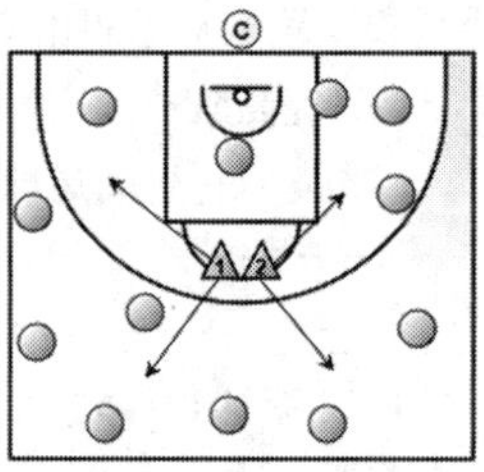 要求： 1. 在追捕过程中所有队员的手不可以松开 2. 队员之间要沟通，确定一个目标后统一行动 3. 不允许出界
基础训练	10分钟	一、"篮球担架"游戏 （一）目的：提高队员的综合素质、身体协调性、平衡感及球感 （二）方法 1. 队员2人1组在端线后面对面站好 2. 每人手中有2根接力棒，2人手握接力棒的两端，将球放在2根接力棒的中间，2人控制接力棒之间的距离，不要让篮球掉落 3. 听到教练哨声后队员同时出发，途中不允许身体任何部位触碰到球，将球始终保持在接力棒上，若球不慎掉落，可以用手将其捡起，从掉落处继续游戏 4. 到达中线位置，队员下蹲，扩大接力棒距离，使接力棒从篮球下部经过，2人同时起身并向上将2个篮球同时抬起，控制接力棒之间的距离及平衡，返回起始点 5. 可以竞赛的方式进行游戏，最后通过端线的一组做10个蹲起 6. 负荷量：2分钟×5组 （三）重点与难点 1. 2名队员在行进过程中，要相互配合，通过双方上肢的调整尽量将球控制在接力棒中间 2. 队员在抬第二个篮球时，注意屈膝降低重心	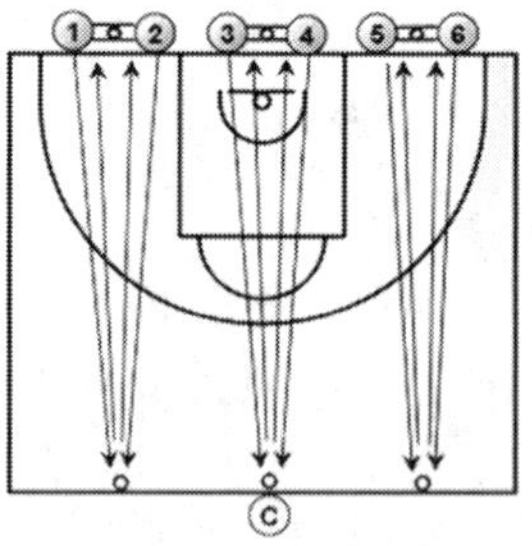 要求： 1. 移动时重心降低，保持身体平稳 2. 队员应有团结协作的意识和能力，队员之间互相鼓励，共同进步 器材：接力棒、篮球

续表

部分	时间	内容	教法与要求
基础训练	10分钟	二、综合性脚步练习 （一）目的：锻炼队员快速起动、加速、急停的能力，以及脚下的灵活性、灵敏性 （二）方法 1. 队员在端线后站成一路纵队 2. 加速至罚球线与三秒区线的交叉处，然后侧滑步至对称点，后退跑至端线与三秒区交叉处，侧滑步至三分线与端线交叉处，沿三分线侧身交叉步至另一侧，加速跑至绳梯前，做绳梯练习，随后加速跑出边线，慢跑回到队尾 3. 教练在队员移动至三分线处时吹哨，下一名队员出发，以此类推 4. 负荷量：2 分钟 ×5 组 （三）重点与难点 1. 队员在后退跑时注意控制好身体的重心 2. 队员在做绳梯练习时，注意不要踩到绳梯边缘，看准后落脚，速度适中	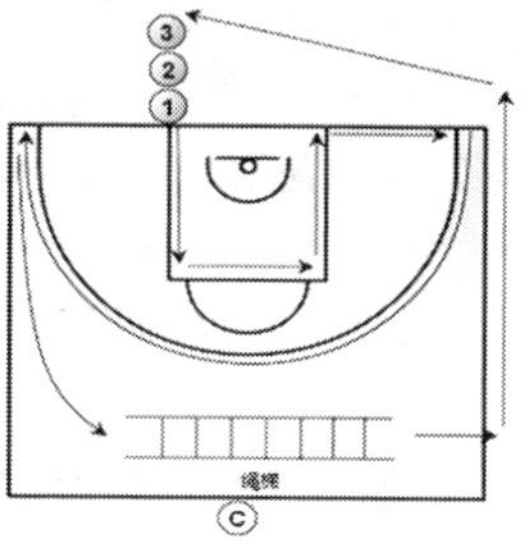 要求： 1. 滑步时双臂微屈，双手打开，抬头目视前方，重心降低 2. 起动时后脚蹬地发力，急停时屈膝，降低重心 器材：绳梯
	10分钟	三、行进间运球练习 （一）目的：提高队员的平衡能力、球感、协调性、团队合作意识及竞争意识 （二）方法 1. 队员每人 1 球分为 2 列站在端线后，听到教练吹哨后，右手持球从右侧出发 2. 第一名队员经过第一摞标志筒，拿起 1 个放到罚球线延长线的位置，随后后退运球至第一个标志筒处做 1 个单手体前变向运球，再拿起 1 个标志筒放到三分线附近的位置，再后退运球至第一个标志筒，做 1 个变向运球，再拿起 1 个标志筒放到中线的位置，后退运球到端线 3. 下一名队员出发，运球到罚球线标志筒处拿起标志筒，后退运球至第一个标志筒处，将标志筒摞在上面，随后做 1 个变向运球去往下一个标志筒处，以此类推 4. 也可从最远的标志筒处开始练习，线路不变 5. 第一名队员放置标志筒，第二名队员收回标志筒，以此类推	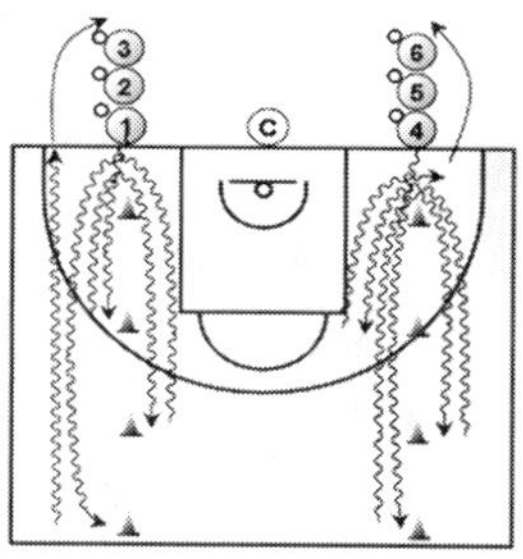 要求： 1. 运球起动时，后脚蹬地发力，向前推进放球 2. 运球过程中尽量目视前方，时刻观察场上情况 3. 突破时注意中枢脚脚跟抬起，蹬地转体发力，同时转体侧压肩向前放球加速 器材：标志筒、篮球

续表

部分	时间	内容	教法与要求
基础训练		6. 变向包括体前、后转身、背后、胯下、单手晃动、V 字变向等，以及 2 种或多种变向组合 7. 负荷量：5 分钟 ×2 组 （三）重点与难点：在放置和收回标志筒时，重心降低，将球控制在腰部以下，变向时尽可能加大幅度	
团队合作游戏竞赛	15 分钟	名称：胜者为王游戏 （一）目的：锻炼队员在小范围内运用技术的能力及观察力 （二）方法 1. 队员以个人为单位，在三分线内自由选位置以三威胁姿势站立。听到教练的哨声后游戏开始，每名队员在保护好自己球的情况下去干扰抢断其余队员的球。以三分线为边界，若球出界或人出界，均被淘汰 2. 教练注意队员在抢球时的动作，若有犯规，第一次警告，第二次罚下。随着队员的减少，逐渐缩小范围，即三秒区内或冲撞区内 3. 决出冠军，给予一定语言上的表扬或物质奖励	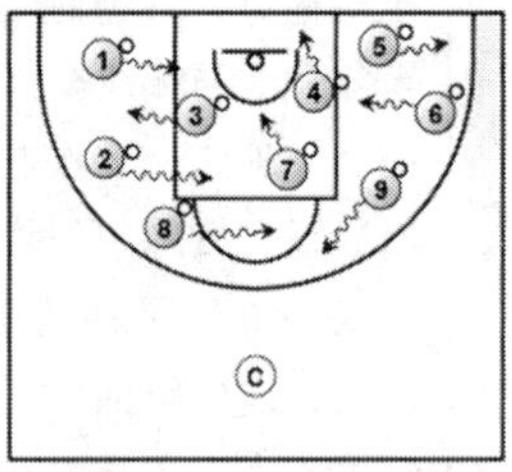 要求： 1. 运球时注意屈膝，在对抗中要有保护球的意识和侵略性，时刻准备出击或防御 2. 队员要根据实际情况灵活运用运球技术 3. 不允许出界，出界直接被淘汰 器材：篮球
放松与总结	10 分钟	1. 拉伸放松 2. 课后总结 3. 特别提醒 4. 宣布本节课最佳队员 5. 鼓舞士气	教法： 1. 教练总结本节课所学内容，再次强调动作的细节与要领 2. 教练布置课下作业 3. 教练宣布本节课最认真、提高最快的队员，让其余队员向其学习 4. 队员面向自己父母鞠躬，说“父母辛苦了”，集合喊“加油”，随后解散

第 25 课时

目的与任务：1. 培养队员的勇气，鼓励队员勇于面对自己，如果不敢争取，就不可能取得胜利
2. 提高队员的团队协作能力、球性、协调性和灵活性
3. 复习传球、运球、投篮技术动作，提高其动作规范性、准确性及稳定性

部分	时间	内容	教法与要求
课前与家长交流	5分钟	1. 介绍课程计划及执教理念 2. 与家长进行深入交流，了解队员的性格特点，是否有勇气去面对生活、学习和训练中的困难	教法：询问上节课作业完成情况，向家长了解队员的身体情况及心理状况，以便及时调整训练量
集合讲解互动沟通	10分钟	1. 慢慢地拍手，大喊“加油” 2. 强调兴趣对篮球运动的重要性 3. 相互介绍：认识教练与队员 4. 本节课的主题是“勇气” 5. 提高运用篮球基本技术的熟练程度，培养队员主动训练的意识 6. 激励、热情、能量至关重要 7. 选出本节课的实习队长，协助教练维持纪律，带领队员认真练习	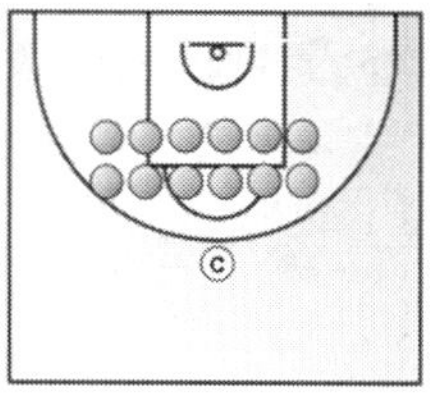 要求：集合时以两列横队密集队形站好，尽快集中队员的注意力，并强调上课时的纪律性
准备部分	10分钟	一、动态拉伸 （一）目的：降低肌肉的粘滞性，避免在训练中拉伤 （二）方法：全场往返练习 1 组 1. 在队长的带领下，绕篮球场地慢跑 5 圈 2. 行进间弓箭步转体 3. 行进间燕式平衡 4. 行进间小步跑 5. 行进间高抬腿跑 6. 行进间后踢腿跑 7. 行进间跑跳步 8. 行进间交替踢腿 9. 行进间双臂前后回环	要求： 1. 在慢跑过程中，队员持球在胸前运用手指和指尖左右拨球，手掌及掌心不接触球 2. 在拉伸过程中，要求队员注意拉伸力度，不要盲目追求速度 3. 时刻提醒队员，保证拉伸动作的准确性 4. 告诉队员某动作应当牵拉某块肌肉，并时刻询问队员该肌肉是否有牵拉感

续表

部分	时间	内容	教法与要求
准备部分	10分钟	二、体育游戏："蛇形穿越" （一）目的：锻炼队员的快速反应、起动及急停能力 （二）方法 1. 队员成2列纵队面对面在场地内站好，每名队员侧平举站立 2. 听到教练哨声后，第一名队员做变向运球从其余队员的双臂下钻过，直到钻过最后一名队员，然后用地滚传球的方式将球传给在排头的队员，随后在队尾两臂侧平举站好 3. 直到第一名出发的队员再次成为排头结束游戏 4. 2组比赛，先完成的队伍获胜，失败方做10次深蹲	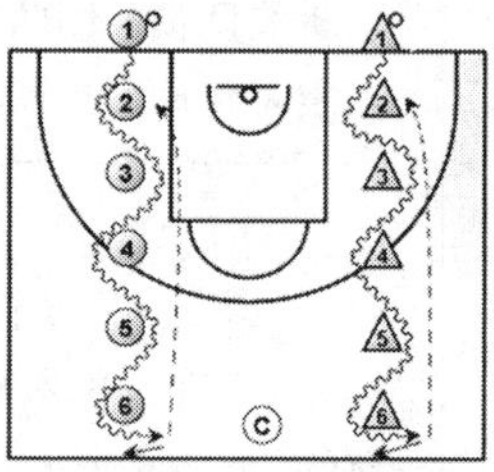 要求： 1. 两臂侧平举一定要平，不能为了缩短距离而举高 2. 注意球滚动的路线尽量是直线 3. 队员要有团队协作能力、集体荣誉感，并学会互相鼓励 器材：篮球
基础训练	10分钟	一、原地熟悉球性练习 （一）目的：提高队员的协调性、球感、弱侧手运球能力及身体协调配合能力 （二）方法 1. 队员分为2排，基本姿势站立，每人1个篮球，1个网球，1个敏捷圈 2. 听到教练哨声后开始运球，篮球的落点落在敏捷圈内，同时将网球抛向空中，落1次地后单手接住 3. 教练控制时间，左右手都要练习 4. 熟练后可加大难度，将网球抛出，落地前接住 5. 负荷量：2分钟×5组 （三）重点与难点：队员注意两只手的配合，视线不能固定在一个位置上	 要求： 1. 运球时重心降低，保持身体平衡，不要含胸驼背 2. 集中注意力 器材：网球、敏捷圈、篮球
	10分钟	二、行进间双人阻力双手运球练习 （一）目的：锻炼队员在有对抗的情况下运球的稳定性及技术运用能力 （二）方法 1. 队员2人1组面对面在端线处准备 2. 一名队员将双手扶在队友的肩膀上，另一名队员一手一球 3. 听到教练哨声后，运球出发，2名队员同时发力对抗，注意扶肩队员适当发力，不要让运球队员无法前进	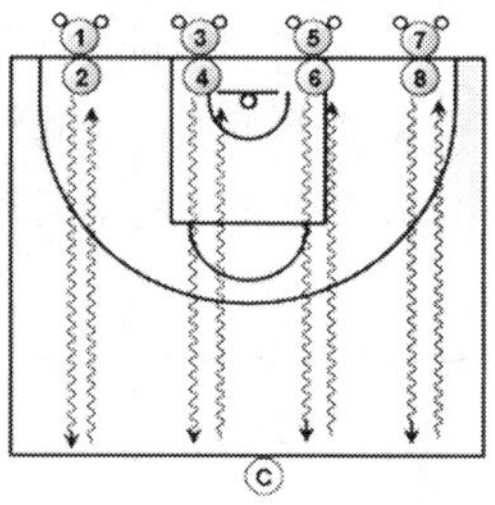 要求： 1. 队员运球时重心降低，弓箭步向前推进，后脚蹬地发力

续表

部分	时间	内容	教法与要求
基础训练		4. 运球到中线后，2 人交换位置，原路返回端线 5. 双手运球方式包括双手同时运球、双手同时低运球、双手同时高运球、双手交替运球、双手高低运球、双手体前变向运球、双手前后推拉球、双手体前交替手运球等，教练根据队员运球能力选择运球方式 6. 若出现失误，须将球快速捡回并从失误处继续练习 7. 负荷量：2 分钟 ×5 组 （三）重点与难点 1. 运球时大胆发力，克服失误造成的心理阴影 2. 队员之间学会配合，施加阻力的队员不要盲目地发力，致使运球队员无法前进 3. 在运球过程中，始终将球控制在腰部以下，重心不要起伏，变向时控制好球的落点，注意不要翻腕	2. 队员运球时尽量抬头目视前方 器材：篮球
	10分钟	三、行进间传接球上篮练习 （一）目的：提高队员行进间传接球的能力及协调性 （二）方法 1. 队员 2 人 1 组面对面在端线后准备 2. 听到教练哨声后 2 人出发，做行进间传球 3. 内侧队员到标志筒位置时，外侧队员加速跑到异侧，内侧队员运球等待外侧队员跑动，继续进行传球练习 4. 最后内侧队员传球给外侧队员上篮，跟进抢篮板球，若球未进，则须补进，然后下场，2 人交换位置到队尾排队 5. 传球方式包括双手胸前平传球、双手胸前击地传球、双手头上传球、单手肩上传球、单手击地传球、单手体侧传球等 6. 上篮分为低手上篮和高手上篮，队员上篮时教练可站在篮下利用手臂进行干扰 7. 负荷量：2 分钟 ×5 组 （三）重点与难点 1. 注意传接球的时机与位置 2. 队员在接球时迅速调整上下肢动作，避免走步违例 3. 上篮时努力向上跳，尽量舒展身体	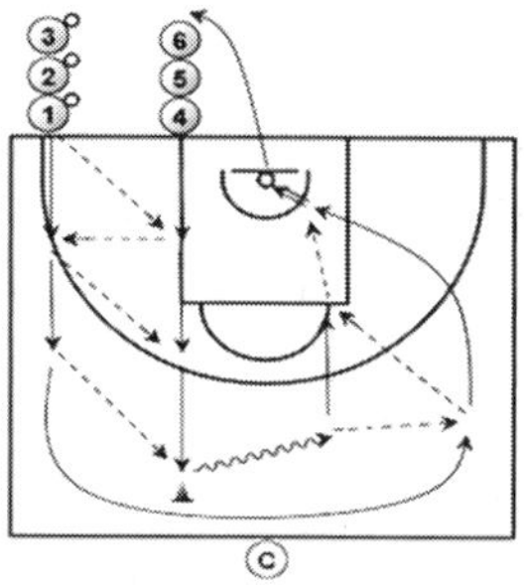 要求： 1. 传接球动作要规范，手指、手腕拨球有力，要传球准确，接球队员接球后可直接衔接下一个动作 2. 接球时虎口相对，克服接球恐惧感 3. 行进间低手投篮时将球置于胸前，双手由胸前向斜上方举球，注意球出手时单手托住球的底部向上抬上臂和前臂，手腕柔和发力，五指同时拨球 4. 行进间高手投篮时注意根据队员力量的大小调整前臂与上臂、上臂与躯干角度的大小，抬肘压腕，手指柔和拨球 器材：标志筒、篮球

续表

部分	时间	内容	教法与要求
基础训练		4. 双手胸前传球时，后脚蹬地发力，由下肢带动上肢，出手后五指自然分开指向接球队员，手背相对，上臂伸直 5. 双手胸前击地传球和单手击地传球时，球的落点应在球反弹后能够到达队友胸口的位置 6. 单手肩上传球时，由肩膀前侧位置将球传出，出球后手臂伸直，五指分开指向接球队员 7. 双手头上传球时，肘部略微弯曲，将球置于头部上方偏后的位置，注意不要放到后脑勺的位置	
团队合作游戏竞赛	15分钟	名称：“青蛙过河”游戏 （一）目的：锻炼队员快速起动、急停、观察能力及策略性 （二）方法 1. 每名队员手持1球在端线后站立。每名队员有自己前进的路线，不得越界，中间防守的队员同样有自己的移动范围 2. 听到教练哨声后，端线队员，即“青蛙”按照线路运球出发，途中可以加、减速观察中间防守队员，即“捕猎者”的位置，选择“过河”时机，“捕猎者”想办法抓住“过河”途中的“青蛙”，碰到即算抓住，被抓住的“青蛙”到边线外等候 3. 未被抓住的“青蛙”回到端线，选择出发的线路，听到教练哨声后出发 4. 教练控制时间，在3分钟内若还有未被抓住的“青蛙”，“捕猎者”做10个蹲起，最先被抓的2只“青蛙”为下一局的“捕猎者”	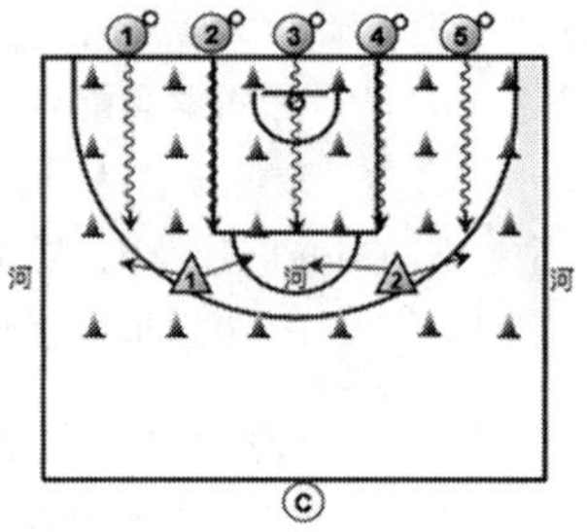 要求： 1. 运球起动时，后脚蹬地发力，向前推进放球 2. 队员在观察的同时要保证自己对球的控制 3. 队员要把握好前进的时机 4. 运球急停时弯腿降低重心 器材：标志筒、篮球
放松与总结	10分钟	1. 拉伸放松 2. 课后总结 3. 特别提醒 4. 宣布本节课最佳队员 5. 鼓舞士气	教法： 1. 教练总结本节课所学内容，再次强调动作的细节与要领 2. 教练布置课下作业 3. 教练宣布本节课最认真、提高最快的队员，让其余队员向其学习 4. 队员面向自己父母鞠躬，说“父母辛苦了”，集合喊“加油”，随后解散

第 26 课时

目的与任务：1. 培养队员的应变能力，对突发事件的应对能力，学会以不变应万变
2. 提高队员的协调性和灵活性
3. 复习运球、传球技术动作，增强队员的球感和传球准确性

部分	时间	内容	教法与要求
课前与家长交流	5分钟	1. 介绍课程计划及执教理念 2. 与家长进行深入交流，了解队员的性格特点，是否能够灵活地应对突发情况	教法：询问上节课作业完成情况，向家长了解队员的身体情况及心理状况，以便及时调整训练量
集合讲解互动沟通	10分钟	1. 慢慢地拍手，大喊“加油” 2. 强调兴趣对篮球运动的重要性 3. 相互介绍：认识教练与队员 4. 本节课的主题是“应变” 5. 提高运用篮球基本技术的熟练程度，培养队员主动训练的意识 6. 激励、热情、能量至关重要 7. 选出本节课的实习队长，协助教练维持纪律，带领队员认真练习	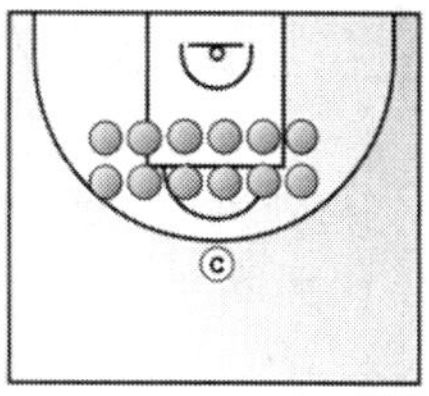 要求：集合时以 2 列横队密集队形站好，尽快集中队员的注意力，并强调上课时的纪律性
准备部分	10分钟	一、动态拉伸 （一）目的：降低肌肉的粘滞性，避免在训练中拉伤 （二）方法：全场往返练习 1 组 1. 在队长的带领下，绕篮球场地慢跑 5 圈 2. 行进间直腿屈体摸脚尖 3. 行进间弓箭步压腿 4. 行进间小步跑 5. 行进间后踢腿跑 6. 行进间交替踢腿 7. 行进间跨步跑 8. 行进间侧身前后交叉步跑 9. 行进间高抬腿跑	要求： 1. 在慢跑过程中，队员持球做腰部绕环 2. 在拉伸过程中，要求队员注意拉伸力度，不要盲目追求速度 3. 时刻提醒队员，保证拉伸动作的准确性 4. 告诉队员某动作应当牵拉某块肌肉，并时刻询问队员该肌肉是否有牵拉感
	10分钟	二、体育游戏：“主人与影子” （一）目的：锻炼队员的快速反应、起动及急停能力 （二）方法 1. 2 名队员面对面在端线处站好 2. 由教练指定一侧队员为“主人”，另一侧队员为“影子”	

续表

部分	时间	内容	教法与要求
准备部分		3. 听到教练口令后，角色为“主人”的队员开始向中线移动，移动方式包括滑步、加速跑、侧身跑、后退跑等，过程中可以加入上、下肢的任何动作，如小碎步、挥舞手臂等 4. 角色为“影子”的队员模仿“主人”的所有动作，直到通过中线为止	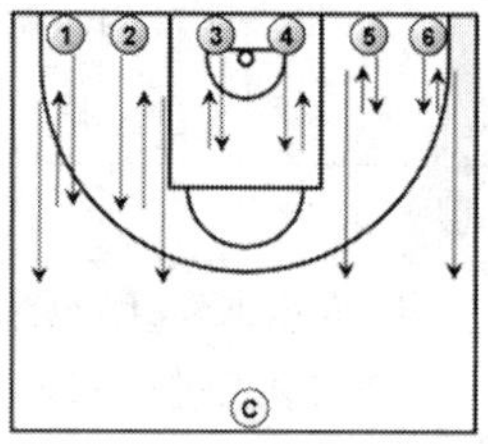 要求：模仿队员要尽全力模仿，包括动作的细节，不得因动作太难而放弃模仿
基础训练	10分钟	一、行进间双球熟悉球性练习 （一）目的：增强队员的球感、弱侧手运球能力及身体协调配合能力 （二）方法 1. 将队员分为2组站在端线后，每组第一名队员持双球 2. 听到教练口令后，2组同时出发，运球绕过所有的标志筒后返回至端线，将球传给下一名队员，以此类推 3. 每名队员须完成1次，可以竞赛的形式进行，失败方做10个蹲起 4. 在运球过程中，若丢球，须将球捡回，从失误处继续进行 5. 熟练后可加大训练难度，如双手交替运球、一高一低运球、双手同时左右拨球等 6. 负荷量：2分钟×5组 （三）重点与难点 1. 运球时尽量目视前方，观察路线及对手的情况 2. 在运球过程中，始终将球控制在腰部以下，重心不要起伏，注意不要翻腕	 要求： 1. 运球时重心降低，保持身体平衡，不要含胸驼背 2. 运球时不要碰到标志筒 器材：标志筒、篮球
	10分钟	二、综合练习 （一）目的：锻炼队员的爆发力、灵敏性及协调性 （二）方法 1. 队员每人一球在端线后站好，听到教练哨声后出发 2. 运球至绳梯处，右（左）手边运球边做绳梯练习 3. 通过绳梯后到敏捷圈前，将球举至头顶，跳过敏捷圈	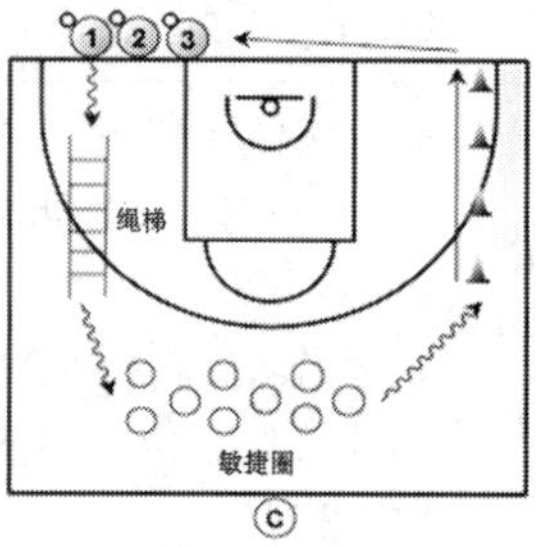

续表

部分	时间	内容	教法与要求
		4. 运球到标志筒处，将球再次举到头顶，蛙跳至端线，随后到队尾排队等待 5. 负荷量：2 分钟 ×5 组 （三）重点与难点 1. 做敏捷圈训练时，前脚掌着地，蹬地发力，尽量往高跳，看准落点，轻盈落地，控制住身体重心 2. 做蛙跳训练时，控制住身体重心，屈膝蹬地发力，在空中将身体舒展开，落地由脚跟过渡到全脚掌	要求：做绳梯训练时注意看准落脚点，将球的高度控制在腰部位置 器材：篮球、绳梯、敏捷圈、标志筒
基础训练	10 分钟	三、行进间传接球上篮练习 （一）目的：提高队员的行进间传接球能力及协调性 （二）方法 1. 队员 2 人 1 组面对面在端线处站好 2. 听到教练哨声后 2 人出发，做行进间传球 3. 上篮的队员沿边线跑动，传球的队员抢到篮板球后，2 人继续进行传球练习 4. 传球方式包括：双手胸前平传球、双手胸前击地传球、双手头上传球、单手肩上传球、单手击地传球、单手体侧传球等 5. 将球投进后抢到篮板球，2 人交换位置到队尾排队 6. 上篮分为低手上篮和高手上篮，队员上篮时教练可站在篮下利用手臂进行干扰 7. 负荷量：2 分钟 ×5 组 （三）重点与难点 1. 双手胸前传球时，后脚蹬地发力，由下肢带动上肢，出手后五指自然分开指向接球队员，手背相对，上臂伸直 2. 双手胸前击地传球和单手击地传球时，球的落点应在球反弹后能够到达队友胸口的位置 3. 单手肩上传球时，由肩膀前侧位置将球传出，出球后手臂伸直，五指分开指向接球队员 4. 双手头上传球时，肘部略微弯曲，将球置于头部上方偏后的位置，注意不要放到后脑勺的位置 5. 注意传接球的时机与位置 6. 队员在接球时迅速调整上下肢动作，避免走步违例 7. 上篮时努力向上跳，尽量舒展身体	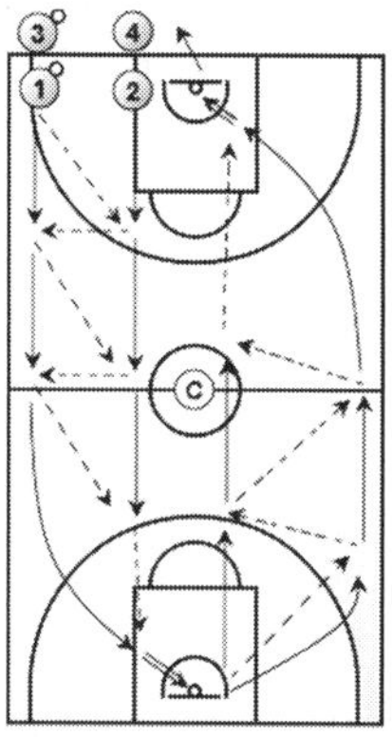 要求： 1. 传接球动作要规范，手指、手腕拨球有力，要传球准确，接球队员接球后可直接衔接下一个动作 2. 接球时不要发生走步违例 3. 接球时两手虎口相对，克服接球恐惧感 4. 行进间低手投篮时将球置于胸前，双手由胸前向斜上方举球，注意球出手时单手托住球的底部向上抬上臂和前臂，手腕柔和发力，五指同时拨球 5. 行进间高手投篮时注意根据队员力量的大小调整前臂与上臂、上臂与躯干角度的大小，抬肘压腕，手指柔和拨球 器材：篮球

续表

部分	时间	内容	教法与要求
团队合作游戏竞赛	15分钟	名称：长传球上篮游戏 （一）目的：锻炼队员的快速起动、急停、观察能力 （二）方法 1. 队员分为2队，除第一名队员外每人一球。听到教练哨声后，2队同时出发 2. 第一名队员向篮下跑，第二名队员负责传球。第一名队员接到球后做行进间投篮，球投进并抢到篮板球后回到自己队的队尾。直至第一名队员手中无球本轮结束，失败方做10个开合跳	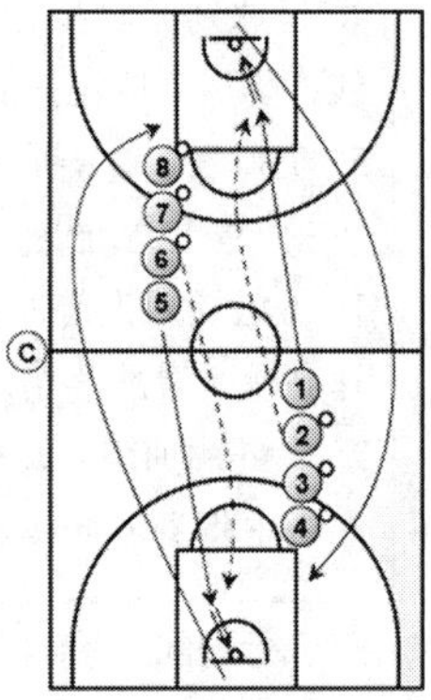 要求： 1. 上篮队员在跑动时，注意侧身观察球的情况 2. 传球者尽量做到人到球到，将球传准、传好 3. 上篮时努力向上跳，尽量舒展身体 4. 队员之间要互相鼓励，共同进步 器材：篮球
放松与总结	10分钟	1. 拉伸放松 2. 课后总结 3. 特别提醒 4. 宣布本节课最佳队员 5. 鼓舞士气	教法： 1. 教练总结本节课所学内容，再次强调动作的细节与要领 2. 教练布置课下作业 3. 教练宣布本节课最认真、提高最快的队员，让其余队员向其学习 4. 队员面向自己父母鞠躬，说“父母辛苦了”，集合喊“加油”，随后解散

第__27__课时

目的与任务：1. 培养队员精益求精的品质，告诉队员有些事情已经做得很出色了，但还要追求更加完美 2. 提高队员的协调性和灵活性 3. 学习突破分球上篮练习，提高队员的突破和传接球能力 4. 复习行进间运球，增强队员的球感			
部分	时间	内容	教法与要求
课前与家长交流	5分钟	1. 介绍课程计划及执教理念 2. 与家长进行深入交流，了解队员的性格特点，是否有精益求精的品质	教法：询问上节课作业完成情况，向家长了解队员的身体情况及心理状况，以便及时调整训练量
集合讲解互动沟通	10分钟	1. 慢慢地拍手，大喊“加油” 2. 强调兴趣对篮球运动的重要性 3. 相互介绍：认识教练与队员 4. 本节课的主题是“精益求精” 5. 提高运用篮球基本技术的熟练程度，培养队员主动训练的意识 6. 激励、热情、能量至关重要 7. 选出本节课的实习队长，协助教练维持纪律，带领队员认真练习	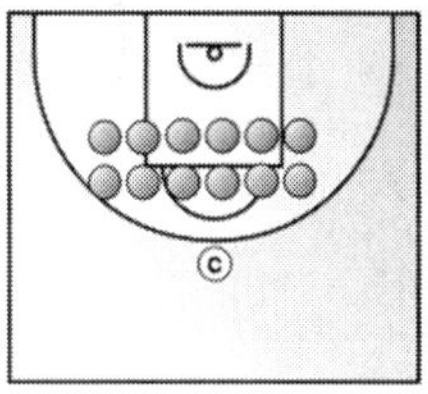 要求：集合时以2列横队队形站好，尽快集中队员的注意力，并强调上课时的纪律性
准备部分	10分钟	一、动态拉伸 （一）目的：降低肌肉粘滞性，避免在训练中拉伤 （二）方法：全场往返练习1组 1. 在队长的带领下，绕篮球场地慢跑5圈 2. 行进间弓箭步压腿 3. 行进间双手抱膝提踵 4. 行进间小步跑 5. 行进间高抬腿跑 6. 行进间交替踢腿 7. 行进间跑跳步扩胸 8. 行进间跑跳步振臂 9. 行进间双臂前后回环	要求： 1. 在慢跑过程中，队员持球做腰部绕环 2. 在拉伸过程中，要求队员注意拉伸力度，不要盲目追求速度 3. 时刻提醒队员，保证拉伸动作的准确性 4. 告诉队员某动作应当牵拉某块肌肉，并时刻询问队员该肌肉是否有牵拉感

续表

部分	时间	内容	教法与要求
准备部分	10分钟	二、体育游戏："线上追逐" （一）目的：锻炼队员的快速反应、起动、急停及观察能力 （二）方法 1. 所有队员站到篮球场的任意一条线上，冲撞区的线除外 2. 由教练指定1名队员为追捕者，其余队员沿线跑动躲避 3. 在跑动时，只能面朝1个方向，不得变换跑动的方向，也不得跨线 4. 抓到某名队员后，被抓队员为追捕者	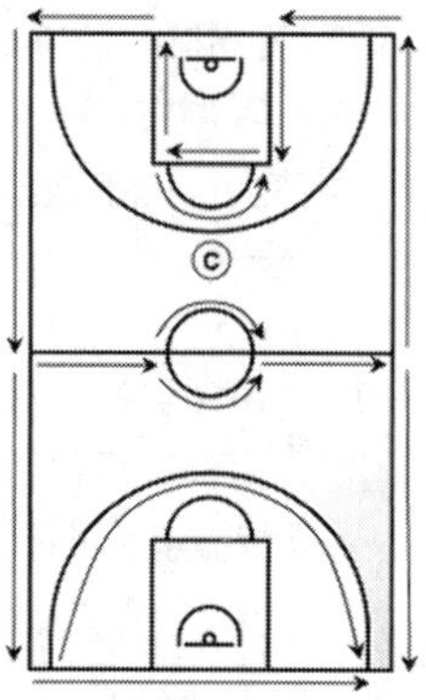 要求： 1. 队员在跑动过程中不得从一条线直接跨到另一条线上，必须在线上跑动 2. 队员不得随意改变方向，不能因为追捕者从正面跑来而选择向后跑或后退跑
基础训练	10分钟	一、行进间运球、传接网球练习 （一）目的：增强队员的球感、弱侧手运球能力及身体协调配合能力 （二）方法 1. 将队员分成2组，队员2人1组面对面站立，一组队员持篮球，另一组队员持网球 2. 听到教练哨声后，2组同时出发，运球队员用右（左）手运球，持网球队员将网球抛向地面，反弹后运球队员用左（右）手去接 3. 负荷量：5分钟×2组 （三）重点与难点：队员运球时眼睛尽量目视前方，观察网球的方向	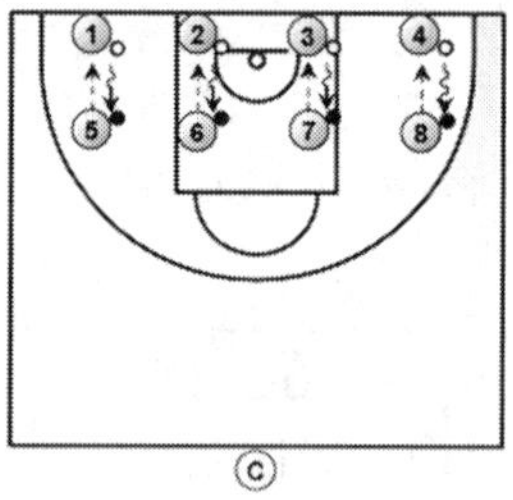 要求：运球时重心降低，保持身体平衡，不要含胸驼背 器材：篮球、网球
	10分钟	二、综合性脚步练习 （一）目的：锻炼队员的爆发力、灵敏性及协调性 （二）方法 1. 队员在端线站好，听到教练哨声后，滑步至每一个标志筒并用手触碰标志筒 2. 到达最后一个标志筒后，横向侧身交叉步到跨栏架前 3. 在跨栏架处的练习包括双脚跳、单脚跳、侧身跳、侧身高抬腿等 4. 通过跨栏架后全速冲过端线，随后到队尾排队 5. 负荷量：2分钟×5组	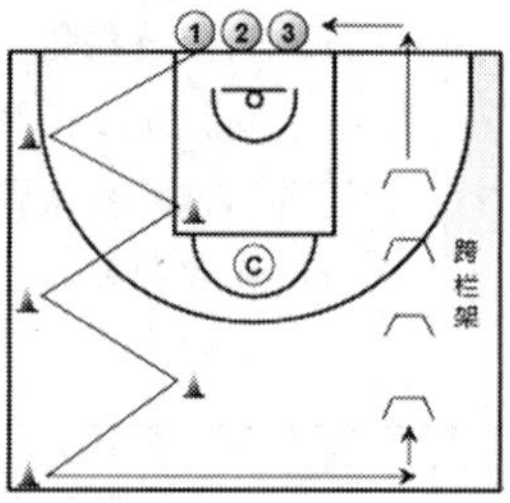 要求： 1. 滑步时双臂微屈，重心降低，双手打开，抬头目视前方

续表

部分	时间	内容	教法与要求
基础训练		（三）重点与难点：做跨栏架训练时，控制住身体重心，看准落点，落地轻盈	2. 加速冲过端线时注意摆臂，协调发力 器材：跨栏架、标志筒
	10分钟	三、突破分球上篮练习 （一）目的：提高队员突破后的传球能力及移动接球能力 （二）方法 1. 队员分为2组站在标志筒后，站在弧顶的队员拿球，站在边线的队员不拿球 2. 听到教练哨声后，2人同时出发，弧顶持球队员运球到标志筒前做变向，从右（左）侧突破，边线的队员跑到标志筒前做虚晃动作，从右（左）向篮下切入 3. 运球队员观察同伴切入的位置，在合适的时候将球传给同伴，让同伴可以接球直接上篮 4. 若球未进，补进后2人交换位置 5. 变向包括体前、后转身、背后、胯下、单手晃动、V字变向等，以及2种或多种变向组合 6. 负荷量：2分钟×5组 （三）重点与难点：队员突破时要始终观察接应者的位置，尽量做到人到球到，将球传准、传好	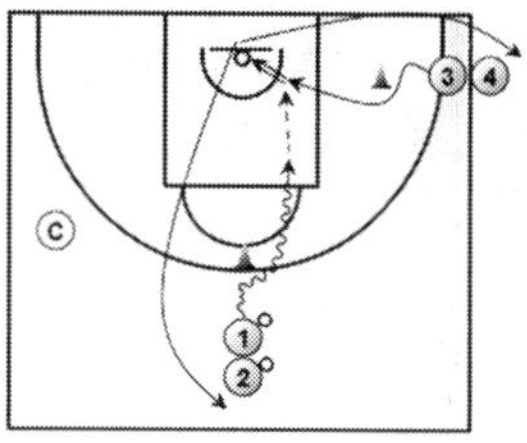 要求： 1. 传接球动作要规范，手指、手腕拨球有力，要传球准确，接球队员接球后可直接衔接下一个动作 2. 突破时注意中枢脚脚跟抬起，蹬地转体发力，同时转体侧压肩向前放球加速，重心降低，眼睛时刻观察同伴的位置 3. 接球时不要发生走步违例 器材：标志筒、篮球
团队合作游戏竞赛	15分钟	名称："火车"投篮游戏 （一）目的：提高在有竞争的环境下投篮的稳定性及心理素质 （二）方法 1. 2组队员在指定位置站好，听到教练哨声后，2组队员同时出发 2. 行进过程中，第一名队员持球，其余队员将手搭到前一名队友的肩上，跳跃前进。到达指定区域后，第一名队员投篮，若未投进，补进后传给下一名队友 3. 待所有队员全投进后，按照原队形和线路返回出发位置，速度快的队伍获胜。失败方须完成从端线至中线3次折返跑	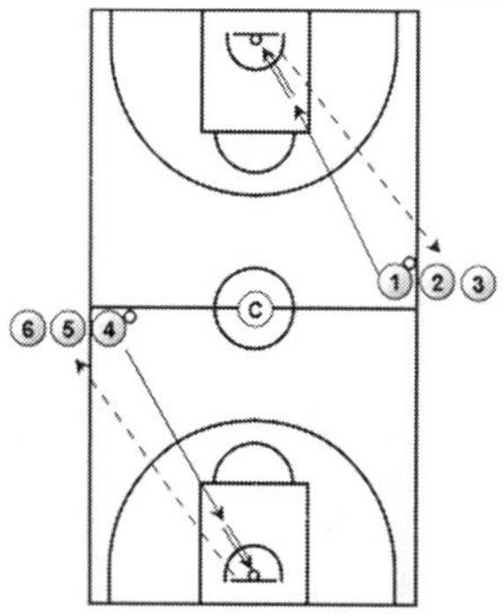 要求： 1. 队员之间要相互配合，同时前进，互相鼓励 2. 投篮时将球置于胸前，屈膝降低重心，由下肢至上肢协调发力，停稳跳直，手指、手腕柔和拨球，注意蹬地、提臂、伸臂、屈肘、压腕（送）拨球 器材：篮球

续表

部分	时间	内容	教法与要求
放松与总结	10分钟	1. 拉伸放松 2. 课后总结 3. 特别提醒 4. 宣布本节课最佳队员 5. 鼓舞士气	教法： 1. 教练总结本节课所学内容，再次强调动作的细节与要领 2. 教练布置课下作业 3. 教练宣布本节课最认真、提高最快的队员，让其余队员向其学习 4. 队员面向自己父母鞠躬，说“父母辛苦了”，集合喊“加油”，随后解散

第 28 课时

目的与任务：1. 培养队员的团队意识，篮球是集体项目，只有通过团队配合、协同工作，才能解决问题，达到共同的目标
2. 提高队员的协调性和灵活性
3. 学习挡拆技术动作，初步掌握挡拆能力
4. 复习突破分球上篮练习，提高队员的突破和传球能力

部分	时间	内容	教法与要求
课前与家长交流	5分钟	1. 介绍课程计划及执教理念 2. 与家长进行深入交流，了解队员的性格特点，是否拥有团队意识	教法：询问上节课作业完成情况，向家长了解队员的身体情况及心理状况，以便及时调整训练量
集合讲解互动沟通	10分钟	1. 慢慢地拍手，大喊“加油” 2. 强调兴趣对篮球运动的重要性 3. 相互介绍：认识教练与队员 4. 本节课的主题是“团队意识” 5. 提高运用篮球基本技术的熟练程度，培养队员主动训练的意识 6. 激励、热情、能量至关重要 7. 选出本节课的实习队长，协助教练维持纪律，带领队员认真练习	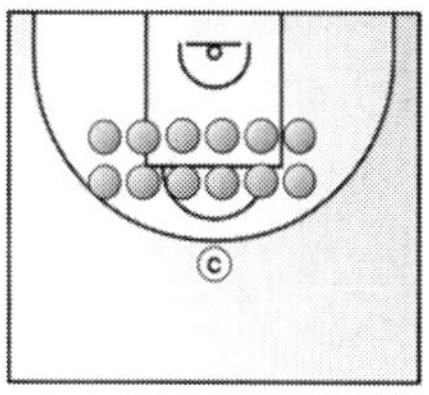 要求：集合时以 2 列横队密集队形站好，尽快集中队员的注意力，并强调上课时的纪律性
准备部分	10分钟	一、动态拉伸 （一）目的：降低肌肉的粘滞性，避免在训练中拉伤 （二）方法：全场往返练习 1 组 1. 在队长的带领下，绕篮球场地慢跑 5 圈 2. 行进间弓箭步转体 3. 行进间双手抱膝提踵 4. 行进间小步跑 5. 行进间交替踢腿 6. 行进间跨步跳 7. 行进间高抬腿跑 8. 行进间跑跳步振臂 9. 行进间横向滑步	要求： 1. 在慢跑过程中，队员持球做腰部绕环 2. 在拉伸过程中，要求队员注意拉伸力度，不要盲目追求速度 3. 时刻提醒队员，保证拉伸动作的准确性 4. 告诉队员某动作应当牵拉某块肌肉，并时刻询问队员该肌肉是否有牵拉感

续表

部分	时间	内容	教法与要求
准备部分	10分钟	二、体育游戏："蒸汽小火车" （一）目的：锻炼队员的协调性与灵活性，以及在跑动过程中对身体的控制能力 （二）方法 1. 将队员分成2组，每人持球在端线后站好 2. 除第一名队员外，其余队员拉住前一名队员的衣服 3. 所有队员将球放在自己的左侧，听到教练哨声后，统一用左手托球的底部偏上的位置向前滚动，在整个过程中拉着衣服的手不得松开 4. 若出现失误，则整支队伍等待队员将球捡回后，方可继续前进 5. 率先通过中线的队伍获胜，失败方做10个深蹲跳	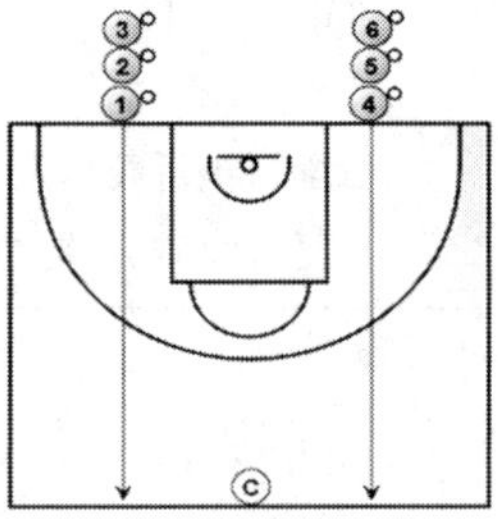 要求： 1. 队员在拉衣服时注意力度，避免发生危险 2. 在向前行进的过程中，注意抬头挺胸，屈膝重心降低，不要驼背 3. 队员在拨动球时注意要将手放在球的底部偏上的位置，用手指和指尖拨动球，尽量目视前方 器材：篮球
基础训练	10分钟	一、虚晃假动作练习 （一）目的：锻炼队员做假动作的能力及身体的协调性、灵敏性 （二）方法 1. 队员分2队在端线后站好，听到教练哨声后同时出发 2. 到标志筒前做虚晃假动作，侧肩，双手放于胸前时刻准备接球，然后加速至下一个标志筒 3. 通过最后一个标志筒后，全速冲过端线，然后到队尾排队 4. 负荷量：2分钟×5组 （三）重点与难点：做虚晃时，幅度可大一些，达到逼真的效果。虚晃后，后脚蹬地发力，同时侧肩，重心降低，有明显的加速动作	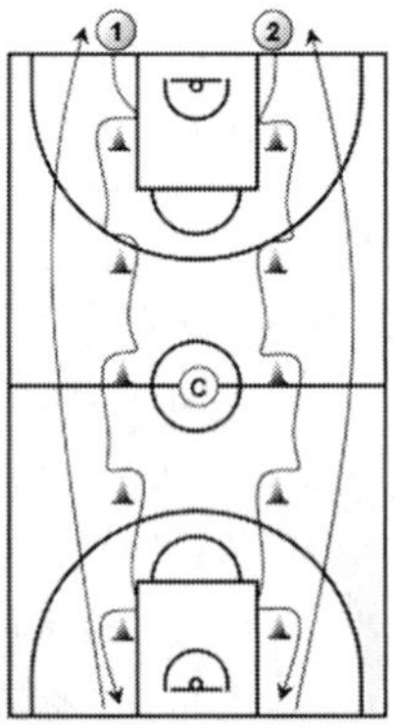 要求： 1. 跑动时保持身体重心平稳 2. 在标志筒前做虚晃动作 器材：标志筒
	10分钟	二、挡拆练习 （一）目的：提高队员掩护的意识及动作的准确性 （二）方法 1. 队员分2队分别站在场地左侧和右侧的指定位置 2. 一侧队员拿球，另一侧队员做掩护，持球队员运球突破，掩护队员下顺	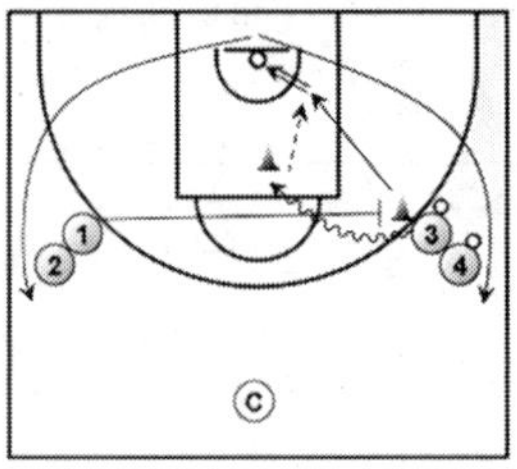

续表

部分	时间	内容	教法与要求
基础训练		3. 运球队员突破至标志筒后，将球传给下顺的队友，队友接球后上篮 4. 若球未进，补进后抢到篮板球，到异侧排队 5. 左侧同理 6. 负荷量：2 分钟 ×5 组 （三）重点与难点 1. 做掩护时，掩护队员将标志筒放在两腿之间，重心降低，双手在胸前交叉抬平 2. 上篮时努力向上跳，尽量舒展身体 3. 队员在传球时尽量做到人到球到，将球传好、传准	要求：被掩护队员突破时，注意紧贴掩护队员，重心降低，屈膝蹬地加速突破 器材：篮球、标志筒
	10 分钟	三、行进间运球突破上篮练习 （一）目的：提高队员行进间运球变向和上篮的能力 （二）方法 1. 队员分为 2 列站在中线与边线的夹角处，每人一球 2. 两侧队员同时出发，在标志筒前做变向，突破最后 1 个标志筒后，加速上篮 3. 变向包括体前、后转身、背后、胯下、单手晃动、V 字变向等，以及 2 种或多种变向组合 4. 上篮分为低手上篮和高手上篮，队员上篮时教练可站在篮下利用手臂动作进行干扰 5. 将球投进并抢到篮板球后去异侧队尾排队 6. 负荷量：2 分钟 ×5 组 （三）重点与难点 1. 队员在标志筒前做变向时，重心降低，将球控制在腰部以下，尽可能加大变向幅度 2. 队员在运球过程中注意抬头观察 3. 注意上篮时的起步位置，将球置于胸前，由下肢至上肢协调发力上篮，手指、手腕柔和拨球	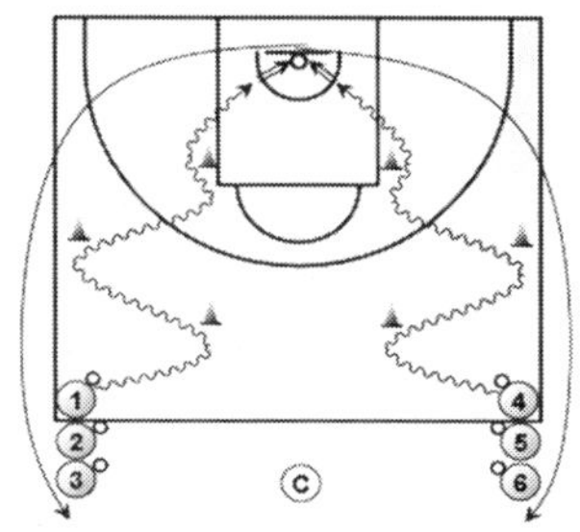 要求： 1. 运球突破起动时，后脚蹬地发力，向前推进放球 2. 突破时注意中枢脚脚跟抬起，蹬地转体发力，同时转体侧压肩向前放球加速 3. 行进间低手投篮时将球置于胸前，双手由胸前向斜上方举球，注意球出手时单手托住球的底部，向上抬上臂和前臂，手腕柔和发力，五指同时拨球 4. 行进间高手投篮时注意根据队员力量的大小调整前臂与上臂、上臂与躯干的角度，抬肘压腕，手指、手腕柔和拨球 器材：标志筒、篮球

续表

部分	时间	内容	教法与要求
团队合作游戏竞赛	15分钟	名称：稳中求胜游戏 （一）目的：提高队员行进间运球的能力及身体的协调性和观察力 （二）方法 1. 队员分2队，分别在端线两侧站好，第一名队员持球。教练将扑克牌中的A至K拿出，乱序背面朝上摆在球场上 2. 听到教练哨声后，2组队员同时运球出发，跑到扑克牌位置，随机翻开1张扑克牌，若第一张牌是A，则运球返回，若不是，则将扑克牌再次扣过来，运球返回，将球传给下一名队员 3. 扑克牌翻开的顺序必须是从小到大依次翻开，即A至K，若翻开的牌未按照应有的顺序，则必须再次扣过来 4. 先将扑克牌按顺序翻开的队伍获胜，失败方做10次深蹲跳 5. 教练根据队员的数量决定摆扑克牌的数量	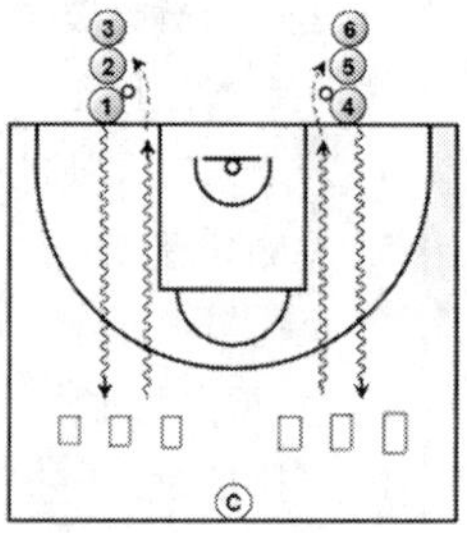 要求： 1. 队员翻开1张扑克牌后，要快速找到上一张扑克牌是什么，再看自己手中的牌是否为正确的牌，不是则快速放下运球返回 2. 在向前行进的过程中，注意抬头挺胸，屈膝重心降低，不要驼背 3. 游戏过程中队员不得停止运球，且要控制好重心 4. 将球手递手传给下一名队员 器材：扑克牌、篮球
放松与总结	10分钟	1. 拉伸放松 2. 课后总结 3. 特别提醒 4. 宣布本节课最佳队员 5. 鼓舞士气	教法： 1. 教练总结本节课所学内容，再次强调动作的细节与要领 2. 教练布置课下作业 3. 教练宣布本节课最认真、提高最快的队员，让其余队员向其学习 4. 队员面向自己父母鞠躬，说“父母辛苦了”，集合喊“加油”，随后解散

第__29__课时

<table>
<tr><td colspan="4">目的与任务：1. 培养队员严谨的态度，做事追求完美，不凑合、不敷衍
2. 增强队员的协调性和灵活性
3. 提高队员的传接球能力及个人防守能力</td></tr>
<tr><td>部分</td><td>时间</td><td>内容</td><td>教法与要求</td></tr>
<tr><td>课前与家长交流</td><td>5分钟</td><td>1. 介绍课程计划及执教理念
2. 与家长进行深入交流，了解队员的性格特点，是否对一件喜欢的事情保持严谨的态度</td><td>教法：询问上节课作业完成情况，向家长了解队员的身体情况及心理状况，以便及时调整训练量</td></tr>
<tr><td>集合讲解互动沟通</td><td>10分钟</td><td>1. 慢慢地拍手，大喊“加油”
2. 强调兴趣对篮球运动的重要性
3. 相互介绍：认识教练与队员
4. 本节课的主题是“严谨”
5. 提高运用篮球基本技术的熟练程度，培养队员主动训练的意识
6. 激励、热情、能量至关重要
7. 选出本节课的实习队长，协助教练维持纪律，带领队员认真练习</td><td>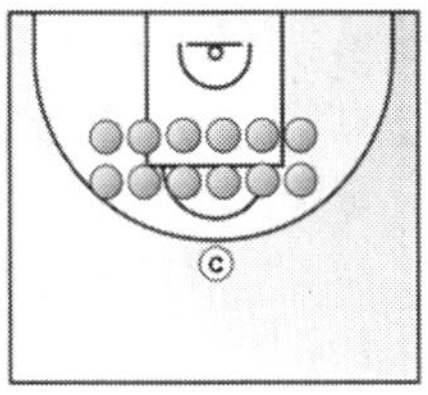
要求：集合时以 2 列横队密集队形站好，尽快集中队员的注意力，并强调上课时的纪律性</td></tr>
<tr><td>准备部分</td><td>10分钟</td><td>一、动态拉伸
（一）目的：降低肌肉的粘滞性，避免在训练中拉伤
（二）方法：全场往返练习 1 组
1. 在队长的带领下，绕篮球场地慢跑 5 圈
2. 行进间直腿屈体摸脚尖
3. 行进间小步跑
4. 后退跑
5. 行进间高抬腿跑
6. 行进间交替踢腿
7. 行进间燕式平衡
8. 行进间侧身前后交叉步跑
9. 行进间跑跳步转体</td><td>要求：
1. 在慢跑过程中，队员持球做腰部绕环
2. 在拉伸过程中，要求队员注意拉伸力度，不要盲目追求速度
3. 时刻提醒队员，保证拉伸动作的准确性
4. 告诉队员某动作应当牵拉某块肌肉，并时刻询问队员该肌肉是否有牵拉感</td></tr>
</table>

续表

部分	时间	内容	教法与要求
准备部分	10分钟	二、体育游戏："星际穿越" （一）目的：提高队员传球的准确性，增强集体荣誉感 （二）方法 1. 将队员分为2组，每组的第一名队员持球，每名队员两脚分开站立 2. 听到教练哨声后，第一名队员用双手从两脚之间将球以地滚球的方式传到最后一名队员的手里 3. 最后一名队员接到球后，持球跑到第一名队员前面，以同样的方式再传给最后一名队员，以此类推，直至第一名队员再次回到第一的位置，将球举起，游戏结束 4. 若传球过程中碰到某名队员的腿或脚，则由被碰队员传至最后一名队员 5. 先完成的组获胜，失败方做10个波比跳	 要求： 1. 队员在传地滚球时注意控制好方向，尽量不要碰到其余队员的肢体 2. 每名队员在传球后，快速跑到第一名队员身前 3. 队员之间要互相鼓励，共同进步 器材：篮球
基础训练	10分钟	一、三人传接球上篮练习 （一）目的：提高队员行进间传接球的能力及协调性 （二）方法 1. 将队员分为3组，分别在底角、45°角和弧顶站好 2. 45°角的队员持球，弧顶队员加速至标志筒前，做虚晃动作切入 3. 持球队员将球传给切入的队员，同时底角的队员加速至篮下，空切队员将球传给底角的队员，底角队员接球后上篮 4. 若球未进，将球补进后以逆时针方向轮转换位 5. 负荷量：5分钟×2组 （三）重点与难点 1. 做虚晃动作时，幅度要大，达到逼真的效果。虚晃后，后脚蹬地发力，同时侧肩，重心降低，有明显的加速动作 2. 注意传接球的时机与位置 3. 队员在接球时迅速调整上下肢动作，避免走步违例 4. 上篮时努力向上跳，尽量舒展身体	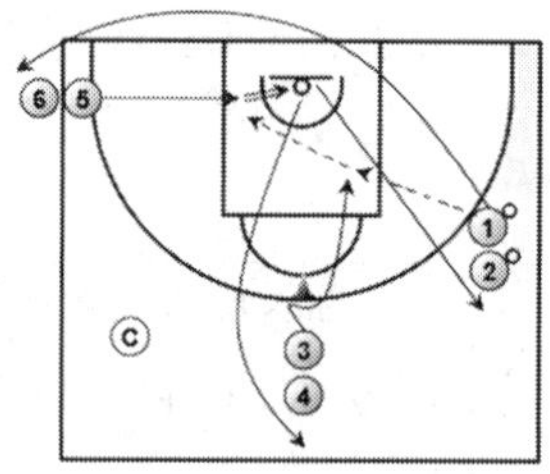 要求： 1. 传接球动作要规范，手指、手腕拨球有力，要传球准确，接球队员接球后可直接衔接下一个动作 2. 接球时不要发生走步违例 3. 传球时，后脚蹬地发力，由下肢带动上肢，出手后五指自然分开指向接球队员，手背相对，上臂伸直。接球时虎口相对，克服接球恐惧感 4. 注意跑动与传球的时机，底角的队员看到空切队员接到球后再加速至篮下，不要单纯地为了跑动而跑动 5. 注意队员之间言语的交流 器材：篮球、标志筒

续表

部分	时间	内容	教法与要求
基础训练	10 分 钟	二、1 VS 1 防守练习 （一）目的：提高队员在对抗中运用技术的能力 （二）方法 1. 队员 2 人 1 组，一攻一防 2. 听到教练哨声后，进攻队员开始运球至对面篮筐，没有固定的方向与动作 3. 防守队员尽量去堵截进攻队员，但在防守过程中，双手始终背在身后，只靠脚下的移动限制进攻队员 4. 负荷量：2 分钟 ×5 组 （三）重点与难点 1. 进攻队员根据防守队员的位置运用各种运球技术进行突破 2. 防守队员根据进攻队员的特点或突破习惯及时调整防守位置，即使失位被超越也要拼命追赶	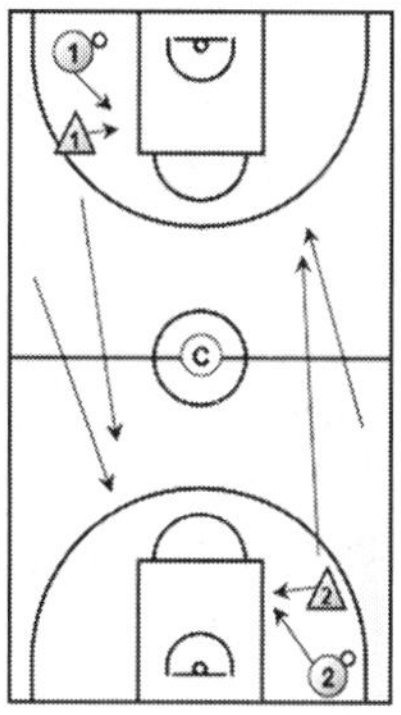 要求： 1. 进攻队员运球时重心降低，尽可能多地运用所学的技术过人 2. 防守队员在防守时重心降低，前脚掌着地，时刻准备发力变换移动方向 器材：篮球
	10 分 钟	三、行进间运球急停投篮练习 （一）目的：提高队员行进间运球急停的能力及投篮的稳定性 （二）方法 1. 每名队员持球，分为 2 组站好，听到教练哨声后，开始运球，在每个标志筒前做变向突破 2. 变向包括体前、后转身、背后、胯下、单手晃动、V 字等变向，以及 2 种或多种变向组合 3. 突破最后 1 个标志筒后，运球急停（跨步急停、跳步急停），投篮 4. 不管球是否投进，抢到篮板球后都到异侧队尾排队 5. 负荷量：2 分钟 ×5 组 （三）重点与难点 1. 在标志筒前做变向时，重心降低，将球控制在腰部以下，尽可能地加大变向幅度 2. 注意根据队员力量的大小调整前臂与上臂、上臂与躯干角度的大小，抬肘压腕，手指柔和拨球	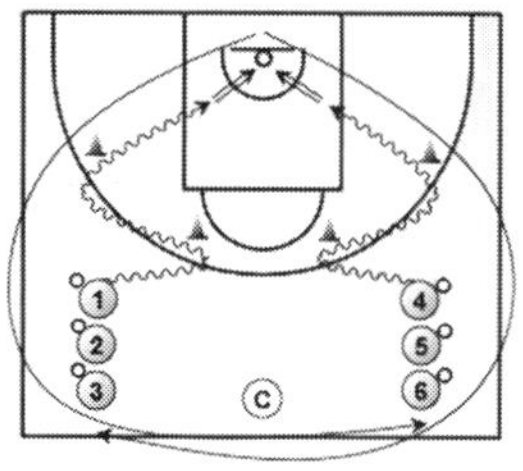 要求： 1. 运球突破起动时，后脚蹬地发力，向前推进放球 2. 运球时尽量目视前方，时刻观察场上情况 3. 突破时注意中枢脚脚跟抬起，蹬地转体发力，同时转体侧压肩向前放球加速 4. 投篮时将球置于胸前，屈腿降低重心，由下肢至上肢协调发力，停稳跳直，手指、手腕柔和拨球，注意蹬地、提臀、伸臂、屈肘、压腕（送）拨球 器材：篮球、标志筒

续表

部分	时间	内容	教法与要求
团队合作游戏竞赛	15分钟	名称：1 VS 1 比赛 （一）目的：提高队员在对抗中运用技术的能力及对机会的把握 （二）方法 1. 将队员分为 2 组，分别站在场地左侧和右侧的指定位置。左侧第一名队员持球，右侧队员跑到左侧队员面前防守，进行 1 VS 1 攻防训练 2. 不管球是否投进，防守队员都去异侧队尾排队，进攻队员变为防守队员去异侧队尾排队，以此类推 3. 熟练后，可以改变方式，如防守失败接着防等 （三）重点与难点 1. 进攻队员根据防守队员的位置运用各种运球技术进行突破 2. 防守队员根据进攻队员的特点、突破习惯及时调整防守位置，即使失位被超越也要拼命追赶	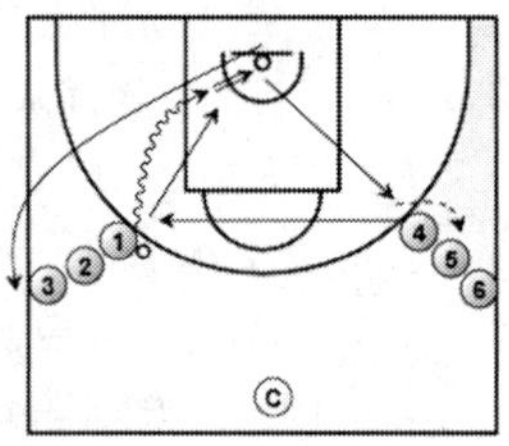 要求： 1. 进攻队员运球时重心降低，尽可能多地运用所学的技术过人 2. 防守队员在防守时重心降低，前脚掌着地，时刻准备发力变换移动方向 器材：篮球
放松与总结	10分钟	1. 拉伸放松 2. 课后总结 3. 特别提醒 4. 宣布本节课最佳队员 5. 鼓舞士气	教法： 1. 教练总结本节课所学内容，再次强调动作的细节与要领 2. 教练布置课下作业 3. 教练宣布本节课最认真、提高最快的队员，让其余队员向其学习 4. 队员面向自己父母鞠躬，说“父母辛苦了”，集合喊“加油”，随后解散

第 30 课时

目的与任务：1. 培养队员的自信心，使队员明白只有自信了才能将事情做好
2. 增强队员的球感、协调性和灵敏性
3. 复习传球、投篮技术动作，提高队员传球的准确性、投篮的稳定性

部分	时间	内容	教法与要求
课前与家长交流	5分钟	1. 介绍课程计划及执教理念 2. 与家长进行交流，了解队员的性格特点，是否对一件喜欢的事情保持专注的态度	教法：询问上节课作业完成情况，向家长了解队员的身体情况及心理状况，以便及时调整训练量
集合讲解互动沟通	10分钟	1. 慢慢地拍手，大喊“加油” 2. 强调兴趣对篮球运动的重要性 3. 相互介绍：认识教练与队员 4. 本节课的主题是“自信” 5. 提高运用篮球基本技术的熟练程度，培养队员主动训练的意识 6. 激励、热情、能量至关重要 7. 选出本节课的实习队长，协助教练维持纪律，带领队员认真练习	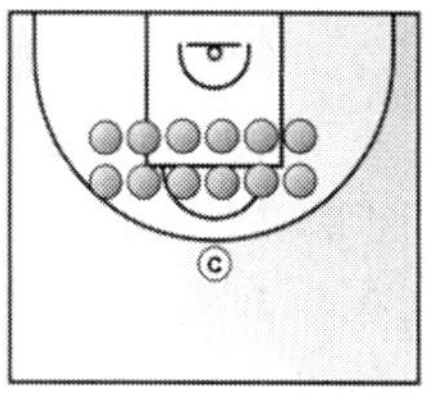 要求：集合时以 2 列横队密集队形站好，尽快集中队员的注意力，并强调上课时的纪律性
准备部分	10分钟	一、动态拉伸 （一）目的：降低肌肉的粘滞性，避免在训练中拉伤 （二）方法：全场往返练习 1 组 1. 在队长的带领下，绕篮球场地慢跑 5 圈 2. 行进间弓箭步压腿 3. 行进间侧压腿 4. 行进间双手抱膝提踵 5. 行进间小步跑 6. 行进间后踢腿跑 7. 行进间跑跳步 8. 行进间跑跳步转体 9. 行进间横向滑步	要求： 1. 在慢跑过程中，队员持球做腰部绕环 2. 在拉伸过程中，要求队员注意拉伸力度，不要盲目追求速度 3. 时刻提醒队员，保证拉伸动作的准确性 4. 告诉队员某动作应当牵拉某块肌肉，并时刻询问队员该肌肉是否有牵拉感

续表

部分	时间	内容	教法与要求
准备部分	10分钟	二、体育游戏："转体接力" （一）目的：提高队员的传球能力和协调性，增强集体荣誉感 （二）方法 1. 队员分成2组，每组的第一名队员持球 2. 听到教练哨声后，第一名队员开始向后传球，传球过程中双脚开立，与肩同宽，球在腰部位置，由右侧转体将球传给身后的队员 3. 队员接到球后，动作不变以相反的方向将球传给下一名队员，以此类推 4. 最后一名队员拿到球后，跑步至排头位置，继续向后传球 5. 直到第一名持球队员再次回到排头位置，游戏结束 6. 若方向出错或丢球，队员从失误处重新开始 7. 先完成的队伍获胜，失败方做10个开合跳	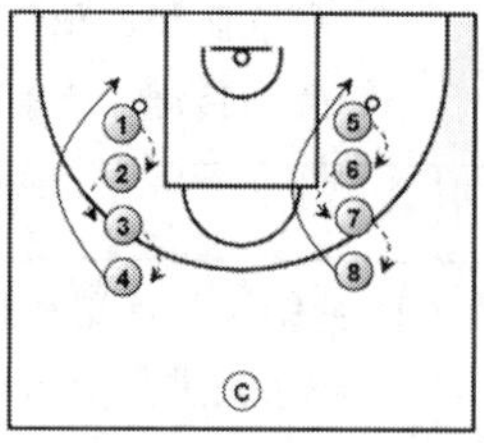 要求： 1. 队员之间要互相鼓励，共同进步 2. 队员在传球过程中，注意速度与动作准确性的结合 3. 每名队员在传球后，快速跑到第一名队员身前 器材：篮球
基础训练	10分钟	一、三人半场八字围绕上篮练习 （一）目的：提高队员的传球及移动能力 （二）方法 1. 队员分为3组站在中线处，中间队的队员持球 2. 听到教练哨声后，右侧队员先插上，中间队员将球传给右侧队员，随后从右侧队员身后绕过，右侧队员接到球后传给左侧插上的队员，随后从左侧队员身后绕过，左侧队员再将球传给中间队员，从中间队员身后绕过，中间队员再将球传给右侧队员，右侧队员接球后上篮。即①传给③，③传给②，②传给①，①传给③，③上篮，②去抢篮板球 3. 传球方式可以运用手递手传球、双手胸前传球、双手击地传球、单手肩上传球、单手击地传球等 4. 最后上篮队员对侧的队员抢篮板球，随后3人瞬时交换位置到队尾排队 5. 负荷量：2分钟×5组 （三）重点与难点 1. 教练告诉队员，将球传给谁就从谁的身后绕过 2. 队员在接球时迅速调整上下肢动作，避免发生走步违例 3. 上篮时努力向上跳，尽量舒展身体	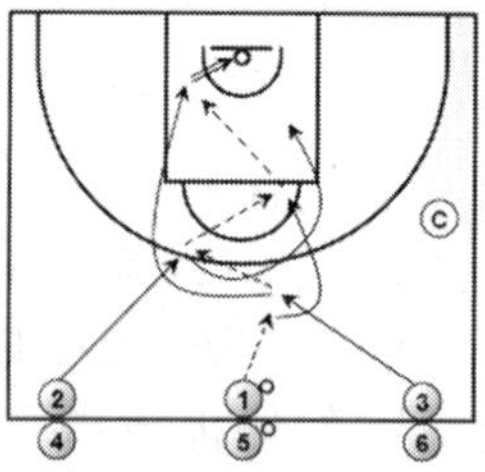 要求： 1. 传接球动作要规范，手指、手腕拨球有力，要传球准确，接球队员接球后可直接衔接下一个动作 2. 接球时不要发生走步违例 3. 注意队员之间要有语言的交流 器材：篮球

续表

部分	时间	内容	教法与要求
		4. 双手胸前传球时，后脚蹬地发力，由下肢带动上肢，出手后五指自然分开指向接球队员，手背相对，上臂伸直 5. 双手胸前击地传球和单手击地传球时，球的落点应在球反弹后能够到达队友胸口的位置 6. 单手肩上传球时，由肩膀前侧位置将球传出，出球后手臂伸直，五指分开指向接球队员 7. 双手头上传球时，肘部略微弯曲，将球置于头部上方偏后的位置，注意不要放到后脑勺的位置	
基础训练	10分钟	二、1 VS 1 摆脱接应练习 （一）目的：提高队员在对抗中脚步移动的能力及对机会的判断能力 （二）方法 1. 教练持球，队员2人1组，一攻一防 2. 教练吹哨开始，进攻队员开始摆脱接球，防守队员阻止进攻队员接球 3. 进攻队员可以利用急停急起、晃动、脚步等摆脱防守 4. 防守队员可以利用脚下的移动和上肢限制进攻队员的移动 5. 防守队员成功抢断3次后，将球传给教练，换下一组练习 6. 负荷量：2分钟×5组 （三）重点与难点 1. 进攻队员根据防守队员的位置运用各种运球技术进行突破 2. 防守队员根据进攻队员的特点、突破习惯及时调整防守位置，即使失位被超越也要拼命追赶	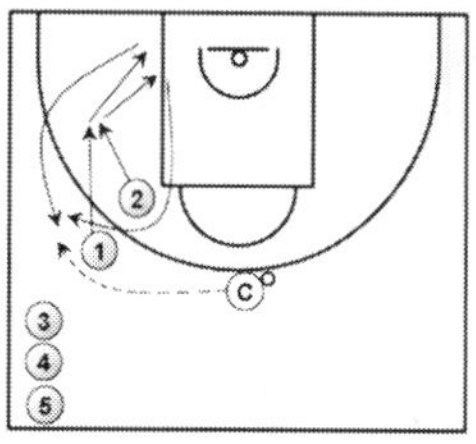 要求： 1. 进攻队员摆脱时重心降低，尽可能多地运用所学的技术去摆脱 2. 防守队员防守时重心降低，前脚掌着地，时刻准备发力变换移动方向。防守队员注意保持人球兼顾，始终在球与进攻队员之间 器材：篮球
	10分钟	三、综合投篮练习 （一）目的：提高队员的协调性、灵敏性和急停投篮的稳定性 （二）方法 1. 每名队员持球，分为2队在中线处站立 2. 听到教练哨声后，队员将球举在头顶出发，通过绳梯 3. 通过绳梯后运球至三秒区附近，运用跳步急停或跨步急停后投篮 4. 不管球是否投进，队员抢到篮板球后都到另一队的队尾排队 5. 负荷量：2分钟×5组	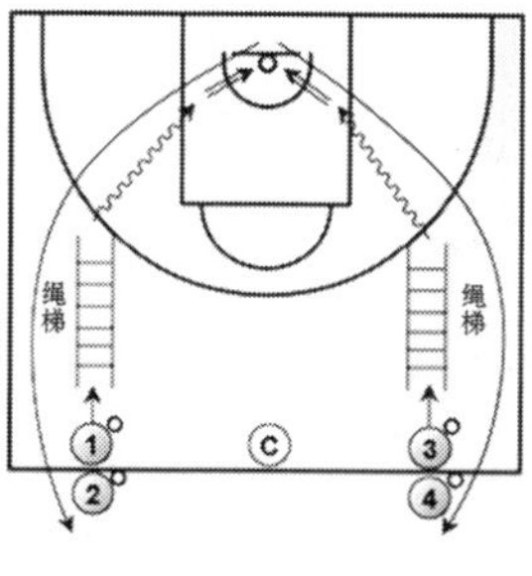 要求： 1. 运球突破起动时，后脚蹬地发力，向前推进放球

续表

部分	时间	内容	教法与要求
基础训练		（三）重点与难点：投篮时将球置于胸前，屈腿降低重心，由下肢至上肢协调发力，停稳跳直，手指、手腕柔和拨球，注意蹬地、提臂、伸臂、屈肘、压腕（送）拨球	2. 做绳梯训练时，注意落点，球一直举在头顶 器材：篮球、绳梯
团队合作游戏竞赛	15分钟	名称：灵敏性练习游戏 （一）目的：锻炼队员的快速起动、急停、观察能力，以及灵敏性和爆发力 （二）方法：队员成1路纵队站好，教练持球。教练随机将球抛出，队员在球落地前将球接住，回传给教练。接住10次，换下一名队员，完成的队员到队尾排队等候	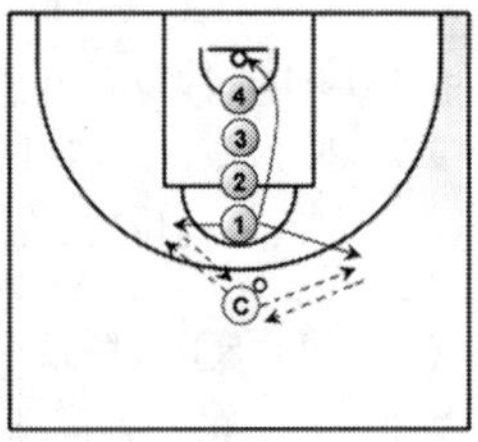 要求： 1. 队员在移动时重心降低，前脚掌着地，随时准备蹬地发力 2. 队员要在篮球落地前将球接住，回传给教练 器材：篮球
放松与总结	10分钟	1. 拉伸放松 2. 课后总结 3. 特别提醒 4. 宣布本节课最佳队员 5. 鼓舞士气	教法： 1. 教练总结本节课所学内容，再次强调动作的细节与要领 2. 教练布置课下作业 3. 教练宣布本节课最认真、提高最快的队员，让其余队员向其学习 4. 队员面向自己父母鞠躬，说“父母辛苦了”，集合喊“加油”，随后解散

第 31 课时

目的与任务：1. 培养队员的责任感，一是指分内应做的事，二是指没有做好自己的工作，不应推卸责任，应主动承担后果
2. 提高队员的协调性和灵活性
3. 复习传球、运球、投篮技术动作，提高其动作规范性、准确性及稳定性

部分	时间	内容	教法与要求
课前与家长交流	5分钟	1. 介绍课程计划及执教理念 2. 与家长进行深入沟通，了解队员的性格特点，是否对自己所做的事情敢做敢当	教法：询问上节课作业完成情况，向家长了解队员的身体情况及心理状况，以便及时调整训练量
集合讲解互动沟通	10分钟	1. 慢慢地拍手，大喊“加油” 2. 强调兴趣对篮球运动的重要性 3. 相互介绍：认识教练与队员 4. 本节课的主题是“责任感” 5. 提高运用篮球基本技术的熟练程度，培养队员主动训练的意识 6. 激励、热情、能量至关重要 7. 选出本节课的实习队长，协助教练维持纪律，带领队员认真练习	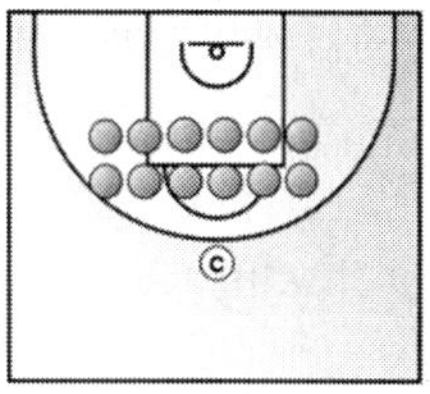 要求：集合时以 2 列横队体操队形站好，尽快集中队员的注意力，并强调上课时的纪律性
准备部分	10分钟	一、动态拉伸 （一）目的：降低肌肉的粘滞性，避免在训练中拉伤 （二）方法：全场往返练习 1 组 1. 在队长的带领下，绕篮球场地慢跑 5 圈 2. 行进间直腿屈体摸脚尖 3. 行进间燕式平衡 4. 行进间交替踢腿 5. 行进间小步跑 6. 行进间跑跳步 7. 行进间后踢腿跑 8. 行进间跨步跑 9. 行进间跑跳步转体	要求： 1. 在慢跑过程中，队员持球做腰部绕环 2. 在拉伸过程中，要求队员注意拉伸力度，不要盲目追求速度 3. 时刻提醒队员，保证拉伸动作的准确性 4. 告诉队员某动作应当牵拉某块肌肉，并时刻询问队员该肌肉是否有牵拉感

续表

部分	时间	内容	教法与要求
准备部分	10分钟	二、体育游戏："石头剪刀布" （一）目的：锻炼队员的快速反应、起动及急停能力 （二）方法 1. 每名队员持球，分为2组分别站在边线后，队员两两对应 2. 听到教练哨声后，队员同时运球出发，直至2人间隔1米左右 3. 队员边运球边做"石头剪刀布"的游戏，胜者则跑回自己的边线，败者则追赶胜者 4. 若胜者跑过边线之前败者未能抓住胜者，则胜者加1分，败者不得分；若抓住胜者，则败者加1分，胜者不得分 5. 教练控制时间，游戏结束后，每组分数最少的队员做10个蹲起	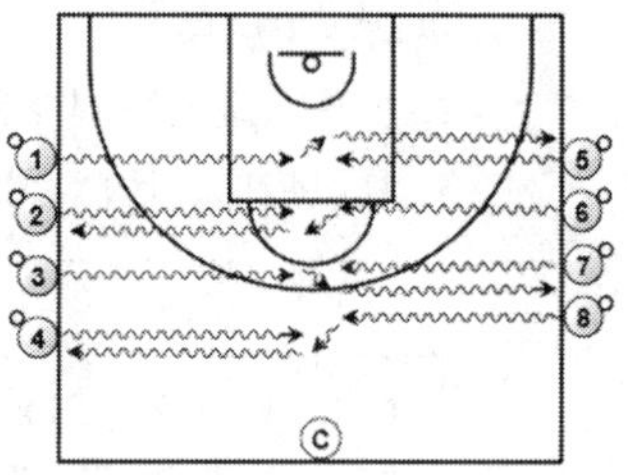 要求： 1. 队员根据输或赢须做出瞬间反应，是应该跑还是应该追 2. 运球起动时，后脚蹬地发力，向前推进放球，在全速跑动情况下也要控制住球 3. 运球过程中尽量目视前方，时刻观察场上情况 器材：篮球
基础训练	10分钟	一、全场三线快攻练习 （一）目的：提高队员行进间传接球的能力及协调性 （二）方法 1. 队员分成3组在端线后站好，中间队员持球 2. 听到教练哨声后，3人同时出发，先将球给右侧或左侧队员，随后将球回传给中间队员，中间队员再将球传给另一侧队员，即一边传1次 3. 最后无论哪侧队员上篮，都由中间队员去抢篮板球，然后顺时针交换位置继续练习 4. 负荷量：2分钟×5组 （三）重点与难点 1. 注意传接球的时机与位置 2. 队员在接球时迅速调整上下肢动作，避免发生走步违例 3. 上篮时努力向上跳，尽量舒展身体	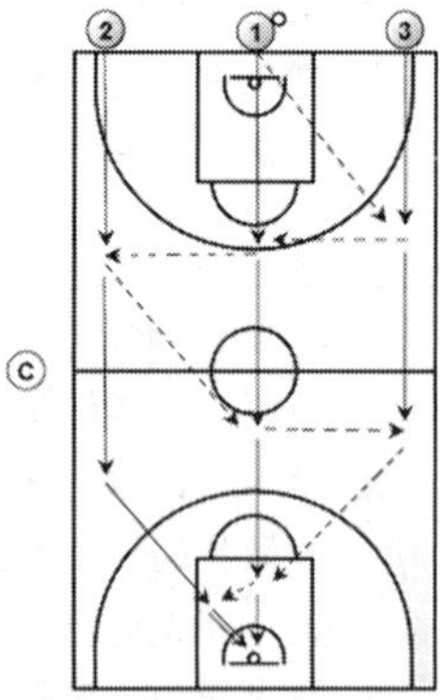 要求： 1. 传接球动作要规范，手指、手腕拨球有力，要传球准确，接球队员接球后可直接衔接下一个动作 2. 接球时不要发生走步违例 3. 传球时，后脚蹬地发力，由下肢带动上肢，出手后五指自然分开指向接球队员，手背相对，上臂伸直。接球时两手虎口相对，克服接球恐惧感 4. 注意队员之间语言的交流 器材：篮球

续表

部分	时间	内容	教法与要求
基础训练	10 分 钟	二、挡拆练习 （一）目的：提高队员掩护的意识及动作的准确性 （二）方法 1. 队员分2组分别站在场地左侧和右侧的指定位置 2. 一侧队员拿球，另一侧队员上去做掩护，持球队员运球突破，掩护队员下顺 3. 运球队员突破至标志筒后，将球传给下顺的队友，队友接球后上篮 4. 若球未进，补进后抢篮板球，并到异侧排队 5. 负荷量：2分钟×5组 （三）重点与难点 1. 做掩护时，掩护队员将标志筒放在两腿之间，重心降低，双手在胸前交叉抬平 2. 上篮时努力向上跳，尽量舒展身体 3. 队员在传球时尽量做到人到球到，将球传好、传准	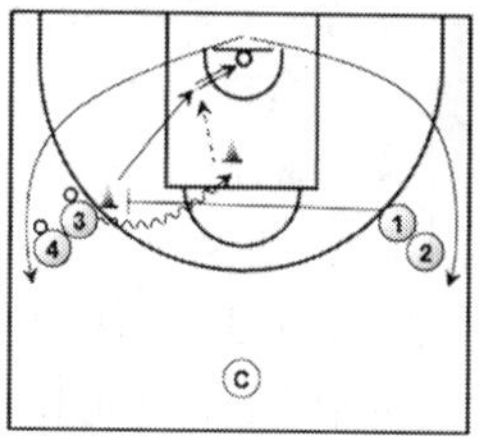 要求：被掩护队员突破时，注意紧贴掩护队员，重心降低，加速突破 器材：篮球、标志筒
	10 分 钟	三、五点投篮练习 （一）目的：提高队员投篮动作的准确性及投篮稳定性 （二）方法 1. 每名队员持球站在标志筒后 2. 听到教练哨声后，队员同时投篮，投进即可去下一个标志筒处，逆时针轮转；若未投进，则一直在该点投，若某一点人数堆积较多，则进行排队投篮 3. 负荷量：2分钟×5组 （三）重点与难点 1. 移动过程中注意观察场上的情况，避免在跑动过程中发生碰撞 2. 注意根据队员力量的大小调整前臂与上臂、上臂与躯干角度的大小，抬肘压腕，手指柔和拨球	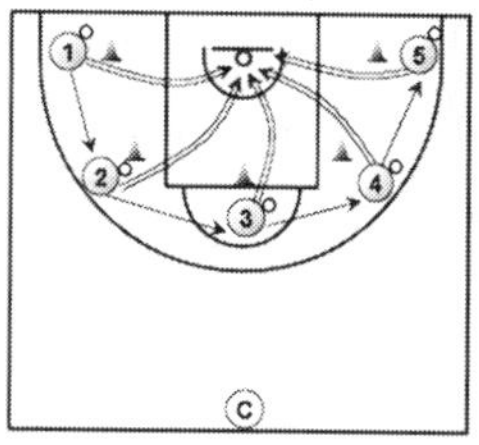 要求：投篮时将球置于胸前，屈膝降低重心，由下肢至上肢协调发力，停稳跳直，手指、手腕柔和拨球，注意蹬地、提臂、伸臂、屈肘、压腕（送）拨球 器材：篮球、标志筒

续表

部分	时间	内容	教法与要求
团队合作游戏竞赛	15分钟	名称：灵敏性练习游戏 （一）目的：提高队员的快速起动、急停、观察能力和灵敏性 （二）方法 1. 队员成1列横队站好，教练持若干标志碟。教练吹哨开始，随机将标志碟扔向地面，队员则绕标志碟1圈后去往下一个标志碟，教练掌握好时机，在队员第一个标志碟绕完后快速扔出下一个标志碟。所有标志碟扔出后，该队员快速将所有标志碟捡起，交给教练，下一名队员开始练习 2. 教练在扔标志碟的过程中，可以增加一些假动作，如向左摆臂向右扔等	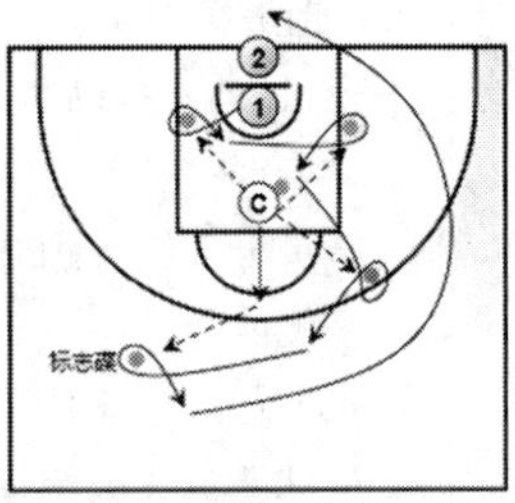 要求： 1. 在教练扔出标志碟后队员要迅速跑向标志碟，时刻观察教练的一举一动，屈腿，前脚掌着地，随时准备起动 2. 队员在移动过程中控制好身体重心 器材：标志碟
放松与总结	10分钟	1. 拉伸放松 2. 课后总结 3. 特别提醒 4. 宣布本节课最佳队员 5. 鼓舞士气	教法： 1. 教练总结本节课所学内容，再次强调动作的细节与要领 2. 教练布置课下作业 3. 教练宣布本节课最认真、提高最快的队员，让其余队员向其学习 4. 队员面向自己父母鞠躬，说“父母辛苦了”，集合喊“加油”，随后解散

第__32__课时

目的与任务：1. 培养队员的拼搏精神，尽最大努力，去实现自己的目标
2. 学习全场三线快攻二打一，提高队员快攻中以多打少的意识及随机应变的能力
3. 复习单手肩上投篮，提高投篮命中率
4. 提高队员的上下肢力量

部分	时间	内容	教法与要求
课前与家长交流	5分钟	1. 介绍课程计划及执教理念 2. 与家长进行深入交流，了解队员的性格特点，是否在训练与学习中有拼搏的精神	教法：询问上节课作业完成情况，向家长了解队员的身体情况及心理状况，以便及时调整训练量
集合讲解互动沟通	10分钟	1. 慢慢地拍手，大喊“加油” 2. 强调兴趣对篮球运动的重要性 3. 相互介绍：认识教练与队员 4. 本节课的主题是“拼搏” 5. 提高运用篮球基本技术的熟练程度，培养队员主动训练的意识 6. 激励、热情、能量至关重要 7. 选出本节课的实习队长，协助教练维持纪律，带领队员认真练习	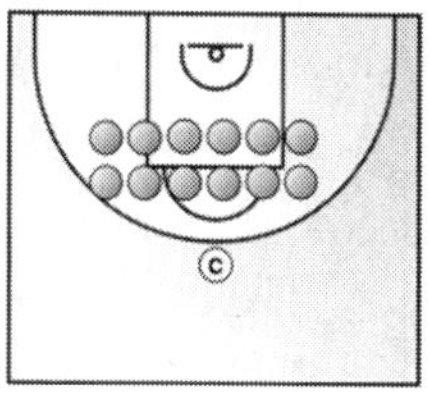 要求：集合时以2列横队密集队形站好，尽快集中队员的注意力，并强调上课时的纪律性
准备部分	10分钟	一、动态拉伸 （一）目的：降低肌肉的粘滞性，避免在训练中拉伤 （二）方法：全场往返练习1组 1. 在队长的带领下，绕篮球场地慢跑5圈 2. 行进间弓箭步转体 3. 行进间双手抱膝提踵 4. 行进间小步跑 5. 后退跑 6. 行进间后踢腿跑 7. 行进间跑跳步 8. 行进间跑跳步振臂 9. 行进间双臂前后回环	要求： 1. 在慢跑过程中，队员持球做腰部绕环 2. 在拉伸过程中，要求队员注意拉伸力度，不要盲目追求速度 3. 时刻提醒队员，保证拉伸动作的准确性 4. 告诉队员某动作应当牵拉某块肌肉，并时刻询问队员该肌肉是否有牵拉感
	10分钟	二、体育游戏：“气球篮球” （一）目的：增强队员的球感，提高其协调性与灵活性 （二）方法 1. 每名队员持篮球、气球各1个	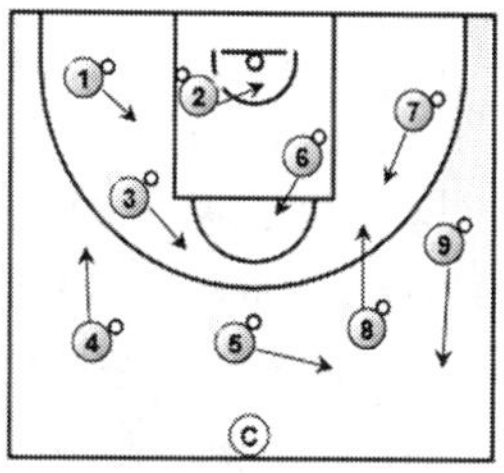

续表

部分	时间	内容	教法与要求
准备部分		2. 听到教练哨声后，开始运球，在运球的同时，另一只手将气球打向空中，在气球落地前再次打向空中 3. 熟练后可增加难度，如做一些变向运球、气球快落地时救起等	要求： 1. 队员在训练过程中注意上下肢及眼睛的配合，尽量做到不让气球落地 2. 队员在训练过程中时刻观察场上情况，避免与其他队员发生碰撞 器材：篮球、气球
基础训练	10分钟	一、全场三线快攻二打一练习 （一）目的：提高队员在对抗中运用传球的技术能力 （二）方法 1. 3人1组在端线站好，中间队员持球 2. 听到教练哨声后出发，做三线快攻练习 3. 若球上进，上篮的队员变为防守队员快速退防，中间队员拿到篮板球后到端线外发界外球；若球未上进，则不用发界外球，抢到篮板球后进行二打一的练习 4. 负荷量：2分钟×5组 （三）重点与难点 1. 注意传接球的时机与位置 2. 队员在接球时迅速调整上下肢的动作，避免发生走步违例 3. 上篮时努力向上跳，尽量舒展身体 4. 队员根据场上的实际情况选择传球的方式	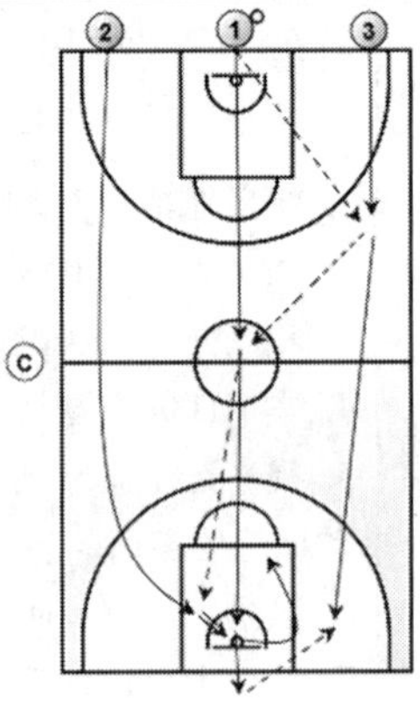 要求： 1. 传接球动作要规范，手指、手腕拨球有力，要求球传准，人到球到，接球队员接球后可直接衔接下一个动作 2. 接球时不要发生走步违例 3. 注意队员之间要有语言与眼神的交流 器材：篮球
	10分钟	二、半场二打二练习 （一）目的：提高队员在对抗中运用技术的能力及团队意识、配合能力 （二）方法 1. 队员分为2队在场地的左侧和右侧的指定位置站好 2. 进行半场二打二练习，可以运用之前所学的技术进行练习 3. 若进攻队员将球打进，则进攻队员变为防守队员防守下一组队员，而原防守队员到队尾排队；若球未打进，进攻队员抢到篮板球，则继续进攻；若防守队员抢到篮板球，则结束此回合 4. 负荷量：2分钟×5组 （三）重点与难点 1. 做掩护时，掩护队员将防守队员的腿放在自己的	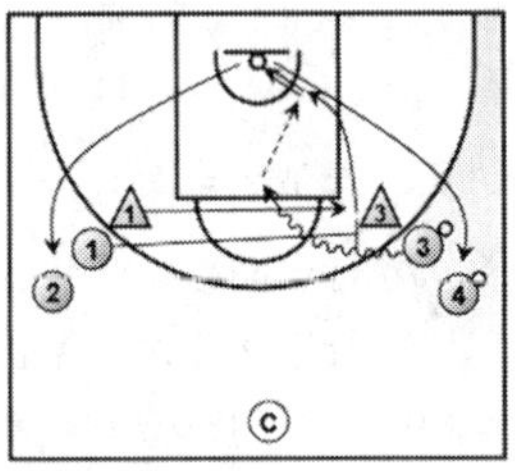 要求： 1. 被掩护队员突破时，注意紧贴掩护队员，重心降低，加速突破 2. 防守队员在防守时重心降低，前脚掌着地，时刻准备发力变换移动方向，注意人、球兼顾 器材：篮球

续表

部分	时间	内容	教法与要求
基础训练		两腿之间，重心降低，双手在胸前交叉抬平 2. 队员在传球时尽量做到人到球到，将球传准、传好	
	10分钟	三、一分钟自投自抢投篮训练 （一）目的：提高队员在体力消耗严重的情况下投篮动作的稳定性 （二）方法 1. 每名队员在场地的任意位置持球站好 2. 听到教练哨声后，开始投篮，在1分钟之内，保证动作规范的情况下尽可能多地出手，可记录下进球次数 3. 教练根据队员人数可分为2人1组或3人1组 4. 负荷量：2分钟×5组 （三）重点与难点 1. 队员在疲劳的情况下还要保证投篮动作的准确性 2. 注意根据队员力量的大小调整前臂与上臂、上臂与躯干角度的大小，抬肘压腕，手指柔和拨球	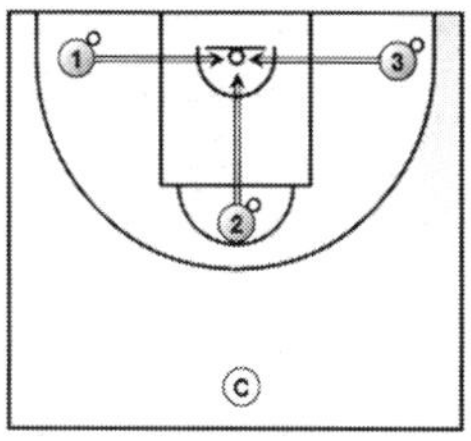 要求：投篮时将球置于胸前，屈膝降低重心，由下肢至上肢协调发力，停稳跳直，手指、手腕柔和拨球，注意蹬地、提臀、伸臂、屈肘、压腕（送）拨球 器材：篮球
团队合作游戏竞赛	15分钟	名称："推小车"体能练习游戏 （一）目的：提高队员的协调性、灵敏性、耐力、上下肢力量和团队配合能力 （二）方法 1. 将身高、体重相近的2名队员分为1组，在端线后站好。听到教练哨声后，后面队员双手托着前面队员的脚踝部位，前面队员直臂双手着地向前爬行 2. 爬至中线后，2名队员交换位置原路返回至端线	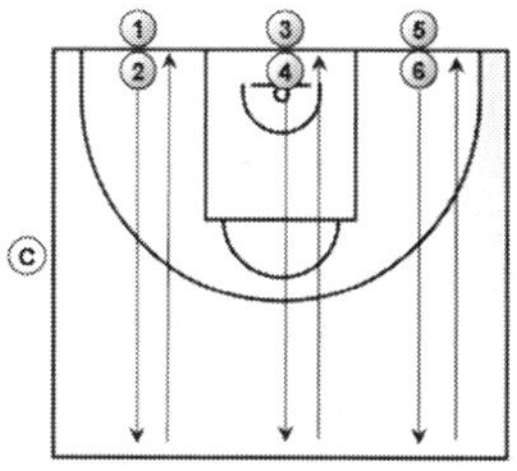 要求： 1. 队员在训练过程中注意控制好身体的平衡，尽量保持直线前进 2. 到达中线后再交换位置，返回端线 3. 途中尽量不要休息
放松与总结	10分钟	1. 拉伸放松 2. 课后总结 3. 特别提醒 4. 宣布本节课最佳队员 5. 鼓舞士气	教法： 1. 教练总结本节课所学内容，再次强调动作的细节与要领 2. 教练布置课下作业 3. 教练宣布本节课最认真、提高最快的队员，让其余队员向其学习 4. 队员面向自己父母鞠躬，说"父母辛苦了"，集合喊"加油"，随后解散

第 33 课时

目的与任务：1. 培养队员的耐心，不急躁、不厌烦，坚持完成一件可能十分烦琐无聊的事情
2. 学习全场三线快攻二打一，提高队员快攻中以多打少的意识及随机应变的能力
3. 复习单手肩上投篮，提高投篮命中率

部分	时间	内容	教法与要求
课前与家长交流	5分钟	1. 介绍课程计划及执教理念 2. 与家长进行深入交流，了解队员的性格特点，是否能够在处理事情的时候保持耐心	教法：询问上节课作业完成情况，向家长了解队员的身体情况及心理状况，以便及时调整训练量
集合讲解互动沟通	10分钟	1. 慢慢地拍手，大喊“加油” 2. 强调兴趣对篮球运动的重要性 3. 相互介绍：认识教练与队员 4. 本节课的主题是“耐心” 5. 提高运用篮球基本技术的熟练程度，培养队员主动训练的意识 6. 激励、热情、能量至关重要 7. 选出本节课的实习队长，协助教练维持纪律，带领队员认真练习	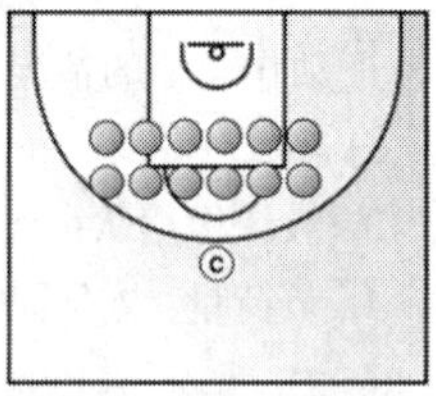 要求：集合时以 2 列横队密集队形站好，尽快集中队员的注意力，并强调上课时的纪律性
准备部分	10分钟	一、动态拉伸 （一）目的：降低肌肉的粘滞性，避免在训练中拉伤 （二）方法：全场往返练习 1 组 1. 在队长的带领下，绕篮球场地慢跑 5 圈 2. 行进间直腿屈体摸脚尖 3. 行进间双手抱膝提踵 4. 行进间小步跑 5. 行进间跑跳步 6. 后退跑 7. 行进间跨步跑 8. 行进间横向滑步 9. 行进间跑跳步转体	要求： 1. 在慢跑过程中，队员持球做腰部绕环 2. 在拉伸过程中，要求队员注意拉伸力度，不要盲目追求速度 3. 时刻提醒队员，保证拉伸动作的准确性 4. 告诉队员某动作应当牵拉某块肌肉，并时刻询问队员该肌肉是否有牵拉感

续表

部分	时间	内容	教法与要求
准备部分	10分钟	二、体育游戏："上天下地" （一）目的：提高队员传球的准确性，增强集体荣誉感 （二）方法 1. 队员分成2队，每队的第一名队员持球 2. 所有队员双脚开立，听到教练哨声后，第一名队员双手持球，经过自己的胯下将球传递给第二名队员 3. 第二名队员接球后，双手持球，由头顶传递给第三名队员，第三名队员再由胯下传递给第四名队员，以此类推 4. 最后一名队员拿到球后，跑步至排头位置，继续向后传球 5. 直到第一名持球队员再次回到排头位置，游戏结束 6. 若动作出错或丢球，从失误队员处重新开始 7. 先完成的队伍获胜，失败方做10个俯卧撑 8. 负荷量：2分钟×5组	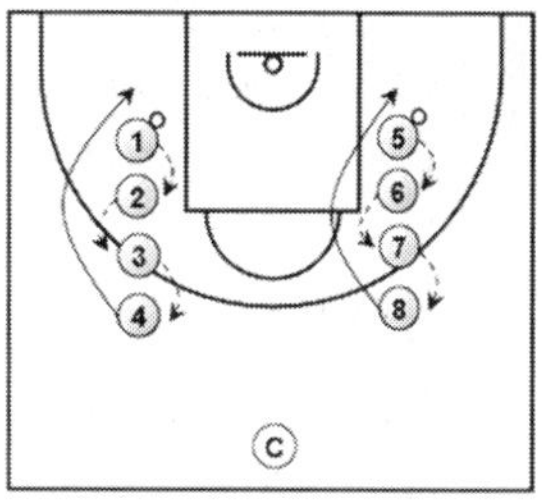 要求： 1. 队员在传球过程中，注意速度与动作准确性、时机的结合 2. 最后一名队员传球后，快速跑到第一名队员身前 3. 队员之间要互相鼓励，共同进步 器材：篮球
基础训练	10分钟	一、全场三线快攻三打二练习 （一）目的：提高队员在对抗中运用传球、运球、投篮的技术能力 （二）方法 1.3名队员1组在端线处站好，中间队员持球 2. 听到教练哨声后出发，三线快攻，出发后，上来2名防守队员 3. 中间队员拿到篮板球后快速推进，两侧队员快速分散，拉开空间进行三打二的练习 4. 三打二练习中，尽量简单、快速地完成进攻，传球2~3次即可 5. 防守队员注意强弱侧的区分，手臂打开，脚下移动快 6. 负荷量：2分钟×5组 （三）重点与难点 1. 队员要快速合理地完成进攻 2. 注意传接球的时机与位置 3. 队员在接球时迅速调整上下肢动作，避免发生走步违例 4. 上篮时努力向上跳，尽量舒展身体 5. 队员根据场上的实际情况选择传球的方式	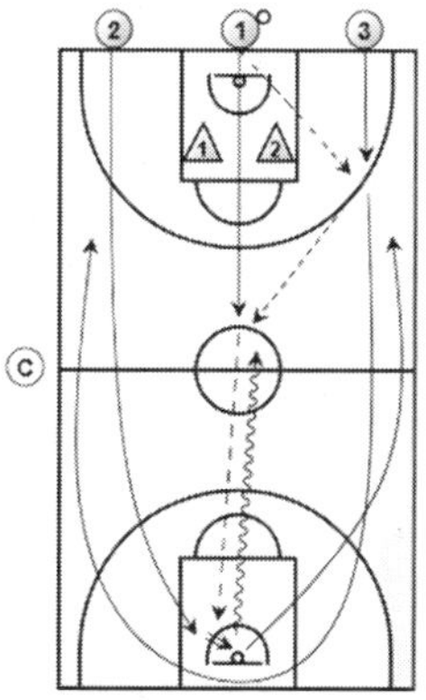 要求： 1. 传接球动作要规范，手指、手腕拨球有力，要求球传准，人到球到，接球队员接球后可直接衔接下一个动作 2. 接球时不要发生走步违例 3. 注意队员之间语言和眼神的交流 器材：篮球

续表

部分	时间	内容	教法与要求
基础训练	10分钟	二、半场三打三练习 （一）目的：提高队员在对抗中运用技术的能力、团队意识、配合能力 （二）方法 1. 队员分为3队在场地左侧、右侧的指定位置及弧顶站好 2. 进行半场三打三练习，可以运用之前所学的技术进行练习，防守队员可运用挤过、穿过、绕过等防守配合 3. 若进攻队员将球打进，则进攻队员变为防守队员防守下一组队员，而原防守队员到队尾排队；若球未打进，进攻队员抢到篮板球，则继续进攻；若防守队员抢到篮板球，则结束此回合 4. 在进攻时注意拉开空间，3人不要密集 5. 负荷量：2分钟×5组 （三）重点与难点 1. 队员在传球时尽量做到人到球到 3. 队员在进攻时根据场上的情况合理地选择传球的方式	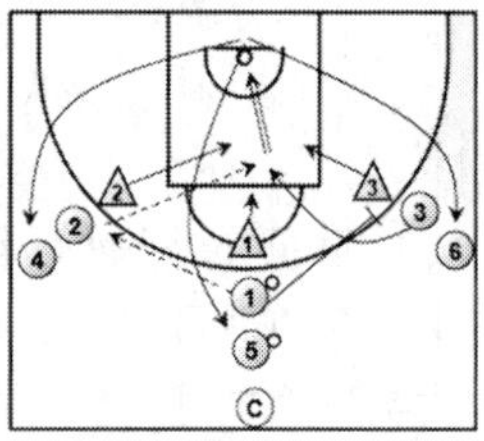 要求： 1. 被掩护队员突破时，注意紧贴掩护队员，重心降低，加速突破 2. 防守队员在防守时重心降低，前脚掌着地，时刻准备发力变换移动方向，注意人球兼顾 器材：篮球
	10分钟	三、一分钟三人两球投篮训练 （一）目的：提高队员在体力消耗严重的情况下投篮动作的稳定性 （二）方法 1. 3人1组，每组2个球，在场地上任意位置站立 2. 听到教练哨声后，开始投篮，自投自抢，先抢到篮板球的人将球传给无球队员，然后自己快速寻找下一个投篮位置，准备接队友的传球 3. 负荷量：2分钟×5组 （三）重点与难点 1. 队员在疲劳的情况下还要保证投篮动作的准确性与稳定性 2. 注意急停时调整好步伐，避免发生走步违例 3. 注意根据队员力量的大小调整前臂与上臂、上臂与躯干角度的大小，抬肘压腕，手指柔和拨球	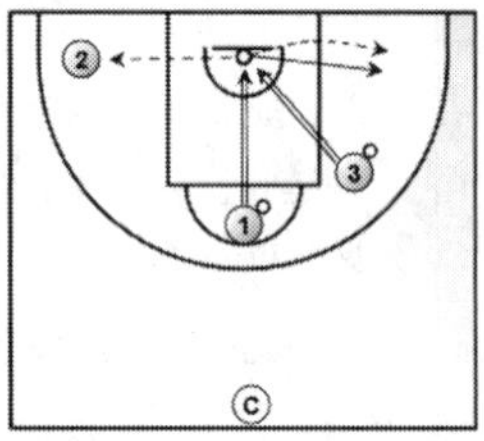 要求： 1. 传接球动作要规范，手指、手腕拨球有力，要传球准确，接球队员接球后可直接衔接下一动作 2. 投篮时将球置于胸前，屈膝降低重心，由下肢至上肢协调发力，停稳跳直，手指、手腕柔和拨球，注意蹬地、提臂、伸臂、屈肘、压腕（送）拨球 器材：篮球

续表

部分	时间	内容	教法与要求
团队合作游戏竞赛	15分钟	名称：体能练习游戏 （一）目的：提高队员的协调性、灵敏性、耐力，增强上下肢力量和团队配合能力 （二）方法：将身高、体重相近的2名队员分为1组，在端线后站好。听到教练哨声后，一名队员背着另一名队员向中线移动，到中线后，2名队员交换位置，原路返回端线	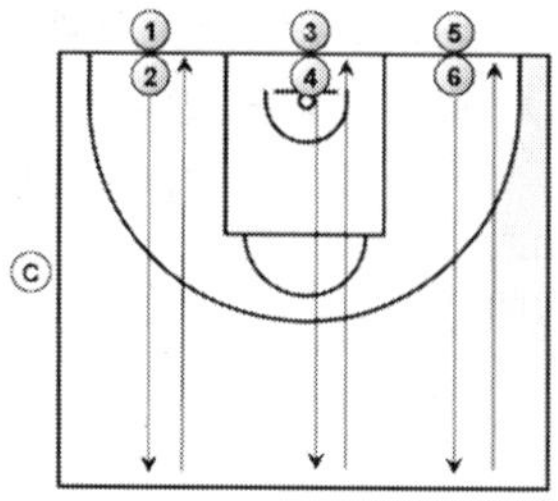 要求： 1. 队员在行进过程中控制好身体的重心 2. 队员到达中线后再交换位置，返回端线
放松与总结	10分钟	1. 拉伸放松 2. 课后总结 3. 特别提醒 4. 宣布本节课最佳队员 5. 鼓舞士气	教法： 1. 教练总结本节课所学内容，再次强调动作的细节与要领 2. 教练布置课下作业 3. 教练宣布本节课最认真、提高最快的队员，让其余队员向其学习 4. 队员面向自己父母鞠躬，说“父母辛苦了”，集合喊“加油”，随后解散

第 34 课时

目的与任务：1. 队员要时刻注意警醒，乐于接受新鲜事物，乐于学习并不断改进、提高
2. 复习运球、传球、投篮技术动作，提高其动作规范性、准确性及稳定性
3. 复习抢篮板球技术动作，提高队员抢篮板球技术
4. 学习坐凳起身投篮技术动作，进一步规范队员的投篮动作

部分	时间	内容	教法与要求
课前与家长交流	2分钟	1. 介绍课程计划及执教理念 2. 与家长进行交流，了解队员的性格特点，是否乐于接受新鲜事物	教法：与家长进行深入的沟通与交流，介绍本节课的重点与难点，解决家长提出的队员在日常训练中遇到的疑难问题
集合讲解互动沟通	3分钟	1. 慢慢地拍手，大声喊“加油” 2. 强调兴趣对篮球运动的重要性 3. 相互介绍：认识教练与队员 4. 本节课的主题是“注意警醒” 5. 队员要时刻注意警醒，乐于接受新鲜事物，乐于学习并不断改进、提高 6. 激励、热情、能量至关重要 7. 选举本节课的实习队长，实习队长要协助教练维持纪律，带领队员认真练习	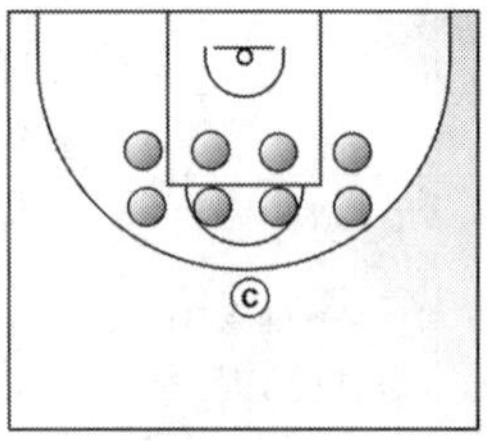 教法：普及篮球运动知识，介绍篮球规则；讲授本节课的训练主题，激发队员的训练热情，鼓舞团队士气
准备部分	8分钟	一、动态拉伸 （一）目的：提高肌肉温度，降低肌肉的粘滞性，提高内脏器官的机能水平，调节队员的心理活动，从而达到积极参与的目的 （二）方法：半场往返练习 1 组 1. 在队长的带领下，绕篮球场地慢跑 6 圈 2. 行进间高抬腿跑 3. 行进间小步跑 4. 行进间高踢腿 5. 行进间踢臀跑 6. 徒手深蹲 7. 行进间抱膝提蹬 8. 行进间弓箭步转体 9. 行进间侧向左右侧压腿 10. 挥臂画圈 11. 俯身收腿	要求： 1. 队员须精神饱满，认真听讲 2. 根据教练要求，做到有秩序、有纪律，动作规范统一 3. 在拉伸过程中，要求队员注意拉伸力度与舒展性，不要盲目追求速度 4. 在拉伸过程中，不仅要调动身体的积极性，而且要提高精神的兴奋性

续表

部分	时间	内容	教法与要求
准备部分	7分钟	二、体育游戏：“旋转的保龄球” （一）目的：提高队员手指、手腕对球的控制能力，增强球感 （二）方法 1. 队员分成2队，手中持球 2. 将球放置在地上，指尖朝下，用手指和手腕的力量将球推拨出去 3. 目标是击倒更多的标志筒，2队进行竞赛	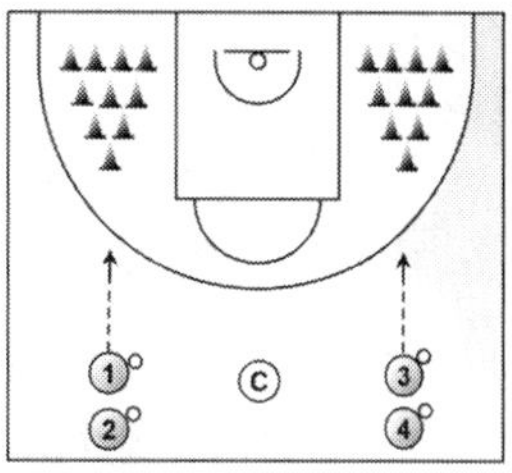 要求： 1. 加强队员手指和手腕的力量，提高手指、手腕对球的控制能力，增强球感 2. 调动队员上课的积极性 器材：篮球、标志筒
基础训练	10分钟	一、全场行进间综合运球 （一）目的：提高队员行进间运球的基本技术 （二）方法 1. 队员按照指定路线开始运球练习，当前一名队员通过第一个标志筒时，下一名队员开始出发 2. 队员加速运球至标志筒前分别做急停急起、体前变向换手运球、背后运球、转身运球、胯下运球，完成后做行进间投篮 3. 每名队员做完后排至另一队队尾，依次进行 4. 负荷量：5分钟×2组 （三）重点与难点 1. 运球急停急起时，注意手向前推放球与前脚掌蹬地加速的衔接 2. 体前变向换手运球时，一只手拍按球，另一只手主动迎接球，球的高度尽量不要超过膝关节 3. 背后运球时，注意球反弹落点的控制 4. 转身运球时，在转身的同时一只手拉放球，另一只手主动迎球并向前推放，身体重心保持平稳 5. 胯下运球时，注意双手“送球”与“迎球”衔接顺畅，击地点准确，以便加速突破	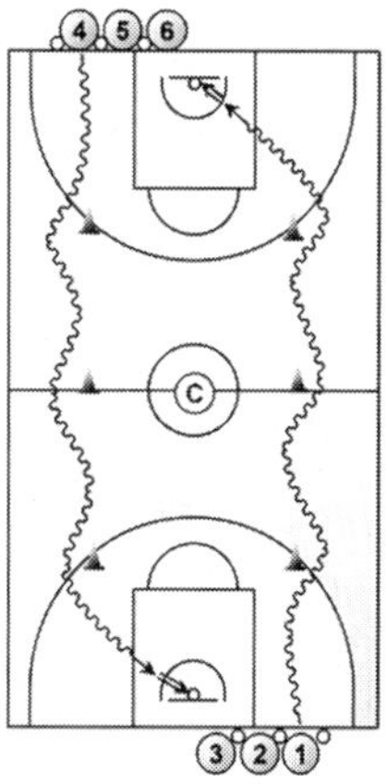 要求： 1. 队员运球时身体重心不要太高，保持重心平稳 2. 五指自然分开、上臂带动前臂向下拍按球，控制好球的方向，注意突破后要压低重心，加速通过 3. 目视前方，锻炼对场上形势的观察意识 4. 行进间低手投篮时将球置于胸前，双手由胸前向斜上方举球，注意球出手时单手托住球的底部向上抬上臂和前臂，手腕柔和发力，五指同时拨球，让球从指尖滚出 5. 行进间高手投篮时注意根据队员力量的大小调整前臂与上臂、上臂与躯干的角度，抬肘压腕，手指柔和拨球

续表

部分	时间	内容	教法与要求
基础训练			6. 行进间投篮时尽量舒展身体，往高跳。教练可双手伸直，干扰队员的投篮，提高队员在实战中的抗干扰能力 器材：篮球、标志筒
	10分钟	二、绕8字传接球练习 （一）目的：提高队员在移动中的传接球能力 （二）方法 1. 3人1组，①和②站在两侧的指定位置 2. ③环绕①和②绕8字跑动，当从②身后绕出时，接①传球，并立即回传球 3. 此时①将球传给②，③从①身后绕出接②传球，并立即回传球，依次环绕 4. 3人交换位置，依次练习 5. 负荷量：3分钟×3组 （三）重点与难点 1. 传球给移动中队员时，一定要找准时机 2. 接球与传球动作连贯、迅速、有力，注意接球、引球与传球时手腕手指弹拨球动作	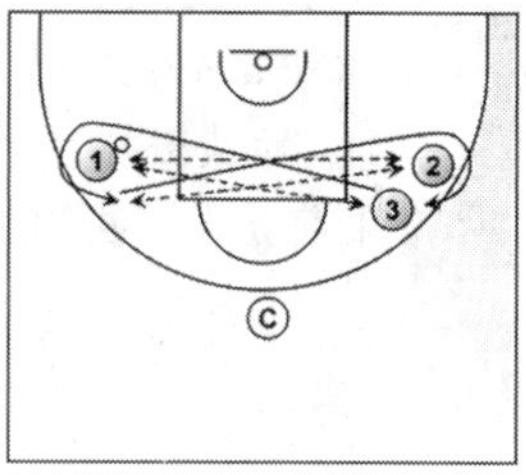 要求： 1. 传接球动作要规范，手腕弹拨迅速有力，传球速度适当加快，同时要避免出现失误 2. 传球队员与接球队员要有眼神交流，找准传球时机 器材：篮球
	10分钟	三、行进间传接球投篮练习 （一）目的：进一步巩固行进间传接球与接球上篮的能力 （二）方法 1. 队员2人1组面对面在端线后准备 2. 听到教练哨声后2人出发，进行行进间传接球练习 3. 内侧队员到标志筒位置时，外侧队员加速跑到异侧，内侧队员运球等待外侧队员跑动到指定位置，继续进行传球练习 4. 最后内侧队员传球给外侧队员上篮，跟进抢篮板球，若球未进，须将球补进，2人交换位置到队尾排队，以此类推 5. 传球方式包括双手胸前平传球、双手胸前击地传球、双手头上传球、单手肩上传球、单手击地传球、单手体侧传球等 6. 负荷量：5分钟×2组 （三）重点与难点 1. 传球给移动的队员时，一定要找准时机 2. 接球与传球动作连贯、迅速、有力，注意接球、引球与传球时手腕、手指弹拨球动作	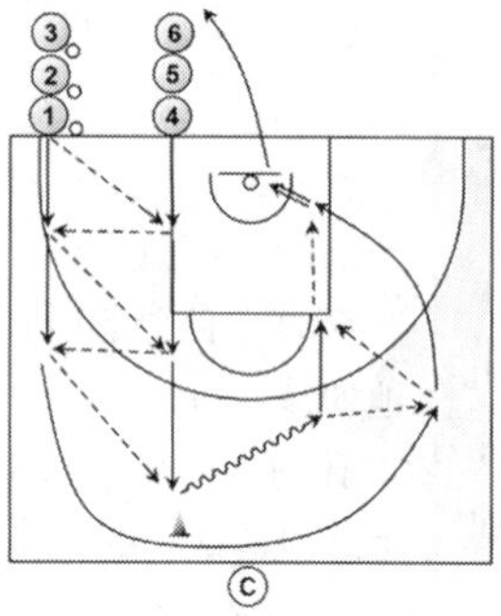 要求： 1. 传接球动作要规范，手指、手腕拨球有力，落点准确，接球队员接球后可直接衔接下一个动作 2. 接球时避免发生走步违例 3. 传球时，后脚蹬地发力，由下肢带动上肢，出手后五指自然分开指向接球队员，手背相对，上臂伸直。接球时两手虎口相对，克服接球恐惧感 4. 行进间低手投篮时将球置于胸前，双手由胸前向斜上方举球，注意出球时单手托住球的底部向上抬上臂和前臂，手腕柔

续表

部分	时间	内容	教法与要求
			和发力，五指同时拨球，让球从指尖滚出 5. 行进间高手投篮时注意根据队员力量的大小调整前臂与上臂、上臂与躯干的角度，抬肘压腕，手指柔和拨球 6. 行进间投篮时尽量舒展身体，往高跳。教练可双手伸直，干扰队员的投篮，提高队员在实战中的抗干扰能力 器材：标志筒、篮球
基础训练	10分钟	四、抢篮板球练习 （一）目的：提高队员的抢篮板球技术 （二）方法 1. 教练在弧顶投篮，队员 2 人 1 组，顶抢卡位，争夺篮板球 2. 抢到篮板球后第一时间将球传给教练 3. 教练通过移动到不同位置来变换球的方向 4. 负荷量：3 分钟 ×3 组 （三）重点与难点 1. 争抢篮板球时，首先要判断球的落点 2. 提前占据合理的位置，压低重心，挡住对手 3. 起跳要充分，在最高点双手抱球、单手捞球、点拨球 4. 当被对手卡在身后时，可以利用前转身或后转身，跨步抢占合理的位置	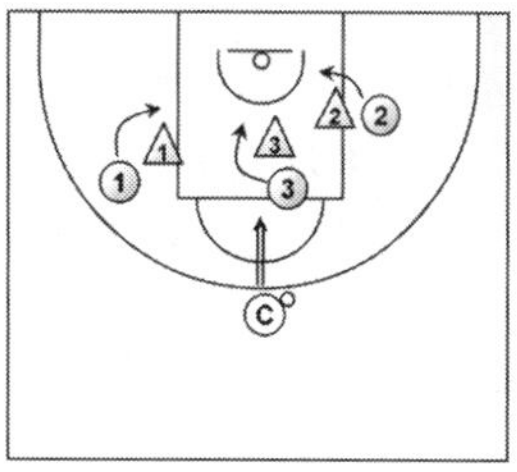 要求： 1. 争抢篮板球时，首先要判断球的落点 2. 提前占据合理的位置，压低重心，挡住对手 3. 起跳要充分，在最高点双手抱球、单手捞球、点拨球 4. 当被对手卡在身后时，可以利用前转身或后转身，跨步抢占合理的位置 器材：篮球
	10分钟	五、坐凳起身投篮纠正练习 （一）目的：进一步规范队员的投篮动作，尤其是蹬地发力动作 （二）方法 1. 开始时将板凳放置在三秒区以内 2. 队员持球坐在板凳上，双脚着地平行开立 3. 队员起身蹬地发力，将球投出，依次进行 4. 逐渐将板凳位置向后移动 5. 负荷量：5 分钟 ×2 组 （三）重点与难点 1. 规范的投篮动作是由下而上发力，下肢与上肢协调连贯性是投篮的关键之一 2. 不同距离的投篮发力感觉是不一样的	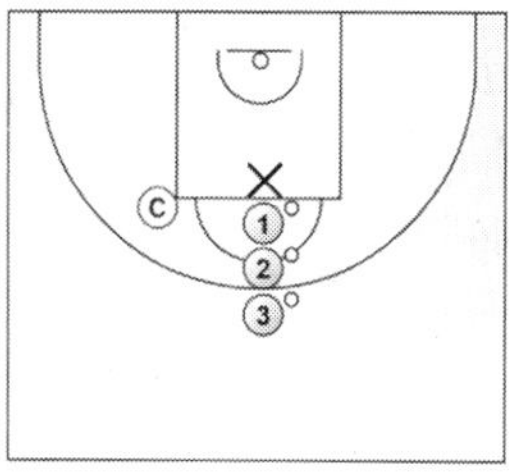 要求： 1. 纠正队员在投篮时下肢不发力或发力不协调，体会“蹬、提”的动作 2. 臀部倚靠在板凳上，腿部发力，保持身体稳定

续表

部分	时间	内容	教法与要求
基础训练			3. 通过逐渐将板凳位置向后移动，队员体会在不同距离的投篮感觉 4. 注意顶肘压腕，拨送球柔和 器材：板凳或椅子、篮球
团队合作游戏竞赛	10分钟	名称：全场三线快攻二打一练习 （一）目的：提高队员三线快攻跑位意识，加强队员2人之间的配合能力，把握场上以多打少的机会 （二）方法 1. 3名队员1组在端线外准备，中间队员持球 2. 听到教练哨声后出发，做三线快攻练习 3. 若球投进，上篮的队员变为防守队员快速退防，中间队员拿到篮板球后到端线外发界外球；若球未投进，则不用发界外球，抢到篮板球后进行二打一的练习	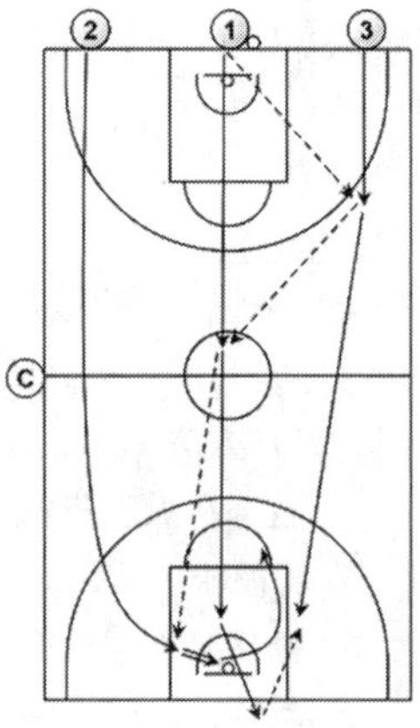 要求： 1. 传接球动作规范，手指、手腕拨球有力，要求球传准，人到球到，接球队员接球后可直接衔接下一个动作 2. 接球时避免发生走步违例 3. 注意队员之间语言与眼神的交流 器材：篮球
放松与总结	10分钟	1. 拉伸放松 2. 课后总结 3. 特别提醒 4. 宣布本节课最佳队员 5. 鼓舞士气	教法： 1. 教练总结本节课所学内容，再次强调动作的细节与要领 2. 教练布置课下作业 3. 教练宣布本节课最认真、提高最快的队员，让其余队员向其学习 4. 队员面向自己父母鞠躬，说“父母辛苦了”，集合喊“加油”，随后解散

第 35 课时

目的与任务：1. 培养队员节制自律的品质，告诉队员要进行自我约束，并控制自己的情绪，良好的判断力和常识是至关重要的 2. 复习运球、传球、投篮技术动作，提高其动作规范性、准确性及稳定性 3. 通过 1 VS 1 攻防练习，提高队员的个人攻防技术			
部分	时间	内容	教法与要求
课前与家长交流	2分钟	1. 介绍课程计划及执教理念 2. 与家长进行交流，了解队员在日常生活中是否节制自律，并控制自己的情绪	教法：与家长进行深入的沟通与交流，介绍本节课的重点与难点，解决家长提出的队员在日常训练中遇到的疑难问题
集合讲解互动沟通	3分钟	1. 慢慢地拍手，大声喊“加油” 2. 强调兴趣对篮球运动的重要性 3. 相互介绍：认识教练与队员 4. 本节课的主题是“节制自律” 5. 培养队员节制自律的品质，告诉队员要进行自我约束，并控制自己的情绪，良好的判断力和常识是至关重要的 6. 激励、热情、能量至关重要 7. 选举本节课的实习队长，实习队长要协助教练维持纪律，带领队员认真练习	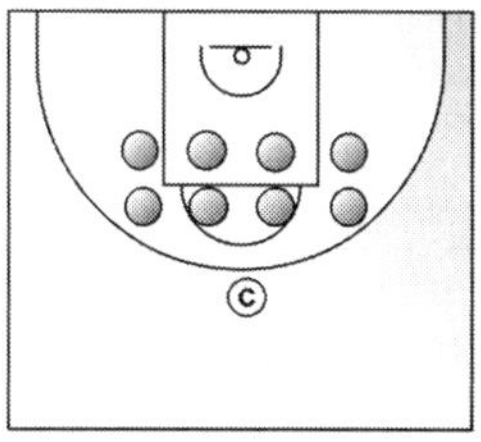 教法：普及篮球运动知识，介绍篮球规则；讲授本节课的训练主题，激发队员的训练热情，鼓舞团队士气
准备部分	7分钟	一、动态拉伸 （一）目的：提高肌肉温度，降低肌肉的粘滞性，提高内脏器官的机能水平，调节队员的心理活动，从而达到积极参与的目的 （二）方法：全场往返练习 1 组 1. 在队长的带领下，绕篮球场地慢跑 6 圈 2. 行进间小步跑 3. 行进间高抬腿跑 4. 行进间踢臀跑 5. 徒手深蹲 6. 行进间弓箭步转体 7. 行进间直腿屈体摸脚尖	要求： 1. 队员须精神饱满，认真听讲 2. 根据教练要求，做到有秩序、有纪律，动作规范统一 3. 在拉伸过程中，要求队员注意拉伸力度与舒展性，不要盲目追求速度 4. 在拉伸过程中，不仅要调动身体的积极性，而且要提高精神的兴奋性

续表

部分	时间	内容	教法与要求
准备部分	6分钟	二、体育游戏：镜面反射 （一）目的：提高队员思维的灵敏性、动作的敏捷性，调动队员上课的积极性 （二）方法 1. 队员分 2 队在中线附近相对站立，一队为蓝队，另一队为红队 2. 当教练喊蓝队时，蓝队队员做出 1 个动作，红队队员必须在 2 秒钟之内做与其相反的动作 3. 其表情与形态必须如同镜面反射，做错的队员接受惩罚	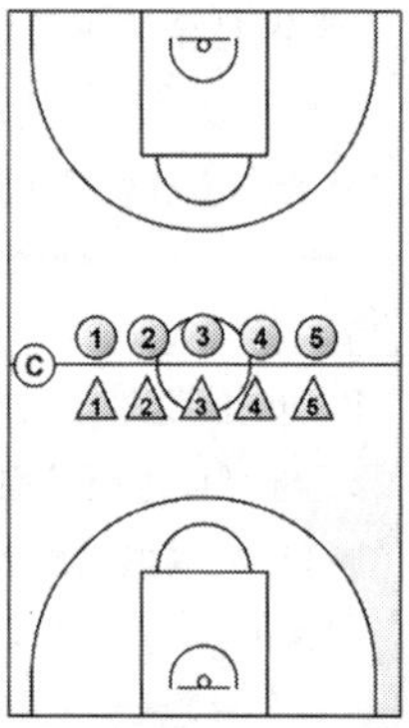 要求： 1. 提高队员的反应能力与模仿能力 2. 调动队员上课的积极性
基础训练	10分钟	一、原地双手运球练习 （一）目的：提高队员自身的协调性、运球能力 （二）方法 1. 队员分 2 排站好，每名队员脚下摆 2 个敏捷圈，每人 2 个篮球 2. 听到教练哨声后开始运球，将球的落点控制在敏捷圈内 3. 原地双手运球方式包括双手同时低运球、双手同时高运球、双手交替运球、双手高低运球、双手体前变向运球、双手前后推拉球、双手体前交替手运球等 4. 可根据运球的方式更改敏捷圈的位置 5. 队员运球时，教练可以伸出手指比划数字让队员大声喊出 6. 负荷量：2 分钟 ×5 组 （三）重点与难点 1. 手对球的控制能力，尤其是弱侧手拍球的力度与节奏 2. 控制好球的落点与反弹高度	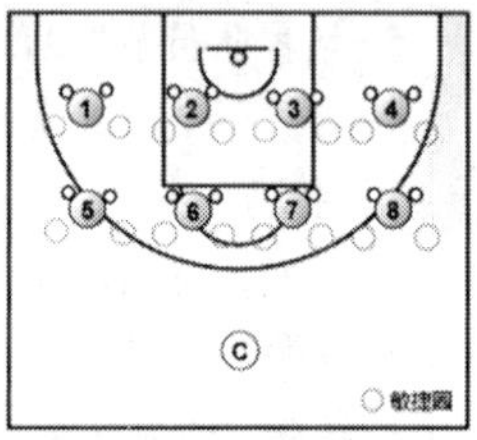 要求： 1. 高运球时以肩关节为轴，中运球时以肘关节为轴，低运球时以腕关节为轴，五指自然分开向下拍按球 2. 运球时双脚开立，略宽于肩，重心降低，保持身体平衡，不要上下起伏 3. 运球时背部挺直，不要弓腰、含胸，目视前方 4. 教练可拍打队员的臂膀以施加干扰，提高队员的控球稳定性 器材：敏捷圈、篮球

续表

部分	时间	内容	教法与要求
基础训练	12分钟	二、综合运球练习 （一）目的：提高队员运球起动加速的能力和行进间运球的能力，提升行进间投篮与急停投篮的稳定性 （二）方法 1. 队员持球在第一个标志筒前做原地顺步突破或交叉步突破 2. 当队员顺步突破时右手运球在第 2 ~4 个标志筒之间做运球急停急起，反之，左手做运球急停急起 3. 通过前3个标志筒后，在后4个标志筒做行进间体前变向换手运球、后转身运球、胯下运球、背后运球 4. 依次通过后，加速上篮或急停投篮 5. 负荷量：6 分钟 ×2 组 （三）重点与难点 1. 队员在做持球突破技术时，注意中枢脚稳定，在推放球后，中枢脚前脚掌蹬地发力抬起 2. 队员在做急停急起时，注意重心的稳定性和脚的制动与起动的衔接 3. 体前变向换手运球时，一只手拍按球，另一只手主动迎接球，球的高度尽量不要超过膝关节 4. 背后运球时，注意球反弹落点的控制 5. 转身运球时，在转身的同时一只手拉放球，另一只手主动迎球并向前推放，身体重心保持平稳 6. 胯下运球时，注意双手“送球”与“迎球”衔接顺畅，击地点准确，以便加速突破	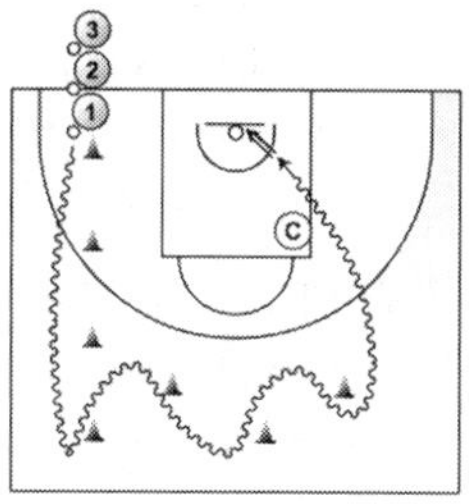 要求： 1. 一定要把每个技术动作做到准确、规范，在此前提下提升速度 2. 行进间低手投篮时将球置于胸前，双手由胸前向斜上方举球，注意球出手时单手托住球的底部向上抬上臂和前臂，手腕柔和发力，五指同时拨球，让球从指尖滚出 3. 行进间高手投篮时注意根据队员力量的大小调整前臂与上臂、上臂与躯干的角度，抬肘压腕，手指柔和拨球 4. 行进间投篮时尽量舒展身体，往高跳。教练可双手伸直，干扰队员的投篮，提高队员在实战中的抗干扰能力 器材：标志筒、篮球
	10分钟	三、跑动摆脱接球投篮练习 （一）目的：提高跑动急停和接球投篮衔接的能力 （二）方法 1. 除①外，其余队员每人一球，①按指定路线跑至异侧标志筒位置接②的传球，并做跨步急停投篮 2. 抢篮板球后到②的队尾排队 3. ②迅速起动至异侧标志筒位置接③的传球，并做跨步急停投篮 4. 抢篮板球后到①的队尾排队，以此类推 5. 负荷量：5 分钟 ×2 组 （三）重点与难点 1. 急停与投篮的衔接，当准备接球时，同时准备做好制动与转停的动作 2. 接球后，身体面对篮筐，做三威胁或准备投篮姿势	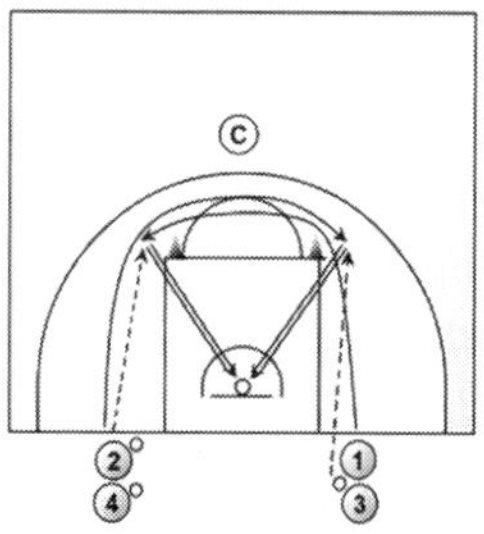 要求： 1. 提高跑动急停和接球投篮衔接的能力 2. 急停要稳，急停与接球投篮动作连贯 3. 传球队员的传球要准确到位，注意传球时机 4. 投篮前要充满信心，投篮时由下而上发力协调，体会“蹬、提、伸、屈、拨”的动作 器材：标志筒、篮球

续表

部分	时间	内容	教法与要求
基础训练	15分钟	四、短距离行进间快速传接球练习 （一）目的：提高队员短距离行进间快速传接球的稳定性，增强队员接球后持球加速突破的能力 （二）方法 1. ①和②以侧滑步的方式，面对面进行快速短距离行进间传接球练习 2. 当移动到接近中线时，①变为进攻队员，②变为防守队员，进行半场 1 VS 1 攻防练习 3. 球成死球后，双方交换，依次进行 4. 负荷量：5 分钟 ×3 组 （三）重点与难点 1. 传球时的眼神交流与传接球的时机是提升传接球能力的一个重要环节 2. 鼓励进攻队员果断采取进攻，增强进攻的坚决性与执行力	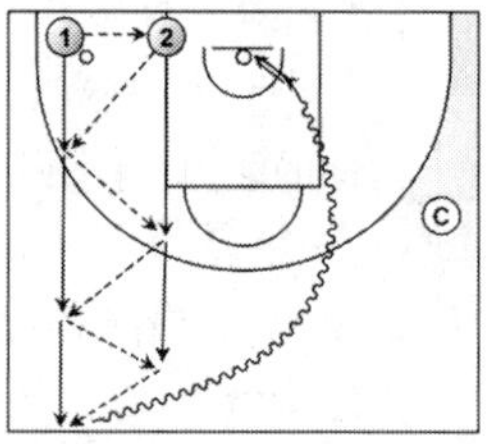 要求： 1. 短距离传接球时注意手指、手腕弹拨有力 2. 1 VS 1 攻防练习时，防守队员不要轻易抢断球，利用积极的脚步移动，提前占据进攻队员的移动路线 3. 进攻队员要更多地运用之前练习的运球技术，敢于对抗 器材：篮球
团队合作游戏竞赛	15分钟	名称：半场 1 VS 1 攻防练习 （一）目的：提高队员 1 VS 1 攻防中技术运用的能力 （二）方法 1. 2 名队员在端线站立，教练手持网球，抬到肩部位置，让网球自然下落 2. 当网球恰好离开教练的手时，进攻队员持球加速出发，绕过标志筒开始进攻 3. 当网球恰好落地时，防守队员加速堵截防守；防守队员采用滑步防守，循环进行	 要求： 1. 要求进攻队员以最快的速度完成进攻，且保证进攻的成功率 2. 进攻队员要主动对抗，上篮时，护球手注意对球的保护 3. 防守队员提前占据合理的防守位置，干扰进攻队员的进攻 器材：标志筒、网球、篮球
放松与总结	10分钟	1. 拉伸放松 2. 课后总结 3. 特别提醒 4. 宣布本节课最佳队员 5. 鼓舞士气	教法： 1. 教练总结本节课所学内容，再次强调动作的细节与要领 2. 教练布置课下作业 3. 教练宣布本节课最认真、提高最快的队员，让其余队员向其学习 4. 队员面向自己父母鞠躬，说“父母辛苦了”，集合喊“加油”，随后解散

第__36__课时

目的与任务：1. 培养队员对篮球的热情，教导他们一定要真正地热爱与享受所做的事情
2. 复习防守脚步移动技术动作，熟练掌握动作方法
3. 复习运球、传球、投篮技术动作，提高其动作规范性、准确性及稳定性
4. 通过 1 VS 1 攻防练习，提高队员的个人攻防技术

部分	时间	内容	教法与要求
课前与家长交流	2分钟	1. 介绍课程计划及执教理念 2. 与家长进行交流，了解队员课下练习情况	教法：与家长进行深入的沟通与交流，介绍本节课的重点与难点，解决家长提出的队员在日常训练中遇到的疑难问题
集合讲解互动沟通	3分钟	1. 慢慢地拍手，大声喊“加油” 2. 强调兴趣对篮球运动的重要性 3. 相互介绍：认识教练与队员 4. 本节课的主题是“热爱篮球运动” 5. 提高篮球基本技术的熟练程度，培养队员主动训练的意识 6. 激励、热情、能量至关重要 7. 选举本节课的实习队长，实习队长要协助教练维持纪律，带领队员认真练习	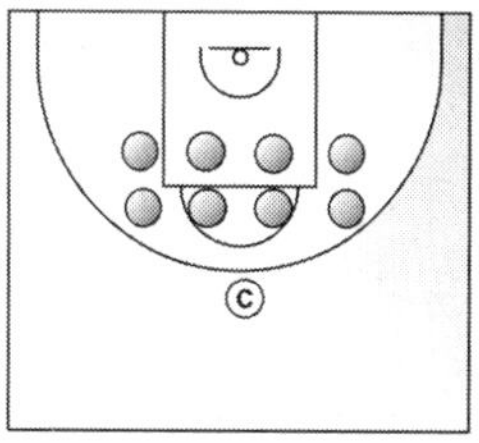 教法：普及篮球运动知识，介绍篮球规则；讲授本节课的训练主题，激发队员的训练热情，鼓舞团队士气
准备部分	7分钟	一、动态拉伸 （一）目的：提高肌肉温度，降低肌肉的粘滞性，提高内脏器官的机能水平，调节队员的心理活动，从而达到积极参与的目的 （二）方法：全场往返练习 1 组 1. 在队长的带领下，绕篮球场地慢跑 6 圈 2. 行进间高抬腿跑 3. 行进间小步跑 4. 行进间抱膝提踵 5. 行进间燕式平衡 6. 行进间弓箭步转体 7. 行进间侧向左右侧压腿	要求： 1. 队员须精神饱满，认真听讲 2. 根据教练要求，做到有秩序、有纪律，动作规范统一 3. 在拉伸过程中，要求队员注意拉伸力度与舒展性，不要盲目追求速度 4. 在拉伸过程中，不仅要调动身体的积极性，而且要提高精神的兴奋性

续表

部分	时间	内容	教法与要求
准备部分	6分钟	二、体育游戏：反口令练习 （一）目的：锻炼队员的平衡与反应能力，调动队员的积极性 （二）方法 1. 队员绕圈单脚着地平衡站立 2. 教练站在圆心处，喊“小西瓜或大西瓜”并用手比划小圆或大圆的模样 3. 队员比划相反的手势	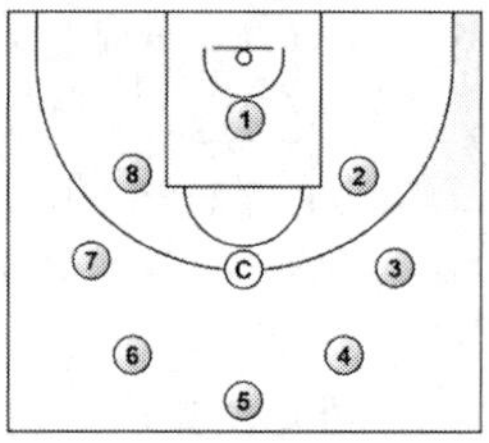 要求： 1. 锻炼队员的平衡与反应能力 2. 调动队员的积极性
基础训练	10分钟	一、防守脚步移动训练 （一）目的：提高队员的脚步移动能力与反应能力 （二）方法 1. 根据教练的哨声与手势，队员4人1组做侧后滑步与攻击步练习 2. 准备姿势：原地碎步 3. 手势向右：右侧后滑步 4. 手势向左：左侧后滑步 5. 手势向上：前攻击步 6. 负荷量：2分钟×5组 （三）重点与难点 1. 主动脚蹬地迅速有力，身体重心平稳 2. 前脚掌发力协调，注意体会身体核心部位发力	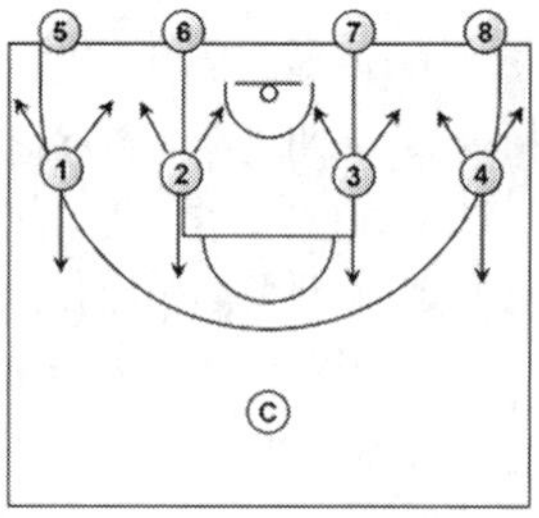 要求： 1. 队员要根据教练的手势迅速做出反应 2. 双臂微屈，双手打开，抬头目视前方
	10分钟	二、三角移动传接球 （一）目的：提高队员在移动中传接球的稳定性，提高球出手的速度 （二）方法 1. 队员平均分为3组，①将球传给④，然后跑到④的队尾 2. ④接到球后将球传给⑦，然后跑到⑦的队尾 3. ⑦再将球传给②，然后跑到②的队尾，以此类推 4. 传球技术包括双手胸前横传球、双手胸前反弹传球、单手肩上传球 5. 负荷量：5分钟×2组 （三）重点与难点：接球与传球动作连贯、迅速、有力，注意接球、引球与传球的手腕、手指弹拨球动作	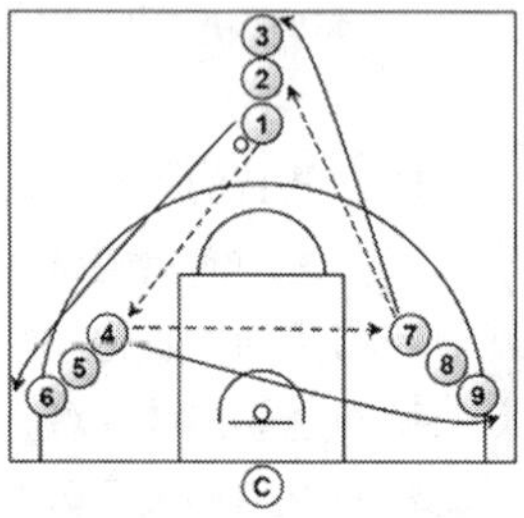 要求： 1. 传接球动作要规范，手腕弹拨迅速有力，传球速度适当加快，但要避免出现失误 2. 传球后按照逆时针的方向轮转换位 3. 队员传接球熟练后，可双球、三球同时传递 器材：篮球

续表

部分	时间	内容	教法与要求
基础训练	12分钟	三、全场绕标志筒运球投篮练习 （一）目的：提高队员行进间运球的能力及向各个方向运球控球的能力 （二）方法 1. 2名队员在端线后听教练口令出发 2. 加速运球至标志筒，后退运球绕标志筒通过，依次进行 3. 急停投篮，若球未进，直至投进为止 4. 左右手依次进行，队员2人1组进行竞赛 5. 负荷量：6分钟×2组 （三）重点与难点 1. 当遇到标志筒，变方向运球时，手对球的控制是至关重要的，不要形成走步违例 2. 脚步与控球的协调配合，加速通过时，后脚蹬地发力，向前推放球 3. 注意急停与投篮技术的衔接，脚步干净利索，投篮自下而上发力顺畅	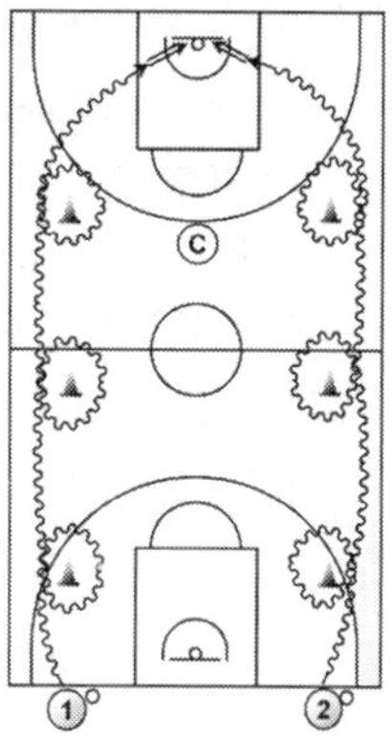 要求： 1. 运球起动时，后脚蹬地发力，向前推放球 2. 绕标志筒时，碎步加速，护球手要保护球 3. 眼睛尽量目视前方，着重弱侧手训练 4. 注意急停与投篮技术的衔接，脚步干净利索，投篮前要充满信心，投篮时由下而上发力协调，体会蹬、提、伸、屈、拨的动作 器材：标志筒、篮球
	15分钟	四、全场切入传接球上篮练习 （一）目的：提高队员传球切入与切入上篮的技术 （二）方法 1. 队员持球在指定位置站成一路纵队 2. 练习时将球传给固定接球者①，并侧身面向①跑弧线向前场切入，接①的回传球 3. 接球后立即传球给②，然后再切入，接②的回传球，再传球给③ 4. 最后切入篮下接③的回传球并上篮 5. 负荷量：7分钟×2组 （三）重点与难点 1. 传球后立即侧身跑切入接回传球，做好传接球的呼应 2. 传接球时，注意脚步移动，在中枢脚落地之前将球传出，避免造成走步违例	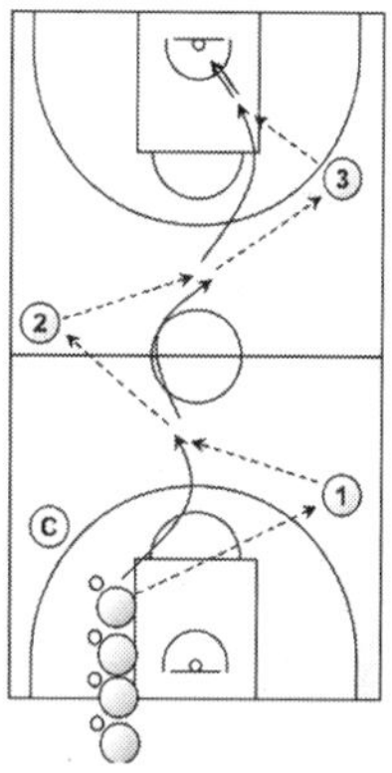 要求： 1. 传球后立即侧身跑切入接回传球。传接球时，注意脚步移动，在中枢脚落地之前将球传出，避免造成走步违例 2. 切入时，面向传球者，有伸手要球的预备接球姿势 3. 行进间投篮时尽量舒展身体，往高跳。教练可双手伸直，干扰队员的投篮，提高队员在实战中的抗干扰能力 器材：篮球

续表

部分	时间	内容	教法与要求
团队合作游戏竞赛	15分钟	名称：1 VS 1 攻守练习 （一）目的：提高队员个人的攻防能力 （二）方法 1. 队员2人1组，进行攻防练习 2. 听到教练哨声后，进攻队员开始运球进攻对面篮筐，没有固定的方向与动作 3. 防守队员尽量去堵截进攻队员，但在防守过程中，双手始终背在身后，只能靠脚下的移动限制进攻队员	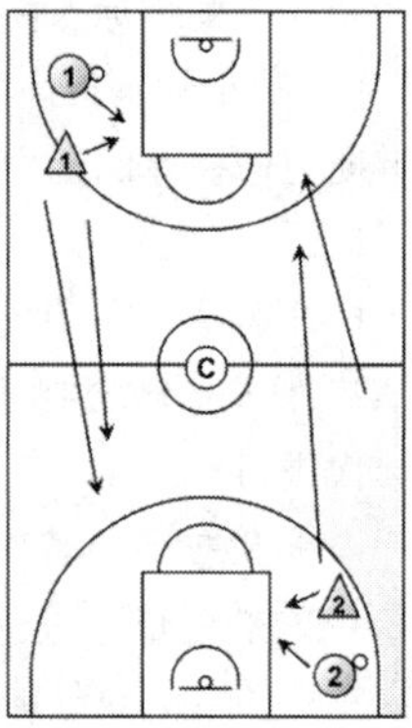 要求： 1. 进攻队员运球时重心降低，尽可能多地运用所学的技术摆脱防守队员 2. 防守队员防守时重心降低，前脚掌着地，时刻准备发力变换移动方向 器材：篮球
放松与总结	10分钟	1. 拉伸放松 2. 课后总结 3. 特别提醒 4. 宣布本节课最佳队员 5. 鼓舞士气	教法： 1. 教练总结本节课所学内容，再次强调动作的细节与要领 2. 教练布置课下作业 3. 教练宣布本节课最认真、提高最快的队员，让其余队员向其学习 4. 队员面向自己父母鞠躬，说“父母辛苦了”，集合喊“加油”，随后解散

第 37 课时

<table>
<tr><td colspan="4">目的与任务：1. 鼓励队员要专注，确定一个现实的目标，抵挡各种诱惑，坚持不懈，争取成功
2. 复习防守脚步移动技术动作，熟练掌握动作方法
3. 复习运球、传球、投篮技术动作，提高其动作规范性、准确性及稳定性
4. 复习切入投篮技术动作，提高队员切入意识；复习全场三线快攻二打一练习，提高队员快攻多打少的意识和随机应变的能力</td></tr>
<tr><td>部分</td><td>时间</td><td>内容</td><td>教法与要求</td></tr>
<tr><td>课前与家长交流</td><td>2分钟</td><td>1. 介绍课程计划及执教理念
2. 与家长进行交流，了解队员的性格特点，是否对一件喜欢的事情保持专注的态度</td><td>教法：与家长进行深入的沟通与交流，介绍本节课的重点与难点，解决家长提出的队员在日常训练中遇到的疑难问题</td></tr>
<tr><td>集合讲解互动沟通</td><td>3分钟</td><td>1. 慢慢地拍手，大声喊“加油”
2. 强调兴趣对篮球运动的重要性
3. 相互介绍：认识教练与队员
4. 本节课的主题是“专注认真”
5. 鼓励队员要专注认真，确定一个现实的目标，抵挡各种诱惑，坚持不懈，争取成功
6. 激励、热情、能量至关重要
7. 选举本节课的实习队长，实习队长要协助教练维持纪律，带领队员认真练习</td><td>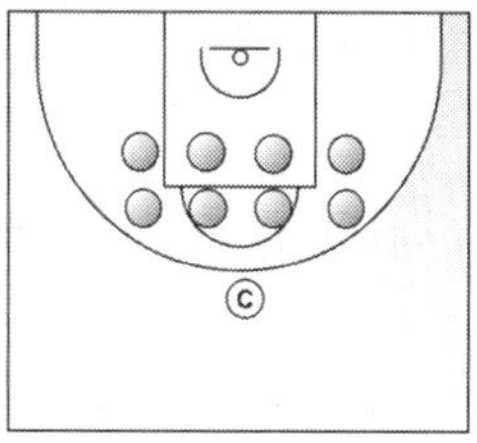
教法：普及篮球运动知识，介绍篮球规则；讲授本节课的训练主题，激发队员的训练热情，鼓舞团队士气</td></tr>
<tr><td>准备部分</td><td>6分钟</td><td>一、动态拉伸
（一）目的：提高肌肉温度，降低肌肉的粘滞性，提高内脏器官的机能水平，调节队员的心理活动，从而达到积极参与的目的
（二）方法：全场往返练习 1 组
1. 在队长的带领下，绕篮球场地慢跑 6 圈
2. 行进间小步跑
3. 行进间高踢腿
4. 行进间踢臀跑
5. 徒手深蹲
6. 行进间燕式平衡
7. 行进间直腿屈体摸脚尖</td><td>要求：
1. 队员须精神饱满，认真听讲
2. 根据教练要求，做到有秩序、有纪律，动作规范统一
3. 在拉伸过程中，要求队员注意拉伸力度与舒展性，不要盲目追求速度
4. 在拉伸过程中，不仅要调动身体的积极性，而且要提高精神的兴奋性</td></tr>
</table>

续表

部分	时间	内容	教法与要求
准备部分	6分钟	二、体育游戏：红黄蓝绿 （一）目的：锻炼队员的灵敏能力和脚步移动技术，调动队员上课的积极性 （二）方法 1. 场地内放置红、黄、蓝、绿4种颜色的标志筒 2. 教练出示不同颜色的标志碟，队员分别以前滑步、左侧滑步、右侧滑步、后滑步的方式去摸相应颜色的标志筒 3. 若队员错误，原地徒手蹲起10次	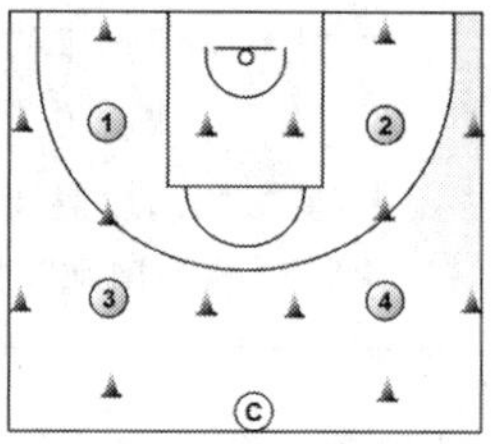 要求： 1. 锻炼队员的灵敏能力和脚步移动技术 2. 调动队员上课的积极性 器材：标志筒、标志碟
基础训练	10分钟	一、行进间运球 （一）目的：提高队员变向运球的能力 （二）方法 1. 根据教练的哨声，队员按照指定路线开始运球练习 2. 队员的身体始终面对教练，进行前进、左右、后退运球训练 3. 教练用手指比划不同的数字，要求队员第一时间喊出 4. 负荷量：5分钟×2组 （三）重点与难点 1. 当遇到标志筒，变方向运球时，手对球的控制是至关重要的，不要形成走步违例 2. 当脚步移动与控球协调配合加速通过时，后脚蹬地发力，向前推放球	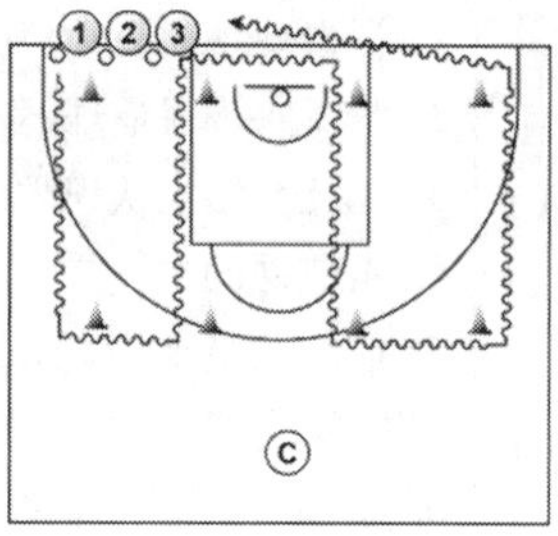 要求： 1. 队员运球时身体重心不要过高，保持重心平稳 2. 五指自然分开，上臂带动前臂向下拍按球，控制好球的落点与方向 3. 在熟练的前提下，可以进行双手同时运球、交替运球等练习 4. 教练可拍打队员的臂膀以施加干扰，提高队员的控球稳定性 器材：篮球、标志筒
	14分钟	二、行进间传接球上篮练习 （一）目的：提高队员切入篮下行进间投篮的稳定性，增强传球队员对传球落点的控制能力 （二）方法 1. 队员分成2组，其中1组持球，②跑到罚球线上 2. ①将球传给②后，快速跑动接②的回传球，做运球急停投篮或行进间投篮 3. ②抢篮板球，2人交换位置，依次练习 4. 负荷量：7分钟×2组	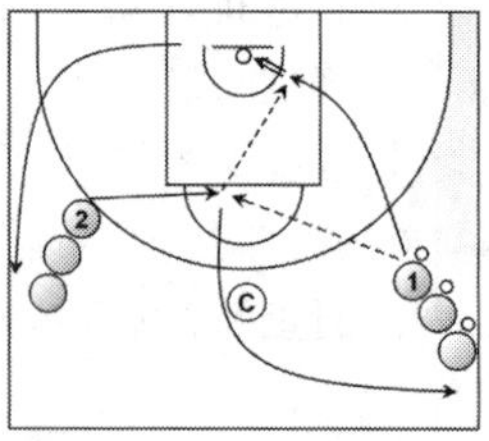 要求： 1. 传接球动作要规范，手腕弹拨迅速有力，传球速度适当加快，但要避免出现失误 2. 队员起动迅速有力，传球队员与接球队员要有眼神交流

续表

部分	时间	内容	教法与要求
		（三）重点与难点 1. 注意接球队员的移动位置，掌控自己的传球落点 2. 接球与行进间投篮动作连贯、协调，最后起跳发力充分，手腕、手指拨球柔和	3. 行进间低手投篮时将球置于胸前，双手由胸前向斜上方举球，注意出球时单手托住球的底部向上抬上臂和前臂，手腕柔和发力，五指同时拨球，让球从指尖滚出 4. 行进间高手投篮时注意根据队员力量的大小调整前臂与上臂、上臂与躯干的角度，抬肘压腕，手指柔和拨球 5. 行进间投篮时尽量舒展身体，往高跳。教练可双手伸直，干扰队员的投篮，提高队员在实战中的抗干扰能力 器材：篮球
基础训练	12分钟	三、原地运球综合练习 （一）目的：进一步巩固队员的运球能力，增强其球感 （二）方法 1. 原地单手高、中、低运球，护球手接教练手中的网球 2. 原地单手高、中、低运球，护球手抛接网球 3. 原地单手体前 V 字运球 4. 体前变向换手运球 5. 原地背后运球 6. 原地胯下运球 7. 负荷量：6 分钟 ×2 组	要求： 1. 通过转移注意力，提高运球熟练度 2. 网球尽量不要掉落 3. 原地体前 V 字运球尽量拉大左右幅度 4. 要始终保持专注力 5. 教练可拍打队员的臂膀以施加干扰，提高队员的控球稳定性 器材：网球、篮球
	12分钟	四、行进间传接球投篮积分赛 （一）目的：提高队员行进间传球的能力与在竞赛情况下的投篮稳定性 （二）方法 1. 队员分为 2 队，每队分为若干组，每组 2 人，面对面站立，每组 1 个球篮 2. ②向前迅速移动接①的传球，①完成传球后迅速起动向前跑动，依次进行 3. 投中得 2 分，在规定时间内，先得到 15 分的队为胜 4. 负荷量：4 分钟 ×3 组	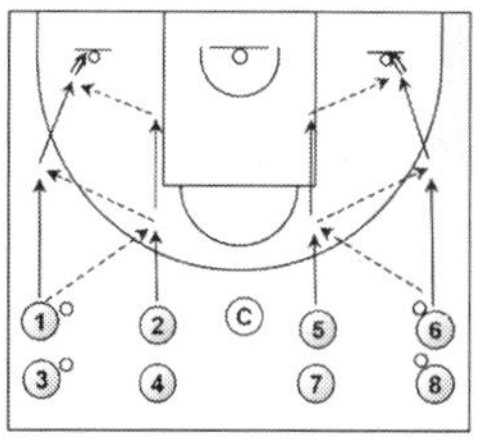 要求： 1. 违例或接球后又运球再投中的无效 2. 传接球时，注意眼神交流，找准传球时机 3. 投篮前要充满信心，投篮时由下而上发力协调，体会蹬、提、伸、屈、拨的动作 4. 提高团队协作的能力，队员之间相互鼓励、共同提高 器材：篮球

续表

部分	时间	内容	教法与要求
团队合作游戏竞赛	15分钟	名称：全场三线快攻三打二练习 （一）目的：提高队员三线快攻跑位的意识，加强队员2人之间配合的能力，把握场上以多打少的机会 （二）方法 1. 3名队员1组在端线外准备，中间队员持球，听到教练哨声后出发，三线快攻 2. 出发后，上来2名防守队员。中间队员拿到篮板球后快速推进，两侧队员快速分散，拉开空间进行三打二的练习 3. 三打二练习中，尽量简单、快速地完成进攻，传球2～3次即可，防守队员注意强、弱侧的区分，手臂打开，脚下移动快	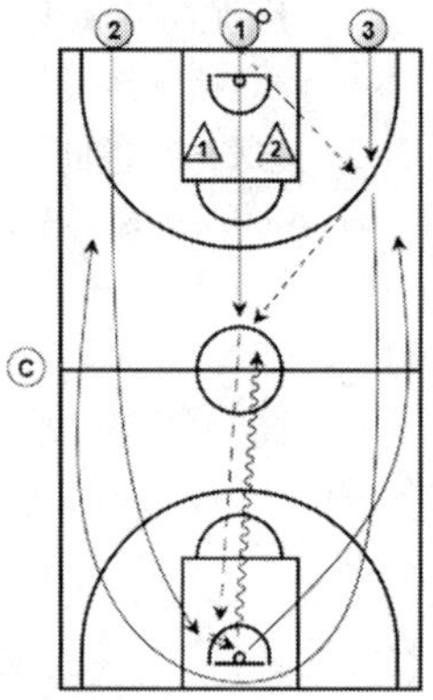 要求： 1. 传接球动作要规范，手指、手腕拨球有力，要求球传准，人到球到，接球队员接球后可直接衔接下一个动作 2. 接球时不要出现走步违例 3. 注意队员之间语言的交流 4. 提高队员合理、快速地完成进攻的能力 5. 提高队员在实战中的观察力、判断力及技术运用能力 器材：篮球
放松与总结	10分钟	1. 拉伸放松 2. 课后总结 3. 特别提醒 4. 宣布本节课最佳队员 5. 鼓舞士气	教法： 1. 教练总结本节课所学内容，再次强调动作的细节与要领 2. 教练布置课下作业 3. 教练宣布本节课最认真、提高最快的队员，让其余队员向其学习 4. 队员面向自己父母鞠躬，说“父母辛苦了”，集合喊“加油”，随后解散

第 38 课时

目的与任务：1. 鼓励队员要坚强勇毅，在日常学习生活中要持之以恒，有毅力、有信念 2. 加强队员上肢力量的练习，篮球是一项对抗性极强的运动项目，队员要有力量训练意识 3. 复习防守脚步移动技术动作，熟练掌握其动作方法 4. 复习运球、传球、投篮技术动作，提高其动作规范性、准确性及稳定性			
部分	时间	内容	教法与要求
课前与家长交流	2分钟	1. 介绍课程计划及执教理念 2. 与家长进行交流，了解队员在日常学习生活中是否坚强勇毅	教法：与家长进行深入的沟通与交流，介绍本节课的重点与难点，解决家长提出的队员在日常训练中遇到的疑难问题
集合讲解互动沟通	3分钟	1. 慢慢地拍手，大声喊“加油” 2. 强调兴趣对篮球运动的重要性 3. 相互介绍：认识教练与队员 4. 本节课的主题是“坚强勇毅” 5. 鼓励队员要坚强勇毅，在日常学习生活中要持之以恒，有毅力、有信念 6. 激励、热情、能量至关重要 7. 选举本节课的实习队长，实习队长要协助教练维持纪律，带领队员认真练习	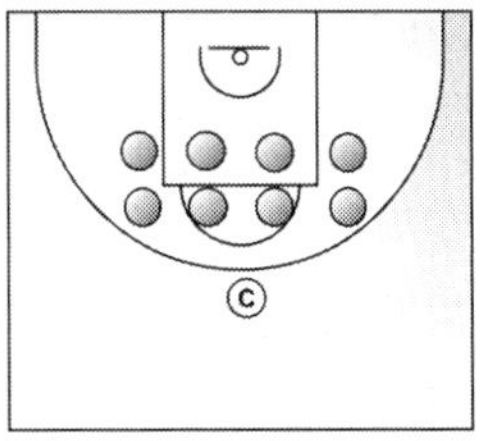 教法：普及篮球运动知识，介绍篮球规则；讲授本节课的训练主题，激发队员的训练热情，鼓舞团队士气
准备部分	5分钟	一、动态拉伸 （一）目的：提高肌肉温度，降低肌肉的粘滞性，提高内脏器官的机能水平，调节队员的心理活动，从而达到积极参与的目的 （二）方法：全场往返练习 1 组 1. 在队长的带领下，绕篮球场地慢跑 6 圈 2. 行进间高踢腿 3. 行进间踢臀跑 4. 徒手深蹲 5. 行进间燕式平衡 6. 行进间直腿屈体摸脚尖	要求： 1. 队员须精神饱满，认真听讲 2. 根据教练要求，做到有秩序、有纪律，动作规范统一 3. 在拉伸过程中，要求队员注意拉伸力度与舒展性，不要盲目追求速度 4. 在拉伸过程中，不仅要调动身体的积极性，而且要提高精神的兴奋性
	8分钟	二、体育游戏 （一）目的：加强队员上肢力量的训练，提高队员的意志品质 （二）方法 1. 俯撑击掌 （1）队员分 2 队按一字排开，2 人 1 组面对面，俯撑姿势	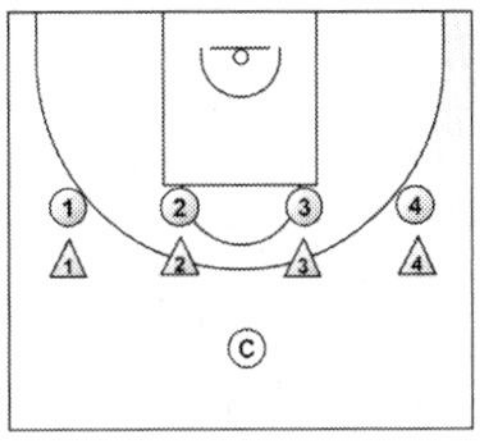

续表

部分	时间	内容	教法与要求
准备部分		（2）根据教练的信号，同组队员，单手撑地，另一手击掌，并喊出相应的口号 2. 人体“拱桥” （1）队员相邻排成1队，在俯撑姿势的基础上，臀部向上，类似“拱桥”姿势 （2）2名教练在队首和队尾传地滚球，使球从队员身下穿过	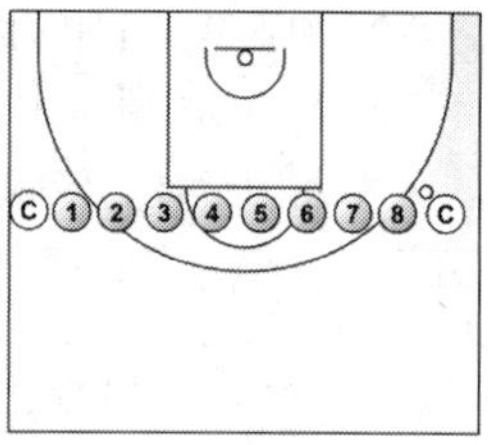 要求： 1. 做俯撑姿势时，头部、背部、腿、脚尽量在一条直线上 2. 臀部不要过高或过低 3. 磨炼队员的意志品质，即使在力竭的情况下也要努力坚持 4. 队员之间要相互勉励，共同完成“拱桥”训练 器材：篮球
基础训练	8分钟	一、“你争我夺” （一）目的：提高队员的反应能力与干扰下的控球能力 （二）方法 1. 根据教练的哨声，队员向中央加速运球移动 2. 运球至标志筒前做急停原地运球 3. 根据教练的第二声哨声争抢标志筒 4. 此练习熟练后，根据教练的第一声哨声，加速运球直接争抢标志筒 5. 负荷量：4分钟×2组 （三）重点与难点 1. 重心的平稳性与运球高度、方向的稳定性 2. 对于眼前所发生的情况一定要有提前的预判	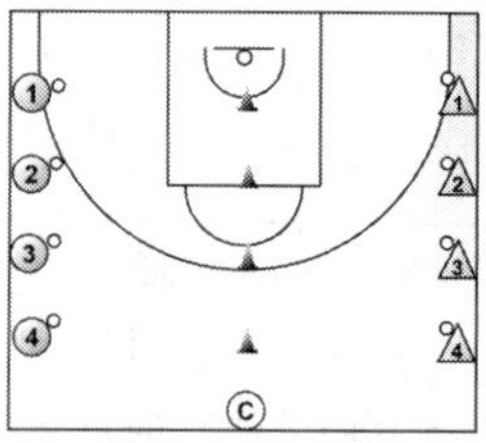 要求： 1. 队员运球时身体重心不要过高，保持重心平稳 2. 五指自然分开，上臂带动前臂向下拍按球，控制好球的方向 3. 起动时，前脚掌迅速蹬地，手向前推放球 4. 在做第二个练习时，队员要注意安全，避免相撞 器材：标志筒、篮球
	12分钟	二、运球投篮综合练习 （一）目的：提高队员的体前变向运球技术与突破后的急停投篮能力 （二）方法 1. 队员持球在中线处成一字排列 2. 教练哨响后，队员右手运球加速出发，在标志筒前做体前变向换手运球	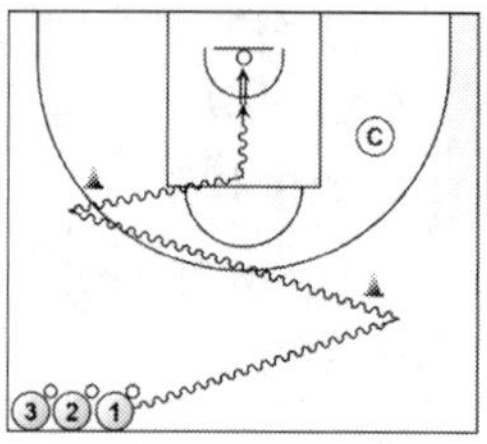

续表

部分	时间	内容	教法与要求
		3. 换至左手后，加速运球至下一个标志筒做体前变向换手运球 4. 换至右手加速突破至罚球线处急停投篮 5. 负荷量：6 分钟 ×2 组 （三）重点与难点 1. 前脚掌蹬地迅速，换手后压肩，保持重心低而平稳 2. 急停与投篮环节衔接顺畅，投篮自下而上协调发力，注意蹬、提、伸、屈、拨的动作	要求： 1. 体前变向换手运球时避免运球过高，护球手护送球加速通过 2. 前脚掌蹬地迅速，换手后压肩，保持重心低而平稳 3. 急停与投篮环节衔接顺畅，投篮自下而上协调发力，注意蹬、提、伸、屈、拨的动作，教练可双手伸直，干扰队员的投篮，提高队员在实战中的抗干扰能力 器材：标志筒、篮球
基础训练	13 分钟	三、全场交叉传接球上篮练习 （一）目的：巩固与提高行进间传接球技术与切入上篮技术，增强队员快攻的跑位意识 （二）方法 1. 队员成 2 路纵队于指定位置站好，左侧队员持球，2 人 1 组练习 2. 左侧队员将球传给教练，迅速起动从教练身旁绕过 3. 右侧队员从教练另一侧绕过接教练传球后，再将球传给同伴 4. 同伴接球后将球再次回传，完成行进间投篮，依次进行 5. 负荷量：6 分钟 ×2 组 （三）重点与难点 1. 传球后立即侧身跑切入接回传球，做好传接球的呼应 2. 传接球时，注意脚步移动，在中枢脚落地之前将球传出，避免造成走步违例 3. 传球队员的传球要有提前量，做到球领人	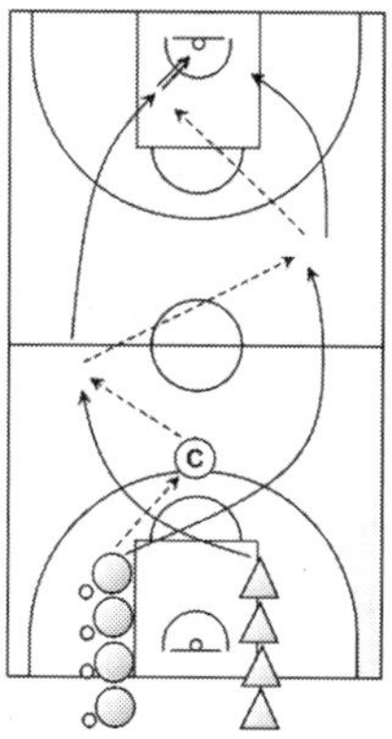 要求： 1. 传球后立即侧身跑切入接回传球 2. 传接球时，注意脚步移动，在中枢脚落地之前将球传出，避免造成走步违例 3. 切入时，面向传球者，有伸手要球的预备接球姿势 器材：篮球
	14 分钟	四、滑步争抢球加速运球上篮练习 （一）目的：提高动作的灵敏性，提高快速横向移动的能力和反应能力，提高获得控制球后加速运球上篮得分的能力 （二）方法 1. 队员 1 人 1 球，开始时将球传给教练，背对教练在 2 个标志筒之间做左、右侧滑步 2. 教练随机把球向前抛出，队员快速起动，尽量在球落地前将球抱住	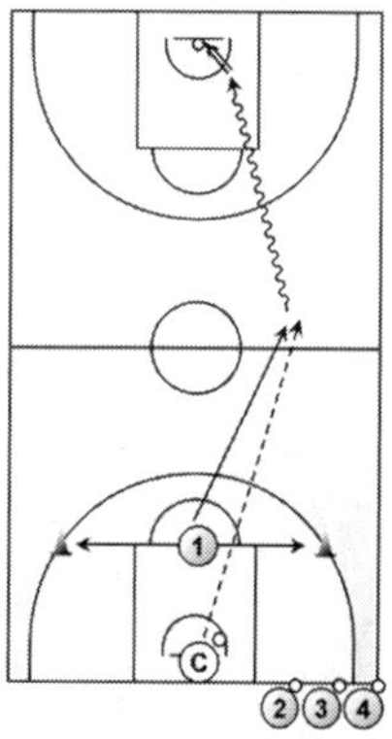

续表

部分	时间	内容	教法与要求
基础训练		3. 加速运球上篮，若球未进，争抢篮板球，将球投进 4. 负荷量：7 分钟 ×2 组 （三）重点与难点 1. 队员对球的路线判断，做到在最短时间内控制球 2. 队员在场上要时刻保持注意力集中	要求： 1. 判断来球路线，用最短时间控制球 2. 获得球后，要以最快速度上篮得分 器材：标志筒、篮球
团队合作游戏竞赛	15 分钟	名称：全场三线快攻二打一练习 （一）目的：提高队员三线快攻跑位意识，加强队员 2 人之间的配合能力，把握场上以多打少的机会 （二）方法 1. 3 名队员 1 组在端线外准备，中间队员持球 2. 听到教练哨声后出发，做三线快攻练习 3. 若球上进，上篮的队员变为防守队员快速退防，中间队员拿到篮板球后到端线外发界外球；若球未上进，则不用发界外球，抢到篮板球后进行二打一的练习	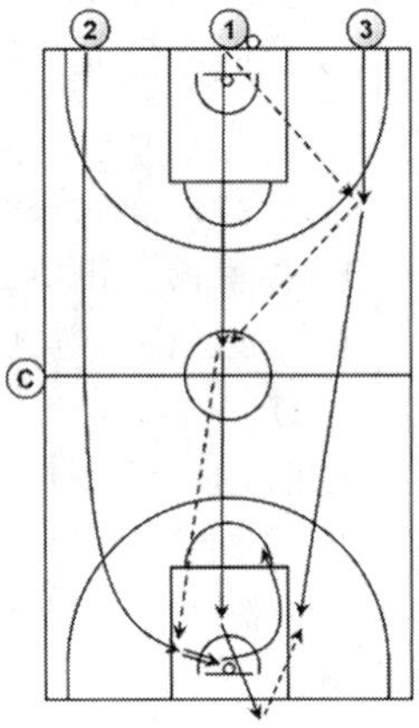 要求： 1. 传接球动作要规范，手指、手腕拨球有力，要求球传准，人到球到，接球队员接球后可直接衔接下一个动作 2. 接球时避免出现走步违例 3. 注意队员之间语言与眼神的交流 器材：篮球
放松与总结	10 分钟	1. 拉伸放松 2. 课后总结 3. 特别提醒 4. 宣布本节课最佳队员 5. 鼓舞士气	教法： 1. 教练总结本节课所学内容，再次强调动作的细节与要领 2. 教练布置课下作业 3. 教练宣布本节课最认真、提高最快的队员，让其余队员向其学习 4. 队员面向自己父母鞠躬，说“父母辛苦了”，集合喊“加油”，随后解散

第 39 课时

目的与任务：1. 鼓励队员勤奋、刻苦，告诉队员努力学习和认真计划是做好一件事的 2 个必备要素
2. 复习无球切入技术动作，提高队员切入意识与位置感
3. 复习运球、传球、投篮技术动作，提高其动作规范性、准确性及稳定性
4. 复习突破分球技术动作，提高队员突破分球的能力及投篮的稳定性

部分	时间	内容	教法与要求
课前与家长交流	2 分钟	1. 介绍课程计划及执教理念 2. 与家长进行交流，了解队员在日常学习生活中是否勤奋刻苦	教法：与家长进行深入的沟通与交流，介绍本节课的重点与难点，解决家长提出的队员在日常训练中遇到的疑难问题
集合讲解互动沟通	3 分钟	1. 慢慢地拍手，大声喊“加油” 2. 强调兴趣对篮球运动的重要性 3. 相互介绍：认识教练与队员 4. 本节课的主题是“勤奋刻苦” 5. 鼓励队员要勤奋刻苦，告诉队员努力学习和认真计划是做好一件事的 2 个必备要素 6. 激励、热情、能量至关重要 7. 选举本节课的实习队长，实习队长要协助教练维持纪律，带领队员认真练习	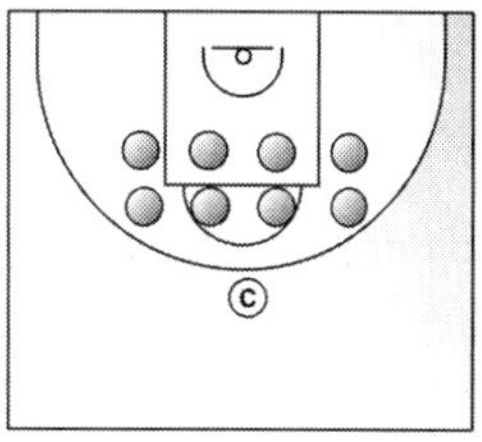 教法：普及篮球运动知识，介绍篮球规则；讲授本节课的训练主题，激发队员的训练热情，鼓舞团队士气
准备部分	5 分钟	一、动态拉伸 （一）目的：提高肌肉温度，降低肌肉的粘滞性，提高内脏器官的机能水平，调节队员的心理活动，从而达到积极参与的目的 （二）方法：全场往返练习 1 组 1. 在队长的带领下，绕篮球场地慢跑 6 圈 2. 徒手深蹲 3. 挥臂画圈 4. 俯身收腿 5. 行进间高踢腿 6. 行进间踢臀跑 7. 加速跑	要求： 1. 队员须精神饱满，认真听讲 2. 根据教练要求，做到有秩序、有纪律，动作规范统一 3. 在拉伸过程中，要求队员注意拉伸力度与舒展性，不要盲目追求速度 4. 在拉伸过程中，不仅要调动身体的积极性，而且要提高精神的兴奋性

续表

部分	时间	内容	教法与要求
准备部分	6分钟	二、体育游戏：动物总动员 （一）目的：加强队员的力量与灵敏素质 （二）方法 1. 队员分2队在端线后排列，根据教练的哨声，队员2人1组开始竞赛 2. 分别进行“虫爬、熊爬、蜥蜴爬、鸭子步、猴爬”至中线处，然后加速跑返回	 要求： 1. 提高身体的协调性，增强身体的控制能力 2. 动作要标准规范，注重核心稳定性 3. 身体关节不要过分伸直，注意缓冲自身重力
基础训练	12分钟	一、全场切入传接球上篮练习 （一）目的：提高队员传球切入与切入上篮的技术 （二）方法 1. 队员持球在指定位置站成1路纵队 2. 练习时将球传给固定接球者①，并侧身面向①跑弧线向前场切入，接①的回传球 3. 接球后立即传球给②，然后再切入，接②的回传球，再传球给③ 4. 最后切入篮下接③的回传球并上篮 5. 负荷量：6分钟×2组 （三）重点与难点 1. 传球后立即侧身跑切入接回传球，做好传接球的呼应 2. 传接球时，注意脚步移动，在中枢脚落地之前将球传出，避免造成走步违例	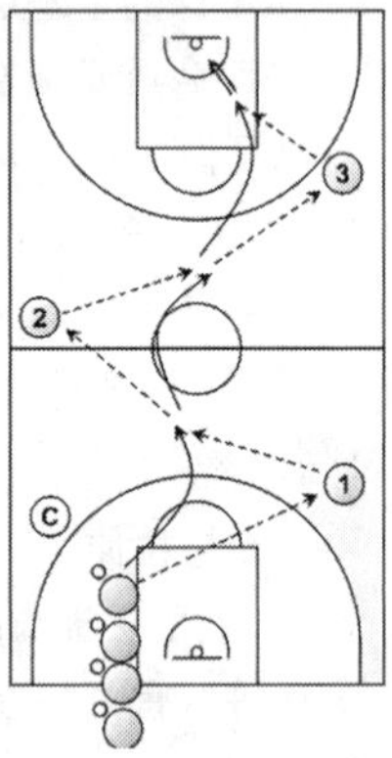 要求： 1. 传球后立即侧身跑切入接回传球。传接球时，注意脚步移动，在中枢脚落地之前将球传出，避免造成走步违例 2. 切入时，面向传球者，有伸手要球的预备接球姿势 3. 行进间低手投篮时将球置于胸前，双手由胸前向斜上方举球，注意球出手时单手托住球的底部向上抬上臂和前臂，手腕柔和发力，五指同时拨球，让球从指尖滚出 4. 行进间高手投篮时注意根据队员力量的大小调整前臂与上臂、上臂与躯干的角度，抬肘压腕，手指柔和拨球 5. 行进间投篮时尽量舒展身体，往高跳。教练可双手伸直，干扰队员的投篮，提高队员在实战中的抗干扰能力 器材：篮球

续表

部分	时间	内容	教法与要求
基础训练	12分钟	二、行进间传接球投篮练习 （一）目的：提高传球后瞬间起动加速摆脱防守切入的能力 （二）方法 1. 队员分成2组，其中④不持球，④加速起动绕过上方标志筒做V形切入，接①传球做急停投篮或上篮 2. ①传球后，迅速起动绕过下方标志筒做L形切入，接⑤传球做急停投篮 3. 完成后2人交换队伍，依次练习 4. 负荷量：6分钟×2组 （三）重点与难点 1. 注意接球队员的移动位置，掌控自己的传球落点 2. 急停与投篮的衔接，当准备接球时，同时准备做好制动与转停的动作	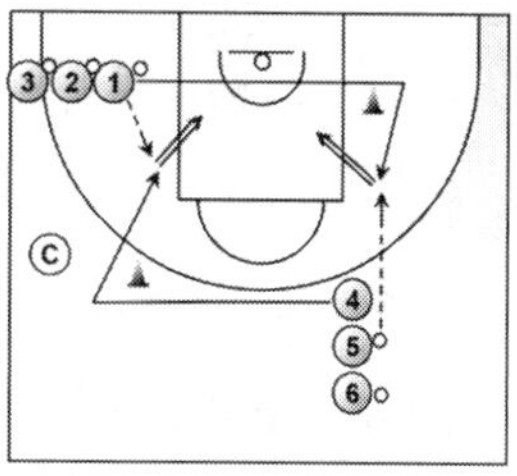 要求： 1. 传接球动作要规范，手腕弹拨迅速有力，传球速度适当加快，但要避免出现失误 2. 队员起动迅速有力，传球队员与接球队员要有眼神交流 3. 接球后，身体面向篮筐，做三威胁或准备投篮姿势 4. 教练可双手伸直，干扰队员的投篮，提高队员在实战中的抗干扰能力 器材：标志筒、篮球
	12分钟	三、全场运球综合练习 （一）目的：提高队员综合运球的能力 （二）方法 1. 队员分2组持球于端线外站立 2. S形绕过前4个标志筒后分别在后3个标志筒前做背后运球、后转身运球、胯下运球或体前变向换手运球 3. 加速上篮或急停投篮 4. 负荷量：6分钟×2组 （三）重点与难点 1. 当遇到标志筒，变向运球时，手对球的控制是至关重要的，脚步与控球协调配合 2. 加速通过时，后脚蹬地发力，向前推放球，注意护球手要保护球 3. 注意急停与投篮技术的衔接，脚步干净利索，投篮自下而上发力顺畅	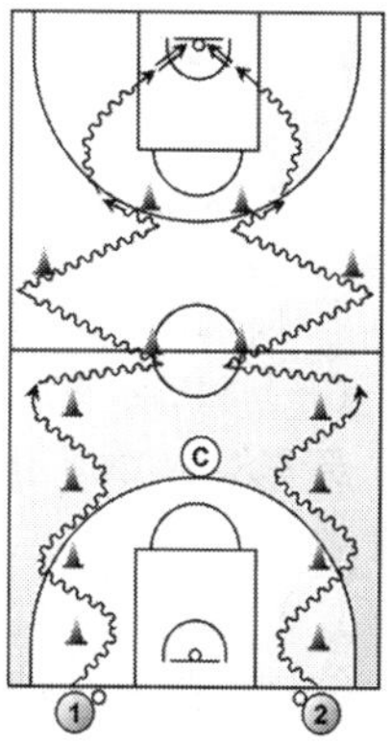 要求： 1. S形绕前4个标志筒时，重心降低，运球速度与频率加快，脚步移动灵活 2. 加速运球通过后3个标志筒时，要求重心保持平稳，提高连贯动作的熟练程度 3. 教练可双手伸直，干扰队员的投篮，提高队员在实战中的抗干扰能力 器材：标志筒、篮球

续表

部分	时间	内容	教法与要求
基础训练	13分钟	四、突破分球上篮练习 （一）目的：提高队员的突破分球能力与投篮的稳定性 （二）方法 1. 队员分为2组站在标志筒后，站在弧顶的队员拿球，站在边线的队员不拿球 2. 听到教练哨声后，2人同时出发，弧顶持球队员运球到标志筒前做变向，从右（左）侧突破，边线的队员跑到标志筒前做虚晃动作，从右（左）向篮下切入 3. 运球队员观察队友切入的位置，在合适的时候将球传给队友，让队友可以接球直接上篮 4. 若球未进，补进后2人交换位置 5. 运球变向包括体前变向、背后变向、转身、胯下变向及2种变向的组合动作 6. 负荷量：6分钟×2组 （三）重点与难点 1. 注意接球队员的移动位置，掌控自己的传球落点，传球要准，接球队员接球后可直接衔接下一个动作 2. 突破时注意中枢脚脚跟抬起，蹬地转体发力，同时转体、侧压肩、向前放球加速，重心降低，眼睛时刻观察队友的位置	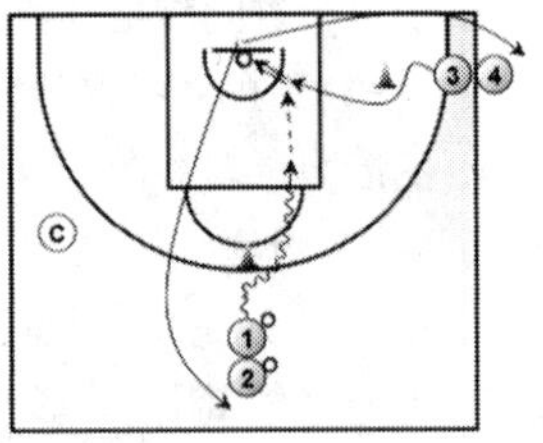 要求： 1. 传接球动作要规范，手指、手腕拨球有力，传球要准确，接球队员接球后可直接衔接下一个动作 2. 接球时不要发生走步违例 器材：标志筒、篮球
团队合作游戏竞赛	15分钟	名称：全场三线快攻三打二练习 （一）目的：提高队员三线快攻跑位的意识，加强队员2人之间的配合能力，把握场上以多打少的机会 （二）方法 1. 3名队员1组在端线外准备，中间队员持球，听到教练哨声后出发，三线快攻 2. 出发后，上来2名防守队员。中间队员拿到篮板球后快速推进，两侧队员快速分散，拉开空间进行三打二的练习 3. 三打二练习中，尽量简单、快速地完成进攻，传球2~3次即可，防守队员注意强弱侧的区分，手臂打开，脚下移动快	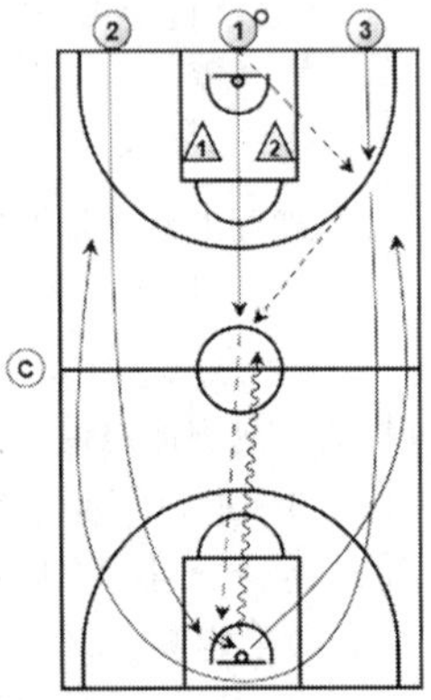 要求： 1. 传接球动作要规范，手指、手腕拨球有力，传球要准，人到球到，接球队员接球后可直接衔接下一个动作

续表

部分	时间	内容	教法与要求
团队合作游戏竞赛			2. 接球时不要出现走步违例 3. 注意队员之间语言的交流 4. 提高队员合理、快速地完成进攻的能力 5. 提高队员在实战中的观察力、判断力及技术运用能力 器材：篮球
放松与总结	10分钟	1. 拉伸放松 2. 课后总结 3. 特别提醒 4. 宣布本节课最佳队员 5. 鼓舞士气	教法： 1. 教练总结本节课所学内容，再次强调动作的细节与要领 2. 教练布置课下作业 3. 教练宣布本节课最认真、提高最快的队员，让其余队员向其学习 4. 队员面向自己父母鞠躬，说“父母辛苦了”，集合喊“加油”，随后解散

第 40 课时

目的与任务：1. 鼓励队员要专注，确定一个现实的目标，抵挡各种诱惑，坚持不懈，争取成功
2. 复习脚步移动技术，巩固其动作方法
3. 复习运球、传球、投篮技术动作，提高其动作规范性、准确性及稳定性
4. 学习高位挡拆基础配合练习，提高队员挡拆基础配合能力，锻炼队员的拆分意识与无球跑位意识
5. 复习半场二打二练习，提高队员实战基础配合的能力

部分	时间	内容	教法与要求
课前与家长交流	2分钟	1. 介绍课程计划及执教理念 2. 与家长进行交流，了解队员的性格特点，是否对一件喜欢的事情保持专注的态度	教法：与家长进行深入的沟通与交流，介绍本节课的重点与难点，解决家长提出的队员在日常训练中遇到的疑难问题
集合讲解互动沟通	3分钟	1. 慢慢地拍手，大声喊“加油” 2. 强调兴趣对篮球运动的重要性 3. 相互介绍：认识教练与队员 4. 本节课的主题是“专注认真” 5. 鼓励队员要专注认真，确定一个现实的目标，抵挡各种诱惑，坚持不懈，争取成功 6. 激励、热情、能量至关重要 7. 选举本节课的实习队长，实习队长要协助教练维持纪律，带领队员认真练习	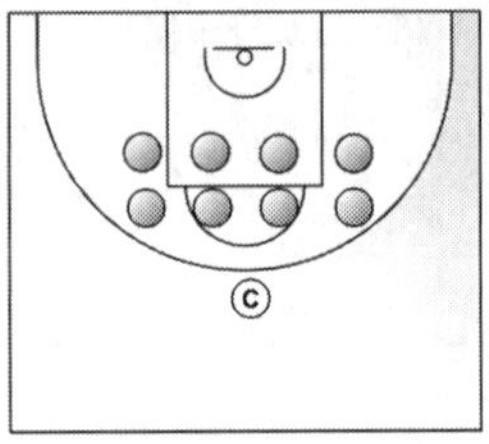 教法：普及篮球运动知识，介绍篮球规则；讲授本节课的训练主题，激发队员的训练热情，鼓舞团队士气
准备部分	6分钟	一、动态拉伸 （一）目的：提高肌肉温度，降低肌肉的粘滞性，提高内脏器官的机能水平，调节队员的心理活动，从而达到积极参与的目的 （二）方法：全场往返练习1组 1. 在队长的带领下，绕篮球场地慢跑6圈 2. 行进间高踢腿 3. 行进间弓箭步转体 4. 行进间踢臀跑 5. 挥臂画圈 6. 行进间燕式平衡 7. 行进间直腿屈体摸脚尖 8. 活动手指、手腕	要求： 1. 队员须精神饱满，认真听讲 2. 根据教练要求，做到有秩序、有纪律，动作规范统一 3. 在拉伸过程中，要求队员注意拉伸力度与舒展性，不要盲目追求速度 4. 在拉伸过程中，不仅要调动身体的积极性，而且要提高精神的兴奋性

续表

部分	时间	内容	教法与要求
准备部分	8分钟	二、体育游戏：行进间投篮积分比赛 （一）目的：提高队员接球投篮的稳定性 （二）方法 1. 队员分为2组，各组面对1个篮筐 2. 指定每队中的2人站于三秒区内持球 3. 游戏开始，站在中线的第一名队员向篮下弧线跑动，接三秒区内队员的传球后投篮 4. 自己抢篮板球，然后站在三秒区的另一名队员后面，等待下一次的传球 5. 完成传球的队员回到本组的队尾 6. 投中得2分，在规定时间内，先得到15分的队为胜	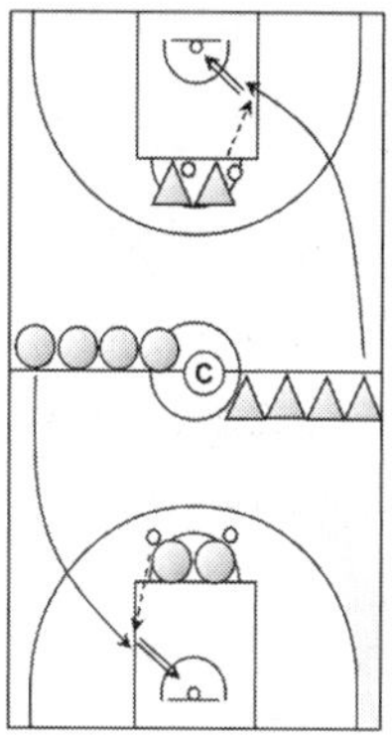 要求： 1. 违例或接球后又运球再投中的无效 2. 提高球队团队协作的能力，队员之间要相互鼓励、共同提高 器材：篮球
基础训练	8分钟	一、环绕标志筒交叉移动训练 （一）目的：增强动作的灵敏性，提高迅速改变方向的移动能力 （二）方法 1. 将标志筒按S形摆放2组，每组数量5～7个 2. 队员交错通过标志筒 3. 此练习可以进阶为交叉运球练习，从而使训练更有针对性 4. 负荷量：4分钟×2组	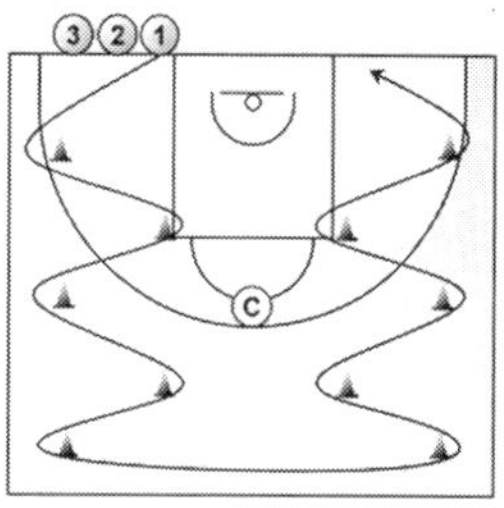 要求： 1. 双膝微屈，降低重心，保持平衡 2. 转弯处时脚内侧蹬地，髋部、肩部配合，迅速改变方向，加速通过 器材：标志筒
	11分钟	二、手持标志筒罚球线画弧练习 （一）目的：提高队员的运球技术，尤其增强弱侧手的球感；提升队员起身加速的能力与左右手行进间低手投篮的稳定性 （二）方法 1. 队员分成2队，外侧手持球 2. ①右手加速运球至标志筒处，用左手推标志筒顶部，使标志筒绕圆弧前进 3. 推至另一侧后，左手离开标志筒，起身加速上篮，完成后到另一侧队尾排队 4. ③左手加速运球至标志筒，用右手推标志筒顶部，使标志筒绕圆弧前进	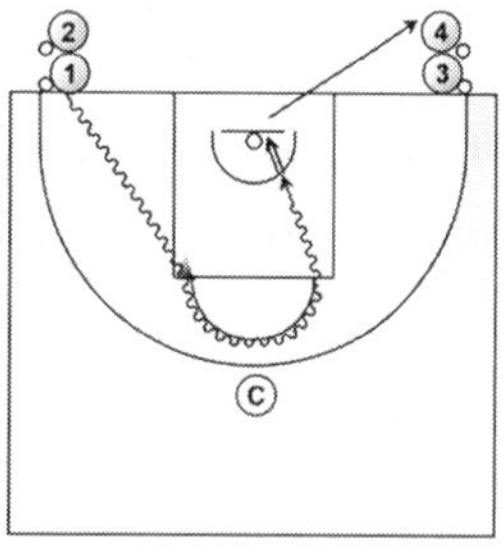 要求： 1. 通过此练习，加强队员运球的熟练度，使队员在行进间运球的过程中，保持重心低而平稳 2. 行进间低手投篮时将球置于胸前，双

续表

部分	时间	内容	教法与要求
		5. 推至另一侧后，右手离开标志筒，起身加速上篮，完成后到另一侧队尾排队，依次进行 6. 负荷量：5 分钟 ×2 组 （三）重点与难点 1. 通过标志筒画弧线，加强运球手的控球能力 2. 注意起身加速上篮时，前脚掌蹬地发力，重心保持平稳	手由胸前向斜上方举球，注意球出手时单手托住球的底部向上抬上臂和前臂，手腕柔和发力，五指同时拨球，让球从指尖滚出 3. 行进间投篮时尽量舒展身体，往高跳，注意护球手保护球 4. 教练可双手伸直，干扰队员的投篮，提高队员在实战中的抗干扰能力 器材：标志筒、篮球
基础训练	13 分钟	三、高位挡拆基础配合练习 （一）目的：提高队员挡拆基础配合的能力，锻炼队员的拆分意识与无球跑位意识 （二）方法 1. ①和④按照指定路线进行挡拆与传接球配合练习 2. ④挡拆后朝向①的突破路径后转身切入 3. ①将球传给④完成上篮，交换位置，依次进行 4. 负荷量：6 分钟 ×2 组 （三）重点与难点 1. 掩护队员将防守队员的腿放在自己的两腿之间，重心降低，双手在胸前交叉抬平 2. 被掩护队员突破时，注意紧贴掩护队员，重心降低，加速突破 3. 完成转身时一定要迅速卡过防守队员，将防守队员背在身后	 要求： 1. 锻炼队员的拆分意识与无球跑位意识 2. 注意挡拆时，一定要在自己的圆柱体内保持静止 3. 完成转身时一定要迅速卡过防守队员 器材：标志筒、篮球
	14 分钟	四、全场“线下穿梭”运球练习 （一）目的：训练队员在进行行进间体前变向换手运球时的技术规范性 （二）方法 1. 弹性长绳拴在标志杆上，高度与队员肩胸部平齐 2. ①将球传给教练后迅速起动切入接球 3. 在弹性长绳下，做体前变向换手运球，保持重心低而平稳 4. 然后进行行进间低手投篮 5. 负荷量：7 分钟 ×2 组 （三）重点与难点 1. 体前变向时，运球高度不宜超过膝盖部位 2. 注意换手运球后，侧身探肩，前脚掌蹬地发力，加速通过这一技术环节	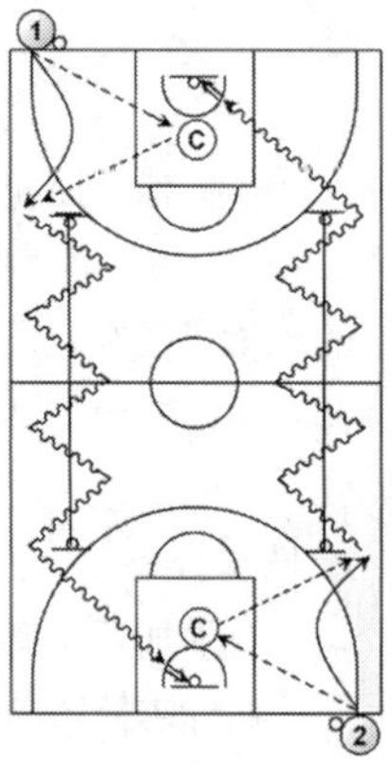 要求： 1. 运球时保持重心低而平稳 2. 此时的运球高度不宜超过膝盖位置，注意在换手后侧身压肩，加速通过

续表

部分	时间	内容	教法与要求
基础 训练			3. 行进间投篮尽量舒展身体，往高跳，注意护球手保护球 4. 教练可双手伸直，干扰队员的投篮，提高队员在实战中的抗干扰能力 器材：标志杆、弹性长绳、篮球
团队 合作 游戏 竞赛	15 分 钟	名称：半场二打二练习 （一）目的：提高队员实战基础配合的能力 （二）方法 1. 队员分为 2 队，在场地左侧和右侧的指定位置准备好进行半场二打二练习，可以运用之前所学的挡拆、突分等练习 2. 若进攻队员将球打进，则进攻队员变为防守队员防守下一组队员，而原防守队员到队尾排队；若球未打进，进攻队员抢到篮板球，则继续进攻，若防守队员抢到篮板球，则结束此回合	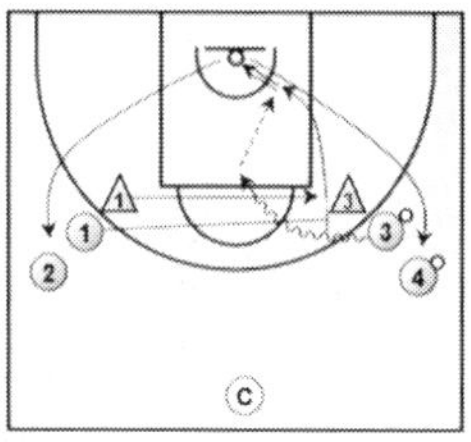 要求： 1. 做掩护时，掩护队员将防守队员的腿放在自己两腿之间，重心降低，双手在胸前交叉抬平 2. 被掩护队员突破时，注意紧贴掩护队员，重心降低，加速突破 3. 提高队员的团队意识及配合能力 4. 提高队员在对抗中运用技术的能力 器材：篮球
放松 与 总结	10 分 钟	1. 拉伸放松 2. 课后总结 3. 特别提醒 4. 宣布本节课最佳队员 5. 鼓舞士气	教法： 1. 教练总结本节课所学内容，再次强调动作的细节与要领 2. 教练布置课下作业 3. 教练宣布本节课最认真、提高最快的队员，让其余队员向其学习 4. 队员面向自己父母鞠躬，说“父母辛苦了”，集合喊“加油”，随后解散

第　41　课时

目的与任务：1. 教导队员注重技巧学习，掌握其基本原理，并且能够正确、快速地执行这些原理，每一个细节都要准备好 2. 复习运球、传球、投篮技术动作，提高其动作规范性、准确性及稳定性 3. 复习防原地持球突破练习，提高队员个人防守的能力与意识 4. 复习半场 3 VS 3 比赛，提高队员的团队意识及配合能力，提高队员在对抗中技术运用的能力			
部分	时间	内容	教法与要求
课前与家长交流	2分钟	1. 介绍课程计划及执教理念 2. 与家长进行交流，了解队员的课下练习情况，并给予一些建议	教法：与家长进行深入的沟通与交流，介绍本节课的重点与难点，解决家长提出的队员在日常训练中遇到的疑难问题
集合讲解互动沟通	3分钟	1. 慢慢地拍手，大声喊“加油” 2. 强调兴趣对篮球运动的重要性 3. 相互介绍：认识教练与队员 4. 本节课的主题是“技巧学习” 5. 教导队员注重技巧学习，掌握其基本原理，并且能够正确、快速地执行这些原理，每一个细节都要准备好 6. 激励、热情、能量至关重要 7. 选举本节课的实习队长，实习队长要协助教练维持纪律，带领队员认真练习	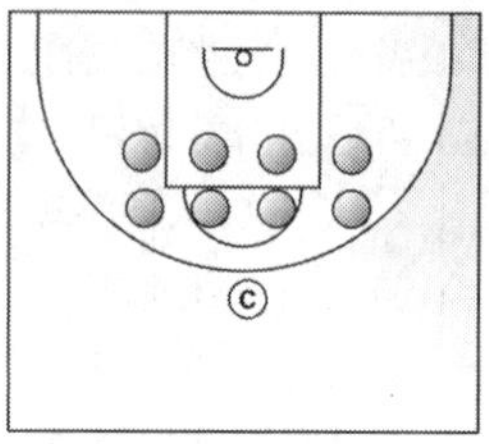 教法：普及篮球运动知识，介绍篮球规则；讲授本节课的训练主题，激发队员的训练热情，鼓舞团队士气
准备部分	6分钟	一、动态拉伸 （一）目的：提高肌肉温度，降低肌肉的粘滞性，提高内脏器官的机能水平，调节队员的心理活动，从而达到积极参与的目的 （二）方法：全场往返练习 1 组 1. 在队长的带领下，绕篮球场地慢跑 6 圈 2. 行进间高抬腿跑 3. 行进间高踢腿 4. 行进间侧向左右侧压腿 5. 行进间腿部上拉 6. 行进间燕式平衡 7. 挥臂画圈	要求： 1. 队员须精神饱满，认真听讲 2. 根据教练要求，做到有秩序、有纪律，动作规范统一 3. 在拉伸过程中，要求队员注意拉伸力度与舒展性，不要盲目追求速度 4. 在拉伸过程中，不仅要调动身体的积极性，而且要提高精神的兴奋性

续表

<table>
<tr><th>部分</th><th>时间</th><th>内容</th><th>教法与要求</th></tr>
<tr><td>准备部分</td><td>8分钟</td><td>二、体育游戏：绳梯接力赛
（一）目的：提高队员的弹跳能力与身体协调性
（二）方法
1. 将队员分成2队，在端线后准备
2. 队员完成4个方向的跳栏架后，分别以加速跑、双脚跳、滑雪步、进进出出、内外跳的方式通过绳梯
3. 加速跑返回，进行接力竞赛</td><td>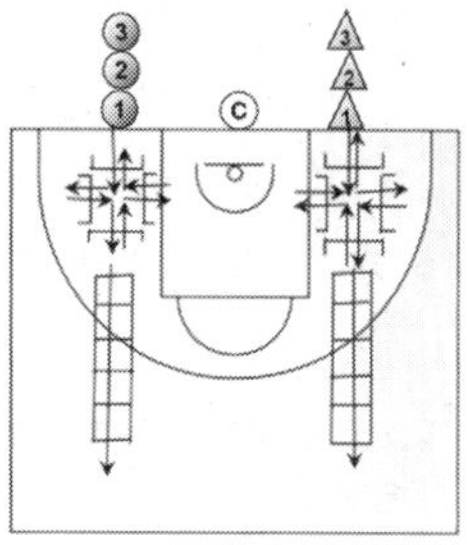
要求：
1. 进行跳栏架练习时，要求双脚同时起跳落地
2. 进行绳梯训练时，注意脚步起跳与落地轻盈稳健，尽量不要触碰绳梯
3. 队员之间要相互鼓励，共同完成练习
器材：绳梯、跳栏架</td></tr>
<tr><td rowspan="2">基础训练</td><td>10分钟</td><td>一、运球“戴帽摘帽”
（一）目的：增强队员的球感，尤其加强弱侧手运球的能力
（二）方法
1. 根据教练的哨声，队员按照指定路线开始运球练习
2. 第一名队员将标志碟放到标志筒上
3. 第二名队员将标志碟从标志筒上摘下，依次进行
4. 负荷量：5分钟×2组</td><td>
要求：
1. 队员运球时身体重心不要太高，保持重心平稳
2. 五指自然分开，上臂带动前臂向下拍按球，控制好球的方向
器材：标志筒、标志碟、篮球</td></tr>
<tr><td>10分钟</td><td>二、绕8字传接球练习
（一）目的：提高队员在移动中的传接球能力
（二）方法
1. 3人1组，①和②站在两侧的指定位置
2. ③环绕①和②绕8字跑动，当从②身后绕出时，接①传球，并立即回传球
3. 然后①将球传给②，③从①身后绕出接②的传球，并立即回传球，依次环绕
4. 3人交换位置，依次练习
5. 负荷量：3分钟×3组</td><td>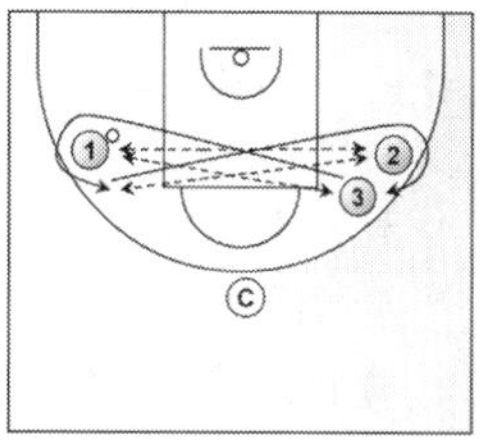
要求：
1. 传接球动作要规范，手腕弹拨迅速有力，传球速度适当加快，但要避免出现失误</td></tr>
</table>

续表

部分	时间	内容	教法与要求
基础训练		（三）重点与难点 1. 传球给移动的队员时，一定要找准时机 2. 接球与传球动作连贯、迅速、有力，注意接球、引球与球出手时手腕、手指弹拨球的动作	2. 传球队员与接球队员要有眼神交流，找准时机 器材：篮球
	12分钟	三、防原地持球突破练习 （一）目的：提高队员的基本防守能力与防守意识 （二）方法 1. ①在三分线外呈三威胁姿势，②踩三分线防持球突破 2. ①运用左右手顺步或交叉步突破，加速起动上篮，③抢篮板球 3. 当①突入罚球线延长线以下，②不再跟防，回到①起初的位置，接③的传球，③上前防守②，依次进行 4. 负荷量：4 分钟 ×3 组 （三）重点与难点 1. 防原地持球突破，若进攻队员右侧手为其强侧手，则防守队员的左脚在前 2. 重心降低，手臂伸展，一上一下，既能防运球，又能防突破 3. 了解对手的运球习惯与惯用打法，做到防守有针对性	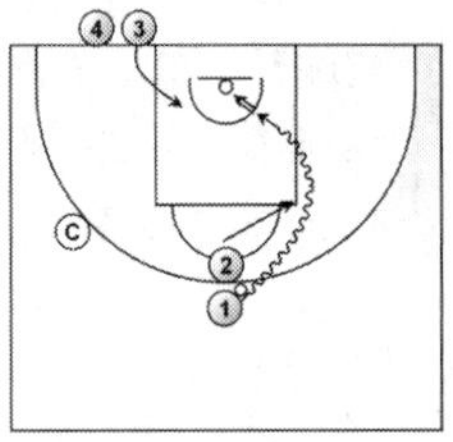 要求： 1. 防原地持球突破，若进攻队员右侧手为其强侧手，则防守队员的左脚在前 2. 重心降低，手臂伸展，一上一下，既能防运球，又能防突破 3. 判断出进攻队员的突破路线，通过之前练习的滑步，提前占据合法的防守位置 器材：篮球
	14分钟	四、接球投篮练习 （一）目的：巩固已掌握的原地单手肩上投篮技术动作 （二）方法 1. 队员分为 2 组，端线处的队伍除了第一名队员不持球外，其余队员均持球 2. 端线处队员迅速起动，接正上方队员的传球后转身投篮 3. 正上方队员传球后迅速起动，接端线处下一名队员的传球后，急停投篮，依次进行 4. 负荷量：7 分钟 ×2 组	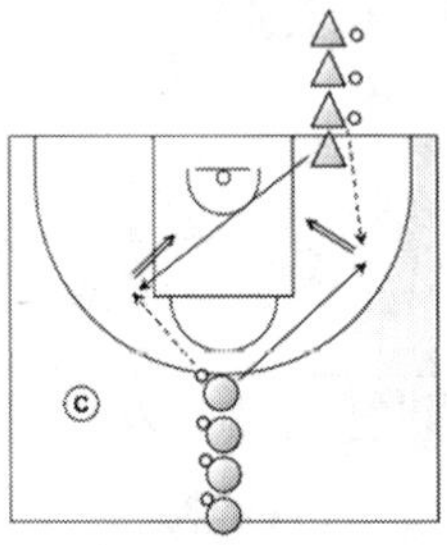 要求： 1. 做到技术动作正确规范 2. 接球停步稳健，投篮动作连贯自如，注意下肢发力协调 3. 体会不同角度和距离的投篮感觉 4. 教练可双手伸直，干扰队员的投篮，提高队员在实战中的抗干扰能力 器材：篮球

续表

部分	时间	内容	教法与要求
团队合作游戏竞赛	15分钟	名称：半场 3 VS 3 训练赛 （一）目的：提高队员的团队意识及配合能力，提高队员在对抗中技术运用的能力 （二）方法：将队员按照位置与实力分为 3 人 1 组，1 球决胜负。赢的队场下休息，输的队继续留在场上作为进攻队，另一队进行防守，依次进行	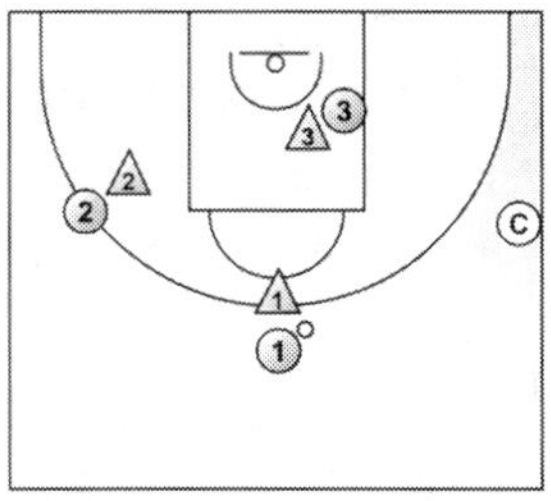 要求： 1. 做掩护时，掩护队员将防守队员的腿放在自己的两腿之间，重心降低，双手在胸前交叉抬平 2. 被掩护队员突破时，注意紧贴掩护队员，重心降低，加速突破 3. 进攻队员突破后注意观察队友移动跑位，注意对球的保护，将球传给比自己位置更好的队员 器材：篮球
放松与总结	10分钟	1. 拉伸放松 2. 课后总结 3. 特别提醒 4. 宣布本节课最佳队员 5. 鼓舞士气	教法： 1. 教练总结本节课所学内容，再次强调动作的细节与要领 2. 教练布置课下作业 3. 教练宣布本节课最认真、提高最快的队员，让其余队员向其学习 4. 队员面向自己父母鞠躬，说“父母辛苦了”，集合喊“加油”，随后解散

第 42 课时

<table>
<tr><td colspan="4">目的与任务：1. 培养队员节制自律的品质，告诉队员要进行自我约束，并控制自己的情绪，良好的判断力和常识是至关重要的
2. 复习脚步移动技术，提高队员假动作摆脱的能力
3. 复习运球、传球、投篮技术动作，提高其动作规范性、准确性及稳定性
4. 复习半场 3 VS 3 比赛，提高队员的团队意识及配合能力，提高队员在对抗中技术运用的能力</td></tr>
<tr><td>部分</td><td>时间</td><td>内容</td><td>教法与要求</td></tr>
<tr><td>课前与家长交流</td><td>2分钟</td><td>1. 介绍课程计划及执教理念
2. 与家长进行交流，了解队员在日常生活中是否节制自律，并控制自己的情绪</td><td>教法：与家长进行深入的沟通与交流，介绍本节课的重点与难点，解决家长提出的队员在日常训练中遇到的疑难问题</td></tr>
<tr><td>集合讲解互动沟通</td><td>3分钟</td><td>1. 慢慢地拍手，大声喊“加油”
2. 强调兴趣对篮球运动的重要性
3. 相互介绍：认识教练与队员
4. 本节课的主题是“节制自律”
5. 培养队员节制自律的品质，告诉队员要进行自我约束，并控制自己的情绪，良好的判断力和常识是至关重要的
6. 激励、热情、能量至关重要
7. 选举本节课的实习队长，实习队长要协助教练维持纪律，带领队员认真练习</td><td>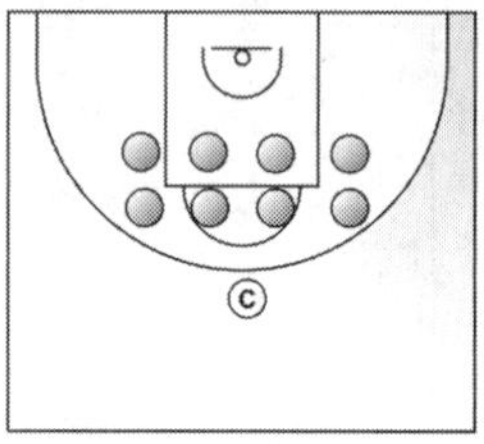
教法：普及篮球运动知识，介绍篮球规则；讲授本节课的训练主题，激发队员的训练热情，鼓舞团队士气</td></tr>
<tr><td>准备部分</td><td>6分钟</td><td>一、动态拉伸
（一）目的：提高肌肉温度，降低肌肉的粘滞性，提高内脏器官的机能水平，调节队员的心理活动，从而达到积极参与的目的
（二）方法：全场往返练习 1 组
1. 在队长的带领下，绕篮球场地慢跑 6 圈
2. 行进间小步跑
3. 行进间高抬腿跑
4. 行进间踢臀跑
5. 徒手深蹲
6. 行进间弓箭步转体
7. 行进间直腿屈体摸脚尖</td><td>要求：
1. 队员须精神饱满，认真听讲
2. 根据教练要求，做到有秩序、有纪律，动作规范统一
3. 在拉伸过程中，要求队员注意拉伸力度与舒展性，不要盲目追求速度
4. 在拉伸过程中，不仅要调动身体的积极性，而且要提高精神的兴奋性</td></tr>
</table>

续表

部分	时间	内容	教法与要求
准备部分	8分钟	二、体能训练：假动作摆脱变向跑 （一）目的：训练队员的灵敏能力和脚步移动技术 （二）方法 1. 队员平均分成2组，在篮球场两侧按指定路线起动加速 2. 在标志筒位置向左侧做跑动假动作，然后向右侧蹬地加速摆脱，以此类推 3. 2个方向的摆脱跑分别进行练习	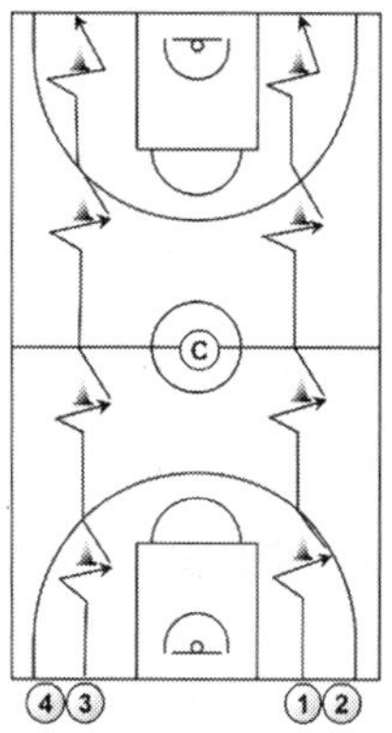 要求： 1. 假动作虚晃要逼真，通过脚的探步动作，以及头、肩部晃动进行吸引 2. 重心要保持稳定，假动作吸引后变向跑蹬地要迅速有力，然后加速超越 3. 调动队员上课的积极性 器材：标志筒
基础训练	10分钟	一、全场交叉传接球低手上篮练习 （一）目的：巩固与提高行进间传接球的技术与切入上篮的技术，增强队员快攻的跑位意识 （二）方法 1. 队员成2路纵队于指定位置站立，左侧队员持球，2人1组练习 2. 左侧队员将球传给教练，迅速起动从教练身旁绕过 3. 右侧队员从教练另一侧绕过接教练传球后，再将球传给同伴 4. 同伴接球后将球再次回传，完成上篮，相互交换，依次进行 5. 负荷量：5分钟×2组 （三）重点与难点 1. 传球后立即侧身跑切入接回传球，做好传接球的呼应 2. 传接球时，注意脚步移动，在中枢脚落地之前将球传出，避免造成走步违例 3. 传球队员的传球要有提前量，做到球领人	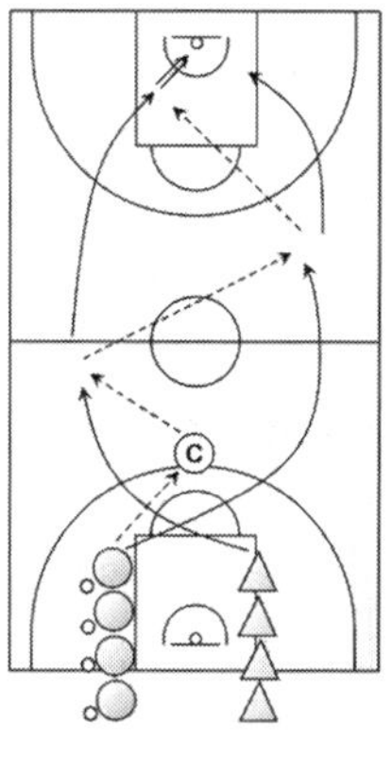 要求： 1. 传球后立即侧身跑切入接回传球 2. 传接球时，注意脚步移动，在中枢脚落地之前将球传出，避免造成走步违例 3. 切入时，面向传球者，有伸手要球的预备接球姿势 4. 行进间低手投篮时将球置于胸前，双手由胸前向斜上方举球，注意球出手时单手托住球的底部向上抬上臂和前臂，手腕柔和发力，五指同时拨球，让球从指尖滚出

续表

部分	时间	内容	教法与要求
			5. 行进间投篮时尽量舒展身体，往高跳，注意护球手保护球 6. 教练可双手伸直，干扰队员的投篮，提高队员在实战中的抗干扰能力 器材：篮球
基础训练	12分钟	二、综合运球练习 （一）目的：提高队员运球起动加速的能力和行进间运球的能力，提升上篮与急停投篮的稳定性 （二）方法 1. 队员持球在第一个标志筒前做原地顺步突破或交叉步突破 2. 当队员顺步突破时右手运球在第 2 ~ 4 个标志筒之间做运球急停急起，也可左手做运球急停急起 3. 通过前 3 个标志筒后，在后 4 个标志筒处做行进间体前变向换手运球、后转身运球、胯下运球、背后运球 4. 依次通过后，加速上篮或急停投篮 5. 负荷量：6 分钟 ×2 组 （三）重点与难点 1. 队员在做持球突破技术时，注意中枢脚稳定，在推放球后，中枢脚前脚掌蹬地发力抬起 2. 队员在做急停急起时，注意重心的稳定性和脚的制动与起动的衔接 3. 体前变向换手运球时，一只手拍按球，另一只手主动迎接球，球的高度尽量不要超过膝关节 4. 背后运球时，注意球落点反弹的掌握 5. 转身运球时，在转身的同时一只手拉放球，另一只手主动迎球并向前推放，身体保持协调平稳 6. 胯下运球时，注意双手“送球”与“迎球”衔接顺畅，击地点准确，以便加速突破	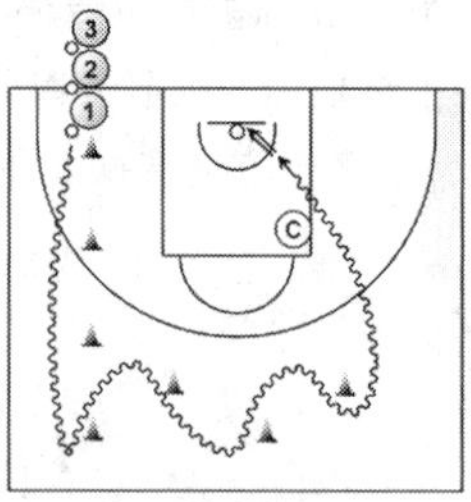 要求： 1. 队员在做持球突破技术时，注意中枢脚稳定，在推放球后，中枢脚前脚掌蹬地发力抬起 2. 队员在做急停急起时，注意重心的稳定性和脚的制动与起动的衔接 3. 一定要把每个技术动作做到准确、规范，在此前提下提升速度 4. 行进间低手投篮时将球置于胸前，双手由胸前向斜上方举球，注意球出手时单手托住球的底部向上抬上臂和前臂，手腕柔和发力，五指同时拨球，让球从指尖滚出 5. 行进间高手投篮时注意根据队员力量的大小调整前臂与上臂、上臂与躯干的角度，抬肘压腕，手指柔和拨球 6. 行进间投篮时尽量舒展身体，往高跳。教练可双手伸直，干扰队员的投篮，提高队员在实战中的抗干扰能力 器材：标志筒、篮球
	12分钟	三、短距离行进间快速传接球练习 （一）目的：提高短距离行进间快速传接球的稳定性，增强队员接球后持球加速突破的能力 （二）方法 1. ①和②以侧滑步的方式，面对面进行短距离行进间快速传接球练习 2. 当移动到接近中线时，①变为进攻队员，②变为防守队员，进行半场 1 VS 1 攻防练习	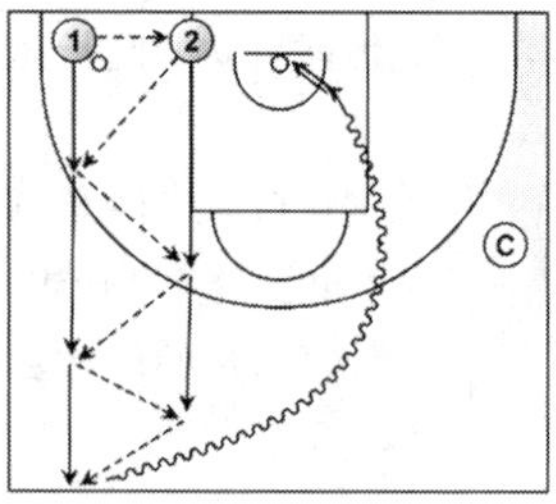

续表

部分	时间	内容	教法与要求
基础训练		3. 球成死球后，双方交换，依次进行 4. 负荷量：4 分钟 ×3 组 （三）重点与难点 1. 传球时的眼神交流与传接球的时机是提升传接球能力的一个重要环节 2. 鼓励进攻队员果断采取进攻，增强进攻的坚决性与执行力	要求： 1. 短距离传接球时注意手指、手腕弹拨有力 2. 1 VS 1 对一攻防练习时，防守队员不要轻易抢断球，利用积极的脚步移动，提前占据进攻队员的移动路线 3. 进攻队员要更多地运用之前练习的运球技术，敢于对抗 器材：篮球
	12 分钟	四、一分钟自投自抢投篮训练 （一）目的：提高队员的投篮稳定性 （二）方法 1. 每名队员在场地的任意位置持球准备 2. 听到教练哨声后，开始投篮，在 1 分钟之内，在保证动作规范的情况下尽可能多地出手，可记录下进球次数 3. 教练根据队员人数可分为 2 人 1 组或 3 人 1 组 4. 负荷量：1 分钟 ×12 组 （三）重点与难点 1. 在移动中，队员要调节好投篮的位置与节奏 2. 在体能消耗的情况下，队员要调整呼吸，保持自己投篮的标准动作	 要求： 1. 投篮时停稳跳直，持球于胸前，由下肢至上肢协调发力投篮，手指、手腕柔和拨球，注意体会蹬、提、伸、屈、拨 2. 提高队员在移动中投篮的稳定性 3. 提高队员在体力消耗严重的情况下投篮的稳定性 器材：篮球
团队合作游戏竞赛	15 分钟	名称：半场 3 VS 3 训练赛 （一）目的：提高队员的团队意识及配合能力，提高队员在对抗中运用技术的能力 （二）方法：将队员按照位置与实力分为 3 人 1 组，1 球决胜负。赢的队场下休息，输的队继续留在场上作为进攻队，另一队进行防守，依次进行	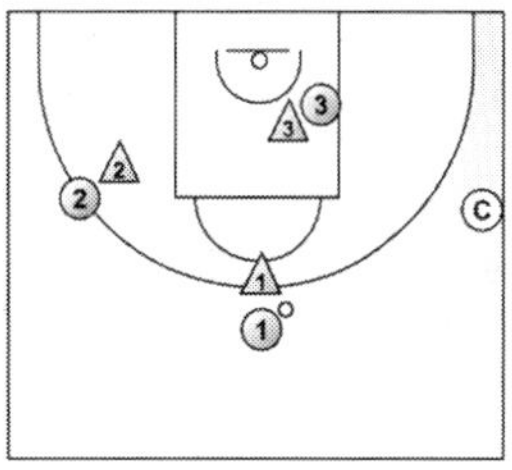 要求： 1. 做掩护时，掩护队员将防守队员的腿放在自己的两腿之间，重心降低，双手在胸前交叉抬平 2. 被掩护队员突破时，注意紧贴掩护队员，重心降低，加速突破

续表

部分	时间	内容	教法与要求
团队合作游戏竞赛			3. 进攻队员突破后注意观察队友移动跑位，注意对球的保护，将球传给比自己位置更好的队员 器材：篮球
放松与总结	10分钟	1. 拉伸放松 2. 课后总结 3. 特别提醒 4. 宣布本节课最佳队员 5. 鼓舞士气	教法： 1. 教练总结本节课所学内容，再次强调动作的细节与要领 2. 教练布置课下作业 3. 教练宣布本节课最认真、提高最快的队员，让其余队员向其学习 4. 队员面向自己父母鞠躬，说“父母辛苦了”，集合喊“加油”，随后解散

第__43__课时

目的与任务：1. 友谊来自队员之间的相互欣赏、相互尊重和相互忠诚，友谊需要双方的共同努力
2. 复习运球、传球、投篮技术动作，提高其动作规范性、准确性及稳定性
3. 复习突分练习，提高队员突破分球的能力与投篮的稳定性
4. 复习全场三线快攻三打二练习，提高队员三线快攻跑位意识，加强队员之间的配合能力，把握场上以多打少的机会

部分	时间	内容	教法与要求
课前与家长交流	2分钟	1. 介绍课程计划及执教理念 2. 与家长进行交流，了解队员在日常交往中能否尊重他人、取长补短	教法：与家长进行深入的沟通与交流，介绍本节课的重点与难点，解决家长提出的队员在日常训练中遇到的疑难问题
集合讲解互动沟通	3分钟	1. 慢慢地拍手，大声喊“加油” 2. 强调兴趣对篮球运动的重要性 3. 相互介绍：认识教练与队员 4. 本节课的主题是“友谊与尊重” 5. 教导队员友谊来自相互欣赏、相互尊重和相互忠诚 6. 激励、热情、能量至关重要 7. 选举本节课的实习队长，实习队长要协助教练维持纪律，带领队员认真练习	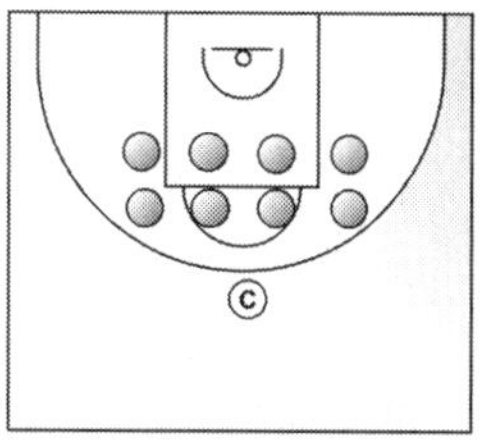 教法：普及篮球运动知识，介绍篮球规则；讲授本节课的训练主题，激发队员的训练热情，鼓舞团队士气
准备部分	6分钟	一、动态拉伸 （一）目的：提高肌肉温度，降低肌肉的粘滞性，提高内脏器官的机能水平，调节队员的心理活动，从而达到积极参与的目的 （二）方法：全场往返练习1组 1. 在队长的带领下，绕篮球场地慢跑6圈 2. 行进间高踢腿 3. 行进间踢臀跑 4. 徒手深蹲 5. 行进间抱膝提蹬 6. 行进间腿部上拉 7. 行进间弓箭步转体	要求： 1. 队员须精神饱满，认真听讲 2. 根据教练要求，做到有秩序、有纪律，动作规范统一 3. 在拉伸过程中，要求队员注意拉伸力度与舒展性，不要盲目追求速度 4. 在拉伸过程中，不仅要调动身体的积极性，而且要提高精神的兴奋性

续表

部分	时间	内容	教法与要求
准备部分	4分钟	二、体育游戏：喊数抱团 （一）目的：训练队员的灵敏性和脚步移动的能力，调动队员上课的积极性 （二）方法 1. 队员围绕教练站成1圈，保持适当的距离 2. 队员在此圆形轨道上以顺时针或逆时针方向按照教练口令跑步 3. 当教练喊出任意数字，队员以最快的速度抱在一起 4. 落单的队员接受惩罚，惩罚队员站在中央，用身体写某一字母或数字	 要求： 1. 锻炼队员的灵敏性和脚步移动技术 2. 调动队员上课的积极性
基础训练	12分钟	一、行进间运球 （一）目的：提高队员行进间运球的能力 （二）方法 1. 根据教练的哨声，队员按照指定路线4人1组，开始运球练习 2. 身体始终面对教练，进行行进间运球急停急起、体前变向换手运球、背后运球、转身运球、胯下运球 3. 教练用手指比划不同的数字，要求队员第一时间喊出 4. 负荷量：4分钟×3组 （三）重点与难点 1. 运球急停急起时，注意手向前推放球与前脚掌蹬地加速的衔接 2. 体前变向换手运球时，一只手运球，另一只手主动迎接球，球的高度尽量不要超过膝关节 3. 背后运球时，注意球落点反弹的掌握 4. 转身运球时，在转身的同时一只手拉放球，另一只手主动迎球并向前推放身体保持协调平稳 5. 胯下运球时，注意双手“送球”与“迎球”衔接顺畅，击地点准确，以便加速突破	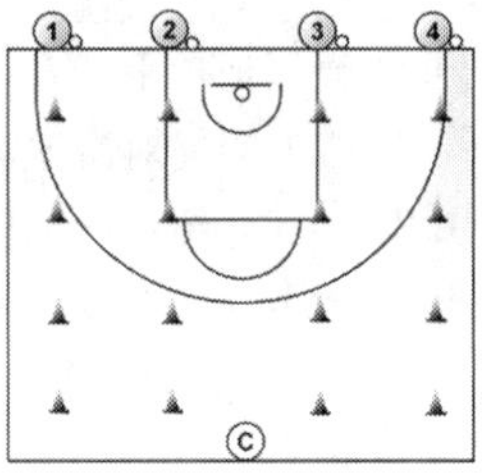 要求： 1. 队员运球时身体重心不要太高，保持重心平稳 2. 五指自然分开，上臂带动前臂向下拍按球，控制好球的落点与方向 3. 在熟练的前提下，可以加大运球的幅度与运球的力量 器材：标志筒、篮球
	10分钟	二、跑动摆脱接球投篮练习 （一）目的：提高跑动急停和接球投篮的衔接能力 （二）方法 1. 除①外，其余队员每人1球，①按指定路线跑至异侧标志筒位置接②的传球，并做跨步急停或跳步急停投篮 2. 抢篮板球后到②的队尾排队	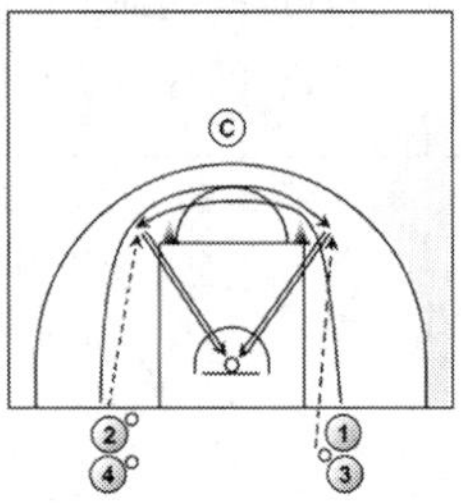

续表

部分	时间	内容	教法与要求
		3. ②迅速起动至异侧标志筒位置接③的传球，并做跨步急停或跳步急停投篮 4. 抢篮板球后到①的队尾排队，以此类推 5. 负荷量：5 分钟 ×2 组 （三）重点与难点 1. 当准备接球时，注意急停与投篮的衔接，同时准备做好制动与转停的动作 2. 接球后，身体面对篮筐，做三威胁或准备投篮姿势	要求： 1. 急停要稳，急停与接球投篮动作连贯 2. 传球队员的传球要准确到位，注意传球的时机 3. 接球队员要时刻做好接球准备，合理选用跨步急停或跳步急停 器材：标志筒、篮球
基础训练	13 分钟	三、突分投篮练习 （一）目的：提高队员突破分球的能力与投篮的稳定性 （二）方法 1. ①持球在顶弧做交叉步或顺步突破，突入限制区后分球给端线上提的② 2. ②接球投篮后，移动到①的起始位置 3. ①抢篮板球，将球传给②，排到端线队的队尾，依次进行 4. 负荷量：6 分钟 ×2 组 （三）重点与难点 1. 注意接球队员的移动位置，掌控自己的传球落点，要求球传准，接球队员接球后可直接衔接下一个动作 2. 突破时注意中枢脚脚跟抬起，蹬地转体发力，同时转体、侧压肩、向前放球加速，重心降低，眼睛时刻观察同伴的位置	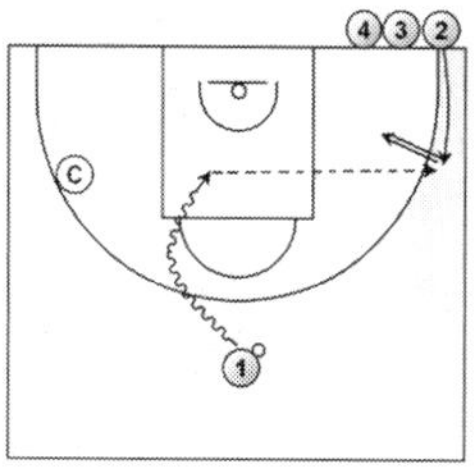 要求： 1. 进攻队员突破后注意观察队友的移动跑位，注意对球的保护 2. 全程练习衔接顺畅，连贯流畅 器材：篮球
	15 分钟	四、全场运球、传球、投篮综合练习 （一）目的：提高队员传球切入与运球突破的能力 （二）方法 1. 队员从端线持球，运用顺步突破与交叉步突破加速起动 2. 运球至罚球线的延长线附近将球传给教练，向前切入摆脱防守 3. 接教练传球后，运球突破三分线附近的标志筒后低手上篮 4. 抢到篮板球后排到另一队队尾，若上篮未进，做 10 个俯卧撑 5. 负荷量：7 分钟 ×2 组	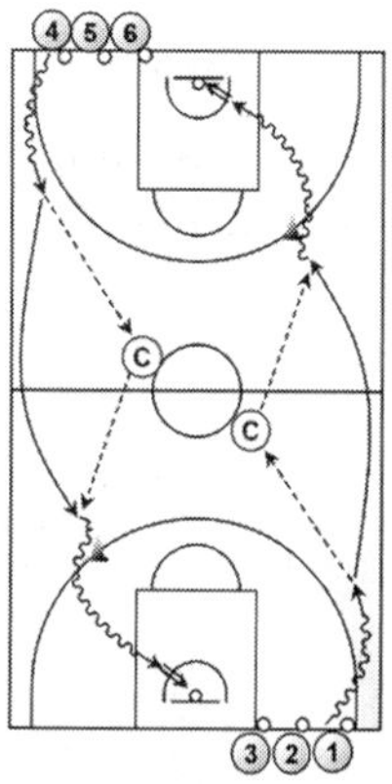

续表

部分	时间	内容	教法与要求
基础训练		（三）重点与难点 1. 传球后立即侧身跑切入接回传球，做好传接球的呼应 2. 传接球时，注意脚步移动，在中枢脚落地之前将球传出，避免造成走步违例	要求： 1. 切入时，面向传球者，有伸手要球的预备接球姿势 2. 注意在运球突破后侧身压肩，加速通过 3. 行进间低手投篮时，顺势向上引球，高于头部，利用手指、手腕的力量，将球拨送出去，切记上臂不可向上撩球、挥球 器材：标志筒、篮球
团队合作游戏竞赛	15分钟	名称：3 VS 3 全场攻防练习 （一）目的：提高队员抓住比赛中以多打少时机的能力，提高快攻或衔接段的成功率，加强防守队员跟防与团队防守的能力 （二）方法 1. 进攻队员①、②、③从后场向前场推进，防守队员△1和△2提前布防 2. 当进攻队员进入罚球线的延长线以下位置时，防守队员△3追防 3. 一次进攻后，防守队员变进攻队员。进攻队员△1、△2、△3从后场向前场推进 4. 防守队员④和⑤提前布防，同理，⑥追防，依次进行	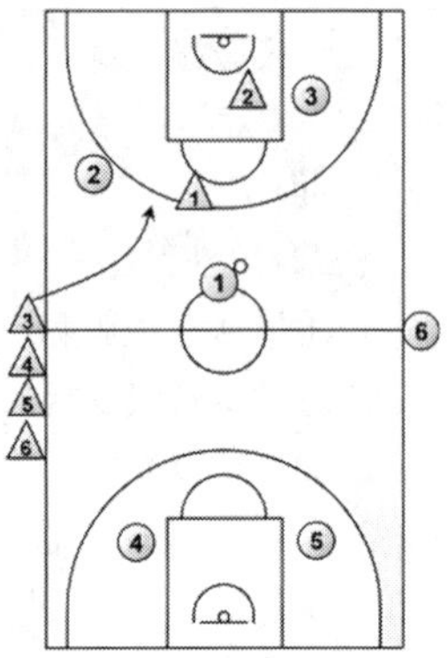 要求： 1. 趁3名防守队员立足未稳之际，进攻队要尽快处理球组织进攻，提高推进速度 2. 熟练运用学习过的基础配合，注意分享球，提高进攻的成功率 器材：篮球
放松与总结	10分钟	1. 拉伸放松 2. 课后总结 3. 特别提醒 4. 宣布本节课最佳队员 5. 鼓舞士气	教法： 1. 教练总结本节课所学内容，再次强调动作的细节与要领 2. 教练布置课下作业 3. 教练宣布本节课最认真、提高最快的队员，让其余队员向其学习 4. 队员面向自己父母鞠躬，说“父母辛苦了”，集合喊“加油”，随后解散

第__44__课时

目的与任务：1. 队员要时刻注意警醒，乐于接受新鲜事物，乐于学习并不断改进、提高 2. 复习长传与挡拆基本配合，巩固其动作方法 3. 复习运球、传球、投篮技术动作，提高其动作规范性、准确性及稳定性			
部分	时间	内容	教法与要求
课前与家长交流	2分钟	1. 介绍课程计划及执教理念 2. 与家长进行交流，了解队员的性格特点，是否乐于接受新鲜事物	教法：与家长进行深入的沟通与交流，介绍本节课的重点与难点，解决家长提出的队员在日常训练中遇到的疑难问题
集合讲解互动沟通	3分钟	1. 慢慢地拍手，大声喊“加油” 2. 强调兴趣对篮球运动的重要性 3. 相互介绍：认识教练与队员 4. 本节课的主题是“注意警醒” 5. 队员要时刻注意警醒，乐于接受新鲜事物，乐于学习并不断改进、提高 6. 激励、热情、能量至关重要 7. 选举本节课的实习队长，实习队长要协助教练维持纪律，带领队员认真练习	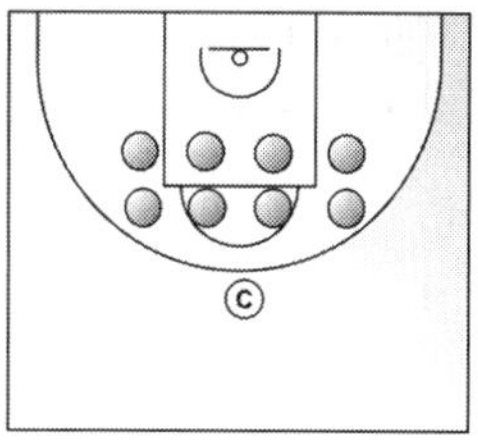 教法：普及篮球运动知识，介绍篮球规则；讲授本节课的训练主题，激发队员的训练热情，鼓舞团队士气
准备部分	5分钟	一、动态拉伸 （一）目的：提高肌肉温度，降低肌肉的粘滞性，提高内脏器官的机能水平，调节队员的心理活动，从而达到积极参与的目的 （二）方法：全场往返练习 1 组 1. 在队长的带领下，绕篮球场地慢跑 6 圈 2. 行进间高抬腿跑 3. 行进间小步跑 4. 行进间高踢腿 5. 行进间踢臀跑 6. 徒手深蹲 7. 行进间抱膝提踵 8. 行进间弓箭步转体	要求： 1. 队员须精神饱满，认真听讲 2. 根据教练要求，做到有秩序、有纪律，动作规范统一 3. 在拉伸过程中，要求队员注意拉伸力度与舒展性，不要盲目追求速度 4. 在拉伸过程中，不仅要调动身体的积极性，而且要提高精神的兴奋性

续表

部分	时间	内容	教法与要求
准备部分	10分钟	二、体能训练：综合练习 （一）目的：提高队员的体能 （二）方法 1. 队员每人一球在端线后准备，听到教练哨声后出发 2. 运球至绳梯处，右（左）手边运球边做绳梯脚步练习 3. 通过绳梯后到敏捷圈前，将球举至头顶，跳过敏捷圈 4. 运球到标志筒处，将球再次举到头顶，蛙跳至端线，随后到队尾排队等待	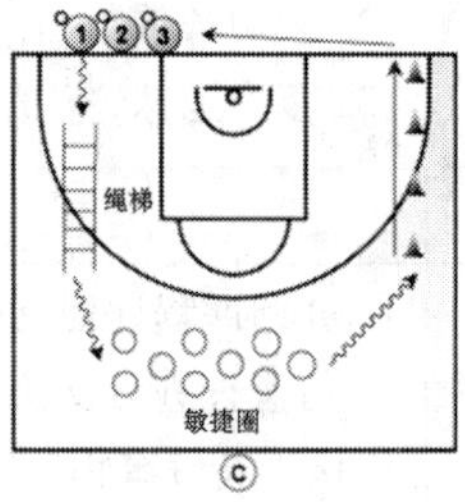 要求： 1. 做绳梯训练时，注意看准落脚点，将球的高度控制在腰部位置 2. 做敏捷圈训练时，前脚掌着地，蹬地发力，尽量往高跳，看准落点轻盈落地，控制住身体重心 3. 做蛙跳训练时，控制住身体重心，屈脚蹬地发力，在空中将身体舒展开，落地由脚跟过渡到全脚掌 4. 锻炼队员的爆发力、灵敏性及协调性 器材：篮球、绳梯、敏捷圈、标志筒
基础训练	10分钟	一、全场行进间综合运球 （一）目的：提高队员的综合运球能力 （二）方法 1. 队员按照指定路线开始运球练习，当前一名队员通过第一个标志筒时，下一名队员开始出发 2. 队员加速运球至标志筒前分别做急停急起、体前变向换手运球、背后运球、转身运球、胯下运球后完成上篮 3. 每名队员做完后排至另一队队尾，依次进行 4. 负荷量：5分钟×2组 （三）重点与难点 1. 运球急停急起时，注意手向前推放球与前脚掌蹬地加速的衔接 2. 体前变向换手运球时，一只手运球，另一只手主动迎接球，球的高度尽量不要超过膝关节 3. 背后运球时，注意球反弹落点的掌握 4. 转身运球时，在转身的同时一只手拉放球，另一只手主动迎球并向前推放，身体保持协调平稳 5. 胯下运球时，注意双手“送球”与“迎球”衔接顺畅，击地点准确，以便加速突破	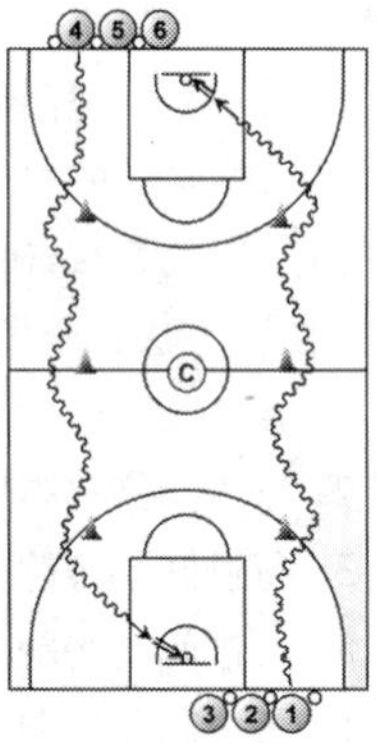 要求： 1. 队员运球时身体重心不要太高，保持重心平稳 2. 五指自然分开，上臂带动前臂向下拍按球，控制好球的方向 3. 注意突破后要压低重心，加速通过 4. 目视前方，锻炼对场上形势的观察意识 器材：篮球、标志筒

续表

部分	时间	内容	教法与要求
基础训练	14分钟	二、长传练习 （一）目的：提高队员的长传能力与抢篮板球后的瞬间长传意识 （二）方法 1. ①向篮板抛球，争抢篮板球后，通过双手胸前传球或单手肩上传球的方式将球传给球场对侧的② 2. ②接到长传球后做如上练习，传球给③，依次进行 3. 负荷量：7 分钟 ×2 组 （三）重点与难点 1. 传球动作要规范，在传球时，注意侧身引球于肩上，另一侧肩膀对准传球的路线 2. 手腕弹拨迅速有力，一定要注意力量与角度的掌控 3. 当队员接球时，应提前预判接球的落点，做好接球准备	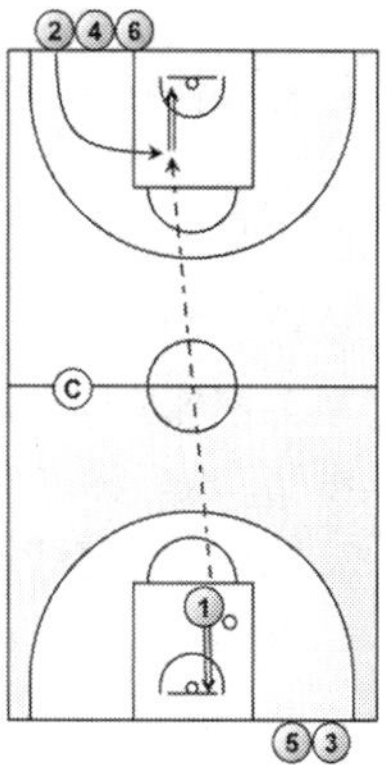 要求： 1. 提高队员抢篮板球后的瞬间长传意识 2. 队员抢篮板球时注意判断球的落点，提前卡位 3. 传球动作要规范，手腕弹拨迅速有力，一定要注意力量与角度的掌控 4. 当队员接球时，应提前预判接球的落点，做好接球准备 器材：篮球
	14分钟	三、高位挡拆基础配合练习 （一）目的：提高队员挡拆基础配合的能力，锻炼队员的拆分意识与无球跑位意识 （二）方法 1. ①和④按照指定路线进行挡拆与传接球配合练习 2. ④挡拆后朝向①的突破路径后转身切入 3. ①将球传给④，④完成上篮，交换位置，依次进行 4. 负荷量：4 分钟 ×3 组 （三）重点与难点 1. 掩护队员将防守队员的腿放在自己两腿之间，重心降低，双手在胸前交叉抬平 2. 被掩护队员突破时，注意紧贴掩护队员，重心降低，加速突破 3. 完成转身时一定要迅速卡过防守队员，将防守队员背在身后	 要求： 1. 锻炼队员的拆分意识与无球跑位意识 2. 注意挡拆时，一定要在自己的圆柱体内保持静止 3. 完成转身时一定要迅速卡过防守队员 器材：标志筒、篮球

续表

部分	时间	内容	教法与要求
基础训练	12分钟	四、半场 1 VS 1 攻防练习 （一）目的：提高队员 1 VS 1 攻防技术运用的能力 （二）方法 1. 2 名队员在端线站位，教练手持网球，抬到肩部位置，让网球自然下落 2. 当网球恰好离开教练的手时，进攻队员持球加速出发，绕过标志筒开始进攻 3. 当网球恰好落地时，防守队员加速堵截防守	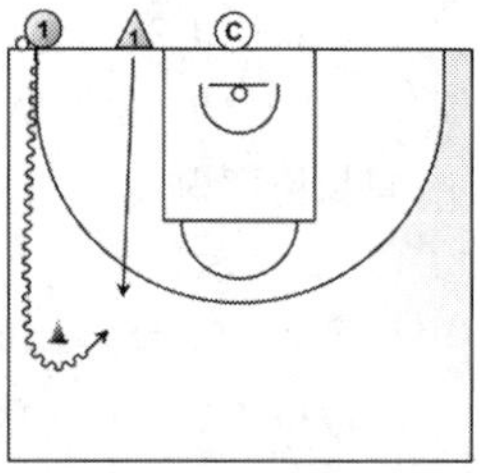 要求： 1. 要求进攻队员以最快的速度完成进攻，且保证进攻的成功率 2. 进攻队员要主动对抗，行进间投篮时，队守队员注意护球手对球的保护 3. 防守队员提前占据合理的防守位置，干扰进攻队员的进攻 器材：标志筒、网球、篮球
团队合作游戏竞赛	10分钟	名称：罚篮比赛 （一）目的：提高队员在竞赛的条件下罚篮的稳定性 （二）方法：将队员分成 2 组，每组队员依次进行罚篮练习。在规定的时间内，罚进个数多的一组获胜	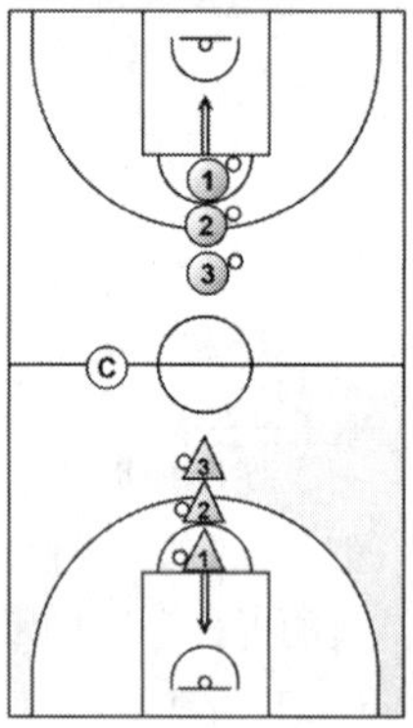 要求： 1. 罚球时，队员注意调整呼吸，注意力集中 2. 提高队员团队协作的能力，队员之间相互鼓励、共同提高 器材：篮球
放松与总结	10分钟	1. 拉伸放松 2. 课后总结 3. 特别提醒 4. 宣布本节课最佳队员 5. 鼓舞士气	教法： 1. 教练总结本节课所学内容，再次强调动作的细节与要领 2. 教练布置课下作业 3. 教练宣布本节课最认真、提高最快的队员，让其余队员向其学习 4. 队员面向自己父母鞠躬，说“父母辛苦了”，集合喊“加油”，随后解散

第 45 课时

目的与任务：1. 鼓励队员要专注，确定一个现实的目标，抵挡住各种诱惑，坚持不懈，争取成功
2. 复习协防与防持球突破技术，要求队员动作准确到位
3. 学习策应配合，提高队员策应配合的能力，加强团队配合概念
4. 复习运球、传球、投篮技术动作，提高其动作规范性、准确性及稳定性
5. 复习全场 3 VS 3 攻防练习，提高队员抓住比赛中以多打少时机的能力，提高快攻或衔接段的成功率，加强防守队员跟防与团队防守的能力

部分	时间	内容	教法与要求
课前与家长交流	2分钟	1. 介绍课程计划及执教理念 2. 与家长进行交流，了解队员的性格特点，是否对一件喜欢的事情保持专注的态度	教法：与家长进行深入的沟通与交流，介绍本节课的重点与难点，解决家长提出的队员在日常训练中遇到的疑难问题
集合讲解互动沟通	3分钟	1. 慢慢地拍手，大声喊“加油” 2. 强调兴趣对篮球运动的重要性 3. 相互介绍：认识教练与队员 4. 本节课的主题是“专注认真” 5. 鼓励队员要专注认真，确定一个现实的目标，抵挡住各种诱惑，坚持不懈，争取成功 6. 激励、热情、能量至关重要 7. 选举本节课的实习队长，实习队长要协助教练维持纪律，带领队员认真练习	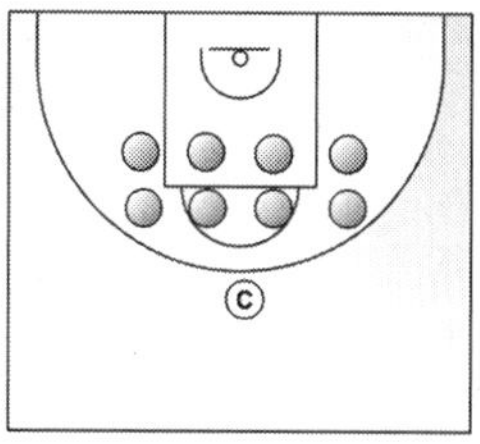 教法：普及篮球运动知识，介绍篮球规则；讲授本节课的训练主题，激发队员的训练热情，鼓舞团队士气
准备部分	5分钟	一、动态拉伸 （一）目的：提高肌肉温度，降低肌肉的粘滞性，提高内脏器官的机能水平，调节队员的心理活动，从而达到积极参与的目的 （二）方法：全场往返练习 1 组 1. 在队长的带领下，绕篮球场地慢跑 6 圈 2. 行进间小步跑 3. 行进间高踢腿 4. 行进间踢臀跑 5. 徒手深蹲 6. 行进间燕式平衡 7. 行进间直腿屈体摸脚尖	要求： 1. 队员须精神饱满，认真听讲 2. 根据教练要求，做到有秩序、有纪律，动作规范统一 3. 在拉伸过程中，要求队员注意拉伸力度与舒展性，不要盲目追求速度 4. 在拉伸过程中，不仅要调动身体的积极性，而且要提高精神的兴奋性

续表

部分	时间	内容	教法与要求
准备部分	5分钟	二、体育游戏：踩线追逐 （一）目的：提高队员上课的积极性，掌握球场的区域概念 （二）方法 1. 以篮球半场为例，选出1名队员追逐，其余队员在篮球半场所有的线上踩线逃脱 2. 被捕的队员充当捕捉人，依次进行	要求： 1. 由于三分线与罚球线圆弧靠近，教练要规定其不许跨线；在直角转弯处也要踩线逃脱 2. 为了提高游戏的公平性，教练要提前说明不允许立即反捕
基础训练	12分钟	一、全场综合性运球、传球、投篮练习 （一）目的：提高队员的综合技术水平 （二）方法 1. 将队员分为人数相等的2队，位于球场中线处，准备跑动接球 2. 2队的①运球出罚球线并长传给②，②接球上篮 3. 2队的②上篮后抢到篮板球，长传给③上篮，依次进行 4. 负荷量：6分钟×2组	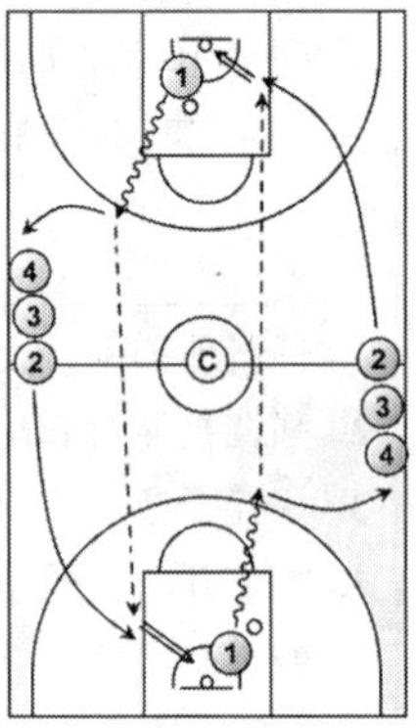 要求： 1. 注意运球与长传球的衔接 2. 注意传球的角度与力度，传球落点准确到位 3. 进一步巩固运球和行进间接球后的投篮动作，提高手对球的控制能力 4. 教练可双手伸直，干扰队员的投篮，提高队员在实战中的抗干扰能力 器材：篮球
	12分钟	二、协防练习 （一）目的：提高防守队员的协防能力 （二）方法 1. 4人1组，进攻队员②将球传给①，进攻队员①背身单打 2. 此时防守队员⚠2进行协防 3. 进攻队员②在三分线外通过合理跑位接①的传球，传进传出 4. 攻守交换，依次进行 5. 负荷量：4分钟×3组	 要求： 1. 进攻队员②在向内传球时，一定要注意合理运用传球假动作，提高接球队员接球的安全性与舒适性

续表

部分	时间	内容	教法与要求
		（三）重点与难点 1. 在向内传球时合理运用传球假动作 2. 防守队员要伺机移动，干扰进攻队员的运球节奏与传球路线	2. 防守队员△2进行协防，当球在空中飞行过程中，要伺机移动，干扰进攻队员①的运球节奏与传球路线 3. 在协防的同时，不要漏防对位的进攻队员 器材：篮球
基础训练	14分钟	三、防原地持球突破练习 （一）目的：提高队员的基本防守能力与防守意识 （二）方法 1. ①在三分线外呈三威胁姿势，②踩三分线防持球突破 2. ①运用左右手顺步或交叉步突破，加速起动上篮，③抢篮板球 3. 当①突入罚球线的延长线以下位置时，②不再跟防，回到①起初的位置，接③的传球，③上提防守②，依次进行 4. 负荷量：7 分钟 ×2 组 （三）重点与难点 1. 防原地持球突破，若进攻队员右侧手为其强侧手，则防守队员的左脚在前 2. 重心降低，手臂伸展，一上一下，既能防运球，又能防突破 3. 了解对手的运球习惯与惯用打法，做到防守有针对性	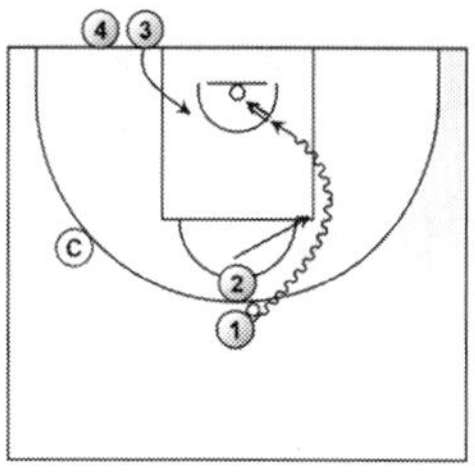 要求： 1. 防原地持球突破，若进攻队员右侧手为其强侧手，则防守队员的左脚在前 2. 重心降低，手臂伸展，一上一下，既能防运球，又能防突破 3. 判断进攻队员的突破路线，通过之前练习的滑步，提前占据合法的防守位置 器材：篮球
	12分钟	四、策应配合 （一）目的：提高进攻队员的策应能力 （二）方法 1. 进攻队员⑤下压，然后突然摆脱防守弹出，接④的传球做高位策应 2. ④传球后，突然起动向内线切入，接⑤的回传球并跳起投篮 3. 负荷量：6 分钟 ×2 组 （三）重点与难点 1. 进攻队员摆脱变向要迅速，到策应位置时要挡住防守队员，并保护球 2. 把握传球的时机，与队员建立眼神交流，加强默契沟通，使接球队员接到球后有直接攻篮的机会	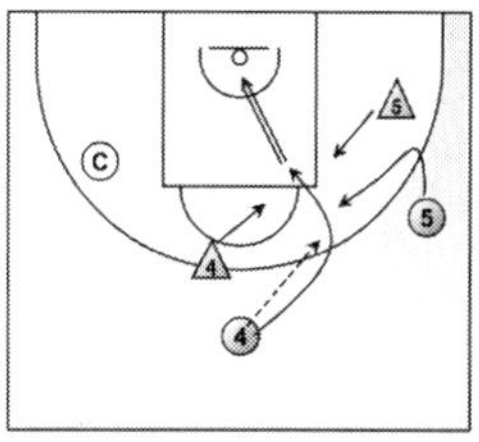 要求： 1. 策应配合是进攻队员背对或者侧对篮筐接球后，以他为枢纽，配合同伴的切入，造成各种进攻机会的一种配合方式 2. 进攻队员摆脱变向要迅速，到策应位置时要挡住防守队员，并保护球 器材：篮球

续表

部分	时间	内容	教法与要求
团队合作游戏竞赛	15分钟	名称：3 VS 3 全场攻防练习 （一）目的：提高队员抓住比赛中以多打少时机的能力，提高快攻或衔接段的成功率，加强防守队员跟防与团队防守能力 （二）方法 1. 进攻队员①、②、③从后场向前场推进，防守队员△1和△2提前布防 2. 当进攻队员进入罚球线的延长线以下，防守队员△3追防 3. 1 次进攻后，防守队员变进攻队员。进攻队员△1、△2、△3从后场向前场推进 4. 防守队员④和⑤提前布防，同理，⑥追防，依次进行	 要求： 1. 趁 3 名防守队员立足未稳之际，进攻队要尽快处理球组织进攻，提高推进速度 2. 熟练运用学过的基础配合，注意分享球，提高进攻的成功率 器材：篮球
放松与总结	10分钟	1. 拉伸放松 2. 课后总结 3. 特别提醒 4. 宣布本节课最佳队员 5. 鼓舞士气	教法： 1. 教练总结本节课所学内容，再次强调动作的细节与要领 2. 教练布置课下作业 3. 教练宣布本节课最认真、提高最快的队员，让其余队员向其学习 4. 队员面向自己父母鞠躬，说“父母辛苦了”，集合喊“加油”，随后解散

第 46 课时

目的与任务：1. 鼓励队员要坚强勇毅，在日常学习生活中做任何事都要持之以恒，有毅力、有信念 2. 复习脚步移动技术，巩固其动作方法 3. 复习运球、传球、投篮技术动作，提高其动作规范性、准确性及稳定性 4. 复习全场 3 VS 3 攻防练习，提高队员抓住比赛中以多打少时机的能力，提高快攻或衔接段的成功率，加强防守队员跟防与团队防守的能力			
部分	时间	内容	教法与要求
课前与家长交流	2分钟	1. 介绍课程计划及执教理念 2. 与家长进行交流，了解队员在日常学习生活中是否坚强勇毅	教法：与家长进行深入的沟通与交流，介绍本节课的重点与难点，解决家长提出的队员在日常训练中遇到的疑难问题
集合讲解互动沟通	2分钟	1. 慢慢地拍手，大声喊“加油” 2. 强调兴趣对篮球运动的重要性 3. 相互介绍：认识教练与队员 4. 本节课的主题是“坚强勇毅” 5. 鼓励队员要坚强勇毅，在日常学习生活中做任何事都要持之以恒，有毅力、有信念 6. 激励、热情、能量至关重要 7. 选举本节课的实习队长，实习队长要协助教练维持纪律，带领队员认真练习	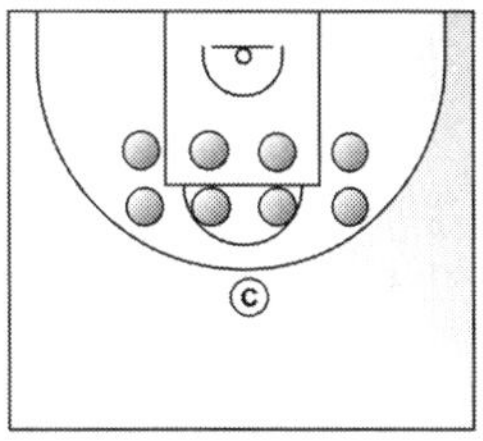 教法：普及篮球运动知识，介绍篮球规则；讲授本节课的训练主题，激发队员的训练热情，鼓舞团队士气
准备部分	6分钟	一、动态拉伸 （一）目的：提高肌肉温度，降低肌肉的粘滞性，提高内脏器官的机能水平，调节队员的心理活动，从而达到积极参与的目的 （二）方法：全场往返练习 1 组 1. 在队长的带领下，绕篮球场地慢跑 6 圈 2. 行进间高踢腿 3. 行进间踢臀跑 4. 徒手深蹲 5. 行进间燕式平衡 6. 行进间直腿屈体摸脚尖	要求： 1. 队员须精神饱满，认真听讲 2. 根据教练要求，做到有秩序、有纪律，动作规范统一 3. 在拉伸过程中，要求队员注意拉伸力度与舒展性，不要盲目追求速度 4. 在拉伸过程中，不仅要调动身体的积极性，而且要提高精神的兴奋性
	6分钟	二、体育游戏：数“青蛙” （一）目的：调动队员上课的积极性 （二）方法 1. 队员围成 1 圈，指定队员按顺时针（或逆时针）方向开始	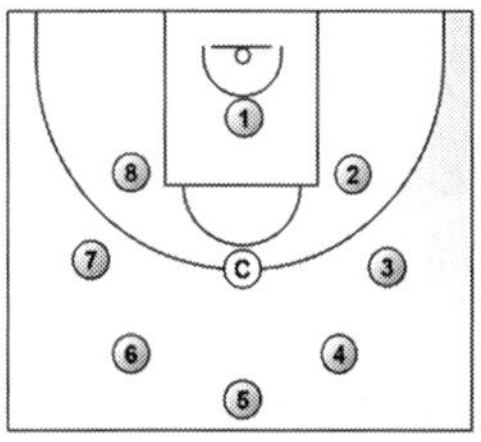

续表

部分	时间	内容	教法与要求
准备部分		2. 当第一名队员喊“一只青蛙”，第二名队员喊“呱”，第三名队员喊“两只青蛙”，第四名和第五名队员分别喊“呱”，依次循环进行 3. 喊错的队员和在喊错队员后面“知错喊错”的队员一同接受惩罚 4. 然后从第一名喊错队员处重新开始游戏	要求：第一名队员喊的“青蛙”数不得超过3只（包括3只）
基础训练	9分钟	一、滑步、加速跑、后退跑综合练习 （一）目的：熟练防守滑步的技术动作，并加强滑步和加速跑的快速转换能力 （二）方法 1. 队员2人1组，在三秒区位置前后交错站位 2. 当听到开始的口令后，沿三秒区两侧做连续的左右侧滑步 3. 听到哨声加速跑至中线，沿中线向两侧做快速的滑步，至两侧边线 4. 然后沿边线后退跑至端线，最后沿端线快速滑步到三秒区的位置结束 5. 负荷量：3分钟×3组	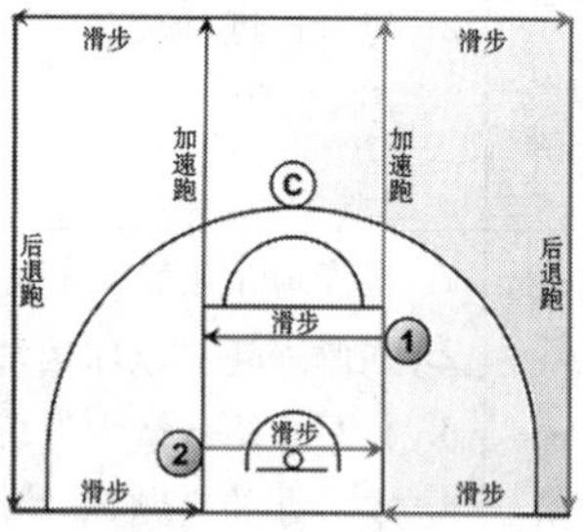 要求： 1. 滑步重心要低，速度要快 2. 后退跑要控制好身体平衡
	10分钟	二、全场运球过人练习 （一）目的：提高队员在行进过程中的综合运球能力 （二）方法 1. 队员分2队从端线出发，①队为进攻，②队为防守 2. 进攻队员做全场急停急起、体前变向换手运球、背后运球、转身运球推进练习 3. 防守队员通过滑步紧贴进攻队员，注意要消极防守，鼓励进攻队员合理地运用技术摆脱防守，2人1组进行练习 4. 负荷量：5分钟×2组	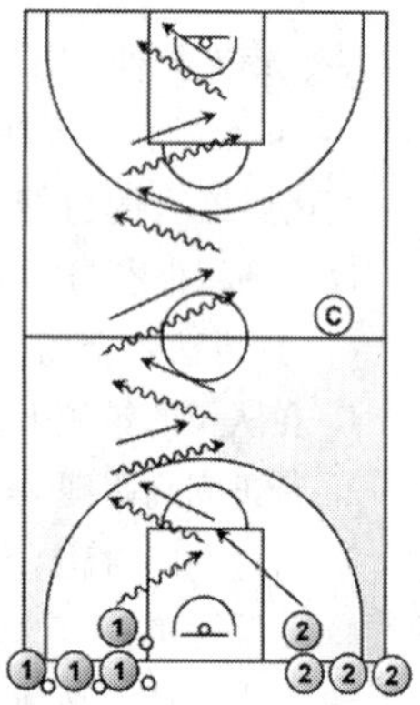 要求： 1. 拍球的方法正确，跨步及时，重心跟上，控制球的反弹落点 2. 主动迎接球、感触球、控制球 3. 当体前变向换手运球时，避免运球过高，护球手护送球加速通过，前脚掌蹬地迅速，换手后压肩，保持重心低而平稳 器材：篮球

续表

部分	时间	内容	教法与要求
基础训练	15分钟	三、三人半场绕8字传球练习 （一）目的：提高队员的传接球能力 （二）方法 1. 将队员分为3队，于中线处准备，中间队员持球 2. 听到教练哨声后，右侧队员先插上，中间队员将球传给右侧队员，随后从右侧队员身后绕过，右侧队员接到球后传给左侧插上的队员，随后从左侧队员身后绕过，左侧队员再将球传给中间队员，从中间队员身后绕过，中间队员再将球传给右侧队员，右侧队员接球后上篮 3. 传球方式可以运用手递手传球、双手胸前传球、双手击地传球、单手肩上传球、单手击地传球等 4. 最后上篮队员对侧的队员抢篮板球，随后3人顺时针交换位置，并到队尾排队 5. 负荷量：5分钟×3组	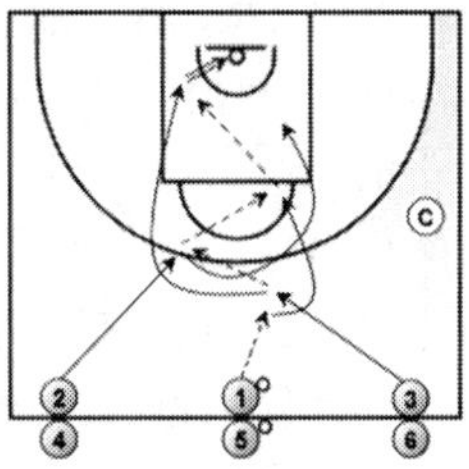 要求： 1. 传接球动作要规范，手指、手腕拨球有力，要传球准确，接球队员接球后可直接衔接下一个动作 2. 接球时不要发生走步违例 3. 注意队员之间语言的交流 4. 告诫队员，将球传给谁就从谁的身后绕过 器材：篮球
	15分钟	四、相同距离的五点投篮 （一）目的：巩固已掌握的原地单手肩上投篮技术动作，体会不同角度的投篮感觉 （二）方法 1. 队员分成5个小组，分别站在5个投篮点，距球篮4～5米 2. 每人依次在各点上投1次篮，然后迅速争抢篮板球，自投自抢，按顺时针方向依次轮换 3. 负荷量：3分钟×5组	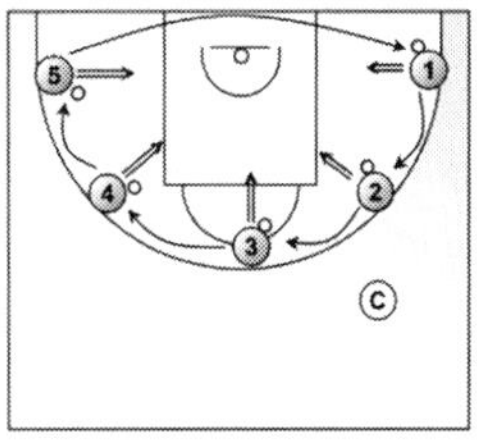 要求： 1. 在技术动作正确规范的前提下，提高进球个数与投篮速度 2. 体会在不同投篮点投篮时肌肉用力的感觉和距离的判断 器材：篮球

续表

部分	时间	内容	教法与要求
团队合作游戏竞赛	15分钟	名称：掷端线球战术 （一）目的：提高团队战术水平，提升队员实战配合能力 （二）方法：③给②做掩护，②通过③的掩护向外拉出，接①的传球，准备投篮；②如果没有合适的投篮机会，此时，③给①在罚球线附近做掩护，①向外线切出接②的传球并投篮或③掩护后转身向内线切入接球并投篮；②传球后，向内线摆脱切入，争抢篮板球	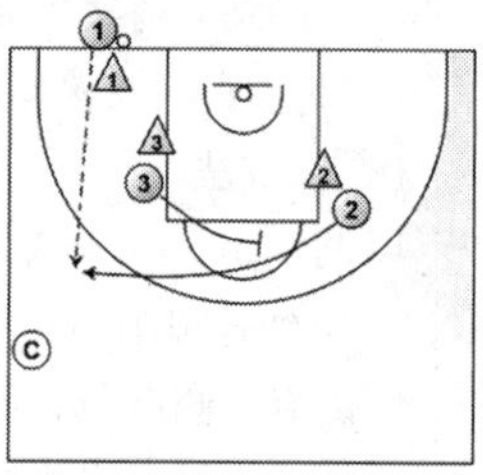 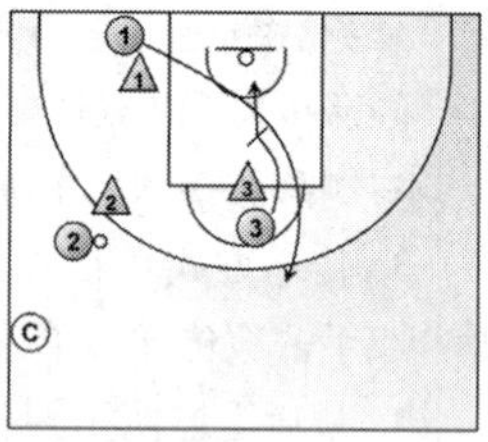 要求： 1. ③掩护质量要高，①和②摆脱防守要迅速，不给防守队员挤过的空间 2. 当有合适的投篮机会时，队员出手要果断 器材：篮球
放松与总结	10分钟	1. 拉伸放松 2. 课后总结 3. 特别提醒 4. 宣布本节课最佳队员 5. 鼓舞士气	教法： 1. 教练总结本节课所学内容，再次强调动作的细节与要领 2. 教练布置课下作业 3. 教练宣布本节课最认真、提高最快的队员，让其余队员向其学习 4. 队员面向自己父母鞠躬，说“父母辛苦了”，集合喊“加油”，随后解散

第 47 课时

目的与任务：1. 培养队员对篮球的热情，教导他们一定要真正地热爱与享受所做的事情
2. 复习防守脚步移动技术与切入上篮技术，巩固其动作方法
3. 复习 1 VS 1 摆脱接应练习，提高队员摆脱防守的接球能力
4. 复习运球、传球、投篮技术动作，提高其动作规范性、准确性及稳定性

部分	时间	内容	教法与要求
课前与家长交流	2分钟	1. 介绍课程计划及执教理念 2. 与家长进行交流，了解队员课下练习的情况	教法：与家长进行深入的沟通与交流，介绍本节课的重点与难点，解决家长提出的队员在日常训练中遇到的疑难问题
集合讲解互动沟通	3分钟	1. 慢慢地拍手，大声喊“加油” 2. 强调兴趣对篮球运动的重要性 3. 相互介绍：认识教练与队员 4. 本节课的主题是“热爱篮球运动” 5. 增强篮球基本技术的熟练程度，培养队员主动训练的意识 6. 激励、热情、能量至关重要 7. 选举本节课的实习队长，实习队长要协助教练维持纪律，带领队员认真练习	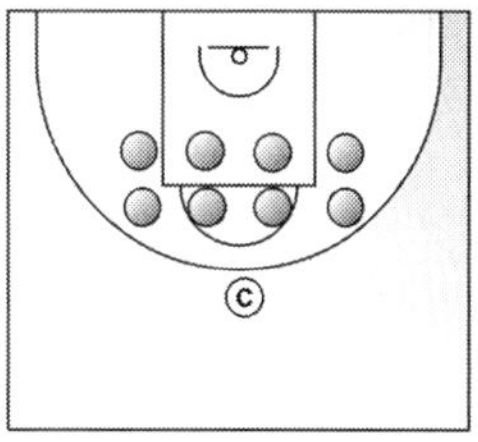 教法：普及篮球运动知识，介绍篮球规则；讲授本节课的训练主题，激发队员的训练热情，鼓舞团队士气
准备部分	6分钟	一、动态拉伸 （一）目的：提高肌肉温度，降低肌肉的粘滞性，提高内脏器官的机能水平，调节队员的心理活动，从而达到积极参与的目的 （二）方法：全场往返练习 1 组 1. 在队长的带领下，绕篮球场地慢跑 6 圈 2. 行进间高抬腿跑 3. 行进间小步跑 4. 行进间抱膝提蹬 5. 行进间燕式平衡 6. 行进间弓箭步转体 7. 行进间侧向左右侧压腿 8. 挥臂画圈	要求： 1. 队员须精神饱满，认真听讲 2. 根据教练要求，做到有秩序、有纪律，动作规范统一 3. 在拉伸过程中，要求队员注意拉伸力度与舒展性，不要盲目追求速度 4. 在拉伸过程中，不仅要调动身体的积极性，而且要提高精神的兴奋性

续表

部分	时间	内容	教法与要求
准备部分	6分钟	二、体育游戏：团队接力赛 （一）目的：提高队员行进间运球的能力与急停后传接球的能力 （二）方法 1. 队员分为2队，听教练的哨声，第一名队员从端线后加速运球起动 2. 绕过对侧半场罚球线处标志筒后折返至罚球线延长线处跳步急停或跨步急停 3. 双手胸前传球至下一名队员，依次进行	 要求： 1. 在此过程中如果出现失误，则在失误处重新开始 2. 失误的队员接受相应的惩罚，如20个俯卧撑 器材：标志筒、篮球
基础训练	6分钟	一、防守脚步移动训练 （一）目的：巩固滑步技术动作，提高技术动作水平 （二）方法 1. 队员从底角沿三分线做滑步训练 2. 队员从右侧底角练习几组后，再从左侧底角依次进行滑步训练 3. 负荷量：2分钟×3组	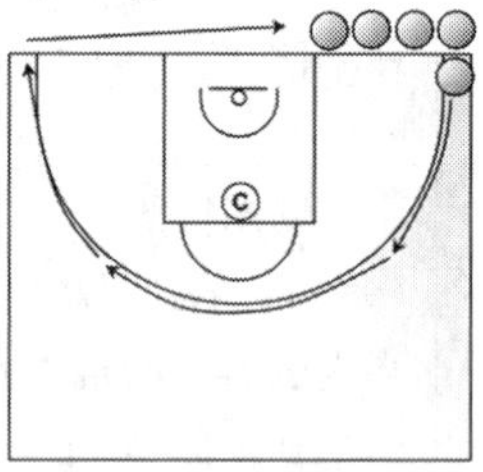 要求： 1. 蹬地迅速有力，身体重心平稳 2. 双臂微屈，双手打开，抬头目视前方
	12分钟	二、1 VS 1摆脱接球练习 （一）目的：提高队员摆脱防守的接球能力 （二）方法 1. 教练持球，队员2人1组，一攻一防 2. 教练吹哨开始，进攻队员开始摆脱接球，防守队员阻止进攻队员接球 3. 进攻队员可以利用急停急起、晃动、脚步等摆脱防守 4. 防守队员可以利用脚下的移动和上肢对抗限制进攻队员的移动	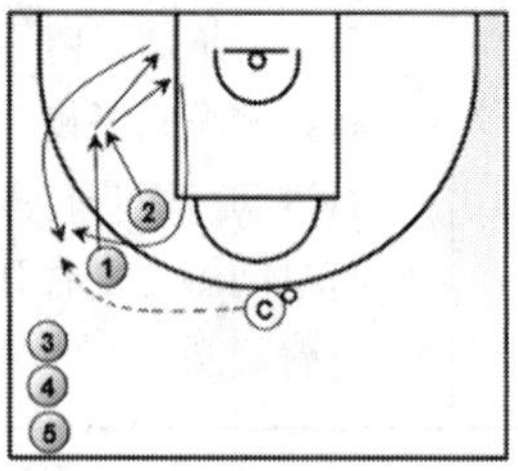 要求： 1. 进攻队员摆脱时重心降低，尽可能多地运用所学的技术去摆脱

续表

部分	时间	内容	教法与要求
		5. 防守队员成功抢断3次后，将球传给教练，换下一组 6. 负荷量：4分钟×3组 （三）重点与难点 1. 进攻队员尽可能多地运用所学的技术去摆脱 2. 防守队员注意保持人球兼顾，始终在球与进攻队员之间	2. 防守队员防守时重心降低，前脚掌着地，时刻准备发力变换移动方向。防守队员注意保持人球兼顾，始终在球与进攻队员之间 器材：篮球
基础训练	13分钟	三、全场传接球和运球上篮练习 （一）目的：提高在行进间运球、传接球的情况下，单手低手投篮的技术 （二）方法 1. ①站在场地的端线处，运球2次后传球给位于中圈附近的教练（或见习队员） 2. 接回传球后再传给位于端线的③，最后接③的回传球做行进间低手投篮 3. ③抢篮板球后排到端线的另一侧，①完成上篮，排到④的后面，等待给后面的队员传球 4. ⑤和①同时进行，练习方式一致 5. 负荷量：6分钟×2组	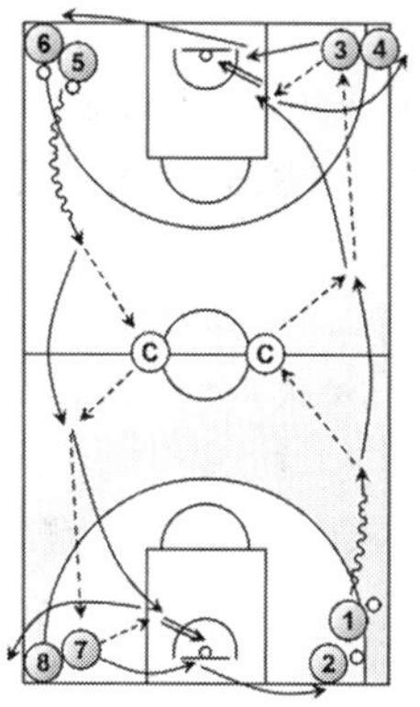 要求： 1. 接球与突破动作衔接协调，而且不能出现走步违例，起跳用力向上，投篮手法正确 2. 行进间低手投篮时将球置于胸前，双手由胸前向斜上方举球，注意球出手时单手托住球的底部向上抬上臂和前臂，手腕柔和发力，五指同时拨球，让球从指尖滚出 3. 行进间投篮时尽量舒展身体，往高跳，注意护球手保护球 器材：篮球

续表

部分	时间	内容	教法与要求
基础训练	10分钟	四、全场综合运球练习 （一）目的：提高队员综合运球的能力 （二）方法 1. 队员分2组持球于端线外站立 2. S形绕过前4个标志筒后分别在后3个标志筒前做背后运球、后转身运球、胯下运球或体前变向换手运球 3. 完成后加速上篮或急停投篮 4. 负荷量：5分钟×2组 （三）重点与难点 1. 遇到标志筒，变方向运球时，手对球的控制是至关重要的，脚步与手控球的配合要协调 2. 加速通过时，后脚蹬地发力，向前推放球，注意护球手要保护球 3. 注意急停与投篮技术的衔接，脚步干净利索，投篮自下而上发力顺畅	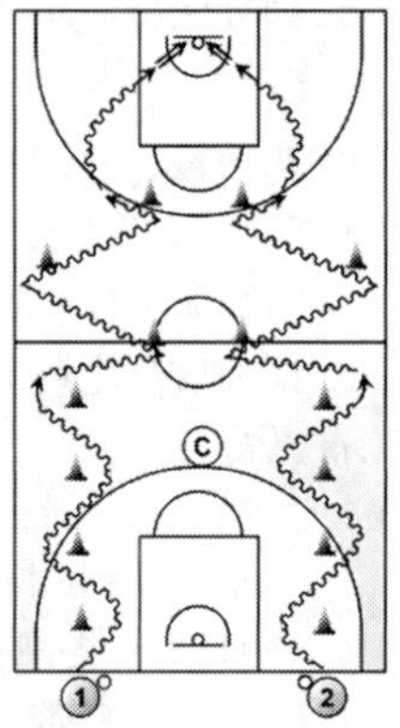 要求： 1. S形绕前4个标志筒时，重心压低，运球速度与频率加快，脚步移动灵活 2. 加速运球通过后3个标志筒时，要求重心保持平稳，提高动作的熟练程度 3. 教练可双手伸直，干扰队员的投篮，提高队员在实战中的抗干扰能力 器材：标志筒、篮球
	12分钟	五、V形切入接球投篮 （一）目的：在移动中掌握单手肩上投篮的技术动作 （二）方法 1. ①传球给②后，V形切入 2. 绕过标志筒后接②的传球，原地单手肩上投篮，②争抢篮板球，2队队员互换 3. 负荷量：4分钟×3组 （三）重点与难点 1. 注意接球队员的移动位置，掌控自己的传球落点 2. 注意急停与投篮的衔接，当准备接球时，同时准备做好制动与转停的动作	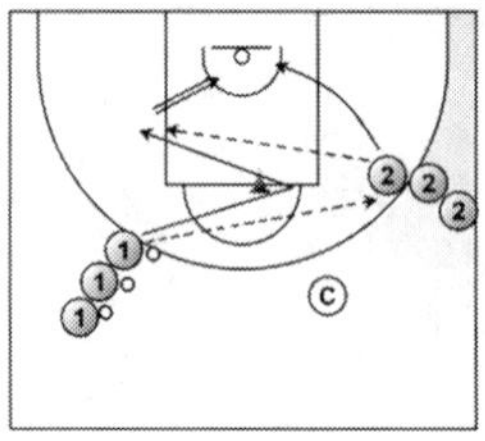 要求： 1. 移动接球时急停要停稳，成面向球篮的投篮姿势 2. 接球后，找好瞄准点，判断投篮距离后，再出手投篮，投篮出手动作协调连贯 器材：标志筒、篮球

续表

部分	时间	内容	教法与要求
团队合作游戏竞赛	10分钟	名称：掩护变化 （一）目的：提高团队战术水平，提升队员实战配合能力 （二）方法 1. 这套战术是3名队员联动配合 2. ②做1个V字反跑，接①的传球。①在传球完毕之后迅速做由左路向内切入的动作，这样可以吸引防守队员的注意力 3. ①的切入并不是为了进攻，而是绕到△3的背后（向着篮圈的方向），趁机给③做掩护，③便获得了一个往内线切入上篮的机会 4. 如果△1换防③，使③没有合适的投篮机会，则③向外线拉出，此时，②可传球给向篮下切入的①，完成投篮	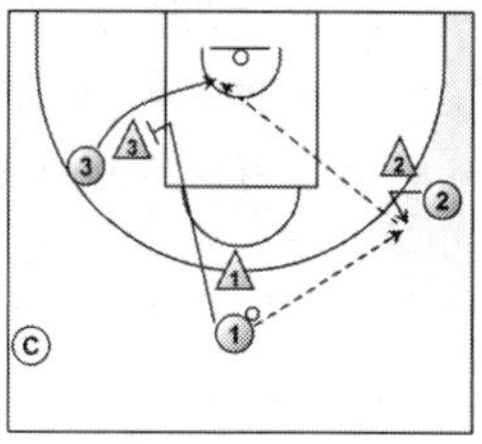 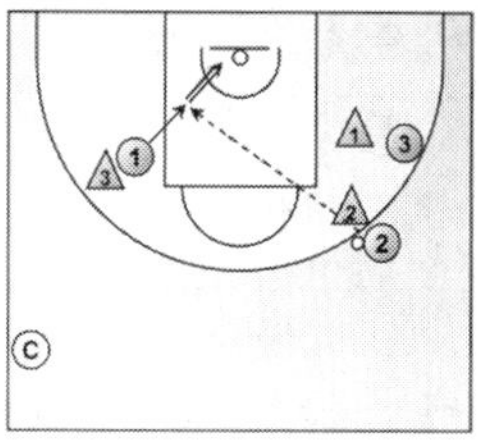 要求： 1. ②往里切入后迅速回撤，拉开与防守队员的距离，以便接过①的传球 2. ①掩护要隐蔽，掩护的时候必须卡住△3，这个环节非常重要 3. ③摆脱防守要迅速，不给防守队员挤过的空间 4. 如果③没有机会，向外线拉出时，①一定要将防守队员卡在身后，为自己创造篮下切入的空间 器材：篮球
放松与总结	10分钟	1. 拉伸放松 2. 课后总结 3. 特别提醒 4. 宣布本节课最佳队员 5. 鼓舞士气	教法： 1. 教练总结本节课所学内容，再次强调动作的细节与要领 2. 教练布置课下作业 3. 教练宣布本节课最认真、提高最快的队员，让其余队员向其学习 4. 队员面向自己父母鞠躬，说“父母辛苦了”，集合喊“加油”，随后解散

第 48 课时

目的与任务：1. 鼓励队员勤奋刻苦，努力学习和认真计划是做好一件事的 2 个必备要素
2. 复习无球切入技术，提高队员的切入意识与场上位置的感觉
3. 复习运球、传球、投篮的技术动作，提高其动作规范性、准确性及稳定性
4. 复习全场 3 VS 3 攻防练习，提高队员抓住比赛中以多打少时机的能力，提高快攻或衔接段的成功率，加强防守队员跟防与团队防守能力

部分	时间	内容	教法与要求
课前与家长交流	2 分钟	1. 介绍课程计划及执教理念 2. 与家长进行交流，了解队员在日常学习生活中是否勤奋刻苦	教法：与家长进行深入的沟通与交流，介绍本节课的重点与难点，解决家长提出的队员在日常训练中遇到的疑难问题
集合讲解互动沟通	3 分钟	1. 慢慢地拍手，大声喊“加油” 2. 强调兴趣对篮球运动的重要性 3. 相互介绍：认识教练与队员 4. 本节课的主题是“勤奋刻苦” 5. 鼓励队员要勤奋刻苦，告诉队员努力学习和认真计划是做好一件事的 2 个必备要素 6. 激励、热情、能量至关重要 7. 选举本节课的实习队长，实习队长要协助教练维持纪律，带领队员认真练习	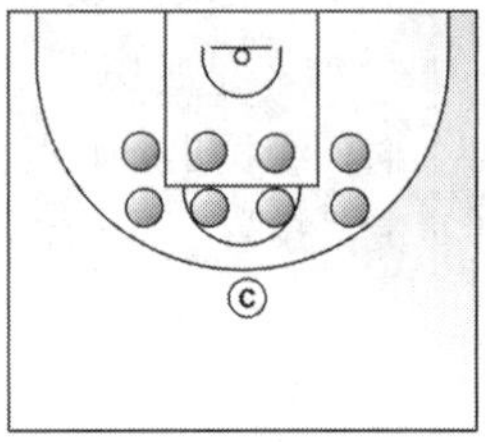 教法：普及篮球运动知识，介绍篮球规则；讲授本节课的训练主题，激发队员的训练热情，鼓舞团队士气
准备部分	6 分钟	一、动态拉伸 （一）目的：提高肌肉温度，降低肌肉的粘滞性，提高内脏器官的机能水平，调节队员的心理活动，从而达到积极参与的目的 （二）方法：全场往返练习 1 组 1. 在队长的带领下，绕篮球场地慢跑 6 圈 2. 徒手深蹲 3. 挥臂画圈 4. 俯身收腿 5. 行进间高踢腿 6. 行进间踢臀跑 7. 行进间燕式平衡 8. 行进间弓箭步转体	要求： 1. 队员须精神饱满，认真听讲 2. 根据教练要求，做到有秩序、有纪律，动作规范统一 3. 在拉伸过程中，要求队员注意拉伸力度与舒展性，不要盲目追求速度 4. 在拉伸过程中，不仅要调动身体的积极性，而且要提高精神的兴奋性

续表

部分	时间	内容	教法与要求
准备部分	6分钟	二、体育游戏："长江黄河" （一）目的：提高队员的速度、灵敏性、协调性，增强身体的控制能力，反应要迅速 （二）方法 1. 队员分 2 队在中线附近相对站立，一队为"长江"，另一队为"黄河" 2. 根据教练的口令，当教练喊"长江"时，"长江"迅速转身向本侧端线加速跑，"黄河"追赶"长江" 3. 未跑至本侧端线后被追到，需要将追赶他的队员背回中线，开始下一轮游戏	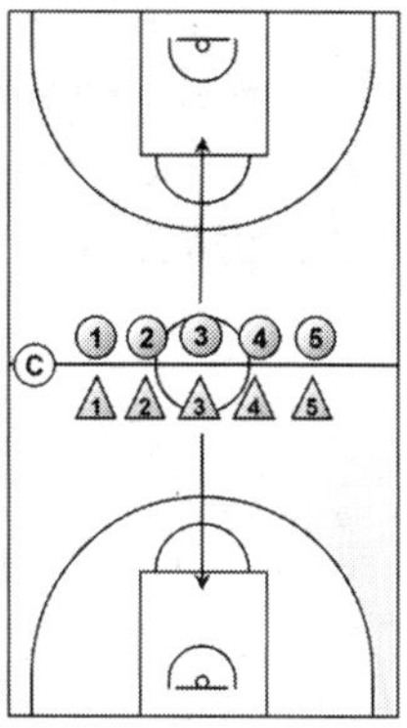 要求： 1. 队员要注意力集中 2. 队员反应要迅速
基础训练	12分钟	一、持标志筒变向换手加速运球低手上篮练习 （一）目的：提高队员变向运球上篮能力 （二）方法 1. 队员持球和标志筒在中线处站立 2. 以左手运球为例，右手持标志筒，加速运球至教练前 3. 将标志筒放在教练身侧，做左右体前变向换手运球，同时，左手迅速拿起标志筒上篮 4. 负荷量：6 分钟 ×2 组	 要求： 1. 行进间低手投篮时将球置于胸前，双手由胸前向斜上方举球，注意球出手时单手托住球的底部向上抬上臂和前臂，手腕柔和发力，五指同时拨球，让球从指尖滚出 2. 行进间投篮时尽量舒展身体，往高跳，注意护球手保护球 器材：标志筒、篮球
	12分钟	二、卷切接球投篮练习 （一）目的：提高传球后瞬间起动、加速、摆脱防守切入的能力 （二）方法 1. 端线外的篮板后方为队员的初始位置 2. 将球传给位于三分线弧顶的教练，按指定路线起动，做摆脱、卷切动作后，接教练传球，急停投篮 3. 投篮后，迅速争抢篮板球，排到队尾，依次进行 4. 负荷量：4 分钟 ×3 组	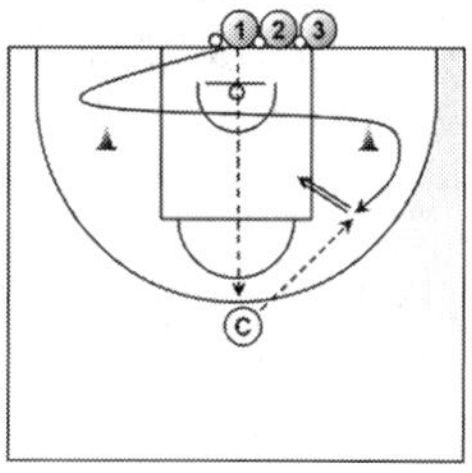 要求： 1. 传接球动作要规范，手腕弹拨迅速有力，传球速度适当加快，但要避免出现失误

续表

部分	时间	内容	教法与要求
		（三）重点与难点 1. 传球后，瞬间起动加速摆脱防守切入要迅速 2. 传接球动作要规范，手腕弹拨迅速有力，传球速度适当加快，但要避免出现失误	2. 教练可双手伸直，干扰队员的投篮，提高队员在实战中的抗干扰能力 器材：篮球、标志筒
基础训练	12分钟	三、摆脱防守后弹出接球投篮练习 （一）目的：提高传球后瞬间起动加速摆脱防守切入的能力 （二）方法 1. 端线外的篮板后方为队员的初始位置 2. 队员将球传给位于三分线弧顶的教练，按指定路线起动摆脱，移动到第二个标志筒处，撤步弹出 3. 接教练传球后，急停投篮，投篮后，迅速争抢篮板球，排到队尾，依次进行 4. 负荷量：4 分钟 ×3 组 （三）重点与难点：传接球动作要规范，手腕弹拨迅速有力，传球速度适当加快，但要避免出现失误	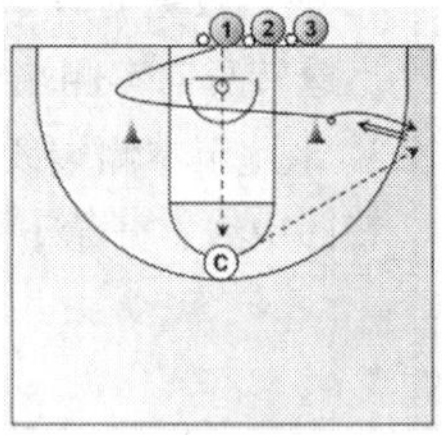 要求： 1. 传接球动作要规范，手腕弹拨迅速有力，传球速度适当加快，但要避免出现失误 2. 急停步伐要稳健，接球后自下而上发力顺畅，将球投出 器材：标志筒、篮球
	12分钟	四、半场 1 VS 1 攻防练习 （一）目的：提高队员 1 VS 1 攻防技术运用的能力 （二）方法 1. 2 名队员在端线站位，教练手持网球，抬到肩部位置，让网球自然下落 2. 当网球恰好离开教练的手时，进攻队员持球加速出发，绕过标志筒开始进攻 3. 当网球恰好落地时，防守队员加速堵截防守	 要求： 1. 要求进攻队员以最快的速度完成进攻，且保证进攻的成功率 2. 进攻队员要主动对抗，上篮时，护球手注意对球的保护 3. 防守队员提前占据合理的防守位置，干扰进攻队员的进攻 器材：标志筒、网球、篮球

续表

部分	时间	内容	教法与要求
团队合作游戏竞赛	15分钟	名称：低位进攻外线反跑战术 （一）目的：提高团队战术水平，提升队员实战配合能力 （二）方法 1. 这套战术的运用需要1名进攻能力出色的内线队员 2. ①将球直接传到篮下已经抢到前点的③（大前锋）的手里，这个时候②稍微往外拉，目的是把内线拉空，看起来像是给③创造个人单打的机会 3. 与此同时，①在做出左路的假跑之后迅速反跑到右侧底角，这样③只需要将球传出去，①便能获得外线投篮的机会	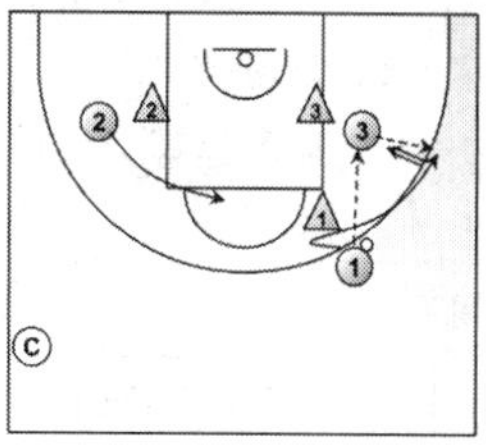 要求： 1. ①迅速往左路起跑，随着②的拉出，看起来像是在为①制造掩护，但①和②的这一阶段的走位其实只是战术陷阱，走位要逼真，给对手制造假象 2. ①摆脱要迅速，③的传球质量要高且有提前量 器材：篮球
放松与总结	10分钟	1. 拉伸放松 2. 课后总结 3. 特别提醒 4. 宣布本节课最佳队员 5. 鼓舞士气	教法： 1. 教练总结本节课所学内容，再次强调动作的细节与要领 2. 教练布置课下作业 3. 教练宣布本节课最认真、提高最快的队员，让其余队员向其学习 4. 队员面向自己父母鞠躬，说“父母辛苦了”，集合喊“加油”，随后解散

第 49 课时

目的与任务：1. 友谊来自队员之间的相互欣赏、相互尊重和相互忠诚，友谊需要双方的共同努力
2. 复习突破分球、抢篮板球及摆脱接球技术动作，巩固动作方法
3. 复习运球、传球、投篮的技术动作，提高其动作规范性、准确性及稳定性

部分	时间	内容	教法与要求
课前与家长交流	2分钟	1. 介绍课程计划及执教理念 2. 与家长进行交流，了解队员在日常交往中能否尊重他人、取长补短	教法：与家长进行深入的沟通与交流，介绍本节课的重点与难点，解决家长提出的队员在日常训练中遇到的疑难问题
集合讲解互动沟通	3分钟	1. 慢慢地拍手，大声喊“加油” 2. 强调兴趣对篮球运动的重要性 3. 相互介绍：认识教练与队员 4. 本节课的主题是“友谊与尊重” 5. 教导队员友谊来自相互欣赏、相互尊重和相互忠诚 6. 激励、热情、能量至关重要 7. 选举本节课的实习队长，实习队长要协助教练维持纪律，带领队员认真练习	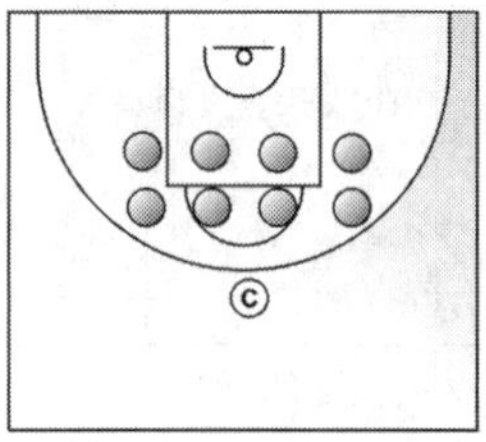 教法：普及篮球运动知识，介绍篮球规则；讲授本节课的训练主题，激发队员的训练热情，鼓舞团队士气
准备部分	6分钟	一、动态拉伸 （一）目的：提高肌肉温度，降低肌肉的粘滞性，提高内脏器官的机能水平，调节队员的心理活动，从而达到积极参与的目的 （二）方法：全场往返练习 1 组 1. 在队长的带领下，绕篮球场地慢跑 6 圈 2. 行进间高踢腿 3. 行进间踢臀跑 4. 徒手深蹲 5. 行进间抱膝提蹬 6. 行进间腿部上拉 7. 行进间弓箭步转体	要求： 1. 队员须精神饱满，认真听讲 2. 根据教练要求，做到有秩序、有纪律，动作规范统一 3. 在拉伸过程中，要求队员注意拉伸力度与舒展性，不要盲目追求速度 4. 在拉伸过程中，不仅要调动身体的积极性，而且要提高精神的兴奋性

续表

部分	时间	内容	教法与要求
准备部分	5分钟	二、体育游戏：逢3过 （一）目的：锻炼队员的反应能力和抗干扰能力，调动队员上课的积极性 （二）方法 1. 队员围绕教练成1个圈，间隔相对紧凑 2. 当遇到带“3”或“3”的倍数的数字时仅能击掌通过，其余数字队员要喊出 3. 第一名队员从“3”以下的数字开始喊；下次从第一名做错的队员开始 4. 队员拍错、喊错及连带错误，需要接受惩罚，进行蛙跳、猴爬和鸭子步，并模仿相应的叫声	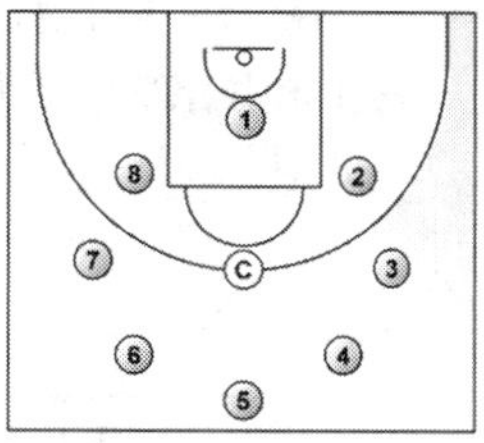 要求： 1. 队员要集中注意力 2. 队员反应要迅速
基础训练	12分钟	一、突分练习 （一）目的：提高队员的突破分球能力 （二）方法 1. 3人1组，2攻1守，①持球用交叉步或顺步突破到内线，分球给从内线绕出的② 2. 当球传出后，防守队员用攻击步上防新的持球进攻队员 3. 循环交替进行，防守队员合理运用攻击步、侧滑步、后滑步、滑跳步进行防守 4. 负荷量：4分钟×3组 （三）重点与难点 1. 队员运球时身体重心不要太高，保持重心平稳 2. 进攻队员突破后注意观察队友的移动跑位，注意对球的保护	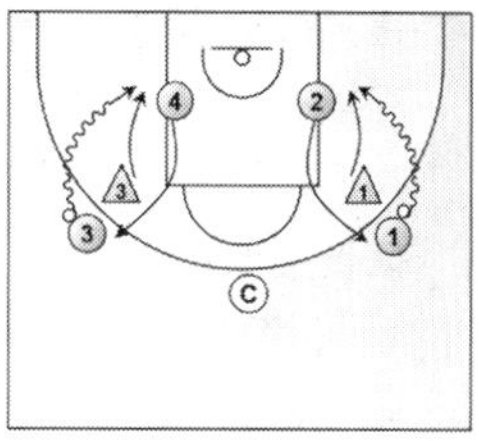 要求： 1. 队员运球时身体重心不要太高，保持重心平稳 2. 五指自然分开，上臂带动前臂向下拍按球，控制好球的方向 3. 进攻队员突破后注意观察队友的移动跑位，注意对球的保护 器材：篮球
	12分钟	二、抢篮板球练习 （一）目的：提高队员的抢篮板球技术 （二）方法 1. 教练在三分线弧顶投篮，队员2人1组，顶抢卡位，争夺篮板球 2. 抢到篮板球后第一时间将球传给教练 3. 教练通过移动到不同位置来变换球的方向 4. 负荷量：3分钟×4组 （三）重点与难点 1. 争抢篮板球时，首先要判断球的落点 2. 提前占据合理的位置，压低重心，挡住对手	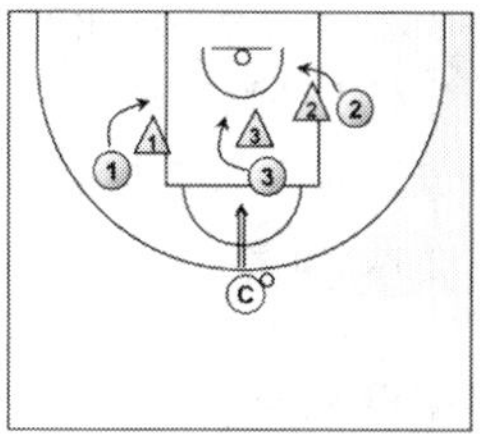 要求： 1. 争抢篮板球时，首先要判断球的落点 2. 提前占据合理的位置，压低重心，挡住对手

续表

部分	时间	内容	教法与要求
基础训练		3. 当被对手卡在身后时，可以利用前转身或后转身，跨步抢占合理的位置	3. 起跳要充分，在最高点双手抱球、单手捞球、点拨球 4. 当被对手卡在身后时，可以利用前转身或后转身，跨步抢占合理的位置 器材：篮球
	12分钟	三、三人传接球上篮练习 （一）目的：提高队员传接球上篮的能力，增强全队的默契程度 （二）方法 1. 队员分为3组，分别在底角、45°角和弧顶站好 2. 45°角的队员持球，弧顶队员加速至标志筒前，做虚晃假动作切入 3. 持球队员将球传给切入的队员，同时底角的队员加速至篮下，空切队员将球传给底角的队员，底角队员接球后上篮 4. 若球未进，将球补进后以逆时针方向轮转换位 5. 负荷量：6分钟×2组	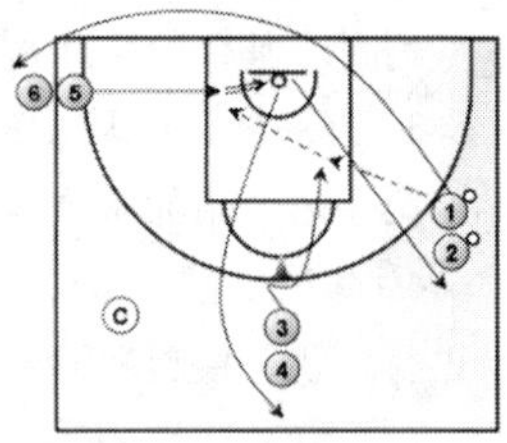 要求： 1. 做虚晃时，幅度可大一些，达到逼真的效果。虚晃后，后脚蹬地发力，同时侧肩，重心降低，有明显的加速动作 2. 注意跑动与传球的时机，底角的队员看到空切队员接到球后再加速至篮下，不要单纯地为了跑动而跑动 3. 注意队员之间语言的交流 器材：标志筒、篮球
	13分钟	四、全场运球、传球、投篮综合练习 （一）目的：提高队员的综合技术水平 （二）方法 1. 队员在端线处持球，运用顺步突破与交叉步突破加速起动 2. 运球至罚球线的延长线附近将球传给教练，向前切入摆脱防守 3. 接教练传球后，运球突破三分线附近的标志筒后低手上篮 4. 抢到篮板球，排到另一队队尾，若上篮未进，做10个俯卧撑 5. 负荷量：13分钟×1组	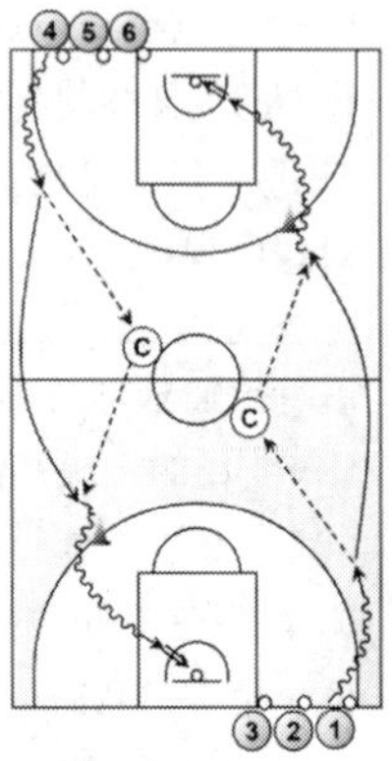 要求： 1. 传球后立即侧身跑切入接回传球。传接球时，注意脚步移动，在中枢脚落地之前将球传出，避免造成走步违例 2. 切入时，面向传球者，有伸手要球的预备接球姿势 3. 注意在运球突破后侧身压肩，加速通过

续表

部分	时间	内容	教法与要求
基础训练			4. 行进间低手投篮时，顺势向上引球，高于头部，利用手指、手腕的力量，将球拨送出去，切记上臂不可向上撩球、挥球 器材：标志筒、篮球
团队合作游戏竞赛	15分钟	名称：内线掩护进攻战术 （一）目的：提高团队的战术水平，提升队员实战配合能力 （二）方法：这套战术的配置是一名外线队员搭配 2 名内线队员，而且在防守的时候 2 人都无法卡到后点。①高位组织进攻，③给②做掩护，②借③的掩护向罚球线附近切入，接①的传球，做急停投篮，②如果没有投篮机会，则向外线拉出，此时，①传球给向篮下切入的③，完成投篮	 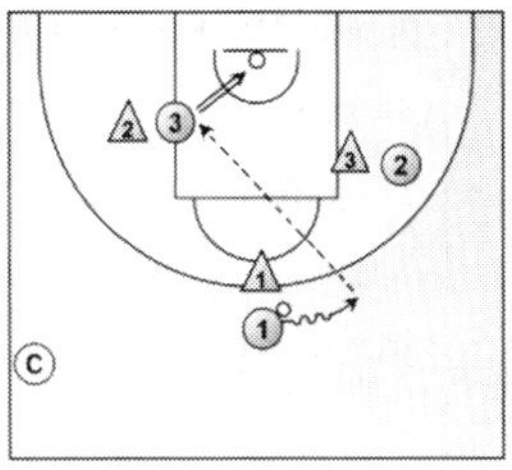 要求： 1. ③掩护要隐蔽，不要让对手发觉其意图，掩护质量要高 2. ②摆脱防守要迅速，不给防守队员挤过的空间 3. 如果②没有机会，向外线拉出时，③一定要将防守队员卡在身后，为自己创造篮下切入的空间 4. 时机出现，①传球要果断、迅速且隐蔽 器材：篮球
放松与总结	10分钟	1. 拉伸放松 2. 课后总结 3. 特别提醒 4. 宣布本节课最佳队员 5. 鼓舞士气	教法： 1. 教练总结本节课所学内容，再次强调动作的细节与要领 2. 教练布置课下作业 3. 教练宣布本节课最认真、提高最快的队员，让其余队员向其学习 4. 队员面向自己父母鞠躬，说“父母辛苦了”，集合喊“加油”，随后解散

第 50 课时

目的与任务：1. 鼓励队员要专注，确定一个现实的目标，抵挡各种诱惑，坚持不懈，争取成功
2. 复习持球突破、突破分球及策应配合，提高团队合作能力
3. 复习运球、传球、投篮的技术动作，提高其动作规范性、准确性及稳定性
4. 学习全场4 VS 4 综合训练赛，提高队员的实战比赛能力与技术运用能力

部分	时间	内容	教法与要求
课前与家长交流	2分钟	1. 介绍课程计划及执教理念 2. 与家长进行交流，了解队员的性格特点，是否对一件喜欢的事情保持专注的态度	教法：与家长进行深入的沟通与交流，介绍本节课的重点与难点，解决家长提出的队员在日常训练中遇到的疑难问题
集合讲解互动沟通	3分钟	1. 慢慢地拍手，大声喊“加油” 2. 强调兴趣对篮球运动的重要性 3. 相互介绍：认识教练与队员 4. 本节课的主题是“专注认真” 5. 鼓励队员要专注认真，确定一个现实的目标，抵挡各种诱惑，坚持不懈，争取成功 6. 激励、热情、能量至关重要 7. 选举本节课的实习队长，实习队长要协助教练维持纪律，带领队员认真练习	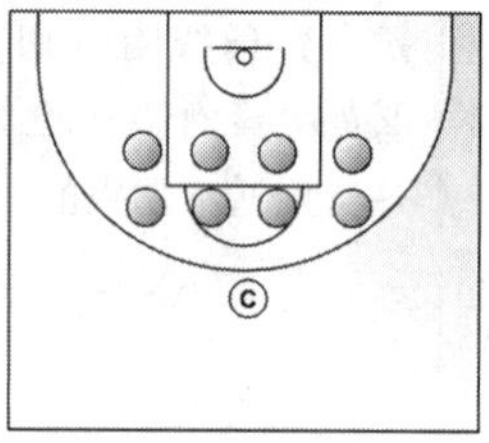 教法：普及篮球运动知识，介绍篮球规则；讲授本节课的训练主题，激发队员的训练热情，鼓舞团队士气
准备部分	6分钟	一、动态拉伸 （一）目的：提高肌肉温度，降低肌肉的粘滞性，提高内脏器官的机能水平，调节队员的心理活动，从而达到积极参与的目的 （二）方法：全场往返练习1组 1. 在队长的带领下，绕篮球场地慢跑6圈 2. 行进间高抬腿跑 3. 行进间弓箭步转体 4. 行进间踢臀跑 5. 行进间燕式平衡 6. 行进间直腿屈体摸脚尖 7. 左右侧压腿	要求： 1. 队员须精神饱满，认真听讲 2. 根据教练要求，做到有秩序、有纪律，动作规范统一 3. 在拉伸过程中，要求队员注意拉伸力度与舒展性，不要盲目追求速度 4. 在拉伸过程中，不仅要调动身体的积极性，而且要提高精神的兴奋性

续表

部分	时间	内容	教法与要求
准备部分	6分钟	二、体育游戏：打“龙尾” （一）目的：锻炼队员的传球基本技术，合理运用传球假动作迷惑对手，提高传接球的稳定性与准确性，锻炼队员的反应速度、体力和团队配合能力 （二）方法 1. 队员分为 2 队，一队围成一圈，另一队在圈内，圈内队伍的队员之间前后抓住衣服使队伍不能散开 2. 外圈队员通过快速转移球，选择合适角度击中圈内队伍的最后一名队员，直至打完为止 3. 双方互换，依次进行	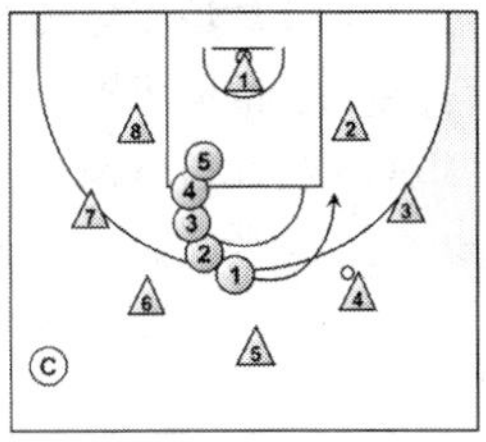 要求： 1. 队员要有团队合作精神 2. 队员要集中注意力 器材：篮球
基础训练	12分钟	一、摆脱防守接球持球突破练习 （一）目的：提高队员摆脱防守接球持球突破的能力 （二）方法 1. 端线外的篮板后方为队员的初始位置 2. 将球传给位于三分线弧顶的教练，按指定路线起动摆脱绕出三分线 3. 接教练传球，做原地交叉步或顺步突破上篮，依次进行 4. 负荷量：6 分钟 ×2 组	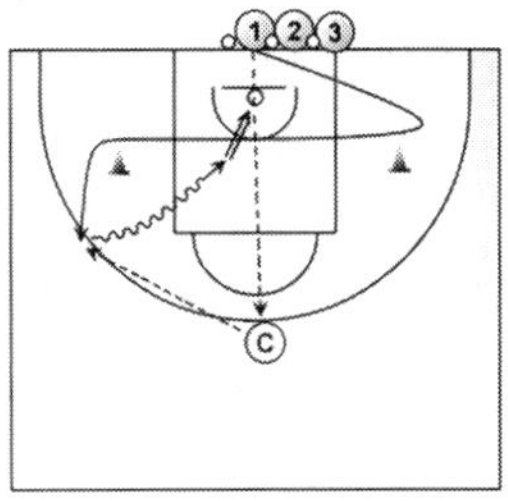 要求： 1. 传接球动作要规范，手腕弹拨迅速有力，传球速度适当加快，但要避免出现失误 2. 接球与突破流畅自如，假动作逼真 器材：标志筒、篮球
	12分钟	二、半场四角双手胸前传接球练习 （一）目的：提高接球后传球的衔接能力 （二）方法 1. 队员平均分成 4 组，①拿球，将球传给③，传出球后快速跑向③ 2. ③将球传给①，①接球后直接将球传给⑤，传出球后去⑤的队尾排队	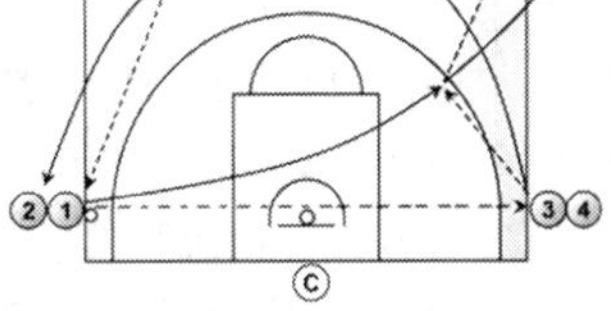

续表

部分	时间	内容	教法与要求
		3. ⑤接球后将球传给③，③接球后将球传给⑦，然后去⑦的队尾排队 4. ⑦接球后将球传给⑤，⑤接球后将球传给②，然后去②的队尾，以此类推 5. 负荷量：6 分钟 ×2 组	要求： 1. 全程不许运球，并避免出现传接球失误 2. 行进间接球后的传球要衔接好，不要出现走步违例，跑动接球时采用弧线跑 器材：篮球
基础训练	12分钟	三、突分投篮练习 （一）目的：提高队员突破分球的能力与投篮的稳定性 （二）方法 1. ①持球在三分线弧顶做交叉步或顺步突破，突入限制区后分球给端线上提的② 2. ②接球投篮后，移动到①的起始位置 3. ①抢篮板球，将球传给②，排到端线处的队尾，依次进行 4. 负荷量：6 分钟 ×2 组 （三）重点与难点 1. 注意接球队员的移动位置，掌控自己的传球落点，要求球传准，接球队员接球后可直接衔接下一个动作 2. 突破时注意中枢脚脚跟抬起，蹬地转体发力，同时转体、侧压肩、向前放球加速，重心降低，眼睛时刻观察同伴的位置	 要求： 1. 进攻队员突破后注意观察队友的移动跑位，注意对球的保护 2. 全程练习连贯流畅 3. 教练可双手伸直，干扰队员的投篮，提高队员在实战中的抗干扰能力 器材：篮球
	12分钟	四、策应配合 （一）目的：提高进攻队员的策应能力 （二）方法 1. 进攻队员⑤下压，然后突然摆脱防守弹出，接④的传球做高位策应 2. ④传球后，突然起动向内线切入，接⑤的回传球并跳起投篮 3. 负荷量：4 分钟 ×3 组 （三）重点与难点 1. 进攻队员摆脱变向要迅速，到策应位置时要挡住防守队员，并保护球 2. 把握传球的时机，与队员建立眼神交流，加强默契沟通，使接球队员接到球后有直接攻篮的机会	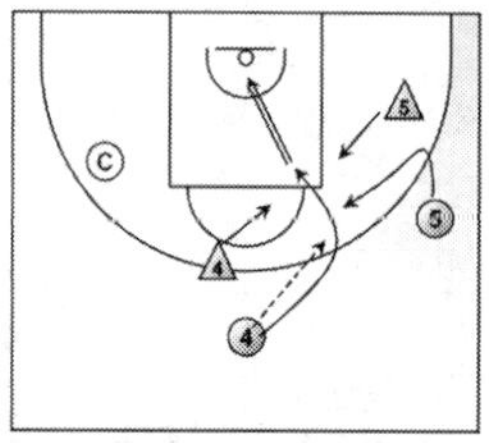 要求： 1. 策应配合是进攻队员背对或者侧对篮筐接球后，以他为枢纽，配合同伴的切入，创造各种进攻机会的一种配合方式 2. 进攻队员摆脱变向要迅速，到策应位置时要挡住防守队员，并保护球 器材：篮球

续表

部分	时间	内容	教法与要求
团队合作游戏竞赛	15分钟	名称：全场4 VS 4综合训练赛 （一）目的：提高队员的实战比赛能力与技术运用能力 （二）方法：在规则允许的范围内，队员合理、巧妙地运用之前所学的基本技术与基础配合，提高团队竞赛意识，培养队员的篮球理念	 要求： 1. 队员善于运用基础配合，提高团队篮球理念 2. 敢打敢拼，鼓励合理的身体对抗，要有顽强拼搏的精神，不服输的球风队纪 3. 在传球过程中，一定要时刻观察队友的位置，把球传给位置更好的队员 器材：篮球
放松与总结	10分钟	1. 拉伸放松 2. 课后总结 3. 特别提醒 4. 宣布本节课最佳队员 5. 鼓舞士气	教法： 1. 教练总结本节课所学内容，再次强调动作的细节与要领 2. 教练布置课下作业 3. 教练宣布本节课最认真、提高最快的队员，让其余队员向其学习 4. 队员面向自己父母鞠躬，说“父母辛苦了”，集合喊“加油”，随后解散